牧野典故

牧野文化研究

乔东山——编著

李景旺／主编

李金玉　聂好春／副主编

中国社会科学出版社

图书在版编目（CIP）数据

牧野典故／乔东山编著．—北京：中国社会科学出版社，2021.9
（牧野文化研究）
ISBN 978－7－5203－8649－4

Ⅰ．①牧…　Ⅱ．①乔…　Ⅲ．①汉语—成语—典故—新乡
Ⅳ．①H136.31

中国版本图书馆 CIP 数据核字（2021）第 120268 号

出 版 人　赵剑英
责任编辑　安　芳
责任校对　张爱华
责任印制　李寡寡

出　　版　中国社会科学出版社
社　　址　北京鼓楼西大街甲 158 号
邮　　编　100720
网　　址　http://www.csspw.cn
发 行 部　010－84083685
门 市 部　010－84029450
经　　销　新华书店及其他书店

印　　刷　北京明恒达印务有限公司
装　　订　廊坊市广阳区广增装订厂
版　　次　2021 年 9 月第 1 版
印　　次　2021 年 9 月第 1 次印刷

开　　本　710×1000　1/16
印　　张　15
字　　数　245 千字
定　　价　85.00 元

新　乡　赋

——为《牧野文化研究丛书》代序

王国钦

新乡，是中华文明发祥地之一，新石器时期就有先民在此活动。新乡古称睟国，春秋隶卫，战国属魏，汉为获嘉，自隋文帝开皇六年（586）置县，至今已1400余年。1949年5月7日和平解放，1949年8月至1952年11月曾为平原省省会。其建制、区划屡更，现辖二市、四区、六县。近年来，荣获了全国文明城市、国家卫生城市、国家园林城市、国家森林城市、中国最佳平安城市、中国优秀旅游城市、中国竞争力百强城市、中国十佳和谐可持续发展城市、《福布斯》中国大陆最佳商业城市、中国金融生态城市等光荣称号。2011年，新乡成为中原经济区中原城市群核心城市之一，2016年5月，新乡成为国家自主创新示范区。

新乡者，古来兵家必争之乡也。战鸣条而伐无道，终夏桀而起商汤；征牧野而绾恶纣，盟诸侯而成周武——其故事众所皆知也。围魏救赵，孙膑大败庞涓于桂陵；决战官渡，曹操以少巧胜于袁绍。赵匡胤黄袍加身，大宋文化陈桥始；岳鹏举精忠报国，义军抗金十八营……新中国之初，新乡曾为平原省会，当下乃十五项国家荣誉获得者、国家二级交通枢纽、河南之省辖市、豫北经济之重镇也。其北邻安邑而南望郑汴，古都鼎立于外而内获新生。登巍巍太行乎居高而临下，瞰滔滔黄河兮达古而通今。更东鲁西晋壤接两省者，鼓双翼正翩翩奋飞也。

新乡者，中华姓氏主要发源之乡也。周武王赐林姓于比干之子；姜太公庇祖荫兮尊享双姓。传黄帝之师建都封父，始为封姓；有周公之子被赐胙地，胙姓见称。辉县原乃共城，姓衍共洪龚恭段；伯儵被封延津，国开曾立南北燕。叔郑封毛，后有毛遂勇于自荐；司寇捐躯，封丘长留牛父英灵。知否季？食宁，始有宁氏双雄起；且看获嘉城外，长立蒙族五姓碑……史载六十七姓源出新乡，乃海外游子问祖中原之主要热土也。

新乡者，名人荟萃辈出之乡也。英雄治水，共工怒触不周山；剖心尽忠，国神复封忠烈公。直钩垂钓，吕尚得遇文王；名士遁世，孙登长啸苏门。辅国理政，原阳一十六相；同门三宰，人杰更显地灵。张苍精通历算，《九章算术》校正功千载；邵雍发愤苦读，《梅花组诗》预言九百年。解道闲愁，古今一场梅子雨；报国歌头，北宋唯有贺方回。孙奇逢躬耕百泉，位列三大名儒；李敏修宣讲新学，力倡教育救国。嵇文甫堪称学界巨子；徐世昌保持气节暮年……知否杨贵，十春秋奋战悬崖绝壁，创造出人工天河，高扬起一面精神旗帜……古往今来，新乡人能不油然而生自豪之情乎？

新乡者，文化积淀厚重之乡也。青铜器商代铸双壁，国之最圆鼎号子龙。汲冢竹书为纪年之祖；孟庄遗址乃文化之尊。登杏坛则忆圣人风采，品《木瓜》得赏《诗经》名篇。鎏金兽头出土魏王墓；三晋贵族重现车马坑。祖辛提梁卣堪称国宝；战国铸铁窑陶范水平。竹林七贤、李白高适、苏轼岳飞、元好问、郭小川、刘知侠、刘震云等名流隐士、墨客文人，或生于斯或游于斯，皆留下千古佳话矣。成语如天作之合、脱颖而出、歃血为盟、善始善终、运筹帷幄、细柳屯兵，以及没心菜、孟姜女、相思树、香泉寺、柳毅传书、翟母进饭的传说等，亦典出新乡之地或新乡之人也。流连于仰韶文化遗址，吟咏于龙山文化遗存，可观原生之民歌民舞，可玩创新之民间剪纸，复可赏传统之民戏民居……八方来者，亦将因祥符调、二夹弦之美妙乐曲而陶然乐矣哉！

新乡者，文化名胜俊游之乡也。太公庙庇护牧野大地，君子尊崇；比干庙彰表谏臣极则，妈祖归根。武王伐纣盛会同盟山；张良椎秦名噪博浪锥。三善难尽蒲邑之美；奇兽见证潞王奢华。三石坊勒石两代；千佛塔雕佛千尊。魏长城宏伟当年，遗迹已存两千载；中药材百泉大会，海内交易六百秋。太极书院，理学渊薮成风景；关山地貌，雄深险峻叹奇观。彭了凡瓮葬饿夫墓；陈玉成铁骨傲英魂。破司马迷魂兮忆故城络丝，望鸿门夜月兮染五陵晓色；赏李台晚照兮思牧野春耕，观原庄夏景兮漾卫水金波。平原省委旧址，记录辉煌历史；文化步行新街，彰显古贤精神。天苍苍野茫茫，山顶草原跑马岭；林密密水淙淙，避暑胜境白云寺。大河安澜，六十载浩荡东流去；湿地隐秘，万只鸟栖息嬉客来。万仙山、八里沟，壮美太行秀色；七里营、京华园，韵飘人文风光……旅而游之者，能不因之而流连忘返乎？

新乡者，堪谓中原美食之乡也。农博会金奖双获，原阳米无愧第一；原产地认证独颁，金银花绽放中原。封丘芹菜石榴，明清享用宫廷；辉县山楂香稻，今已惠及百姓。黄河鲤鱼跳龙门，双须赤尾；新乡熏枣益健康，色泽鲜明。肥而不腻乎罗锅酱肉；酥香软烂者新乡烧鸡。松酥起层，缠丝烧饼牛忠喜；长垣尚厨，中国烹饪第一乡。他如红焖羊肉、延津菠菜等，均亦远近闻名也……海内愿饱口福之欲者，新乡岂非中州首选乎？

新乡者，创新更新鼎新之乡也。忆当年人民公社，曾领先时代，留几多思辨；看今日城乡统筹，再与时俱进，敢万里弄潮。刘庄群众感念史来贺，问其间几多历史传奇？无私奉献不忘郑永和，慨辉县精神敢为人先。让一段岁月流金，太行公仆碑树吴金印；造几多乡村都市，刘志华好个巾帼英雄……耿瑞先宏图大展领头雁，范海涛变废为宝担责任，裴春亮富而思源惠乡邻。电池回收换来新乡少污染，挂壁公路终使汽车进山来……尽为民服务兮感动中国，数风流人物兮还看新乡。仰先进群体兮群星灿烂，育英雄辈出兮雏凤高鸣。

新乡者，和谐奉献崇文常新之乡也。季候分明兮冬寒夏热，人民勤劳兮春早秋凉。矿藏丰富兮振兴经济，土地肥沃兮图画粮棉。人才战略兮持续强市，机械制造兮海内闻名。战略重组，产业升级，集群发展迈新步；铜管铜业，冰箱冰柜，金龙新飞两夺冠；白鹭化纤，华兰生物，产品崛起赖创新。能源汽车生物医药，数十产品领先同行列前五；神九神十蛟龙航母，核心部件与祖国同行，破茧催生新乡模式；让新乡常新，改革成就新乡精神。机遇和挑战并存兮，路漫漫其修远；牧野兼榴花火红兮，泪盈盈而沾襟。

原载 2009 年 4 月 20 日《光明日报》

2018 年 5 月 28 日修订于中州知时斋

目　　录

第一章 先秦时期

共工传说

共工是神话传说中的水神，是炎帝后裔火神祝融的儿子。他的形貌是人脸、蛇身、红发。当时世界十分之三是陆地，十分之七是江河湖泽。共工就是利用水维系着统治。作为水神，共工擅长治水。上古时期，黄河经常发大水，给两岸的百姓带来很大危害。共工治水的方法是把高地铲平，把低地填高，在平坦的地面上修筑堤防，以此来挡住洪水。这种方法没有疏通河流，水仍然会泛滥，所以共工的治水方法遭到失败。不过，他的失败也不是毫无意义，为以后的大禹治水提供了教训。

共工不仅治水，而且还和其子后土精通农业。他们将水利和农业结合起来考虑。他们发现，高地的农田浇水不易，低地的农田容易被水淹没。他们就把高地的土运到低地，这样高地容易浇水，低地不被水淹，而且还扩大了种植面积，对于农业发展很有好处。

当时宇宙的主宰是颛顼，他是黄帝的后裔。他统治期间有许多暴政，如将太阳、月亮、星星拴系在北方的上空，永远固定在那里。这样导致一部分地区永远是白天，天亮得让人睁不开眼睛。一部分地区永远是黑夜，人们伸手不见五指。颛顼就是用种种残酷的手段进行着统治。共工作为北方的水神，自然也受着压迫，而且他是当年黄炎斗争中失败的炎帝的后裔，所以他受压迫更甚。加之他受祖先失败耻辱的刺激，所以他联合其他诸神共同起来反抗颛顼的统治。他是反抗联盟的首领。

这场共工和颛顼的战争可以说是炎黄斗争的继续。战争打得难解难分，双方从天上打到人间，一直打到西北方的不周山脚下。共工见长时间无法取胜，大怒，一头撞向了不周山。这山是支撑上天的一个柱子，共工把柱子撞折了，天地形势发生了很大的变化。天空向西北方向倾斜，太阳、月亮、星星都向西北运动。这样就有了日月星辰的移动，改变了先前有的地方白天总是白天，有的地方黑夜总是黑夜的状况。大地在东南方向形成了一个大坑，江河湖海都向东南流淌。

后来人们为了纪念共工，为他修建了两座台。一座在大荒北野，一座在北方的海外。两座台都位居北方，据说射箭的人都不敢朝北方射，是因为惧怕共工的威灵。由此可以看到共工在人们心中的地位。①

顺天应人

《周易·革卦·彖传》："天地革而四时成；汤武革命，顺乎天而应乎人。"这是对汤武革命正义性和合理性的肯定。但后世却对此有争论。汉景帝时期，儒家的辕固就和道家的黄生发生了争论。黄生曰："汤武非受命，乃弑也。"否定了汤武的行为。辕固认为："不然。夫桀纣虐乱，天下之心皆归汤武，汤武与天下之心而诛桀纣，桀纣之民不为之使而归汤武，汤武不得已而立，非受命为何？"辕固从原始儒家的思想出发，肯定了汤武革命的正当性。他的这段话与孟子回答齐宣王的一段话相似。孟子的回答见于《孟子·梁惠王下》，齐宣王问曰："汤放桀，武王伐纣，有诸？"孟子对曰："于传有之。"曰："臣弑其君，可乎？"曰："贼仁者谓之贼，贼义者谓之残，残贼之人谓之一夫。闻诛一夫纣矣，未闻弑君也。"在孟子和辕固看来，君主不仁，人们可以反抗乃至杀死他。这不是弑君，而只是杀死了残贼之人（一夫）。黄生反驳辕固道："冠虽敝，必加于首；履虽新，必关于足。何者，上下之分也。今桀纣虽失道，然君上也；汤武虽圣，臣下也。夫主有失行，臣不能正言匡过以尊天子，反因过而诛之，代立践南面，非弑而何也？"他以冠履比喻，指出即使君主有过，臣下只能进谏，不能杀死他而自立。辕固也不甘示弱，曰："必若所云，是高帝代秦即天子之位，非邪？"他搬出了汉高祖，指出如果按照黄生的观点，汉高祖推翻秦朝的统治，自己当了皇帝，岂不是非正义的吗？

---

① 参见袁珂《中国神话传说》，北京联合出版公司2016年版，第98—100页。

这就把话题从古代引申至现在，太敏感了。景帝听到这，说："食肉不食马肝，不为不知味；言学者无言汤武受命，不为愚。"① 不允许再谈论这个话题。景帝也很无奈，他不能支持任何一方。如果支持黄生，就否定了高祖建立汉朝的合法性，自己和汉王朝的统治就没有了依据。如果支持辕固，就等于承认造反有理，那他的臣下和百姓造反就有理由了。所以，景帝不让探讨这个话题了。

今天看来，辕固的思想，亦即原始儒家思想与当代价值观更接近。原始儒家虽然也讲究君尊臣卑，但也强调二者之间的相互关系，而不是主张臣下无条件地服从君主。《礼记·礼运》："何谓人义？父慈，子孝，兄良，弟悌，夫义，妇听，长惠，幼顺，君仁，臣忠。"孔子也说："君使臣以礼，臣事君以忠。"（《论语·八佾》）主张君主要对臣下仁爱，臣下要对君主忠诚。君主要礼待臣下，臣下要效忠君主。孟子进一步发展了孔子的这种思想，明确说："君之视臣如手足，则臣视君如腹心。"可以看到，儒家对两者都有要求，而不是只要求其中一方，更不是只要求地位低的一方。如果君主不善待臣下和百姓，怎么办呢？就如孟子所说："君之视臣如犬马，则臣视君如国人；君之视臣如土芥，则臣视君如寇仇。"（《孟子·离娄下》）君主不善待臣下，臣下可以不忠于君主。这类似一个契约，如果君主违反了约定，臣下也可以不遵守约定。由此可以看出，传统儒家的一些思想是不利于专制的。朱元璋删除《孟子》中的章节，驱赶孟子出孔庙，也从反面证明了这一点。我们以前说儒家思想都是维护和有利于专制统治的，这种观点，似乎可予以一定程度的修正。

象箸之忧

《韩非子》卷第七《喻老》载：

> 昔者纣为象箸而箕子怖。以为象箸必不加于土铏，必将犀玉之杯；象箸玉杯必不羹菽藿，则必旄象豹胎，旄象豹胎必不衣短褐而食于茅屋之下，则锦衣九重，广室高台。吾畏其卒，故怖其始。居五

① 《史记》卷121《儒林列传》，中华书局1959年版，第3122—3123页。

年，纣为肉圃，设炮烙，登糟邱，临酒池，纣遂以亡。故箕子见象箸以知天下之祸。故曰："见小曰明。"

这段话大意是：从前商纣制作了象牙筷子，箕子非常担忧，认为使用象牙筷子一定不会在陶制器皿里使用，一定会配合使用犀牛角杯或玉杯；象筷玉杯一定不会用于吃豆类食品熬的浓汤，一定要去吃牦牛、大象、豹子的胎儿；吃牦牛、大象、豹子的胎儿就一定不会穿粗布短衣，不会在茅屋下面食用，就一定要穿多层的织锦衣服，住上宽敞房屋和高台。箕子害怕结果严重，所以深为这样的开端担忧。过了五年，商纣摆设肉林，建炮烙之刑，登上酒糟山，俯临酒池，他因而丧身。因此箕子看见象牙筷子就预感到了天下的祸害。所以，《老子》说："能够看到事物的萌芽状态，就叫做明。"

天葬比干

卫辉市有个比干墓，墓前有比干庙，是卫辉八景之一。在这里流传着一个天葬比干的故事。

三千多年前的商朝末期，当时的君王是纣王。他残暴好色，特别宠爱妃子妲己，每日和她寻欢作乐，不理朝政。纣王为了加强统治，还发明了许多残酷的刑罚，像炮烙、断足、割鼻等。其野蛮程度令人发指。他还横征暴敛，肆意搜刮人们钱财，供自己享乐。他的一系列做法，使百姓生活在水深火热当中。眼看国将不国，纣王的叔父比干向他进谏，说他荒淫无度，沉湎酒色，劝他洗心易行，勤于朝政，富国安民。纣王对比干的劝告十分厌恶。比干见此情况，就忿忿地说："主过不谏非忠也，畏死不言非用也，过则谏，不过则死，忠之至也。"纣王见他铁骨铮铮，大义凛然，不禁目瞪口呆。

比干是纣王的叔父，即使措辞严厉，说话过火，纣王也不得不予以宽待。但妲己却不怀好意地说："大王，比干不是说要向你献忠心么？那就掏出他的心，看看到底是红是黑。"纣王听信了妲己的谗言，恼怒地对比干说："你以圣人自居，自命不凡，我听说圣人有七窍，不知是真是假？"说着下令手下将比干的心剖出来。

比干冤死，触动了天庭，玉皇大帝派天尊下凡来救他。天尊说："贤臣比干，你为国为民，一片赤诚，但却被昏君害死。上天赐你死而复生。你骑上快马，一直往南跑，跑到心地就会长出新心，就会复活。"比干听罢，立即骑马南行，走到据说是卫辉北十五公里的地方，在此遇到了妲己变幻而成的一名老妇人。此人正在卖没心菜。比干不禁问道："菜没心可活，人没心可以活么？"妇人说道："菜没心可以活，人没心就得死。"比干听罢，长叹一声："我比干枉为人也。"然后口吐鲜血，坠马而死。霎时间天昏地暗，飞沙走石，卷成一座墓，将比干正好埋葬在其中。此所谓天葬比干。后来比干墓一直存在，成为游客观赏的胜景之一。

从这个故事看，纣王固然对比干之死负有重要责任，但妲己也是罪魁祸首之一。比干进谏，纣王看在他是自己叔父的面子上本无意惩治他。但妲己却乘机进谗言，劝纣王杀死比干。后来，上天又让比干死而复生，但妲己又化为妇人害死了比干。可见，妲己在比干之死的事件中扮演了非常重要的角色。我们在批判纣王的时候，也不应忘记妲己。

中国古代对君王的描绘有两种倾向。一种是众恶加之于一身。后世史家出于教化的考虑，为了树立一个反面典型，将各种罪恶的行径加之于一个本来不是很恶的君主之上。这个君主就被塑造成一个十恶不赦、罪大恶极的形象。如子贡所说："纣之不善，不如是之甚也。是以君子恶居下流，天下之恶皆归焉。"（《论语・子张十九》）另一种是红颜祸水的论述倾向。古代君主是全国最高统治者，国家出现危机君主自然是首要责任人。但后世史家为尊者讳，往往把责任归之于君主身边的女人，把红颜认定为国家动乱的原因。这其实是为君主开脱，也是男尊女卑价值观的反映。这两种倾向，一种加重了君主的罪责，一种减轻了君主的罪责，都与历史的真实有很大的距离。因此，我们在研究历史上的君王时，要格外注意这两种论述倾向，探索接近于真实的人物形象。

覆水难收

王楙《野客丛书・二八・心坚石穿覆水难收》载：

姜太公妻马氏不堪其贫而去，及太公既贵，再来，太公取一壶水倾于地，令妻收之，乃语之曰："若言离更合，覆水定难收。"

姜尚，字子牙，人称姜太公。因先祖封于吕，又名吕尚。他辅佐周文王、周武王攻灭商朝，建立周朝，立了大功。后来封在齐，是春秋时齐国的始祖。

姜太公曾在商朝当过官，因为不满纣王的残暴统治，弃官而走，隐居在陕西渭水河边一个比较偏僻的地方。为了取得周族的领袖姬昌（即周文王）的重用，他经常在小河边用不挂鱼饵的直钩，装模作样地钓鱼。姜太公整天钓鱼，家里的生计发生了问题，他的妻子马氏嫌他穷，没有出息，不愿再和他共同生活，要离开他。姜太公一再劝说她别这样做，并说有朝一日他定会得到富贵。但马氏认为他在说空话骗她，无论如何不相信。姜太公无可奈何，只好让她离去。

后来，姜太公终于取得周文王的信任和重用，又帮助周武王联合各诸侯攻灭商朝，建立西周王朝。马氏见他大富大贵，懊悔当初离开了他，便找到姜太公请求与他恢复夫妻关系。

姜太公已看透了马氏的为人，不想和她恢复夫妻关系，便把一壶水倒在地上，叫马氏把水收起来。姜太公冷冷地对她说："你已离我而去，就不能再合在一块儿。这好比倒在地上的水，难以再收回来了!"

后世用覆水难收比喻已经定局，无法改变的事情。

牧野之战

商朝的纣王即位后，不理朝政，沉溺酒色，宠信美人妲己，残杀忠良，对外征讨东夷，虽取得胜利，但自身也遭到重大损失，阶级矛盾日益加剧。与此同时，位于西部的周部落却日益壮大。周武王即位后，看到商朝已日薄西山，认为时机成熟，便发动讨伐商朝的战争。周武王继位后四年（前 1057 年，一说前 1027 年），他乘商朝统治集团分崩离析，军队东征蛮夷的时机，率兵车 300 乘，虎贲 3000 人（一说还有甲士 4.5 万人）伐商。十二月下旬周军东进至孟津，与庸、卢、彭、濮、蜀（均居今汉水流域）、羌、微（均居今渭水流域）等 8 个方国部落军队及各反商诸侯军会合。次年一月初四，他们进军到牧野。纣王听到周武王临近朝歌，慌忙组织大批奴隶，连同守卫国都的军队（一说70万，一说17万，均难确信），开赴牧野迎战。初五凌晨，周军布阵毕，庄严誓师，史称“牧誓”。周武王在进攻前，为鼓舞军队士气，声讨了纣王一系列罪行，并强调了军令。之后，吕望率领一部分精锐冲入商军阵营。商军中大多是奴隶，他们恨透了纣王的残暴，并不愿意为商朝卖命。所以甫一交战，奴隶们就纷纷倒戈，投降了周武王，并掉头向朝歌方向进攻。纣王仓皇逃回朝歌，登鹿台自焚而死。周军占领商都，商朝灭亡。此役是中国古代车战初期的著名战例。周争取人心、翦商羽翼、乘虚进攻的谋略，对古代军事思想的发展有着深远的影响。

同心同德

《尚书·泰誓》：“受有亿兆夷人，离心离德；予有乱臣十人，同心同德。”

殷纣王身材高大，膂力过人，博闻广见，思维敏捷。他曾经攻克东夷，把疆土开拓到东南一带，开发了长江流域。他本来是一位很有作为的帝王，但是，在他执政后期，慢慢变得生活奢侈腐败，政治暴虐无道。殷纣王宠信妲己，听信苏妲己的谗言，谁要敢反对他，就会被挖心或遭受炮烙之刑。他不理朝政，整天与妲己听着靡乱的音乐，在酒池肉林里寻欢作乐。搞得朝野怨声载道，民不聊生。

周武王决定讨伐荒淫无道的殷纣王。周武王十三年春天，在盟津会师各路诸侯，举行了誓师大会。武王说：“将士们，请听我说！善良的人做善事，只怕时间不够用。凶恶的人行起恶来，也怕时间不够用。现在商纣王荒淫无道，把大臣当成贼人，把朋友当成仇敌，说自己代表天，作恶多端却无所畏惧。老百姓只能祈求上天让自己远离他。从前夏桀很强大，但是倒行逆施，上天就派成汤来将他流放。今天他们虽然有千万人，但是离心离德，我们虽然只有十个人，但是同心同德，上天一定会看见百姓的心愿、一定会听到百姓的声音。请让我们为老百姓讨伐他，请让我们把成汤的事业发扬光大。”

两年后，武王的军队在朝歌南边的牧野，与殷纣王的军队展开决战。武王的军队士气高昂，势如破竹，打败了殷纣王的军队，商纣王在朝歌鹿台自焚而死，商朝灭亡了。

黄飞虎冢

黄飞虎冢位于获嘉陈庄村之南，旧时长70余米，宽47米，高8米，俗称“黄冢”。

据民间所传，黄飞虎助周武王灭了商朝，其后身染重病，百医无效。一日，使人车载沿古道漫游。当他来到获嘉的刺狐村（今后寺村）时，百姓夹道礼拜，并有人作歌称颂他的功劳。黄飞虎顿觉精神大振，对随从人员说：“活着能被此地人称颂，死后此地人也不会忘记我。此地一马平川，能在这里选择墓地，让我死后和此地人在一起，我也就安宁了。”他继续前行，只见眼前现出一片树林。林中百鸟鸣唱，繁花一片。中有一树色金黄，有一樵夫正用大斧砍着树干。黄飞虎问：“此树称什么名?”樵夫说：“人称黄树。”问：“因何砍伐它?”樵夫说：“树干已空，不伐亦死。”黄飞虎顿觉天旋地转，一头栽在地上，再也没有起来。按照他本人的嘱托，周武王用诸侯的葬礼，将他埋在了生长黄树的地方，这就是现在的“黄冢”。还有人说，陈庄村现有的黄氏族人，就是黄飞虎的后裔。

大义灭亲

石碏，春秋时卫国大夫。卫庄公有三子，大姬完、次姬晋、三州吁。州吁最受庄公宠爱，养成残忍暴戾的性格，无恶不作。当时，老臣石碏，为人耿直，体恤百姓疾苦。他几次劝庄公管教约束州吁，但庄公不听，州吁作恶日甚。碏子石厚，常与州吁并车出猎，为非作歹。

庄公死后，姬完继位，称卫桓公，石碏见他生性懦弱无为，告老还乡，不与朝政。此时，州吁更加横行霸道。公元前717年，州吁听计石厚，害桓公夺位。

州吁见百姓不拥戴自己，甚忧。石厚去问石碏如何使国家安定，人民信服。石碏说能觐见周天子，国人才肯服帖。石厚问：“怎样才能朝见周天子呢?”石碏说：“现在陈国的陈桓公正受到周天子的宠信，而陈、卫两国最近关系也颇和睦，如果你去见陈桓公，让他代为请求朝见的事，就一定可以达到目的。”石厚就和州吁一同到陈国，请求陈桓公帮自己朝见周天子。

石碏使使者告于陈桓公曰：“卫国地盘狭小，老夫年纪大了，已经不能做什么事了。但这两个人确实杀死了我们的国君，请您趁此机会帮我们对付他们。”陈桓公命将州吁、石厚抓住，请卫国派人来处置。卫国派大臣去杀死了州吁。石碏派宰獳羊肩到陈国杀死了石厚。君子说：“石碏真是纯大臣啊。他痛恨州吁，同时连带把自己的儿子石厚杀了，为了大义而断绝父子私情，大概说的就是这种情况吧！”①

对于大义灭亲，古代的两个主要思想流派儒家和法家似乎持不同的态度。法家主张君权是最高的，任何人都应该为君主和国家牺牲一切。按照这种观点，如果一个人的亲属犯法，这个人应该告发亲属，即为了君主和国家的利益牺牲个人和家庭的利益。所以，大义灭亲法家是完全支持的。而儒家却不一定支持大义灭亲，要看具体情况。在本案中，石碏为了国家的利益而不惜杀死自己的儿子，儒家并不反对这种做法。不反对的理由，并不是石碏杀死儿子有利于国家，而是儒家认为，父亲有权利处置儿子。但如果是另一种情况，儿子的父亲胡作非为、祸害百姓，儿子为了国家的利益而杀死父亲，儒家是否支持呢？答案应该是否定的。在儒家看来，儿子没有权利杀死父亲，无论父亲犯了多大过错。而这种做法为法家所肯定和提倡。这就是古代主要的两大思想派别对大义灭亲的不同看法。他们的思想和看法，对于我们今天建设法制社会，具有借鉴意义。

愚不可及

子曰：“宁武子，邦有道，则知；邦无道，则愚。其知可及也，其愚不可及也。”（《论语·公冶长》）

宁武子，名俞，谥号“武子”，春秋时期卫国大夫，今山东菏泽牡丹区人。典籍亦作“宁武”“宁子”“宁生”。先是，卫懿公好鹤误国，北狄攻占了卫国的都城。宁武子跟随逃难的人跑到了别的国家。后来卫文公在齐桓公的帮助下复位。宁武子遂出仕为官，得到重用，成为当时有名的

① 《左传·隐公四年》，中国书店 1994 年版，第 22 页。

贤大夫。对于宁武子的行为，孔子给予这样的评价："宁武子，邦有道则知；邦无道则愚。其知可及也；其愚不可及也。"宋代大儒邢昺的解释是："若遇邦国有道，则显其知谋；若遇无道，则韬藏其知而佯愚。"孔子并不主张无论在何种条件下都积极进取，施展自己的才能。邦有道才这样，无道可以守拙藏愚，保护自己。这也是孔子的一贯主张，他曾说过："邦有道，则仕；邦无道，则可卷而怀之。"（《论语·卫灵公》）"邦有道，危言危行；邦无道，危行言孙。"（《论语·宪问》）很多人都知道积极进取，但不知道有时候需要退隐。宁武子却能做到这一点，所以孔子很赞赏他。宁武子的愚不可及，其实是大智若愚，非大智慧不能如此。

剖腹葬肝

《吕氏春秋》仲冬纪第十一载：

> 卫懿公有臣曰弘演，有所于使。翟人攻卫，其民曰："君之所予位禄者，鹤也；所贵富者，宫人也。君使宫人与鹤战，余焉能战?"遂溃而去。翟人至，及懿公于荣泽，杀之，尽食其肉，独舍其肝。弘演至，报使于肝，毕，呼天而啼，尽哀而止，曰："臣请为褾。"因自杀，先出其腹实，内懿公之肝。桓公闻之曰："卫之亡也，以为无道也。今有臣若此，不可不存。"于是复立卫于楚丘。弘演可谓忠矣，杀身出生以徇其君。非徒徇其君也，又令卫之宗庙复立，祭祀不绝，可谓有功矣。

这段史料是说，卫懿公特别爱养鹤，整日与鹤为伴，不理朝政。翟人攻打卫国，卫国人民说："君主都把职位和俸禄给了鹤，把显贵和富有都给了宫人。您还是让宫人和鹤作战吧，我们能做什么呢?"人们都逃走了。翟人到了，在荣泽赶上了卫懿公，杀死了他，吃了他的肉，唯独没有吃他的肝。卫国大臣弘演来到这里，看到这种情况，放声大哭，极其哀悼，之后他说："臣请为褾。"把自己腹中的肝脏取出来，把懿公的肝放入自己的腹中。齐桓公听到这个消息后说："卫国的灭亡是由于无道。现在卫国有这样的忠臣，不能不存。"于是在楚丘帮助卫国复了国。后世人认为弘演为忠臣，自杀以殉君，忠节以复国。

许穆夫人

许穆夫人是卫宣公庶子卫昭伯之女，卫国君主卫懿公的妹妹（这是按父系论，按母系论就是姑姑）。春秋之际，诸侯林立，卫国在当时是一个中等诸侯国，位于黄河中下游地区，首邑是商朝的朝歌（今河南鹤壁）。许穆夫人在少女时代就深为祖国的安危而担忧，思索着如何为保家卫国做出贡献。她长得貌美多姿，许、齐两诸侯国都派使者前来求婚。诸侯各国之间的通婚联姻是一种政治行为，带有亲善和结盟的性质。

在许国重礼之下，卫懿公决定把许穆夫人嫁给许国国君为妻。许穆夫人却有自己的想法，她从祖国的安全考虑，认为许国弱小，离卫国又远，一旦卫国受到攻击，许国没有力量前来救援。而齐国强大，又是卫国的近邻，如能嫁到齐国，卫国遇到什么危难能得到齐国的救助。但君主卫懿公固执己见，仍把她许配给许国国君许穆公为妻。许穆夫人的称呼就是由此而来的。

卫国国君懿公是个沉醉于声色犬马的昏君。他喜欢养鹤，不恤百姓，引起国人强烈不满。

北方狄族看到卫国岌岌可危，便于公元前660年，发动了对卫国的入侵。卫懿公征调民众抵抗，老百姓和军队的将士都不肯为他卖命，致使狄兵侵犯时如入无人之境，卫国很快被灭亡了，卫懿公也死于乱军之中，都城被洗劫一空。难民渡过黄河，逃到南岸的漕邑（今河南省滑县）。

许穆夫人嫁到许国后，一直怀念着卫国。当她听到卫国国破君亡的噩耗之后，痛彻肺腑，很想抗敌复国，报仇雪耻。她请求许穆公援救卫国，许穆公胆小如鼠，怕引火烧身，不敢出兵。许穆夫人不甘袖手旁观，置之不理，经过反复考虑，她带领当初随嫁到许国的自己身边的几位姬姓姑娘姐妹，亲自赶赴漕邑，与逃到那里的卫国宫室和刚被拥立的戴公（许穆夫人之兄）相见。许穆夫人抵达后，救济难民，招徕百姓，整军训练，图谋复国。同时，许穆夫人还建议向齐国求援。就在此时，许国大臣接踵而来，抱怨许穆夫人不该到这来，企图把她带回来。许穆夫人坚信自己的主张是对的，她决不反悔。面对许国大臣的无礼行为，她怒不可遏，义正词严地斥责道："既不我嘉，不能旋反。视尔不臧，我思不远。既不我嘉，不能旋济。视尔不臧，我思不閟。”（《载驰》）意思是，即使你们都说我不好，说我渡济水返卫国不对，也断难使我改变初衷；比起你们那些不高明的主张，我的眼光要远大得多，我的思国之心是禁锢不住的。许穆夫人拯救卫国的决心不可改变。

不久，戴公病殁，卫人从齐国迎回公子毁（许穆夫人的另一哥哥），即卫文公。卫国得到了齐桓公的支持，齐桓公派兵戍漕邑，又派出自己的儿子无亏率兵三千、战车三百辆前往卫国。同时，宋、许等国也派人参战，打退了狄兵，收复了失地。从此，卫国出现了转机，两年后，卫国在楚丘重建都城，恢复了它在诸侯国中的地位。卫国的复国是和许穆夫人努力分不开的。①

可以说许穆夫人处处以国家利益为重。当齐国和许国争相来聘娶她的时候，她从国家利益出发，主张嫁给国力强大、临近卫国的齐国。当卫国遭到狄族的入侵时，早已远嫁的她本可不闻不问，她却坚决请求许国出兵帮助卫国。在遭到拒绝后，她愤然带着家丁去救助祖国。她不会不知道她这么做是以卵击石，不会有什么结果。但她还是义无反顾地这么做了。如果没有强烈的爱国热情，是不可能做到这一点的。当许国人来阻挠他救助卫国时，她积蓄已久的爱国热情一下子喷涌出来。许穆夫人不是诗人，但当她的情感以韵语的形式表达出来的时候，自然就形成了诗篇。而且因为感情真挚、不假雕饰，因而成为千古名作。她也因此成为中国历史上第一位杰出的爱国女诗人，虽然她主观上从未这么想。许穆夫人所作的《载驰》这首诗后来录进了《诗经·鄘风》。让我们以崇敬的态度欣赏这首诗：

载驰载驱，归唁卫侯。驱马悠悠，言至于漕。
大夫跋涉，我心则忧。既不我嘉，不能旋反。
视尔不臧，我思不远。既不我嘉，不能旋济。
视尔不臧，我思不閟。陟彼阿丘，言采其虻。
女子善怀，亦各有行。许人尤之，众稚且狂。
我行其野，芃芃其麦。控于大邦，谁因谁极。

---

① 《左传·闵公二年》，第163—164页。

大夫君子，无我有尤。百尔所思，不如我所之。

蘧伯玉传说

蘧伯玉是春秋时期卫国蒲邑人。他在卫献公初期从政，中期已成为著名的士大夫。现在流传着好几个关于他的传说。①

史鱼尸谏

卫灵公当政时期，听信谗言，不重用蘧伯玉。大夫史鱼多次向灵公推荐蘧伯玉，灵公就是不听。后来，史鱼在临终前对自己的儿子说："我生前不能使君主重用蘧伯玉，不能为国分忧，这是我终身的遗憾。我死之后，你们把我的尸体放在南窗下，君主问起怎么回事，你就告诉他。"史鱼死后，儿子们就照史鱼说的做了。

几天之后，灵公来史家吊唁。他看到史鱼的尸体停放在南窗下，就问其中的原因。史鱼的儿子们说明了原委。灵公听后，十分内疚，当即立蘧伯玉为宰相。

这则故事的主角是史鱼。他为了能让灵公重用蘧伯玉，让儿子以自己的尸体进谏。自古以来谏臣不少，但能尸谏的凤毛麟角。仅凭这一点，史鱼就名垂青史了。蘧伯玉能够被重用，施展才华，与史鱼的尸谏是分不开的。史鱼是蘧伯玉的贵人。另外我们也看到，一个人是否成功，是多种因素促成的，并非自己有才即可。若没有史鱼的尸谏，可能蘧伯玉一辈子得不到重用，更不会为人所知。蘧伯玉是幸运的，但终究是少数，在古代的环境和制度下，不知有多少德才之士被埋没。这不仅是他们个人的悲哀，而且是国家和社会的悲哀。古代如此，那我们今天的环境和制度是不是值得反思呢？

宫门蘧车

蘧伯玉当了宰相后，十分忠诚。一天夜里，灵公和夫人南子在宫中闲坐。忽然听到车轮声从远处传来。临近了又消失了。过了一会儿，车轮声

---

① 本文参考了钞艳霞主编《中国民间故事全书》（河南·长垣卷），大象出版社 2012 年版。

又响起来了，声音愈来愈小，直至消失。南子说："这一定是蘧伯玉从宫门经过。"灵公问："你何以知道？"南子说："蘧伯玉是正人君子，表里如一。不像有些人，表面上尊敬您，可背地里做一些丧失礼节的行为。蘧伯玉不会像其他人一样，在黑夜无人的时候就做废礼的事情。"

原来，按照周礼的规定，大臣乘车经过宫门的时候要下车，扶着车辕步行一段。等车子过了宫门，再重新坐车。春秋末期，人们多不遵守这一礼节。而只有蘧伯玉遵守。灵公派人一打听，果然是他。后来宫门蘧车便成了遵守礼节的代名词。

一个人遵守规矩不难，重要的是长期遵守，更重要的是在无人监督的情况下遵守。今天我们很多人，在交警看管或有视频监控的情况下遵守交通规则，然而一旦没有交警或监控，便不守规则。外在的监管固然重要，但提高人们的素质，每个人做到自律，这个社会才会变得和谐，治理社会的成本也会大大降低。宫门蘧车就是强调自律，遵守礼法的典型故事，也是进行人文素质教育的良好材料。

伯玉荐才

蘧伯玉出使楚国，在濮水边遇见楚国公子晰。公子晰很有才干，但一直得不到楚国君主的重用。所以他就希望有人推荐他使他得到重用。公子晰对蘧伯玉说："我听说上等君子可以托付女子，中等君子可以托付嘱托，下等君子可以托付财物，这三者你都可以托付吗？"蘧伯玉说："都可以托付。把你的事情讲出来吧。"公子晰就把自己怀才不遇的情况说了出来。蘧伯玉答应推荐他。

见了楚昭王，蘧伯玉说："楚国人才得不到重用。伍子胥的父亲伍奢被杀，他就去了吴国，引吴军攻打楚国，毁了平王的墓。盼黄也是楚国人，楚国不能用，他去了晋国。晋国让他管理七十二县，他管理得井井有条，人民路不拾遗，夜不闭户，国无盗贼。我来到楚国，见公子晰不被重用，恐怕他要到他国去了。"楚昭王听后，赶紧把公子晰找了回来，并让他出任高官。

从这件事我们可以领略到蘧伯玉的智慧。他举荐人才并没有直接说这个人如何如何好，而是先举出了楚国历史上的两个例子。伍子胥是楚国人，但楚国不能用，伍子胥跑到吴国，帮助吴国攻打楚国，导致楚国差一点灭亡。郤黄也是楚国人，楚国不能用，他去了晋国，把晋国的七十二县管理的井井有条。讲完这两个例子后，自然引申出公子晰。提示楚王，如果楚国不能用，公子晰可能跑到外国，这对楚国是一个极大的损失。楚王听了恍然大悟，立即重用了公子晰。通过以古譬今，以史为鉴的方式，蘧伯玉成功举荐了人才。他的说话艺术值得学习。

瑕丘奉喻

一天傍晚，卫献公的孙子和蘧伯玉到帝丘郊外出游。他们来到一个叫瑕丘的高岗。卫献公的孙子看到一片野花遍地、青草幽幽的田野，看到这里有溪水流过，树木茂盛，很喜爱这里，就说："我死了之后，一定要葬到这。"蘧伯玉一听，知道如果他葬在这里，将占据一大片农田。蘧伯玉就说："我比你年纪大很多，肯定比你先死。你就把这块地给我，做我的墓地吧。"献公孙子知道蘧伯玉是怕自己占据农田，就答应了蘧伯玉的要求。蘧伯玉的一句话就保护了数十亩良田。

面对同样的一块地，卫献公的孙子想到的是自己的墓地，而蘧伯玉想到的百姓的生活。前者想的是自己，后者想的是他人。历史会记住谁，也就不言而喻了。

蘧孔之交

蘧伯玉和孔子分别是卫、鲁国人，前者比后者大三十岁。春秋后期，孔子为宣传自己的主张，周游列国，其间在卫国待了十年，其中九年住在蘧伯玉家里。在这里，孔子整理了《诗经·风》。蘧伯玉和孔子的关系很好，成了忘年交。孔子曾对弟子说，"蘧伯玉对别人宽厚，对自己严格，从不勉强苛求别人"；"他经常反省自己的言行，年五十而知四十九年之非"；"蘧伯玉以仁德管理卫国，天下没有危险啊"。蘧伯玉以德治国的思想对孔子的思想产生了一定的影响。

蘧伯玉不仅是一名政治家，而且是一名思想家。他的思想通过孔子的整合，间接地流传了下来，影响到后世。蘧伯玉和孔子的友谊，也被视为君子之交的典范，为人所津津乐道。

商化芝兰

《孔子家语·六本》卷四载：

> 孔子曰："吾死之后，则商也日益，赐也日损。"曾子曰："何谓也?"子曰："商也好与贤己者处，赐也好说不若己者。不知其子视其父，不知其人视其友，不知其君视其所使，不知其地视其草木。故曰：与善人居，如入芝兰之室，久而不闻其香，即与之化矣。与不善人居，如入鲍鱼之肆，久而不闻其臭，亦与之化矣。丹之所藏者赤，漆之所藏者黑。是以君子必慎其所与处者焉。"

这段话的大意是：孔子说：我死之后，子夏会比以前更有进步，而子贡会比以前有所退步。曾子问：为什么呢？孔子说：子夏喜爱跟比自己贤明的人在一起，所以他的道德修养将日有提高；子贡喜欢跟才智比不上自己的人相处，因此他的道德修养将日渐丧失。不了解孩子如何，看看孩子的父亲就知道孩子将来的情况了。不了解本人，看他周围的朋友就可以了。不了解主子，看他派遣的使者就可以了。不了解本地的情况，看本地的草木就可以了。所以常和品行高尚的人在一起，就像沐浴在种植芝兰散满香气的屋子里一样，时间长了便闻不到香味，但本身已经充满香气了；和品行低劣的人在一起，就像到了卖鲍鱼的地方，时间长了也闻不到臭了，也就融入环境里了；藏丹的地方时间长了会变红，藏漆的地方时间长了会变黑，也是环境影响使然啊！所以说，真正的君子必须谨慎地选择自己处身的环境。

一般认为《孔子家语》是伪书。这句话大概不是孔子说的。但不管是谁说的，话本身是很有道理的。他告诉了人们环境对人的重要性，并且以比喻的方式把深刻的道理浅显化、形象化。这段话无论是思想性还是艺术性，都达到了一个比较高的水平，所以为后世所熟悉。此话虽非孔子所说，但不可忽略它的价值。《孔子家语》的其他一些记载也可如是观。

欲速则不达

《论语·子路》：子夏为莒父宰，问政。子曰："无欲速，无见小利。欲速则不达，见小利，则大事不成。"

子夏做了莒父的长官，问孔子怎样为政。孔子说："不要图快，不要只看见小利。想快，反倒达不到目标，只看到小利，那么大事就做不成。"

学而优则仕

子夏是孔子著名弟子之一。他是春秋时期卫国人。他曾说："仕而优则学，学而优则仕。"（《论语·子张》）这句话，尤其是后半句，已经为人们耳熟能详。

学而优则仕，今天我们理解这句话，大概意思是一个人学习优秀就去当官。但这句话的本意并非如此。按照朱熹《四书集注》的解释："仕与学，理同而事异。故当其事者，必先有以尽其事，而后可及其余。然仕而学，则所以资其仕者益深；学而仕，则所以验其学者益广。"如果朱熹的解释不错，那么学是学习，仕是实践。仕而优则学，学而优则仕，是指工作之余继续学习可以增长才干，学习之余参加实践有利于检验所学。这里论述的是学习和实践的关系。两千多年前，子夏就能辩证地认识到理论和实践的关系，要人们理论与实践相结合，是非常可贵的。

子路负米

刘向《说苑·建本》：

> 子路曰："负重道远者，不择地而休；家贫亲老者，不择禄而仕。昔者，由事二亲之时，常食藜藿之实，而为亲负米百里之外。亲没之后，南游于楚，从车百乘，积粟万钟，累茵而坐，列鼎而食，愿食藜藿为亲负米之时，不可复得也。"

这个故事是说，子路小的时候家里很贫穷。他为了能让父母吃的好一些，自已从百里之外背负着米回来，而自己仍吃粗陋的食物。后来父母双亡，子路南游于楚，在那里出人头地，飞黄腾达，成为高官。他坐着豪华的车子，拿着丰厚的俸禄，享用着美味佳肴。但他想到，父母已经不在，自己再像以前那样孝敬父母已经不可能了。

这个故事劝人尽早行孝，一旦父母逝去，后悔都来不及，所谓“子欲养而亲不待”。

蒲邑三善

《孔子家语·辩政》：“子路治蒲三年，孔子过之，入其境，曰：‘善哉由也！恭敬以信矣。’入其邑曰：‘善哉由也！忠信而宽矣。’至廷曰：‘善哉由也！明察以断矣。’”这就是典故蒲邑三善的出处。

公元前487年，子路被任命为蒲邑宰，成为长垣有文字记载的第一位地方长官。

子路，姓仲名由，字子路。据地方县志记载，子路“治蒲三年”，成绩卓著，他亲自带领民众开挖沟渠，以利农耕。孔子听说这位弟子政绩斐然后，专门从外地赶来察看子路的政绩。刚进入蒲邑境内，孔子就称赞说：“善哉由也!”走进城内看了一圈，孔子又说了一句“善哉由也!”走进衙门后，孔子第三次说了一句“善哉由也!”。

这时，跟着孔子的颜回有点纳闷，就问：“夫子尚未见到子路就三次称赞其善，不亦逾乎?”孔老夫子回答说，入其境见沟渠深治，田地整齐，庄稼茂盛，说明子路恭正以信，故民众尽力；入其邑，房屋完好，商贾繁荣，树木葱茏，说明子路忠信以宽，故民不偷懒；至其庭，满院清净，诸下用命，说明子路明察善断，故其政不扰。

最后，孔老夫子说，看来子路的仁政取得了斐然的成果，所以就没有必要再去见子路了，于是就带着颜回满意地回去了。后来，蒲邑被称为“三善之地”。

子路在蒲邑任宰三年，确实为当地人民办了很多好事。在长垣县城的入城口，新立了一座汉白玉的子路塑像，以纪念长垣历史上的这位地方官员。

我们知道，孔子和儒家思想是一种积极入世的思想。孔子本人也非常希望有机会治国理民，施展自己的抱负。他周游列国十四年，也是为了宣传自己的思想，希望能为诸侯所用。但他一直碰壁，晚年只好回到鲁国，从事教育和整理历史古籍的工作。虽然如此，他从政为民的心一直未变。当他听说子路当官时，很想知道子路的政绩怎样，所以迫不及待地去看。他看到蒲邑被子路治理的井井有条，不由地三次称赞。他理政为民的理想没有实现，而学生替自己实现了部分（不是全部，子路治理的毕竟只是一邑，惠及的人民有限），他是很欣慰的。由此我们也就明白，儒家思想注重的不仅是理论，更是实践。它强调内圣，但更强调外王。它主张修齐，但目的是治平。

万仞宫墙

叔孙武叔语大夫于朝曰："子贡贤于仲尼。"子服景伯以告子贡。子贡曰："譬之宫墙，赐之墙也及肩，窥见室家之好。夫子之墙数仞，不得其门而入，不见宗庙之美，百官之富。得其门者或寡矣。夫子之云，不亦宜乎！"

这段出自《论语·子张第十九》的对话大意是，叔孙武叔在朝廷上对大夫们说："子贡比仲尼更贤。"子服景伯把这一番话告诉了子贡。子贡说："拿围墙来作比喻，我家的围墙只有齐肩高，别人可以看到屋内摆设的美好状况。老师家的围墙却有几仞高，如果找不到门进去，你就看不见里面宗庙的富丽堂皇，房屋的绚丽多彩。能够找到门进去的人并不多。叔孙武叔那么讲，不也是很自然吗？"

明武宗正德七年（1512），孔庙为刘六、刘七领导的农民起义军所毁，正德皇帝下令重建。于是以孔庙、孔府为中心修筑了明曲阜城墙，明世宗嘉靖元年（1522）竣工。在与孔庙正南门相对处设立城正南门。因正南门为孔庙而设，所以应视正南门与孔庙为一体。明代学者胡缵宗为表达对孔子的尊敬和赞扬，亲书"万仞宫墙"石额镶于门上。胡缵宗认为数仞宫墙不能表达他对孔子的赞扬，于是径直书为"万仞宫墙"。到了清代，乾隆皇帝到曲阜来，为了显示他对孔子的敬仰，把胡缵宗书写的石额换下，自己亲笔书写了同样四个字镶于城门。现在看到的“万仞宫墙”石额，即乾隆皇帝的御笔题写。

子贡以比喻的方式说明了自己和老师孔子学问的差别，并分析了外人何以认为自己比孔子学问大的原因。按照子贡的解释，自己的学问很浅，易于为别人看到，别人看到后以为自己学问很渊博。孔子的学问太大，别人甚至找不到入口，别人就以为孔子的学问很小。能入了孔子学问门的，实属凤毛麟角，这样的人就已经算不错了。子贡形象地说明了孔子学问之广博。但后人还觉得数仞宫墙不足以说明孔子学问之大，又改为万仞，对孔子推崇到无以复加的程度。万仞宫墙也就成为学问渊博的代名词。

瑚琏之器

《论语·公冶长》：子贡问曰：“赐也何如？”子曰：“女，器也。”曰：“何器也？”曰：“瑚琏也。”

人们多以为这是孔子夸赞子贡。但孔子也曾说过：“君子不器。”即君子不是一个器物。这样的话，他说子贡成器，就不是夸赞了，至少鞭策的成分更大。孔子为什么认为君子不应成器呢？历来众说纷纭，莫衷一是。个人浅见，器的功用是盛东西。一个人成了器，似指这个人有专门的知识和技术，能解决某方面的问题，就像一个器皿能盛物一样。孔子认为君子不应该成器，可能觉得君子不应仅具备某方面的知识和技能，还应在精神层面有更高的水准。比如应该仁、义等。子贡擅长政事和经商，已经成器了，但可能在思想精神上还有所欠缺，所以孔子不认为他是个君子。

宁戚饭牛

《吕氏春秋》卷十九《离俗览·举难》载：

宁戚欲干齐桓公，穷困无以自进，于是为商旅将任车以至齐，暮宿于郭门之外。桓公郊迎客，夜开门，辟任车，爝火甚盛，从者甚众。宁戚饭牛居车下，望桓公而悲，击牛角疾歌。桓公闻之，抚其仆之手曰：“异哉！之歌者非常人也。”命后车载之。桓公反，至，从者以请。桓公赐之衣冠，将见之。宁戚见，说桓公以治境内。明日复见，说桓公以为天下。桓公大说，将任之。群臣争之曰："客，卫人也。卫之去齐不远，君不若使人问之。而固贤者也，用之未晚也。"桓公曰："不然。问之，患其有小恶，以人之小恶，亡人之大美，此人主之所以失天下之士也已。"凡听必有以矣。今听而不复问，合其所以也。且人固难全，权而用其长者。当举也。桓公得之矣。

这段话意思是说：宁戚想要到齐桓公那里去求取官职，因为穷困无法接近齐桓公，于是扮成商人赶车到齐国去，夜晚就在城门之外住宿。齐桓公到郊外迎接客人，夜晚打开城门，所有赶车者都得回避，跟随齐桓公的人很多，而且都拿着明亮的火把。宁戚在车前给牛喂食，看到齐桓公而悲伤，敲打着牛角，唱着歌。齐桓公听见后，扶着他的仆人的手走下车说："奇怪啊，这个唱歌的人非一般之人啊。"齐桓公于是命令，用后面的车子装载一同回朝。齐桓公回到朝廷，手下人向他请示如何处置宁戚。齐桓公说："赏赐给他官衣官帽，我将接见他。"宁戚见到齐桓公，游说齐桓公统一四境；第二天再见，更劝说齐桓公统一天下。齐桓公非常高兴，将重用宁戚。群臣们都纷纷劝齐桓公说："宁戚是卫国人，离我们齐国只有五百里路，不是很远，不如我们派人去打听打听他的情况，如果他确实是个贤能的人，再重用他也不为晚。"齐桓公说："不可这样，打听可能会听到一些小毛病，因为小毛病，而忘记人家的主要美德，这就是君主往往错失天下人才的原因。况且一个人很难十全十美，治政只用他的长处即可。"于是就提拔重用了宁戚，授给他卿相的大官。此举为齐桓公赢得了天下的人心，这就是他成为春秋五霸之一的原因。

这是宁戚饭牛典故的出处。这个典故虽然以宁戚为名，但夸赞的却是齐桓公。故事阐述了齐桓公不以小缺点而弃用人才的用人之道，指出这是齐桓公成为春秋五霸之首的重要原因。这一思想与《离俗览·举难》的主旨是契合的。《离俗览·举难》开头说：

以全举人固难，物之情也。人伤尧以不慈之名，舜以卑父之号，禹以贪位之意，汤、武以放弑之谋，五伯以侵夺之事。由此观之，物岂可全哉？故君子责人则以人，自责则以义。责人以人则易足，易足则得人；自责以义则难为非，难为非则行饰；故任天地而有余。不肖

> 者则不然，责人则以义，自责则以人。责人以义责难赡，难赡则失亲；自责以人则易为，易为则行苟；故天下之大而不容也，身取危、国取亡焉，此桀、纣、幽、厉之行也。尺之木必有节目，寸之玉必有瑕瓋。先王知物之不可全也，故择务而贵取一也。

这里指出，任何事物都不是十全十美的。君子应该责人以仁，这样才能得到人才。自责以义，这样才能提升自己。这类似我们常说的宽人严己。对于一个人，君主不应因其有缺点而弃用，而应发挥他的优点。齐桓公知道宁戚和其他人一样也有缺点，但这些缺点不足以掩盖他的才能，把他放在一个合适的位置，充分发挥他的才能就可以了，国家也就治理好了。齐桓公深谙用人之道，最终成就了霸业。

卫姬释卫

《列女传》卷二《贤明传·齐桓卫姬》载：

> 卫姬者，卫侯之女，齐桓公之夫人也。桓公好淫乐，卫姬为之不听郑卫之音。桓公用管仲、宁戚，行霸道，诸侯皆朝，而卫独不至。桓公与管仲谋伐卫。罢朝入闺，卫姬望见桓公，脱簪珥，解环佩，下堂再拜，曰："愿请卫之罪。"桓公曰："吾与卫无故，姬何为请耶？"对曰："妾闻之，人君有三色：显然喜乐，容貌淫乐者，钟鼓酒食之色；寂然清静，意气沉抑者，丧祸之色；忿然充满，手足矜动者，攻伐之色。今妾望君举趾高，色厉音扬，意在卫也，是以请也。"桓公许诺。明日临朝，管仲趋进曰："君之莅朝也，恭而气下，言则徐，无伐国之志，是释卫也。"桓公曰："善。"乃立卫姬为夫人，号管仲为仲父，曰："夫人治内，管仲治外。寡人虽愚，足以立于世矣。"君子谓卫姬信而有行。《诗》曰："展如之人兮，邦之媛也。"

这个故事是说，卫姬是卫侯之女，齐桓公之夫人。桓公好淫乐，卫姬就不听郑卫之音。桓公任用管仲、宁戚，行霸道，诸侯皆朝，只有卫国没有来。桓公与管仲谋划攻伐卫国。罢朝之后，桓公回到寝殿，卫姬见到桓公，脱下簪珥，解开环佩，下堂拜了两次，说："愿请卫之罪。"桓公说：

“我和卫国不是敌人，你请什么罪?”卫姬答：“我听说人君有三种脸色，显然喜乐容貌淫乐是钟鼓酒食之色。寂然清静意气沉抑是丧祸之色。忿然充满手足矜动是攻伐之色。我看到您举趾高，色厉音扬，意在卫国，所以请罪。”桓公答应了。第二天临朝，管仲趋进说：“您莅朝，恭而气下，说话徐缓，没有攻伐卫国的志趣，看来是要释放了卫国。”桓公曰：“善。”于是立卫姬为夫人，称管仲为仲父。他说：“夫人治内，管仲治外。我即使愚蠢，也足以立于世了。”君子都说卫姬诚信又有品行。《诗》曰：“展如之人兮，邦之媛也。”就是说的卫姬这样的女子。西汉的刘向称颂卫姬道：“齐桓卫姬，忠款诚信。公好淫乐，姬为修身。望色请罪，桓公加焉。厥使治内，立为夫人。”①

韩凭息氏

民间流传着相思树的故事。这个故事据说就发生在封丘县东北的青堆村。战国初期某日，宋康王带着一队人马去青堆村附近打猎。一只受惊的兔子窜向一片树林。宋康王就追了过去。当他追到树林前边时，马突然受惊了，宋康王差点儿从马上摔下来。他恼怒不已，抬头看见一个采桑女，正在提着桑篮慢慢走来。宋康王忍着疼痛，仔细看这位姑娘，只见她面如桃花、明眸皓齿、秀发飘飘，身上穿的虽是粗布，但模样确实迷人。宋康王看得痴呆，竟好长时间没有说话。那女子也盯着宋康王，羞涩地低下了头，依靠在树旁。当宋康王缓过神来，那女子已经不见了。

宋康王自从见了那女子后，焦躁不安，茶饭不思。他对他身边的女子都不如意。总是想着那位采桑姑娘。他还时常去桑树林边转悠，希望能遇上那位女子。后来他还令人在此筑起一座高高的台，取名青陵台，以便登高望远，看到那位女子。

好几天过去了，宋康王还没见到那位女子。可他不死心，派人四处查访，最终得知该女子是他的舍人韩凭的妻子息氏（一说姓何）。宋康王告诉韩凭，要纳息氏为妃，令他速速将息氏带入宫中。韩凭和妻子青梅竹

---

① 刘向撰、张涛译注：《列女传译注》卷2《贤明传·齐桓卫姬》，山东大学出版社1990年版，第54—55页。

马，感情甚笃，恩爱无比，他断然拒绝了宋康王的无理要求。

宋康王也不罢休，把息氏抢到青陵台上，让她陪自己喝酒，并威逼利诱息氏，以让她顺从。同时，把韩凭罚去做苦工。息氏乘宋康王不注意的时候，写了一封信让人送给韩凭。韩凭接到信，打开一看，上面写着十二个字：其雨淫淫，河水大深，日出当心。韩凭知道了其中的含义，叹息几声，就在当晚自杀了。

宋康王得知韩凭自杀的消息，很高兴，觉得息氏就不会牵挂韩凭了，就会顺从自己了。他命人通知息氏，第二天和他一同去青陵台。息氏得知丈夫已死，没有流太多的眼泪。她不动声色地把一件华美的衣服用腐蚀药物浸渍了一遍，晾干收好。第二天穿上，并略事梳妆打扮，脸上露出几丝微笑，去见宋康王。宋康王见她这样，很是高兴，和她一同登上了青陵台。

登上台后，四周的美景尽收眼底。但息氏哪有心情观赏这美丽的春光。她走到台畔，纵身跳下了台。左右人吓坏了，忙去抓她，但只抓住了衣服。哪知好端端的一件衣服，应手变成了碎片。更奇怪的是，碎片散落在空中，变成了千百只美丽的蝴蝶。蝴蝶绕台而飞，翩翩起舞，令人眼花缭乱，心驰神往。宋康王见此情景，惊呆了，忙命人去台下查看尸体。卫士们跑到台下，检查尸体，从中发现了写有两段文字的白绫衣带。宋康王一看，其中一段文字是“乌鹊歌”，内容是：

南山有乌，北山张罗；乌自高飞，罗当奈何！
乌鹊双飞，不乐凤凰；妾是庶民，不乐宋王。

这首诗明白如话，不待饶舌。另一段文字是一封遗书，大意是让宋康王把自己与韩凭同穴，自己九泉之下感恩不尽。宋康王一看，恼羞成怒，恶狠狠地说：“想得美，你不从我，还想让我把你们合葬在一起，门都没有。我偏把你们分开。”于是，他命人把韩凭和息氏分开葬在马路两边，让他们隔路相望，不能在一起。

不久，两座墓上各长出一座小树苗，树苗长得很快，没几年就长成了合抱粗的大树。这两棵树，盘根错节缠绕在一起，分不清哪棵是哪棵，而且枝叶还很茂盛，树上有一些小花，香气四溢。据说，这是韩凭和息氏死后灵魂不散，化作了这两棵树。人们就叫这两棵树为相思树。许多比翼鸟也经常来树上栖息，低回呜咽，委婉感人。后来慕名而来的人越来越多，相思树也成为当地的胜景之一。①

韩凭和息氏的故事是一个爱情悲剧。爱情是文学永远的母题。悲剧是最能震撼人心的。韩凭息氏如此凄惨、如此坚贞的爱情悲剧引起后世无数文人墨客的咏叹。让我们感谢韩凭和息氏，正因为他们，才有了这些隽永的诗句：

游丝空绢合欢枝，落花自绕相思树。（王勃《春思赋》）
在天愿做比翼鸟，在地愿做连理枝。（白居易《长恨歌》）
青陵粉蝶休离恨，长定相逢二月中。（李商隐《蜂》）
莫许韩凭为蝴蝶，等闲飞上别枝花。（李商隐《咏青陵台》）

自荐枕席

钟离春，战国时齐国的盐邑之女，宣王的正位王后。一般来讲，王后长得都十分美丽，然而她长得却奇丑无比："臼头深目，长壮大节，卬鼻结喉，肥项少发，折腰出胸，皮肤若漆。"起初，她年快四十了还没有出嫁。她索性直接找宣王。当时宣王正在渐台喝酒，左右听到了，都掩口大笑，说："这个女子真是脸皮厚。"宣王召见了她，就问她，我不缺嫔妃，你不容于乡里布衣，而拜访我，你有什么才能？钟离春说："没有。只是仰慕大王的美义。"宣王问她："你擅长什么？"她说我擅长隐身。宣王说你展示一下吧。话还没有说完，钟离春忽然不见了。宣王大惊，后查看了很多书，也不知道是怎么回事。第二天，又召见她。她不再说隐身的事，而是大喊四声"殆哉！殆哉！"宣王问什么意思。钟离春说："今大王之君国也，西有衡秦之患，南有强楚之仇，外有二国之难，内聚奸臣，众人不附。春秋四十，壮男不立，不务众子而务众妇，尊所好，忽所恃。一旦山陵崩弛，社稷不定，此一殆也。渐台五重，黄金白玉，琅玕笼疏，翡翠珠玑，幕络连饰，万民罢极，此二殆也。贤者匿于山林，谄谀强于左右，邪伪立于本朝，谏者不得通入，此三殆也。饮酒沈湎，以夜继昼，女乐俳

① 参见袁珂《中国神话传说》，第458—460页。

优，纵横大笑，外不修诸侯之礼，内不秉国家之治，此四殆也。故曰‘殆哉！殆哉’！”钟离春指出了齐国存在的四种危机。宣王听后喟然而叹：“一直没有听到过这样的话，今天才听到。”于是拆渐台，罢女乐，退谄谀，去雕琢，选兵马，实府库，四辟公门，招进直言，延及侧陋。卜择吉日，立太子，进慈母，拜无盐君为后。人们都说，齐国大安是丑女的功劳。后人称颂曰：“无盐之女，干说齐宣。分别四殆，称国乱烦。宣王从之，四辟公门。遂立太子，拜无盐君。”①

毛遂自荐

毛遂自荐是人们耳熟能详的一个成语，毛遂也因此成为妇孺皆知的人物。这个成语包含着一个典故，故事大致是这样的：

战国晚期，秦国围困了赵国的首都邯郸。赵公子平原君打算向楚国求救，与楚结成共同抗击秦国的合纵联盟。他欲从自己所养的食客中挑选出二十名随自己一同去楚国。最后选了十九名，还差一名。这时，毛遂自告奋勇，说自己愿意去。平原君没有听说过毛遂，觉得他没什么才能，不同意他去。但毛遂说自己能胜任。最终平原君应允了。到了楚国，平原君与楚王交涉了半日，没有结果。毛遂介入，说服了楚王，楚赵结盟，楚答应派兵救援赵国。回到赵国后，平原君对毛遂称赞不已，并以其为上客。

这就是毛遂自荐的故事。人们常以这个故事揭示一个道理：人要抓住机遇，勇于表现自己。这是从成功学的角度来看这个故事，固然不错。但要真正理解这个故事，还要从历史学的角度阐释。如果不对当时的历史环境有深刻的认识，就不能很好地理解故事中人物的言行，对这个故事的理解也极易流于肤浅和表层。本文就尝试解读这个故事。

据史书记载，平原君是为了出使楚国而从自己所养的食客中选人，选来选去，还差一人，最后毛遂向平原君自荐，凑够了二十人。那毛遂为何自荐？他完全可以不自荐。因为这次出使的任务是十分艰巨而危险的。史书载，平原君在挑选食客前，对他们说，这次出使楚国，“使文能取胜，

---

① 刘向撰，张涛译注：《列女传译注》卷 6《辩通传·齐钟离春》，山东大学出版社 1990 年版，第 231—234 页。

则善矣。文不能取胜，则歃血于华屋之下，必得定从而还”①。一旦谈判失败，平原君与食客会和楚国动武。在人家的地盘动武，必定凶多吉少。所以这次出使，能否生还，不可得知。面对如此凶险的任务，毛遂敢于自荐，必然有动机。对此史书没有明言，但我们可以结合当时的历史环境推测。笔者以为，毛遂的动机似有二：为己和为人。这两者并不矛盾，而且在现实中，一个人做某件事往往出于多种动机。

先来分析第一个动机——为己。战国时期，各国养士之风盛行，而且愈演愈烈。养士的既有各国君主，也有各国贵族。君主养士是为了在激烈的国际竞争中获胜，贵族养士是为了发展壮大自己的力量。这些被养的士就成为君主或贵族的食客。平原君是战国晚期赵国的公子，喜欢养士，最多时达“数千人”。随着养的士越来越多，如何管理这些士就成为大问题。由于史料的缺乏，具体管理的方法不得而知。但可以肯定的是，为了便于管理，君主或贵族往往将士分为不同的等级，根据等级的不同，给予不同的待遇。这可从著名的冯谖弹铗的故事得到明证。《战国策·齐策四》：

> 齐人有冯谖者，贫乏不能自存，使人属孟尝君，愿寄食门下。孟尝君曰：“客何好？”曰：“客无好也。”曰：“客何能？”曰：“客无能也。”孟尝君笑而受之，曰：“诺。”
>
> 左右以君贱之也，食以草具。
>
> 居有顷，倚柱弹其剑，歌曰：“长铗归来乎！食无鱼。”左右以告。孟尝君曰：“食之，比门下之客。”居有顷，复弹其铗，歌曰：“长铗归来乎！出无车。”左右皆笑之，以告。孟尝君曰：“为之驾，比门下之车客。”于是乘其车，揭其剑，过其友曰：“孟尝君客我。”后有顷，复弹其剑铗，歌曰：“长铗归来乎！无以为家。”左右皆恶之，以为贪而不知足。孟尝君问：“冯公有亲乎？”对曰：“有老母。”孟尝君使人给其食用，无使乏。于是冯谖不复歌。

冯谖每弹铗而歌一次，待遇就提高一次，享受相应的“门下之客”“门下之车客”的待遇。这说明孟尝君门下的食客是分等级的，等级越

① 《史记》卷 76《平原君虞卿列传》，第 2366 页。以下引文出自本书本卷者，不再注明。

高，待遇越好。《史记》卷75《孟尝君列传》也记载了这个故事，其中云：

> 孟尝君置传舍十日，孟尝君问传舍长曰："客何所为？"答曰："冯先生甚贫，犹有一剑耳，又蒯缑。弹其剑而歌曰'长铗归来乎，食无鱼'。"孟尝君迁之幸舍，食有鱼矣。五日，又问传舍长。答曰："客复弹剑而歌曰'长铗归来乎，出无舆'。"孟尝君迁之代舍，出入乘舆车矣。五日，孟尝君复问传舍长。舍长答曰："先生又尝弹剑而歌曰'长铗归来乎，无以为家'。"孟尝君不悦。

《索隐》说："传舍、幸舍及代舍，并当上、中、下三等之客所舍之名耳。"这更说明客分为上、中、下三等，分别居住在代舍、幸舍、传舍。

孟尝君将食客分等级的情况不是个案，应是当时普遍的情况。毛遂在完成出使楚国的任务后，被平原君迁为"上客"，说明平原君门下的食客很可能分为上、中、下不同的等级。

明了了食客的等级制度，我们就可知道毛遂自荐的动机之一。毛遂自荐前，他在平原君门下待了三年，默默无闻，以至于平原君都没听说过他。毛遂主动要求出使楚国后，平原君对他说："今先生处胜之门下三年于此矣，左右未有所称诵，胜未有所闻，是先生无所有也。"毛遂不为平原君所知，说明他没有为平原君立下任何功劳，其地位必然很低，很可能是最末一等的食客。那么毛遂的待遇必然不好。每一位士都希望获得主人的青睐，得到更好的待遇。而要做到这一点，就需要为主人建功立业。这次出使楚国就是一个机会，一旦帮助平原君完成任务，必定等级上升，得到更好的待遇。这是毛遂自荐的一个动机。

战国时期君主或贵族的养士，给予士优厚的物质的、精神的待遇，目的是让士帮助自己。而士大多游踪不定，贫困不堪，生活上完全依靠君主或贵族的物质支持。士接受了主人的优待，也希望自己能帮助主人。如果主人确实尊重士、信任士，士就会尽全力报效主人，甚至不惜牺牲自己的生命，这就是当时所谓的"士为知己者死"。豫让、荆轲等人的故事就是显例。这是流行于士中间的一股风气，也是士的一个特点。而平原君就是一位尊重士、重视士的贤公子。史书在记载毛遂自荐故事之前，记述了平原君是如何对待士的：

平原君家楼临民家。民家有躄者，盘散行汲。平原君美人居楼上，临见，大笑之。明日，躄者至平原君门，请曰："臣闻君之喜士，士不远千里而至者，以君能贵士而贱妾也。臣不幸有罢癃之病，而君之后宫临而笑臣，臣愿得笑臣者头。"平原君笑应曰："诺。"躄者去，平原君笑曰："观此竖子，乃欲以一笑之故杀吾美人，不亦甚乎！"终不杀。居岁余，宾客门下舍人稍稍引去者过半。平原君怪之，曰："胜所以待诸君者未尝敢失礼，而去者何多也？"门下一人前对曰："以君之不杀笑躄者，以君为爱色而贱士，士即去耳。"于是平原君乃斩笑躄者美人头，自造门进躄者，因谢焉。其后门下乃复稍稍来。

今天看来，平原君起初的做法并没有错。美人只是讥笑了躄者，虽然不礼貌，但还不至于被杀。后来士都走了，平原君接受门人的建议，杀死美人并向躄者谢罪，这样"门下乃复稍稍来"。平原君的这样做法使士认为他充分尊重士，是一位贤公子。面对这样一位礼贤下士的主人，毛遂在其门下三年而寸功未立，必然感到耻辱。所以在出使楚国缺少一人的情况下，毛遂毅然地推荐自己，以报答平原君的恩惠。这是毛遂自荐的另一个动机——为人。

我们只有了解了战国时期的食客制度和士的特点，才能明白毛遂自荐的原因，理解他为什么这么做。

毛遂自荐后，随同其他食客和平原君去了楚国。他迫使楚王和平原君定盟，派兵救援赵国。那毛遂是如何使楚王与赵定盟的呢？他何以完成了平原君都无法完成的任务？这就需要分析毛遂的表现。

平原君、毛遂等一行人到达楚国后，平原君和楚王谈了一个上午，没有结果。毛遂看到这种情况，"按剑历阶而上"，谓平原君曰："从之利害，两言而决耳。今日出而言从，日中不决，何也？"楚王问这人是谁，平原君答是自己的一个门客。楚王叱曰："胡不下！吾乃与而君言，汝何为者也！"毛遂按剑而前，对楚王说：

王之所以叱遂者，以楚国之众也。今十步之内，王不得恃楚国之众也，王之命县于遂手。吾君在前，叱者何也？且遂闻汤以七十里之地王天下，文王以百里之壤而臣诸侯，岂其士卒众多哉，诚能据其势而奋其威。今楚地方五千里，持戟百万，此霸王之资也。以楚之强，天下弗能当。白起，小竖子耳，率数万之众，兴师以与楚战，一战而举鄢郢，再战而烧夷陵，三战而辱王之先人。此百世之怨而赵之所羞，而王弗知恶焉。合从者为楚，非为赵也。吾君在前，叱者何也？

毛遂的话虽不多，但很有内涵。他的话可分为四层意思。从开头到第一个“吾君在前，叱者何也”是第一层，是说楚王的性命在我毛遂手中。这是威胁、逼迫楚王答应平原君的要求。从“且遂闻汤以七十里之地王天下”到“此霸王之资也”，是第二层。毛遂在给了楚王一个下马威之后，又转而盛赞楚国强大，让楚王认识到，楚国有实力与秦国抗衡。这是为楚王打气。从“以楚之强”到“而王弗知恶焉”是第三层，提醒楚王，秦国屡败楚国，是楚国的仇敌。以楚国强大的实力而不知报仇，是十分可耻的，这是激将法。“合从者为楚，非为赵也”一句是第四层，告诉楚王合纵是为了楚国而非赵国。说服对方，必须站在对方的立场上为对方着想。这里毛遂就指出合纵有利于楚国。

毛遂的这番话，刚柔并济，既有对楚王的恐吓，又有对楚国的夸赞；既激怒楚王，又为楚国着想，理论上很有说服力，感情上很能打动人。在这种情形下，楚王不得不答应和平原君立盟。毛遂赶紧命人准备立盟的用具，当场让楚王、平原君和自己歃血为盟。这一步也很关键，如果不立即立盟，楚王可能会变卦，所以必须趁热打铁。

正是由于毛遂卓越的表现，使任务得以顺利完成。回到赵国后，平原君盛赞毛遂：“胜不敢复相士。胜相士多者千人，寡者百数，自以为不失天下之士，今乃于毛先生而失之也。毛先生一至楚，而使赵重于九鼎大吕。毛先生以三寸之舌，强于百万之师。胜不敢复相士。”乃以毛遂为上客。

明乎了毛遂自荐的故事，那这个故事给我们什么启示呢？

首先，成功来自于平时的积累和准备。毛遂能够有如此表现，必然与他平时的积累、准备有关。难以想象，如果毛遂平日无所事事，会有这么大智大勇的表现。春秋晚期，随着社会经济结构的变化，以前的贵族——

庶民体制逐渐瓦解。贵族的衰落和平民的上升逐渐形成了一个新的阶层——士。士与贵族和农工商有很大的不同。士不像贵族有采邑和固定的收入，也不像农工商有专门的技术以谋生。士拥有的只是知识，他们只能靠自己的知识来生存和发展。为了生存和发展，士只有不断学习，丰富自己的知识，以此赢得君主和贵族的重用。战国时期，这种情形愈加明显。如著名的“锥刺骨”的苏秦。他既不“治产业”，又不“力工商”①，只是游说诸侯，起初没有受到重视。兄弟嫂妹妻妾都笑他不务正业。他感到很羞愧，于是闭门读书。一年以后，感觉自己学有所成，遂游说赵王，赵王听了他的话大悦，封他为武安君。后苏秦合纵六国共同抗秦，成为天下最有影响的人物。这是战国时期士以知识改变自己命运的典型。这样的例子还有很多，除前面提到的冯谖，还有张仪、范雎、虞卿等。毛遂作为平原君门下的一个士，他只有不断地读书、积累，为主人建功立业，才能换得更好的待遇。毛遂在楚国能有那样的行为，说出那样的话，史书虽没有像叙述苏秦那样记载毛遂苦读的情况，但可以想见，他平日必定在不断地积累，为以后的成功做准备。“机遇总是留给有准备的人。”只有平时准备充分，积累足够，在机遇来临时才能有上佳表现。

其次，人需要一个可以展现自己的平台。史书记载，毛遂自荐时，平原君对毛遂说，你在我门下三年了，我身边的人从来没有提起过您，我也从来没有听说过您，可见您确实无才。有才人如同锥子处于囊中，其末端会很快显露出来。毛遂说，我是今天才处于囊中啊，如果我早处于囊中，那么锥子就脱颖而出了，岂止末端显露出来。毛遂不是没有才，只不过由于没有展现自己才能的平台而一直不为人知。出使楚国这是一个很好的平台，毛遂充分展现了自己，获得了成功。可见平台对一个人的成功有重要作用。这也告诉管理者们，要搭建平台，使下属的才能得以显示，才能选拔出真正的人才，而不至于使千里马和驽马同处于槽枥之间，埋没了人才。

最后，人要把握住机遇。史书记载，平原君是从自己所养食客中挑选出二十名，结果只选出了十九名。这时，毛遂勇敢地站出来向平原君推荐了自己。在被平原君否定后，毛遂又说自己有才能。最后得到平原君的允

① 《史记》卷69《苏秦列传》，第2241页。

许。试想，如果平原君选出了二十名食客，或在缺少食客时毛遂不敢自荐，那毛遂就错过了这个机遇，他也就不可能被迁为上客，更不会名垂青史。一个人的成功取决于主客观多种因素。个人的努力固然重要，但若没有机遇也不行。而在机遇来临时，能否把握住，对人的一生都会产生重大的影响。

毛遂坠井

《西京杂记》卷六：“赵有两毛遂……野人毛遂坠井而死，客以告平原君，平原君曰：‘嗟乎，天丧予矣！’既而知野人毛遂，非平原君客也。”人们都知道毛遂自荐的故事，但很多人不知道还有一个关于毛遂坠井的典故。赵国有两个毛遂，其中一个是我们熟知的自荐的毛遂，另外一个是野人毛遂。一天，野人毛遂坠入井中死掉了。有人把这个消息告诉了平原君，平原君大吃一惊，哀叹道：“嗟乎！这是天丧我啊。”后来得知坠井而死的是野人毛遂，而不是平原君的门客毛遂。后来人们多以毛遂坠井比作不实的传闻。

完璧归赵

蔺相如，战国时赵国人。他本是宦者令缪贤的舍人。赵惠文王时，得到楚国的和氏璧。这块璧是稀世珍品，无价之宝。秦昭王听说了，就派人告诉赵王，说自己愿意以秦国的十五城换取和氏璧。赵王和廉颇商量，如果给秦王璧，担心秦王不给十五城；如果不同意秦王的要求，怕秦国进攻。商量许久也没有结果，他们就寻找能出使秦国的人。宦者令缪贤说，我的舍人蔺相如可以。赵王于是召见蔺相如，问他：“秦王以十五城换我的璧，可以吗？”蔺相如回答：“秦强赵弱，不能不同意。”赵王问：“如果我给了璧，他不给我城，怎么办？”蔺相如说：“秦以城换璧，如果我们不同意，曲在我们。如果我们给了秦王璧，秦不给我们城，曲在秦。我们宁可选择曲在秦。”赵王问：“谁可以去秦国交涉呢？”蔺相如说：“您这里肯定没有合适的人选。我愿意带着璧出使秦国。城划入了赵国，我就把璧留在秦国；城没有给赵国，我就完璧归赵。”赵王于是派蔺相如携带着璧去了秦国。

秦王在章台接见了蔺相如。蔺相如拿给秦王璧看，秦王看了大喜，传给美人和左右大臣看。蔺相如看到秦王没有给城的意思，就对秦王说："璧上一些瑕疵，我给您指出。"秦王把璧给了蔺相如。蔺相如拿着璧，退后几步，倚着柱子，怒发冲冠，对秦王说："我看你没有给赵国城邑的意思。你要是逼我，我就头和璧一起撞在柱子上。"蔺相如怒目而视，打算击柱。秦王怕璧碎了，就道歉，召有司拿出地图，指着图说这十五城给赵国。蔺相如猜测这是秦王演戏，并非真的想给赵国城，就对秦王说："和氏璧是天下之宝。赵王送璧的时候，斋戒了五日。现在大王也应该斋戒五日，设九宾于亭，我才敢奉上璧。"秦王看不能动硬的，就答应了蔺相如的请求。让蔺相如回驿馆休息。蔺相如估计秦王即使斋戒，也不会给赵国十五城，就派人着便衣，走小道带着璧偷偷回赵国了。

秦王斋戒了五日，设九宾礼于廷。蔺相如来到后，对秦王说："我担心秦国不守信用，让人把璧带回赵国了。您要是要璧，就派遣使者去赵国，交割十五城的事宜。赵国确实收到了十五城，怎会不给您璧呢？我知道我欺骗了大王，罪该死，我愿意受死。到底如何，你们君臣商量吧。"左右想杀掉蔺相如，秦王说："杀了他也得不到璧，而且会断绝秦赵二国的友好关系，不如趁势厚待他。把他送回赵国，赵国怎会因为一块璧欺骗秦呢？"最终把蔺相如遣回了赵国。蔺相如回国后，赵王见他不辱使命，就任命他为上大夫。秦国没有给赵十五城，赵也没有给秦璧。

渑池之功

几年后，秦王派使者告诉赵王，想和赵王在渑池会见。赵王害怕秦王，不想去。廉颇、蔺相如说："您不去的话，就示弱于秦国了。"赵王就去了。蔺相如跟着赵王一块去。廉颇把赵王送到国境边，对王说："您要是三十天不回来，我就立太子为王，以绝秦望。"赵王答应了。赵王在渑池和秦王会见。秦王喝的高兴的时候，说："我听说赵王您喜欢音乐，请您为我弹瑟吧。"赵王这样做了。秦国的御史写到"某年月日，秦王与赵王会饮，令赵王鼓瑟"。蔺相如到前面对秦王说："听说您善为秦声，请您奏盆缻。"秦王大怒，不答应。于是蔺相如进上缻，跪着请秦王弹奏，秦王就是不肯。蔺相如说：“我五步之内就可以杀死您。”秦王左右的人想击杀蔺相如，蔺相如怒目而叱，左右都惊乱。秦王被迫击了一下缻。蔺相如请赵国的御史书写“某年月日，秦王为赵王击缻”。秦国的群臣说：“请赵国给秦十五城为秦祝寿。”蔺相如也说：“请秦王以咸阳为赵王祝寿。”整个宴会期间，秦王始终不能占到赵王的便宜。赵国早已做好了战斗准备，所以秦也就不敢动武。

负荆请罪

从渑池回来后，赵王以为蔺相如功大，就拜他为上卿，位在老将廉颇之上。这引起了廉颇的不满。廉颇放言：“我作为武将，攻城拔寨，为国家立下战功无数。而蔺相如只凭口舌的功劳就位居我之上，而且他以前还是个贱人。我要是遇见他，必定羞辱他。”蔺相如听到后，就不与他见面。每次朝会，就推脱自己病了，不想和廉颇相争。不久他外出，望见廉颇，就引车相避。他的舍人对蔺相如说：“我们离开亲戚跟随您，就是仰慕您的高义。现在廉颇这样羞辱您，您这么畏惧。普通人都感到羞耻，何况将相呢？对不起，我们要离开您。”蔺相如劝止他们说：“廉颇与秦王相比，厉害吗？”舍人回答：“不如。”蔺相如说：“我连秦王都不怕，还畏惧廉颇吗？我考虑的是，秦国之所以不敢进攻赵国，就在于我们二人。如果我们两虎相争，必不能同在。这对国家是不利的。我所以如此，是先国家之急后私仇也。”廉颇听到这话，脱掉上衣，背着荆条去蔺府谢罪。他对蔺相如说：“我是个鄙贱之人。不知将军宽厚至此。”最后两人合欢，成为刎颈之交。①

① 《史记》卷81《廉颇蔺相如列传》，第2443页。

第二章　秦汉时期

秦始皇在原阳

传说秦始皇曾两次在原阳，一次是巡行时经过原阳，在此被张良刺杀未遂。这是史书上有明确记载的。另一次是秦始皇在此地微服私行，打探民情。这是个传说，不是事实，但很有意思。

据说秦始皇喜欢微服私行。一天他独自一人来到博浪沙的一个客店。天色已晚，他就在这住下。和他同住在一屋的是两个儒生。他们的谈话让秦始皇感觉到儒生懂得太多了，以致让他寝食难安，胆战心惊。

当晚，繁星点点，星河灿烂。秦始皇嫌枕头低，就去外边找了一捆柳枝放在枕头底下垫着。一会儿，儒生甲回到屋子里，说："今天天象有些怪，'紫微星，座北斗，头枕一窝柳'。"儒生乙说："这怎么可能？红床锦被，软玉香风，咋会头枕一窝柳？让我去看看。"他就出去看天象了。秦始皇听了儒生甲的话，觉得儒生甲可能识破了自己的真实身份，就把柳枝扔到了床下。头枕着自己的胳膊。一会，儒生乙回来了，说："是'紫微星，座北斗，头枕一胳肘'。看来今晚皇上有心事。"秦始皇一听吓了一大跳，觉得他们这些儒生太厉害了，自己干什么他们全都能算出来。他认为自己在这多待一时，就愈危险，于是连夜离开了这里。回到宫里，下令收缴销毁民间兵器和经典书籍，特别是易学、观测星相之类的书籍，统统烧毁，收缴全国兵器铸成十二座金人铜像。又下令把有名气的儒士、方士全部活埋，以绝后患，全国共坑杀 460 多人，这便是那场后人谈之色变的浩劫——焚书坑儒。①

---

① 李开元：《焚书坑儒的真伪虚实》，《史学集刊》2010 年第 6 期。该文认为秦始皇焚书是真，坑儒并无其事。历史事实究竟如何，还需探讨。本书暂从主流观点。

这个故事讲的是秦始皇焚书坑儒的原因，当然是虚构的，真实的原因，《史记 · 秦始皇本纪》有明确的记载，笔者在此不赘述。虽然这个故事所说是虚假的，但与历史也有相同一点，那就是秦始皇焚书坑儒是为了维护和巩固自己的统治。专制主义极权者最害怕的是人们有与官方不一致的思想，即所谓的异端，怕人们有独立的思想，自由的言论，自己的意志，所以他们以吏为师，焚书坑儒，试图把自己的思想变成天下人的思想。他们需要的不是公民而是奴才。对于古代统治者焚书坑儒等厉行文化专制主义的措施，学界已经达成一致的意见，都给予彻底的否定。然而，一些历史小说、影视剧及其读者、观众却对这种行为津津乐道，好像这样才显示出大一统帝国的尊严和风范。而当我们的读者和观众为这样的片子而喜悦的时候，邻国日本却在销售《图书馆战争》之类的小说，上映据此改编的电影。这类小说和影片受到民众的欢迎和好评。该作品讲述的是图书馆的卫队是如何反对政府关于审查、销毁图书的禁令的，表达了图书馆卫士为了给公民创造一个思想自由的社会而不惜牺牲生命的崇高精神。同一时间，两国观众欣赏的是如此趣味不同的文学作品和影视剧。我们现在经常说，中国经济已经赶超欧盟、日本成为全球第二大经济体。中国和日本经济的差距可能越来越小，但同样生活在高楼大厦、汽车地铁的客观世界里，两国国民的主观世界却是不同。笔者不想多说什么，只想以电影《图书馆战争》的开场白作为本文的结语，并希望我们的读者能对这几句话有所思考：

> 吾辈必保护书本，守护人们的自由。
> 焚书之国，终将焚其人民。

孟姜女河

孟姜女河，位于河南省新乡市南部。这里有两条孟姜女河，分别为东孟姜女河和西孟姜女河，两河相距十公里左右，都由西南向东北流，经延津至卫辉市汇入卫河。每当天雨时有水，否则仅有其形。民间传说此河是孟姜女想夫哭出来的。

秦始皇统一天下后，为防备北方的胡人南下，在北方边境修建长城。

他征调了八十万农夫。当时流行着这么一个说法：要使修建的长城万年永固，必须得拿活人填城。一里城要埋一个人，万里长城就要埋万人。

消息传出后，人们胆战心惊，生怕被埋在长城底下。这时，不知从哪里传出两句民谣：苏州有个范喜良，一人能抵万人亡。这歌谣，一传十，十传百，弄得人人知晓。秦朝官员一想，既然范喜良有这么大的功效，就拿他填城吧。就派人去苏州捉拿范喜良。

哪知苏州真有一个书生叫范喜良。他听到这个歌谣后，吓得魂不附体。他怕官府派人抓，就收拾东西，告别父母，逃难去了。他一路风餐露宿，来到了松江地面。只听得人们纷纷说，官府在四处捉拿范喜良。范喜良一听这话，心里发慌。正在此时，远方的大路上来了一队人马。范喜良一看，是官府的差役。他知道是来抓自己的。他又看到道路旁边有一座宅院，顾不得许多，就进入里面躲了起来。

这宅院是孟员外的。孟家有一养女，叫孟姜女。说起此人，有一段神奇的来历。

有一年冬天，孟员外的家人孟兴在院墙角处扔了几粒冬瓜籽，几个月后长出了一棵嫩绿的冬瓜苗。春去夏来，瓜蔓沿着院墙爬到邻居姜婆的房顶上结了一个大冬瓜。孟兴见瓜已成熟，便攀墙而欲上房摘瓜，姜婆见状硬是不让。就这样，两家各持己见，争执不下，最后决定，把瓜切开，一家一半。孟兴正想切瓜，忽听瓜中传出婴孩的哭声，孟兴小心翼翼地切开看去，但见里面坐着一个眉清目秀的女孩，煞是招人喜爱。两家商定了一个两全其美的办法，孟员外家境宽裕，把此女收为养女，负责抚养。姜婆一人独处多有不便，住进孟府，照看此女，由孟家供其衣食，养老送终。这样，两家都没有了意见。由于这女孩为孟、姜两家共有，便取名叫孟姜女。此时，孟姜女已是一个美丽、温柔、善良的大姑娘。

范喜良在孟家花园的一棵大树后面躲了起来。过了些时候，见没有动静，就放心了。正打算出来，忽然看见了一个美丽的大姑娘。只见这个女子在池塘边扑蝴蝶。女子一不留神，跌入了池塘中。范喜良急忙跳入水中，救起了孟姜女。

孟员外听到花园中有动静，就赶紧过来看。只见一位英俊的男青年拉着孟姜女的手，孟姜女红着脸，羞答答地看着男青年。孟姜女衣服都湿透了，样子很尴尬。孟员外看到这样的情景，心想自古以来讲究男女授受不亲，这个男青年已与孟姜女亲密接触，如何是好。左思右想，为了不破坏礼节，就想把范喜良招为自己的女婿。他把这个主意告诉了孟姜女和范喜良。二人都不好意思地低下了头，其实两人早已一见倾心。孟员外的这个主意，正好符合他们的心愿。二人就同意了。于是当天晚上，孟员外就为二人举办了婚礼。

哪知新婚不到三天，差役得知了范喜良的下落，就来抓他。范喜良不得不和妻子忍痛分别。临别时，他对孟姜女说，我此去凶多吉少，你还是重新找一个人嫁了吧，不要耽误了自己的青春。孟姜女看到丈夫被无辜抓走，联想到秦始皇的种种暴行，不禁失声痛哭，如同泪人。

光阴似箭，一眨眼，半年过去了，范喜良杳无音信。孟姜女思夫心切，眼看冬季来临，更加挂念丈夫。一夜，她梦见丈夫从外面回来，一进门就喊："好冷，冻死我了。"第二天醒来，她便日夜穿针走线，为范喜良赶制了厚厚的棉衣。最后她决定，亲往北方为丈夫送棉衣。孟员外再三劝阻，但孟姜女意志坚定，收拾了行囊，告别家人，离开家乡，向北奔去。也不知走了多少路，孟姜女来到了今新乡地面，听说修长城的人死了成千上万，她便四处向逃回来的民工打听范喜良的消息。有人说不久前范喜良已被埋进长城下。孟姜女急忙上前细问详情，听后顿感肝肠寸断，悲痛欲绝。她面向北方，双眼泪下，整整哭了几天几夜，止不住的泪水流啊流啊，流湿了衣衫，流湿了地面。渐渐地，就在孟姜女为夫恸哭、两行眼泪流经的地方，出现了两条河流，即东孟姜女河和西孟姜女河。①

中原逐鹿

《史记》卷九十二《淮阴侯列传》载：

> 高祖已从豨军来，至，见信死，且喜且怜之，问："信死亦何言？"吕后曰："信言恨不用蒯通计。"高祖曰："是齐辩士也。"乃诏齐捕蒯通。蒯通至，上曰："若教淮阴侯反乎？"对曰："然，臣固教之。竖子不用臣之策，故令自夷于此。如彼竖子用臣之计，陛下安得

① 参见袁珂《中国神话传说》，第488—491页。

而夷之乎!”上怒曰:“亨之。”通曰:“嗟乎,冤哉亨也!”上曰:“若教韩信反,何冤?”对曰:“秦之纲绝而维弛,山东大扰,异姓并起,英俊乌集。秦失其鹿,天下共逐之,于是高材疾足者先得焉。跖之狗吠尧,尧非不仁,狗因吠非其主。当是时,臣唯独知韩信,非知陛下也。且天下锐精持锋欲为陛下所为者甚众,顾力不能耳。又可尽亨之邪?”高帝曰:“置之。”乃释通之罪。

这是典故中原逐鹿的出处。这段史料说,汉高祖平定陈豨回来,看到韩信已被吕后杀死,“且喜且怜”。高祖这时的心情应该是复杂的。他高兴的是韩信死了,就不会谋反,自己也就没有了后顾之忧。怜的是,韩信为自己打下江山立下了汗马功劳。他曾说,自己能击败项羽统一天下,主要靠张良、萧何和韩信三人。这样一个战功卓著的武将不得善终,刘邦感到很可怜。刘邦又问吕后,韩信死时说了什么。吕后说:“韩信说后悔没有听蒯通的计策。”高祖说:“他是齐国的辩士。”于是下诏捕获了蒯通。高祖就问蒯通:“是你让韩信反的吗?”蒯通答:“是我教他的。他没有听我的计谋,所以自己被杀。如果他用了我的计谋,陛下哪能杀死他呢?”高祖愤怒地说:“烹了他。”蒯通说:“我冤枉啊。”高祖说:“你教韩信造反,有什么可冤枉的。”蒯通答道:“秦之纲绝而维弛,山东大扰,异姓并起,英俊乌集。秦失其鹿,天下共逐之,于是高材疾足者先得焉。跖之狗吠尧,尧非不仁,狗因吠非其主。当是时,臣唯独知韩信,非知陛下也。且天下锐精持锋欲为陛下所为者甚众,顾力不能耳。又可尽亨之邪?”这段话很难译为现代汉语。大意是,秦末大乱,各路豪杰和六国贵族纷起。秦朝失去了帝位,犹如失去了鹿。各路英雄都去追逐这只鹿,即争夺帝位。于是身材高大、腿脚敏捷的人得到了。盗跖的狗冲着尧狂叫,并非尧不仁,而是他不是狗的主人。当时,我只知道韩信,不知道陛下。况且天下与您对抗的人很多,只是因为力量不够没能成功。您能将他们全部都烹了么?高祖听了后说“放下他”,释放了蒯通。

蒯通不愧是有名的辩士,在临死之际以自己的三寸不烂之舌说服刘邦放了自己。看来口才有时候关系人的生死。不过我们在此关注的不是口才,而是中原逐鹿这个成语。本来在蒯通的原话中没有中原这个词,只有逐鹿两个字。中原二字应是后世加的。那为什么是中原,而不是其他地区呢？我理解，在那个时候，中原主要指关东地区，即原六国故地，与秦国的基地关中相对应。秦末，人们为反对秦朝的暴政而揭竿而起，率先发动起义的是陈胜、吴广。后来原六国贵族看到天下大乱，觉得兴复故国的机会来了，也纷纷起来反秦。陈胜、吴广和这些原六国的贵族自然都是关东人。而秦国的基地关中却比较稳定，没有大的反秦暴动。反秦的势力主要分布于关东，即广大的中原地区，所以说逐鹿中原。

那逐鹿说明什么呢？裴骃《史记集解》载："张晏曰：'以鹿喻帝位也。'"蒯通意思是说秦朝失去了帝位，犹如失去了鹿，各路豪杰都去捕获这只鹿，但只有身材高大、腿脚敏捷的才能获得。这是一个很贴切、形象的比喻。高祖听后也很赞同，释放了蒯通。蒯通的话和高祖的反应，等于承认了刘邦的帝位是通过与其他人竞争而得来的，也就是说这是刘邦努力的结果。这种认识我们今天看来稀松平常，但放在思想史长河中却显得很珍贵。夏商西周盛行天命思想，对人的作用的认识有限。春秋时期特别是到了战国时期，人的作用才被逐渐认识。而逐鹿一词所反映的思想，就是对人的作用的充分肯定，几乎刨除了任何天命的思想，把人的因素看作获取成功的唯一因素。这是对战国以来重视人的思想的继续和发展。可惜的是，这种思想并没有延续多长时间。随着西汉统治的深入，刘邦之后的皇帝们在论证刘氏统治合理性的时候发现强调逐鹿并不利于自己的统治。强调逐鹿岂不是告诉人们帝位是可以努力争取的，这不是为臣下百姓造反提供理论依据吗？既然刘邦可以夺取秦朝的帝位，那么汉朝的百姓和大臣为什么不可以夺取汉朝的帝位呢？显然，逐鹿背后蕴含的思想对刘氏统治是不利的。所以，统治集团抛弃了逐鹿思想，代之以天命思想。董仲舒的"天人感应""大一统"学说以及流传的高祖生而有异象及刘邦斩蛇的传说都属于这种思想。它宣扬刘氏取得帝位是上天的旨意，是上天属意刘邦，他才战胜群雄，取得天下。其他人即使实力再强也无济于事。既然天命在刘，那么臣民就只能服服帖帖地接受刘氏的统治，而不能有什么非分之想。汉朝思想经历了从重人到重天的思想的转变。

中原逐鹿一词蕴含着丰富的历史和思想史信息。中原说明了秦末暴动主要发生于关东，由此我们可以进而探讨秦朝的关东政策。逐鹿代表着对人的因素的肯定，在思想史上闪耀着唯物主义的光芒。

翟母进饭

在封丘县城关镇的北街，有一口井叫“翟母井”，说到它的来历，还有一段故事。

秦朝末期，刘邦和项羽争霸，打得难解难分。有一次，刘邦打了败仗，被项羽追得丢盔卸甲，狼狈逃窜，不知不觉中跑进现在的封丘境内。他人困马乏，停在树荫下歇息。

这时，一个农妇担着两只瓦罐过来，她人称翟母，是去给丈夫送水送饭的，看见树下有人蒙难，向来善良的翟母就把一只瓦罐捧给刘邦，说：“这是俺家的井水，喝吧！”刘邦接过瓦罐，一饮而尽，清冽甘甜的井水使刘邦顿时觉得神清气爽。翟母又捧过来盛着麦仁粥的另一只瓦罐，刘邦喝了一口麦仁粥，觉得又香又甜。于是把一罐麦仁粥全喝了。

后来，刘邦打败了项羽，建立了汉朝，当上了皇帝。他整天鸡鸭鱼肉，山珍海味，都吃腻了。有一天，他突然想到要喝麦仁粥，厨师费尽气力，可做出来的麦仁粥都不合刘邦的意，一连换了三个厨师，做得麦仁粥都没有翟母做得好吃。

于是，刘邦经过一番周折，把翟母请到了长安，让翟母为他做麦仁粥喝。他细细喝了几口翟母做的麦仁粥，摇了摇头说：“翟母，这粥怎么没有以前的好吃呢?”翟母说：“你那时是落荒逃难，饥不择食，自然觉得那粗淡的麦仁粥香甜可口。如今你是一代君王，每天山珍海味，早已忘了饥饿的滋味。俗话说：‘饥时吃糠甜似蜜，饱时吃蜜也不甜’，就是这个道理。”听了翟母的一席话，刘邦深受启发，点头称是。

翟母回去后不久去世，刘邦知道后，为报答翟母的恩情，下旨为翟母封墓修祠，还把翟母家中的那口水井赐名为“翟母井”。

这个故事史无明载，大概是虚构的。它赞扬了翟母善良的品质，说明了好人有好报的道理。这个故事与史料明确记载的“漂母饭信”的故事有异曲同工之妙。《史记·淮阴侯列传》载：

> 始为布衣时，贫无行，不得推择为吏，又不能治生商贾，常从人寄食饮，人多厌之者。常数从其下乡南昌亭长寄食，数月，亭长妻患

之，乃晨炊蓐食。食时信往，不为具食。信亦知其意，怒，竟绝去。信钓于城下，诸母漂，有一母见信饥，饭信，竟漂数十日。信喜，谓漂母曰："吾必有以重报母。"母怒曰："大丈夫不能自食，吾哀王孙而进食，岂望报乎！"

后来韩信帮助刘邦打天下，被封为楚王。他到封地后，"召所从食漂母，赐千金"。

这个故事是说韩信年轻时，穷困潦倒，为人厌恶。他在城下钓鱼的时候，水边漂洗衣服的老太太看到他很饥饿，就给了他食物，一连数十日都是如此。韩信很高兴，就对漂母说，日后我一定报答你的大恩。但漂母却很生气，她说："大丈夫不能自己维持生活，我是可怜你才给你饭吃的，哪里指望回报！"后来韩信成为楚王，找到漂母，给她千金。

翟母和漂母一样，助人并不是为了回报。刘邦和韩信也都没有忘记自己的恩人，报答了她们的恩惠。不过细究起来，韩信比刘邦做得更好。韩信是在发达后还记着漂母，主动找到他，给他重谢。而刘邦本没有记着翟母，他是在饭菜不对胃口的情况下才想起翟母的。可见，他想起翟母具有很大的被动性和偶然性，并没有把翟母放在心里。从故事情节看，刘邦在翟母生前没给她什么东西，而只是在其死后才为她封墓修祠，将翟母家中的那口水井赐名为"翟母井"。这固然是一种报答，但翟母人已死，这些回报对翟母没有实质性帮助。与韩信的给漂母千金的做法相差较远。所以，从助人不求回报这一点看，翟母和漂母都值得学习。从知恩回报这一点看，韩信比刘邦做得更好。

张良刺秦

一

子房未虎啸，破产不为家。
沧海得壮士，椎秦博浪沙。
报韩虽不成，天下皆振动。

这是大诗人李白《经下邳圯桥怀张子房》诗中的句子。诗歌以豪放之笔赞美了张良的刺秦壮举。其实，不光李白，许多朝代的文人骚客都对张良刺秦一事诉诸笔墨，极尽歌咏之能事。那么，这一事件到底是怎么回事，竟如此为人们所津津乐道？

这件事主要记载于《史记》卷55《留侯世家》中，篇幅甚短，是这样说的：

> 得力士，为铁椎重百二十斤。秦皇帝东游，良与客狙击秦皇帝博浪沙中，误中副车。

这条史料简述了张良刺秦的经过及结果。据《资治通鉴》卷7，这件事发生于秦始皇二十九年（前218）。这里还有很多问题需要我们解答。如张良为何刺秦？他为何以这种方式刺秦？为何失败？刺秦的影响有哪些？等等。本文就试着解答这些问题。

二

首先，张良为何刺秦？这要从他的家世说起。据《史记·留侯世家》记载，张良的祖先是韩国人。其祖父开地，为韩昭侯、宣惠王、襄哀王的丞相。父平，相厘王、悼惠王。悼惠王二十三年，平卒。卒后二十岁，秦灭韩。当时张良还年少，未曾在韩国做官。张良本人虽“未宦事韩”①，但其家世宦韩国，且为高官，所以他对韩国怀有深厚的感情。韩国为秦国所灭，所以他要刺杀秦王以为韩报仇。这是他刺秦的原因。所以，《史记·留侯世家》明确说张良刺秦王是“为韩报仇，以大父、父五世相韩故”。

刺杀皇帝（之前是秦王）是一件重大而危险的事情。一旦失败，后果不堪设想。所以这件事必须周密谋划，诸如刺杀的时机、地点、方式、事后逃跑的路线都要把握好。史料中关于刺秦的记载虽然不多，但仔细研究，还是能读出许多信息，也能够看出，张良为刺秦做了充分的准备。

史载，韩国灭亡后，张良就“悉以家财求客刺秦王”。看来刺秦是张良的夙愿，而非心血来潮，一时冲动。为了刺秦，他不惜倾其所有。韩国灭亡是在公元前230年，张良博浪沙刺秦发生在前218年。两者相距12年。看来张良在这12年中一直在做准备，寻找时机。最终，张良找到了一名“力士”，作为刺客，并为他制造了一个重120斤（约合61市斤）

---

① 《史记》卷55《留侯世家》，第2033页。以下引文出自此书此卷者，不再注明。

的铁椎。他想通过力士投椎的方式砸死秦始皇。为何使用这种方式呢？秦始皇周围戒备森严，不可能靠近，只能远距离刺杀。除了铁锥，还有弓箭。但秦始皇常常坐在车里，无法瞄准。所以，只有投掷铁锥，连人带车一块砸。这几乎是当时唯一可行的方式。

刺秦的时机、地点也颇值得玩味。张良选择秦始皇出游时下手，为何？因为如果秦始皇在宫中，宫殿戒备森严，回复曲折，没有下手的机会。只有趁秦始皇出游，才有可能采取行动。张良一定是查清了秦始皇出游的路线，然后确定在博浪沙行动的。博浪沙位于今河南省原阳县城东郊。古博浪沙北临黄河，南临官渡河，又处于咸阳到东方的驰道上，系邙山余脉。这里沙丘连绵起伏，一望无际。沙丘上荆棘丛生，野草没人。沙丘低洼处，沼泽地、水洼连成一片。沼泽地里芦苇茂盛。这样的地理位置和地形地貌，是刺杀的理想场所。因为有沙丘，车辆行驶缓慢，刺客才能瞅准目标，一击命中。秦始皇出游，周围戒严，刺客离目标就比较远。张良和力士很可能是站在沙丘上往下扔铁锥，这样才能扔得远。刺客站在沙丘上，就占据了制高点。这里荆棘丛生、野草没人、芦苇茂盛，易于隐蔽和逃跑。这种种条件，使博浪沙成为行刺的绝佳地点。可见，张良选择在这里行动是经过深思熟虑的。

尽管张良刺秦准备充分，谋划周详，但谋事在人，成事在天，刺杀的结果却是失败的。史载，铁椎没有击中秦始皇的御车，而是“误中副车”。但为何没有击中目标，史料却没有记载。根据当时的情况，笔者推测有三种可能。

先解释一下副车。据司马贞《史记索隐》引《汉官仪》：“天子属车三十六乘。属车即副车，而奉车郎御而从后。”汉制与秦制不远，依此看来，按制度规定，秦始皇出行有三十六辆属车（即副车）随行（但实际情况未必每次都是三十六辆）。副车肯定是与御车有区别的，但区别有多大，我们不得而知。如果区别不大，刺客离车队又比较远，则刺客可能将副车误认作御车。这是第一种可能。

如前所述，博浪沙一带沙丘很多。如果刺杀的时候起了风，风扬起沙，就会影响刺客瞄准，这易导致误中副车。这是第二种可能。

还有就是，力士瞄准了目标，但因为种种原因（比如紧张）没有掷准，误中了副车。这种可能性是不小的。我相信，张良和力士为这次刺秦，肯定练习了很多次投掷铁椎，以保证命中率。但我们都知道，即使平时练得再好，真正刺杀时未必命中。就像射击比赛，选手平时射得准，比赛时可能因为紧张等原因而不能打出好成绩。比赛尚且如此，更不必说刺杀皇帝的行动了。此为第三种可能。

由于史料的阙如，具体哪种原因已不可能确知。但结果却是令人遗憾的——失败。

刺秦的失败导致什么后果和影响？《史记·留侯世家》记载，张良和力士没有被抓到。我想，张良一定是按照他事先设计好的路线撤离的。遇刺使秦始皇大为恼怒，下令“大索天下”。秦政府“求贼甚急”。为躲避抓捕，张良不得不变更姓名，“亡匿下邳”。张良刺秦虽未成功，但他并不灰心，没有放弃，而是隐姓埋名，积蓄力量，等待时机。

亡匿下邳期间，发生了一件事，就是世人熟知的一位老人传授给张良太公兵法的故事。历来论者对这件事无甚发明，甚至斥为荒诞不经，不可置信。并且将这件事和刺秦事件分开来看。苏轼却别出心裁，对此事有独到见解。如果我们依据苏轼的解释，将张良刺秦和遇见老人两事联系起来看，就会有不一样的发现。苏轼说：

> 古之所谓豪杰之士者，必有过人之节。人情有所不能忍者，匹夫见辱，拔剑而起，挺身而斗，此不足为勇也。天下有大勇者，卒然临之而不惊，无故加之而不怒，此其所挟持者甚大，而其志甚远也。
>
> 夫子房受书于圯上之老人也，其事甚怪，然亦安知其非秦之世有隐君子者出而试之？观其所以微见其意者。皆圣贤相与警戒之义。而世不察，以为鬼物，亦已过矣。且其意不在书。
>
> 当韩之亡，秦之方盛也，以刀锯鼎镬待天下之士，其平居无罪夷灭者，不可胜数，虽有贲育，无所复施。夫持法太急者，其锋不可犯，而其末可乘。子房不忍忿忿之心，以匹夫之力，而逞于一击之间。当此之时，子房之不死者，其间不能容发，盖亦已危矣。……子房以盖世之材，不为伊尹、太公之谋，而特出于荆轲、聂政之计，以侥幸于不死，此圯上之老人之所为深惜者也。是故倨傲鲜腆而深折之。彼其能有所忍也，然后可以就大事。故曰：孺子可教也。
>
> ……且夫有报人之志，而不能下人者，是匹夫之刚也。夫老人

者，以为子房才有余，而忧其度量之不足，故深折其少年刚锐之气，使之忍小忿而就大谋。何则？非有生平之素，卒然相遇于草野之间，而命以仆妾之役，油然而不怪者，此固秦皇之所不能惊，而项籍之所不能怒也。①

苏轼认为，张良遇见的老人可能是位隐居的君子。张良刺秦使自己一举成名。② 老人得知张良乃一反秦勇士，很是欣赏。但觉得他刺秦太鲁莽冒失，只是匹夫之勇，刚强有余，忍耐不足。所以，老人故意让张良三番两次取履和来桥上会面，为的是“倨傲鲜腆而深折”“其少年刚锐之气，使之忍小忿而就大谋”。通过这种特殊的教育方式，使张良“能有所忍也，然后可以就大事”。

我们认为苏轼的分析是有道理。因为刺秦，才使张良闻名遐迩，进入老人的视野，进而受到老人的教育，最终成为一名担当得起反秦大任的智勇之士。刺秦和遇见老人，二者不是孤立的，而是有因果关系的。遇见老人可以视作刺秦的余波。只有将两者联系起来，才能发现张良刺秦的影响的隐微深刻。

三

今天的河南原阳县城东郊是古博浪沙遗址，这里地势起伏，草木茂盛。面对着古博浪沙遗址，我不由得想起明人卢守仁的《博浪沙亭》诗：“蛟龙跃处雷霆怒，风雨过时天地翻。狙击铁椎声恍在，东进玉辂迹无存。”张良刺秦虽已过去了两千多年，但此时此刻，他刺秦时的身影似乎还可以看到，铁椎砸车时发出的巨响仿佛还能听到。

孺子可教

张良刺秦失败后，改名更姓，“亡匿下邳”。一日，他“从容步游下邳圯上”，见到一位老父。这位老父来到张良近前，“直堕其履圯下”，然后对张良说：“孺子，下取履！”张良愕然，想要殴打老父。但念及他岁

---

① 苏轼：《留侯论》，《苏轼文集》卷4，中华书局1986年版，第103—104页。

② 张良晚年曾对人说：“为韩报雠强秦，天下振动。”

数大，就强忍着为他取履。老父又说："为我穿上"。张良"因长跪履之"。老父很满意，笑着离开了。走了一段又回来说："孺子可教矣。后五日平明，与我会此。"张良感到很奇怪，就答应了。五日平明，张良前往。老父已先到了。他怒道："与老人期，后，何也?"告诉张良五日后再来此会面。五日后，刚鸡鸣，张良就前往那里。但老父又已先到。老父曰："后五日复早来。"五日后，张良半夜就去那里。一会，老父来了。高兴地说："当如是。"并拿出一本书，告诉张良："读此则为王者师矣。后十年兴。十三年孺子见我济北，谷城山下黄石即我矣。"说完就走了。早上，张良看这编书，原来是《太公兵法》。

这就是孺子可教典故的出处。这个故事具有传奇色彩，特别是那位老父，可谓神龙见首不见尾的神秘人物。抛开这个故事神话性的一面，我们可以发现张良经过这件事收获很多。第一，他获得了兵书。这是直接的收获。后来张良遇见刘邦，"数以《太公兵法》说沛公，沛公善之，常用其策。良为他人言，皆不省"①。只有刘邦才理解张良所说的兵法，张良感到遇到了明主，就跟随了他。后来在辅佐刘邦的过程中，他屡出良策，帮助刘邦击败了项羽。张良之所以能屡出良策，很可能受益于兵法。第二，通过为老父取履，三次与他会面，张良改变了自己的特质。对此，苏轼有精辟的分析。他认为，张良敢于刺秦，说明他勇气有余，忍耐不足，还不足以成大事。老父有意来改造张良的这种特质。他故意让张良取履穿鞋，三次约他会面，就是为了"深折其少年刚锐之气，使之忍小忿而就大谋"，使他"能有所忍也，然后可以就大事"。经过这番改造，张良身上少了几分匹夫之勇，多了几分沉静忍耐，成为"卒然临之而不惊，无故加之而不怒"② 的大智大勇之人。

运筹帷幄

一

公元前 202 年，汉高祖刘邦击败项羽，平定了天下。刘邦在秦末的逐

① 《史记》卷 55《留侯世家》，第 2036 页。

② 苏轼：《留侯论》，《苏轼文集》卷 4，第 103 页。

鹿群雄中，在与项羽的较量中，本处于劣势。他能打败其他力量取得天下，可谓“非惟天时，抑亦人谋”。而刘邦很大一部分谋略来自张良。刘邦在统一天下后对群臣说：“夫运筹策帷帐之中，决胜于千里之外，吾不如子房。”① 张良在辅汉的过程中是怎样为刘邦出谋划策的？这些谋略蕴含着哪些智慧？发挥了怎样的作用？本文试做探讨。

二

张良本是韩国贵族后裔。为了报秦国灭韩的仇，公元前218年，他在博浪沙刺杀秦始皇。失败后，为逃避秦廷的抓捕，更名改姓，“亡匿下邳”②。其间，他得到了黄石老人传授的太公兵法。他“常习诵读之”。与此同时，他广泛结交豪杰、游侠，积蓄力量，等待时机，为以后反秦做准备。

前209年七月，陈胜、吴广在大泽乡发动起义。消息传来，张良认为时机已到，便“聚少年百余人”，起来反秦。当时景驹在留地自立为楚假王。张良打算投奔他。在途中，遇到了刘邦。当时刘邦正带领数千人攻略下邳西。张良便成为刘邦的下属，刘邦以张良为厩将。张良数次与刘邦谈论太公兵法，刘邦每称善，常用他的计策。而张良与他人谈，他人“皆不省”。张良感叹：“沛公殆天授。”遂跟从了刘邦，不去投奔景驹了。张良熟读兵法、身怀谋略，他必然要挑选一位能够信任他、采纳他谋略的主公。刘邦能够做到这一点，这是张良跟从他的主要原因。

陈胜起义后，各路群雄纷起。这其中很大部分人是六国贵族后裔。他们反秦的目的是复国。前208年六月，项梁等拥立楚怀王的孙子为各路义军领袖，仍号楚怀王。张良是韩国贵族后裔，一心想恢复韩国。所以他对项梁说：“君已立楚后，而韩诸公子横阳君成贤，可立为王，益树党。”项梁便立韩成为韩王，以张良为韩国的申徒。韩王和张良率领千余人西略韩地，得数城，但“秦辄复取之”。他们只能在颍川一带为游兵。

不久，项羽和刘邦分路击秦。项羽攻河北，刘邦西向攻秦。刘邦从洛阳南出轘辕，张良引兵跟从。他们攻下韩地十余城，击破杨熊军。刘邦令

---

① 《史记》卷8《高祖本纪》，第381页。

② 《史记》卷55《留侯世家》，第2034页。以下引文出自该书本处者，不再注明。

韩王留守该地，而与张良南下。

刘邦一路打到南阳郡。郡守逃到宛防守。刘邦“引兵过而西”，即绕过宛而向西。因为在此之前，楚怀王“与诸将约，先入定关中者王之”。所以刘邦想尽快进入关中，不想因攻城而消耗太多的时间。刘邦的心情可以理解，但张良认为这样做不妥。他谏曰：“沛公虽欲急入关，秦兵尚众，距险。今不下宛，宛从后击，强秦在前，此危道也。”刘邦“乃夜引兵从他道还，更旗帜，黎明，围宛城三匝”。宛舍人陈恢到刘邦军中说：“臣闻足下约，先入咸阳者王之。今足下留守宛。宛，大郡之都也，连城数十，人民众，积蓄多，吏人自以为降必死，故皆坚守乘城。今足下尽日止攻，士死伤者必多；引兵去宛，宛必随足下后：足下前则失咸阳之约，后又有强宛之患。为足下计，莫若约降，封其守，因使止守，引其甲卒与之西。诸城未下者，闻声争开门而待，足下通行无所累。”① 刘邦以为善，招降了守军，顺利拿下了宛。舍人陈恢所说的“引兵去宛，宛必随足下后”与张良所说的“今不下宛，宛从后击，强秦在前，此危道也”，不谋而合，印证了张良建言的正确。这是见于史料记载的张良为刘邦出的第一个谋略。这个谋略使刘邦避免了被首尾夹击的危险。

招降后，刘军进展顺利，西向攻取武关，北上进至峣下。刘邦欲以二万人马进攻。张良以为不可，说：“秦兵尚强，未可轻。臣闻其将屠者子，贾竖易动以利。愿沛公且留壁，使人先行，为五万人具食，益为张旗帜诸山上，为疑兵，令郦食其持重宝啖秦将。”刘邦用其计，“秦将果畔”。刘邦想要与降军“连和俱西袭咸阳”。张良又说道：“此独其将欲叛耳，恐士卒不从。不从必危，不如因其解击之。”“沛公乃引兵击秦军，大破之。”

史料记载的张良的这个谋略虽短，但内涵很丰富。他看到“秦兵尚强”，若直接攻打，则不仅代价高，而且时间长。张良得知秦守将是“屠者子”，“贾竖易动以利”，那么可以利用守将贪财好利的特点花重金收买他。敌方将领倒戈，敌人不攻自破，此所谓“擒贼先擒王”。再者，张良认为光利诱不行，还需要威逼。又拉又打，敌人才易就范。此所谓胡萝卜加大棒的策略。最后，刘邦军人少，如何威胁敌人呢？张良又以为疑兵之

① 《史记》卷8《高祖本纪》，第359—360页。

计。让人造五万人的伙食，又在山上多张旗帜，这样给敌人一种大军压境的错觉。此所谓“故能而示之不能，用而示之不用”①。这一简短的谋略包含着三个计策，一环扣一环，紧密相连。其实，张良的很多谋略都类此，看似简单，却内涵深厚，若不细细品察，很容易忽略。

攻取峣后，刘军一路西向，很快占领了秦首都咸阳。前207年十月，秦王子婴向刘邦投降，秦朝灭亡。出身寒微、没见过世面的刘邦看到秦宫数以千计的“宫室帷帐狗马重宝妇女”，得意忘形，“意欲留居之”。樊哙劝刘邦住到宫外，刘邦不听。张良劝道：“夫秦为无道，故沛公得至此。夫为天下除残贼，宜缟素为资。今始入秦，即安其乐，此所谓‘助桀为虐’。且‘忠言逆耳利于行，毒药苦口利于病’，愿沛公听樊哙言。”刘邦乃还军霸上。面对灭秦的巨大胜利，张良与刘邦不同，没有忘乎所以，而是始终保持着清醒的头脑。他知道灭亡秦朝只是取得了阶段性胜利，接下来还要与其他各路义军斗争，摘取最后的果实。而同样是劝谏，刘邦不听樊哙的，却听张良的，也反映了张良在刘邦心目中的地位。张良与刘邦的关系随着交往的加深而愈益密切。

项羽在击败河北军后也西向入关，驻军鸿门。按之前的约定，刘邦先入关，应为关中王。但项羽仗着自己兵强马壮，不守约定，反而有攻击刘邦之意。项伯知道此事后，“夜驰入沛公军”，告诉张良项羽的意图。项伯希望张良与自己逃走。然而张良说：“臣为韩王送沛公，今事有急，亡去不义，不可不语。”他把项伯引荐给了刘邦。刘邦得知消息后大惊，厚待项伯，对他说：“吾入关，秋毫不敢有所近，籍吏民，封府库，而待将军。所以遣将守关者，备他盗之出入与非常也。日夜望将军至，岂敢反乎！愿伯具言臣之不敢倍德也。”② 希望项伯回去为自己求情。项伯许诺，并告诉刘邦第二天一大早要来项羽处谢罪。

第二天清晨，刘邦等来到项羽军营。项羽设宴款待。席间，范增暗示项羽杀掉刘邦，但项羽不听。范增令项庄舞剑，借机杀死刘邦。“项伯亦拔剑起舞”，保护刘邦。站在刘邦身边的张良看到项庄舞剑，意在沛公，

---

① 孙武撰，曹操注，郭化若今译：《孙子兵法·计篇第一》，上海古籍出版社2006年版，第23页。

② 《史记》卷7《项羽本纪》，第312页。

赶紧找到门外的樊哙，让其入内保护刘邦。樊哙以其英勇的表现和敏捷的口才驳得“项王未有以应”。后刘邦乘如厕的机会逃去。临行前，他对张良说，你估计我走了二十里后再报告项羽。张良奉命，大约刘邦走了二十里后，张良献上白璧一双，并对项羽说：“闻大王有意督过之，（刘邦）脱身独去，已至军矣。”①

这就是著名的鸿门宴的故事。鸿门宴是项羽杀死刘邦的最好机会，然而刘邦却在项羽眼皮底下全身而退。张良在其中发挥了重要作用。在宴会前，张良就因项伯得知了项羽的意图②，并告诉了刘邦。因此之故，刘邦得以早做准备。在宴会中，张良在危急时刻急招樊哙进来保护刘邦。在宴会末尾，张良殿后，为刘邦的逃跑做辩解。张良的作用贯穿于鸿门宴前后。他与樊哙一文一武，保护刘邦脱离险境。所以司马迁说：“沛公以樊哙、张良故，得解归。”③

前 206 年（汉元年）正月，项羽大封诸侯。刘邦被封为汉王，辖巴蜀、汉中之地。刘邦就国，张良送到褒中，然后返回韩国。临行前，他劝刘邦：“王何不烧绝所过栈道，示天下无还心，以固项王意。”刘邦乃烧绝栈道。这一招，既麻痹了项羽，又为以后明修栈道，暗渡陈仓，迅速还定三秦创造了条件。

张良返回韩国后，项羽因张良帮助过刘邦而不遣韩王归国。后又将韩王贬为侯，最后将其杀害。张良反秦本是为了复兴韩国，现在韩王已死，他彻底放弃了复国的念头。以后他只有一心一意地辅佐刘邦。

前 205 年十月，张良悄悄地回到刘邦身边。当时刘邦已还定三秦。刘邦以张良为成信侯。刘邦乘项羽北击田荣之际，东攻楚军，一直占领了彭城。刘邦被胜利冲昏了头脑，被南下的项羽打得大败。刘邦逃到下邑，问张良，如果我把关东地封给将领，分给谁可以为我建功立业呢？张良说：“九江王黥布，楚枭将，与项王有郄；彭越与齐王田荣反梁地：此两人可急使。而汉王之将独韩信可属大事，当一面。即欲捐之，捐之此三人，则

① 《史记》卷 7《项羽本纪》，第 314 页。

② 项伯之所以向张良告密，是因为张良在下邳时，项伯曾经杀人，张良把他藏匿了起来。《史记》卷 7《项羽本纪》，第 312 页。

③ 《史记》卷 8《高祖本纪》，第 364 页。

楚可破也。”刘邦便派随何说九江王黥布，而使人连彭越。及魏王豹反，又使韩信将兵击之，一举占有燕、代、齐、赵之地。后来汉军击败项羽，这三个人的功劳最大。可见张良的知人之明。

前204年，楚汉战争进入胶着状态。刘邦被项羽围困于荥阳，形势危急。郦食其献策：“昔汤伐桀，封其后于杞。武王伐纣，封其后于宋。今秦失德弃义，侵伐诸侯社稷，灭六国之后，使无立锥之地。陛下诚能复立六国后世，毕已受印，此其君臣百姓必皆戴陛下之德，莫不乡风慕义，愿为臣妾。德义已行，陛下南乡称霸，楚必敛衽而朝。”即要刘邦实行分封。分封之后，各国会对刘邦感恩戴德，帮助刘邦共同对付项羽。刘邦觉得有道理，让郦食其为他铸印。张良得知后，认为这样做有八不可。其中最重要的一条是，如果分封，刘邦的文臣武将会各归本国，各封国也不再听从刘邦的号令。一旦分封，大事去矣。刘邦听后，痛骂郦食其，赶快让人把印销毁。

张良的劝阻防止了刘邦势力的分崩离析，更重要的是这件事反映了张良思想的转变。张良反秦本是为了恢复韩国。但他看到韩王被杀及项羽分封诸侯而导致混战不止的情况后，意识到恢复到秦统一前六国状态已经不可能。若刘邦依然分封，可能重蹈项羽的覆辙。所以他坚决反对分封。这一思想的转变，标志着张良从一位韩国贵族后裔变为一个辅佐出身微贱的皇帝的谋臣。能够根据形势的变化而改变自己的思想，是张良能屡出奇谋的原因之一。

前203年十一月，韩信大败齐楚联军，基本平定了齐地。韩信以齐地临近楚地，自己不称假王不能镇抚为由，要求刘邦封自己为假王。这其实是向刘邦要官。当时刘邦正被包围于荥阳，处境危险。他看到韩信要挟自己，骂道：“吾困于此，旦暮望若来佐我，乃欲自立为王！”张良、陈平为刘邦分析道：“汉方不利，宁能禁信之王乎？不如因而立，善遇之，使自为守。不然，变生。”① 刘邦乃悟，派张良封韩信为齐王。当时的形势确如张良、陈平所言，韩信已平定齐地，并实际占有了这里。刘邦被困，对韩信无可奈何，不如顺势封王韩信。而且，项羽的说客和韩信的谋士正竭力说服韩信自立，与项羽、刘邦成鼎足三分的局面。若刘邦不满足韩信

---

① 《史记》卷92《淮阴侯列传》，第2621页。

的要求，韩信很可能自立或倒向项羽。没有韩信的帮助，刘邦是无力独自对付项羽的。韩信被封为齐王后，南下对楚作战。刘邦压力得以缓解，形势大为改观。

这一年，楚汉双方相持不下，乃约定以鸿沟为界，中分天下。鸿沟以西属汉，以东属楚。约定后，项羽释放了刘邦的父母妻子，“引兵解而东归”。刘邦也打算西归。张良、陈平说曰：“汉有天下太半，而诸侯皆附之。楚兵罢食尽，此天亡楚之时也，不如因其机而遂取之。今释弗击，此所谓‘养虎自遗患’也。”汉王听之。① 前202年，汉军追楚军于阳夏南，主动挑起了战争。或以为张良劝刘邦击楚，是不守信义的毁约行为。其实，这是迂腐之见。所谓兵不厌诈，“兵以诈立，以利动”②。任何战争参与者行动都以保存发展自己，消灭敌人为出发点和归宿。当时楚军“兵罢食尽”，若不趁此时机攻打，等楚军恢复过来，胜负就难料了。熟读兵法的张良是不会放过这个难得的机会的。

刘邦本已约好韩信、彭越共同攻打楚军。但汉军进至固陵，韩信、彭越却失约未到。楚击汉军，大破之。刘邦问张良：“诸侯不从约，为之奈何?”张良说：“楚兵且破，信、越未有分地，其不至固宜。君王能与共分天下，今可立致也。即不能，事未可知也。君王能自陈以东傅海，尽与韩信；睢阳以北至谷城，以与彭越：使各自为战，则楚易败也。”汉王乃发使者告韩信、彭越说：“并力击楚。楚破，自陈以东傅海与齐王，睢阳以北至谷城与彭相国。”③ 韩信、彭越封得大量土地，立即进兵击楚。最后围项羽于垓下。项羽穷途末路，自刎而死。随着项羽的自杀，刘邦最终获得了天下。

三

弱小的刘邦能击败强大的项羽，主要不在力争，而在智取。而这所谓“智”，即谋略得当。张良作为刘邦贴身的谋士，屡次出谋划策，为刘邦取得最终的胜利发挥了重要的作用。正如有的学者所说：“他（指张良）

---

① 《史记》卷7《项羽本纪》，第331页。

② 《孙子兵法·军争篇第七》，第187页。

③ 《史记》卷7《项羽本纪》，第331—332页。

或帮助刘邦排忧解难，度过困厄；或提出建议，纠正刘邦错误的决策；或运筹奇谋，轻而易举地取得重大胜利。”① 前 201 年正月，统一天下不久的刘邦大封功臣，他对群臣说：“运筹策帷幄中，决胜千里外，子房功也。”② 张良是当之无愧的兴汉第一谋士。他也因善于谋划，谋略屡出奇效而被后世尊为“谋圣”。

助桀为虐

按照楚怀王和各路豪杰的约定，先入关中者为王。刘邦率先进入了咸阳，秦王子婴投降。刘邦进入秦宫殿后，看到无数的金银珠宝和美女，忘乎所以，想要住在宫中，占为己有。樊哙劝刘邦出去住，但刘邦听不进去。张良就劝谏刘邦：“夫秦为无道，故沛公得至此。夫为天下除残贼，宜缟素为资。今始入秦，即安其乐，此所谓‘助桀为虐’。且‘忠言逆耳利于行，毒药苦口利于病’，愿沛公听樊哙言。”大意是说，秦朝无道，你到这里是为民除害的。秦王投降了，你应该朴素一些，不应像秦王一样享乐，否则你这不是助桀为虐吗？你应该听樊哙的建言。刘邦听了乃还军霸上。③

此事中，张良竟把刘邦比作古代臭名昭著的君主桀，是对刘邦严厉的批评。可见，张良不仅是一名谋臣，而且还是诤臣，敢于批评主公，提出自己的意见。刘邦听了张良的谏言后，不仅没有生气，反而接受了建议，离开了宫殿。这是一般的君主所做不到的，可见刘邦还是很有气量的。人们常说刘邦是个无赖。从他的一些事迹看，确实不错。但他之所以成功，是由于他身上具有一些常人并不具备的特质。有雅量，能接受下属的意见和批评，就是他非常的特质之一。

偃革为轩

汉三年（前 204），项羽把汉王紧紧地围困在荥阳，汉王惊恐忧愁，

---

① 孟祥才：《张良述论》，《秦汉人物散论》，上海古籍出版社 2005 年版，第 209 页。

② 《汉书》卷 40《张良传》，中华书局 1962 年版，第 2031 页。

③ 《史记》卷 55《留侯世家》，第 2037 页。

与郦食其商议削弱楚国势力的办法。郦食其说："昔日商汤讨伐夏桀，封夏朝后人于杞国。周武王讨伐商纣，封商朝后人于宋国。如今秦朝丧失德政，抛弃道义，侵伐诸侯各国，消灭了六国的后代，使他们没有一点立足的地方。陛下果真能够重新封立六国的后裔，使他们都接受陛下的印信，这样六国的君臣百姓一定都感戴陛下的恩德，无不归顺服从，仰慕陛下道义，甘愿做陛下的臣民。随着恩德道义的施行，陛下就可以面南称霸，楚王一定整好衣冠恭恭敬敬地前来朝拜了。"汉王说："好。赶快刻制印信，先生就可以带着这些印出发了。"

郦食其还没有动身，张良从外面回来谒见汉王。汉王正在吃饭，说："子房过来！有一个客人为我设计削弱楚国的势力。"接着把郦食其的话都告诉了张良，然后问道："在你看来这事怎样？"张良说："是谁替陛下出的这个主意？陛下的大事要完了。"汉王说："为什么呢？"张良回答说："我请求您允许我借用您面前的筷子为大王筹划一下形势。"接着说："昔日商汤讨伐夏桀而封夏朝的后代于杞国，那是估计到能制桀于死命。当前陛下能制项籍于死命吗？"汉王说："不能。"张良说："这是不能那样做的第一个原因。周武王讨伐商纣而封商朝的后代于宋国，那是估计到能得到纣王的脑袋。现在陛下能得到项籍的脑袋吗？"汉王说："不能。"张良说："这是不能那样做的第二个原因。武王攻入殷商的都城后，在商容所居里巷的大门上表彰他，释放囚禁的箕子，重新修筑比干的坟墓。如今陛下能重新修筑圣人的坟墓，在贤人里巷的大门表彰他，在有才智的人们前向他致敬吗？"汉王说："不能。"张良说："这是不能那样做的第三个原因。周武王曾发放粮仓的存粮，散发鹿台府库的钱财，以此赏赐贫苦的民众。目前陛下能散发仓库的财物来赏赐穷人吗？"汉王说："不能。"张良说："这是不能那样做的第四个原因。周武王灭亡商朝以后，废止兵车，改为乘车，把兵器倒置存放，盖上虎皮，用以向天下表明不再动用武力。现在陛下能停止战事，推行文治，不再打仗了吗？"汉王说："不能。"张良说："这是不能那样做的第五个原因。周武王将战马放牧在华山的南面，以此表明没有用它们的地方了。眼下陛下能让战马休息不再使用它们吗？"汉王说："不能。"张良说："这是不能那样做的第六个原因。周武王把牛放牧在桃林的北面，以此表明不再运输和积聚作战用的粮草。而今陛下能放牧牛群不再运输、积聚粮草了吗？"汉王说："不能。"张良说："这是不能那样做的第七个原因。再说天下从事游说活动的人离开他们的亲人，舍弃了祖坟，告别了老友，跟随陛下各处奔走，只是日夜盼望着想得到一块小小的封地。假如恢复六国，拥立韩、魏、燕、赵、齐、楚的后代，天下从事游说活动的人各自回去侍奉他们的主上，伴随他们的亲人，返回他们的旧友和祖坟所在之地，陛下同谁一起夺取天下呢？这是不能那样做的第八个原因。当前只有使楚国不再强大，否则六国被封立的后代重新屈服并跟随楚国，陛下怎么能够使他们臣服？如果真的要采用这位客人的计策，陛下的大事就完了。"汉王饭也不吃了，吐出口中的食物，骂道："这个笨书呆子，几乎败坏了你老子的大事！"于是下令赶快销毁那些印信。①

天府之国

今天一提到天府之国都认为指四川。这固然不错，四川地区特别是以成都为中心的地区历史悠久、物产丰富，农业、手工业比较发达，自古就是比较富庶的地区。然而历史上提到天府之国，并非一定指四川地区。如《史记·留侯世家》记汉高祖君臣关于定都的讨论：

> 刘敬说高帝曰："都关中。"上疑之。左右大臣皆山东人，多劝上都雒阳："雒阳东有成皋，西有殽黾，倍河，向伊雒，其固亦足恃。"留侯曰："雒阳虽有此固，其中小，不过数百里，田地薄，四面受敌，此非用武之国也。夫关中左殽函，右陇蜀，沃野千里，南有巴蜀之饶，北有胡苑之利，阻三面而守，独以一面东制诸侯。诸侯安定，河渭漕挽天下，西给京师；诸侯有变，顺流而下，足以委输。此所谓金城千里，天府之国也，刘敬说是也。"于是高帝即日驾，西都关中。

张良所说的天府之国指的是关中。他从经济、地理、军事等方面分析了关中的优势，建议高祖定都关中。关中沃野千里，且南有巴蜀之饶，北有胡苑之利，是全国经济最发达的地区。关中东面有函谷关，守住关口，

---

① 《史记》卷55《留侯世家》，第2041页。

可以阻挡东面军队的进入，自己又可出关攻击东面。秦国就是这么攻灭六国，统一天下的。而且东部的财富可以通过漕运转运到关中，补给京师。高祖听从了张良的建议，定都关中，一举奠定西汉二百年基业。

从当时情况看，关中确实是最适合定都的地方。一直到唐朝，长安是多数王朝的都城。直到五代之后，关中地位衰落，都城的地位才被中原所取代。中国古代的都城变化有一个由西向东的过程。帝制社会前半期，关中一直是全国政治、经济的中心。西安也因此成为中国著名的古都。称那个时候的关中为天府之国，是符合实际的。

高枕而卧

汉高祖宠幸戚夫人，想要废掉太子，立戚夫人的儿子为太子。很多大臣进谏，但都没有成功。吕氏家族的人很恐慌。有人对吕后说："张良足智多谋，你可以问问他。"吕后于是让吕泽去问张良，说："您是皇帝身边的谋臣，现在皇帝想换掉太子，您难道能高枕而卧吗？"张良说："当初皇帝在危急之中，能够采纳我的计策。现在天下安定，皇帝因为所爱而换掉太子，这是骨肉之间的事，我们大臣即使百余人，有什么办法呢？"吕泽坚决请张良为自己出个主意。张良说："这不是口舌所能解决的。皇帝有四个人请不来。这四人都已年老，听说皇帝慢侮人，躲在山中，誓死不做汉臣。皇帝很崇拜这四人。你要是能以金玉璧帛，卑辞安车请他们出山，做你的门客，并且让他们时时随你入朝。皇帝一定会感到诧异，并且问其中的原委。皇帝知道这四人是来帮助太子的，就没什么事了。"于是吕后派人以卑辞厚礼把四人请了出来。

汉十一年（前196），黥布反，高祖病，打算让太子带兵前去镇压叛乱。四人相互说："我们来这是保护太子的。太子带兵，是危险的事。"于是他们对建成侯说："太子带兵，有功了不能给太子带来益处；如果失败，就大祸临头了。而且太子手下的将领都是与皇帝定天下的勇将。现在让太子指挥他们，无异于让羊来赶狼，他们是不肯尽力的。太子肯定会无功的。现在戚夫人和赵王如意日夜在皇帝跟前吹耳边风，取代太子的形势已经很明显了。你为什么不让吕后到皇帝跟前求情，不让太子带兵，而让皇帝亲自带兵，这样既有利于太子，也能保证战争的胜利。皇帝为了吕后和太子，会这样的。”建成侯就让吕后如此行事。吕后这样做了，果然奏效。高祖决定亲征，不让太子带兵了。高祖出发的时候，群臣送于灞上。张良当时病了，勉强来到这里，对高祖说：“我本该随皇帝征讨，但病得厉害，不能成行。楚人剽悍迅疾，愿您不要和他们争锋。”并且劝皇帝说：“任命太子为将军，监督关中的军队。”高祖说：“张良虽然病了，还要强忍着辅佐太子啊。”当时叔孙通是太傅，张良行少傅事。

汉十二年，高祖击破黥布而回。他病得厉害，愈发想要换掉太子。张良进谏，高祖不听。叔孙通引古论今，以死反对易太子。高祖表面上同意，但还是想换掉。一次举办宴会，太子侍坐，四人跟从着太子。四人年皆八十有余，须眉皓齿，衣冠甚伟。高祖感到很奇怪，就问：“你们四人是谁?”四人上前答话，各说各的姓名，分别是东园公、角里、绮里季、夏黄公。高祖大惊，说：“我数年前寻求你们，你们都逃避，你们怎么今天跟随我儿子呢?”四人说：“陛下轻士善骂，臣等义不受辱，所以恐惧着逃避起来了。现在听说太子仁孝，恭敬爱士，天下莫不延颈欲为太子死者，故臣等来耳。”高祖说：“有劳你们调护太子。”

四人敬酒已毕，离开了。高祖目送着他们对戚夫人说：“我想易太子，他们四人辅佐着太子，羽翼已成，太子的地位很难撼动了。吕后是真正的主子了。”戚夫人听到这个哭了，高祖说：“你为我跳楚舞，我为你唱楚歌。”歌曰：“鸿鹄高飞，一举千里。羽翮已就，横绝四海。横绝四海，当可奈何！虽有矰缴，尚安所施!”歌唱了几遍，戚夫人唏嘘流涕。高祖离开了。最后太子没有改易。这是张良招来四位老人的功劳。①

孺子为宰

陈平，阳武户牖乡人。少年时，里中举行社祭活动。陈平为宰，为人们分肉，分得很公平，父老们说：“好啊，让陈平这个孺子为宰。”陈平说：“嗟乎，使我宰天下，就如同宰肉一样。”后来陈平辅佐刘邦，平定吕氏之乱，成为汉朝宰相，实现了当初的话。司马迁说：“陈丞相平少时，本好黄帝、老子之术。方其割肉俎上之时，其意固已远矣。”

---

① 《史记》卷55《留侯世家》，第2044—2047页。

我们知道，宰相的“宰”字本意就是宰割食物。古代家国同构，能够宰割好食物说明能齐家，能齐家就有可能治理好国。陈平幼年就能宰肉，说明他具备治国的潜能和素质。而他所说的话又表明他有这个远大的理想，如司马迁所说：“方其割肉俎上之时，其意固已远矣。”[①] 张良孺子可教，陈平孺子为宰，两位汉初的重要谋臣都在少年时期表现出超出常人的素质，这是普通人所无法企及的。

张负嫁女

陈平年少时家里贫寒，好读书，家中有田三十亩。他和兄长陈伯居住在一起。陈伯常耕田，使陈平游学。陈平长得高大英俊。有人问陈平：“你这么贫困，吃什么长得这么胖？”他的嫂子怨恨陈平不从事生产，说：“他也是吃糠核。有这样的小叔子，不如没有。”陈伯听到了这样的话，就把媳妇驱逐出去了。

等陈平长大，到了娶媳妇的年龄，富人都不愿意将女儿嫁给他，陈平也不愿意娶贫困家庭的媳妇。很久之后，乡里有个富人叫张负，他的孙女嫁了五个人，都死了，人们都不敢娶这个女子。陈平想要娶她。邑中有丧事，陈平贫穷，就去那里干些活，每天早早地去，很晚才归来。张负在丧所见到了陈平，看到他相貌堂堂，气质不凡。陈平也因为张负的缘故，回去得就更晚了。张负跟随陈平到了他家里。陈家乃负郭穷巷，以弊席为门，然而门外有长者车辙。张负回去后，与儿子仲说：“我想把孙女嫁给陈平。”张仲曰：“陈平贫困，不事生产，一县都笑话他的所作所为，为何要将女儿嫁给他？”张负说：“陈平长得如此美好，哪能长久地贫贱呢？”最终将女儿嫁给了陈平。因为陈平贫，张负乃借给陈平钱让他操办婚礼，给他酒肉用来娶妻。张负告诫孙女说：“不要以陈家贫就事人不谨。事兄长陈伯如事父，事嫂子如事母。”陈平娶了张氏女，钱用富足了，游道日广。[②]

由此看来，张负是认为陈平长得好看，断定陈平不会长久贫困而把女

---

① 《史记》卷 56《陈丞相世家》，第 2062 页。

② 《史记》卷 56《陈丞相世家》，第 2052 页。

儿嫁给了他。联想到汉初王陵看到即将被处斩的张苍身体很高大，又肥又白，因而放了他，似乎表明汉人看人很注重外表。人们常说今天人很注重颜值，其实至少在汉代就已经这样了。这算是中国一个古老的传统。另外，陈平娶了一个富家女儿，才得以游历四方，一展抱负，所以今人称他是“吃软饭”的。① 无论如何，娶一个什么样的妻子，对男人的事业影响颇大。

盗嫂受金

一

陈平是秦末汉初一位传奇人物。他辅佐刘邦，六出奇计，为汉王朝的建立和稳定做出了重要贡献。然而，这样一位人物却一直背负着“盗嫂受金”的名声。关于陈平的“受金”，确有其事，他自己也承认。但他是否“盗嫂”，至今还是一桩悬案。司马迁下笔谨慎，只是借他人之口转述了“盗嫂”一事，自己没有表态。但他的叙述影响很大，后世多认为确有其事。如曹操在《求贤令》中说：“今天下得无有被褐怀玉而钓于渭滨者乎？又得无盗嫂受金而未遇无知者乎？”② 后半句显然是以陈平的事为例，说明自己求贤若渴，唯才是举。可见陈平“盗嫂受金”已为人们的共识。但近年来一些学者为陈平“盗嫂”辩诬，认为他没有“盗嫂”，这是他人污蔑陈平的不实之词。看来，这个问题还有进一步探讨的必要，笔者在此就略陈管见。

二

关于陈平“盗嫂”一事，最早记载见于《史记》卷五六《陈丞相世家》。其中说：

> 绛侯、灌婴等咸谗陈平曰：“平虽美丈夫，如冠玉耳，其中未必有也。臣闻平居家时，盗其嫂；事魏不容，亡归楚；归楚不中，又亡归汉。今日大王尊官之，令护军。臣闻平受诸将金，金多者得善处，

---

① 李开元：《吃软饭的陈平》，《文史知识》2011 年第 9 期。

② 《三国志》卷 1《魏书·武帝纪一》，第 32 页。

金少者得恶处。平，反覆乱臣也，愿王察之。”

司马迁引用的是绛侯、灌婴的话，并说这是二人“谗”陈平。“谗”是指说人坏话，但坏话不等于假话，所以绛侯、灌婴所说是否符合事实尚不能确定。这就需要我们考索。

这段话的背景是，陈平刚投奔刘邦不久，刘邦即以陈平为参乘、典护军。陈平刚来就担当如此高官，引起了一些将领的不满。有些人说：“大王一日得楚之亡卒（指陈平），未知其高下，而即与同载，反使监护军长者！”[①] 所以论者认为，绛侯、灌婴和其他将领一样，出于对陈平的嫉妒，遂向刘邦进谗言，污蔑陈平。[②] 不过，二人是否出于嫉妒而污蔑陈平，史料也没有明确说明。还有问题是，诬陷他人，一旦被查出，自己也要受处分，绛侯、灌婴何以如此大胆？况且绛侯“为人木强敦厚”[③]，“重厚少文”[④]，他怎么会做出这种事情？看来此问题还需深入研究。

《史记·陈丞相世家》记载，刘邦在听了绛侯、灌婴的话后，就问曾进荐陈平的魏无知。魏无知曰：

> 臣所言者，能也；陛下所问者，行也。今有尾生、孝己之行而无益处于胜负之数，陛下何暇用之乎？楚汉相距，臣进奇谋之士，顾其计诚足以利国家不耳。且盗嫂受金又何足疑乎？

魏无知的意思是说，如今刘邦正处于用人之际。只要这个人有才能，“足以利国家”，就应该重用，即使道德上有些瑕疵，也不妨。若这个人品德高尚，但没有才能，也不能重用。魏无知这番话，言下之意陈平是一个很有才能但德行不足之人。而且他最后说：“且盗嫂受金又何足疑乎？”这就等于承认了陈平有“盗嫂受金”的事实。而班固在《汉书》陈平本传中说得更明白：刘邦把魏无知招来，问他陈平有没有盗嫂受金的事，魏无知直接回答道：“有。”魏无知是陈平的推荐人，对陈平很了解，他的

---

① 《史记》卷56《陈丞相世家》，第2053页。以下引自此书此卷者，不再注明。

② 孙玉太：《陈平“盗嫂受金”问题辨析》，《青岛海洋大学学报》（社会科学版）1999年第2期。孙玉太：《论陈平》，《山东大学学报》（哲学社会科学版）2005年第2期。

③ 《史记》卷57《绛侯周勃世家》，第2071页。

④ 《史记》卷8《高祖本纪》，第392页。

话对于说明陈平是否“盗嫂”的问题，很有分量。

为了把事情弄清楚，刘邦又问了陈平本人。陈平曰：

> 臣事魏王，魏王不能用臣说，故去事项王。项王不能信人，其所任爱，非诸项即妻之昆弟，虽有奇士不能用，平乃去楚。闻汉王之能用人，故归大王。臣裸身来，不受金无以为资。诚臣计画有可采者，愿大王用之；使无可用者，金具在，请封输官，得请骸骨。

陈平的话有两层意思，前半段是解释自己为何跟随过好几个主子。陈平起初跟魏王，但魏王不能用其计，陈平转投项羽。项羽“不能信人”，任人唯亲，陈平离开项羽。他听说刘邦“能用人”，乃投奔刘邦。后半段是解释自己“受金”的原因。他承认受了金。这是因为自己“裸身来，不受金无以为资”。最后说，如果刘邦认为自己的计策有可采之处，就用；若认为不可采，自己就把收受的钱财归公，并离开这里。

陈平的这番回答可以推出以下几点。（一）陈平确实接受了他人的贿赂。进而推出（二）他道德上确实有问题。陈平为自己的受贿行径辩解，称自己贫穷，所以受金。但贫穷不能成为收受贿赂的理由。由（一）也推出（三）绛侯、灌婴的话并非完全捕风捉影，应是有一定依据。（四）陈平的回答没有涉及盗嫂问题。这似乎说明他有过这种行为，如果没有，他怎会对这种有损他名誉的谣言不辩驳呢？

论者指出，陈平早年在家里时，富人张负曾跟随陈平到其家里，看到陈家“门外多有长者车辙”，然后将自己的孙女嫁给了陈平。论者据此认为，陈平没有“盗嫂”，若有，长者避之唯恐不及，怎会到陈家呢？张负也不会把孙女嫁给陈平。① 这种说法不能成立。因为有可能这个时候陈平还没有“盗嫂”，或已经“盗嫂”，但还不为外人所知。总之，据此不能否定陈平“盗嫂”。

另外，史书记载，陈平“为人长美色”，绛侯、灌婴也说他“美丈夫，如冠玉耳”。看来陈平高大英俊，为一美男子。若陈平的嫂子是个不守妇道之人，看到英俊的小叔子怦然心动，而陈平，如前所述，道德也有

---

① 孙玉太：《陈平“盗嫂受金”问题辨析》，《青岛海洋大学学报》（社会科学版）1999 年第 2 期。孙玉太：《论陈平》，《山东大学学报》（哲学社会科学版）2005 年第 2 期。

瑕疵，那他们勾搭在一起也未可知。当然，这只是猜测，只是说存在这种可能性而已。

综上所述，陈平确曾“受金”，道德上存在问题。魏无知的话间接承认了陈平有过“盗嫂受金”的行为。魏无知是陈平的推荐人，对陈平很熟悉，他的话，很能证明陈平有过“盗嫂”的行为。陈平本人也没有反驳“盗嫂”一说。这些事实都指向一点：陈平很可能有“盗嫂”行为。所以，如果没有发现新的史料，陈平“盗嫂”一事不宜轻易否定。

陈平足智多谋、屡出奇策，为汉王朝的建立和稳定发挥了积极作用。他的政治活动顺应历史发展潮流，是一位值得肯定的人物。虽然他很可能有“盗嫂”的行径，但并不影响他的历史地位和历史功绩。

三

由于史料的阙如和记载的隐晦，陈平是否“盗嫂”已不易完全弄清楚。本文虽认为陈平“盗嫂”，却不敢说是定论。也许，这个问题还会继续研究、探讨。陈平“盗嫂”是不是事实还存争议，但在后世人的心中，陈平确是一个“盗嫂受金”的人。如本文开头提到的陈平身后的400年，曹操认为陈平“盗嫂受金”。这不仅是曹操个人的意见，而且代表了当时人们的普遍的一种看法。又过了800多年，司马光在《资治通鉴》中也记载了绛侯、灌婴对刘邦说陈平坏话的事情，值得注意的是，他将《史记》的“绛侯、灌婴等咸谗陈平”改为“周勃、灌婴等言于汉王”，即将“谗”改为“言”。司马光下笔素称谨慎，这一改动表明他对周勃、灌婴所说话的认同，即认为陈平曾“盗嫂受金”。我想这也不是司马光个人的意见，而是当时人们的共识。直到现在，我们一提起陈平，都自然地认为他曾“盗嫂受金”。陈平已被后世以“盗嫂受金”的形象定格在人们心中。这种观念是那么根深蒂固，牢不可破。所以，陈平是否“盗嫂”还有争议，但人们对陈平“盗嫂受金”的认知已经没有争议了。

封金挂印

陈涉发动反秦起义后，派周市略定魏地，立魏王后裔魏咎为魏王。魏军与秦军在临济展开斗争。陈平辞别哥哥陈伯，和一些少年去临济投奔魏王咎。陈平把自己的见解主张说给魏王，但魏王听不进去，有人谗害陈平，陈平就逃走了。后来项羽略地至河上，陈平往归之。跟从项羽入关击破了秦朝，被封为爵卿。项羽回到关东，定都于彭城。刘邦被项羽封为汉王，据有巴蜀汉中之地。后刘邦明修栈道，暗渡陈仓，还定了三秦。殷王也反对项羽。项羽乃拜陈平为信武君，率军击降殷王而还。项王使项悍拜平为都尉，赐金二十镒。但不久之后，汉王刘邦攻下来殷。项羽怒，要杀平定殷地的将吏。陈平惧诛，乃封其金与印，派使者归还给项羽，自己仗剑而走了。①

秦末大乱，农民起义和六国贵族纷起，形成了类似秦统一前的割据局面。陈平作为一个有远大抱负的青年，希望在这个乱世有所作为。他先后投靠了魏王和项羽，但都得不到重用，甚至被谗害，不得不另找主公。"良禽择木而栖"，直到他找到刘邦，才遇到了明主，得以施展抱负。

六出奇计

一

陈平素无行，终为汉相国。
阴谋固可鄙，奇计凡六出。
后来诸吕难，卒赖陆贾力。
岂缘富且贵，临事意反诎。
智者犹若斯，请为愚者说。

这是明初著名才子、"吴中四杰"之一的杨基的一首诗，吟咏的是汉初著名谋臣、丞相陈平。诗歌以凝练的语言概括了陈平的一生。当然，陈平为后世所知，主要还是他曾"六出奇计"，帮助刘邦建立和巩固了汉王朝，即如诗中所说的"奇计凡六出"。但奇计的详细内容我们却不得而知。距离陈平不远的西汉中期史学家司马迁说："奇计或颇秘，世莫能闻也。"② 司马迁尚不可知，我们就更无办法了。后世人一般根据《史记·陈丞相世家》中的记载，来归纳陈平的六个"奇计"。清代史学家吴乘权

① 《史记》卷 56《陈丞相世家》，第 2053 页。

② 《史记》卷 56《陈丞相世家》，第 2058 页。以下引文出自此书此卷者，不再注明。

在其主编的《纲鉴易知录》中引《集览》说："请捐金行反间，一也；以恶草具进楚使，二也；夜出女子二千人解围，三也；蹑足请封齐王信，四也；请伪游云梦缚信，五也；解白登之围，六也。"此处归纳的六计是比较符合实际的，人们一般以此为准。对于陈平的"奇计"，人们初持肯定、赞赏的态度，如司马迁说："（陈平）常出奇计，救纷纠之难，振国家之患。"但也有人对所谓的"奇计"不以为然，如清代史学家王鸣盛说，陈平所出的白登解围之计"甚庸鄙，又何奇焉"①。今人甚至全盘否定"奇计"，认为这六计既非创见，也不安全稳妥，不过时机凑巧，偶然成功，不足为奇。② 对于陈平之计，评价反差如此之大。那究竟怎样看待陈平的六计呢？本文略抒己见。

二

秦二世三年（前207），刘邦进入咸阳，秦王子婴投降，秦亡。之后，刘邦和项羽为争夺全国最高统治权展开了长达四年的楚汉战争。战争初期，项羽占有优势。汉高祖三年（前204），项羽围困刘邦于荥阳城。刘邦为解围，欲割荥阳西以请和，但项羽不许。刘邦就问陈平："天下纷纷，何时定乎？"陈平道："顾楚有可乱者，彼项王骨鲠之臣亚父、锺离眛、龙且、周殷之属，不过数人耳。大王诚能出捐数万斤金，行反间，间其君臣，以疑其心，项王为人意忌信谗，必内相诛。汉因举兵而攻之，破楚必矣。"这其实是用重金离间楚王君臣。刘邦以为然，给陈平四万斤黄金，令其实施计谋。陈平"以多金纵反间于楚军"，宣言楚诸将锺离眛等功高，但不得裂地封王，他们想要和刘邦联合，消灭项羽，然后分项羽之地以称王。项羽听此流言后，"果意不信锺离眛等"。这是陈平的第一计，离间了楚王和诸将之间的关系。接下来，陈平又施计离间项羽和范增的关系。《史记·陈丞相世家》载：

> 项王既疑之，使使至汉。汉王为太牢具，举进。见楚使，即详惊曰："吾以为亚父使，乃项王使！"复持去，更以恶草具进楚使。楚使归，具以报项王。项王果大疑亚父。亚父欲急攻下荥阳城，项王不

① 王鸣盛：《十七史商榷》卷4《史记四·陈平邪说》，上海书店出版社2005年版，第28页。

② 刘光胜：《汉初陈平"六出奇计"探评》，《殷都学刊》1985年第2期。

信，不肯听。亚父闻项王疑之，乃怒曰："天下事大定矣，君王自为之！愿请骸骨归！"归未至彭城，疽发背而死。

这是陈平让项羽以为范增与刘邦暗中有勾结，项羽不再信任范增。范增是项羽的头号谋士，屡次为项羽出奇策。最著名的是他曾劝项羽在鸿门宴上杀死刘邦，只不过项羽没有听从，才使刘邦逃脱。若项羽听从范增的，恐怕历史就要改写。这样一个多谋善断的人物，对刘邦来说是一个很大的威胁。陈平的计策离间了项羽和范增之间的关系，并且导致范增气死。项羽本就是个有勇无谋之人，失去了范增的协助，楚军实力大为削弱。范增之死对以后楚汉战争形势的变化产生了深远影响。

陈平离间之计虽见成效，但楚军依然围城，刘邦依然处于困境当中。为了脱困，陈平又出计策。《史记·陈丞相世家》载："陈平乃夜出女子二千人荥阳城东门，楚因击之，陈平乃与汉王从城西门夜出去。"陈平让两千女子出城东门，楚军击之，刘邦等乘机从城西门逃走。但这里有不少疑惑，汉军以两千女子出东门，楚军为何将全部军队进攻这里，楚军完全可以部分军队击之，其他军队仍然围城。如果楚军这么容易欺骗，刘邦不至于被围如此之久。对于此事，《史记》其他篇章有不同记载，或可以解除我们的疑惑，恢复历史情景。《高祖本纪》载：

汉军绝食，乃夜出女子东门二千余人，被甲，楚因四面击之。将军纪信乃乘王驾，诈为汉王，诳楚，楚皆呼万岁，之城东观，以故汉王得与数十骑出西门遁。

这里提到汉军以两千余女子出城东门，但没有说是陈平出的主意。这可能是省略，因为本纪的行文都很简略。多出的情节是，将军纪信乘着汉王的车驾，诈为汉王出城。结果楚军全到东门，刘邦等趁机从西门逃走。《项羽本纪》也有相关记载：

汉将纪信说汉王曰："事已急矣，请为王诳楚为王，王可以间出。"于是汉王夜出女子荥阳东门被甲二千人，楚兵四面击之。纪信乘黄屋车，傅左纛，曰："城中食尽，汉王降。"楚军皆呼万岁。汉王亦与数十骑从城西门出，走成皋。项王见纪信，问："汉王安在？"曰："汉王已出矣。"项王烧杀纪信。

这里的记载和《高祖本纪》基本相同。结合上述的三条记载，我们大体可以恢复历史情境：刘邦被围，形势甚危。纪信乘坐汉王的车驾，假扮成汉王出城东门向楚军诈降，同时陈平派出两千女子和纪信一同出城，最大限度地吸引楚军注意力。楚军见到汉王的车驾和两千女子，果然上当，以全部军队攻击这里。趁此时机，刘邦等从城西门逃脱。

在这件事中，陈平和纪信都发挥了作用，是二人合谋帮助刘邦解除了危难。要说谁的作用更大，当属纪信。他假扮汉王诈降，比两千女子更能吸引楚军的注意，毕竟楚军的目标是汉王而不是女子。而且纪信为刘邦逃脱献出了生命。所以，这一计主要归功于纪信，陈平处于次要地位。

汉高祖四年（前203），刘邦的将领韩信平定齐地。他以齐人伪诈多变，齐地临近楚地，不易镇抚为由，要刘邦封他为假王。当时刘邦在荥阳处于危难之中，看到韩信不但不派兵救自己，反而要挟自己封他为王，不禁大骂道："吾困于此，旦暮望若来佐我，乃欲自立为王！"[①] 这时，据《史记·陈丞相世家》，陈平"蹑汉王"，即踢汉王的脚，其意在提醒刘邦。汉王"亦悟，乃厚遇齐使，使张子房卒立信为齐王"。此处记载颇为疏略。我们再来看其他相关记载，《高祖本纪》说：

> （汉四年）韩信已破齐，使人言曰："齐边楚，权轻，不为假王，恐不能安齐。"汉王欲攻之。留侯曰："不如因而立之，使自为守。"乃遣张良操印绶立韩信为齐王。

这里说提醒汉王的是张良，没有涉及陈平。《留侯世家》载：

> 汉四年，韩信破齐而欲自立为齐王，汉王怒。张良说汉王，汉王使良授齐王信印，语在淮阴事中。

此处记载也很简略，跟《高祖本纪》一样，说的是张良而非陈平。好在这里说"语在淮阴事中"。我们翻检《淮阴侯列传》，发现有详细地记述：

> 汉四年，遂皆降平齐。使人言汉王曰："齐伪诈多变，反覆之国

---

① 《史记》卷92《淮阴侯列传》，第2621页。

> 也，南边楚，不为假王以镇之，其势不定。愿为假王便。”当是时，楚方急围汉王于荥阳，韩信使者至，发书，汉王大怒，骂曰：“吾困于此，旦暮望若来佐我，乃欲自立为王！”张良、陈平蹑汉王足，因附耳语曰：“汉方不利，宁能禁信之王乎？不如因而立，善遇之，使自为守。不然，变生。”汉王亦悟，因复骂曰：“大丈夫定诸侯，即为真王耳，何以假为！”乃遣张良往立信为齐王，征其兵击楚。

以此处记载为主，结合其他记载，我们可以得知，张良和陈平一同劝刘邦封韩信为王。当时韩信平定了齐地，势力膨胀。他的谋士和项羽的谋臣都在劝韩信自立或倒向项羽。一旦韩信如此，则刘邦形势危矣。因为没有了韩信牵制楚军，刘邦无力单独与项羽抗衡。而如果刘邦满足不了韩信的欲望，则韩信很可能自立或倒向项羽。在此关键时刻，张良和陈平的进言就显得格外重要。不过此计是张良和陈平一同谋划的，不能完全归于陈平。

前四计都是陈平在刘邦统一天下前出的，第五计则出于统一天下之后。汉高祖六年（前 201），有人上书告楚王韩信谋反。陈平为刘邦出了一个擒捉韩信的计策。陈平认为韩信的军队战斗力很强，他又善于带兵打仗，所以如果直接派兵攻打，则难以取胜。他的计策是，让刘邦以游云梦的名义，会诸侯于陈。陈是楚的西界，韩信听皇帝来了，必然来此迎谒。这样以一“力士”就可以擒拿韩信。刘邦以此行事，韩信果然上当，被生擒活捉。陈平此计，使刘邦不费一兵一卒拿住了韩信。称为“奇计”，似不为过。但王鸣盛却这样评价：

> 汉得天下皆韩信功，一旦有告反者，闾左蜚语，略无证据，平不以此时弥缝其隙，乃倡伪游云梦之邪说，使信无故见黜，其后为吕后所杀，直平杀之尔。①

王鸣盛认为韩信是汉朝的大功臣，有人告他谋反，但一点证据也没有。此时陈平应该弥合君臣的关系，但他却设计捉拿韩信，实在是不应该。王说不无道理。韩信为刘邦屡立战功，是汉朝建立的最大功臣之一。

---

① 王鸣盛：《十七史商榷》卷 4《史记四·陈平邪说》，第 28 页。

上书人告他谋反，确无任何证据，也没有迹象表明韩信要谋反。在这种情况下，陈平不为韩信辩解，反而设计捉拿韩信，使功臣受辱得罪，确实不值得称道。但我们须知，刘邦在统一天下后，剪除异姓诸侯王是其既定方针，他认为只有这样才能维护和巩固刘氏的统治。在这样的方针下，无论韩信造反与否，他都是高祖清除的目标。也就是说，高祖铲除韩信是必然的。明了于此，就可以想见，即使陈平为韩信说情，恐怕也无济于事。另外，王鸣盛说的虽有道理，但他是从陈平该不该出这个计策的角度评论的。如果我们抛开该不该出此计，即不对应否出此计作价值判断，而是只考察这个计策本身，那不得不承认，该计的效果是很理想的，是一个上策。

汉高祖七年（前200），匈奴南侵，韩王信乘机勾结匈奴造反。高祖亲往击之。因天寒，高祖带兵进入白登城。匈奴围城，汉军七日不得食。陈平献计，汉军得以逃脱。关于此事，《史记·陈丞相世家》说："高帝用陈平奇计，使单于阏氏，围以得开。高帝既出，其计秘，世莫得闻。"对于具体情况，司马迁也不太清楚。据《史记》裴骃《集解》引桓谭《新论》：

> 高帝见围七日，而陈平往说阏氏，阏氏言于单于而出之，以是知其所用说之事矣。彼陈平必言汉有好丽美女，为道其容貌天下无有，今困急，已驰使归迎取，欲进与单于，单于见此人必大好爱之，爱之则阏氏日以远疏，不如及其未到，令汉得脱去，去，亦不持女来矣。阏氏妇女，有妒媢之性，必憎恶而事去之。

另据《汉书》卷一《高帝纪第一下》引应劭曰：

> 陈平使画工图美女，间遣人遗阏氏，云汉有美女如此，今皇帝困厄，欲献之。阏氏畏其夺己宠，因谓单于曰："汉天子亦有神灵，得其土地，非能有也。"于是匈奴开其一角，得突出。

二说大同小异，都是说陈平向单于的阏氏进言，汉朝要向单于进献美女以求解围。若汉朝美女进献，单于宠爱有加，则阏氏势必失宠。阏氏为了防止汉朝进献美女，劝单于撤军，这样汉军得以解围。陈平此计，使一国之君和数十万大军得以保全。

三

以上是陈平“六出奇计”的基本情况。由上述考述可以看出，六计中陈平独出四计，另外两计是和别人共同出的，且陈平不起主导作用。所以，说陈平“六出奇计”是不准确的，也高估了他在汉朝建立过程中的作用。刘邦对自己臣下的作用自然十分清楚。他在统一天下后总结自己成功的原因时说：“运筹策帷幄中，决胜千里外，子房功也。”① 这里，刘邦将出谋划策的功劳记在了张良而不是陈平头上，说明张良所起的作用更大。

因为陈平与人共同出的两计，他不起主导作用，所以我们姑且不论。对于陈平独出的四计，如前文所说，都取得良好效果，本无可非议。但有人却对这四计有看法。如王鸣盛认为，陈平以进献《美人图》于阏氏的方式解围，计甚“庸鄙”。今人也有类似观点，认为陈平的这个计谋，“鄙陋，难登大雅之堂，有失中国体面”。甚至全盘否定陈平的计策，认为陈计“既非创见正大，也不稳妥安全，不过时机凑巧，侥幸成功”②。

以上诸说难以令人信服。一个计策是否称得上“奇”，具有很大的主观性。对于同一计，这个人觉得“奇”，另外的人可能觉得不“奇”。若要找到一个相对客观的衡量标准，笔者以为，应以计策实施的效果为标准。如果计策实施后，效果良好，则就可称为“奇”，反之则不能称为“奇”。以此衡量陈平独出的四计，或是离间了对方君臣的关系，或顺利擒拿了目标，或解救了皇帝和军队，总之要么打击了敌人，要么保全了自己，效果非常良好。称为“奇计”，丝毫不为过。若这样的计都不能称为“奇计”，那什么样的才能称为“奇计”呢？论者否定陈平的计策，主要在于衡量标准或着眼点有所偏颇。如认为陈平进献《美人图》于阏氏的计很“庸鄙”，有失体面。这是没有设身处地地考察历史环境。当时刘邦和汉军被围七日不得解脱，不仅生命危在旦夕，而且宗庙社稷有不保之忧。当务之急是解围而出，没有比这个更重要、更急迫的了。只要能解脱，那就是最好的计策。陈平之计做到了这一点，是神奇还是“庸鄙”？

① 《史记》卷55《留侯世家》，第2042页。

② 刘光胜：《汉初陈平“六出奇计”探评》，《殷都学刊》1985年第2期。

论者还以为陈平离间项羽之计漏洞百出，只不过由于项羽审事不周，陈计才侥幸成功。如果项羽如何如何，则陈计不可能发生任何作用。然而历史不能假设，我们评价陈计是否“奇”，只能以既定的历史事实为基础加以衡量。陈计使敌人上了当，达到了预期的效果，就可称为“奇”。

所以，就陈平独出的四计而论，效果良好，堪称“奇计”。刘邦在临终前说陈平“智有余”①。司马迁说陈平“常出奇计，救纷纠之难，振国家之患”，“六奇既用，诸侯宾从于汉”②。后世也以张良、陈平并称，如《汉书》卷二三《刑法志三》说：“用良、平之谋。”陈平以其“奇计”为汉王朝的建立和巩固做出了重要贡献。如果说张良是刘邦的首席谋臣，则陈平是仅次于张良的二号谋士，他和他的“奇计”应该得到肯定。

骨鲠之臣

楚汉相争中，刘邦被项羽围困在荥阳，形势危急。刘邦问陈平有什么计策击败项羽。陈平说，项羽的骨鲠之臣只有亚父、锺离眛、龙且、周殷之属，不过数人耳。只要你给我黄金，让我实行反间计，就能让他们相互猜疑。这样我们乘机进攻，就可以击败项羽。刘邦听了很高兴，就给陈平四万斤黄金，让他实施计谋。后陈平离间了锺离眛、亚父，达到了目的。③

骨鲠之臣是形容刚直不阿、敢于直言的大臣。这样的大臣历朝历代都非常少，而且大多命运不太好。如比干、范增、海瑞等。人们都知道骨鲠之臣宝贵，为什么这么少，结局都不好呢？在专制制度下，君主总是想以自己的意志行事。但骨鲠之臣反对君主为所欲为，想要君主从社稷和百姓的利益出发，在一定的制度下和理念（如儒家思想）下行事。这必然一定程度上限制了君主的权力，自然不为君主所喜欢。因此，在专制制度下，大臣们为了自己的利益，都尽量顺着君主的意思说话、办事。察言观色、揣摩上意、阿谀拍马成为古代官场文化的重要组成部分。所以，骨鲠

① 《史记》卷8《高祖本纪》，第392页。

② 《史记》卷130《太史公自序》，第3312页。

③ 《史记》卷56《陈丞相世家》，第2055页。

之臣少，佞幸之臣多，是专制制度下的必然结果。在民主制度中，人与人是平等的，下级的命运不在元首，而在选民手中。所以官员讨好的是选民，而不是元首。他可以充分发表自己的意见，而不是一味顺着元首的意思。在民主制度下，官员之间平等的辩论，下级质疑上级，司法官员弹劾首相或总统。在专制制度下不可想象的事都变成了现实。在专制制度下，骨鲠之臣凤毛麟角。在民主制度下，骨鲠之士（已没有了君臣）大量涌现。可见，古代中国骨鲠之臣少且下场悲惨的原因，端在于制度。用秦晖教授的话说，就是“中国之病不在于‘文化’，而在于专制制度”①。

智释樊哙

汉高祖刘邦晚年，燕王卢绾反。高祖令樊哙以相国的身份带兵平乱。樊哙走了之后，有人对高祖说樊哙的坏话。高祖怒道：“樊哙见我病了，希望我死。”高祖用陈平的计谋招绛侯周勃于床下，对他们说：“陈平立即载着周勃到军中，让周勃代替樊哙的职位，陈平斩杀樊哙的头。”二人受诏，在途中商量：“樊哙是皇帝的故人，功劳多，而且又是吕后妹吕嬃之夫，又亲且贵，皇帝因愤怒而杀他，恐怕会后悔。我们宁可把他囚禁起来，让皇帝诛杀他。”陈平、周勃就把樊哙载入槛车中，送回长安，而令周勃代替樊哙为将，带兵平定燕地反叛。

陈平听到高祖死了，他害怕吕太后及吕嬃谗怒，乃驰传先去。遇见使者召陈平与灌婴屯于荥阳。陈平受诏，立即驰往宫中，哭得很悲哀，在丧前把事情秉奏了。吕太后也很悲哀，说：“你辛苦了，出去休息吧。”陈平害怕有谗言，恳请留在宫中宿卫。太后以他为郎中令，让他教导孝惠皇帝。后来吕嬃的谗言乃不得行。樊哙被送到长安后，被赦免并恢复了爵邑。②

由此看出陈平考虑事情很周密。刘邦下令杀死樊哙，那是受到他人的蛊惑，并且是在一怒之下发出的命令。一旦清醒，很可能后悔。陈平看到

① 秦晖：《“西化”、“反西化”还是“现代化”——太平天国、义和团与辛亥革命的比较（下）》，《南方周末》2011 年 10 月 13 日第 D24 版。

② 《史记》卷 56《陈丞相世家》，第 2059 页。

了这一点。并且他还考虑到樊哙是吕氏的姻亲，如果自己杀死樊哙，必然得罪权势极盛的吕氏。这都对己极为不利。所以他没有机械地按照圣旨做，而只是囚禁了樊哙，为以后脱身留了余地。在刘邦死后，他又采取妥善行动，得到了吕后的谅解，避免了谣言介入，很好地保护了自己。人们评价西汉前期的晁错是“工于谋国，拙于谋身”，那么我们可以说陈平是既善谋国，又善谋身，这是最理想的。

阿意背约

《史记·吕太后本纪》记载了这么一件事：

> 汉少帝元年太后称制，议欲立诸吕为王，问右丞相王陵。王陵曰：“高帝刑白马盟曰‘非刘氏而王，天下共击之’。今王吕氏，非约也。”太后不说。问左丞相陈平、绛侯周勃。勃等对曰：“高帝定天下，王子弟，今太后称制，王昆弟诸吕，无所不可。”太后喜，罢朝。王陵让陈平、绛侯曰：“始与高帝啑血盟，诸君不在邪？今高帝崩，太后女主，欲王吕氏，诸君从欲阿意背约，何面目见高帝地下？”陈平、绛侯曰：“于今面折廷争，臣不如君；夫全社稷，定刘氏之后，君亦不如臣。”王陵无以应之。十一月，太后欲废王陵，乃拜为帝太傅，夺之相权。王陵遂病免归。乃以左丞相平为右丞相。

这个记载是说，吕后打算封自己的兄弟为王，就问右丞相王陵。王陵以高祖立下的誓约为由，坚决表示反对。太后自然不高兴。她又问左丞相陈平和绛侯周勃，他们表示同意，太后很欣喜。朝罢之后，王陵就谴责陈平、周勃，说他们为了迎合太后的意思，背弃高祖的誓约。陈平和周勃为自己辩解，说面折廷争，我们不如你；但全社稷，保刘氏，你不如我们。后来吕后罢免了王陵，拜他为皇帝的太傅，实际上剥夺了他的相权。王陵意识到这一点，以疾病为由回家了。陈平由左丞相升为右丞相。

后世都以阿意背约指责陈平。的确，陈平为了自己考虑，背弃了高祖的誓约，迎合吕后的意思，显得自私和没有原则。不过我们要考虑到当时的环境。吕后已经掌权，若陈平坚持反对封吕氏为侯，很可能无济于事，而且自己受到危害。在古代的官场上，一言一行都可能使自己陷于困境，明哲保身也是可以理解的。更需要注意的是，在专制社会，根本没有固定的律令可言，皇帝（或代表皇帝行使皇权的太后等人）说的话就是法律，具有最高权威。皇帝当下的意思，就是奉行的准则。也是在西汉前期，有人指责杜周："你为什么不按照法律的规定审案，而以人主的意思处理案件，作为司法官员应该这样吗？"杜周说："三尺安出哉？前主所是著为律，后主所是疏为令；当时为是，何古之法乎！"① 杜周对专制社会的本质有着深刻的认识。在这种社会里，哪里有什么法律。皇帝说的就是法律，而且以当下所说的为准。明了这一点，我们就会觉得陈平的做法就是正常且自然的了。

善始善终

司马迁在《史记》卷五十六《陈丞相世家》的末尾赞道："吕后时，事多故矣，然平竟自脱，定宗庙，以荣名终，称贤相，岂不善始善终哉！非知谋孰能当此者乎？"司马迁感慨陈平竟然在吕后执政时期的动荡环境里保全了自己，后又平定吕氏之乱，维护刘氏统治，最后以荣名善终。陈平被后世称为贤相，如果不是足智多谋，怎会如此呢？的确如司马迁所说，吕后时期是政局不稳的时期，许多大臣因各种原因获罪或贬谪，而陈平却安然无恙。他在高祖临终前，智释樊哙（已见前述），避免了得罪吕后。担任丞相时，他不治事，韬光养晦，等待时机。及吕后去世，他与其他大臣合谋诛灭吕氏，迎立刘恒为帝，稳定了政局。文帝时，他与周勃分别为左右相，后又独相。文帝二年病逝。他在风云变幻的环境里，充分发挥自己的才智，妥善处理和各方面的关系，既保护了自己，又贡献了国家，几乎可以被称为完人。

但如果认为这个赞语仅是太史公对陈平的称赞，似乎还没有完全理解其中的深意。我们知道，司马迁是因为李陵辩护而遭受宫刑的。这对他来说是极大的打击。他由此认识到在那种制度和环境下，一个人随时都有可能陷于危难之中。由此他也对历史上能够保全自己的人深表佩服。尤其是

---

① 《汉书》卷60《杜周传》，第2659页。

像陈平这样的人，既能建功立业，报效国家，又能保全自己，善始善终，更令司马迁仰慕。看到陈平的事迹，再看自己的因言获刑，惨遭奇耻大辱，他怎能不感慨系之，思绪万千。他的这类赞语，既是对历史人物的评价，更是对自己经历的反思。将作者的议论和其本人的遭遇结合起来考察，庶几可以探察其中的深意。

无所不通

张苍是汉初丞相。他对于律历、天文、算术都很精通。史书上称他："苍本好书，无所不观，无所不通，而尤善律历。"① 按照古代专家与通人的说法，可以说张苍是一个通人。

由张苍的通不禁让人想起今天中国的大学教育。按照现在中国大学制度，学生一入学就学习已经填报好了的专业。这种过早的划分专业，有利于学生尽快进入专业领域，熟悉专业知识，但弊端也很明显，造成学生知识面窄，视野狭小，除了对专业了解一些外，其他几乎一无所知。世间的学问本没有专业之分，许多问题的解决需要各种知识。过早划分专业，不利于学生以后独立解决问题。而且，大学本科教育本不是让学生掌握多么精深的专业知识，那是研究生以上教育的事。现代大学教育的根本目的是培养现代化的公民，是让学生毕业后拥有独立思考能力和批判性思维。独立思考能力和批判性思维甚至可以说是一个现代人的安身立命之本，比获得具体的知识和技能更加重要。我们的大学教育及改革，应该朝着这个目标前进。

父事王陵

《史记》卷九十六《张丞相列传》载：秦末，张苍跟随刘邦攻打南阳。因为犯了错，即将被处斩。他被脱下衣服，露出上身，等待受刑。这时，王陵路过这里，看到张苍的皮肤很白，长得很英俊，就请求刘邦赦免了他。后来汉朝建立后，张苍位至高官，他念念不忘王陵的恩德，像对待

---

① 《史记》卷96《张丞相列传》，第2681页。

父亲一样对待王陵。王陵死后，张苍经常早晨起来沐浴后，先到王陵家看王陵的母亲，然后才回家吃饭。张苍被认为是知恩图报的典型。

白驹过隙

张良在天下统一后，曾跟从刘邦击代，出奇计攻下马邑。后张良称曰："家世相韩，及韩灭，不爱万金之资，为韩报仇强秦，天下震动。今以三寸舌为帝者师，封万户，位列侯，此布衣之极，于良足矣。愿弃人间事，欲从赤松子游耳。"这是张良的内心表白，指出自己反抗秦朝是为了恢复韩国。现在他成为帝师封万户，位列侯，位极人臣。对于一介布衣的他来说，已经心满意足了。他愿意抛弃人间事，想跟随赤松子游。高帝死后，吕后对张良很是感恩戴德，让张良吃美味佳肴，并对他说："人生一世间，如白驹过隙，何至自苦如此乎！"①

吕后把短暂的人生比作白驹过隙，很恰当，也显得很有哲理。但在她看来，人生既然如此短暂，就应该抓紧享受、及时行乐。他对于张良急流勇退的做法很不理解。这是一种人生观，也是很多人的想法。张良看惯了世事变幻，厌倦了纷纷扰扰，决定抛弃人间事，过一种潇洒自在、无拘无束、清心寡欲的生活。这是一种道家的人生观。中国古代思想的主体——儒家主张人积极入世，发挥自己的作用，造福社会和百姓。一般看来，儒家的人生观更崇高，也为我们的社会和政府提倡。但需要注意的是，现代社会是一个多元化的社会。多元，意味着每个人都有选择自己活法的自由。虽然儒家的人生观看起来更高尚，我们尽可提倡，但不能强迫每个人都选择这种人生观。只要不损害他人和社会的利益，每个人的选择都应该被尊重，这也是对个人基本权利和自由的尊重。即如秦晖教授的《实践自由》② 的封面上写的32个字："高调再高，苟能律己，慎勿律人，高亦无害。低调再低，不逾底线，若能持守，低又何妨。"

---

① 《史记》卷55《留侯世家》，第2048页。

② 秦晖：《实践自由》，浙江人民出版社2004年版。

周勃安刘

公元前180年七月，吕后去世，吕禄以赵王身份为上将军，吕产以梁王的身份为相，执掌军政大权。在长安宿卫的朱虚侯刘章是刘氏宗室，因其妇为吕禄女，得知吕氏之谋，就派人东去告知其兄齐王刘襄，要他发兵来京，自己在长安为内应，共诛诸吕。刘襄当即举兵，并向诸侯王发书，揭露吕氏的罪恶阴谋，号召刘姓诸侯王共诛不当为王的吕氏。吕产闻知此事，乃派大将军灌婴带兵东去阻击。灌婴到了荥阳，按兵不动，派遣使者同齐王刘襄等联合，等待事变的发展。

这时，周勃身为太尉，不允许进入军营的大门，没有军权；陈平为丞相，不得处理政事，只有空名。本来两人有隙，在陆贾的劝说下，捐弃前嫌，关系和好。他们与刘章等人合谋，因曲周侯郦商之子郦寄与吕禄友好，就迫使郦商命令郦寄去欺骗吕禄说：吕氏封王是众臣所知而认可的，不会发生麻烦，现在的问题是，你不应该带兵留在长安，使人怀疑。为什么不赶快交出将军印，把军权交给太尉，让梁王也交出相国印，与大臣结盟而回到封国去？那样，齐王之兵必罢，大臣得安，你也安居王位，这是万世之利。吕禄觉得郦寄说得有理，派人告知吕产及诸吕老人。有人以为不便，犹豫未决。吕禄仍然相信郦寄之言。八月，有人向吕产报告了灌婴与齐王通气的消息，这事又被曹窋获知。曹窋是曹参之子，其父曹参与周勃、陈平等同是汉朝开国功臣，关系很好，现在知道这个重要消息，立即驰告周勃和陈平。周勃打算先控制北军，但未得入。掌管符节的纪通在这关键时刻倾向于周勃，让他持节诈称天子之命进入北军。郦寄等人又遵照周勃的吩咐去劝说吕禄："帝使太尉守北军，欲令足下之国，急归将军印辞去。不然，祸且起。"吕禄随即交出了印信，把兵权给了太尉周勃。

周勃进入军门，马上向北军宣布命令："为吕氏右袒，为刘氏左袒。"全军都是左袒，周勃随即掌管北军，但还未控制南军。周勃命令刘章监守军门，命令曹窋告诉卫尉不要让吕产进入宫殿门。这时吕产还不知周勃已掌管北军，打算进入未央宫发动叛乱，到了殿门不得进入，来去徘徊。周勃知道这个情况后，还怕没有胜利的把握，不敢公开宣布诛除诸吕，只是对刘章说："急入宫卫帝。"刘章带领周勃调给的一千士兵，冲入未央宫的掖门，发现吕产正在廷中，便发动攻击。吕产逃走。时已傍晚，天刮大风，随从吕产的官员大乱，没有一个敢于战斗。刘章追击吕产，杀之于郎中令官衙的厕所中。接着，刘章又杀了长乐卫尉吕更始。然后回到北军，向周勃报告。周勃非常高兴，说："所患独产，今已诛，天下定矣。"又随即捕杀了吕禄及诸吕氏。同时，周勃与大臣们合谋，废除了由吕后安排的少帝，拥立代王刘恒为帝（文帝），齐王罢兵而去。

刘邦临终前曾嘱托后事，说可以任命周勃为太尉，日后有什么情况，"周勃重厚少文，然安刘氏者必勃也"。[①] 高祖确有知人之明，后来的历史发展和他预言的基本一样，周勃安定了汉王朝。但需要注意的是，我们说周勃安刘，并非周勃一个人安定了汉朝。从史料记载来看，他甚至不是最主要的人物。是刘章首先得知吕氏阴谋，并告诉了齐王刘襄。后者举兵西进，给吕氏以强大的压力。灌婴在关键时刻倾向刘氏，不仅没有奉吕氏之命攻打刘襄，反而和刘襄一同进军长安。这使吕氏陷于被动之中。郦寄说服吕禄，使后者犹豫不决，摇摆不定，为拥护刘氏的大臣采取行动赢得了时间。曹窋又获得重要情报，并及时告知周勃、陈平。在周勃无法进入北军的情况下，纪通帮助他持节矫诏进入北军。周勃控制北军后，令刘章入宫卫帝。刘章率军进入未央宫，杀死了吕产，后又杀了长乐卫尉吕更始。可见，在平定吕氏中，刘章、刘襄、灌婴、郦寄、曹窋、纪通等都发挥了重要重用，特别是刘章，不仅获取情报，而且杀死吕氏的核心成员吕产。从周勃听到吕产被杀的消息高兴地说："所患独产，今已诛，天下定矣。"就可以看出刘章杀死吕产的重要性。

对于刘章在铲除诸吕中的功绩，后世的有识之士一直是给予充分肯定的。李白在《朱虚侯赞》中说："嬴氏秽德，金精摧伤。秦鹿克获，汉风飞扬。……阴虹贼虐，诸吕扰攘。朱虚来归，会酌高堂。雄剑奋击，太后震惶。爰锄产禄，大运乃昌。功冠帝室，于今不亡。"司马贞在《史记·齐悼惠王世家》索隐中称赞刘章："朱虚仕汉，功大策长。"王世贞在《王弇州崇论》卷之二叹曰："章以北军千余之卒，逐吕产而杀之，悉歼其族党，非有胆勇谋断，谁能胜焉。"蔡东藩在《前汉演义》第四十六回评论道："诸吕之诛，虽由平勃定谋，而首事者为朱虚侯刘章。齐之起

① 《史记》卷8《高祖本纪》，第392页。

兵，章实使之，前回总评中已经叙及。至若周勃已夺北军，即应捕诛产禄，乃尚不敢遽发，但遣刘章入卫，设章不亟杀吕产，则刘吕之成败，尚未可知。”都指出了刘章在平定诸吕之乱中的巨大作用。我们在说周勃安刘这个词汇时，不应忘记刘章等人的功劳。

汗流浃背

刘恒当上皇帝不久，一天早上问右丞相周勃：“天下一岁决狱几何？”周勃说不知道。又问：“天下一岁钱谷出入几何？”周勃又谢罪说不知道，汗出沾背，愧不能对。于是文帝又问左丞相陈平，陈平回答：“有主者。”文帝问：“主者谓谁？”陈平说：“陛下即问决狱，责廷尉；问钱谷，责治粟内史。”文帝说，各方面的事务都有官吏管理，那么你干什么呢？陈平说：“主臣！陛下不知其驽下，使待罪宰相。宰相者，上佐天子理阴阳，顺四时，下育万物之宜，外镇抚四夷诸侯，内亲附百姓，使卿大夫各得任其职焉。”文帝听了很高兴。周勃感到很惭愧。出去之后，周勃对陈平说：“你平日怎么不教我如何应对啊？”陈平笑着说：“你在这个职位上，难道不知道你的职责吗？如果皇帝问京城里有多少盗贼，你也要回答吗？”周勃觉得自己跟陈平差得很远。不久，周勃以称病为由辞去了丞相，陈平担任唯一的丞相。①

陈平的回答是对宰相职位的准确概括。宰相是辅佐皇帝总揽朝纲，处理军国大事的，把合适的人放在合适的位置上。无须也不可能亲自抓所有的事情。周勃不明白这一点，所以面对皇帝的询问汗流浃背。这说明他不适合当宰相。陈平这一回答，成为对宰相职权的经典表述，对后世影响深远。

狱吏之贵

周勃第二次为相后十余月，文帝对他说：“前日我诏列侯就国，有的没有去，丞相是我所看重的，你做个表率吧。”于是免去了周勃的丞相让

---

① 《史记》卷 56《陈丞相世家》，第 2061—2062 页。

其就国。

一年多后，每当河东守尉行县至绛，周勃自畏恐诛，常常披着铠甲，令家人持着兵器见守尉。后来有人上书周勃欲谋反，事下廷尉。廷尉下此事长安，逮捕周勃。周勃恐惧，不知所措。狱吏稍稍侵辱周勃。周勃给狱吏千金，狱吏在书牍背面写几个字曰“以公主为证”。公主是文帝的女儿，周勃的儿子胜之娶了她。所以狱吏教周勃引公主为证。周勃将受赐的东西全给了薄昭。及系狱急，薄昭为言薄太后，太后亦认为没有谋反之事。文帝上朝的时候，太后对文帝曰：“周勃绾皇帝玺，将兵于北军，不以此时反，现在居住在一个小县里，怎么会造反呢？”文帝见到周勃的狱辞，乃道歉曰：“吏方验而出之。”于是派使者持节赦免了周勃，复爵邑。周勃出来后，说：“我曾经率领百万军，哪里知道狱吏的尊贵啊！”①

细柳屯兵

风劲角弓鸣，将军猎渭城。草枯鹰眼疾，雪尽马蹄轻。
忽过新丰市，还归细柳营。回看射雕处，千里暮云平。

这是唐代大诗人王维的《观猎》。诗歌描写了一位将军打猎时的情景。其中第六句称将军的军队犹如汉朝周亚夫的细柳营的军队一样。那周亚夫的细柳营是怎样的一支军队呢？诗人为何称赞这位将军的军队为细柳营呢？这包含着一个历史典故。

汉文帝后元六年（前158），匈奴侵犯汉朝的边境。文帝以宗正刘礼为将军，驻军霸上；以祝兹侯徐厉为将军，驻军棘门；以河内守周亚夫为将军，驻军细柳。文帝亲自前往劳军。他到了霸上和棘门，直接就驰入了军营，将以下的军官皆骑马迎送。后来文帝来到细柳，看到军士都穿着甲胄，手里拿着锐利的武器。文帝的先驱先到军营，不得入。先驱曰：“天子且至！”军门都尉曰：“将军令曰‘军中闻将军令，不闻天子之诏’。”一会儿，文帝来了，又不得入。文帝乃派遣使者持节诏周亚夫，告诉他皇帝要劳军。周亚夫乃传令开壁门。壁门士吏对皇帝的从属车骑曰：“将军

① 《史记》卷57《绛侯周勃世家》，第2072—2073页。

约，军中不得驱驰。”于是文帝乃按辔徐行。到了营中，周亚夫拿着兵器对文帝作揖，并说：“介胄之士不拜，请以军礼见。”文帝听了为之动容，使人称谢：“皇帝敬劳将军。”之后回去了。出了军门，群臣皆惊。文帝曰：“嗟乎，此真将军矣！曩者霸上、棘门军，若儿戏耳，其将固可袭而虏也。至于亚夫，可得而犯邪！”① 称善良久。一个多月后，三军皆罢。文帝拜周亚夫为中尉。

这就是细柳屯兵的典故。周亚夫的军队纪律严明、军威肃整，后世称这样的军队为细柳营。

平定七国

汉景帝三年（前154），发生了以吴楚为首的“七国之乱”。这一事件的发生有种种原因，但根本原因在于中央和诸侯国势力对比的失衡。刘邦统一天下后，为巩固刘氏的统治，逐次消灭了异姓诸侯王，之后又大肆分封同姓诸侯王。吴王濞是高祖之侄，楚王交是高祖之弟，其余皆为刘邦子，还有一个实力弱小的异姓诸侯王长沙王吴芮，共九个。诸侯国疆域广大。《史记·汉兴以来诸侯王年表》说：“自雁门、太原以东至辽阳，为燕、代国；常山以南，大行左转，度河、济，阿、甄以东薄海，为齐、赵国；自陈以西，南至九疑，东带江、淮、谷、泗，薄会稽，为梁、楚、淮南、长沙国：皆外接于胡、越。而内地北距山以东尽诸侯地。”上述诸侯国共领有42郡，约相当于战国晚期的关东六国。汉朝廷直接控制的地区为15郡，约相当于战国晚期的秦国。这种弱干强枝的局面到七国之乱前并没有重大改变。

诸侯王在国内的政治权力很大。诸侯王“掌治其国”②，有治民权。王国的制度仿效中央朝廷。诸侯王有任命除傅、相以外的官员的权力。如此的制度规定，使诸侯王形成半独立的状态。

诸侯王经济上也拥有很大的权力。他们可以在国内自行征收赋税，包

---

① 《史记》卷57《绛侯周勃世家》，第2074—2075页。

② 《汉书》卷19上《百官公卿表》，第741页。

括口赋和田租。诸侯王还有“山川园池市肆租税之入”①。有的诸侯王还直接经营盐铁，从中获得巨额利益。

诸侯王的这些权力使其势力愈益膨胀。随着诸侯王和汉皇帝血缘关系的疏远，诸侯王也越来越骄肆，不完全听汉廷的号令。发动叛乱的吴国是诸侯国中的大国。吴王封于高祖十二年（前 195），领有东阳郡、吴郡等 53 个县城。吴国产铜盐，吴王命人采山煮盐，吴国因此富饶。吴国财富之多，在当时的众诸侯国中首屈一指。

吴王发动叛乱还有其他因素。文帝时，吴太子入朝，与皇太子刘启博弈，发生了争执，刘启失手打死了吴太子。吴王为此怨恨朝廷，从此不入朝觐见。文帝知道自己愧对于吴王，所以对他没有指责，还授予几杖，允许不朝。吴王以为文帝软弱可欺，更加积蓄力量，伺机反叛。当时的大臣晁错建议文帝削藩，文帝不从。景帝即位后，晁错为御史大夫，建议：“今削之亦反，不削之亦反。削之，其反亟，祸小；不削，反迟，祸大。”② 景帝采纳其主张，开始削藩。先后削了赵王、胶西王、楚王等王国的土地。然后拟削吴国的鄣郡、吴郡。削藩引起诸侯王的不满和恐慌。吴王认为时机到了，就联合其他诸侯国发动了叛乱。

景帝三年正月，吴王濞杀死朝廷设置的王国官吏，公然发起叛乱。和吴王叛乱的王还有楚王刘戊、赵王刘遂、济南王刘辟光、淄川王刘贤、胶西王刘昂、胶东王刘雄渠。吴王叛乱，为了赢得舆论的支持，以“清君侧”的名义发动，即要清除皇帝身边的所谓佞臣晁错。叛乱发生后，汉朝廷为之震动。有人看到吴王反叛的口号，认为只要杀死晁错，赦免吴王等人的罪就可以平息叛乱。景帝以为然，遂杀死晁错。但吴王还不息兵，并自称“东帝”，其意不在晁错，而在称帝，已昭然若揭。景帝看到吴王的真实意图后，立即派兵前去镇压。他命周亚夫为太尉，东击吴楚，亚夫看到“楚兵剽轻，难与争锋”，认为“以梁委之，绝其粮道，乃可制”③。景帝同意了这个建议。周亚夫所说的梁国，国王是刘武，为文帝之子，景帝的弟弟。梁国“北界泰山，西至高阳，四十余城”，地盘大，实力强。

① 《汉书》卷 24 上《食货志第四》，第 1127 页。
② 《史记》卷 106《吴王濞列传》，第 2825 页。
③ 《史记》卷 57《绛侯周勃世家》，第 2076 页。

吴楚西进，必经过梁国，所以梁国成为捍卫西汉朝廷的一道屏障。因而周亚夫才以梁委吴。梁国能否顶得住吴楚的进攻，成为周亚夫战略成败的关键。吴楚联军度过淮水，进攻梁的棘壁（今河南永城西北），杀梁军数万，乘胜追至梁的国都睢阳（今河南商丘）。梁王向亚夫求援，亚夫不为所动。梁王向景帝求援，景帝命周亚夫前去支援梁王，周亚夫“不奉诏”①。梁王只能以自己的力量抗击吴楚联军。周亚夫进兵至梁国东北的昌邑（今山东巨野东南），坚壁而守，派兵南下切断了吴楚联军的粮道。吴楚攻梁不下，转攻亚夫，因粮道被断，下邑（今安徽砀山县境）一战，大败。吴王濞东南逃，后为东越所杀。楚王也兵败自杀。其他几个诸侯王也相继平定。历时三个月的叛乱至此结束。

景帝在平定叛乱后，继续削藩。他在政治、经济、疆域等方面进一步限制了诸侯王的权势。为武帝彻底解决诸侯王问题创造了条件。②

周亚夫虽然平定了七国之乱，但却在战争中得罪了梁王。叛乱的平定对西汉国家来说是件好事，但对周亚夫个人来说却不一定。

封侯饿死

周亚夫为河内守时，许负为他相面，说：“你三岁后封侯。侯八岁而为将相，持国秉，贵重无比，位极人臣。其后九岁而饿死。”周亚夫笑道：“我的哥哥已经代父为侯了，即使他死了，也是他的儿子代为侯，怎能轮到我呢？既然你说我如此尊贵，又为何说我饿死呢？请指示我。”许负指着周亚夫的嘴说：“有纵的纹理进入你的口中，这是饿死的面相。”三年之后，周亚夫的哥哥胜之有罪，文帝选择绛侯儿子中贤能的，人们皆推周亚夫。于是封周亚夫为条侯，续绛侯后。

后周亚夫细柳屯军，赢得文帝赏识。景帝时，周亚夫又平定了吴楚七国之乱，为汉朝立下了大功，受到景帝重视，迁为丞相。景帝欲废除栗太子，周亚夫坚决不同意，与景帝发生了争执，但景帝坚持己见。因此之故，景帝疏远了周亚夫。后梁王每次来朝，与太后说周亚夫的坏话。原来

---

① 《史记》卷 57《绛侯周勃世家》，第 2076 页。

② 本文参见唐赞功《吴楚七国之乱与西汉诸侯王国》，《北京师范大学学报》1989 年第 1 期。

周亚夫在平定七国之乱时，让梁国抵挡吴楚联军的进攻，自己从侧翼进攻吴楚。为贯彻这个战略，梁国遭到吴楚的攻击，向周亚夫求救，周亚夫置之不理。为此，梁王对周亚夫怀恨在心。所以经常说周亚夫的坏话。

后来，窦太后说，皇后的兄信可以封侯。景帝说："起初南皮、章武侯在先帝时不封侯，等到臣即位乃封侯。信不宜封也。"窦太后说："人主各以时行耳。自窦长君在时，竟不得侯，死后乃其子彭祖顾得侯。吾为此感到很遗憾。帝赶快封侯信也！"景帝曰："请让我和丞相商量此事。"周亚夫说："高皇帝曾经立下誓约'非刘氏不得王，非有功不得侯。不如约，天下共击之'。信虽然是皇后之兄，但无功，如果封他为侯，违反了誓约。"景帝默然而止。

后来匈奴王徐卢等五人降，景帝欲将他们封侯以劝来者。周亚夫说："他们背叛了他们的主子来投降陛下，陛下封他们为侯，那么何以责备人臣之不守节者？"景帝说："丞相的意见不可用。"乃悉封徐卢等为列侯。周亚夫因此谢病。景帝中元三年（前147），以病免相。

不久，景帝居禁中，召条侯，赐食。只放置大胾，没有切肉，又不置櫡。周亚夫心中不平。回过头叫尚席拿过来櫡。景帝看到笑着说："这满足不了你的要求吗？"周亚夫免冠谢。景帝起来，周亚夫跟着趋出。景帝看着他走，说："此怏怏者非少主臣也！"

之后不久，周亚夫的儿子给父亲买了五百件殉葬用的盔甲盾牌。搬运的雇工很受累，可是周亚夫的儿子没给他们钱。雇工们知道他偷买天子用的器物，向皇帝报告周亚夫子欲反。这事涉及周亚夫。景帝看到上书后，让相关官吏处理此事。吏簿责问周亚夫，周亚夫不回答。景帝骂道："吾不用也。"诏廷尉负责此事。廷尉责曰："君侯欲反邪？"周亚夫说："我买的是葬器，怎么是谋反呢？"官吏说："你纵然不在地上反，也要在地下反。"吏侵之益急。一开始，官吏逮捕周亚夫，周亚夫想自杀，夫人阻止了他，以故没有死，进入了廷尉的监狱。在狱中，周亚夫五日不食，呕血而死。侯国也被除去。①

周亚夫之死的根本原因是得罪了皇帝。他与景帝就是否废除栗太子的问题发生了争执，引起景帝很大不满。在平定七国之乱中，他坚持他的战

---

① 《史记》卷57《绛侯周勃世家》，第2079页。

斗部署，没有派军支持梁国。虽然他这是从大局出发做出的正确选择，但因此得罪了梁王。因此之故，梁王经常向景帝和太后说周亚夫的坏话。梁王是窦太后最宠爱的儿子，又是景帝的弟弟。周亚夫得罪了他，可以想见是什么后果。周亚夫又以高祖的誓言反对封窦太后的皇兄为侯，虽然很对，但又得罪了窦太后。再加上他与景帝关于是否封匈奴降人产生分歧，又引起了景帝的不悦。这几件事叠加起来，导致景帝对周亚夫极为不满，虽然周亚夫做的并没有错。终于，周亚夫儿子买葬器不给钱的事成为周亚夫被杀的导火索。本来这只是一起普通的经济案件，但景帝却将其上升到政治的高度。廷尉知道皇帝的态度，自然秉承皇帝的意思办理此案。当周亚夫辩护时，廷尉的“你纵然不在地上反，也要在地下反”，真可谓欲加之罪，何患无辞了。这样，周亚夫的死就成为必然的了。

姑且不提周亚夫平定七国，立有大功。即看上述的几件事，他也没什么过错，而且都是从国家利益出发行事的。然而，在古代皇权专制的体制下，得罪了皇帝和亲贵，就不会有好的结果。周亚夫之死，上演了一曲极权专制政体下的“功臣悲歌”①。

缇萦救父

汉文帝十三年（前167）五月，齐太仓令淳于意有罪当刑，被押解到长安。淳于意只有五个女儿，没有男孩。被逮捕时，太仓令骂女儿道：“生子不生男，缓急无可使者！”他的小女儿缇萦听了很感伤。随他的父亲一起来到了长安。她向皇帝上书说：“妾父为吏，齐中称其廉平，今坐法当刑。妾切痛死者不可复生而刑者不可复续，虽欲改过自新，其道莫由，终不可得。妾愿入身为官婢，以赎父刑罪，使得改行自新也。”文帝看到后，很可怜她，觉得她说的有道理，就废除了肉刑。②

缇萦的上书，不仅保护了父亲，而且使文帝废除了肉刑，使更多的人免于残酷刑法。缇萦做了一件功德无量的事。东汉史学家班固知道了这件

① 这里借用黄朴民先生一本专著的名称。参见黄朴民《功臣悲歌——中国古代的皇权与将帅》，解放军出版社1999年版。

② 《史记》卷105《扁鹊仓公列传》，第2795页。

事后，不禁咏叹道：

三王德弥薄，惟后用肉刑。太苍令有罪，就逮长安城。自恨身无子，困急独茕茕。小女痛父言，死者不可生。上书诣阙下，思古歌《鸡鸣》。忧心摧折裂，晨风扬激声。圣汉孝文帝，恻然感至情。百男何愦愦，不如一缇萦。

王莽追刘秀

在山西、河北、河南等地流传着王莽追刘秀的故事。因地区不同，故事的内容也有所差异。本文介绍其中的两个版本。

据说，王莽篡汉后，对汉朝宗室大肆捕杀。刘秀为中兴汉朝，率兵抵抗，试图推翻王莽政权。双方在舞阳地区展开战斗。由于寡不敌众，刘秀失败。刘秀被王莽追赶，一直逃到无量寺、五连湖一带。刘秀的母亲因为受到惊吓而死去。刘秀悲痛不已，为纪念母亲，他将当地命名为“无娘市”，母亲去世的湖旁起名“亡娘湖”。

相传，刘秀路至无量寺东朱里桥，桥边有所小庙。刘秀就逃了进去。不久，王莽的追兵到了。追兵在桥东附近极力搜索。这时，庙里的一只蜘蛛帮了刘秀的忙。蜘蛛在庙门口织了一个大网。当追兵看到这所庙的时候，见门口有蜘蛛网，便以为此庙久不住人，就没有进入搜索。这样刘秀就躲过一劫。

后来刘秀继续南逃，但他实在又累又渴，走不动了，便在芦苇荡里休息。不知不觉就睡着了。追兵赶到，看到一片无边无际的芦苇，无法搜寻，便干脆放火烧了芦苇。刘秀醒来一看，周边全是一片焦土，而自己却完好无损。他正在纳闷，看到他身边有一条湿淋淋的死狗。狗周围有一片荒草，还带着水滴。他又看到不远处有一条小河。他这才明白：原来是狗到小河里湿透了自己的毛，然后在刘秀周围的荒草里打滚。这样草沾满了水就燃烧不着了。小狗就是这样救了自己。

后来刘秀得了天下，始终不忘小狗救了自己。他就在当地建造了一座庙，取名狗冢庙。据说庙占地二百多亩，气势雄伟，颇为壮观。后来庙被摧毁，只留下一些残迹。

另一个版本与新乡密切相关。

西汉末年，王莽篡位，当了皇帝，建立新朝。但他的改革措施没有见效，引起人们的普遍不满。刘氏宗室也想推翻王莽，恢复刘汉的统治。刘秀参加了一支起义军，后来不断作战，成为起义军的领袖。

一次，刘秀率军和王莽军作战，刘军节节失利，一直败退到了南太行。退至郭亮村时，刘秀和部队很累，就在这里休息。刘秀为了防止被敌人抓到，就睡在一棵柳树上，以柳叶充饥。

第二天，刘秀率领起义军南下，又与王莽军遇到。双方短兵相接，战斗十分惨烈。刘秀军渐渐不行了。就在这时，突然下起了大雨，从山上冲下一股洪流。这股洪流隔断了刘秀军和王莽军。王莽眼见大功告成，突如其来的暴雨让他大失所望。他就令军士在此安营扎寨，等待大雨过后再追击，此处就是现在有名的王莽岭。

刘秀再次由于天气原因而脱险，喜出望外，高呼："天助我也，苍天有眼，刘秀大难不死，江山归汉！"后来人们把救刘秀的河称为红石河，从山上流下的洪流称为红石瀑布，现均为著名的八里沟景点。

刘秀得救后，继续南下。走了一段路程，感到十分困乏，就躺在一块石板上睡着了。也不知睡了多长时间，一些东西掉到了自己的嘴里。刘秀醒来一看，是桑葚。这桑葚又甜又酸，十分好吃。刘秀就令军士都采摘桑葚吃。军士们吃后，很快都恢复了体力。刘秀即位后，就封他躺的那块石头为躺皇石，那棵桑树为救皇树。

几天后，刘秀查看地形，一不小心从悬崖上摔了下来。他心想，这回完了，没有死在战场上，反而死在了山沟里，太不值了。没承想，他掉在了一群羊的身上。刘秀安然无恙。这时放羊的青年人来了。他一看有人从山崖摔了下来，就赶快来看。看到刘秀没事，就放心了。刘秀看到此人身强体壮，老实憨厚，就告诉了他自己真实的身份，并邀请他加入自己的军队。牧羊人爽快地答应了。这个人叫马武。他参军后，屡立战功，为刘秀夺取江山立下了汗马功劳。

刘秀在王莽的追杀下多次脱险，以为天命在己，加之又有马武的辅佐，很快打败其他各路义军和王莽的军队，统一了天下，建立东汉王朝。

这个故事的两个版本的细节有所不同，但都描述的是动植物、自然现象帮助刘秀渡过难关的事。这个故事大概是刘秀登基后为了宣扬自己天命所归而编造出来的。王莽追刘秀，自然王莽实力强，刘秀实力弱。但王莽总是追不上刘秀，即使近在咫尺，刘秀也能在其他事物的帮助下逃脱。这其实是告诉人们，刘秀虽然弱小，但有上天的护佑，最终会胜出。王莽虽然强大，但上天没有垂青他，再强大也没有用，失败是必然的。曲折故事的背后蕴含着君权神授的思想。当然这也不是刘秀的个人的问题，而是西汉中叶以来儒家思想谶纬化的结果。自此之后，图谶、预言、天命等笼罩着整个社会，人们纷纷以此来合理化自己的统治。刘秀只是其中之一。与西汉初年的议论相比，明显可以看出这两个时期思潮的不同。汉初，刘邦君臣在讨论何以获得天下时，人们大多归结为人力。如刘邦归结为自己善用人，“夫运筹策帷帐之中，决胜于千里之外，吾不如子房。镇国家，抚百姓，给馈饟，不绝粮道，吾不如萧何。连百万之军，战必胜，攻必取，吾不如韩信。此三者，皆人杰也，吾能用之，此吾所以取天下也”①，“秦失其鹿，天下共逐之，于是高材疾足者先得焉”②。显然，西汉初的思想重人，东汉初的思想重天。过去人们总以为历史（包括思想史）是不断发展的，现在人们越来越认识到这种“发展”史观的缺陷。西汉初至东汉初思想的演变，或许是一个很好的说明。

召父杜母

杜诗，字君公，河内汲人。年少时就有才能，担任郡功曹时就以公平著称。更始时，被辟为大司马。建武元年（25），一年之内三迁为侍御史，安集洛阳。当时，将军萧广放纵士兵，暴横民间，百姓惊扰。杜诗屡次申斥萧广，他就是不改，杜诗就把萧广杀了。后来上报给朝廷。世祖召见了他，并赐给他一支戟，派他出使河东，诛降逆贼杨异等。杜诗到了，听说贼要北渡，于是和长史焚烧了他们的船，率领郡兵，以骑兵突然袭击贼军，斩杀杨异等，剪灭了盗贼。杜诗被拜为成皋令。在此干了三年，政绩卓异。再迁为沛郡都尉，转汝南都尉，他所在的地方都实现了大治。

建武七年（31），迁南阳太守。他性节俭而政治清平，以诛暴立威，

---

①《史记》卷8《高祖本纪》，第381页。

②《史记》卷92《淮阴侯列传》，第2629页。

善于计略，省爱民役。但他最大的贡献，也最为后人所称道的，是发明了水排。杜诗所任职的南阳，汉水的支流白河贯穿其中。因此，这一地区水资源比较丰富。土地也大多是由河泥淤积而成的平原，比较肥沃，加之气候温和，降雨量比较丰富。所以，当时的南阳农业和水利都比较发达。但要想增加粮食产量，还要靠先进的农具。制造农具需要有较高的冶铸技术。杜诗经过反复研究，发明了一种用水力来拉动风箱的工具，就是后来的水排，这种工具又省力又见效，比此前用马力鼓风的效率提高了三倍，可以说是东汉时期冶铁技术的重大创新。关于水排的情况，王帧《农书》记道："其制：当选湍流之侧，架木立轴，作二卧轮；用水激转下轮，则上轮所周纮索，通缴轮前旋鼓，掉枝一侧随转；其掉枝所贯行桄，因而推挽卧轴左右攀耳，以及排前直木，则排随来去，扇冶甚速，过于人力。"

这种先进技术的应用，大大节省了开支和民力，得到百姓的交口称赞。因为在西汉时期，南阳太守召信臣为当地的农田水利建设作出了杰出的贡献，人们非常爱戴他，称之为"召父"。鉴于杜诗的成就，人们将他与召信臣相提并论，赞誉他们为"前有召父，后有杜母"。①

仇览自整

仇览，字季智，陈留考城人。他青年时作为书生淳朴寡言，乡里没有人了解他。四十岁时，县府征召他补任官吏，选拔他当蒲亭长。

他鼓励人们发展生产，为百姓制定法令条文，以至果树蔬菜定出限额，鸡猪规定数量。农事完毕之后，他让子弟们住在一起，到学校学习。对于轻浮放荡不羁的人，全都用耕田桑蚕之事役使他们，严格制定惩罚规章。他亲自帮助有困难的人办丧事，救助、抚慰贫困孤寡的人。一年以后人们称赞当地有了很大改变。仇览刚到蒲亭时，有个叫陈元的人，与母亲居住，可是他的母亲到仇览处控告陈元不孝。仇览吃惊地说："我近日经过你们家，看到房屋很整齐，田地按时耕耘，这个人不是恶人，应当是没有受到教育感化罢了，你作为母亲，守寡养育孤儿，自己受苦，又接近年老，怎么能因一时发泄愤怒，把不讲道义之名送给儿子呢?"这位母亲听

---

① 《后汉书》卷31《杜诗传》，中华书局1965年版，第1094页。

了很感动、很后悔，流着泪离开。仇览还亲自到陈元家，和他们母子饮酒，乘机向陈元讲述人伦孝敬的行为，用祸福之类的话使他自己领会，陈元终于成为孝子。

当时考城县令河内人王涣，政事崇尚严厉，听到仇览用道德感化人，委任仇览当主簿，他对仇览说："你听到陈元的过错，不治罪而感化他，莫非缺少鹰鹯一样的威猛心志吧？"仇览说："我以为鹰鹯不如鸾凤。"王涣致谢送走他说："棕树荆棘不是鸾凤栖息之处，百里之路哪里是你这样的大贤人走的路呢？现在太学中那些人拖着长长的衣襟，名誉飞扬，言行都不如你，我拿一个月的俸禄作为奖励，勉励你最终成就崇高的品德。"

仇览进入太学，当时生员中同郡的符融有很高的名声，跟仇览的房子挨着。在宾客满屋时，仇览常常坚守自己的心志，不跟符融谈话。符融观察他的容貌举止，内心唯独认为他与众不同，就对他说："我和您是同乡，房子相邻，现在京城英雄从四方聚集，是志士结交之时，您虽然致力于守住学业，为什么这样坚定？"仇览于是面色严肃地说："天子设置太学，难道只是让人们在这里游谈吗？"然后向符融高高地拱手施礼离开，不再跟他说话。后来符融把这些事告诉了郭林宗，林宗于是与符融带着名帖到住处拜见仇览，趁机请求留下住宿。林宗很是感叹，下床向仇览行礼。

仇览学业完毕回到乡里，州郡官府一起邀请他为官，他都借口生病推辞。虽然在家闲居，他也一定用礼法严格要求自己。妻子儿女有过失，他就脱帽自责。妻子儿女在院中道歉，等到仇览戴上帽子，才敢走进房屋。家人没有谁见过他因喜怒在说话声音和脸色上表现出不同，后来他被征为方正，恰巧得病去世了。①

仇览被列入《后汉书·循吏列传》，说明后汉书作者认为他属于循吏。从他的事迹看，也的确如此。一般来讲，循吏是指用儒家思想治民理政的官员，他们往往实行仁政，注重发展经济（主要是农业），推广普及教育，传播儒家思想，以伦理道德理讼，化解社会矛盾。以上述标准看，仇览当之无愧。他在任期间，鼓励和指导百姓种植庄稼，养殖家畜，发展生产。他救扶危困，缩小贫富差距。他整顿学校，推行教育，加强思想文

---

① 《后汉书》卷76《仇览传》，第2479—2481页。

明建设。以儒家的孝道来处理母告子的案件。他的这些做法，都取得良好效果，以循吏而知名。他不仅以儒家思想理政，而且以其修身、齐家。他严格按照儒家礼法规范自己的行为，并这样要求家属。可以说，儒家的礼已内化于其心，他能够自觉地按儒家思想行事，而不需要外在的强制。

不过，今天看来仇览的一些行为，如他规定百姓养殖牲畜的数量，不和邻近的同学交往，家居也很严肃，显得有些过于死板。如果能和道家的崇尚自然、率性而为结合起来，可能会更好。如何实现儒道互补，是值得探讨的问题。

由循吏也自然让人想到与之相对的一个群体——酷吏。很多史书如《史记》《汉书》《后汉书》都同时有循吏列传和酷吏列传，说明很多时期，循吏和酷吏是并存的。酷吏一般是指施政比较残酷，以严刑酷法治民理政的官员。循吏的行为上文已谈，受到人们的肯定，但为何还有那么多酷吏呢？首先，古代治国崇尚宽猛相济，宽猛不能偏废。循吏为政尚宽，也失之于宽，用酷吏可以济之于猛。如对付地方豪强，酷吏更加有效。一些豪强在地方上颇有势力，不服从地方政府的政令，成为危害政治统一和社会安定的因素。酷吏能够有效打击这些豪强，维护君主权威和社会稳定。这是循吏所不能办到的。另外，酷吏往往秉承皇帝的旨意行事，能够有效贯彻君主的意志。专制统治者理论上拥有无限的权力，但在实际的政治生活中，会受到各种因素的制约，无法为所欲为。任用没有原则、完全秉承皇帝意志办事的酷吏就能最大程度上避免羁绊，充分利用自己手中的权力。特别是，循吏往往以儒家思想为指导治国理民，有时候是和统治者意志不一致的。循吏往往坚持从道不从君的原则，不屈服于君主，坚持儒家所谓的“道”，这就让统治者很难受。相比而言，酷吏使用起来更顺手。所以，这个群体一直绵延不绝。

甘雨随车

百里嵩，字景山，陈留人。东汉末他担任徐州刺史时，境内遭遇大旱。他到各地巡视，传车所经过的地方，甘雨就跟着来了。东海的合乡、祝其二县，僻在山间，百里嵩骑的马进不去，这两个县就没有下雨。该县的父老请求说：“我们都是您的百姓，为何您唯独不到我们这里来。”百里嵩就绕道去了那里，刚进入县界，就下起雨来。[①] 人们称这雨为“刺史雨”，以表达对百里嵩的感激之情。

这个故事虽具有传奇色彩，但表明了百里嵩一心为民、爱民如子的精神。他死后归葬故里封丘。封丘人以家乡出了这么一位好官而感到骄傲，为他封墓祭祀。元成宗大德九年（1305）又在墓旁立碑记其事迹。清康熙、嘉庆、光绪年间修祠加盖围墙。

清代封丘县令王锡魁拜谒百里嵩使君庙时曾作诗《谒百里使君庙》：“食报在斯民，仪型老汉臣。流风怀百里，膏雨沛千春。遗留号由旧，丹青俨若新。丰碑重勒石，古墓未荒榛。享事并年洁，桑麻岁岁匀。甘棠犹念召，芃黍敢忘郇。保障非功浅，讴歌情亦真。莫言芳躅远，原作盛名邻。”这首诗，不仅歌咏了百里嵩爱民之情，同时也表明作者向百里嵩学习的愿望。

火烧乌巢

东汉末年轰轰烈烈的黄巾之变虽然被镇压下去了，但它却沉重地打击了汉朝统治，使东汉政权分崩离析，名存实亡。在镇压黄巾起义的过程中，各地州郡大吏独揽军政大权，地主豪强也纷纷组织部曲，占据地盘，形成大大小小的割据势力，转入争权夺利、互相兼并的战争，造成中原地区“白骨露于野，千里无鸡鸣”的凄惨景象。当时的割据势力，主要有河北的袁绍、兖豫的曹操、扬州的袁术、徐州的吕布、荆州的刘表、河内的张杨、幽州的公孙瓒、江东的孙策、南阳的张绣等，形成群雄并起的局面。在这些割据势力的连年征战中，袁绍、曹操两大集团逐步壮大起来。

196 年（建安元年），曹操迎献帝，迁都许县，自始挟天子以令诸侯（“奉天子而征四方”），威势大增。他先后击败吕布、袁术，占据了兖州、徐州以及部分豫州、司隶。199 年，袁绍最终战胜公孙瓒，据幽州、冀州、青州、并州，尽有河北之地，意欲南向以争天下。这样，北方最重要的两个政治军事集团，决战势所难免。

---

① 谢承：《后汉书》卷 5《循吏传》，周天游辑注：《八家后汉书辑注》，上海古籍出版社 1986 年版，第 156 页。

199年六月，袁绍挑选精兵十万，战马万匹，企图南下进攻许都。袁绍举兵南下的消息传到许都，曹操部将多认为袁军强大不可敌。但曹操及其谋士却根据敌我形势，认为袁绍志大才疏、胆略不足、刻薄寡恩、刚愎自用，兵多而指挥不明，将骄而政令不一，于是决定以所能集中的数万兵力抗击袁绍的进攻。曹操的部署是：派臧霸率精兵自琅玡（今山东临沂北）入青州，占领齐（今山东临淄）、北海（今山东昌乐）、东安（今山东沂水县）等地，牵制袁绍，巩固右翼，防止袁军从东面袭击许都；曹操率兵进据冀州黎阳（今河南浚县东，黄河北岸），令于禁率步骑2000屯守黄河南岸的重要渡口延津（今河南延津北），协助扼守白马（今河南滑县东，黄河南岸）的东郡太守刘延，阻滞袁军渡河和长驱南下，同时以主力在官渡（今河南中牟东北）一带筑垒固守，以阻挡袁绍从正面进攻；派人镇抚关中，拉拢凉州，以稳定左翼。这样形成了东西中三路的军事部署，其中中路是主力，正面对付袁绍，两翼是牵制对方和保护自己。十二月，当曹操正部署对袁绍作战时，刘备起兵反曹，占领下邳，屯据沛县（今江苏沛县）。刘备与袁绍联系，打算合力攻曹。曹操为保持许昌与青、兖二州的联系，避免两线作战，于次年二月亲自率精兵东击刘备，迅速占领沛县，转而进攻下邳，迫降关羽。刘备全军溃败，只身逃往河北投奔袁绍。当曹、刘作战正酣之时，袁绍谋士许攸建议袁绍“举军而袭其后”，但袁绍以幼子有病为辞拒绝采纳，致使曹操从容击败刘备回军官渡。曹操击败刘备，可以全身心地对付袁绍。袁绍没有乘曹操与刘备征战之机进攻曹操，是一个很大的失误。官渡之战尚未开始，已显现出袁绍谋略有限，眼光短浅。

200年正月，袁绍发表讨伐曹操的檄文。二月进军黎阳，企图渡河寻求与曹军主力决战。他首先派颜良进攻白马的东郡太守刘延，企图夺取黄河南岸要点，以保障主力渡河。四月，曹操为争取主动，求得初战的胜利，亲自率兵北上解救白马之围。曹操采用声东击西的战术，击败袁军，取得白马之战的胜利。然后双方在官渡形成了相持的局面。随着对峙日长，曹操兵士疲敝，粮食补给也困难了。他打算回撤，但谋士荀彧劝他坚守，认为一旦撤退，必为袁绍所乘，后果不堪设想。曹操采纳了荀彧的意见。

在双方相持阶段，一个意想不到的事情发生了。袁绍的谋士许攸背叛袁绍，投靠了曹操。史书详细记载了此事。《后汉书》卷七十四《袁绍传》引《曹瞒传》：

> 公闻许攸来，跣出迎之。攸劝公袭琼等，公大喜，乃选精锐步骑，皆执袁军旗帜，衔枚缚马口，夜从闲道出，人把束薪。所历道问者，语之曰："袁公恐曹操钞掠后军，还兵以益备。"问者信以为然。既至，围屯，大放火，营中惊乱，大破之，尽燔其粮谷宝货，斩督将眭元进等，割得将军淳于仲简鼻，杀士卒千余人，皆取鼻，牛马割唇舌，以示绍军。将士皆惶惧。

《后汉书》的记载稍嫌简略，《三国志》的记载可以弥补此处的不足。《三国志》卷一《魏书一・武帝纪》引《曹瞒传》：

> 公闻攸来，跣出迎之，抚掌笑曰："（子卿远）〔子远，卿〕来，吾事济矣！"既入坐，谓公曰："袁氏军盛，何以待之？今有几粮乎？"公曰："尚可支一岁。"攸曰："无是，更言之！"又曰："可支半岁。"攸曰："足下不欲破袁氏邪，何言之不实也！"公曰："向言戏之耳。其实可一月，为之奈何？"攸曰："公孤军独守，外无救援而粮谷已尽，此危急之日也。今袁氏辎重有万余乘，在故市、乌巢，屯军无严备；今以轻兵袭之，不意而至，燔其积聚，不过三日，袁氏自败也。"公大喜，乃选精锐步骑，皆用袁军旗帜，衔枚缚马口，夜从间道出，人抱束薪，所历道有问者，语之曰："袁公恐曹操钞略后军，遣兵以益备。"闻者信以为然，皆自若。既至，围屯，大放火，营中惊乱。大破之，尽燔其粮谷宝货，斩督将眭元进、骑督韩莒子、吕威璜、赵叡等首，割得将军淳于仲简鼻，未死，杀士卒千余人，皆取鼻，牛马割唇舌，以示绍军。将士皆怛惧。

许攸突然投奔曹操，曹操表面上很高兴，但对于许攸是否真心很怀疑。所以许攸连续两次问曹操粮食有多少，曹操都没有告诉他真实情况。曹操自然不会把自己的军事机密泄露出去。这段描写真是精彩绝伦，把曹操的多疑狡诈刻画得淋漓尽致。最后许攸揭穿了曹军没有军粮的老底，并建议曹操袭击袁绍的军粮集聚地故市、乌巢，告诉他那里防守不严备，可以得手。如果军粮被烧，袁军将不战而溃。曹操听了大喜，确信许攸是真心来降的。他按照许攸的建议偷袭故市、乌巢，烧毁了袁军粮草，杀死了士卒千余人。袁军见粮草被烧，将士死伤惨重，军心大为动摇。曹操乘胜攻击，一举将袁军击溃。袁绍仓皇带八百骑退回河北，曹军先后歼灭和坑杀袁军七万余人。

官渡之战，经过一年多的对峙，以曹操的全面胜利而结束。曹操以两万左右的兵力，出奇制胜，击破袁军十万。这个战例成为中国历史上以弱胜强，以少胜多的典型战例。202 年，袁绍因兵败忧郁而死，曹操乘机彻底击灭了袁氏军事集团。207 年，曹操又征服乌桓，至此，战乱多时的北方实现了统一。

官渡之战是曹操统一北方的关键一战，而火烧乌巢是曹操战胜袁绍的关键。此战在中国战争史上占有重要地位。

第三章　魏晋隋唐时期

竹林七贤

魏正始年间（240—249），嵇康、阮籍、山涛、向秀、刘伶、王戎及阮咸七人常聚在当时的山阳县（今河南辉县、修武一带）竹林之下，肆意酣畅，世谓竹林七贤。下面分别介绍这几个人。

一　阮籍

阮籍，字嗣宗，陈留尉氏人。他的父亲阮瑀，是曹魏的丞相掾，知名于世。阮籍容貌瑰杰，志气宏放，傲然独得，任性不羁，而喜怒不形于色。他或者闭门看书，累月不出；或者登临山水，经日忘归。他博览群籍，尤好《庄》《老》。嗜酒能啸，善弹琴。当喝酒弹琴得意时，放浪形骸。当时人多认为阮籍痴，只有族兄阮文业对他赞叹、佩服，以为胜过自己。自此之后，人们都称阮籍是特异的。

阮籍曾随叔父至东郡，兖州刺史王昶请求和他相见，阮籍终日不发一言。王昶觉得此人深不可测。太尉蒋济听说阮籍有隽才而招辟他进入自己的幕府。但阮籍不同意，引起蒋济的不满。后来乡亲都劝阮籍，他才担任了官职。后因病辞归。之后为尚书郎，不久又以病免。等到曹爽辅政，召阮籍为参军。阮籍以疾病为由，隐居田里。一年多后，曹爽被诛，时人都佩服他的远见卓识。司马懿为太傅，任命阮籍为从事中郎。后来司马懿死，他又为司马师的从事中郎。高贵乡公即位后，封阮籍为关内侯，徙散骑常侍。

阮籍本有经世济民之志，但时值魏晋动乱，天下名士很少能有保全的，于是他就不问世事，经常喝酒。司马昭起初打算为司马炎求婚于阮籍，但阮籍醉了六十日，这件事不了了之。这应该是阮籍的策略。他不想与司马氏发生关系，但司马氏权势太大，不好直接拒绝，只好以醉酒的方式回绝司马氏的要求。钟会曾多次问阮籍以时政，其意图是一旦阮籍说出什么不得体的话，就致其罪。阮籍皆以酣醉获免。这更可以看出阮籍醉酒是自保的一种方式。司马昭辅政的时候，阮籍对司马昭说："我曾经游历东平，很喜欢那里的风土。"司马昭很高兴，就让阮籍出任东平相。阮籍骑着驴到郡，把府舍屏鄣都损坏，使内外相望。他为政法令清简。干了十天他就回来了。司马昭以他为大将军从事中郎。有关部门说有一起儿子杀死母亲的案件，阮籍说："杀死父亲可以，怎么能杀死母亲呢?"一旁的人怪其失言，司马昭问："杀死父亲，是天下最大的恶，怎么可以呢?"阮籍答道："禽兽知母而不知父。杀父，和禽兽是一类也。杀死母亲，连禽兽都不如。"众人听了都深感敬佩。

阮籍听说步兵厨营人善于酿酒，有三百斛的贮酒，于是求为步兵校尉。他任职后，不管事，经常参加宴会。时值司马昭推辞加九锡，公卿都劝进，让阮籍写劝进表。阮籍喝醉了忘记了这回事，及人来其府上取，只见阮籍还在桌子上醉眠。来者告诉阮籍这件事，阮籍便立即提笔写了出来，没有任何改窜。其文章写得很清壮。因此为时人所重。

阮籍虽然不拘礼教，但是他说话很玄远，不臧否人物。这也是他自保的一种方式，生怕祸从口出。他很孝顺，母亲去世的时候，他正与人弈棋。对方请求中止，阮籍坚持和他下完。之后，阮籍喝酒二斗，大喊一声，吐血数升。等到母亲将要埋葬的时候，他吃了一个蒸肫，饮了二斗酒，临诀的时候，他大喊一声，吐血数升，以致他身体很消瘦。裴楷去吊丧，阮籍坐在旁边，醉而看着他。裴楷吊唁完毕，有人问他："凡是吊唁的，主人哭，客人才为礼。阮籍不哭，你为什么还哭呢?"裴楷回答："阮籍是方外之士，故不崇礼典。我俗中之士，故以轨仪自居。"时人认为说得很准确。阮籍还能做青白眼，见到礼俗之士，就以白眼对之。嵇喜来吊丧的时候，他就以白眼看他。嵇喜很不高兴地回去了。嵇康听说了这件事，就带着琴和酒来找阮籍，阮籍大悦，以青眼相加。由是礼法之士很嫉恨阮籍，但司马昭每次都保护他。

阮籍的嫂子曾回娘家，阮籍和他话别。小叔子和嫂子相见在古代是不允许的。有人讥笑阮籍，他回答说："礼法岂是为我设的?"邻家有一位美丽的少妇，在酒馆卖酒。阮籍曾到那里喝酒，醉了就卧在那里。阮籍不自嫌，少妇的丈夫看到了也不怀疑。一个军人家的女子有才色，没有嫁人就死了。阮籍不认识此女，径直就去吊哭了，悲伤完之后才回来。阮籍外表坦荡，内心纯真，大概就是这样。他率意乘车独驾，不循着路走，走到哪里，就在那里大哭然后返回。他曾登上广武，参观楚汉之争时的战场遗迹，叹道："时无英雄，使竖子成名!"他登上虎牢山，望着京邑而叹，于是就写下了《豪杰诗》。从他的感叹和所写的诗作来看，他是有满腔的经世抱负的。但在这样的时代里，他无法施展。景元四年（263）冬，阮籍去世，时年五十四。

阮籍还是一名文学家、玄学家。曾写作《咏怀》诗八十余首，为世人所重。另著有《达庄论》，论述无为的重要性，可惜大多没有流传下来。①

二　阮咸

阮咸字仲容。父亲阮熙，曾为武都太守。阮咸任达不拘，与叔父阮籍为竹林之游，遭到当时礼法之士的讥讽。阮籍和阮咸居住在街道之南，其他的阮氏族人居住在道北。道北的阮氏很富裕，道南的阮籍和阮咸很贫穷。七月七日，北阮晾晒衣服，都是华丽的锦绮，光彩夺人眼目。阮咸在庭中用大竹竿挂了大布犊鼻。人们感到很奇怪，阮咸答道："未能免俗，聊复尔耳!"

阮咸历仕散骑侍郎。山涛当时掌管选举，他向晋武帝举荐阮咸担任选拔官员的官职。但武帝认为阮咸喝酒误事，为人浮虚，所以没有任用他。太原的高爽有识量，知名于时，他看到阮咸后，很赏识和钦佩。阮咸为母亲守丧的时候，纵情越礼。和姑家的一个婢女相好，姑要回夫家去了，姑起初说把这个婢女留下，后来回去的时候带上了这个婢女。当时阮咸家有客，他听说这个事后，立即借马追赶这个婢女，追上之后和婢女一块骑马回来了。人们都非议阮咸。

阮咸懂音律，善弹琵琶，经常和人宴会弹琴歌唱。一次，阮氏族人饮

① 《晋书》卷49《阮籍传》，中华书局1974年版，第1359—1362页。

酒，阮咸来了，人们就不再用杯子，而改用大盆，围在一起豪饮。后来一群小猪来到这里喝酒，阮咸和猪一块喝了起来。其他的昆弟都想如此放达，但阮籍不同意。荀勖每次和阮咸讨论音律，自以为不如他，就很嫉妒他，让他出补始平太守。最后阮咸以寿终。①

三　嵇康

嵇康，字叔夜，谯国铚人。他的祖先姓奚，会稽上虞人。因为避怨而迁徙了。铚这个地方有嵇山，他就把家安在山侧，以山名为自己的姓氏。嵇康的哥哥叫嵇喜，有才，历任太仆、宗正。嵇康早孤，有奇才，远迈不群。他身高七尺八寸，相貌英俊，气宇不凡。他恬静寡欲，宽宏大量。学习没有老师，博览群书，无不该通，尤其喜欢《老》《庄》。他与曹魏的宗室女结婚，拜中散大夫。喜欢修身养性，弹琴咏诗。他认为神仙出于自然，不是学习所能达到的。至于导养得理，则能达到古代的寿星安期、彭祖的程度，于是撰写了《养生论》。

与他深入交往的只有陈留阮籍、河内山涛，预其流的有河内向秀、沛国刘伶、籍兄子咸、琅邪王戎，他们在竹林中悠游，人们称他们为“竹林七贤”。王戎说他与嵇康居住在山阳二十年，没见过嵇康脸上有生气的颜色。

嵇康曾到山泽中采药，得意了就忘记返回。樵夫见到嵇康，都认为他是神。他到汲郡山中见到了孙登，遂与孙登游。孙登沉默，无所言。嵇康临走的时候，孙登说：“你性情刚烈而才气过人，能够免祸么?”嵇康又遇到王烈，一起去山里。王烈得到了一些石髓，很甜，自己吃了一半，剩下的给嵇康。但石髓都凝结成了石头。王烈又在石室里见到一卷素书，赶紧呼唤嵇康来看，但忽然书不见了。王烈叹道：“叔夜志趣非常而辄不遇，命也!”他的神心所感，每遇到的事大致类此。

山涛曾推荐嵇康出仕为官，但被嵇康拒绝了，并写了一封绝交书，这就是著名的《与山巨源绝交书》。

嵇康心灵手巧，喜欢锻铁。住处有一棵柳树，生长得很繁茂。每到夏天，他就在树下打铁。东平吕安很佩服嵇康的高雅情操，每一思念，就千

---

① 《晋书》卷49《阮咸传》，第1362—1363页。

里迢迢来看嵇康。嵇康也很喜欢他。后来吕安被他的哥哥诬告下狱，事情连及嵇康，官府就逮捕了嵇康。嵇康素来谨言慎行，这次陷入了监狱，写作《幽愤诗》以抒发感情。

起初，嵇康贫苦家居的时候，曾与向秀一起锻铁于大树下，以维持生计。颍川的钟会是个贵公子，精练有才辩，曾去拜访嵇康。嵇康不以礼相待，继续锻铁。过了很久，钟会要走。嵇康问："何所闻而来？何所见而去？"会曰："闻所闻而来，见所见而去。"钟会由此怨恨嵇康。嵇康下狱的时候，钟会对司马昭说："嵇康是卧龙，不可让他发达。您得到天下没有问题，唯一的顾虑就是嵇康。"诬陷嵇康与他人联合谋逆，不遵礼教，违反风俗，建议司马昭杀死嵇康。司马昭听信了钟会的谗言，就杀害了嵇康。

嵇康将要在东市受刑的时候，太学生三千人请他为老师，嵇康没有答应。嵇康看着日影，索要一张琴弹奏起来，说："昔日袁孝尼跟随我学《广陵散》，我没有教他，现在《广陵散》断绝了！"死时四十岁。海内之士，莫不痛惜。司马昭醒悟后也很后悔。起初，嵇康曾在洛西弹琴，晚上一个古人来临，与嵇康谈音律，并传授给嵇康《广陵散》。嵇康善于谈理，又擅长写文章。曾为上古以来的高士写传赞。又写《太师箴》，明帝王之道。还著有《声无哀乐论》，很有条理。①

四　向秀

向秀，字子期，河内怀人。年少时为山涛所知，尤其喜好老庄之学。《庄子》一书内外数十篇，历代注释的虽然很多，但没能中其肯綮。向秀探幽抉微，注释了此书。起初，向秀打算注解《庄子》时，嵇康说此书不必注释，注释了反倒影响阅读。等向秀注释完毕，给嵇康看，问他注得怎么样。又和嵇康谈论关于养生的事情，谈得很投机。

嵇康喜欢锻铁，向秀为他帮忙。他们相对欣然，旁若无人。他们又和吕安一同灌园于山阳。嵇康被诛后，向秀去了洛阳。司马昭口含嘲讽地问他："闻有箕山之志，何以在此？"向秀答道："以为巢许狷介之士，未达尧心，岂足多慕。"司马昭听了很高兴。后来向秀为散骑侍郎，转黄门侍

---

① 《晋书》卷49《嵇康传》，第1369—1374页。

郎、散骑常侍，他当官只是为了自保，没有什么实质的事情。最后他卒于位。①

五　刘伶

刘伶，字伯伦，沛国人。他身高六尺，容貌丑陋。他放情肆志，澹默少言，不妄交游，与阮籍、嵇康相遇后，感到很欣然，和他们携手进入山林中。他不以家产的有无介意。他常乘一鹿车，携带一壶酒，让人扛着锸跟随着他，说："我死了就埋葬了我。"他就是如此放浪形骸。一次他很想喝酒，向其妻子要酒。妻子损毁了全部酒器，哭着劝谏道："你饮酒太过，不是摄生之道，必须戒酒。"刘伶说："好啊。我不能自己禁酒，只能求助鬼神。你去准备酒肉吧。"妻子听从了。刘伶跪祝曰："天生刘伶，以酒为名。一饮一斛，五斗解酲。妇儿之言，慎不可听。"仍然喝酒吃肉。曾经他醉了和人发生了争执，那人打算用拳打刘伶，刘伶慢慢地说："鸡肋不足以安尊拳。"那人笑着停了下来。

他曾为建威参军。泰始初对策，他盛言无为之化。其他人都以高第得调，唯独刘伶独以无用罢黜。他最后以寿终。②

六　山涛

山涛，字巨源，河内怀人。父亲山曜，曾为宛句令。山涛早孤，生活贫困，少时就很有器量，介然不群，尤其喜欢《庄》《老》。他与嵇康、吕安相友善，后来遇到阮籍，成为竹林之交。后来嵇康入狱，受刑前，他对儿子嵇绍说："山涛在，你就不孤独了。"

山涛四十岁才为郡主簿、功曹、上计掾。举孝廉，州辟部河南从事。一天晚上，他与石鉴睡在一起，山涛夜里突然起来对石鉴说："我们怎么还在这里睡觉啊！你知道太傅（指司马懿）归卧是什么意思么？"石鉴说，这是曹爽让司马懿归第，不让他干预政事，这有什么可忧虑的呢？山涛说："哪里呀。但愿你在马蹄间安然无恙。"说完，就离开了。两年后，曹爽果然被司马懿杀死。此后，山涛就不问世事，隐居起来。

---

① 《晋书》卷49《向秀传》，第1374—1375页。

② 《晋书》卷49《刘伶传》，第1375—1376页。

山涛与宣穆后有中表亲，所以见知司马师。司马师命司隶举山涛秀才，除郎中。又转骠骑将军王昶从事中郎。很久之后，拜赵国相，迁尚书吏部郎。钟会在蜀作乱，司马昭前去平定。临走前，他对山涛说，“西边的事情我来处理，后方的事就交给你了”。山涛以本官行军司马，带着亲兵五百人，镇守邺城。

咸熙初，封新沓子。转相国左长史，典统别营。当时司马昭觉得山涛是乡闾宿望，所以命他为太子老师。司马昭以齐王司马攸为司马师的子嗣，并且素来很看重司马攸。司马昭曾问裴秀，我打算立司马攸为世子，怎么样？裴秀以为不可。后又问山涛，涛对曰：“废长立少，违礼不祥。国之安危，恒必由之。”这样司马炎的地位才稳定下来。司马炎很感激山涛。司马炎即位后，以涛守大鸿胪，护送陈留王到邺城。泰始初，加奉车都尉，晋爵新沓伯。

羊祜执政的时候，有人想加害裴秀，山涛保护了他，因此得罪了权臣，出为冀州刺史，加宁远将军。在冀州，山涛搜访贤才，改革风俗，颇有政绩。后转北中郎将，督邺城守事。入为侍中，迁尚书。以母老辞职。表疏上了十几道，才得到允许。后来他又为议郎。晋武帝看他很清贫，就赐给他很多钱财，对他很优渥。

后山涛多次请求辞官，但都没有得到允许。平吴后，武帝下诏罢去军役，以示海内宴安。州郡的兵都罢去了，大郡只置武吏百人，小郡五十人。山涛与卢钦论用兵之本，以为不宜去州郡武备。他的议论很精当。当时人都认为山涛不学孙吴，但见解与孙吴暗合。武帝认为山涛说的都是名言，但是没有采纳。及永宁之后，盗贼蜂起，叛乱不断，郡国没有足够的兵力镇压叛乱，天下大乱。和之前山涛预言的一致。

后来武帝命山涛为司徒，山涛屡辞。太康四年（283）山涛薨，时年七十九。起初山涛贫穷的时候对妻子说：“我以后会位至三公，就怕你不堪为三公的妻子。”等他富贵之后，他生活仍然简朴，没有嫔媵，得到的赏赐俸禄分给亲戚。陈郡袁毅尝为鬲令，此人贪浊而赂遗公卿，以求虚誉。曾经给山涛丝百斤。山涛不想拒绝以显得自己和他人不同，就接受了，把丝藏在阁上。后来袁毅事发，他供出了行贿的事实。被行贿的官员都遭到了调查。山涛取出丝交给了前来调查的官吏，丝已经放置了很多年，上面一层尘土，印封和当初一样。①

七　王戎

王戎，字浚冲，琅邪临沂人。祖父王雄，幽州刺史。父亲王浑，凉州刺史、贞陵亭侯。王戎幼而颖悟，神彩秀彻。特别是他的双眼，看太阳不晕眩。裴楷形容王戎的眼睛“灿灿，如岩下电”。六七岁的时候，他在宣武场看戏，突然一只猛兽从槛中大声震吼，观众皆奔走，唯有王戎站立不动，神色自若。魏明帝看到感到很惊奇。又曾经和一群小朋友在道旁嬉戏。孩子们看到李树上有许多果实，都去摘取，唯独王戎不去。有人问他为什么，他说：“道旁的树上的李子多，必然是苦的。”取下来一尝，果然是。

阮籍和王浑是朋友。王戎十五岁，随王浑到郎舍。王戎小阮籍十五岁，而与阮籍相交。阮籍每次拜访王浑，谈论一会就去看王戎，很久之后才出来。他对王浑说：“浚冲清赏，非卿伦也。共卿言，不如共阿戎谈。”及王浑卒于凉州，他的故吏凑集了数百万给王戎，被王戎谢绝了。他也因此知名。王戎身材短小，不修威仪，善于谈话。王济就曾夸赞“王戎谈子房、季札之间，超然玄著”。

钟会将要伐蜀，与王戎告别，问计策如何，王戎说：“成功不难，保持住很难。”后来钟会伐蜀成功，但据蜀叛变，被镇压了下去，自己也被杀死。人们都认为王戎很有预见性。

王戎袭父爵，被辟为相国掾，历吏部黄门郎、散骑常侍、河东太守、荆州刺史，因为让士卒为自己修建园宅，应该被免官，皇帝诏以赎论。迁豫州刺史，加建威将军，受诏伐吴。他派遣参军罗尚、刘乔为前锋，进攻武昌，吴将杨雍、孙述、江夏太守刘朗各率众向王戎投降。王戎督大军临江，吴牙门将孟泰以蕲春、邾二县降。吴国平定后，王戎晋爵安丰侯，增邑六千户，赐绢六千匹。

王戎渡过长江后，安抚慰问吴国臣民，宣扬晋朝的威严与恩惠。吴国的光禄勋石伟方正刚直，不容于孙皓，称疾居家。王戎知道他的高风亮节，上表举荐石伟。诏拜石伟为议郎，以二千石禄终其身。这一举措，使

---

① 《晋书》卷43《山涛传》，第1223—1228页。

荆土悦服。后皇帝征王戎为侍中。

王戎在职虽然没有特殊的才能，但庶绩修理。后迁光禄勋、吏部尚书。因为母亲的去世而解职。他很孝顺，但不拘礼法，照样饮酒食肉，或看人弈棋，但他的容貌憔悴得很厉害。王戎本来就有吐疾，居丧期间病得更厉害了。武帝遣御医给他治疗，并赐给他药物，又不让他见宾客。

杨骏执政后，拜王戎为太子太傅。杨骏被诛后，东安公司马繇专政，威震海内。王戎告诫司马繇："大事之后，宜深远之。"司马繇不听，果然得罪了。后来王戎转中书令，加光禄大夫，给恩信五十人。迁尚书左仆射，领吏部。

王戎看到晋朝朝政混乱，变乱纷起，就不再进言，只是明哲保身。他贪财好利，拥有的财富不知有多少。为人又很吝啬，斤斤计较。例如，他的女儿嫁给了裴頠，向他贷了数万的钱。女儿归家，王戎就老大不高兴。女儿把钱一下子还完了，他才高兴起来。他的一个从子结婚，他给了从子一件单衣，但婚后他又索取。他家里有李子，拿出去卖，但又怕别人获得李子核，就把核钻掉再卖。他就是如此俭啬，也因此而受到人们的讥笑。

其后他跟随皇帝北伐，王师在荡阴败绩，王戎又去邺城，跟随皇帝还洛阳。皇帝车驾西迁，王戎出奔于郏。在危难之间，他亲接锋刃，谈笑自若，未尝害怕。时常召集亲戚宾客，竟日欢娱。永兴二年（305），薨于郏县，时年七十二，谥曰元。

王戎很会识人，他的族弟王敦有高名，但王戎很讨厌他。王敦每次拜访他，他都托疾不见。王敦后来果为逆乱。他曾从黄公酒垆经过，对车上的乘客说："我曾经和阮籍、嵇康在此喝过酒，也曾参加过竹林之游，自从阮籍、嵇康死去之后，我为世事所羁绊，今日视之虽近，邈若山河！"起初，孙秀为琅邪郡吏，想求得乡议的品第，王戎的从弟王衍开始不同意，王戎劝他给孙秀以品第。及孙秀得志，与他有宿怨的人都得罪了，只有王戎、王衍安然无恙。①

---

① 《晋书》卷43《王戎传》，第1231—1235页。

时无英雄，使竖子成名

《晋书》卷四十九《阮籍传》载：“（阮籍）时率意独驾，不由径路，车迹所穷，辄恸哭而反。尝登广武，观楚汉战处，叹曰：‘时无英雄，使竖子成名！’”这是说阮籍登广武而发出感叹。广武，即广武山，位于今河南省荥阳市黄河南岸。山上有一条由南向东北的巨壑，历史上称为“广武涧”。这里是楚汉相争的古战场。公元前203年，汉军趁项羽东击各地之机，出兵夺取成皋，后屯兵广武，阻楚西进。楚王项羽急忙率兵西来，亦屯兵广武，和汉军隔涧对垒，两军在此连番争夺，相持数月，最终因楚军乏粮，军心涣散，加上韩信出兵击楚，项羽被迫与汉约和，以“鸿沟”（即“广武涧”）为界中分天下。阮籍登上广武山，联想到刘邦项羽在此对峙，不禁发出“时无英雄，使竖子成名”的感慨。但阮籍所说的竖子指谁，后世人有不同的理解，有人认为指项羽，有人认为指刘邦，也有人认为指刘邦和项羽。笔者以为指的应该是刘邦和项羽。一般印象，阮籍是个不守名教、崇尚自然、清静无为的清流名士。但实际可能并非如此。他心底的儒家思想很严重，很想积极有为，建功立业。《晋书》卷四十九《阮籍传》说他：“本有济世志，属魏晋之际，天下多故，名士少有全者，籍由是不与世事，遂酣饮为常。”明确指出他本来有济世经民的志向，只是由于当时天下多故，名士很少有保全的，所以他不参与世事，经常喝醉酒。他的醉酒，是保护自己的一种手段。如司马昭曾为司马炎求婚于阮籍，阮籍不愿与司马氏发生关系，就大醉六十日，最后这件事不了了之。可见他的风流洒脱、率性而为，很大程度上是环境所迫。他的本心还是儒家的治国平天下。明了了这一点，能够帮助我们理解他的这句感慨。阮籍登上广武山，看到楚汉战争的古战场，想到如果自己处于那个时代，一定会做出一番伟大的功业来，自己在那个时代，也就没刘邦项羽什么事了。所以说“时无英雄，使竖子成名”，这个英雄是指自己，竖子指刘邦项羽。这是阮籍心底的儒家思想的表露。平时他为了自保，不能显现出来，在无人的时候，面对真实的古战场遗迹，他不由地流露出了潜藏的心志。由此也可以体会到阮籍因抱负不能实现而产生的苍凉之感。不过，虽然由于环境的限制他没有成为安邦定国、经天纬地的政坛雄杰，但他以不拘礼教、充满个性的行为和意旨隐微、寄托遥深的言辞成为魏晋风度的代表。这对于他和中国文化来说，未尝不是好事。

造门题凤

《世说新语》卷下之上《简傲》："嵇康与吕安善，每一相思，千里命驾。安后来，值康不在，喜出户延之，不入，题门上作'凤'字而去。喜不觉，犹以为欣。故作'凤'字，凡鸟也。"

吕安和嵇康很友好，每当思念嵇康，吕安就从千里之外来拜访他。一次，嵇康不在家，嵇康的哥哥嵇喜就出门接待。吕安不进门，就在门上写一了"凤"字。嵇喜不知什么意思，但很高兴。其实凤（鳳）字由凡和鸟组成，这是在嘲讽嵇喜。这已经不是嵇喜第一次遭到清流名士的嘲讽。阮籍对喜欢的人加以青眼，对不喜欢的人予以白眼。阮籍母亲去世的时候，嵇喜去吊丧。阮籍以白眼看他，弄得嵇喜很尴尬。那嵇喜为什么频频遭到清流名士的嘲讽呢？考察嵇喜的事迹，他并没什么恶迹。曹魏时，他曾为卫将军司马攸的司马。司马攸的父亲过世，司马攸很悲伤，以致不愿进食，嵇喜就"躬自进食，攸不得已，为之强饭"，司马攸很感激嵇喜，尝谓左右曰："嵇司马将令我不忘居丧之节，得存区区之身耳。"① 西晋时，嵇喜历江夏太守、徐州刺史、扬州刺史、太仆、宗正。其间，泰始十年（274），吴将孙遵、李承率众寇江夏，时为太守的嵇喜击破之。太康三年（282），吴故将莞恭、帛奉举兵反，攻害建邺令，遂围扬州，徐州刺史嵇喜讨平之。可知嵇喜颇有军功。所以史家称他"有当世才"。② 这么一个有才干的人却遭到名士的嘲讽，大概由于嵇喜是个守礼法的人，故为不尊礼教的风流之士所讥讽。

卿卿我我

《世说新语·惑溺》："王安丰妇，常卿安丰。安丰曰：'妇人卿婿，

---

① 《晋书》卷 38《司马攸传》，第 1131 页。

② 《晋书》卷 49《嵇康传》，第 1369 页。

于礼为不敬，后勿复尔。’妇曰：‘亲卿爱卿，是以卿卿。我不卿卿，谁当卿卿！’遂恒听之。”

这段史料说，王戎（字安丰）的妻子常称他为“卿”，王戎说：“妇道人家称自己的丈夫为‘卿’，在礼数上是不敬的。以后不能这样叫。”王妻答道：“我亲近你爱恋你，所以才叫你‘卿’。我不叫你‘卿’，谁该叫你‘卿’。”王只得任她这样称呼下去。

王戎是著名的“竹林七贤”之一。提到“竹林七贤”，我们就想到他们“非汤武而薄周孔，越名教而任自然”，蔑视礼法、鄙视世俗、崇尚自然、率性而为。但不能一概而论。在思想方面，嵇康、阮籍、刘伶、阮咸主张老庄之学，山涛、王戎则好老庄而杂以儒术，向秀则主张名教与自然合一。政治方面，嵇康、阮籍、刘伶等仕魏而对执掌大权、已成取代之势的司马氏集团持不合作态度。向秀在嵇康被害后被迫出仕。阮咸入晋曾为散骑侍郎，但不为司马炎所重。山涛起先“隐身自晦”，但四十岁后出仕，投靠司马氏，历任尚书吏部郎、侍中、司徒等，成为司马氏政权的高官。王戎为人鄙吝，功名心最盛，入晋后长期为侍中、吏部尚书、司徒等，历仕晋武帝、惠帝两朝，在“八王之乱”中，仍优游暇豫，不失其位。

从这个故事也可以看出，王戎是比较遵守儒家礼法的人。妻子叫他“卿”，他认为不合礼数，不让妻子这么叫。只不过妻子坚持如此，王戎才任其称呼下去。这与阮籍的邻家卖酒的少妇有美色，他就到那里喝酒，醉了就躺在那里，以及兵家女有才色，未嫁而死，阮籍不认识这家人，就去吊哭相比，如同霄壤。如果说七贤中的阮籍、嵇康、刘伶是方外之士，那么王戎就是世俗之人。

鹤立鸡群

晋朝的嵇绍，是魏晋之际“竹林七贤”之一嵇康的儿子。他体态魁伟，聪明英俊，在同伴中非常突出。晋惠帝时，嵇绍官为侍中。当时皇族争权夺利，互相攻杀，史称“八王之乱”。嵇绍对皇帝始终非常忠诚。有一次都城发生变乱，形势严峻，嵇绍奋不顾身奔进宫去。守卫宫门的侍卫张弓搭箭，不明就里，准备射他。侍卫官望见嵇绍正气凛然，连忙阻止侍卫，并把弓上的箭抢了下来。不久京城又发生变乱，嵇绍跟随晋惠帝，出兵迎战于汤阳，不幸战败，将士死伤逃亡无数，只有嵇绍始终保护着惠帝，不离左右。敌方的飞箭，像雨点般射过来，嵇绍身中数箭，鲜血直流，滴在惠帝的御袍上。嵇绍就这样阵亡了。事后惠帝的侍从要洗去御袍上的血迹，惠帝说："别洗别洗，这是嵇侍中的血啊！"嵇绍在世时，有一次有人对王戎说："昨天在众人中见到嵇绍，气宇轩昂如同野鹤立鸡群之中。"① 后来就用"鹤立鸡群"比喻一个人的仪表或才能在周围一群人里显得很突出。

毛氏家族

毛宝，字硕真，荥阳阳武（今河南原阳）人。东晋将领，清漾毛氏祖先。初为临湘县令，转平南将军温峤府参军，败叛将祖约有功，拜庐江太守。击退叛将韩晃进攻，平定苏峻之乱，封为州陵县开国侯。咸康五年（339），领江夏国相，平定郭默之乱。庾亮筹谋北伐，以为征虏将军、监扬州之江西诸军事、豫州刺史，随同西阳太守樊峻率军守护邾城。后赵皇帝石虎派遣石鉴、夔安、李菟等率军五万进犯，攻陷邾城，毛宝溺水而死。

毛穆之，字宪祖，小字虎生（《晋书》因避唐高祖祖父李虎之讳改作武生），毛宝长子，东晋将领。毛穆之从桓温平蜀取洛，多有战功，后从温伐燕，凿巨野百余里，引汶会于济川。前秦围襄阳时奉命往救，始至而朱序败，后救援梁、益二州，抵御前秦，病卒于巴东。因与哀靖皇后王穆之同名而称字，后又因权臣桓温母亲孔氏名字有"宪"字而再称小字。故此史书中又称毛宪祖和毛虎生。

毛安之，字仲祖，毛宝次子，仕东晋，简文帝辅政，委以爪牙，以其为自己的幕僚抚军参军。历任游击将军、右卫将军、魏郡太守、宿卫殿中等职，简文帝即位调毛安之进京守卫皇宫。毛安之与毛虎生兄弟都是简文帝提拔重用的亲信，平叛有功，追封光禄勋。

毛璩，字叔琏，东晋末年将领。毛宝之孙，毛穆之次子。担任过右将

① 刘义庆撰，刘孝标注，刘强会评辑校：《世说新语会评》卷下《容止第十四》，凤凰出版社 2007 年版，第 355 页。

军桓豁、卫将军谢安、征虏将军谢琰和谯王司马恬的参军幕僚，参与淝水之战，率军追击前秦，把前秦苻坚赶得风声鹤唳。拜梁郡内史，迁益州刺史。梁王司马珍之在寿春起事后，联合武陵王司马遵，共同起兵反对桓玄篡位，拜征西将军、散骑常侍。义熙元年（405），兴兵攻打桓振，为谯纵叛军所害，追封归乡公。

毛修之，字敬之，毛宝曾孙，毛穆之之孙，征虏将军、梁秦二州刺史毛瑾之子。初为东晋将领，多次担任清贵显要之职，历任右卫将军、安西司马，曾随刘裕消灭后秦。后来先后被夏国、北魏所俘，最终成为北魏将领。①

毛宝放龟

《晋书·毛宝传》："初，宝在武昌，军人有于市买得一白龟，长四五寸，养之渐大，放诸江中。邾城之败，养龟人被铠持刀，自投于水中，如觉堕石上，视之，为先所养白龟，长五六尺，送至东岸，遂得免焉。"

毛宝是荥阳阳武（今河南原阳）人，新乡地区一直流传毛宝放龟的故事。但是，根据史书记载，放龟的并非毛宝，而是毛宝帐下的军士。这个军士在市场上买了一只龟，长四五寸，把它逐渐养大了，之后把它放回了江中。在邾城之战中，毛宝军队战败，养龟的军士身披铠甲，持着刀，自投于水中。奇怪的是，他感觉自己好像落到了石头上，一看，原来是先前养的龟。龟长五六尺。龟把军士送到了岸边。军士得以不死。

军士无意间做了一件好事，最后得到了回报。这个故事劝人行善，宣扬了"好人有好报"的思想。

勤心纳忠

毛喜，字伯武，荥阳阳武人。祖父毛称，梁朝的散骑侍郎。父亲栖

---

① 《魏书》卷43《毛修之传》，中华书局1974年版，第960—961页。《宋书》卷48《毛修之传》，中华书局1974年版，第1426—1430页。《南史》卷16《毛修之传》，中华书局1975年版，第459—461页。《北史》卷27《毛修之传》，中华书局1974年版，第987—988页。

忠，梁尚书比部侍郎、中权司马。他年少好学，善草书和隶书。起家梁中卫西昌侯行参军，不久迁为记室参军。陈霸先素来了解毛喜，镇京口的时候命毛喜和陈顼（后来的陈高宗）一起前往江陵，告诫陈顼："你到了后梁，有什么事要咨询毛喜。"毛喜和陈顼一同谒见梁元帝，元帝以陈顼为领直，毛喜为尚书功论侍郎。江陵失陷后，毛喜和陈顼一同迁往关右。陈蒨即位后（世祖），毛喜自北周还，进献和好之策。朝廷于是遣周弘正等通聘。及陈顼返回国内时，毛喜在郢州奉迎。又派遣毛喜入关，让他把家属迎回国内。北周的冢宰宇文护拉着毛喜的手说："能结二国之好者，卿也。"毛喜迎接柳皇后及陈叔宝回国了。天嘉三年（562）回到京师，当时陈顼为骠骑将军，仍以喜为府谘议参军，领中记室。府朝文翰，皆是毛喜所作。

世祖曾对陈顼说："我的儿子皆以伯为名，你的儿子宜皆以叔为名。"陈顼以此访问毛喜，毛喜列出了上古以来杜叔英、虞叔卿等二十余人，以启发世祖。世祖很高兴。

世祖去世，废帝年幼无知，陈顼录尚书辅政。仆射到仲举等矫太后令让陈顼还东府。当时人们很疑惧，没有敢发言的。毛喜赶紧对陈顼说："陈国有天下日浅，统治并不稳固，皇太后为社稷着想，让您辅政。今天的诏令，必然是假的。要把这件事奏报给皇太后，不要中了奸人之计。"最后事情果然和毛喜说的一样。

右卫将军韩子高与到仲举通谋，事情还没有被揭发。毛喜建议陈顼："宜给韩子高配一些人马，并赐给他铁炭，让他修器甲。"陈顼大惊："子高谋反，我们打算抓捕他，怎么可以这样做呢?"毛喜答道："山陵始毕，边寇尚多，而子高受委前朝，名为杖顺，然甚轻狷，恐不时授首，脱其稽诛，或愆王度。宜推心安诱，使不自疑，图之一壮士之力耳。"其意是先稳住韩子高，让他不疑心，然后逮捕他。陈顼认为很对，实施了这个计策。

陈顼即位后，除毛喜给事黄门侍郎，兼中书舍人，典军国机密。高宗打算北伐，让毛喜撰写军制十三条，诏颁天下。不过这些没有流传下来。不久迁为太子右卫率、右卫将军。以定策功，封东昌县侯，邑五百户。又以本官行江夏、武陵、桂阳三王府国事。太建三年（571），丁母忧去职，诏追赠毛喜母庾氏东昌国太夫人，赐布五百匹，钱三十万，官给丧事。不久起为明威将军，右卫、舍人如故。改授宣远将军、义兴太守。寻以本号入为御史中丞。服阕，加散骑常侍、五兵尚书，参掌选事。

及众军北伐，得淮南地，毛喜陈安边之术，高宗采纳，即日施行。又问毛喜："我打算进兵彭、汴，你觉得怎么样？"毛喜说："臣实才非智者，安敢预兆未然。窃以淮左新平，边氓未乂，周氏始吞齐国，难与争锋，岂以弊卒疲兵，复加深入。且弃舟楫之工，践车骑之地，去长就短，非吴人所便。臣愚以为不若安民保境，寝兵复约，然后广募英奇，顺时而动，斯久长之术也。"毛喜通过分析本国和敌国的形势，反对北伐，认为应该"安民保境，寝兵复约"，"广募英奇"，伺机而动。高宗不听。后来吴明彻陷没于周，高宗对毛喜说："你之前说的话，今天验证了。"

太建十二年，加侍中，次年，授散骑常侍、丹阳尹。迁吏部尚书，常侍如故。及高宗崩，陈叔陵构逆。平定后，又加侍中，增封并前九百户。至德元年（583），授信威将军、永嘉内史，加秩中二千石。

起初，高宗委政于毛喜，毛喜也勤心纳忠，多所匡益，数有谏诤，事并见从。在君臣的共同努力下，十余年间，狭小的江东达到全盛。唯独北伐，没有听从毛喜的意见，导致吴明彻失败，高宗很后悔，对袁宪说："不用毛喜计，遂令至此，朕之过也。"毛喜既然得到信任，说话无所避忌，皇太子好酒，经常和人整夜喝酒，毛喜劝谏，高宗训诫了太子，太子忌恨了毛喜，疏远了他。

开始，陈叔宝被始兴王所伤，痊愈之后喝酒庆祝，引江总等人展乐赋诗。当时高宗死不及一年，毛喜看到后主这种情形很气愤，上前进言。后看到后主醉了，就假装心疾发作，扑倒在台阶下，遂被移出省中。后主醒来后，很怀疑，对江总说："我很后悔召毛喜，知道他没病，只是想阻止我欢宴，反对我的所作所为，真是奸诈啊。"本打算杀了毛喜，后来考虑到他是先皇的宠臣，就把他外放为永嘉内史。

毛喜到了郡，不受俸秩，为政清静，百姓和官吏都感到愉快。恰逢丰州刺史章大宝举兵反。毛喜管理的郡和丰州接壤，素来没有备御，毛喜于是修治城隍，严饰器械。又派遣所部松阳令周礒领千兵救援建安。叛乱平定后，授南安内史。祯明元年（587），征为光禄大夫，领左骁骑将军。毛喜在郡有惠政，被征入朝的时候，百姓追赶着数百里。这一年病死在路上，时年七十二岁。有集子十卷。其子毛冲继承了他的爵位，官至仪同从事中郎、中书侍郎。①

金银花传说

河南省封丘县，盛产金银花。封丘县金银花是国务院颁布的70种名贵中药材之一，已经拥有1500多年的栽培历史，金银花品种繁多，生产上栽培的优良品种，主要有封丘大毛花和封研1号。封丘金银花，个大花肥，色鲜货绿，药用成分高，其质量位于全国同类产品第一。封丘县的“长寿之乡”之名，也是因为金银花的存在而来，常喝金银花的人就可以延年益寿，清热解毒，是居家必备的良药，药效持久疗效好。关于金银花的来历，还有一段动人的故事。

相传一千五百年前，中原大地上有一个叫黄池（今河南封丘）的地方。这里风景优美，土地肥沃，人民质朴，繁荣兴盛。这里居住着一位姓黄的医生。他医德高尚，医术高明，悬壶济世，救死扶伤，深受当地百姓的尊敬和爱戴。他年纪三十五了，膝下还没有一儿一女。这可把他愁死了。他很希望生下一男半女，把自己的医术传之后世。为此，他和妻子每逢八月十五月圆之夜就向神灵祷告，不知是神灵灵验还是黄大夫救人积了阴德，不久妻子就怀上了孩子。

第二年秋高气爽之时，一个傍晚，从远处来了两只黄、白凤凰，落在了黄家梧桐树上。它们引吭高歌，甚是欢喜。这时，只听丫鬟喊道：“老爷，夫人生了，一对女双胞胎。”黄大夫满怀欣喜地向上天跪拜，表示感谢。这时来了一位鹤发童颜的老道。他对黄大夫说：“凤凰落到你家，是你家的福分，也是当地百姓的福气。正好你家女儿出生，我给她们起个名，就叫小金花、小银花吧。”

冬去春来，十八年一晃就过。金银花二姐妹长成了美丽秀气的大姑娘。而且她们还特别聪明，勤劳能干，善解人意，孝顺父母。可是就在她们十八岁生日之时，当地开始大旱。一连旱了好几个月，旱情愈来愈严重。旱情带来了瘟疫，瘟疫迅速蔓延。许多人死于瘟疫。黄大夫虽日夜制药，但成效不显，而且得病的人太多，根本救治不过来。姐妹俩看到这么

---

① 《陈书》卷29《毛喜传》，中华书局1972年版，第388—391页。

多百姓得病受苦，心中很难过。看到父亲忙碌的身影，心里很想帮父亲一把。她们每天到村后面的药神庙去叩拜，希望药神能够显灵，帮助百姓渡过难关。

过了一阵，疫情愈加严重。姐妹俩到庙里对药神说："药神，求求你快显灵吧。只要你能显灵，救治百姓的疾病，哪怕用我们姐妹俩的血肉做药我们也在所不惜。"药神听了，说："那我就成全你们俩。"于是，就把她们化作了一株同蒂并开花的药树。

一天夜里，黄大夫梦见药神给他托梦，让他去药神庙前的树上采摘仙草，只要用这仙草熬药，就能解除百姓的疾病。黄大夫第二天一大早就去药树上采摘草药，然后按神仙说的方法配制成药丸。百姓们服用后，立即解除了病痛。后来人们得知是小金花小银花姊妹俩化作药树救了自己，都深受感动，纷纷到庙里为她们叩拜。

后来这件事被玉皇大帝知道了，就封小金花小银花姊妹为金银花仙子，和药神一起保护着她们热爱的土地。金银花也就成了封丘著名的特产，成为治病救人的良药。

所在见称

张亮，郑州荥阳人。素寒贱，以农为业，倜傥有大节。大业末，李密反隋，张亮跟从之。但起初不被重用，后军中有叛变者，张亮告发，赢得李密的青睐，署骠骑将军，隶于徐绩，后为郑州刺史。当时王世充陷郑州，张亮不能赴官，孤军无援，遂亡命于共城山泽。后房玄龄、李绩得知张亮倜傥有智谋，荐之于秦王，秦王以其为秦府车骑将军。张亮逐渐受到秦王的重视，成为心腹。武德后期，皇位之争愈益激烈。其中以太子李建成、李元吉为一方，以李世民为一方的两大集团剑拔弩张。李建成、李元吉要对李世民发难，李世民乃遣张亮镇洛阳。李世民这招十分高明，兼具攻守。如果他斗争失败，则可逃到洛阳，图谋再起。这是守。自己人镇守洛阳，可以交结山东豪杰，扩大自己的势力，以在竞争中取得优势。这是攻。这么重要的任务，李世民交给张亮，是对他的看重。可见张亮在秦王府中的地位。

后李元吉告张亮欲图不轨，将其逮捕，但张亮"卒无所言"。张亮没有招供，是对李世民的最大保护。否则，李世民暗中争夺皇位的行动将暴露，后果不堪设想。后来张亮被释放，遣还洛阳。及建成死，张亮为李世民即位立下功劳，因此官运亨通。先是授怀州总管，封长平郡公。贞观五年（631），历迁御史大夫，转光禄卿，进封鄅国公，赐实封五百户。后历豳、夏、鄜三州都督。七年（633），魏王泰为相州都督而不之部，进亮金紫光禄大夫，行相州大都督长史。十一年（637），改封郧国公。张亮每到一个地方任职，都暗地里遣左右伺察善恶，发擿奸隐，抑豪强而恤贫弱，所以受到人们的称赞。①

反形未具

张亮虽倜傥有大节，但外敦厚而内怀诡诈。起初张亮为官时，抛弃了他的妻子，娶了新妻李氏。李素有淫行，骄妒特甚，张亮对他又爱又怕。后到了相州，有邺县小儿，以卖笔为业，善歌舞，李见而悦之，于是和他私通。并且说这个小儿是张亮的母亲的私生子。李氏尤好左道，所至巫觋盈门，又干预政事，由此张亮的声誉渐损。太宗将要伐高丽，张亮反对，但太宗不从。张亮乃请求出征。他为沧海道行军大总管，管率舟师。他的军队自东莱渡海，袭击沙卑城，攻破城池，俘男女数千口。进兵顿于建安城下，营垒没有稳固，士卒多去砍柴放牧。敌人突然杀将过来，唐军畏惧恐慌，张亮素来怯懦，没有计策，只是踞坐在胡床上，看着前方而不说话。士兵以为张亮有胆气，副总管张金树等鸣鼓令士众击贼，大破敌军。后太宗知道张亮无将帅材，但没有责备他。

在相州的时候，张亮对其亲信程公颖说："相州形胜之地，人言不出数年有王者起，公以为何如?"程公颖知道张亮有异志，就说他卧似龙形，必当大贵。还有个公孙常，颇擅文辞，自言有黄白之术，与亮关系很好。张亮对他说："吾尝闻图谶'有弓长之君当别都'，虽有此言，实不愿闻之。"公孙常又说张亮名应图箓，张亮很高兴。贞观二十年（646），陕人常德玄告发其事，并说张亮有义儿五百人。太宗遣法官查按，程公颖及公孙常证明张亮有罪，张亮说："此二人畏死见诬耳。"后来自陈自己

① 《旧唐书》卷69《张亮传》，中华书局1975年版，第2514—2515页。

辅佐太宗的功劳，希望得到宽待。太宗对侍臣说：“亮有义儿五百，畜养此辈，将何为也？正欲反耳。”太宗令文武百官议论此事，大多数人认为应处死张亮，只有将作少匠李道裕言张亮反形未具，明其无罪。当时太宗处于盛怒之下，将张亮斩于市，籍没其家。一年多后，刑部侍郎有阙，太宗命执政简选合适的人，但对于执政推荐的几个人，太宗都觉得不合适。太宗曰：“朕得其人也。往者李道裕议张亮云‘反形未具’，此言当矣。虽不即从，至今追悔。”乃以李道裕为刑部侍郎。[①]

从太宗最后的言语来看，似乎他对杀死张亮很后悔。但笔者对此颇为怀疑，认为太宗杀死张亮是必然的。在专制社会，皇帝对权力看得比任何事物都重要。他对大臣的任何罪过都可以容忍，但唯独对染指最高权力的事情丝毫不能原谅。帝王对这种事极度敏感，不要说谋反的行为，即使念头都不能容忍。张亮多次说出自己称王称帝的话，犯了古代政治的大忌。那么他被杀也就是必然的。

无梁庙传说

在延津县马庄乡原屯乡村西一里处原黄河古堤上有一座雄伟壮观的无梁庙。现在已不复存在，但留下了许多与庙有关的动人传说。

据说，唐太宗李世民因治河得罪了泾河龙王，被诬告至阴曹地府。巧遇老部下崔珏，他在阳间是李世民的官员，曾任礼部侍郎。有这一层关系，崔珏就上下疏通，帮李世民打赢了这场官司。阎王下令将泾河龙王斩首示众。

李世民斩除了对手，要回到阳间。临行前他让崔珏为他查一下生死簿，看看他的阳寿还有几何。崔珏一看，李世民的阳寿只有一年。念及君臣情分，崔珏在生死簿上改动了一下，将一改为廿。李世民为了感谢崔珏的帮助，封他为府君，让他在阳间选择风水宝地一处，建立庙宇，永享人间烟火。

崔府君为找到一块好地，花了不少心血，最后挑到了一个地方。当他准备再次托梦给李世民的时候，却发掘出一双金圣广母的绣鞋。知道这一

---

① 《旧唐书》卷69《张亮传》，第2516页。

地已被金圣广母占据。但他舍不得离开这里，就把自己的鞋也放到了这里。崔府君的这一举动惹恼了金圣广母。但崔府君有李世民撑腰，金圣广母不敢得罪崔府君，所以只好搬到其他地方去了。

李世民为了报答崔府君增寿之恩，派尉迟敬德前去督工。尉迟看到当地百姓衣不蔽体、食不果腹，生活十分悲惨，心里十分难过。他想为这里的百姓做点什么，绞尽脑汁，最后得出一计。他命工程师设计一座不用梁的庙。只要李世民来这里看，说出“无梁”二字，当地百姓就可以不用交粮了。工程师设计出这样一座庙。工人们按照设计很快就建成了。

建成不久，李世民亲自来这里视察。他走入大殿，尉迟故意问：“您觉得这庙怎么样。”李世民看了看，说：“好是好，就是缺少……两根棍。”接着他笑着说：“朕知道卿的一片苦心，但纳税完粮是天经地义的啊！”

尉迟的计谋没有得逞，但他一心为民的精神却深深感染了当地百姓。为了感谢和纪念尉迟，人们把这座庙改名为无梁庙。这样，尉迟和无梁庙的故事就一代一代地流传了下来。

这个故事歌颂了尉迟敬德为百姓的精神。中国古代评价人物和我们今天有很大的不同。今天我们评价一个人，着重看这个人做了什么事，对国家社会有什么贡献。古代评价一个人更注重道德。即使此人没做出什么实际贡献，但仍被人们给予极高的评价。这个故事就说明了这一点。故事中，尉迟敬德想为百姓免去赋税负担，但并没有成功。也就是说，尉迟敬德没有使百姓负担减轻，但这并不妨碍他被人们记住，庙被命名为无梁就是人们对尉迟敬德最好的纪念。注重道德一直是古代中国评价人物的着眼点。明白了这一点，我们就可以理解为什么历史上一些人物并没有什么作为，却被人们长久纪念和歌颂。如伯夷叔齐，他们劝谏周武王伐纣，没有成功。最后耻食周粟，饿死在首阳山中。以今天的眼光看，他们没有任何作为，他们的死对历史进程没有发生任何影响。但在古人看来，他们忠义的精神永远值得肯定和学习。如何将古代的道德评价和今天的事功评价结合起来，是我们准确认识历史人物所需要做的。

柳毅传书

唐代有篇著名的传奇《柳毅传》，后被改编为元杂剧《柳毅传书》，被广为流传。下面简单介绍此故事的梗概：

柳毅，湖北人，在科举考试落第回乡的途中，在泾阳遇到一位女子在冰天雪地中牧羊。多次打听，才知是洞庭湖龙王的女儿，远嫁泾水龙王二太子。太子生性风流，娶妻之后没进洞房。龙女独守空房，反被翁姑欺凌，被责罚牧羊。她托柳毅带信给她父亲洞庭君。柳毅义愤填膺，答应为龙女送信。洞庭君之弟钱塘君闻知此事，大怒，飞向泾阳，把侄婿杀掉并吞下，救回了龙女。钱塘君深感柳毅为人高义，就要把龙女嫁给他，但因言语傲慢，遭到柳毅的严词拒绝。其后柳毅续娶范阳卢氏，卢氏实际是龙女化身。他俩终于成了幸福夫妇。

可能很多人不知道，柳毅是历史上一位真实的人物，而且是卫辉人。据《汲郡志》记载，在唐代卫辉的柳园口村（今柳卫村），有个读书人叫柳华雄。此人年过中年还无子女，十分着急。他决定积德行善。一边教书，一边给人治病，扶危济困。也许是他的这种行为感动了上天，在唐太宗贞观十七年（643）他喜得贵子，小名金喜。金喜从小就喜爱读书，并且很有毅力，柳华雄就为他取名柳毅。高宗麟德年间，年满二十岁的柳毅前往西京赶考。当其乘船途经河南武陟与孟津交界处时，黄河上突然狂风骤起，河浪翻腾。范县县令之女卢秀英所坐的船被风浪掀翻，她落入河里。正巧柳毅的船从此经过，柳毅看到了这一幕，毅然跳下黄河，救起了卢秀英。后又安排其在孟津驿馆疗养，并为此误了自己的考期。后来，柳毅又护送卢秀英到洛阳自己的娘舅家暂住。为了报答柳毅的救命之恩，卢秀英愿意以身相许。而柳毅看到秀英漂亮大方、聪明伶俐，也很喜欢。这样就由娘舅做主，并报经父母的允许，结为夫妻。婚后，二人举案齐眉，相敬如宾，十分恩爱，一时传为佳话。柳毅舍己救人的事迹一传十、十传百，最后传到皇帝的耳朵中。唐高宗破例钦点柳毅为进士，并命其为水利都督，统管全国各地的水利工程。唐高宗仪凤元年（676），黄河发大水，柳毅在带领百姓抢险救灾时不幸以身殉职。事后，皇帝念柳毅治理黄河有功，就封他为“黄河之神”。

两脚野狐　人面莲花

杨再思，郑州原武人。少举明经，授玄武尉。累迁天官员外郎，历左右肃政台御史大夫。延载初，守鸾台侍郎、同凤阁鸾台平章事。证圣初，转凤阁侍郎，依前同平章事，兼太子右庶子。寻迁内史，自弘农县男累封至郑国公。杨再思历事三主，执政十余年，没有推荐什么好的人才。他为人巧佞邪媚，能得人主微旨，君主意所不欲，必因而毁之，君主意所欲，必因而誉之。然他恭慎畏忌，未尝忤物。有人问他："公名高位重，何为屈折如此？"他答道："世路艰难，直者受祸。苟不如此，何以全其身哉！"长安末，张昌宗违法被拘。武则天想放过他。杨再思了解武则天的心思。一日武则天问杨再思："昌宗于国有功否？"杨再思说："昌宗往因合炼神丹，圣躬服之有效，此实莫大之功。"武则天听了高兴，张昌宗因此复职。但时人也因此看不起杨再思。左补阙戴令言作《两脚野狐赋》以讥刺杨再思，再思听了之后大怒，出令言为长社令，但朝士更加嗤笑杨再思了。

杨再思为御史大夫时，张易之兄司礼少卿张同休邀请公卿大臣在司礼寺举行宴会，参与者皆极尽欢愉。张同休对杨再思说，你长得像高丽人。杨再思于是打扮成高丽人的样子，跳起了高丽舞，引得满座嗤笑。张昌宗以姿貌见宠于武则天，杨再思阿谀道，人们都说六郎长得像莲花，我看是莲花长得像六郎，而不是六郎长得像莲花。①

人们称杨再思为"两脚野狐""人面莲花"，是讥讽他对权贵阿谀奉承，行事完全按照人主的意思，毫无原则。这样的批评和嘲讽当然正确。他为何这样做呢？当有人问他已经位居高官，为何还这么恭慎畏忌，不得罪人时，他的回答是："世路艰难，直者受祸。苟不如此，何以全其身哉！"在那个政治风云变幻无常的时代，稍有不慎，就不能保全。杨再思也是看到许多正直的人受祸而不得不如此。可见他也有不得已的苦衷。联系到前文所述的比干、周亚夫哪一个不是直臣，他们不都被害了吗？武则天喜怒无常，政局不稳，当时又有多少直臣无辜被害。面对血淋淋的事

---

①《旧唐书》卷90《杨再思传》，第2918—2919页。

实，杨再思不得不阿谀奉承，明哲保身。某种程度上，是专制主义的政治制度塑造了杨再思“佞而智”① 的行事风格。如果我们把杨再思放到当时的历史环境下考察，是不是在对他愤慨之余，有了一丝陈寅恪所说的“了解之同情”呢？

一门三相

韦思谦，郑州阳武人，本名仁约，由于发音与武则天父亲的名讳相近，所以以字行。先祖从京兆南徙，迁到襄阳。他举进士，累补应城令，一年多后调选。他任职的时候，因一些事情处理得不够好，所以在考核中成绩不是很理想。按照制度他不能升迁。吏部尚书高季辅认为他人才难得，不应以小疵而弃大德。遂擢升他为监察御史。他也因此知名。他曾经对人说：“御史出都，若不动摇山岳，震慑州县，诚旷职耳。”他是这么说的，也是这么做的。当时中书令褚遂良贱买他人的土地，韦思谦弹劾他，褚遂良被贬为同州刺史。后来褚遂良又得到重用，韦思谦受到打击，出为清水令。他对人说：“吾狂鄙之性，假以雄权，触机便发，固宜为身灾也。大丈夫当正色之地，必明目张胆以报国恩，终不能为碌碌之臣保妻子耳。”表现出一心报国、不为身谋的崇高精神。

左肃机皇甫公义担任检校沛王府长史，他引思谦为同府仓曹，对思谦曰：“公岂池中之物，屈公为数旬之客，以望此府耳。”后来的事实证明，皇甫公义的这句话是正确的。后思谦累迁右司郎中。永淳初，历任尚书左丞、御史大夫。当时侍御史张仁祎被与他不合的武候将军田仁会诬告，高宗亲自问张仁祎到底怎么回事。仁祎惶惧，应对失次。这时，韦思谦进奏，指出自己对这件事很了解，仁祎没做违法乱纪的事。韦思谦说的辞辩纵横，音旨明畅，高宗觉得很有道理。思谦在宪司任职时，从来不向王公行拜礼。有人劝他不要这样，他说：“雕鹗鹰鹯，岂众禽之偶，奈何设拜以狎之？且耳目之官，固当独立也。”表现了作为一名监察人员的独立性。刚开始担任尚书左丞时，他上奏：“陛下为官择人，非其人则阙。今不惜美锦，令臣制之，此陛下知臣之深，亦微臣尽命之秋。”他说到做

① 《新唐书》卷109《杨再思传》，中华书局1975年版，第4098页。

到，在任期间，振举纲目，朝廷肃然。

武则天临朝，韦思谦转宗正卿，后来武则天改官名，思谦的职位易名为司属卿。光宅元年（684），分置左、右肃政台，复以思谦为右肃政大夫。以前，大夫与御史分庭抗礼，但思谦只接受御史拜自己，有人指出这样不对，他说："国家班列，自有差等，奈何以姑息为事耶？"垂拱初，皇帝赐其爵博昌县男，迁凤阁鸾台三品。二年（685），代苏良嗣为纳言。三年（686），上表告老请致仕，许之，仍加太中大夫。永昌元年（689）九月，卒于家，赠幽州都督。他有二子，分别是承庆、嗣立。

韦承庆，字延休。对继母很孝顺，以此知名。弱冠举进士，补雍王府参军。王府中的文字，皆是出自承庆。他写的文章辞藻华美，擅于一时。累迁太子司议郎。仪凤四年（679）五月，皇帝诏皇太子贤监国。承庆看到太子颇近声色，于是上谏，指出太子的位置很重要。现在国家并不繁荣，百姓还吃不饱，边疆战争时有发生。在这种情况下，太子纵情声色，宠信小人，实在不应该。太子应该谨记"高而不危，所以长守贵；满而不溢，所以长守富"的古训，屏退声色，博览经书，静默无为，恬虚寡欲，非礼勿动，非法不言，这样才能继承鸿业，不负先人。后来承庆又多次劝谏太子，太子觉得很有道理，对他赏赐甚厚。

调露初，东宫废，承庆出为乌程令，他在任期间，风化大行。长寿中，累迁凤阁舍人，兼掌天官选事。他写文章很快，即使是军国大事，也能下笔辄成，从未打过草稿。后来得罪了大臣，出为沂州刺史。不久，诏复旧职，依前掌天官选事。很久之后，他以病免去职位。改任太子谕德。后历豫、虢等州刺史，颇著声绩，皇帝下诏书褒美。长安初，入为司仆少卿，转天官侍郎，兼修国史。他自天授以来，三掌天官选事，铨授平允，天下人都称颂他。不久拜凤阁侍郎、同凤阁鸾台平章事，仍依旧兼修国史。

神龙初，因为判决张易之弟昌宗的案子失实，被发配到岭南。后来张易之被揭发处死，承庆去巾解带而待罪。当时朝廷要写赦书，人们都认为没有人比承庆更合适的了，于是下诏令承庆撰写。承庆神色不挠，援笔而成，辞甚典美，人们都很叹服。一年多后，承庆起授辰州刺史，还未赴任，改为秘书员外少监，兼修国史。不久又以修则天实录的功劳，被赐爵扶阳县子，赉物五百段。又制撰则天皇后纪圣文，中宗认为写得很好，特加其银青光禄大夫。很快授他黄门侍郎，仍依旧兼修国史，但还没有就任，承庆就病死了。中宗很伤感，召承庆的弟弟相州刺史嗣立参加丧事，拜他为黄门侍郎，继承其兄的职位。朝廷赠承庆秘书监，谥曰温。

韦嗣立是承庆的异母弟，母亲王氏对承庆很严厉。每次母亲杖罚承庆，嗣立必脱下衣服请求代替承庆接受责罚。母亲不听从，他就私自杖罚自己。母亲知道这事后，不再杖罚承庆了。人们都把韦氏兄弟比作晋朝的王祥、王览。嗣立年少就中了进士，累补双流令，政绩突出，为蜀中之最。三迁莱芜令。恰逢承庆自凤阁舍人因病去职，武则天召嗣立，对他说，你们的父亲曾对我说，有两个忠孝的儿子，可堪使用。自从你们兄弟效职以来，和你们父亲说的一样。现在我授予你凤阁舍人的职位，让你们兄弟自相替代。当时学校颓废，刑法滥酷，嗣立上书建议加强学校建设，严明司法。

不久迁秋官侍郎，三迁凤阁侍郎、同凤阁鸾台平章事。长安中，武则天与宰臣商议州县官吏的事。纳言李峤、夏官尚书唐休璟等奏，现在人们都重内轻外，担任州县官的多是贬累之人，不能很好地治理地方。希望选择能臣出任大州长官。武则天认为很有道理，问谁能出外担任地方官。嗣立率先表示愿意前往。于是他带本官检校汴州刺史。

不久，嗣立的哥哥承庆入朝担任知政事，嗣立转为成均祭酒，兼检校魏州刺史，又徙洺州刺史。不久，因为有过而贬为饶州长史。一年多后，被征召为太仆少卿，兼掌吏部选事。神龙二年（706），为相州刺史。承庆死，代替他为黄门侍郎，转太府卿，加修文馆学士。景龙三年（709），转兵部尚书、同中书门下三品。当时中宗崇饰寺观，又滥食封邑者，导致国用虚竭。嗣立看不下去，上书劝谏。但是他的建议没有被采纳。

之后，由于政局的动荡，嗣立的仕途也是起起伏伏。嗣立与韦庶人属于宗属远亲，中宗特令将他编入属籍。嗣立曾在骊山构建别业，中宗亲自去那里，作了诗序，封嗣立为逍遥公，名其所居为清虚原幽栖谷。韦氏败亡后，嗣立几为乱兵所害，幸亏得到宁王李宪的救护才免于难。睿宗登基后，拜嗣立为中书令，十日后，出为许州刺史。因为有拥立睿宗的定策功，睿宗赐他实封一百户。开元初，入为国子祭酒。先是，中宗遗制睿宗辅政，宗楚客、韦温等改削藁草。当时嗣立在政事府，不能纠正这件事，所以此时被御史弹劾，左迁岳州别驾。很久之后，才迁为陈州刺史。当时的河南道巡察使、工部尚书刘知柔奏嗣立清白，值得嘉奖，诏命还没有下，嗣立就去世了，时在开元七年（719）。赠兵部尚书，谥曰孝。

嗣立、承庆俱以学行齐名。长寿中，嗣立代承庆为凤阁舍人；长安三年（703），承庆代嗣立为天官侍郎，不久又代嗣立知政事；及承庆卒，嗣立又代为黄门侍郎，前后四职相代。又父子三人，皆至宰相。有唐已来，莫与为比。嗣立三子：孚、恒、济，皆知名。

韦恒，开元初为砀山令，他为政宽惠，吏民都喜爱他。皇帝东巡时，各县要供应，当时山东州县都怕办不好，对百姓严加鞭扑。唯独韦恒不杖罚百姓而且事情办得很好。由此获得人们的称赞。御史中丞宇文融，是韦恒姑姑的儿子，秘密举荐韦恒有经世之才，请以自己的官职回授给韦恒。朝廷拜韦恒为殿中侍御史。历度支左司等员外、太常少卿、给事中。开元二十九年（741），为陇右道河西黜陟使。韦恒到河西时，节度使盖嘉运恃托中贵，公然干违法的勾当，并且虚构夸大自己的功劳，韦恒上表弹奏了他。人们都为韦恒感到害怕。可能是由于得罪了权贵，韦恒出为陈留太守，还没有成行，就去世了。人们都为此感到可惜。

韦济，早年以词翰闻名。开元初，调补鄄城令。时有人密奏玄宗："今年吏部选叙太滥，县令非材，全不简择。"等到县令谢官之日，玄宗把他们召入殿庭，问安人策一道。参加考试的二百余人，韦济获得第一，有的交了白卷。朝廷擢济为醴泉令，考试不合格的都受到了处罚。韦济到了醴泉，为政宽简，深受人们称赞。三迁为库部员外郎。开元二十四年（736），为尚书户部侍郎。累岁转太原尹。他写了德诗四章，称述祖、父之行，辞致高雅。天宝七载（748），又为河南尹，迁尚书左丞。韦氏三代均有人担任省辖，非常荣耀。韦济从容雅度，推行善政，后出为冯翊太守。

嗣立孙弘景，擢进士第，数次在节度使当僚佐。以左补阙召为翰林学士。苏光荣为泾原节度使，弘景当草诏，书辞不如旨，罢学士。迁累度支郎中。张仲方获罪，宪宗以为是弘景协助他，出弘景为绵州刺史。李夷简镇淮南，奏请以弘景为自己的副手。弘景入朝，再迁为给事中。驸马都尉刘士泾贿赂权近，擢为太仆卿。弘景不同意这个任命，上还诏书。穆宗派人劝谕弘景，弘景坚持己见。穆宗怒，使他宣慰安南。弘景由是知名。

弘景回来后，再迁吏部侍郎，选拔考核官员很公平，贵幸都很怕他，不敢以私事找他。他历陕虢观察使，召拜尚书左丞，驳正了吏部除授的六十余官不当进资的。由是朝政肃然。吏部员外郎杨虞卿被查办，负责此案的是弘景和御史。杨虞卿私下找弘景，弘景厉声说："有诏按公，尚私谒邪？"杨虞卿有很多党羽，自以为弘景会答应自己的请求，没想到被严词拒绝，惶恐地离开了。弘景迁为礼部尚书、东都留守。六十六岁死去，赠尚书左仆射。

弘景以直道进，议论持正，是长庆年间的著名大臣。①

文武之才

娄师德，字宗仁，郑州原武人，二十岁中进士，授江都尉。扬州长史卢业奇其才，对他说："吾子台辅之器，当以子孙相托，岂可以官属常礼待也？"上元初，累补监察御史。当时恰逢吐蕃寇边，刘审礼战殁，娄师德奉命收败亡于洮河，同时出使吐蕃。他向论赞婆等喻国威信，开陈利害，吐蕃感到畏悦。后来吐蕃犯塞，朝廷募猛士以讨之，娄师德自请为猛士。高宗大悦，特假其为朝散大夫，从军西讨。娄师德颇有战功，迁殿中侍御史，兼河源军司马，兼知营田事。他在此与吐蕃大战八次，所战皆捷。天授初，累授左金吾将军，兼检校丰州都督，仍依旧知营田事。在此期间，他率士屯田，积谷数百万，兵以饶给，无转饷和籴之费。武则天下诏褒奖他，说："卿素积忠勤，兼怀武略，朕所以寄之襟要，授以甲兵。自卿受委北陲，总司军任，往还灵、夏，检校屯田，收率既多，京坻遽积。不烦和籴之费，无复转输之艰，两军及北镇兵数年咸得支给。勤劳之诚，久而弥著，鉴以嘉尚，欣悦良深。"长寿元年（692），召拜夏官侍郎、判尚书事。明年，同凤阁鸾台平章事。武则天对师德曰："王师外镇，必藉边境营田，卿须不惮劬劳，更充使检校。"又以为河源、积石、怀远等军及河、兰、鄯、廓等州检校营田大使。稍迁秋官尚书。万岁登封元年（692），转左肃政御史大夫，仍并依旧知政事。证圣元年（695），吐蕃寇洮州，朝廷命娄师德和夏官尚书王孝杰讨之。他们和吐蕃大战于素

① 《旧唐书》卷 88《韦思谦传附承庆嗣立》，第 2861—2874 页；《新唐书》卷 116《韦思谦传附承庆嗣立》，第 4228—4235 页。

罗汗山，官军败绩，娄师德贬授原州员外司马。万岁通天二年（697），娄师德入为凤阁侍郎、同凤阁鸾台平章事。是岁，兼检校右肃政御史大夫，仍知左肃政台事，又与王懿宗、狄仁杰分道安抚河北诸州。神功元年（697），拜纳言，累封谯县子。寻诏师德充陇右诸军大使，仍检校河西营田事。圣历二年（699），突厥入寇，复令检校并州长史，仍充天兵军大总管。是岁九月卒，赠凉州都督，谥曰贞。①

娄师德总边要、为将相者三十年，恭勤朴忠，心无适莫，为国家立下了功劳。他虽为文人，但屡次带兵抗击吐蕃，取得胜绩，所以，武则天说他"兼怀武略"，是一位兼资文武的人才。

娄公荐才

狄仁杰未辅政时，娄师德举荐了他。等到二人同列，狄仁杰数次挤对娄师德，让他外任。武后知道后，问狄仁杰："师德贤乎？"狄仁杰说："为将谨守，贤则不知也。"又问："知人乎？"狄仁杰说："臣尝同僚，未闻其知人也。"武后说："朕用卿，师德荐也，诚知人矣。"她拿出了娄师德举荐狄仁杰的奏章。狄仁杰很惭愧，叹道："娄公盛德，我为所容乃不知，吾不逮远矣！"②

这件事反映出娄师德两个高贵品质。一是他的大度。狄仁杰屡次挤对他，他都没有回击。他曾说为人要唾面自干，他不仅是这样说的，而且也是这样做的。二是娄师德举荐狄仁杰不是为了得到后者的回报，因为狄仁杰压根不知道自己受到提拔是娄师德举荐的结果。无论是古代还是现今，人们大都举荐与自己关系好的人，以求回报或拉帮结派。娄师德的荐才完全是出于公心，一心为国，丝毫没有为自己谋利的成分。《旧唐书》的编纂者评价娄师德："荐仁杰而入用，忠也；不使仁杰知之，公也。"③ 娄师德就是一个公忠体国的人。

---

① 《旧唐书》卷 93《娄师德传》，第 2975—2976 页。

② 《新唐书》卷 108《娄师德传》，第 4093 页。

③ 《旧唐书》卷 93《娄师德传》，第 2990 页。

豺狼咬鱼

娄师德任监察御史时，遭遇旱灾，因求雨要表示诚心，所以按例是禁止屠宰的。娄师德到陕县视察，当地的官吏为了奉承他，还是做羊肉给他吃。为此，娄师德责问道："你们为啥要杀羊？"厨子答道："不是杀的，是豺狼咬死的。"娄师德明知羊是厨子所杀，但事已至此，多说无益，只好笑笑说："这只豺狼倒蛮懂得礼节的。"一会，厨子又端上了红烧鱼。娄师德又问，厨子故意说："它也是被豺狼咬死的。"娄师德大笑道："你这傻瓜！为啥不说是被水獭咬死的呢？这就不会露出马脚来了。"从此，豺狼咬鱼的典故便流传下来。这件事说明了娄师德的清廉和幽默。

唾面自干

娄师德一生出将入相，是唐高宗、武则天时代的一位重臣。一日，娄师德的弟弟要去代州担任刺史。娄师德对弟弟说："我为宰相，你又担任刺史，我们一家身居高位，必然引起一些人的嫉妒。我们该如何保住自己的性命啊？"弟弟说："即使有人唾我面，我也不敢言，只是擦干净而已，希望以此和兄长共勉。"娄师德说："这正是我担忧的啊。人家唾你，必然对你有怒气。你擦干净，是违逆了他的怒气。何不如笑着承受，让唾液自干呢？"①

这就是"唾面自干"典故的来历。面对他人的唾面，大致有三种反应。一种是反唾对方。这样只会加剧双方的矛盾，不利于解决问题。一种是如娄师德的弟弟所说，擦干唾液。这种做法比第一种高明，但这种做法也"违其怒"，对方的怒火继续上升。第三种是娄师德说的，让唾液自行晾干。这样唾你的人会怒气自消，甚至会被你的大度所打动。当然这是最高境界，非常人所能企及。可能由于娄师德做到了这一点，他在武则天时代保住了自己地位，得以善终。欧阳修就说他："方酷吏残鸷，人多不

① 《新唐书》卷108《娄师德传》，第4093页。

免，独能以功名始终。”① 他的不与人争、宽宏大量的为人之道值得学习。

四时仕宦

傅游艺，卫州汲人。载初元年（689），为合宫主簿、左肃政台御史，除左补阙。他上书称武氏符瑞，合革姓受命。武则天很高兴，就擢他为给事中。数月之后，加同凤阁鸾台平章事。同月，又加朝散大夫，守鸾台侍郎，依旧同平章事。是年九月，武则天废除唐朝，建立周朝，称皇帝，改天授元年。赐傅游艺武姓。二年（690）五月，加银青光禄大夫。傅游艺的哥哥傅神童，时为冬官尚书。他们兄弟俩并承荣宠。一个多月后，傅游艺为司礼少卿，停知政事。他梦见自己登湛露殿，第二天把这个梦告诉了亲信，被这个亲信所告发。他被处斩。当时人们称他四时仕宦，意思是说一年内他的官服由青而绿，再变成朱紫。他逢迎武则天的旨意，诬告李唐宗室。神龙初，他的子孙遭到禁锢。当初，傅游艺请武则天发六道使，虽然他死了，但这个建议为武则天所采纳，于是万国俊辈恣斩戮。②

傅游艺以其恶劣的行径而被史家列于史书中的酷吏传，永远背负骂名。

伴食宰相

《旧唐书·卢怀慎传》：“开元三年，迁黄门监。怀慎与紫微令姚崇对掌枢密，怀慎自以为吏道不及崇，每事皆推让之，时人谓之伴食宰相。”这段话是说，卢怀慎和姚崇共同执掌枢密大权，他自以为才能不及姚崇，就每件事让姚崇做主，当时人称他为伴食宰相，意思是不管事的宰相。后世一般以伴食宰相称能力不强，无所作为，在位不办事的官员。后世对伴食宰相的解释是抽离了具体语境，对这个词本身的阐释。卢怀慎为伴食宰相有其特定的环境，他是认为自己的才能不及姚崇，因此让姚崇做主处理大事。由此我们可以看到卢的两点品质：第一，他勇于承认自己的才能不

---

① 《新唐书》卷108《娄师德传》，第4093页。

② 《旧唐书》卷186上《傅游艺传》，第4842页。

及他人。能够承认自己的不足，不是所有人都能办到的。第二，他对才能高于自己的姚崇不嫉妒，而是让姚崇主政，自己甘愿从旁辅助。很多人嫉贤妒能，对才能高于自己的人感到不快，不仅不配合他的工作，反而捣乱。两相对比，卢的做法显得尤为可贵。由卢怀慎和姚崇的关系，司马光归纳了历史上同僚、上下级之间关系的几种情况，并给予了评论：

> 昔鲍叔之于管仲，子皮之于子产，皆位居其上，能知其贤而下之，授以国政；孔子美之。曹参自谓不及萧何，一遵其法，无所变更；汉业以成。夫不肖用事，为其僚者，爱身保禄而从之，不顾国家之安危，是诚罪人也。贤智用事，为其僚者，愚惑以乱其治，专固以分其权，媢嫉以毁其功，愎戾以窃其名，是亦罪人也。崇，唐之贤相，怀慎与之同心戮力，以济明皇太平之政，夫何罪哉！《秦誓》曰："如有一介臣，断断猗，无他技；其心休休焉，其如有容；人之有技，若己有之，人之彦圣，其心好之，不啻如自其口出，是能容之，以保我子孙黎民，亦职有利哉。"怀慎之谓矣。①

司马光认为同僚关系的第一种情况是在上位者认为自己不如地位低的人而主动让贤。如鲍叔之于管仲，子皮之于子产。还有曹参继萧何为相，认为自己才能不及萧何，就完全遵守萧何制定的法度，无所更改。鲍叔牙、子皮、曹参的行为使国家大治。第二种情况是看到不肖用事，作为同僚爱身保禄不去阻止，任其胡乱作为。这是置国家之安危于不顾，是罪人。第三种情况是贤智用事，作为同僚嫉贤妒能，诋毁诽谤，掣肘阻挠。这也是罪人。司马光认为姚崇是贤相，卢怀慎能和他同心勠力，最后达致太平盛世，有什么罪呢？司马光引《秦誓》，说有一种人，虽然没有很高的技能，却心胸宽广，别人有技能，好像自己有一样，支持他发挥；看到俊杰，自己心里尊重而爱护他，不禁学着去做去说；这是他能宽容以待，用好的政绩来保护黎民百姓，也是他的职责所在。卢怀慎就是这样的人。给予卢怀慎充分的肯定和极高的评价。司马光的评论是新颖深刻和中肯的。

---

① 《资治通鉴》卷211，第6709页。

傀儡宰相

关播，字务元，卫州汲人。天宝末，举进士。邓景山为淮南节度使，辟他为从事，累授卫佐评事，迁右补阙。他善言物理，尤其对佛学有精深的造诣。大历中，神策军使王驾鹤妻关氏以关播与自己同宗，所以对他很好。元载厌恶他们交往，出他为河南府兵曹。他摄职数县，皆有政能。陈少游领浙东、淮南，又辟他为判官，历检校金部员外，摄滁州刺史。陈少游出外镇压叛乱。当时盗贼蜂起，关播调阅州兵，守卫了城池。他为政清净简惠，百姓生活很安定。杨绾、常衮知政事，举荐他为都官员外郎。

德宗登极，湖南山洞中有个叫王国良的，聚众为盗，德宗令关播前去宣抚。临行，皇帝召他于别殿，问他政理之要，关播奏："为政之本，须求有道贤人，乃可得理。"德宗说："朕下诏求贤良，当躬新阅试，亦遣使臣黜陟，广加搜访闻荐，擢其能者用之，冀以傅理。"关播奏曰："下诏求贤黜陟举荐，只能得到求名文词之士，有道贤人哪里肯随牒举选?"德宗对他的回答很满意，对关播说："你且去，回来当与论政事。"关播说："我受命去宣抚，如果国良不受命，请求陛下给我权力，让我命令邻境速出兵翦除。"德宗说："你说的正好符合我的心意。"关播回来后，改为兵部员外，迁河中少尹。

建中初，张镒为河中少尹，不久进位为宰相。建中二年（781）七月，提拔关播为给事中。旧例，掌管诸司甲库的皆是胥吏，为弊颇久，关播首次建议改为士人管理。这个建议和举措受到人们的称赞。转刑部侍郎、奉迎皇太后副使。卢杞以为关播柔弱易制，所以极力举荐他。不久迁为吏部侍郎，转刑部尚书、知删定。上元中，德宗下诏选择古今名将十人于武成王庙配享，如文宣王的礼仪。关播反对，认为"太公古称大贤，今其下称亚圣，于义不安。又孔子十哲，皆是当时弟子，今所择名将，年代不同，于义既乖，于事又失。臣请删去名将配享之仪及十哲之称"。德宗听从了这个建议。

建中三年（782）十月，拜银青光禄大夫、中书侍郎、同中书门下平章事、集贤殿崇文馆大学士、修国史。当时的政事皆决于卢杞，关播只是敛衽取容而已。时有李元平、陶公达、张愻、刘承诫，几人皆言谈诡妄，夸说自己能立功名。他们也有些微材薄艺。关播屡次奏李元平等可为将相，可以让他们试试。德宗以为然，就以李元平为补阙。正值淮西节度李希烈叛乱，德宗以为汝州是要镇，让大臣举荐合适的刺史人选。关播举荐李元平为汝州刺史，不久加检校吏部郎中、汝州别驾，知州事。元平至州才十天，就被希烈所擒，汝州失陷。中外都嘲笑关播。由此陶公达等没有得到任用。关播和卢杞等跟随德宗到达奉天，不久卢杞、白志贞等并贬黜，关播仍然知政事，中外嚣然，都认为这样不行，关播由是罢相，改为刑部尚书。大臣韦伦等在朝堂上哭着曰："宰相不能谋猷翊赞，以至今日，而尚为尚书，可痛心也！"

贞元四年（788），回纥请和亲，德宗以咸安公主出降可汗，令关播以本官加检校右仆射、兼御史大夫，持节充当送咸安公主及册封可汗的使者，奉使往来。他清俭谨慎，回纥人很高兴。回来后，迁为兵部尚书，他以疾病为由请辞，最后以太子少师致仕。致仕之后，他减去僮仆车骑，闭关守静，不关心外事，由此得到士人君子的敬重。贞元十三年（797）正月卒，时年七十九，德宗废朝一日，赠他太子太保。①

老道井传说

很久以前，有一西方高僧与一东方道长，奉命下山寻找营建寺院和道观的场地。他们不辞辛劳，长途跋涉，同时来到老道井地域。只见该处位于凤凰山南，东有黑龙（黑龙潭），西有白龙（老龙嘴沟内由红土和白土相掺）；北边白玉堆成山，南部玉粉头昂然。中间稍凹，地势平坦，上空飞龙舞凤，时隐时现。他们同时看中了这块风水宝地，赞不绝口。

有诗赞此地：西边卧有老龙嘴，东方睡着黑龙潭；南北山上皆是玉，中间稍低有灵验，高空时有龙凤现。

僧道二人看到这片风水宝地，心中欢喜，都认为这里是块宝地，欲待仔细观察后再作计较，回去复命后就择日备料准备兴建。就在仔细查看地形时，二人走了个碰面，他们各怀心事，互不了解对方底细。道长见高僧一边走一边看，好像也是观察风水地貌；而高僧也见道长跟自己一样，走

① 《旧唐书》卷130《关播传》，第3627—3629页。

走站站，似乎在寻找什么。

带着疑惑，僧道二人走到一起。道长与高僧互相问好后，道长就带着疑问说："高僧在此有何意？"高僧如实回答曰："吾奉住持之命，四处云游，为建新寺选址而来。"听到此言，道长哈哈一笑，对高僧说："我也是奉观主之命选一新观址。"道长用手一指他们共同看上的这块风水宝地说："我已选中这里了，高僧你看如何啊！"高僧合掌道："佛道本是两家，今日同时选中一地，实乃稀奇，道长这事你看怎么办？"二人各为其主，各抒己见，谁也不想让步，陷入僵局。

就在二人为难之际，天空飘来一片白云，云中站有一神仙，徐徐落在他们二人面前。不等二人询问，老神仙就笑哈哈道："我知道你僧道二人在此地干什么，还知道你们现在的难处。"二人看他仙风道骨，动作轻盈，说话和气，便各自行礼，请仙长指教。

老神仙并不答话，只是面带笑容。顺手一指天空，只见一首诗文落到眼前，上书："不辞劳苦多半年，佛道定地在一片；谁先造福谁先住，和睦相投各半边。"

高僧和道长思其诗意，同时仔细观察这位老神仙。只见该仙人既熟悉又陌生，既感亲切又觉敬畏。正在困惑之际，老神仙说："你们二人能否各显一下施善的法术，我好看看呢！"高僧回话说："仙翁让谁先来？"老神仙说就从你开始。高僧听后便伸出双手，拇指与小指合十，掌心中间三指伸直向前一划，只见南山坡上冒出三通石碑。道长随后也使出法术，在平地变出一口大井，水冒地三尺有余。这时老神仙哈哈大笑道："其意甚明，只要善在，就是善哉啊！"随即伸手在高空又是一划，接下一纸诗文，老神仙对二人讲："你们二人务必牢记诗文，并遵照执行，此乃天意。"诗文曰：人行善事有天见，多行善事为良善；普渡众生为大善，始善终善是真善。接着老神仙又说："你们二人选址之事早已在我意料之中，僧道两派的善举与出发点也都一致。"老神仙边说边笑着略施小计，只见南山坡上一寺一观呈现在高僧施法变出的三通碑前。高僧与道长见后急忙下跪，口念福语。老神仙对着和尚说："这是你立的碑，那地点就叫三通碑吧！"随手又对道士说："那是你打的井，就叫老道井吧。"今后你们僧道要和睦相处，共同造福当地百姓。

待他们二人磕头谢恩时，老神仙已无踪迹。据说，一僧一道也非凡人，这位僧人即是降龙罗汉下凡，而道长则是伏虎道长降世。老神仙则更是了得，乃是如来佛祖和太上老君的合体化身现世。现在的老道井庙观内，供奉着他们的金身。

很长一段时间内，三通碑寺和三通碑观香火鼎盛，四方香客络绎不绝。直到明万历年间，由于潞简王在该地北侧凤凰山下建茔地后，寺观香火才逐渐败落。

僧道之间和睦相处，共同为百姓造福，被后世传为佳话。为纪念三通碑寺和三通碑观，后人将他们合称为“三通碑院”。直到现今，老道井村还流传着“一眼井、两盘龙、三通碑”的传说。村内现有的庙宇也有别于其他村庄，供奉的神像有佛有道，同居一院。

佛教和道教是中国古代两大宗教。由于两教的教义不同，也为争得政权的支持，互相争斗，激烈不已。其实，不管是佛家还是道家，其教义的初衷都是造福于人。这则故事反映了人们希望佛道两家携起手来，共同造福百姓的美好愿望。

第四章　宋元时期

弈棋如故

李恽字孟深，开封阳武人。后汉乾祐年间中进士。他客游岚州，恰逢刘崇自立，被任命为州从事。他一路仕途顺利，擢知制诰、翰林学士，累至司空、平章事。由于史料的缺乏，他何以如此，不得而知。他的母亲在乡里，他不知道生死，所以常常闷闷不乐。他经常以饮酒为务，不处理政事。皇帝刘继元屡次批评他，他就是不介意，依然故我。一日，他和一位僧人下棋，刘继元命近侍到李恽面前，把棋盘烧了。李恽怡然，缓慢地到刘继元那里，刘继元狠狠地责怪了他。第二天，李恽又和人下起棋来。宋太宗攻下了太原，灭亡了北汉，以李恽为殿中监。这才知道母亲已经亡故了。他上表请求追服母丧，没有得到允许。出知广州，迁司农卿，连知许、孟二州。以足疾请求解除职务，朝廷授予其忠武军行军司马。端拱元年（988），卒，年七十三。

李恽性情疏达，善谈名理。年少时善滑稽，等到为相后很持重。当初他与王溥、李昉同年登第，太原平定后，他们相见叙旧，虽然李恽是北汉官员，王溥、李昉是宋朝官员，但他们关系依然很好。人们都称赞他们。①

---

① 《宋史》卷482《李恽传》，中华书局1977年版，第13943—13944页。

纯质笃学

王昭素，开封酸枣人。青年时，热爱学习，不入仕途。行为美好，为乡里所称。常聚徒讲学，以此生活。李穆及其弟肃和李恽等都曾师事王昭素。乡里人有了争讼，也不到官府，而找王昭素裁断。

王昭素博通《九经》，兼习《老》《庄》，尤其对《诗》和《易》有很高的造诣。他觉得王、韩的对易的注释和孔、马的疏义不够准确，就撰写了《易论》23篇。

开宝中，李穆将他举荐于朝。宋太祖召他赴阙，在便殿接见了他。当时他七十七岁了，精神不衰。太祖问他："你为什么不求仕进，以致我们相见这么晚？"他对曰："臣草野蠢愚，无以禆圣化。"太祖赐他座，让他讲《易·乾卦》，召宰相薛居正等观之，讲到"飞龙在天"的时候，太祖说："这本书可以让平常人看吗？"他对曰："此书非圣人出不能合其象。"太祖还向他访问了民间的事情，王昭素真诚无隐地回答了。太祖很高兴。他以衰老请求归乡里，朝廷拜他为博士，让他致仕，赐茶药及钱二十万，留月余，放他回家了。八十九岁时，卒于家。

王昭素颇有鉴别人才的能力。起初，李穆兄弟跟他学《易》。王昭素说："你们说的精理，往往出人意表。"又说："李穆兄弟皆是大器，李穆尤其沉厚，以后当为朝廷高官。"后来李穆果然官至参知政事。

王昭素每到市场上买东西，从不讨价还价，县里人都说："卖给王先生东西，不要要价太高。"他的居室中有一堆椽木。一天晚上，一个小偷来窃取椽木。王昭素发现了，就悄悄地把椽木扔到了房外。小偷看到了，觉得很惭愧，自此之后，王家再也没有招过盗贼。他家中有一头驴，别人经常借，他要外出的时候，先向童仆问外面有人借驴吗，没有，他才出去。他就是这么纯质。①

---

① 《宋史》卷431《王昭素传》，第12808—12809页。

谨言慎行

李穆，字孟雍，开封府阳武县人。李穆的父亲咸秩，曾任陕西大都督府司马。李穆年幼时就能写文章，有卓绝的品行。在路途拾到物品，一定要寻访到失主送还。跟随王昭素学习《易经》及《庄子》《老子》等书，尽力探究大义。王昭素对李穆说："你所得到的都是精微的义理，常常出乎我的意料。"而且对人说："李生将来能成为肩负朝廷重任的人。"

后周显德初年，李穆以进士身份担任郢州、汝州的从事，升任右拾遗。宋朝初年，以殿中侍御史身份被选任为洋州通判。李穆到了洋州，处理积滞的案件，没有拖延的诉讼案件。调任陕州通判，有关官吏要调用陕州租赋到河南时，李穆以本州军粮不足为由，不立刻听从命令，又因为选拔官吏时犯错误而被免职。当时他的弟弟李肃担任博州从事，李穆带着母亲到弟弟那里居住，虽然生活非常贫困，但与弟弟共同学习，心志淡泊。

开宝五年（972），以太子中允身份被征召。第二年，授予左拾遗、知制诰。五代以来，文辞崇尚华丽，到李穆开始运用典雅方正的词语，全力矫正流弊。李穆与卢多逊曾同门受业，太祖曾对卢多逊说："李穆生性仁惠善良，文章学识之外没什么擅长的。"卢多逊却认为："李穆操守品行端方正直，处事不因为生死而改变节操，是仁善而勇毅的人。"太祖说："确实是这样，我要任用他。"当时将要讨伐江南，已经安排了各位将领的兵力，但还没有发兵的理由。于是就先召令李煜入朝，任命李穆为使者。李穆到江南传达皇上旨意，李煜以有病推托，并且说："我侍奉朝廷而希望保全自己，现在如果这样，倒不如死了算了。"李穆说："入朝不入朝，你自己决定。然而朝廷军队精锐，物力雄厚丰富，你恐怕不容易抵挡其锋芒，应该仔细考虑，切莫让自己后悔。"出使回来，详细地报告情况，皇上认为他传旨抓住了要点。江南人也认为他说的话很实在。

太平兴国初年，转任左补阙。三年（978）冬，加授史馆修撰、判馆事，皇上亲自赐给他金印紫绶。四年（979），跟随皇上出征太原回来后，又被授予中书舍人之职。参与修撰《太祖实录》，获赐衣带、银器、缯彩。七年（982），因为与卢多逊亲昵，又因为替秦王赵廷美草拟朝辞笏记，被谏官所弹劾，降职授予司封员外郎。

八年（983）春，与宋白等共同执掌贡举考试，陪侍皇上在崇政殿主持进士考试，皇上怜悯他瘦弱憔悴，当即又授予他中书舍人、史馆修撰、判馆事。同年五月，又征召他为翰林学士。六月，任开封府知府。他判案精细敏捷，奸佞狡猾之徒无从依靠，因此豪门大族敛迹，权贵不敢以私干政，皇上更加了解他的才能。十一月，升任左谏议大夫、参知政事。一个多月之后，回家为母亲守丧，不久，即官复原职。李穆多次上奏章请求为母亲守丧到三年期满，然而皇上下诏坚持要他复职，李穆更加哀痛忧伤，竭尽礼仪。九年（984）正月，早晨起床后正准备上朝，风眩病发作猝死，享年五十七岁。

李穆自降职授予员外郎到恢复中书舍人，入朝任翰林学士，再担任参知政事，直到猝死，不到一年时间。皇上听说他去世，哭着对近臣说："李穆是国家的良臣，我正要倚重任用他，他却突然去世，这不是这个人的不幸，是我的不幸啊！"追赠他为工部尚书。

李穆非常孝顺，他的母亲得病，晚上想转身，李穆亲自帮助母亲转身。他犯过而被贬谪，他的儿子就以父亲外出办案为由向李穆的母亲隐瞒实情。等到李穆回京后，也没有跟母亲吐露实情。母亲去世，居丧期间，他很悲痛，"思慕以至灭性"。

史家评价李穆"质厚忠恪，谨言慎行，所为纯至，无有矫饰。深信释典，善谈名理，好接引后进，多所荐达"。他为人尤其宽厚，家人未见他喜怒的脸色。他善写文章，但大多写完就烧毁了，所以没有流传下来。①

魏氏家族

魏仁浦字道济，卫州汲人。年幼孤贫，母亲为他借了黄缣做衣服。仁浦十三岁，叹道："作为人子，不能供养父母，而使母亲借财物为我制衣，我怎么能心安呢？"慷慨泣下。他辞别母亲去洛阳，在河流中间把衣服沉到了河中，发誓说："不富贵显达，不再回来。"晋末，为枢密院的小史，任职端谨，同辈不能及。契丹入中原，仁浦随众北迁。恰逢契丹主

① 《宋史》卷263《李穆传》，第9105—9107页。

死在真定，仁浦得以脱归。魏帅杜重威素来知道仁浦谨厚，善书计，想留下他补牙职。仁浦因重威是个降将，不愿侍奉他，遂逃跑了。重威遣骑兵追他，没有赶上。汉高祖刘知远起兵太原，仁浦迎谒道旁，还担任原来的职位。

当时郭威掌管着枢密院，召仁浦，问他阙下的兵数，仁浦都能记住，共六万人。郭威高兴地说："天下事不足忧也。"迁为兵房主事，从郭威镇守邺。

乾祐末，汉隐帝采用武德使李邺的谋划，诛杀了大臣杨邠、史弘肇等，密诏澶帅李洪义杀骑将王殷，令郭崇杀害郭威。洪义知道事情不会成功，就与王殷谋划，遣副使陈光穗带着诏书给郭威。郭威害怕，召仁浦商计，并且把诏书给他看，说："朝廷要杀我，我死不怕，但怎能不念及我麾下的将士呢?"仁浦说："侍中掌握强兵临重镇，有功朝廷，君上听信谗言，图害忠良，即使想把心割下来以自明，也不可得。现在诏书刚刚下来，外面没有人知道，不如改易诏书，以尽诛将士为名，激怒其心。这样不仅可以自免，也可为杨邠、史弘肇报仇。"郭威采纳他的建议，用留守印，改易诏书给将士们看。大家既惧且怒，于是长驱渡河。等到郭威即位(周太祖)，以仁浦为枢密副承旨，不久迁右羽林将军，充承旨。

周太祖曾问仁浦诸州屯兵之数及将校名氏，令他检阅簿记。仁浦说我能记住。于是写到纸上，与簿记上的内容一样，由此周太祖尤其倚重他。广顺末年，太原刘崇入侵晋州，仁浦居母丧，而宅院离宫城很近。周太祖密招仁浦商计对策。第二天，起复还职。周太祖临终，对继子柴荣说要让仁浦留在禁中。

世宗即位，授仁浦监门卫大将军、枢密副使。从征高平，周朝军队不利，东部军队失利，仁浦劝世宗出镇西与敌殊死战，最后击败敌人。师还，拜检校太保、枢密使。按照惯例，唯有宰相生辰才赐给器币鞍马，世宗特以这些赐给仁浦。跟随世宗平定了寿春，加检校太傅，晋爵邑，迁中书侍郎、平章事、集贤殿大学士兼枢密使。世宗打算任命仁浦为禁中的官员，有人认为他不是科第出身，世宗说："古代主掌禁止的，都是由科第吗?"遂决意用他。恭帝即位后，加刑部尚书。

宋初进位右仆射。他以疾病告假，宋太祖到他的府邸看他，赐给他黄金器二百两、钱二百万。他两次上表请求退休，不许。乾德初，罢守本官。开宝二年（969）春宴，太祖笑着对仁浦说："何不劝我饮一杯酒？"仁浦敬酒。太祖密对仁浦说："我欲亲征太原。如何？"仁浦说："欲速不达，请陛下慎重考虑。"宴会后，仁浦回到府第，皇帝复赐尊酒十石、御膳羊百口。从征太原，中途遇疾。还，至梁侯驿卒，年五十九，赠侍中。

仁浦性宽厚，接士大夫有礼，务以德报怨。汉乾祐中，有个叫郑元昭的人，是开封浚仪人，为安邑、解县两池榷盐使，迁解州刺史。恰值朝廷让仁浦的妇翁李温玉为榷盐使管两池，元昭不得专其利。仁浦当时是枢密院主事，元昭觉得这是仁浦偏袒李温玉。正值李守贞以河中叛乱，温玉的儿子在城中，元昭就说李温玉叛变了。时郭威总枢务，知道其中有事，置而不问。显德中，仁浦为枢密院，元昭不自安。等元昭回朝廷的时候，路过洛阳，就把情况说给了仁浦的弟弟仁涤，仁涤说："你只管去，可以无忧。我哥哥宽仁有度，即使是公事不想伤害人，怎会记着私人恩怨呢？"元昭到了京师，仁浦果然不介意，请周太祖授他庆州刺史。汉隐帝宠信作坊使贾延徽，延徽和仁浦是邻居，他想要吞并仁浦的宅第，屡次说仁浦的坏话，几乎使仁浦遭遇不测。等周太祖进入汴州，有人擒拿延徽给仁浦，仁浦谢绝了，说"因兵戈以抱怨，不忍为也"，竭力保全了延徽。当时人都称他是长者。周世宗朝的近侍有违背了皇帝的意思而死的，仁浦力救之，全活很多。淮南之役，获贼数千人，仁浦从容上言，使他们隶属于诸军，军中没有滥杀的。

景德四年（1007），他的儿子请谥号曰宣懿。

仁浦的儿子有咸美、咸熙、咸信。咸美以左司御率府率致仕。咸熙性仁孝，曾会宾客，家童几个人把桌案弄倒，器皿都打碎了，客人皆惊，只有咸熙脸色不变。只是令重新摆设馔具。他就是这么宽厚。以父亲的缘故，累迁屯田郎中，后至太仆少卿。卒年四十九。子昭庆员外郎，昭文西染院使，昭素供奉官、阁门祇候。咸信字国宝，建隆初，授朝散大夫、太子右坊通事舍人，改供奉官。

起初，太祖在潜邸，昭宪太后曾至仁浦的宅第，咸信那时候还小，侍立在母亲身旁，俨然如成人。太后以为他很奇特，欲和他结为婚姻之好。开宝中，赵光义为开封府尹，承昭宪太后的旨意，见咸信于便殿，命令他与党进等比较射箭，太祖称善。遂让他娶了永庆公主，授右卫将军、驸马都尉。逾年，出领吉州刺史。太平兴国初，真拜本州防御使。四年

（979），赐钱十五万。五年（980），因遣亲吏买四边的木材，矫制免所过税算而获罪，罚一季俸。不久迁慎州观察使。雍熙三年（986）冬，契丹扰边，宋军出讨，皇帝命诸位女婿镇要地，其中咸信知澶州。四年（987），本郡的黄河清，咸信奏报，皇帝下诏褒答之。籍田完毕后，就拜彰德军节度。八月，遣归治所。

淳化四年（993），黄河决口澶渊，淹没了北城，皇帝再命咸信知州事。太宗亲自告诉他处置的方略。当时派遣阎承翰修河桥，咸信请趁着流水还未到来的时候制造舟船，阎承翰奏报说："方冬难成，请权且罢去。"咸信乘他离开，乃集工成之。皇帝听说后很高兴。黄河水患过去后，遣还役兵。后皇帝要留着役兵修筑河堤，咸信以为天寒地涸，没有决口满溢的危险，再次奏罢了这些人。

真宗即位后，咸信改为定国军节度使。咸平中，大阅东郊，以他为旧城内都巡检。皇帝车驾北征，咸信为贝冀路行营都统署，诏督师。至贝州，契丹军退，召还行在所。景德初，从幸澶州，石保吉与李继隆为排阵使。宋和契丹和议成功，真宗置酒于行宫，面赏继隆、保吉，咸信避席，自愧无功，真宗笑着抚慰了他。二年（999），改武成军节度，知曹州。秋雨造成水灾，咸信决开广济河堤以疏导水流，民田才没有受到伤害。扈从皇帝朝拜陵寝回来后，咸信说祖先的坟墓在洛阳，想立碑，哭泣着想要到盟津，以方便做事，即改为知河阳。大中祥符初，从东封，加检校太尉。将祀汾阴，命知澶州，令入内副都知张继能谕旨。移领忠武军节度。

不久召还，年已昏眊，见到皇帝，迎合旨意以求宠渥。七年（1014），上表请求任用。皇帝出示中书向敏中曰："咸信联荣戚里，位居节制，复何望耶？"是年冬天，以新建南京，嘉奖太祖的旧臣，加咸信同平章事。稍后判天雄军。天禧初，改为陕州大都督府长史、保平军节度。有感风疾苦，归。真宗曾对宰相说："咸信老病，他的各位儿子也不行，身后能保其家业吗？"不久咸信去世，年六十九岁，赠中书令。录其诸子孙侄，迁官者七人。

咸信颇知书，善待士人，然而很吝啬，仁浦所经营的邸舍他都占有。死后，被诸侄所讼，时人耻之。

其儿子有昭易、昭侃。昭易西京作坊使，知隰州。昭侃改名晒，为崇仪使。

昭亮字克明，公主所生。幼年还没有名字的时候，太宗召入禁中，命他赋赏花诗，诗写成后交给皇帝，皇帝看了大悦。让他喝酒，并写了“从训”“昭亮”二名，让他挑一个。后拜如京副使，迁如京、洛苑使，掌翰林司。丁公主忧，起复，授六宅使，领富州刺史，迁内藏库副使。未几，拜西上阁门使，进秩东上。太宗说阁门的旧制不恰当，乃诏龙图阁学士陈彭年、待制张知白、引进使白文肇与昭亮同加详定，既成，赐白金千两。又建议设仪石于内殿，加领恩州团练使。当时咸信在大名，恰逢生日，太宗赐给他礼物。父亲死了后，他迁四方馆使，仍兼掌客省，多纠群官之失仪者。昭亮多病在告，皇帝下诏给他俸禄。天禧二年（1018），卒。

昭亮未死之日，数次遣人入谒，求进用，加兼端州防御使。未及拜命，死，仍以制书赐其家，赠贝州观察使。以弟昭侃为供备库使，子余庆为内殿崇班。

昭亮与陈彭年关系很好，后者常称赞昭亮的才华。昭亮居官好苛察他人，经常派遣人侦查其他官员，枢密承旨尹德润很看不起他。会阁门副使焦守节、内殿崇班郭盛以役卒为德润造府第，昭亮知道了就揭发了这件事，结果所有人都被罢黜或削职。李维是王曾妻子叔父，他们同在翰林，王曾受诏试举人，把家里的事嘱托给了李维。昭亮认为王曾受祈请，奏报他暗中说话。皇帝遣中使参问，结果没有这回事，王曾才得以解脱。昭亮的阴险多类此。当时人很厌恶他。①

古人云：富不过三代。魏氏家族就是这一古训的明证。魏仁浦出身贫寒，靠着自己的天分、努力和才干登上丞相高位，开创了家族发展的新时代。他的儿子中最知名的是咸信。咸信以恩荫补官，主要任职地方。从他的经历看，他在地方还有些政绩，并非碌碌无为。他还颇知书，善待士人。但他有明显的缺点，就是贪财爱官，以至于引起皇帝和臣僚的不满。如果说魏氏的第二代还差强人意，则第三代完全不值一提。从他的传记看，昭亮没有任何政绩，一心指望升官。他为人阴险，暗中告发同僚。家族走到如此地步，衰落就是必然的了。

---

① 《宋史》卷249《魏仁浦传》，第8802—8808页。

陈桥兵变

959年（后周显德六年），后周世宗柴荣病死，继位的恭帝只有七岁，符太后临朝听政，但她也只有三十多岁，毫无政治经验。这样就形成了主少国疑的局面。次年正月初一，忽然传来辽国联合北汉大举入侵的消息。符太后跟宰相范质商量如何应对。最后决定派殿前都点检赵匡胤北上迎击契丹。正月初三日，赵匡胤统率大军出了东京城（今河南开封），行军至陈桥驿（今河南封丘东南陈桥镇）。这天晚上，赵匡胤的一些亲信在将士中散布议论，说“主上幼弱，未能亲政。今我辈出死力，为国家破贼，谁则知之，不如先立点检为天子，然后北征，未晚也”。将士的兵变情绪很快就被煽动起来，这时赵匡胤的弟弟赵匡义和亲信赵普见时机成熟，便授意将士将一件事先准备好的黄袍披在赵匡胤身上，并皆拜于庭下，拥立他为皇帝。赵匡胤装出一副被迫的样子说：“你们自贪富贵，立我为天子，能从我命则可，不然，我不能为若主矣。”众人皆说唯命是听。太祖说：“少帝和太后，公卿大臣，你们都不能侵扰。近世帝王，出入京城就纵兵大掠，擅劫府库，你们不能这样做。事定之后，我会厚赏你们，否则会诛灭你们的全族。”将士们都表示服从。之后，赵匡胤率领大军回到了开封城。城内有赵匡胤结拜的兄弟和亲信。他们把城门打开，放赵匡胤进城。当时在开封的后周禁军将领中，只有侍卫亲军马步军副都指挥使韩通在仓促间想率兵抵抗，但还没有召集军队，就被军校王彦升杀死。赵匡胤兵不血刃就占领了开封城。赵匡胤逼迫小皇帝退位，把皇位禅让给自己。这样赵匡胤成为皇帝，建国号曰宋，定都开封。赵匡胤被称为宋太祖。

陈桥兵变，赵匡胤是主谋，还是不知情，史料记载不同，学界观点歧异，但多数学者认为赵匡胤是主谋。这是一次有预谋、有计划的兵变。兵变导致王朝的更迭，这在五代时期也是司空见惯的现象，无所谓正义不正义。但这次兵变没有造成大规模的动乱，百姓生活没有受到明显影响，几乎没有流血。宋人所谓“艺祖皇帝受命之日，市不易肆”。这是与以往兵变不同的，从这方面看，还是值得肯定的。宋人也对此津津乐道，甚至认为这是“自古所无者”。

由于宋朝是通过兵变取得政权的，所以宋朝的皇帝为了避免臣下发动兵变，推翻自己，极力限制武臣的权力和社会地位。这样，武臣发动兵变的机会被消除了，但武臣在对外战争中无法充分发挥自己的才能，以致宋朝在战争中总处于被动地位。两宋均被少数民族攻灭，原因固然很多，但武臣权力的受限是其中一个重要原因。而这种现象的出现与宋朝统治者片面吸取历史教训有关。我们常说，要吸取历史教训，避免重蹈前人的覆辙。但如何吸取，怎么做到不矫枉过正，恰到好处，是需要探索的。

村营传疑

据《重修原武县志·杂记》载：原武县东十里有营庙，营庙前后有一些村子。相传北宋时期，契丹南侵，深入北宋境内，契丹军队的戎帐就安扎在这。所以这里许多村都以营为名。今天新乡仍然有十八营的称呼。很多村落的古刹碑上刻着“新乡营”三字，可见这确是以前屯军的地方。然而有村子叫宋庄，似乎表明这是当时宋朝军队屯防的地方。到底哪种说法准确，于史无证，无法断定。

另外现在新乡地区的民间流传着一种说法，即新乡的很多村子以营命名，是由于岳飞在此打过仗，他的军队屯驻在这里，有十八个营。后来人们就把这里的村子以营命名，如店后营、马小营、臧营、孟营、金家营、沈小营、八里营、七里营、留庄营、任小营、东营、秦村营。征诸史实，岳飞确曾在新乡一带抗过金，但当时他的武阶官为武经郎，从七品，地位比较低，是将领王彦手下的一位部将。他在新乡之战中的表现史无明载。根据他的职位，他也不可能统率十八个营的兵力。所以，说新乡以营命名的村子与岳飞抗金有关，似是没有根据的。

欧张之交

北宋著名的政治家、文学家欧阳修，与一位原阳籍人士张谷交游甚欢。

张谷，初字仲容，后由欧阳修改字应之。张谷原本开封尉氏人，因父亲曾在原武县（今原阳）任主簿，遂置业并定居原武。张谷也曾两度知县阳武，终老后便葬于原武县德政乡张固村，也就是今天的原阳县蒋庄乡张固村，现村北尚有其墓地。

张谷与欧阳修本是同年进士。欧阳修在《张应之字序》中云：“余与君同以进士登于科，又同为吏于此，群居肩随，宴闲相语，得以字而相呼。”可见两人交情甚密。天圣九年（1031）秋，张谷任河南府主簿。其间，东斋乃西洛幕府同僚们经常宴饮聚会之所。明道二年（1033），欧阳修作《东斋记》：“傍有小池，竹树环之，应之时时引客坐其间，饮酒言笑，终日不倦。而某尝从应之于此，因书于其壁。”

张谷与欧阳修交游初期，还都是初出茅庐的青年才俊。天圣、明道年间，欧阳修担任西京（今洛阳）留守推官，官洛三年中，结识了一大批道义相交之士，有通判谢绛、主簿梅尧臣、梅的继任者张谷、掌书记尹洙、司录张汝士、参军杨愈、判官张太素、法曹参军张先等，另有官吏如尹源、富弼、王曙等。这些文人大都是二三十岁的年轻人，精力充沛，个性张扬，各具异彩。他们诗文相交，相互唱和，形成了一种良好的文化氛围。

在他们的交往中，其中一次交游最为难忘，欧阳修在《送陈经秀才序》中记道：

> 伊出陆浑，略国南，绝山而下，东以会河。山夹水东西，北直国门，当双阙。隋炀帝初营宫洛阳，登邙山南望，曰：“此岂非龙门邪！”世因谓之龙门，非《禹贡》所谓导河自积石而号龙门者也。然山形中断，岩崖缺砑，若断若镵。当禹之治水九州，披山斩木，遍行天下，凡水之破山而出之者，皆禹凿之，岂必龙门？然伊之流最清浅，水溅溅鸣石间。刺舟随波，可为浮泛；钓鲂搁鳖，可供膳羞。山两麓浸流，中无岩崭颓怪盘绝之险，而可以登高顾望。自长夏而往，才十八里，可以朝游而暮归。故人之游此者，欣然得山水之乐，而未尝有筋骸之劳，虽数至不厌也。
>
> 然洛阳西都，来此者多达官尊重，不可辄轻出。幸时一往，则驺奴从骑，吏属遮道，唱呵后先，前傧旁扶，登览未周，意已怠矣。故非有激流上下、与鱼鸟相傲然徙倚之适也。然能得此者，惟卑且闲者宜之。修为从事，子聪参军，应之主县簿，秀才陈生旅游，皆卑且闲者，因相与期于兹。夜宿西峰，步月松林间，登山上方，路穷而返。

明日，上香山石楼，听八节滩，晚泛舟，傍山足夷犹而下，赋诗饮酒，暮已归。后三日，陈生告予且西。予方得生，喜与之游也，又遽去，因书其所以游以赠其行。

文章记述了欧阳修、杨愈、张谷与陈秀才游龙门山、香山的过程，展现了他们愉悦的心情，体现了几人深厚的交谊。这是欧阳修和张谷一次重要的出游。

张谷与欧阳修的交往是一生的。后来，张谷病逝后，欧阳修亲自撰写碑文，表述张谷一生事迹。他在《尚书屯田员外郎张君墓表》中说张谷"为人刚介，好学问，事父母孝，与朋友信。其为吏洁廉，所至有能称"。自小体质羸弱，"病肺唾血者已十余年"。但他为人放达，只要身体稍好就与朋友饮酒。他虽"病羸，而力自为善，居官为吏，未尝废学问，多为贤士大夫所知"，"累为名公卿所荐，乃迁著作为郎官"。后以疾致仕，最终于皇祐五年（1053）十一月病逝，享年五十有九。张谷虽然体弱多病，但活到五十九岁，在当时这个年纪已经不小了。所以欧阳修说"羸弱者未必不能生"。张谷能活这么大，可能与他旷达、恬淡的心性有关。

吕村传说

北宋仁宗年间，汲县（今卫辉）西北乡坑西村有一吕姓人家，为商末周初大政治家、军事家吕尚后裔。户主英年早逝，妻子张氏领着六个幼子，靠纺花织布换些钱粮，艰难度日。

这日，天色将晚，长子大防放学回来，欢天喜地跑进家里，把一只镯子丢到正在纺花的母亲怀中："妈妈，镯子，一只镯子!"

母亲惊讶地伸手拿过纺花照明用的火绳，捡起镯子看了一眼，问："防儿，哪来的镯子?"

大防笑嘻嘻地说："捡的，上学时在路上捡的。"

"捡的？在哪地方捡的?"

"在村东三岔路口，据说有一个新媳妇骑头毛驴去程氏保屯从那儿走过。"

吕母一听，顿时变了脸色，揪住大防，一顿好揍。大防不知为什么母亲生这么大的气，连哭带喊地说："我又没偷人家抢人家，只是捡了个镯子。"

吕母生气地说："自古以来，拾金不昧是做人的美德之一。战国时候，有个汲县人捡了东西，不知失主是谁，在路口等了七七四十九天，最后终于找到了失主。而你明明知道有个新媳妇从那儿走过，可能是她丢的，却不想法去问一下，程氏保屯离这儿只有三里地，这不是错上加错吗？"

大防两眼垂泪，"扑通"一声跪在母亲面前说："自从爹去世后，你含辛茹苦，靠纺花织布挣几个钱养活我弟兄六个，还不让我们辍学，要是再把你累病了，咱的日子怎么过？"

吕母一听，不由泪流满面。孩儿小小年纪就知道替母分忧，虽说他这次把事做错，自己教育不到也有责任。她前思后想，准备原谅大防。这时忽然觉得门口几个黑影一闪：仔细一看，原来是大防几个弟弟躲在门外，不时传来嘀咕之声。她想：他们弟兄几个结伴上学，拾镯之事肯定都知道。于是，她慈爱而严肃地教育大防说："防儿，咱人穷志不穷，拾金不昧要牢牢记在心中。你和几个弟弟年幼，娘怕你们遇事分不出好歹，不知道啥事能做啥事不能做，娘格外担心呀！"

大防惭愧地说："母亲不必挂心，孩儿记住就是了，从今以后，遇事三思而后行。"

吕母高兴地说："这才对呀！"她拿起正燃的火绳说："防儿，这是啥？"

"火绳呀！"

吕母把火绳丢到纺车旁一把棉花上，棉花立刻起火，大防急忙上前想把火踏灭，但已来不及了。

吕母说："这一把棉花，开初洁白如雪，可以用它纺花织布，也可以遇火起烟成灰。你们弟兄六个，就好比这一把棉花，如若走正道，勤奋攻读，学好本领，将来可以报效国家，名垂青史；也可能被火一样的坏人所勾引，不走正道，到一定时候，就没法挽救，把自己一生毁了，落个遗臭万年的下场！"

大防和躲在门外的五个弟弟听到这里，再也控制不住自己的感情，一下全扑进母亲的怀里，痛心地说："母亲的话，孩儿铭记在心，永世不忘!”

第二天，他们在上程氏保屯寻那新媳妇却未找到的情况下，轮流在路口等那新媳妇，直等了九九八十一天，终于将镯子归还了失主。

后来，吕大防弟兄六人中有五人登科，大防官居左光禄大夫。宋哲宗即位后，升大防为尚书左仆射兼门下侍郎，人称之为贤相。在他赴任举家南迁时，前来送别的卫州刺史周起为了纪念吕母燃棉诲六子、吕氏兄弟守路等失主的事情，特意在该村村口立了一通石碑，详细记载了事情的前后经过，并将村名改为吕村。

从这个故事可以看出，吕氏兄弟能够登科，位居显宦，很大程度上归功于母亲的教育。此故事虽非真实，但绝非空穴来风。“昔孟母，择邻处”，是另一个母亲教育子女的著名典故。母亲对于子女的影响，特别是在古代社会，十分巨大。

而且从故事中可以看出，母亲对子女的教育更重要的是在道德和情感方面，而不是智育。在故事中，吕母是一位在家纺纱织布的农村妇女，应不会具备太高的文化水平，甚至很可能与当时一般的农村妇女一样不识字。她不可能从文化知识上教育子女。从故事情节看，她确是从道德和情感上教育子女要拾金不昧，做一个诚实的人的。从智育教育子女，可以传授给子女一些具体的文化知识，固然对子女的成长有帮助，但这是一时的。从道德和情感教育子女，可以培养子女高尚的品德和坚强的意志品质。而子女一旦养成这些，会受益终身。所以，母亲对子女道德和情感的教育，十分重要，这是该故事对今天为父母者最大的启示。

脚踏实地

宋神宗熙宁年间，王安石主持变法。司马光反对变法，不愿与王安石同朝为官，故出为西京留司御史台。在洛阳期间，他与其他士大夫多有往来。同时以主要精力编纂《资治通鉴》。据邵伯温《闻见后录》记载，居洛期间，司马光与邵雍唱和，司马光就问邵雍，我是什么样的人。邵雍说，你是脚踏实地的人。司马光深以为邵雍说得对，引为知己。

司马光确是一个脚踏实地的人。这从他编纂《资治通鉴》可以看出来。他为了编纂这部书，呕心沥血，兢兢业业，每天都是工作到深夜，第二天又早早地起床。相传他为了保证自己不睡过头，早醒早起，专门用木头给自己做了一个“警枕”。这“警枕”，圆溜溜的，枕在头后硌得慌不说，稍稍一动，它就打转，原本枕在上面的头就掉下来了，这一掉，司马光就醒了，也就不睡了，起床继续看书写书。编纂完这部书后，他的稿纸整整装满了两大间屋子。正是由于他如此勤奋严谨的工作，才使得《资治通鉴》成为一部史学巨著。由此也可见司马光脚踏实地的作风。另外，从司马光的改革思想也可看出他的脚踏实地。我们都知道，司马光是反对王安石激进的变法的，而主张渐进的改革，一个一个地解决问题。他那著名的把改革比作修缮房屋的言论——“且治天下，譬如居室，敝则修之，非大坏不更造也。大坏而更造，非得良匠美材不成。今二者皆无有，臣恐风雨之不庇也”①，充分反映了这种改革思想。他稳中求进、循序渐进的思想表明他是一个脚踏实地的人。

耕读传家

辉县市西南 25 公里，有南北一溜三个村庄，分别叫南程村、大北程村和小北程村，均隶属于薄壁镇。当地很多家的门匾上都刻着“耕读传家”四个大字。这是中国古代农村最好的治家模式，它与程村有什么关系吗？

北宋之前，这里周围的广大区域还是一片沼泽，水清草丰，芦苇茂盛，没有人烟。这里从什么时候开始有人居住，那还得从北宋著名理学家邵雍在百泉讲学说起。

宋庆历年间，邵雍在百泉创办学校，广招弟子，授徒讲学。当时京城及州县中很多官员也前来拜师门下。同时，他还邀富弼、司马光、程珦为讲友，张载、程颢、程颐为学侣，经常来这里共同探讨易学奥秘，在理学上独树一帜，创立了学派。

神宗哲宗时期，程颢、程颐兄弟俩慕苏门山水之胜，专程从洛阳来共城（今河南辉县）苏门游览讲学，各地学者如影相随。由于求学的人较多，他们就在共城西南的太行山之阳、吴泽水之北的一片世外桃源之地，

① （宋）苏轼：《司马温公行状》，《苏轼文集》卷 16，第 485 页。

也就是现在的南程村，结茅而居，开办学馆，讲学授业，因为那时这里风景幽静，也是“竹林七贤”的隐居旧地。史载二程常游苏门，县西程村，即其讲学之处。

来这里从学的越来越多，二程就带领学生开荒种田，亦耕亦读。至今当地很多家户的门匾上都刻着“耕读传家”四个大字。

后来，慕名求学的人多了，遂成村落，为了纪念程颢、程颐在此讲学，人们就按南北方向，把南边的村落叫南程村，把北边的村落叫北程村，后来又有了小北程村。为了纪念二程的功德，人们在大北程村东南隅，修建了一座程夫子祠。

因为这里地势低洼，常年出涧水，经常闹水害。明朝中期，知县聂良杞捐款开渠排水，从根本上治理了这里的水患，将芦苇丛生的沼泽地变成了良田。该渠在程夫子祠之北，西起程村西三里许的九龙碑，经程村、麻村向东，直到文庄北地，注入北流河，全长十余公里。群众为了纪念其功绩，将渠命名为聂公渠。同时，还在田间开凿五纵五横的排水沟，从根本上解决了程村地表水的问题。明朝后期，在辉县进士王同伦倡导下，于程子神位之侧立聂公神位，以配享之，并在祠前刻石，记其开渠之事。后年久颓废，祠宇无存。

清道光年间，在知县周际华倡导下，程村的乡绅和百姓共同出资，在程子祠旧址上，重建正室三间。房屋砖砌灰墙，石础木柱，琉璃合瓦，龙脊兽首，雄伟壮观。祠内供奉程颢、程颐神位，仍以聂公配享，桌角置有铜磬一只，供祭典时用。竣工之日，知县周际华为之作记：

> 北宋理学家程颢、程颐慕苏门山水之胜，游于此，结茅而居，学士翕然景从，所居遂成村落，因名曰程村。其后思公不置，遂建祠祀之，盖先贤之遗泽长矣。

在农业社会，家庭或家族要想持续发展，无外乎耕读。耕是耕田。农业社会的主要收入来自土地，所以要想扩大经济收入就要勤于耕种土地。当然地主不必亲自耕种，可以将土地出租给农民。但归根结底也需要农民耕种才能获取财富。读指读书，主要是读儒家经典。自隋唐实行科举制以来，科举成为人们主要的入仕途径。特别是宋代以后，科举基本不问出身、年龄、职业、贫富，“一以程文为去留”，相对公平和公正。这就给普通百姓以希望。人们为了改变自身的命运，都走科举这条路。而为了中第，必须苦读科举所考的儒家经典。如果说耕是扩大家庭或家族的经济实力，那么读就是提升高贵程度。耕读都做得好，家庭或家族就能发展显达，并且持续下去。

下笔千言

丰稷，字相之，明州鄞县人。中进士后，任谷城县令，以廉洁英明著称。跟随安焘出使高丽，中途海上刮起大风，桅杆被吹断，船几近倾覆，众人惶恐纷乱不知怎么办，只有丰稷神色自如。安焘感叹道："丰君真是不可估量啊。"任封丘县知县，神宗召见他，问他道："你以前在海上遭遇风浪，为什么不害怕呢？"丰稷回答说："大海巨浪连天，兴起风涛本来是它的常性，我凭仗圣上威灵，还有什么惧怕！"皇上很高兴，提拔他为监察御史。

入朝任殿中侍御史。他给宋哲宗上疏说："陛下的英明足以体察万事的统绪，却不可使用那英明；陛下的智能足以应对各种变化并且完全恰当，却不能使用那智能；考校古事择善而行，二帝因此圣明；效法文王修明政治，成王因此贤能。希望陛下以《洪范》为警诫，以祖训为借鉴，一言一行，都要考虑如何成为四海之内的准则，被千载之人所效法，那么教化就可以得到施行，习俗就会变得美好，而我国就安定了。"扬、荆二王是天子的叔父，受尊重宠爱没有人能比，他们秘密下令蜀道为他们制作锦制垫褥。丰稷在正衙奏论说："二位先圣以节俭成为天下的表率，而宗王僭越奢侈，官吏们阿谀逢迎，都应予以纠正。"等他退下后，御史赵屼对他说："听到你说的一席话，使我汗流浃背。"

哲宗亲理朝政后，丰稷以集贤院学士身份任颍州知府，又出任河南府知府。徽宗即位后，以左谏议大夫召他回朝，中途又授予他御史中丞。丰稷入宫觐见，与蔡京相遇，蔡京跨越朝班行列对他作揖说："天子从外官任上召您回朝执法，您今天必有高论。"丰稷严肃地回答说："等一会你自然就当知晓。"当天，丰稷就上奏指责蔡京奸邪的情形，接着陈瓘、江公望都奏论此事，却不能动摇蔡京。丰稷对陈师锡等人说："蔡京在朝廷，我们有什么脸面在这里？"继续上奏弹劾他不止，蔡京于是离开翰林。当时宦官逐渐势盛，丰稷怀揣着《唐书·仇士良传》到皇上面前阅读，刚读了几行，徽宗说："我已经明白你的意思了。"丰稷假装没有听到，全部读完才停止。

丰稷论事都把话说尽，做事坚守正义，徽宗待他很优厚，将要让他担任尚书左丞一职，但他因长期违逆权贵之人，不得留，最后以枢密直学士的身份守越。蔡京执政，整理旧怨，丰稷被贬为海州团练副使，安置在台州。除去名籍，流放建州。七十五岁去世。建炎年间，追复学士，谥号为清敏。

当初，文彦博曾品论丰稷为人好像赵抃，等到赐谥号，都以"清"得名。丰稷三次担任谏官的职责，每次起草奏疏，一定在密室，家中子弟也不能见。退职后大多把文稿都焚烧了，从来没有把政事告诉别人。所荐士人如黄庭坚、马涓、陈瓘、陈师锡、邹浩，都知名于当世。①

丰稷不仅为官清正廉明，刚直不阿，而且擅长文墨，大文豪曾巩在《送丰稷》诗中夸赞他："读书一见若经诵，下笔千言能立成。"此后，下笔千言和倚马可待就成为形容人才思敏捷、文思泉涌的成语。

从丰稷的事迹看，他是一个典型的儒臣。他一生为国为民，刚正廉直，不顾个人安危，弹劾宗室、宦官、奸臣，是实践儒家思想的典型代表。但笔者从他给哲宗的上疏中，看到他有着法家的思想，或受到法家思想较大的影响。他似乎很懂得为君之道。

他给哲宗的上疏中说道："陛下的英明足以体察万事的统绪，却不可使用那英明；陛下的智能足以应对各种变化并且完全恰当，却不能使用那智能。"这与韩非所主张的"人主之道，静退以为宝。不自操事而知拙与巧；不自计虑而知福与咎"（《韩非子·主道》）不是一样吗？可以说，丰稷的这两句话就是韩非话的翻版。所以我说，丰稷思想中有法家思想的因子。那么丰稷这样的儒臣怎么会有这种思想呢？他为什么要让哲宗这样做？我们先来解答第二个问题。

古代宣扬君权神授，君主是真龙天子，与常人不同。人们都对君主有一种神秘感。越觉得神秘，就越感到敬畏。而沉默寡言是保持神秘感的重要途径之一。如果君主为了显示自己的聪明智慧，事事发言，臣民就会觉

---

① 《宋史》卷321《丰稷传》，第10423—10426页。

得君主与自己一样。这样君主就失去神秘感，也就失去臣民对君主的敬畏。另外，君主如果凭借自己的智慧轻易表态和发表意见，就易为臣下知道君主的聪明程度和喜恶。臣下就可以迎合或蒙蔽君主。显然，这是不利于君主控制臣下的，反而会使君主受制于大臣。而且，一旦君主凭借自己的聪明才智做事，做成还则罢了，如果失败，而为臣下所轻视。而如果如丰稷所说，君主明而不察，智而不用，就可“使智者尽其虑，君因以断事”，“贤者敕其材，君因而任之”。事情成功，功劳归于上；事情失败，罪过归于下。所谓“有功则君有其贤，有过则臣任其罪”（《韩非子·主道》），“事成则君收其功，规败则臣任其罪”（《韩非子·八经》）。天底下没有比这更划算的事情了。

以上是从法家理论出发，解释丰稷为何让哲宗这么做。除此之外，结合哲宗的具体情况，还可看出丰稷提出这样的建议具有很强的针对性。哲宗冲龄即位，人事尚且不知，遑论治国理政。丰稷上疏中所说的“陛下的英明足以体察万事的统绪”，“陛下的智能足以应对各种变化并且完全恰当”，恐怕是客套话。在这种情况下，哲宗更需少说多听，责成大臣，以达到“不贤而为贤者师，不智而为智者正。臣有其劳，君有其功”（《韩非子·主道》）的效果。如此看来，丰稷所说的话，可谓哲宗的为君之道。

那么儒臣丰稷何以深谙法家的为君之道呢？他怎么会有法家思想？其实这也不难理解。原始儒家发展到西汉出现了变化。董仲舒融合儒家、法家、阴阳家、道家等思想，形成了所谓的新儒家。这样的儒家思想已不纯粹，更像以儒家为主体的杂家。其中，法家思想在这种新思想体系里面分量很大。以致人们认为新儒家是“儒表法里”，法家思想是本质和核心。如董仲舒在《春秋繁露·离合根第十八》里说：“故为人主者，以无为为道，以不私为宝，立无为之位，而乘备具之官，足不自动，而相者导进，口不自言，而摈者赞辞，心不自虑，而群臣效当，故莫见其为之，而功成矣。”这不是和韩非的思想一样吗？西汉以后流行的儒家就是这种经过改造后的新儒家。信仰儒家思想的丰稷，具有法家思想也就不奇怪了。

结友学问

李常宁，开封廪延（今河南延津）人，字安邦。生于宋仁宗景祐四年（1037），卒于宋哲宗元祐三年（1088）。

李常宁是宋哲宗元祐三年戊辰科状元。之后授宣义郎，签书镇海军节度判官，同年六月病故于任上。朝廷赐钱三十万，抚恤其家，天下人莫不悲之。人们说："李常宁结友学问，晚年更加痴迷，在科举考场上困顿三十年，已经经历四朝，进入仕途才四个月就去世了。崛起是多么困难，死去是多么容易。李常宁孝敬父母，友爱兄弟，为人恭俭洁廉，以取得非己之物为耻。"

李常宁一生不断学习，历经几十年，终于成为状元，当时人们称赞他结友学问，即以学问为友。看似这一评价很准确，细究似不然。真正地做学问，是排除功利的开拓创新。而李常宁读书，是为了进入仕途，获得功名利禄。应试式的读书，也就谈不上创新。其读书的一生，基本上与学问无关，更谈不上与学问为友。当然这并非李常宁的个人问题。在古代的社会结构下，读书人要想飞黄腾达，只有科举一条路。科举录取的名额终究有限，许多人为此困顿场屋，皓首穷经。如果他们的聪明才智用到别的领域可能会给社会作出更大的贡献，但传统的社会结构限制了他们。今天很多人对科举制啧啧称赞，甚至称之为现代文官制度的早期形态。但只要看一看李常宁的一生，看一看古代的大儒朱熹、顾炎武等对科举制度的批判，就知道科举制的弊端了。也许真正因科举制获利的是帝王君主，所以当中第的士子从考场鱼贯而出时，唐太宗高兴地说道："天下英雄入吾彀中矣！"①

天资反复

邢恕字和叔，郑州阳武人。博贯经籍，能文章，喜功名，论古今成败事，有战国纵横气习。从程颢学习，因而出入司马光、吕公著门下。及进

① 王定保：《唐摭言》卷1《述进士上篇》，中华书局1959年版，第3页。

士第，补永安主簿。吕公著荐他于朝，他被任命为崇文院校书。王安石也很喜欢他，通过宾客告诉邢恕，要他韬光养晦，等待以后被重用。但他不能从，而且对王安石的儿子王雱说新法不便。王安石怒，谏官也说新进士没有历官而即处馆阁，开奔竞之路。朝廷于是命邢恕为知延陵县。后来这个县被废除了，邢恕也没有调动，一直在陕、洛一带七年，后复为校书。

吴充任用邢恕为馆阁校勘，历史馆检讨、著作佐郎。蔡确代吴充为宰相，将吴充任用的人全部逐走。邢恕生怕自己被逐走。神宗看到他的《送文彦博诗》，向蔡确说写得好。于是进邢恕为职方员外郎。神宗复有任用司马光、吕公著的意思，蔡确觉得邢恕是两人的门下客，便积极结交他。邢恕也深自附托，为蔡确出谋划策。稍收召了一些名士，于政事稍有更革，自是两人像老朋友一样。

神宗身体不好，邢恕与蔡确谋划，秘密地跟宣仁太后的侄子高公绘、公纪说："家里的桃花开了，道书上说可以治疗皇帝的疾病。"邀请他们回家看。到了家里，邢恕执着他们的手说："蔡确宰相说，皇帝的疾病不可讳言，太子年幼，应该早有定论，雍王、曹王皆贤王。"公绘大惊说："这是什么话！你要害我家吗？"急忙出去了。邢恕见计不行，反说宣仁太后属意雍王，与王珪相表里，密谋欲废太子延安郡王，另立雍王为帝。又让蔡确以约王珪同探上疾为由故意提皇上有疾，太子尚小一类话，套王珪的心里话，然后又命当时知开封府的蔡京执剑隐伏其外，只等王珪不慎说出什么，便立刻冲出来，以谋反之名杀了他。王珪却只是说："皇上自有子嗣，何况延安郡王已被封为太子，我等怎有他意？"邢恕闻听气急败坏，计无可施，只好换一副嘴脸，自称定策拥立延安郡王的功臣，四处招摇。

哲宗即位后，他迁为右司员外郎、起居舍人。又为公绘写表奏，乞尊崇朱太妃，为高后死后着想。高后责备公绘："你素来不识字，是谁为你写的这个奏章？"公绘隐瞒不过，说是邢恕为我写的，并且呈上了邢恕的稿件。当时邢恕正召试中书，遂黜知随州，改汝、襄、河阳。

绍圣初，邢恕擢为宝文阁待制、知青州。章惇、蔡卞执政，引邢恕为助，召为刑部侍郎，再迁礼部尚书兼侍读，改御史中丞。邢恕掌握朝中舆论，遂诬陷宣仁太后有废立的阴谋，诋毁梁焘、刘挚等，且加司马光、吕公著以恶名。章惇使蔡京置狱于同文馆，罗织罪名，最后无所得，才罢休。

邢恕内怀猜猾，而外持正论。他曾为哲宗讲书，深得哲宗欣赏。章惇害怕邢恕得到重用。邢恕也观察到皇帝对章惇态度不好了，就在哲宗面前说他的坏话。但邢恕最后竟然被章惇诬陷，出知汝州。不久，徙应天府。章惇又说邢恕的过错，朝廷移他为南安军知军事。徽宗初，言官说他矫诬，责他为少府少监、分司西京，居均州。

蔡京执政，经营湟、鄯，开疆拓土，想要使邢恕立功，就起用他为鄜延经略安抚使，旋改泾原，擢至龙图阁学士。但邢恕不善于打仗，接连败给了夏人。蔡京命他为知太原府，连徙永兴、颍昌、真定，不久夺职。很久之后，复显谟阁待制。卒，年七十。

邢恕早年在程门，得以和司马光诸公交游，一时贤士争相与他交往。他很早就有了声明。但他天资反复，行险冒进，为司马光的门客就诬陷司马光，依附章惇而又背叛他，最后又和三蔡结为心腹。上谤母后，下诬忠良，差点毁坏了宗庙社稷。①

以前我们研究北宋中后期的新旧党争，往往把新党和旧党看作两个截然对立、壁垒分明的集团。其实这两党的政见、人物有交错，关系很复杂。像邢恕就是游走于两党之间，没有政治原则，只为自己的利益考虑。这种人在当时应不是少数。邢恕的个案，为我们重新认识北宋党争提供了某些启示。

藉手见古人

宋朝大臣邢恕的儿子邢居实，有异材，八岁就作《明妃引》。当时著名文学家黄庭坚、晁补之、张耒、秦观、陈师道看了都非常喜欢。邢居实跟从父亲去随州，作了《南征赋》。苏轼读了之后，感叹道："此足以藉手见古人矣。"意思是说，足以通过这个作品见到古人的文风了。这是对其作品的高度赞赏。但邢居实只活了十九岁就死了。有遗文曰《呻吟集》。②

---

① 《宋史》卷471《邢恕传》，第13702—13705页。

② 《宋史》卷471《邢恕传附邢居实》，第13705页。

邢居实很有文学天分，可惜去世太早，如果他活得长一点，应该会写出更多更优秀的作品而名垂文学史。另外，他不知名的原因恐怕还与其父亲有关。邢恕天资反复、见利忘义，是个投机于新旧两党之间的小人。他的恶名，恐怕也影响了后人对其子文学造诣的认识。

程门立雪

杨时字中立，南剑将乐人。幼时聪明颖悟，能写文章，稍大，潜心经史。熙宁九年（1076），中进士第。当时河南的程颢、程颐讲授孔、孟绝学，河、洛之士翕然拜他们为师。杨时调官不赴，以师礼见程颢于颍昌，相得甚欢。他回去的时候，程颢目送着他说："吾道南矣。"四年之后，程颢死了。杨时听到后，设位哀悼。又到洛阳拜程颐为师，当时他大约四十岁。一日，他和游酢一同去见程颐，看到程颐坐着休息，他俩就侍立在一旁。等程颐一觉醒来，看到门外的雪已经一尺厚了。关西张载曾著《西铭》，二程都很推崇佩服，杨时觉得这篇文章和兼爱思想接近，就和老师辩论往复，听说了理一分殊的学说，才豁然无疑。①

贺梅子

贺铸（1052—1125），北宋词人。字方回，又名贺三愁，人称贺梅子，自号庆湖遗老。祖籍山阴（今浙江绍兴），出生于卫州共城县（今河南辉县市）。他出身贵族，系宋太祖贺皇后族孙，所娶亦宗室之女。他自称远祖本居山阴，是唐贺知章后裔，以贺知章居庆湖（即镜湖），故自号庆湖遗老。

贺铸长身耸目，面色铁青，人称贺鬼头，曾任右班殿直，元祐中任泗州、太平州通判。晚年退居苏州，杜门校书。他"豪爽精悍……喜面刺人过，遇贵势，不肯为从谀"②，"喜剧谈当世事。可否不略少假借，虽贵

---

① 《宋史》卷428《杨时传》，第12738页。

② 程俱：《宋故朝奉郎贺公墓志铭》，《东山词》附录四《贺铸传记资料》，上海古籍出版社1989年版，第522页。

要权倾一时，小不中意，极口诋无遗辞。故人以为近侠”①。

贺铸能诗文，尤长于词。其词内容、风格较为丰富多样，兼有豪放、婉约二派之长，长于锤炼语言并善融化前人成句。用韵特严，富有节奏感和音乐美。部分描绘春花秋月之作，意境高旷，语言浓丽哀婉，近秦观、晏几道。其爱国忧时之作，悲壮激昂，又近苏轼。其词风格即如张耒所言：“其盛丽如游金、张之堂，而妖冶如揽嫱、施之祛，幽洁如屈宋，悲壮如苏李。”② 南宋爱国词人辛弃疾等对其词均有续作，足见其影响。

代表作为《青玉案·横塘路》《鹧鸪天·半死桐》《踏莎行·杨柳回塘》《生查子·陌上郎》《浣溪沙》《捣练子·杵声齐》《思越人》《行路难·小梅花》《凌歊·控沧江》《捣练子·望书归》《采桑子》等，其中以《青玉案·横塘路》《鹧鸪天·半死桐》《踏莎行·杨柳回塘》三首为最著名。《鹧鸪天·半死桐》悼念词人相濡以沫的妻子，字字悲切，如泣如诉，“空床卧听南窗雨，谁复挑灯夜补衣”一句更是饱含深情，哀婉凄绝。《踏莎行·杨柳回塘》写“断无蜂蝶慕幽香，红衣脱尽芳心苦”的荷花，视角新奇却又不失于理，且托物言志，可谓手法高妙。影响最大的当属《青玉案·横塘路》。此词通过对暮春景色的描写，抒发作者所感到的闲愁。上片写路遇佳人而不知所往的怅惘情景，也含蓄地流露其沉沦下僚、怀才不遇的感慨；下片写因思慕而引起的无限愁思，表现了幽居寂寞积郁难抒之情绪。全词虚写相思之情，实抒郁郁不得志的闲愁。立意新奇，想象丰富。作品问世之后，脍炙人口，以致作者被称为“贺梅子”。流传于今的这首词有两个版本：

版本一：

凌波不过横塘路，但目送、芳尘去。锦瑟华年谁与度？月桥花院，琐窗朱户，只有春知处。

飞云冉冉蘅皋暮，彩笔新题断肠句。试问闲情都几许？一川烟草，满城风絮，梅子黄时雨。

---

① 叶梦得：《建康集》卷8《贺铸传》，文渊阁四库全书本。

② 张耒：《贺方回乐府序》，《苏门六君子文粹》卷21，文渊阁四库全书本。

版本二：

凌波不过横塘路，但目送、芳尘去。锦瑟华年谁与度？月台花榭，琐窗朱户，只有春知处。

碧云冉冉蘅皋暮，彩笔新题断肠句。试问闲愁都几许？一川烟草，满城风絮，梅子黄时雨。

时校归丧

明万历十九年（1591）《阳武县志·卷六》载有一首诗，诗写道：

载资求妾重承传，鬻女归丧实可怜。肯为挥金归旅榇，却将宗嗣付皇天。助归丧葬事诚难，阴德潜行志所安。美妾不来人有报，嗣人名位至天官。

这首诗背后有一个故事。时彦之父，其名失考，为郑州牙校。为了叙述方便，我们就姑且称他为时校吧。他六十四岁，其妻四十多岁，膝下无子，借时校押运货物到成都之机，妻子说："我有金百两，你可携至成都，求一妾，图身后计。"时校到了成都，一中间人给他介绍了个女子。女子容貌秀丽，举止不凡，却用白布扎着头。时校问其家世，女子泣告说，她父亲是都下人，当了州掾，死后回家归丧，扶棺到此没有了盘缠，自己无奈，只好自卖自身换取银钱，以求把父亲的棺材送到家乡。时校动了恻隐之心，就领着这个女子去见其母，与这母女二人一同上路，将州掾的棺材送到都下，直到办完丧事才告辞回家，花光了妻子给他的买妾钱。回家后，妻子问他买妾之事，时校以实相告。妻子说："济人危急，阴德莫大，当更为君图之。"意即你在危难之中接济别人，积有很大的阴德，我还要给你备钱买妾。不久，其妻怀孕，临产前，梦见很多僧人拥护一神人到家中，第二天，生下时彦。后来，时彦举进士第一，官至吏部尚书。

牢狱屡空

时彦（？—1107），字邦彦，河南开封（今河南原阳）人。宋神宗元丰二年（1079）己未科状元。中状元后，授签书颍昌判官，入为秘书省正字，累官至集贤校理。绍圣中，迁右司员外郎。因出使辽国失职，被罢免。不久，官复集贤院校理，提点河东刑狱。蹇序辰出使辽国回来，弹劾时彦擅自接受辽国赏赐，匿而不报，使之又被罢官。徽宗即位，召为吏部员外郎，擢起居舍人，改太常少卿，以直龙图阁为河东转运使，加集贤殿修撰，知广州，未及赴任，拜为吏部侍郎，徙户部，为开封府尹。当时，都城开封苦于盗贼横行，治安混乱，时彦“请一以公凭为验，否则拘系之以俟报，坊邑少安，狱屡空”①。数月之后，迁工部尚书，进吏部。不久，病逝于任上。时彦工于诗词，《全宋词》中有其作品一篇。

青门饮·寄宠人

胡马嘶风，汉旗翻雪，彤云又吐，一竿残照。
古木连空，乱山无数，行尽暮沙衰草。
星斗横幽馆，夜无眠、灯花空老。
雾浓香鸭，冰凝泪烛，霜天难晓。
长记小妆才了。
一杯未尽，离怀多少。
醉里秋波，梦中朝雨，都是醒时烦恼。
料有牵情处，忍思量、耳边曾道。
甚时跃马归来，认得迎门轻笑。

畿邑之最

蒋兴祖，常州宜兴人，蒋之奇之孙。以荫入仕，累调饶州司录。方腊在睦州发动叛乱，蒋兴祖纠合士卒准备战具，叛军看到蒋准备充分，不敢攻击这里。以功迁知开封府阳武县。阳武，古博浪沙地，土脉脆弱，大河从其南流过。这里曾经因大雨泛滥，大堤有崩溃之虞。蒋兴祖亲自救护，就在堤上吃住。经过四旬的修整，大堤得以不坏。他的治绩为畿邑之最。许多大臣皆举荐他。靖康初，金人进犯开封，有人劝他逃跑，他说，我世

① 《宋史》卷354《时彦传》，第11168页。

受国恩，当死在这里。于是与妻子儿女留了下来。监兵与金人勾结，蒋兴祖发现将其杀死。金军数百骑来攻打阳武，失败而回。第二天金军来了更多的人马，蒋兴祖力战不敌，不屈而死，年仅 42 岁。后宋廷诏赠他朝散大夫。①

畿邑之最是蒋兴祖身体力行给后人留下的典故。看了他的事迹之后，我想每个人印象最深刻的不是他治绩为畿邑之最，而是他舍身为国的精神。他本来可以像当时大多数人一样提前逃跑。然而，他坚决留了下来，坚持抗争，直至战死。在义和利之间，蒋兴祖毫不犹豫地选择了前者。他以自己的实际行动奏响了原始儒家所倡导的“舍生取义”的浩然之歌。正是由于当时有很多蒋兴祖式的人物，不怕牺牲，迎难而上，宋朝才没有彻底灭亡，保住半壁河山。推而论之，中华民族历经无数劫难，至今成为世界上唯一存在的古文明，也正是由于有很多蒋兴祖式的人物。

有其父必有其女。据元代韦居安《梅磵诗话》卷下记载：蒋兴祖的女儿，“方笄，美颜色，能诗词，乡人皆能道之”。她被金兵俘获，掳往金国。在北去的路上，经过雄州驿站（今河北雄县），她愤然在墙壁上，题写了悲壮的词《减字木兰花·题雄州驿》：

朝云横度，辘辘车声如水去。
白草黄沙，月照孤村三两家。
飞鸿过也，万结愁肠无昼夜。
渐近燕山，回首乡关归路难。

陈寅恪论明末女爱国者柳如是时曾说：披寻其篇什，“往往窥见其孤怀遗恨，有可以令人感泣不能自已者焉。夫三户亡秦之志，九章哀郢之辞，即发自当日之士大夫，犹应珍惜引申，以表彰我民族独立之精神，自由之思想。何况出于婉娈倚门之少女，绸缪鼓瑟之小妇”②。然而早在宋代，在靖康之变的动乱时代里，便曾涌现出一批爱国女词人，如李清照、蒋兴祖女。她们的词作，虽不一定是高唱三户亡秦之志，却无愧列为九章哀郢之辞，有着令人感泣的思想情感价值。这首《减字木兰花·题雄州

① 《宋史》卷 452《忠义传·蒋兴祖传》，第 13288 页。

② 陈寅恪：《柳如是别传·缘起》，生活·读书·新知三联书店 2001 年版，第 4 页。

驿》就是这样一首词。

此词是作者在雄州驿写的。雄州是宋朝边境上的一个重要城镇。过了雄州，就意味着进入他国了。想到这里，蒋兴祖女怎能不百感交集，思绪万千。作者的这首词是感情的自然流露。正因为此，词作才感人至深，动人心魄，流传千古。

阎王庙传说

在延津县丰庄镇高寨村（原名高宜寨）的西头，矗立着一座历史久远的五殿阎王庙。此庙约建于唐朝中期，频遭战乱祸患，几经修复，历经一千三百多年的风风雨雨，至今仍保存尚好。虽称不上华美，但也不失雄壮之风貌。

原来，此庙原名五爷庙，是为了纪念隋朝名将韩擒虎所建，因韩擒虎排行第五故称此名。韩擒虎（538—592），原名韩擒豹，字子通，祖籍河南东垣（今为河南新安县东），据说在十三岁时生擒过一只猛虎，后改为韩擒虎。他“少慷慨，以胆略见称，容貌魁岸，有雄杰之表。性好书，经史百家皆略知大旨”。他是隋代名将，灭陈时为先锋官，为隋朝统一全国立下了汗马战功。死后被道教尊为第五殿阎君。据《隋书·韩擒虎传》载，韩擒虎晚年，忽然有一人走进韩家说“我欲谒王”。韩擒虎左右问曰：“何王也?”那人答曰：“阎罗王。”韩擒虎的子弟欲打此人，韩擒虎止之曰：“生为上柱国，死作阎罗王，斯亦足矣。”几天之后，韩擒虎就去世了。① 于是韩擒虎做了阎罗王的说法便流传开来。因其父韩雄曾在古滑县（时称白马）为官，其母是今滑县留固镇横村人氏，传闻韩擒虎在横村姥姥家出生；又因其曾在今滑县赵营乡小韩村一带打过仗，也在今延津高寨村驻过军，据说庙西南方的大坑就是他的饮马坑。死后横村、赵营和高寨三地民众都为其建庙，以示纪念。

据传在北宋末年，西郭村（今浚县新镇西郭村）有个姑娘叫李翠苹，年方十八，貌若天仙。一天家人带她到老河寨（今滑县半坡店乡东老河寨村）姥姥家走亲戚，路过高寨村，到庙里歇脚。在庙里李姑娘见了威

---

①《隋书》卷52《韩擒虎传》，中华书局1973年版，第1341页。

仪而又儒雅的阎王爷（塑像），不禁怦然心动："我这辈子若能嫁个这样的郎君就心满意足了。"回家后李姑娘茶饭不思，神情恍惚。一有人给她提亲便哭哭啼啼。后来母亲问她是否有意中人，便说，"俺婆家是高宜寨的姓阎。"母亲听后惊慌不已，忙派人到高宜寨打听，谁知打听的结果是：整个高宜寨没有姓阎的，要有也是村西庙里的阎王爷姓阎。

后来，李姑娘反复念叨："三月初一五更天，阎王老爷来娶俺，金银财宝都不要，只要侄子跟着俺……"哥嫂听了大惊失色，以为她真的疯了。很快到了三月初一。果然到了五更时分，西郭村村外，锣鼓喧天，乐声悠扬。奇怪的是只听声响不见人影。李姑娘高兴地说"阎王爷来娶俺了"，说罢就死去了。与此同时，她的侄子也咽了气。娘家人悲喜交加，只得把她的尸首送到了高寨，埋葬在阎王庙后院，但侄子的尸首葬到了西郭村。

李姑娘自从嫁给了阎王爷，被称为阎王奶，年年都保佑高寨村和附近的黎民百姓平平安安，有时候还帮村民照看孩子。农忙时节，村民要去田里干活，往往抱着孩子到庙里磕头祷告，然后将孩子丢下就走。直到下晌才来认领孩子。说来也怪，一大晌，孩子们也不费力，一个个都玩得不亦乐乎。人们为了感谢阎王奶和阎王爷的恩德，纷纷捐地捐银充作庙资。

班枣传说

泥马渡康王是历史上一个著名的故事。不同的地区有不同的版本。新乡延津县流传着这么一个版本。延津县城正北三十里处，有一个村叫西继村，后改名班枣。这改名的原因，就与泥马渡康王有关。

北宋末年，朝政腐败，国家日益衰落。金朝兴起，他们先灭亡了辽朝，然后南下进攻宋朝。金人一度围困了宋朝首都汴京。为了保住皇位，宋徽宗不得不与金人讲和。为了满足金人的要求，宋朝把宰相张邦昌和康王赵构送到金朝当人质。

在金朝，康王不屈不挠，怒叱金朝的背信弃义、烧杀抢掠的罪行，表现得大义凛然。金人认为此人不是宋朝宗室，必定是他人代替赵构来的。所以就把赵构放了。放了康王不久，金人得知那个人的确是徽宗的第九子康王赵构，赶忙派人去追。

康王出了金营后，快速向南跑。跑得筋疲力尽的时候，猛然看到前面有一座庙，庙旁边有一个泥马。他便进入庙中，倒头便睡，很快进入了梦乡。恍惚之中他突然听到有人对他说："快跑吧，金人追来了。"康王猛然从睡梦中惊醒，跑到庙门口。看到有一匹马在这里。他顾不得许多，骑上马朝汴京的方向奔驰。

跑了没多久，前面一条河挡住了去路。眼看后边追兵逼近，康王仰天长叹："天真要绝我啊。"话音未落，这匹马长啸一声，背着康王跳入水中。马游着游着，四蹄陷入水中，无法移动了。正在这紧急时刻，康王看到前边有一棵弯腰长的枣树。他急中生智，用力一跳，上手搬住了枣树，然后从枣树上跳上了岸。他回头再看那匹马，已踪迹不见，陷马的地方成了一堆泥沙。他向这泥沙拜了三拜，又掉头赶路。

赶了一会路，康王累了，饥渴难耐，看见前面有一个村庄，便走入其中的一户高门楼人家，主人得知是康王来了，热情款待。康王问这是什么村。主人答这是西继村。康王心想，若不是我搬住枣树，自己早就葬身鱼腹。他便说，这个村就改名搬枣吧。主人一听康王亲自为村子改名，自然高兴。但他说："若把搬字改为王字旁的班，人们会更加记得康王的恩泽。"康王觉得有理，就同意了这个主意。

后来康王登基即位。由于班枣是皇帝起的名，许多人到这村来定居，村子越来越大。后来又分成苏班枣、蒋班枣、张班枣、冯班枣等四个村。

村名是皇帝起的，人们纷纷来此居住，希望能沾上皇帝的恩泽。但后来的历史表明，康王赵构（即后来的宋高宗）根本没有收复失地的愿望，相反，他还残酷杀害一心恢复的岳飞等人，满足于半壁江山，与金朝签订了丧权辱国的绍兴和议。他之所以如此，是因为与金人作战，收复北方对他个人没有好处。为了个人的利益，他早已将国家和百姓的利益抛到九霄云外。希冀沾到皇帝恩泽的班枣百姓，只能终生生活于异族统治之下。他们在盼望"几时真有六军来"时，高宗正在"直把杭州作汴州"。

王彦抗金

王彦，字子才，上党人，性豪纵，喜读韬略之书。他的父亲以为他很奇特，便让他到京师，隶属于弓马子弟所。宋徽宗亲自考察这些人，王彦补下班祗应，为清河尉。曾跟从泾原路经略使种师道两入夏国，立有战功。

金人进攻汴京，王彦慨然弃家奔赴京师，请求亲自讨贼。当时张所为河北招抚使，觉得他人才奇异，就擢升他为都统制。他率领裨将张翼、白安民、岳飞等十一将，率七千人渡河，与金人战。大败金人，收复卫州新乡县，并向诸郡散发檄文。

金人以为宋朝大军到了，就率领数万人逼近王彦的营垒，将他们重重围困。王彦以为自己寡不敌众，就突围而出。后来诸将归集到一块。王彦等保聚在共城西山，派遣心腹连接两河豪杰，图谋再举。金人购求王彦甚急，王彦担心内部人有变，晚上睡觉换好几个地方。他的部下知道了，就纷纷在脸上刺字，作“赤心报国，誓杀金贼”八字，以表示无他意。王彦更感到振奋，抚爱士卒，与他们同甘共苦。不久，两河地区的抗金民众响应他们的号召，忠义民兵傅选、孟德、刘泽、焦文通等都归附他们，众十余万，绵亘数百里，皆受王彦约束。金人以他们为大患，要以一位首领率重兵击破王彦。这位首领跪下哭着说：“王都统的硬寨坚如磐石，不容易攻取。”金人于是偷偷派遣骁勇的骑兵去断王彦的粮道。王彦带兵等待他们，斩杀甚众。他更严格地治兵，要大举攻金，并将进攻的日期告诉给东京留守宗泽。

宗泽召集王彦商议，决定让王彦率领万余人渡过黄河，金人以重兵追袭王彦军后面而不敢出击。到了汴京，宗泽大喜，令王彦宿卫于近甸，以保卫根本。王彦即以所部兵马付留守司，带亲兵去行在。当时朝廷已经派遣宇文虚中为祈请使去和金人议和。王彦见汪伯彦、黄潜善，力陈两河的忠义民兵延颈盼望着王师，希望他们乘着这种人心，大举北伐。他的言辞很激愤，违背当权者的意思，汪伯彦、黄潜善就不让他面见皇帝，而以他为武翼郎、阁门宣赞舍人，差充御营平寇统领。当时范琼是平寇前将军，王彦知道范琼有谋逆的意图，就称疾不去就职，乞致仕。朝廷答应了。

知枢密院事张浚宣抚川、陕，奏王彦为前军统制。张浚和金军将领娄宿相持于富平。张浚想要大举进攻，与诸将商议，只有王彦表示反对，他说：“陕西的兵将上下之情不通，若作战稍有不利，则五路尽失。不如屯利、阆、兴、洋，以固根本，敌入境，则檄五路兵来援，万一不捷，未大失也。”张浚的幕府不以为然。王彦即请为利路钤辖，俄改金均房州安抚使、知金州。

当时中原盗贼蜂起，加以饥馑，无所资食。只有四川富饶，巨盗往往窥觊这里。桑仲攻陷淮安、襄阳后，乘势西向，均州、房州失守，直捣金州白土关，众号三十万。桑仲本是王彦的旧部曲，他向王彦请求道："我对于您不敢侵犯，只愿假道进入蜀地获得粮食。"王彦于是派遣统领官门立为先锋击之。桑仲的军队很能战，官军死的很多。将士失色，有的人请躲避一下，王彦大声斥责说："枢相张浚方要在陕西有所作为，如果桑仲越过金州而到达梁州、洋州，则腹背受敌，大事去矣。敢言避者斩！"立即带兵趋长沙平，阻水据山，设伏以待。贼军见官军少，蚁附搏战。王彦拿着一把旗帜，战士殊死搏斗，贼败走。王彦追击，追奔至白碛，复房州。

绍兴元年（1131）九月，权京西南路副总管李忠反，侵扰京西，攻陷了金州诸关。贼众均为河朔人，骁果善战。王彦与他们作战不利，关口失陷。王彦退屯到秦郊，令将士在山谷间设伏，焚烧秦郊的积聚，伪装成逃遁的样子。秦郊距郡城二十里，道路平坦宽广，王彦募敢死士编易旗帜，设奇以待。过了两晚，贼军到了秦郊，官军迎战，大败之，追袭至秦岭，遂收复了乾祐县。李忠投降了伪齐刘豫。

当初桑仲失败后逃到了襄阳，乃鸠集散亡攻陷了邓州，凶焰复炽。南攻德安，西据均阳，他将军队分为三道：一攻住口关，一出马郎岭，一捣洵阳，前军去金州不到三十里。王彦说："桑仲以为我人数少，故分三道以分离我的势力，按兵法应先攻破他最精锐的部队，其余的自动就撤走了。"乃派遣焦文通守御住口，自己带领亲兵驻营于马郎。相持一个月，大战六日，贼大败，桑仲为其部下杀死。又有王辟、董贵、祁守中阻兵窥蜀，势力虽不及桑仲，然势力小的尚有数万。王彦悉数讨平了他们。

是年冬，伪齐的秦凤经略使郭振以数千骑掠白石镇，王彦与关师古一同带兵抵御。贼军大败，掳获郭振，收复秦州。张浚承制以王彦节制商、虢、陕、华州军马。

绍兴三年（1133）正月，兀术入侵，张浚召令王彦和吴玠、刘子羽会于兴元。金将撒离曷自上津奔袭，不一日至洵阳。统制官郭进死之，王彦退保石泉县。金人入金、均，王彦趋西乡。二月，金人攻饶风关，王彦与吴玠御之，抵御不住，关被攻破。王彦收余兵奔达州。五月，王彦派兵至汉阴县，与刘豫将周贵战，大败之，复金州。张浚承制进王彦保康军承宣使兼宣抚司参议，王彦不受。

绍兴五年（1135）四月，差知荆南府，充归、峡、荆门公安军安抚使。王彦因荆南旷土措置屯田，从四川买了一千七百头牛，授予官兵耕种，营田八百五十顷，分给将士有差。六年二月，朝廷命他知襄阳府、京西南路安抚使，他以岳飞的缘故而推辞。张浚奏王彦为行营前护副军都统制、督府参谋军事。六月，以八字军赴行在。到了镇江，得到母亲病亡的信息，上疏乞解官，不许。诏免丧服，急速入对。遂以为浙西、淮东沿海制置副使，以所部屯通州之料角。七年正月，王彦因遣将到解潜军中捕抓逃亡的人，军士在市中打斗，有人说王彦军政不肃，贬秩二等。王彦不自安，乞终余服。二月，复洪州观察使、知邵州。他到朝廷和皇帝辞别，高宗抚劳甚厚，曰："因为你能治理人民，所以让你管一郡，不久就召你回来。"九年，在官任上逝世，终年五十岁。

王彦被称为名将。当建炎初年时，屡破大敌，威声振河朔。当时朝廷急于和金朝讲和，就把他召了回来，使他治理州郡。士人都为此感到惋惜。王彦很孝顺，居官清廉，子弟有了战功，不与推赏。将死，召其弟侄，把家财均给了他们。①

关于宋军收复新乡一役，到底归功于谁，不同史料有不同的记载。据学者最新的研究，这一功劳恐怕主要应记在王彦头上。② 当时岳飞只是王彦的一个偏将，在收复新乡战役中作用有限。岳飞当然是伟大的民族英雄，他的军功自然远非王彦可比。但就新乡战役而言，王彦的作用更大。所以，对于新乡人民而言，更应该记住王彦。

岳飞抗金

一

岳飞是伟大的民族英雄。他一生辗转黄河上下、大江南北与金人作战，为保卫国家、收复故土竭尽了全部精力。其中，今天的豫北地区既是

① 《宋史》卷368《王彦传》，第11451—11455页。

② 姜锡东：《岳飞与王彦关系新论》，《河北学刊》2016年第5期。

岳飞的诞生地，又是他早年生活、战斗的地方。现在的汤阴、新乡等地都有大规模的岳飞庙，说明了岳飞在此活动之多和影响之大。岳飞青少年时期在豫北抗金，历经战争的洗礼，战斗经验不断增加，职位不断升高，逐渐成为南宋抗金的中流砥柱。一代民族英雄从豫北走来。

岳飞在豫北抗金时，因为还年轻，不知名，所以相关记载很少。主要史料集中于其孙岳珂编纂的《经进鄂王行实编年》中。本文依据该书和其他相关史料，吸收今人研究成果，对岳飞早年在豫北的抗金情况做一简要叙述。

二

岳飞，宋徽宗崇宁二年（1103）二月十五日生于相州汤阴县永和乡孝悌里。相州在宋朝属河北西路，所以岳飞自称河朔人。岳飞曾祖名成，妻杨氏。祖名立，妻许氏。父名和，妻姚氏。依据现有史料推断，岳飞至少有四个哥哥、两个弟弟（岳翱、岳翻）、一个姐姐。岳飞出生时，有一只大鸟从东南来，"飞鸣于寝室之上"①，所以父亲为孩子取名飞，表字鹏举。据说，岳飞出生未满月，正值黄河在内黄西决口，洪水冲到了汤阴县。岳母仓皇抱着岳飞坐到一口瓮内。瓮随水流，停靠到了岸边，母子幸免于难。这个故事被后世编入小说、戏曲中，流传很广，影响很大。但宋朝其他史料均未记载该年黄河决口一事。这个故事很可能是岳珂为神话岳飞编造的。中国古代的典籍中，常有帝王将相在幼年时遭受灾害而大难不死的记载，大多是为了说明这些人的成功是由于上天的保佑。岳飞的这个故事恐怕也不例外。

岳家自岳成起就以耕种为生，到岳和时"有瘠田数百亩，仅足廪食"。看来是可以自己解决温饱的自耕农。那时候，黄河一带经常歉收，饥者甚多。岳和叫家人一天只吃早晚两顿饭，且只吃半饱。用剩余的粮食来救济饥民。家人不堪其忧，问岳和这么做的缘故。岳和说："彼饥者亦人尔，而能一、二日不食。吾与若日再食，而犹欲求饱耶？吾欲裁吾之仅有，济人之绝无耳。"有人侵占岳家的耕地，岳和也不争，反而将侵占的

---

① 岳珂编，王曾瑜校注：《鄂国金佗稡编续编校注》卷4《经进鄂王行实编年》，中华书局1989年版，第56页。以下引自该书处（包括王曾瑜在此书中的研究成果），不再一一注明。

耕地割划给人家。别人欠钱不还，岳和就烧掉借据，不再讨要，脸无愠色。虽然这样做导致家“窭乏”，但“未尝悔”。岳和的这些行为赢得了乡里的尊重。不过我们需要对这些故事保持警惕，因为这些记载只见于岳珂笔下。岳珂美化自己的先人在所难免。

岳飞“少负气节，沉厚寡言”，性格刚直，想说什么就直说，“不避祸福”。他“天资敏悟”，记忆力强，喜好读书，尤喜读《左氏春秋》《孙吴兵法》，甚至达到了彻夜不寐的程度。由于家贫，岳飞经常点燃柴薪代替油灯，以此照明读书。他读书不拘泥于章句，而是了解其大意，一得其要领，“辄弃之”。颇有陶潜“好读书不求甚解”的意味。岳珂还说其父为语言文字，初看似不经意，但仔细揣摩，颇有道理，好像经过深思熟虑做出来的。我们对这些叙述也要持谨慎的态度。依岳家的经济条件，岳飞不大可能读很多的书，受到良好的教育。《三朝北盟会编》卷二〇八《林泉野记》载：“飞略知书传。”当时岳飞已身为大将，还只是略知书传。可知他年轻时的文化水平不会高到哪去。不过岳飞的好学似可无疑，这从他后来的行为可以看得出。

岳飞生而有勇力。未冠时，就能引发三百斤的弓，开八石的腰弩。据研究，这力量已大大超过宋朝皇帝近卫班直的标准，也超过北宋武士弯弓三石的记录。岳飞曾跟随“乡豪”周同学习射箭。一日周同连发三箭，皆中靶心，对岳飞说：“如此而后可以言射矣。”岳飞试射。第一箭击破周同刚才那一箭的箭头。第二箭又中。周同大为惊异，立刻把自己两把心爱的弓赠予岳飞。后来岳飞就用这两把弓学习射箭，技艺愈加精湛。这为他以后克敌制胜奠定了基础。

后来周同去世。岳飞每月初一、十五去墓前吊祭。每次去，他都卖掉自己的衣服，买一些酒肉祭奠周同，同时还射三支箭。时间长了，岳和发现岳飞的衣服愈来愈少，就问儿子因由。岳飞总是不说，即使遭到打骂，也沉默不语。岳和为了弄清事实，就跟踪岳飞。最后终于看到岳飞的所作所为，知道了其中的原委。岳和就问：“尔所从射者多矣，独奠泣于周同墓，何也？”岳飞答道：“飞向者学射于周君，而特与飞厚，不数日，尽其道以归。念其死，无以报，聊于朔望致礼耳。”岳飞解释：“射三矢者，识是艺之所由精也；酹酒瘗肉者，周君所享，飞不忍食也。”听了儿子的一番话，岳和“始甚义之”，抚着他的背说：“使汝异日得为时用，其徇国死义之臣乎！”岳飞应道：“惟大人许飞以遗体报国家，何事不敢为！”岳和叹道：“有子如此，吾无忧矣！”

岳飞十几岁时，大概是由于家贫，到相州的韩府作佃客。北宋末年，局势动荡，起义和叛乱时有发生。一日，以张超为首的一伙盗贼包围了韩府，要打劫。岳飞恰好在韩府“告籴”，看到盗贼，怒道：“贼敢犯吾保耶！”在墙上引弓一发，正中张超颈部，当场毙命。强盗群龙无首，四散逃去。岳飞杀盗有功，引起了韩府中人的注意。后来不知什么原因，岳飞不在韩府干了，去当了一名“市游徼”①。游徼类似今天的巡警。不久，岳飞又因为嗜酒而丢掉了这份工作，返回了乡里。返乡后的岳飞很得岳父姚大翁的赏识。他找枪手陈光教岳飞技击之术。岳飞很快就学到手，不多久就“一县无敌”了。

宣和四年（1122），宋廷为了“备胡”，命真定知府兼真定府路安抚使刘韐招募一批“敢战士”。岳飞也在应募之列。刘韐一见到岳飞，“大奇之”，命他为小队长。不久，相州有伙以陶俊、贾进为首的强盗，到处“攻剽县镇，杀略吏民”，为害一方。此前官军屡次进讨，均以失败告终。岳飞请以百骑消灭这支盗匪。刘韐给了他二百骑、步兵。岳飞让三十名士兵假扮成商人，进入贼境。盗贼劫掠了他们，并把他们安置到自己的队伍当中。岳飞夜间埋伏百人于山下，自己率领数十骑前往贼营。盗贼见岳飞人少，出战。岳飞佯败北，后退，贼“乘胜追逐”。后伏兵四起，先前位于贼营的三十人也行动起来，擒获陶俊、贾进。贼人大乱，不知所措，大部被俘，余部四散而逃。知相州王靖奏报岳飞的战功，朝廷补岳飞为承信郎。但任命还未下，岳飞得知了父亲的噩耗，匆忙回去奔丧了。恰逢朝廷罢去敢战士。岳飞也就没有得到任何官职。

宣和六年（1124），岳飞参加了平定军的军队。平定军位于今山西省平定县。据学者推测，岳飞参加的可能是位于该地的广锐军。岳飞投充的是“效用士”。这是比一般士兵高级的军人。效用士有的在手上刺字，有的不刺字，比普通士兵待遇要好。岳飞投军后不久，被拔擢为偏校。

靖康元年（1126），金军包围了太原府。为了解围，宋廷派军支援。岳飞参加了救援太原府的行动。他的任务是侦察敌情。是年六月，河东路

---

① （宋）洪迈：《夷坚志·甲志》卷15《猪精》，中华书局1981年版，第132页。

分都监季团练知道岳飞勇敢，命他带领百余骑前往寿阳、榆次县探测敌情。在行军过程中，岳飞部与金军突然遭遇。飞部畏怯。岳飞单骑闯入敌阵，“出入数四”，杀死骑将数人。“虏众披靡，不敢逼”。晚上，岳飞身穿金兵服装潜入敌营。遇到了击刁斗的巡逻者。岳飞机敏地以女真语答话，骗过了对方，以此周知了敌军的整个情况，“尽得其要领以归”。因功升为进义副尉。后来因为夜间渡河，丢掉了告身（官员的任命状）而间道回到了相州。①

靖康元年正是金军大举进攻宋朝的时候。金军攻陷了河北许多地区，烧杀抢掠，无恶不作，还一度包围了开封。是年冬，康王赵构在河北开大元帅府。武翼大夫刘浩在相州招兵。岳飞又投了军。刘浩命令岳飞带一百骑招安吉倩等盗贼。岳飞率军前往，傍晚时，他令军队吃饭宿营，自己带四骑径至敌营，贼众惊愕。岳飞抚谕吉倩等曰：“胡虏犯顺，汝曹不辅义以立功名，反于草间苟活。今我以大元帅命，招纳汝曹，此转祸为福之秋。”吉倩等素闻岳飞威名，又为飞的至诚所感动，便置酒宴请岳飞。岳飞亦豪饮不疑。喝到尽兴时，吉倩说出了自己的顾虑：“倩等既骚动州县，今既受招，恐未免诛戮。”岳飞劝谕再三，大伙均听命。突然一贼起来搏击岳飞。岳飞将其打倒在地。吉倩等“罗拜请免，相率解甲受降”。这样岳飞成功招安了这伙380人的盗贼，因功升为承信郎。

不久岳飞带领三百骑被派往大名府魏县的李家渡迎击金军。他在侍御林击败一支金军，“杀其枭将”，归来升为成忠郎，因避曾祖父的讳，改为寄理保义郎。后来岳飞跟从刘浩去解东京围，与金军相持于滑州南。岳飞乘刘浩马，率领百骑在冰冻的黄河上与敌交战。岳飞语众人曰：“敌虽众，未知吾虚实，及其未定，击之可以得志。”于是独骑冲到敌前。金军有一骁将舞刀而前，岳飞拔刀斩之。飞部乘胜击之，大败金军，斩首数千级，得马数百匹。② 岳飞以功迁秉义郎。后大元府迁往北京（今河北邯郸），岳飞也随之来到这里，被划拨到副元帅宗泽麾下。当时商定，大元帅东行，宗泽往南去解开封之围。靖康二年正月，岳飞与金军战于开德

① 王曾瑜先生认为，丢失官告，不能成为“间行”回乡的理由。岳飞当是在平定军失陷后返回相州的。

② 王曾瑜先生认为，此战应为小胜，岳珂夸大了战绩。

（今河南濮阳），射杀金持旗者二人，并大败金军，获甲、马、弓、刀等，转为修武郎。二月再战于曹州（今山东菏泽市南）。岳飞“被发，挥四刃铁锏，直犯虏阵”。飞部也很勇猛，无不以一当百。结果宋军大破金军，追奔数十里。岳飞转武翼郎。

四月，大元帅府迁往南京（今河南商丘），岳飞也到达这里。五月，大元帅赵构即皇帝位，改元建炎。岳飞听说高宗君臣要巡幸扬州。他坚决反对这种放弃北方的行为，并为当时的局势深深地担忧。为此他向皇帝上了一封奏疏，其中说：

> 陛下已登大宝，黎元有归，社稷有主，已足以伐虏人之谋；而勤王御营之师日集，兵势渐盛。彼方谓吾素弱，未必能敌，正宜乘其怠而击之。而李纲、黄潜善、汪伯彦辈不能承陛下之意，恢复故疆，迎还二圣，奉车驾日益南，又令长安、维扬、襄阳准备巡幸。有苟安之渐，无远大之略，恐不足以系中原之望，虽使将帅之臣戮力于外，终亡成功。为今日之计，莫若请车驾还京，罢三州巡幸之诏，乘二圣蒙尘未久，虏穴未固之际，亲帅六军，迤逦北渡。则天威所临，将帅一心，士卒作气，中原之地指期可复。

疏中表示要还都东京、抗击金军、收复故土、迎归二圣。这自然招致了高宗和黄、汪的不满。结果岳飞被以小臣越职言事的罪名“夺官归田里”。

八月，罢归田里的岳飞拜访了河北招抚使张所。张所见到岳飞，以国士相待，补其为修武郎，阁门祗候，差充中军统领。接着，张所就问岳飞带兵作战的能力：“闻汝从宗留守，勇冠军，汝自料能敌人几何？”岳飞答道：“勇不足恃也，用兵在先定谋。谋者，胜负之机也，故为将之道，不患其无勇，而患其无谋。今之用兵者皆曰：‘吾力足以冠三军。’然未战无一定之画，已战无可成之功。是以‘上兵伐谋，次兵伐交’，栾枝曳柴以败荆，莫敖采樵以致绞，皆用此也。”张所本是儒者，听了岳飞的话，瞿然而起，曰：“公殆非行伍中人也！”张所就和岳飞讨论当前时事。岳飞慷慨流涕说：“今日之事，惟有灭贼虏，迎二圣，复旧疆，以报君父耳！”张所说：“主上以我招抚河北，我惟职是思，而莫得其要，公尝计之否？”岳飞说：

昔人有言“河北视天下如珠玑，天下视河北犹四肢”。言人之一身，珠玑可无，而四肢不可暂失也。本朝之都汴，非有秦关百二之险也。平川旷野，长河千里，首尾绵亘，不相应援，独恃河北以为固。苟以精甲健马，冯据要冲，深沟高垒，峙列重镇，使敌入吾境，一城之后，复困一城，一城受围，诸城或挠或救，卒不可犯。如此则虏人不敢窥河南，而京师根本之地固矣。大率河南之有河北，犹燕云之有金坡诸关。河北不归，则河南未可守；诸关不获，则燕云未可有。间尝思及童宣抚取燕云事，每发一笑。何则？国家用兵争境土，有其尺寸之地，则得其尺寸之用。因粮以养其兵，因民以实其地，因其练习之人，以为向导，然后择其要害而守之。今童宣抚不务以兵胜，而以贿求。虏人既得重贿，阳诺其请，收其粮食，徙其人民与其素习之士，席卷而东，付之以空虚无用之州。国家以为燕云真我有矣，则竭天下之财力以实之。不知要害之地，实彼所据，彼俟吾安养之后，一呼而入，复陷腥膻。攻取燕云而不志诸关，是以虚名受实祸，以中国资夷狄也。河南、河北，正亦类此。今朝廷命河北之使而以招抚名，越河以往，半为胡虏之区，将何以为招抚之地。为招抚职事计，直有尽取河北之地，以为京师援耳。不然，天下之四肢绝，根本危矣。异时丑虏既得河北，又侵河南，险要既失，莫可保守，骎骎未已，幸江幸淮，皆未可知也。招抚诚能许国以忠，禀命天子，提兵压境，使飞以偏师从麾下，所向惟招抚命耳，一死乌足道哉！

张所大喜，借补飞武经郎。

不久，张所命都统王彦率领岳飞、白安民、张翼等十一个头领共七千人渡河抗敌。渡河后，王彦等与金人作战，收复了新乡县。金人以为宋军主力在此，便派大军围困了县城。王彦率军突围后，收拾残余部队保聚在共城县西山，继续抗金。王彦军每人脸上刺有“赤心报国，誓杀金贼”八个字，所以称为“八字军”。他们的忠义行为感动了两河义军，民兵首领傅选、孟德、刘泽、焦文通等均愿意受王彦节制，共同抗金。突围后的岳飞没有听王彦节制，而是引其部曲，自为一军，独立作战。他在侯兆川击败金兵，但自己也受伤十余处。最后由于天气寒冷、粮食将尽，无奈重新投奔王彦。王彦左右之人主张杀掉岳飞。王彦怜岳飞英勇且有才，对岳飞说："汝罪当诛，然去吾之久，乃能束身自归，胆气足尚也。方国步艰危，人才难得，岂复仇报怨时邪！吾今舍汝。"① 后王彦为制置使，命岳飞赴荥河把守关隘。岳飞终觉得不自安，就离开了王彦，到了开封，隶属于留守宗泽。留守司的官员察知岳飞擅离所部，不听上级命令，便要将岳飞处斩。宗泽了解情况后，认为岳飞是"将材"，赦免了他。恰逢金军侵犯汜水。宗泽遣岳飞为踏白使，令其率五百骑迎战，并告诫他："汝罪当死，吾释不问。今当为我立功。往视敌势，毋得轻斗！"岳飞奉命出战，"鼓勇而前"，战胜金军。宗泽大喜，补飞为统领，后迁为统制。②

建炎二年（1128）正月，岳飞先后参与了胙城、黑龙潭、龙女庙侧官桥等战斗，擒获女真千户、渤海汉儿等军。

随着对金作战的节节胜利，开封及其周围的形势好转起来。一日，宗泽对岳飞说："尔勇智材艺，虽古良将不能过。然好野战，非古法，今为偏裨尚可，他日为大将，此非万全计也。"遂给岳飞阵图，让他学习。几天后，宗泽复问岳飞阵图事。岳飞答道："留守所赐阵图，飞熟观之，乃定局耳。古今异宜，夷险异地，岂可按一定之图。兵家之要，在于出奇，不可测识，始能取胜。若平原旷野，猝与虏遇，何暇整阵哉！况飞今日以裨将听命麾下，掌兵不多，使阵一定，虏人得窥虚实，铁骑四蹂，无遗类矣。"宗泽说："如尔所言，阵法不足用耶？"飞曰："阵而后战，兵之常法，然势有不可拘者，且运用之妙，存于一心。留守第思之。"宗泽沉默良久，乃曰："尔言是也。""运用之妙，存于一心"成为有名的军事格言，也是岳飞能克敌制胜的关键所在。

河北局势好转了，宗泽先后上了24道奏章请求皇帝还都东京。认为只有皇帝回来，才能鼓舞士气、主持大计、收复失地。然而高宗和黄、汪等人畏敌如虎，怕回去被金军所执，不肯回去。宗泽的奏章不是被驳回，就是如泥牛入海，杳无音信。这时宗泽已是年过七旬的老人了。抗金已消耗了他太多的精力，还故都的请求又遭到投降派的否定，这意味着收复失地的愿望很可能不能实现。在这种情况下，他一病不起。六月，他感叹自己抗金斗争还未完成便将离世，不禁吟诵起杜甫的诗句——出师未捷身先

---

① 徐梦莘：《三朝北盟会编》卷198，上海古籍出版社1987年版，第1430页。

② 王柏：《鲁斋集》卷14《宗忠简公传》，丛书集成初编本，商务印书馆1936年版。

死，长使英雄泪满襟。七月一日，在生命的最后时刻，他把部下找来做最后的嘱托。他没有言及家事私情，而是大呼“过河”者三后溘然长逝。岳飞是宗泽的爱将，必然对宗泽逝世时的情况很了解。宗泽的爱国主义精神必然会对岳飞产生影响，激励着他抗金到底。

七月，岳飞跟随主管侍卫步军司公事闾勍去西京洛阳保护陵寝。八月初三，岳飞与金人大战于汜水关。金将往来冲突，岳飞“跃马左射”，敌将“应弦而毙”。金军大乱，宋军奋击，大破之。后岳飞与金军相持于竹芦渡。粮食将尽，岳飞处于不利的境地。岳飞选出精锐三百，伏于山下，令每人持两束木柴。夜里将木柴烧着，高举起来。敌军看到，以为宋朝援军到了，惊慌不已。岳飞率军追袭，取得胜利。以功转武功郎。

建炎三年（1129）正月，开封的驻军有驻于南御园的张用军，驻于城东刘家寺的王善军，驻于城西的岳飞、桑仲、李宝等军。其中，张用、王善本为盗贼，后受宗泽招抚而成为官军。杜充继宗泽为留守后，对这些军队很不信任，谋划消灭他们。一日，人们都进城负粮。第二天早上，杜充打算乘人不备，令城西诸军攻击张用军。不料被张用发现，勒兵拒战。这时王善引兵帮助张用。此战官军大败，李宝被执。虽然官军战败，但岳飞一军却取得了胜利。当时岳飞所部只有八百人，而他的对手却有约二十万众。岳飞对部下说：“贼虽多，不整也，吾为诸君破之！”他“左挟弓矢，右运铁矛”，身先士卒冲入敌营。战斗自午时持续至申时，贼军大败。岳飞转为武经大夫。建炎四年（1130），邵缉上书时说岳飞“尝于京城南薰门外，以八、九百人破王善、张用二十万之众”。证明此战岳飞的确取得了胜利。

后杜叔五、孙海围困东明县（今河南兰考县北），岳飞前去解围，擒获二人。转武略大夫，借英州刺史。

二月，王善围陈州。杜充命岳飞跟从统制陈淬往击之。岳飞命偏将岳亨以游骑断王善军之“剽掠之路，获其饷卒、牛、驴”。王善粮道断绝，不敢复出。时间一长，声势益沮。二十一日，两军战于清河，岳飞大败之。擒其将孙胜、孙清，招降甚众。以功转武德大夫，授真刺史。

四月，岳飞又从陈淬击王善军。六月二十日，在崔桥镇西与王善交战，大破之。岳飞与岳亨深入敌营，执敌首级而还。

东京留守杜充是个投降派。他认为开封在金人眼皮底下，随时有被攻破的危险，所以要南逃。他谎称要向皇帝禀报军情，就带领主力部队南下，将城防事宜交给了副留守郭仲荀。岳飞得知消息后，坚决反对，对杜充说："中原之地尺寸不可弃，况社稷、宗庙在京师，陵寝在河南，尤非他地比。留守以重兵硕望，且不守此，他人奈何？今留守一举足，此地皆非我有矣。他日欲复取之，非捐数十万之众，不可得也。留守盍重图之。"但杜充哪里听得进去，他考虑的只有自己的身家性命。岳飞虽不愿南逃，但不得不随杜充离开开封。至此，岳飞早年在豫北的活动就结束了。此后，他在江南继续抗击金军，开始他第二阶段的征战。

三

岳飞从诞生到他建炎三年（1129）撤离东京，在豫北生活了二十七年（1103—1129）。其间，他仅因行军、作战等原因短暂离开过这里。可以说，豫北是这位民族英雄成长的地方。岳飞本是一名农家子，他是靠着自己的努力，逐渐积累战功，而成为抗金将领的。他在豫北的活动，初步展示了军事才能，至建炎三年（1129）离开豫北时，他已经是一名中级军官了。这预示着，照这样发展下去，他将成为一名卓越的抗金英雄。后来的事实也证明了这一点。

岳飞这一时期的表现，不仅表明他是一名抗金的军事将领，还是一位坚定的爱国主义者。在南京时，他就冒着越职言事的风险大胆抨击黄、汪的投降政策，主张还都东京。投奔张所时，又向张所提出了恢复河北的战略，并表示要"灭贼虏、迎二圣、复旧疆"。当杜充要放弃开封南逃时，他坚决反对，谓"中原之地尺寸不可弃"，否则"非捐数十万众不可得也"。他一系列活动无一不践行着这些言论。随着金军侵略的加剧和抗金的深入，他的爱国主义精神愈益深厚。他早年在豫北的活动和他其他期间的活动一样，都是在实践着他后背上所刺的四个大字——尽忠报国。

当然，这一时期岳飞还年轻，也犯过一些错误。特别是他在新乡突围后，不听上级王彦的约束，擅自离开大部队，自引一军出走。这是严重违反军纪的行为，按军法应该斩首。只是由于王彦和宗泽爱惜人才，他才躲过一劫。岳飞这样的举动，是杀敌心切的表现，但我们不能因为他的初衷是好的就肯定这种行为。打败金军、收复失地需要一支有铁的纪律的军队，岳飞这种行为是违反纪律的表现。后来岳家军之所以能所向披靡、屡败金军，原因之一就是纪律性强。“冻死不拆屋，饿死不卤掠”① 是岳飞严明军纪的名言。他的这种举措就是对他早年行为的否定。

如何评价岳飞在这一阶段的作为呢？岳飞转战江南后不久，建炎四年，一位文人邵缉上了一道奏章，提到了岳飞，其中说：

> 然将有二说，不可不察也。有天下之将，有一国之将。天下之将实难其人，一国之将或有之。……以缉田野庸人，而耳目之所熟者，仅得一焉。诚未足为天下将，在今日才难之际，谓之一国之将，斯可矣，敢率然陈之，惟阁下少垂意焉。伏见武德大夫、英州刺史、御营使司统制军马岳飞骁武精悍，沉鸷有谋，临财廉，与士信，循循如诸生，动合礼法。顷在河北，尝以数十骑乘险据要，却胡虏万人之军。又尝于京城南薰门外以八、九百人破王善、张用二十万之众，威震夷夏。

文中的“骁武精悍，沉鸷有谋，临财廉，与士信”就是对早年岳飞的恰当评价。在文人士大夫眼中，年轻的岳飞俨然是“威震夷夏”的“一国之将”了。

文臣不爱钱，武臣不惜死

岳飞是伟大的民族英雄，他生活在宋金战争激烈进行之际。有人问他，天下什么时候才能太平时，他说道：“文臣不爱钱，武臣不惜死，天下太平矣。”② 文臣治民，只有清正廉洁，才能公正处理政务，才能赢得百姓民心。武臣带兵打仗，只有不怕死，才能奋勇杀敌，号令军士，才能取得战争的胜利。古代大臣无非文武，如果文臣都做到不爱钱，武臣都做到不怕死，对内就能赢得百姓拥护，对外就能击退侵略者的进攻，天下就太平了。岳飞的这句话，具有普遍意义，适用于古代任何时期。另外，我们理解岳飞这句话，也不能脱离当时的历史环境。北宋末年，宋朝经济发达、人口众多、文化繁荣、兵力雄厚，对西夏战争也取得重大进展，疆域

① 《宋史》卷 365《岳飞传》，第 11394 页。

② 《宋史》卷 365《岳飞传》，第 11394 页。

达到极盛。它的综合国力在全球都居于领先水平。但就是这么一个庞大帝国，在经济文化极端落后，人数只有几十万，兵力大约仅二十万的女真人攻击下，顷刻间就灭亡了。这似乎是一件不可思议的事情。其中的原因固然复杂，但北宋政治腐败是主要原因。宋徽宗一心只顾个人享乐，耗费极大人力、物力、财力建造亭台楼阁，搞得民不聊生，民怨沸腾。大臣当官只为自己利益，对上只知阿谀奉承，顺从主意，对下不仅不为民做主，反而大肆勒索百姓，极尽剥削压榨之能事。朝廷用人不是以德才，而是以给长官送钱的多少为选用标准，甚至公开卖官鬻爵，把官场变成了市场。“三千索，直秘阁；五百贯，擢通判”，就是当时官场的真实写照。另外像宋徽宗崇奉道教，大修道观；滥发纸币，刻削百姓；重用“六贼”，横征暴敛等，学界论述已多，兹不赘述。北宋末期的政治就是极端腐败的。岳飞的“文臣不爱钱”当是针对现实状况而发。政治腐败，君臣都为个人利益，那么也就没人考虑国家利益。即便考虑，君臣无才无德，也无力维护国家利益。那么在女真南侵的情况下，表面强大的北宋瞬间灭亡也就没什么大惊小怪的了。所以今天的学者总结说，落后就要挨打，自然不错，但北宋绝非因落后挨打，而是因腐败挨打。落后就要挨打是一个带规律性的历史现象。然而腐败就要挨打，更是一条铁的历史定律。① 这是北宋末年的历史事实给我们的深刻教训。

外敌入侵，正是军队将校保卫国家的时候。然而，宋朝将校看到女真强大的铁骑，大多魂飞魄散，还没抵抗就纷纷逃跑了。女真之所以在短时间内占领宋朝大片区域，就在于很多宋朝将校闻风而逃，未做积极抵抗。可以说，宋朝将校把自己的性命看的比什么都重要，他们早已将国家利益、守土职责抛到九霄云外。宋朝武臣如此怕死，怎能保家卫国？国家焉有不亡之理？岳飞说的“武臣不怕死”恐怕是针对宋朝武臣怕死的状况而说的吧。

另外，岳飞说得虽很有道理，但他是从大臣如何做的角度探讨实现天下太平的途径的。但我们知道，古代专制社会的最高统治者是皇帝，他拥有绝对的权力，他的所作所为对国家影响甚大，如果只是大臣做到很好，

---

① 张邦炜：《北宋亡国的缘由》，《西南民族学院学报》（哲学社会科学版）1999 年第 S6 期。

而皇帝无道，天下也实现不了太平。当然，在专制制度下，岳飞作为臣子，不能对皇帝提出什么要求，他只能从大臣的角度看问题。我们对他不能苛责。但我们今人就不能这样单方面地看问题。不要说现代的价值体系，即使是两千多年前的原始儒家也是对君主有要求的。原始儒家虽然强调臣下要忠于君主，但也要求君主对臣下待之以礼。如果君主对臣下和百姓残酷虐待，那么就不值得为君主尽忠，甚至还可以推翻他。“君之视臣如手足，则臣视君如腹心；君之视臣如犬马，则臣视君如国人；君之视臣如土芥，则臣视君如寇仇。”（《孟子·离娄下》）经过董仲舒、程朱的改造，原始儒家的这种近似契约的精神被去除了，而被臣下和百姓无条件的忠于和服从君主所替代。岳飞的这句话以缩影的形式表明宋朝已进入绝对尊君时代，人们的思想受到了专制思想的奴化，而且程度愈来愈严重。这预示着危机。

莫须有

世人皆知秦桧以莫须有的罪名害死了岳飞，这固然不错，但害死大将的事，单凭秦桧一人是难以办到的。他还有几个帮凶，是他们联手害死了岳飞。其中主要的一个帮凶就是万俟卨。

万俟卨，字符忠，开封阳武县人。登政和二年（1112）上舍第。调相州、颍昌府教授，历太学录、枢密院编修官、尚书比部员外郎。绍兴初，盗贼李成掠荆湖间。当时万俟卨正避乱沅、湘，帅臣程昌寓以便宜檄万俟卨权沅州事。李成到了城下，万俟卨召集土豪、丁壮守城。李成因食尽而回。万俟卨因功为湖北转运判官，改提点湖北刑狱。岳飞宣抚荆湖，遇万俟卨不以礼，万俟卨怀恨在心，这可能是他回来诬陷岳飞的一个原因。后来万俟卨担任湖南转运判官。陛辞的时候，他迎合秦桧的意思，谮岳飞于朝。他则留在朝中为监察御史，擢右正言。当时秦桧想收诸大将的兵权，万俟卨力助之，说“各位大将起行伍，知利不知义，畏死不畏法，高官大职，子女玉帛，已极其欲，盍示以逗留之罚，败亡之诛，不用命之戮，使知所惧”。

张俊从楚州归来后，与秦桧合谋排挤岳飞。他们让万俟卨弹劾岳飞，说岳飞曾对部下说山阳不可守。秦桧命中丞何铸治飞狱，何铸知道岳飞是无辜的。秦桧大怒，乃以万俟卨代替何铸审理岳飞一案。他们诬陷岳飞在救援淮西的行动中逗留。最后岳飞、岳云和张宪一同被害死。天下皆以为冤。大理卿薛仁辅、寺丞李若朴、何彦猷言飞无罪，万俟卨劾之。知宗正寺士㒟请以百口保岳飞，万俟卨又劾之，士㒟窜死建州。刘洪道与岳飞有旧，万俟卨劾其恭媚岳飞。刘洪道听到岳飞罢职的消息后，抵掌流涕。他因此得罪，终身不复。①

万俟卨就是这样协助秦桧害死了岳飞等人，又希秦桧意，弹劾了许多同情岳飞的正直官员。他是秦桧的主要帮凶和爪牙之一。正因他有如此罪过，他和秦桧夫妇、张俊被塑成雕像，跪在岳飞塑像面前，被后世唾骂。“青山有幸埋忠骨，白铁无辜铸佞臣。”万俟卨是中国历史上有名的佞臣之一。

普天匝地

耶律楚材，字晋卿，辽东丹王耶律突欲的八世孙。父亲耶律履，因学问品行出众得以侍奉金世宗，特别受到亲近和信任，官至尚书右丞。楚材三岁时父亲去世，母亲杨氏教他读书。长大后，博览群书，兼通天文、地理、律历、术数以及佛、道、医、卜等学问。楚材被征召为尚书省属官。此后又担任过开州同知。

贞祐二年（1214），金宣宗迁都汴梁，完颜福兴为行尚书省事，留守燕京，征召楚材为左右司员外郎。太祖成吉思汗攻取燕京，听说楚材的名字，就召见他。楚材身高八尺，美髯，声音洪亮，太祖很看重他，说：“辽和金是世代的仇敌，我为你报仇雪恨。”楚材回答说：“我的父亲和祖父都曾委身奉事金朝，既然做了金朝的臣民，怎敢仇恨自己的君主呢?”太祖很敬重他这番话，把他安排在自己身边，于是称呼楚材为“吾图撒合里”而不叫他的名字，“吾图撒合里”，在蒙语中意思是胡须很长的人。

己卯年（1219）夏六月，太祖向西讨伐回回国。祭旗的那一天，雪下了有三尺厚，太祖心中疑惑，楚材说：“盛夏季节出现水气，这是战胜敌人的预兆。”庚辰年冬天，雷声很大，太祖又问他，他回答说：“回回

① 《宋史》卷474《万俟卨》，第13769—13772页。

国王将死在野外。”以后这些话都灵验了。西夏人常八斤，因为善于制造弓箭，得到太祖的赏识，所以经常自夸道：“国家正在兴兵打仗，书生有什么用!”楚材说：“造弓尚且要用弓匠，取天下的人怎能不用治理天下的工匠呢?”太祖听到后十分高兴，越来越信任和重用他。西域懂得历法的人上奏说五月十五日晚将出现月食。楚材说：“不对。”果然没有出现月食。第二年十月，楚材说将有月食，西域人说没有，到时果然月食八分。壬午年（1222）八月，彗星出现在西方，楚材说：“女真将改换皇帝了。”第二年，金宣宗果然去世。太祖每次出师征讨，必定要让楚材占卜吉凶，太祖自己也炙烧羊胛骨，判断天意和人事是否相符。他指着楚材对窝阔台说：“这个人是上天赐给我家的。以后军国大事都要交给他处理。”甲申年，太祖到达东印度，驻扎在铁门关，有一只头上长角的野兽，形状像鹿，却长着马的尾巴，绿色，会讲人话，对侍卫说：“你的主人应早点回去。”太祖向楚材询问这件事，楚材回答说：“这是吉祥的动物，名叫角端，能说各个地方的语言，喜欢生灵而厌恶杀戮，这是上天降下符瑞以告诫陛下。陛下是上天的大儿子，天下的人都是陛下的子女，希望陛下顺应上天的心意，保全百姓的生命。”太祖当天就班师回去了。

丙戌年（1226）冬天，他跟随太祖攻克灵武，将领们都争着掠取子女金帛，唯独楚材专门收集失落的书籍和大黄等药材。不久士兵们染上疫病，用大黄一治就好了。太祖亲自经营西方的疆土，来不及制定有关制度，州郡长官任意生杀，甚至把老百姓的妻子强迫变为奴隶，掠夺财物，兼并土地。燕蓟留后长官石抹咸得卜尤其贪婪暴虐，杀人满市。楚材听说后流泪，随即向太祖上奏，请求向各州郡发布禁令，如果没有皇帝的圣旨，不得随便向百姓征税调役，囚犯应处死刑的必须上报，违反者处以死罪，于是贪暴的风气有所收敛。燕京一带有许多厉害的盗贼，光天化日之下就拉着牛车到富人家索取财物，不给就杀人。当时拖雷以皇子的身份监理国事，听说这些情况后，便派遣宫中使臣和楚材一起前去严厉查办。楚材查问到盗贼的姓名，都是留后长官的亲属和有权势人家的子弟，将他们全部逮捕入狱。盗贼的家里贿赂宫中使臣，使臣企图拖延处理，楚材向他讲明这样做将带来的后果，使臣惧怕，听从了楚材的意见，定案后，在集市上处死十六人，燕京的百姓才安定下来。

己丑年（1229）秋天，窝阔台将要即位，宗室皇亲都聚集在一起，讨论还没有做出决定。当时拖雷是窝阔台的亲弟弟，所以楚材对拖雷说：“这是宗庙社稷的大事，应该尽早确定。”拖雷说：“事情还没有完结，另外选个日子怎么样？”楚材说：“过了今天就没有吉日了。”于是确定下来，楚材制定礼仪制度，进而对亲王察合台说：“亲王虽然是兄长，但地位则是臣子，按礼节应当跪拜皇帝。您跪拜了，那么就没人敢不拜了。”察合台很赞同他的意见。等到窝阔台即位，察合台率领全体皇族成员和大臣们在宫帐下跪拜。礼毕退下，察合台手抚着楚材说：“您真是安邦定国的大臣啊！”蒙古国君臣间有跪拜之礼从这时开始。当时朝会迟到应处死刑的人很多，楚材上奏道：“陛下刚刚即位，应该赦免他们。”窝阔台汗听从了他的意见。

中原刚刚平定，老百姓误犯法律的很多，而国家法令中没有赦免的条文。楚材请求对他们宽大处理，众人都认为不切实际，唯独楚材严肃地向皇帝建议。皇帝发布诏令，凡是庚寅年正月初一以前犯的事情都不予追究。楚材还拟订了十八项应办的事情，建议颁行天下。大致是说：“州郡要设置长官以管理百姓，设置万户以统率军队，使文、武双方势均力敌，以防止骄横的作风。中原地区，是国家财赋的来源，应该保存和照顾这里的百姓，州县如果没有上司的命令胆敢擅自科征赋税的要判罪。借贷官府财物做买卖的，也要判罪。蒙古、回鹘、河西等地的人种地不交税的处以死刑。负责管理的官员盗窃官府财物的也要处死。凡是犯死罪的，要将理由上奏朝廷等待批复，然后行刑。各地上贡和进献礼物，为害不小，必须严禁。”窝阔台汗全部同意，只有禁止贡献礼物这件事不答应，说：“那些自愿贡献的，应该允许。”楚材说：“腐败的祸端必然从这里开始。”窝阔台汗说：“凡是你奏请的事情，我没有一件不答应，你难道不能顺从我一件事吗？”

太祖在世的时候，每年都要用兵西域，没有时间来经营治理中原，很多官吏都聚敛财物为自己打算，家中财物多得不得了，而官府却没有什么储备。近臣别迭等人说：“汉人对国家没什么用处，可以把他们的土地全部空出来做牧场。”楚材说：“陛下即将向南征伐，军需物资要有来源，如果能均衡地确定中原地区的田税、商税以及盐、酒、铁冶和山林河湖等业的赋税，每年可以得到五十万两白银、八万匹绢帛和四十多万石粟，足以供给军队需要，怎能说没什么用处呢？”窝阔台汗说：

“你为我试着办。”于是楚材奏请设立燕京等十路征收课税使，凡正、副长官都任用读书人，如陈时可、赵日方等都是宽厚长者、天下第一流的人物，属官都用金朝尚书省六部的原班人员。辛卯年秋天，窝阔台汗来到云中，十路都送来储存粮食的簿册和黄金、绢帛，陈列在庭院中，窝阔台汗笑着对楚材说：“你没有离开过我的身边，却能使国家经费充裕，南方金国还有像你这样的大臣吗?”楚材回答说：“在那里的人都比我贤明能干，我没什么本事，所以才留在燕京，为陛下所用。”窝阔台汗赞赏他的谦虚，赐酒给他。当即任命他为中书令，事无大小，都要先跟他通报商议。

楚材上奏：“凡是地方州郡应该让行政长官专门管理民事，万户统管军政，凡是地方所掌管的征收赋税的事务，权贵不能干预。”又推荐镇海、粘合二人，与他共同工作，权贵都不服气。咸得卜因为过去跟楚材有仇，尤其忌恨他，在宗王面前诬陷道：“耶律中书令专门任用自己的亲信故旧，必定怀有叛逆之心，应该奏请大汗杀掉他。”宗王派人告诉大汗，窝阔台汗觉察到这是诬陷，就斥责了来人，把他打发回去。接着有人控告咸得卜有犯法行为，窝阔台汗命楚材审理此事，楚材上奏说：“此人骄傲自大，因而容易招来别人的攻击。现在正要对南方用兵，以后再作处理也不晚。”窝阔台汗私下对侍臣说：“楚材不计较私仇，真是宽厚长者，你们应当效法他。”宫中显贵可思不花奏请招募采金银的役夫以及到西域种田、栽葡萄的人户，窝阔台汗下令在西京宣德迁移一万多户来充当。楚材说：“先帝遗诏中说，山后的百姓质朴，和蒙古人没有区别，遇到危难时可以利用，不应轻易迁移他们。如今即将征讨河南，请不要分散山后百姓，以便在这次军事行动中使用他们。”窝阔台汗同意了他的请求。

壬辰年（1232）春天，窝阔台汗南下征讨，将要渡黄河，诏令逃难的百姓，前来投降的可以免死。有人说：“这些人危急的时候就投降，没事的时候就逃走，只对敌人有好处，不能宽大处理。”楚材请求制作几百面旗子，发给投降的难民，让他们返回乡里，很多人因此得以保全性命。按照蒙古传统的制度，凡是攻打城池，敌人用弓箭和石块袭击的，就是违抗命令，攻克之后，必定将城中军民全部杀死。汴梁将要攻下，大将速不台派人来说：“金人抗拒了很长时间，我军死伤很多，汴梁攻克之日，应该屠城。”楚材急忙进去上奏道：“将士们辛苦了几十年，想要得到的不过是土地和人民。得到了土地而失去了人民，又有什么用呢?”窝阔台汗犹豫不决，楚材又说：“能工巧匠、富裕人家，都集中在这里，如果将他们全部杀死，将会一无所获。”窝阔台汗接受了他的意见，下诏只处罚完颜氏一族，其余都不追究。当时躲避打仗而住在汴梁的有一百四十七万人。楚材又请求派人进城，寻求孔子的后代，找到孔子的五十一代孙孔元措，奏请由他继承“衍圣公”的封号，将孔林、孔庙的土地交付给他，命令他收集金朝的太常礼乐生。他又征召著名的儒生梁陟、王万庆、赵著等人，让他们将《九经》译成口语，讲给太子听。他又给大臣们的子孙讲解经义，让他们知道圣人的学说。他在燕京设置编修所，在平阳设置经籍所。从此文明教化开始兴盛。

当时河南地区刚刚攻下，俘虏很多，蒙军返回，俘虏逃跑的有十分之七八。皇帝下令：凡是收留和资助逃亡者的，处死全家，同村邻里也要连坐。因此，逃亡者没有人敢收留，大多饿死在路上。楚材平心静气地对窝阔台汗说：“河南已经平定，这里的百姓都是陛下的儿女，还会走到哪里去呢！何必因为一个俘虏，而使几十个上百个人牵连受死呢?”窝阔台汗醒悟，下诏解除了这个禁令。金朝灭亡后，只有秦、巩等二十多个州很久没有投降，楚材上奏道：“过去我们的百姓逃避罪罚，有的集中在这些地方，所以拼死抵抗，如果答应不杀他们，将不攻自破。”赦免死罪的诏令一下，这些城池都投降了。甲午年，讨论将中原百姓登记编户，大臣忽都虎等人建议以成年男子为征税对象。楚材说：“不行。成年男子逃走，那么赋税就征收不到了，应当以户为征收对象。”争论多次，终于确定以户为征收对象。当时将相大臣获得的俘虏，往往寄存在地方州郡，楚材利用登记户口的机会，下令将俘虏全部登记为平民，凡是隐藏私占的处以死刑。

乙未年（1235），朝廷讨论将四处征伐没有归附的地方，假如派遣回回人征讨江南，汉人征讨西域，那么就能有效地控制他们，楚材说：“不行。中原和西域相距遥远，还没有到达敌人的边境就已经人马疲乏了，加上水土不服，容易生传染病，应该各从其便。”窝阔台汗接受了他的意见。丙申年春天，宗王们大聚会，窝阔台汗亲自拿起酒杯赐给楚材说：“我之所以推心置腹地任用你，是因为先帝的命令。没有你，中原地区就没有今天。我之所以能够高枕无忧，都是因为你的努力。”西域各国以及宋朝、高丽的使者前来朝见，说的话大多不可信，窝阔台汗指着楚材对他们说：“你们国家有这样的人才吗?”使者们都老实地说道：“没有。他简直是神人啊!”窝阔台汗说：“你们只有这句话不假，我也觉得你们国中一定没有这样的人才。”有个叫于元的人奏请发行纸币，楚材说：“金章宗时开始推行纸币，与铜钱同时使用，官府以发行纸币来谋利，不愿意回收，称为‘老钞’，甚至一万贯纸币只能买一张饼。百姓穷困，国家经费短缺，应该引以为戒。现在印制纸币，不能超过一万锭。”朝廷接受了他的意见。

秋七月，忽都虎送来了户口簿，窝阔台汗打算分割州县赏赐给亲王、功臣。楚材说：“分割土地和人民，容易发生冲突和纠纷。不如多赐给他们金帛财物。”窝阔台汗说：“已经答应了，怎么办?”楚材说：“如果朝廷设置官吏，征收上交给诸王功臣的赋税，到年底分给他们，不让他们自行征收，这样就可以了。”窝阔台汗同意他的想法，于是确定全国的赋税，每两户出丝一斤，以供国家使用；五户合出丝一斤，作为诸王和功臣封地的收入。地税中等田每亩交二升半，上等田交三升，下等田交二升，水田每亩交五升；商税征收三十分之一；盐价，白银一两可买四十斤。正常的赋税额确定后，朝廷讨论认为太轻，楚材说：“赋税从轻，仍会产生贪污的弊端，以后将会有人以增加国家收入为升官的途径，那样的话现在的赋税额就已经够重的了。”当时工匠制造物品，随意浪费官府的物资，十之八九被他们私自占有，楚材请求全部加以考核，建立起固定的制度。当时侍臣脱欢奏请在天下没有出嫁的女子中挑选美女，诏令已经颁发，楚材拦住不执行，窝阔台汗发怒。楚材进谏道：“以前挑选了二十八个美女，已经足够用来使唤。现在又要挑选，我担心骚扰百姓，正想再向陛下汇报。”窝阔台汗过了好一会儿才说：“可以取消这件事。”又打算征收民间的母马，楚材说：“耕种养蚕的地方，不出产马，现在如果推行收马之法，以后必定成为百姓的祸害。”窝阔台汗又接受了他的意见。

丁酉年（1237），楚材上奏说：“制造器具必须用好的工匠，要保持国家已取得的成就必须任用儒臣。儒臣的事业，不进行几十年的积累，是难以成功的。”窝阔台汗说：“果真是这样的话，可以让这些人做官。”楚材说："请加以考试选拔。"于是命令宣德州宣课使刘中到各郡去主持考试，分为经义、词赋、论三个科目，被俘为奴的读书人，也让他们参加考试，主人隐藏不让他们应试的处以死刑。共选拔了四千三百名读书人，免去奴隶身份的占四分之一。以前，州郡官吏中有很多人借商人的银钱来偿还欠官府的债务，利息累计为本钱的好几倍，称为"羊羔儿利"，甚至妻子儿女都被变卖为奴隶，还是还不清。楚材上奏，下令利息与本钱相等后不许再增加，永远成为固定的制度，民间所欠的债务，由官府代为偿还。直至统一度量衡、颁发符印、建立钞法、制定统一的贸易法规、设置邮政系统、明确驿站的使用凭证，各种政务大致齐备，百姓稍微能够休养生息。有两个道士争当道长，彼此都聚集了一批党羽，其中一个道士诬陷对手党羽中的两个人是逃兵，勾结宫中侍从和通事杨惟忠，将那两人抓起来残酷杀死。楚材将杨惟忠拘留审问，宫中侍从却说楚材违反朝廷制度，窝阔台汗发怒，逮捕楚材。随即又很后悔，下令释放他。楚材不肯松绑，对窝阔台汗说："我身为宰相，关系到国家大政。陛下开始时下令逮捕我，是因为我有罪，应当在百官面前公开宣布我的罪行不可饶恕。现在释放我，是因为我无罪，怎么能这样随便翻来覆去像戏弄小孩一样呢？如果国家有大事，也能这样干吗？"众人吓得脸色都变了。窝阔台汗说："我虽然是大汗，难道就没有错误的举动吗？"于是好言安慰了他一番。楚材乘机陈述了十条处理当今时务的措施，这十条措施是：信赏罚，正名分，给俸禄，官功臣，考殿最，均科差，选工匠，务农桑，定土贡，制漕运。都切合当今时务，窝阔台汗全部同意施行。

太原路转运使吕振、副使刘子振，因为贪污而获罪。窝阔台汗责备楚材说："你讲过孔子的教导可行，读书人是好人，为什么还有这种人？"楚材答道："君主、父亲教导臣属、子女，也不想让他们去做不讲道义的事情。三纲五常是圣人的教导，管理国家的人没有不遵循的，好比是天上有太阳和月亮一样。怎能因为一个人的过失，而使得万世经常奉行的学说单单在我们这个朝代被废止呢？"窝阔台汗的恼怒这才缓解。富人刘忽笃马、涉猎发丁和刘廷玉等人用银一百四十万两承包天下赋税，楚材说："这些都是贪图财利的家伙，欺骗朝廷坑害百姓，为害很大。"奏请皇帝取消这种做法。他经常说："兴一利不如除一弊，多一事不如少一事。任尚以为班超的话平淡无奇，但是千年之后，自有定论。以后遭到谴责的人，才知道我的话不假。”窝阔台汗素来喜欢喝酒，每天与大臣们开怀畅饮，楚材多次劝阻，不听，于是就拿着酒槽的铁口对窝阔台汗说：“酒能够使东西腐烂，铁尚且如此，何况是人的五脏呢？”窝阔台汗醒悟，对近臣说道：“你们这些人爱护君王，为国忧虑的心意，难道能比得上吾图撒合里吗？”于是赐给他金帛财物，下令侍从们每天进酒以三盅为限。自从庚寅年确定征税规则，到甲午年平定河南，税额每年都有增加，到戊戌年征收的白银达一百一十万两。有个翻译名叫安天合，讨好镇海，率先招引奥都剌合蛮包买赋税，又增加到二百二十万两白银。楚材极力争辩劝阻，以至于声色俱厉，一边说一边哭。窝阔台汗说：“你想打架呀？”又说：“你想为百姓哭泣吗？姑且让他们试着做做再说。”楚材无法阻止，于是叹息道：“百姓困穷，将从此开始了！”

楚材曾与宗王一起吃饭，喝醉后躺在车中，窝阔台汗在原野上看见了，直接来到他的营盘里，登上车用手推他。楚材睡得正香，正为别人打扰自己而恼怒，忽然睁开眼睛一看，才知道是大汗来了，慌忙起身谢罪，窝阔台汗说：“有酒一个人喝醉，不想跟我一起快活快活吗？”笑着走了。楚材来不及穿戴好衣冠，赶紧骑马前往皇帝的行宫，窝阔台汗为他摆开酒席，尽兴而罢。楚材主持政务很长时间，把得到的俸禄分给自己的亲族，从来没有徇私情让他们做官。行省刘敏严肃认真地向他提起此事，楚材说：“使亲族和睦的道理，只应是用财物资助他们，我不能为了照顾私人感情而让他们去做官违法。”

辛丑年（1241）二月三日，窝阔台汗病危，医生说脉搏已经不动了。皇后不知所措，把楚材召来询问，楚材回答说：“现在任用的官员不合适，出卖官职，打官司要贿赂，囚禁无辜的人很多。古人一句好话就可以使火星退到原来的位置，我请求赦免天下的囚徒。”皇后想立即去做，楚材说：“没有大汗的命令不行。”过了一会，窝阔台汗稍微苏醒过来，于是上奏请求赦免囚犯，窝阔台汗已不能说话，点头表示同意。当天夜里，医生测到脉搏重新跳动，正好是宣读赦免令的时候，第二天病就好了。冬十一月四日，窝阔台汗将出去打猎，楚材用太乙数来推算，赶紧说不能打猎，左右侍从们都说：“不骑马射箭，就谈不上快乐。”打猎五天，窝阔台汗在行营中去世。皇后乃马真氏行使大汗权力，重用和信任奸邪之人，政务都被搞乱。奥都剌合因为包买赋税而执掌大权，朝廷里的人都害怕他、依附他。楚材当面斥责，在朝廷中争辩，说别人不敢说的话，人们都为他担心。

癸卯年（1243）五月，火星侵犯房星的区域，楚材上奏说："将有惊扰发生，但最后会没事的。"没过多久，朝廷用兵，事情仓促发生，群情纷扰，皇后于是下令将靠得住的人武装起来，甚至想向西迁移以躲避面临的危机。楚材说："朝廷是天下的根本，根本一旦动摇，天下将会动乱。我观察天象，肯定没有灾难。"过了几天就安定下来了。皇后将盖有大汗大印的空白纸张交给奥都剌合蛮，让他自行填写办事。楚材说："天下是先帝的天下。朝廷自有法律规章，现在要搅乱，我不敢遵从命令。"这件事因而中止。又有旨令说："凡是奥都剌合蛮提出的建议，令史如果不记录下来，就砍断他的手。"楚材说："国家的典章制度，先帝都托付给老臣我来维护，跟令史有什么关系呢？事情如果合理，自然应当奉命执行，如果不能照办的，死都不怕，何况是断手呢！"皇后很不高兴。楚材仍然争辩不已，并大声说："老臣我奉事太祖、太宗三十多年，没有辜负国家，皇后又怎么能没有罪名而处死我呢！"皇后虽然恨他，也因为他是先朝的有功旧臣，对他既尊敬又畏惧。

甲辰年（1244）夏五月，耶律楚材死在官位上，终年五十五岁。皇后哀悼，赠赐非常丰厚。后来有人诬陷楚材，说他当宰相时间久，天下进贡的赋税有一半都落到他的家中。皇后命令侍从大臣麻里扎前去查看，只有十几张琴、阮以及几千卷古今书画、金石和遗文。至顺元年（1330），赠官号为经国议制寅亮佐运功臣、太师、上柱国，追封为广宁王，谥号"文正"。

以上是根据《元史·耶律楚材传》及参考今人的一些资料而写成的。耶律楚材生当金元之际，他虽是契丹人，但早已汉化，与一般汉人无异。而且他的汉文化水平远非普通汉人所能望其项背。他由金入元，辅佐成吉思汗和窝阔台汗平定和治理天下。当时正值蒙古统治者东征西讨，谋求建立世界性帝国之际。由于蒙古军事实力强大，很快占领了广袤地区。耶律楚材就是在蒙古进攻及占领金朝时期发挥作用的。在攻打金朝过程中，按照蒙古军队的习惯，凡是抵抗的城池，蒙古占领后要对城中军民予以全部屠杀。楚材力劝蒙古统治者改变这种行为，并大多被采纳，减少了屠戮，存活了千万百姓。按照蒙古固有的生产方式，他们会把中原的农田废弃，改为畜牧用的草地。这无疑是对先进生产力的极大破坏和摧残。耶律楚材劝蒙古统治者放弃了这种做法，并在中原推行符合当地经济状况的政策，最大程度上保护和发展了生产力。蒙古和金国的战争，不仅是双方政治军事实力的较量，同时也是草原文明和农业文明两种不同文明的碰撞。耶律楚材向蒙古统治者提出了一系列建议，试图以儒家思想规范他们的行为，使他们接受儒家文明。他重视儒家文明，推荐使用了大量儒士。他大力兴办儒学教育，以儒学知识考试来选拔官员。他建立了一系列以儒家思想为指导的典章制度，奠定了元朝的政制基础。“百尺竿头更移步，普天匝地生清风。”在耶律楚材的努力下，普天匝地依然吹拂着儒家文明的清风。（耶律楚材《和南质张学士敏之见赠》）

雁李村传说

自原阳县城东去，有一个地方叫太平镇雁李村。雁李村在原阳县境，也不过是众多村庄中的一个再普通不过的村子。但就是这个村子，有一个人与一对大雁的感人故事，自古至今，流传不衰。

具体的年代已经很难说清。在古代，该村曾经有一村夫，非常善射，百发百中。村夫以射猎为生，常在黄河滩涂行走，捕射猎物。某年冬天，寒风猎猎，骄阳无晖。当一群南去的大雁经过时，他弯弓射箭，一只大雁应声而落，但大雁受伤未死，他就将其养于家中。次年春日，群雁北归，在经过该村时，其中一只大雁脱群而落，立于他家门口的一棵高树之上，凄然哀鸣。此时，养于他家院中的那只大雁闻声回鸣，哀婉动人。只见立于枝头的大雁突然俯冲而下，两只大雁交颈亲昵，哀伤而死。该村民见此情景，痛哭流涕，后悔不已，于是把两只大雁择地而葬，谓之“雁丘”。农夫自此收弓，不复杀生。

当我听到这一故事的时候，心之感觉五味杂陈。雁犹如此，人何以堪？不禁想起元好问那首著名的《摸鱼儿·雁丘词》：

乙丑岁赴试并州，道逢捕雁者云，今旦获一雁，杀之矣。其脱网者悲鸣不能去，竟自投于地而死。予因买得之，葬之汾水之上，累石为识，号曰雁丘。时同行者多为赋诗，予亦有雁丘辞，旧所作无宫商，今改定之。

问世间，情为何物，直教生死相许？
天南地北双飞客，老翅几回寒暑。
欢乐趣，离别苦，就中更有痴儿女。
君应有语：渺万里层云，千山暮雪，只影向谁去？
横汾路，寂寞当年箫鼓，荒烟依旧平楚。
招魂楚些何嗟及，山鬼暗啼风雨。
天也妒，未信与，莺儿燕子俱黄土。
千秋万古，为留待骚人，狂歌痛饮，来访雁丘处。

姚枢讲学

姚枢，字公茂，本柳城（今辽宁朝阳）人，后迁洛阳（今河南洛阳）。姚枢自幼读书刻苦，当时闲居许州的名士宋九嘉对他倍加赏识，认为他有“王佐略”。

这个时候，蒙古军队频频南下，金朝已是风雨飘摇。1232 年，蒙古军攻破许州，姚枢被迫出逃。这时，宋九嘉已出任蒙古官职，姚枢就到燕京（今北京）投靠他，宋九嘉将他推荐给了名臣杨惟中。杨惟中很快推荐姚枢前往漠北，觐见窝阔台。那时漠北没有汉人士大夫，窝阔台“喜其来，甚重之”，留他在身边数年，姚枢因此熟知了蒙古的风俗和文化。

1235 年，皇子阔出统兵攻宋，姚枢受诏从杨惟中随军出征，到汉地求访儒、道、释、医、卜、酒工、乐人等人才。蒙古军破枣阳，主将欲坑杀姚枢搜罗的各色专门人才。在他的全力保护下，这些人“逃入篁竹中脱死”。

不久，蒙古军又攻陷德安（今湖北安陆），“其民数十万，皆俘戮无遗”。其时，姚枢尽力解救身着儒者，其中南宋名儒赵复就是被他解救的。不久，姚枢亲自护送赵复北至燕京。为“传继道学之绪”，在中书令耶律楚材的支持下，姚枢协助杨惟中在燕京创立太极书院及周子（周敦颐）祠，“以二程、张、杨、游、朱六子配食，请赵复为师，选俊秀有识者为道学生”，从学者达百人之多，由是，理学在北方传布日广。而姚枢“首受其学”，成为赵复的第一个学生，精心研读“程朱二子性理之书”，很快成为阐扬理学的一个重要人物。

理学产生于北宋，但随着宋室南迁，该学派主要人物流落江南，传承到朱熹时，形成了完整的体系。金和南宋对峙百年，导致南北“声教不通”，金朝的儒士崇尚汉代经学的章句注疏，“学文止于词章，不知讲明经术为保国保民之道”。

而在1235年硝烟弥漫的战场上，姚枢发现、保护、推荐了赵复，打开了一扇南北文化交流的大门，程朱理学由此在北方广泛传播，令北方儒士沐浴在耳目一新的学术空气中。由于姚枢、窦默、许衡等人的努力，元朝尊信程朱，将理学定为官学。此后，明清承续元代，也以程朱之学为官学。

1241年，四十岁的姚枢命运发生一次重大转折，这促成了他与辉县百泉的一段缘分，也成就了他与许衡、窦默等大儒之间的情谊。

那年，窝阔台任命姚枢为燕京行台郎中。“燕京行台”也叫“中州断事官”，是蒙古汗国总理汉地政务的官职，当时担任这一职务的，是花剌子模人牙鲁瓦赤，此人经商出身，性喜货贿。各地官员和掌握兵权的世侯竞相往燕京送银子。大约为了堵住姚枢的嘴，牙鲁瓦赤常把贿赂分一份送给他。姚枢是个洁身自好的人，不想要，但又得罪不起，只好放弃一切，挂冠而去，携家小迁至辉州苏门（今辉县北苏门山）隐居。

来到苏门后，姚枢的生活是简朴的，他“诛茅为堂”，然后出资垦荒田数百亩，“修二水轮”灌溉，让自己的生活有了基本的着落。随后置家庙，奉祠四世堂龛，“别为室奉孔子及宋儒周敦颐等像”，自己“终日危坐”，潜心研读程朱之书。那时北方长期战乱，各种书籍相当缺少，刚刚从南方传来的理学典籍更是匮乏。苏门山下，姚枢亲自从事小学、四书的刊行，还动员朋友出资刊刻图书，散发到四方。

赵复虽前往燕京传授程朱理学，但一年后就隐居起来。没有了赵复，姚枢就成了北方理学传播的核心人物，前来求学问道的人数众多，其中最有名的，是后来成为大儒的许衡和窦默。他们研读程朱理学长达十年，后来都卓然而成大家，并且都受到忽必烈的重用。

1250年，忽必烈派人前来征召，50岁的姚枢慨然允诺，再次前往漠北。之后他辅佐忽必烈制定各项制度，劝阻蒙古军队杀戮，劝说蒙古统治者实行汉法。直到至元十五年（1278），姚枢病逝于大都（今北京），享年七十八岁。①

焦浩屯传说

元朝末年，山西洪洞县有个叫焦浩然的人，很有才学。当时太原路总管府的达鲁花赤跟皇帝是亲戚，对焦浩然很是赏识，便六次到家拜访，邀请他出来担任同知之类的职务。焦浩然为他的诚意所感动，跟随达鲁花赤进了总管府。尔后达鲁花赤在办理公务上遇到难题，总依仗着焦浩然这个智囊，在向焦浩然请教之后再做决定。

数年以后，达鲁花赤因故进京，焦浩然认为此去凶多吉少，老皇帝已近风烛残年，几个皇子为争皇位勾心斗角，达鲁花赤曾在老皇帝面前力荐过一个皇子，但如果他登不上皇位，别的皇子登基，势必排挤这个皇子，并会“城门失火，殃及池鱼”，首先铲除这个皇子的追随势力。

达鲁花赤一向对焦浩然言听计从，但这一次却未听他的劝阻，认为事情没有他说的那么严重，他们蒙古皇族不会像汉族皇族那样小肚鸡肠。后来径自去了，果然遭遇不测，老皇帝晏驾后，达鲁花赤被新皇帝以办理公事不力为借口所杀。

虽然焦浩然对达鲁花赤已经做到仁至义尽，但他还是认为自己才能不足，辅佐不力，未能找到达鲁花赤能接受的方式劝阻住他，才导致这场悲剧的发生。于是他就乘一天夜里悄悄离开总管府，找了个偏僻山区隐居起来，过着躬耕农田、著书吟诗的清闲日子，决心以后不再出来做官。

明朝建立以后，有个叫李乐天的人就任太原太守，他早就听说过焦浩然的才华，便决定请他出来，在府内任个一官半职。可是尽管李乐天七次登门拜访，还开出异常丰厚的条件，但焦浩然仍然不为所动。

李乐天不甘心轻易放弃，找了焦浩然的亲朋厚友，一同来劝说焦浩然出来做官。焦浩然说：“我不是金刚钻，揽不了瓷器活。从前有位官长看得起我，所以才勉强出来为他奔波了一段时间，但结局很是对不住那位官长。现在我早已心灰意冷，理不了政了，勉强去做，效果只会恰得其反，希望你们不要让我重蹈旧辙，那对双方都没有好处。”焦浩然说罢，拔腿

① 《元史》卷158《姚枢传》，中华书局1976年版，第3711—3716页。

就走，全然不顾把家中的客人晾在那里。

后来，又有几位职位更高的官吏登门拜访，都是希望焦浩然出来做官。但都被焦浩然拒绝了。再后来，焦浩然为了躲避官吏们三番五次要他做官的纠缠，干脆在山西往河南大移民时，率族人来到卫辉府汲县建村焦浩屯，现属卫辉市柳庄乡。

焦浩然拒绝明朝官员的邀请出山做官，是由于他觉得没有辅佐好达鲁花赤，感到内心有愧，所以不再出仕。这是故事中明确告诉我们的一个理由。但笔者觉得还有另外一个理由，文中没有明言。据学界最新的研究，元明易代是一场阶级斗争而非民族革命。当时很多读书人是忠于元王朝的。焦浩然拒绝做官，很可能像当时其他的士人一样，出于对元朝的忠心，而不愿出仕新朝，成为贰臣。这个理由他又不能明说，而以没有辅佐好达鲁花赤为借口拒绝明朝官员的邀请。浅显文字的背后，隐藏着士人复杂的心理状态。

第五章 明清时期

八里屯传说

据《卫辉市地名志》载：明初山西移民至此建村，因距府衙门八华里，又因常驻卫戍城防军队，故名八里屯。其实，关于该村的来历，这里还流传着这样一个传说。

元朝末年，朝廷怕百姓反抗，下旨让十五家共享一把菜刀。菜刀由朝廷派到这十五家的元军头目保管，到做饭时让这十五家轮流使用，激起百姓不满，各地百姓纷纷以月饼传信，约定农历八月十五一齐杀死这名元军头目，尔后或占山，或下湖，或据寨，形成农民起义军。

朱元璋也起兵反元，但开始屡战屡败，甚至差点被元军逮住。这一次，他又打了败仗，杀出重围后，只剩下单枪匹马，浑身是伤，并且一天一夜没有吃饭。他逃过黄河，来到现在的汲水镇八里屯这片地面时，已经半夜，而且下着大雨。他瞅前面有片黑乎乎的影子，来到近前，却是一座庙宇。他下马正要敲门，却因疲劳饥饿过度晕倒在雨地里。他命不该绝，不久庙里的和尚化缘回来，见有人晕倒在门口，浑身是血，吓了一跳，赶紧跑回庙里，告诉了住持。住持与众人到外面一看，见是个行武打扮的人，又见远处灯笼火把火龙似的向这移动，分明是一哨人马向这里追来。住持不敢怠慢，忙让众人撵跑马匹，将那个人抬回庙中，藏在神台下的暗窖里。元兵追到，喊开庙门，进去四处搜查，什么也没发现，只好再向别处寻找。

元兵走后，朱元璋醒来，见一个布衣打扮的人坐在身旁，正向住持说些什么。住持见朱元璋醒来，十分高兴，那人也忙去烧火做饭。但那时正值兵荒马乱，农民起义军与元兵在这一带长期拉锯，附近村庄没剩几个人，也没粮食。那人找了些玉米粒、红萝卜缨、白萝卜切了切煮了煮，盛到碗里端给朱元璋喝。朱元璋一口气喝了八碗，才停住嘴，问那人：“这是什么饭呀，怎么这么好喝?”那人微微一笑说：“这叫玛瑙白玉灵芝汤。”朱元璋又问：“我这是在哪儿呀?”那人说：“这地方叫佛爷庙，在卫辉汲县城西八里。”朱元璋记住了。不久，他伤愈了，却不见了那人，问住持，住持说那人是当年进京科考时结识的一位朋友，与罗贯中、施耐庵合称“江南三才子”，他知道你叫朱元璋，已走了数日了。朱元璋大惊：“莫非此人是刘伯温?”住持说：“正是。你若得此三才子中的一个，夺取天下易如反掌。”朱元璋后悔不迭。这才有了后来朱元璋亲自邀请，把刘伯温用轿抬了几百里抬到南京，当了军师的故事。从此朱元璋摆脱了屡战屡败的阴影，消灭了陈友谅，大败张士诚，讨平方国珍，铲平一股一股割据势力，最后北伐灭掉元朝，建立了大明。

朱元璋登基后，念念不忘在卫辉城西八里被救，并且在这里第一次见到刘伯温，及刘伯温为他煮汤的情形；念念不忘住持为他举荐贤能，使他反败为胜的情景。他认为这里是他的福地，便传旨首先重修他当年藏身的庙宇，重塑金身，亲自为该庙起名为定国寺；其次让山西移民在这建立一村，并起村名八里屯，并且规定这里的百姓可以永远不纳粮。

一日，朱元璋吃腻了宫里的东西，让刘伯温为他重熬“玛瑙白玉灵芝汤”。刘伯温使尽各种办法，也为他做不出当年的感觉了。

这个故事讲的是朱元璋如何遇见刘伯温。我们知道，刘伯温是朱元璋的第一号谋士。他为朱元璋出谋划策，帮助朱元璋扫灭群雄，统一了全国。从这则故事表面来看，好像朱元璋遇到刘伯温是一个偶然，其实背后是精心的设计。我们可以将故事没有明言的情节做如下复原：

元末天下大乱，群雄纷起，各据一方。刘伯温作为一名有志向、有识见的士人，在密切关注着全国的局势。他看到朱元璋比较贤能，是位明主，值得辅佐。但他不能直接去找朱元璋，这样朱元璋不会重视自己，自己这样做也掉价。所以他和寺院的住持联合演了一出戏。住持救了朱元璋，刘伯温为朱元璋做饭。而且只让朱元璋见一面，就匆匆离开。这勾起了朱元璋的好奇心。朱元璋就问住持为我做饭的是谁。住持按照事先设计好的话告诉朱元璋，此人就是刘伯温，并且强调谁得到他谁就可以得到天下。朱元璋大吃一惊，原来此人就是刘伯温，没想到在此相见。他自然不会放过这次难得的机会。之后，他亲自邀请刘伯温出来辅佐自己，并用轿子抬着刘伯温到南京。刘伯温看到朱元璋以这么隆重的礼节对待自己，觉得他确是一个礼贤下士的人，就决定辅佐朱元璋了。

以上是笔者把隐藏的情节挖掘出来，复原的故事。想必一定会有人问，你这个是自己想出来的，事情的本真未必如此。笔者答曰：由于年代久远，具体事情到底是什么样谁也不得而知了，但以上故事的复原却绝非毫无根据的杜撰。这既有历史的先例，又有古代士人的心理作为依据。

就历史先例而言，最著名的是诸葛亮的事迹。东汉末天下大乱，军阀割据，混战不已。诸葛亮隐居卧龙岗，时刻观察着全国局势。否则他何以不出茅庐而知天下三分。他隐居不是长期的，最终他要出山，成就一番事业。这从他自比管仲乐毅就可看出。经过观察，他看到刘备值得辅佐。但他不能直接投奔刘备，这样既显得自己热衷官爵，又为刘备所轻视。只能让刘备请自己。而当时诸葛亮仅为一无名小卒，又隐居深山之中，刘备怎会主动上门。诸葛亮的好友们就为诸葛亮宣扬，直接间接告诉刘备诸葛亮为卧龙，得到他就得到了天下。刘备求贤若渴，亲自登门拜访。前两次都没有见到诸葛亮，直到第三次才见到。诸葛亮看到刘备礼贤下士如此，深受感动，决意出山辅佐刘备。这就是著名的刘备三顾茅庐，邀请诸葛亮的故事。

就士人心理言之，中国古代士人受儒家思想影响，有一种得君行道的理想。君主掌握着政权，代表着政统；士人掌握着真理，代表着道统。士人的理想就是实践道，即如孔子所说的“士志于道”（《论语·里仁》）。士人要达到此一目的，必须出来为官，握有权力。出来做官，就与君主形成了君臣关系。臣子自然要听命于君主。但自认为代表真理的士人不愿完全听命于君主。他们为官是为了实现道，当道与君主发生矛盾的时候，他们宁可选择前者，所谓“从道不从君”（《荀子·臣道》）。所以他们希望不单是君主的臣子，还是君主的师友，与君主保持着一种相对平等的关系。这样得到君主的尊敬和重用（得君），实现儒家的理想（行道）。正是有这种文化心理，诸葛亮、刘伯温才会想方设法让刘备、朱元璋请自己，而不是自己主动跪拜在君主面前。明乎了这种心理，也就知道笔者的复原绝非凭空想象了。

金庄白河

据《卫辉市地名志》载："现在的柳庄乡金庄，系明初金姓由山西洪洞移民来此建村，取名金家庄，后简称为金庄。"在这里流传着这样一个传说。

金盔和银节是姑表兄弟，都是元朝末年山西洪洞县人，两人家乡相距不足三里，自幼同上一个私塾，后来一同得到高人传授，很会布阵打仗，善施撒豆成兵、叱石成牛之法。再后来两人相约一同去投奔朱元璋的农民起义军，不料半路被元军冲散，金盔投了朱元璋，银节投了张士诚。朱元璋封金盔为扬威将军，张士诚打算把干女儿许给银节，二人从此各为其主。有一次，他俩碰巧在一处相遇，银节带的兵将多，将金盔牢牢围在城中。银节知道金盔的才能，长于防守，为了减少士兵的伤亡，没有急于攻打，只是派使节劝降。金盔拒绝投降，也没放松警惕，为了鼓励将士们的斗志，他跟将士们同吃同住同守城。

九个月过去了，城里粮草眼看吃光了，正在这时，金盔打听到张士诚对银节产生了怀疑，认为他以私废公，围而不打，九个月没有一点战绩，必是同敌方有勾搭，不愿意将干女儿嫁给银节了，于是想出了一个好办法。

他先让鸿雁传书，将城中的情况禀报给军师刘伯温，让军师派人去张士诚处散布谣言，说银节的坏话。张士诚听到谣言后很快便把银节撤了职，派新将官来接替，让银节回去复命。银节知道回去凶多吉少，于是就找借口逃回了老家。

金盔见反攻的时候到了，就假装向这位新将官投降，新将官听了非常高兴，以为城里被围近十个月后真的支撑不住了，就放松了警惕。金盔命令士兵们打着白旗出城，在离敌军很近的一片乱石滩上，突然大喊一声："羊起"，只见乱石滩上的白石一下全变成了山羊，竟有数万只之多，金盔又从布袋中掏出绿豆朝天一撒，喊了一声"成兵"，霎时间绿豆全变成了绿兵。绿兵赶着山羊疯狂地往前冲，把前来接受投降的张士诚军队冲了个稀里哗啦，这时刘伯温派来解围的常遇春、胡大海也率部赶到，里应外合，全部歼灭了围城的张士诚军队。

后来，金盔在跟随徐达元帅北上攻克元朝首都后，因父亲病故，回乡探亲，巧遇也来吊丧的银节，这时银节已成为地道的老农民。二人说起往事，感慨万分，不由得多喝了几杯，直到午夜天穹满是繁星还在叙谈。后来正准备散去，银节忽然惊叫：大事不好。金盔顺银节手指看去，只见大明将星个个昏暗。金盔也与银节一样，知天文晓地理，他再三看去，大明将星将遭厄运。于是听从了银节的劝告，谎称为父守孝三年，不再返朝，从此不再涉猎仕途。

尔后，在明初的山西往河南大移民时，金盔带领族人来卫辉府汲县建村金庄。银节为避官府迫害，改名白节，后来也带家人来到汲县老黄河渡口白蒿渡建村，一语双关，对外称取白蒿渡的白（实际是白节的白），黄河的河，村名白河（现属李源屯镇）。

受酒却金

凌汉，字斗南，原武人。以秀才举，献《乌鹊论》。授官，历任御史。巡按陕西，上疏所见疾困者数事。明太祖很高兴，赐给其子衣钞。回到京城后，有人对凌汉表示感谢，请他喝酒，并给他金子。凌汉说，酒可饮，金不可受。明太祖听到后嘉许赞叹不已。擢升他为右都御史。时詹徽为左都御史，二人议论不合。凌汉每次都当面和詹徽发生冲突，引起詹徽的怨恨。凌汉左迁刑部侍郎，改礼部。后为詹徽所劾，降左佥都御史。皇帝悯其衰，令他归田里。凌汉顾虑詹徽在任，自己回去恐有后忧。一年多后，詹徽被诛，凌汉复擢为右佥都御史。不久后致仕。①

凌汉因出言不检，与同僚关系不好，故仕途不顺。但他的结局不错，这主要得益于其以廉直见知于帝。廉直当然是一种美好的品质，但并非廉直的人会有好的结果。凌汉恰逢其时。众所周知，明太祖最痛恨贪官，对清官很赏识。凌汉虽有种种缺点，但他以廉直为太祖所知，这就是他仕途的有力保障。所以他发展虽不顺利，但最终获得了一个好的结局，并且以受酒却金的美行名留青史。

---

① 《明史》卷 138《凌汉传》，中华书局 1974 年版，第 3970—3971 页。

黄飞虎灭火

据《胙城县志》载，当年武王伐纣，战将黄飞虎在胙城县城内西北角穿洞破敌，留下飞虎洞遗址。武王灭纣后，分殷之畿内地为三个诸侯国，以监殷民，史称三监。同时还分封了许多小诸侯国，胙城即其中之一，时称胙国。周公之子伯倏在胙国，封后，为纪念黄飞虎，在飞虎洞前建了一雄伟壮观的大殿——城隍庙。明朝以后，全国各地的城隍，只有胙城县的城隍可以穿龙袍，戴金冠。人们都说，那是明太祖朱元璋封的。

公元 1368 年，朱元璋在应天（今南京）称帝。明初的一年元宵佳节，举国上下，彩灯棋布，国都应天，游人如织，一派歌舞升平的盛世景象。

突然，正宫马娘娘的寝宫被烟火引燃。一时，大火冲天，浓烟滚滚。皇宫里，顿时乱成一片。尽管太监们奋力抢救，怎奈火势凶猛，泼水如浇油。眼看娘娘寝宫内，价值连城的珠宝将焚于一旦。只见一人奋不顾身，冒着生命危险，跳进火海，进而复返，把马娘娘的心爱珠宝全部搬了出来。马娘娘目睹此人壮举，赞叹不已。命太监询问身世，此人回答："胙城县令黄飞虎。"马娘娘很奇怪，殷商时史书上有个武成王黄飞虎，如今相隔十四代，怎么又冒出个黄飞虎？又一想，天下之大，慕英雄而随其名者也不足为奇。于是，就向太祖皇帝上奏章，召胙城县令进京加官晋爵，以报答舍身救火之恩。可是，等胙城县令进京后，马娘娘一看，大失所望，原来县令并非救火之人，只得命其暂回，事情也就搁了下来。

寒暑交替，转眼三载，春回大地，百花争艳。一日，明太祖朱元璋忽然心血来潮，意欲出巡，便命人备好仪仗带着马娘娘启程北上，途经胙城县城，闻得城隍灵验，便由县令引路，到城隍庙进香。礼拜之后，马娘娘抬头看城隍仪容，不觉"啊"了一声，原来她发现坐在暖阁上的泥塑城隍有点面熟，只是胡子被烧焦了。再仔细审视，不觉恍然大悟。谁知三年来查访不到的救火英雄正是这位城隍。即向朱元璋讨封，朱元璋亲笔写了"敕封司民显佑伯"几个大字，并通令天下：天下城隍，唯以胙城县城隍为尊，可戴金冠，穿龙袍。马娘娘又亲手为他绣了龙袍，并赐给金瓜、钺斧、朝天登等全副仪仗。从此，胙城县城城隍庙日夜香火不断。为纪念朱元璋所封，胙城县令定于四月初四为庙会。每到这一天，方圆百里的人们纷纷赶来进香，一直延续至今。

剪发待宾朋

今天的新乡地区还流传着这样一个故事：新乡地区有个村叫大宾村。明初一户人家从山西洪洞县迁居于此。数年后一位秀才来看望他。男主人不在家，其妻招待客人。因为家贫，妻子把自己的头发剪下来换酒招待了来访的客人。客人见此情景，很感动，临走前留下两句话："空壶留故友，剪发待宾朋。"这个村子从此改为待宾。因待与大发音相似，这个村又名为大宾。

在古人的观念中，自己的身体并不完全属于自己，所以自己无权处置自己的身体，要经过父母的同意。所谓"身体发肤，受之父母，不敢损伤"，这则故事中的女主人为了招待客人，剪了自己的头发来换酒，说明其对客人的热情和尊重。所以故事才流传下来，以致村子都因此改名。

茅草庄村传说

茅草庄村位于辉县市洪洲乡西北 13 公里处，西邻石门河，毗连西土楼村、新乡庄村、五里河村、西孟庄村，空气清新，山清水秀，物华天宝。

要说起该村的来历，还有一段有趣的地名故事。明朝中叶，辉县峪河周氏第七世迁居修邑周庄，繁衍生息，人丁兴旺，故名周庄。清朝初年，修武县周庄周姓五兄弟独揽绝门生意，到辉县境内太行山一带经营山楂买卖，因离家较远需夜宿在外，借宿有扰民之嫌，且不方便，于是择地洪洲城遗址东北 3 公里处，在一片长满茅草称为茅草窝的荒地就地取材，搬石垒墙，伐木搭架，割草盖顶建起一间简陋茅舍，跋涉归来，歇息于内，吟诗对答，别有一番情趣。这年冬天暴富后的周家五兄弟又增盖四处茅舍，人均一处，春节张贴对联时，周家喜气洋洋，五门五副对联统一书写为：

茅草窝，茅草房，就地取材；
山楂树，山楂果，靠天生金。
横额：天时地利。

后有逃荒来者，因这里茅草丛生，也随之就地取材建茅草房数十间，渐成村落，“茅草庄”名称也由此而生，直到如今。

蔺澄讨债

蔺澄，字文濂，阳武县福宁集乡蔺寨人。明成化丙戌进士，授监察御史，其人“量宽裕而有容，才敏捷而不矜”。他激浊扬清，弼国之治，“劾贵戚怙宠擅权，论官宦干预朝政，知无不言，朝野震慑”。宪宗皇帝亲颁嘉奖令，授其文林郎之衔，以示褒奖。

他在做官之前，就经常为乡亲们排忧解难。一次，一位县官请工匠为他修造房子。房子修造好后，又不给工钱。工匠就找蔺澄，请他帮忙说情。蔺澄就提笔写了篇《瓦匠记事禀》，上书：“手执钢刀一把，日进衙门。先叫摆治正房，又叫摆治偏房，整天爬上爬下，日日不停。日不尽不算一工，掏罢力没人给钱。县太爷圣明，断断这算什么官司?”让工匠拿着这个讨要工钱。县官看到这篇文字，知道是骂自己的，但自知理亏，还是把工钱给了工匠。

蔺澄在批署公文时，常把蔺写成上面草字头，下面门。这源于战国名士蔺相如。据说当年赵国被迫把世子派到秦国当人质，蔺相如护送世子去。在半路，世子得病死去了。赵王大怒，判蔺相如死刑，斩首剖心。念及蔺相如曾立有大功，就赐其全尸，以姓代身，蔺字斩首剖心后，就是门字。所以以后姓蔺的常写成门字。后来逃到中原的蔺姓人写“门”心存不甘，写成“蔺”又犯忌讳，便在门上留头，成为一趣。

嘉靖六年（1527）《阳武县志》保存了宪宗颁给蔺澄的敕。

敕曰：朝廷设监察御史，欲起振风纪、举宪纲、激浊扬清，以弼成国家之治也。非得廉慎刚明之士，曷克称也。尔南京山西道监察御史蔺澄，发身贤科，擢任风纪，历年既久，声绩著闻，宜赐宠恩，以旌劳勚。是用进尔阶文林郎，赐之敕命，以旌尔劳。夫官以察为名，以言为贵，贵乎略细故而存大体，扶君子而抑小人。尔尚益正乃心，益洁乃行。勿私于法，勿挠于势，勿讦以为直，勿苟以为能，夙夜懋修，用光宠命，钦哉。

敕曰：妇从夫贵，不以存没而异恩。盖重人伦之始，以敦风化之本也。尔南京山西道监察御史蔺澄张氏，夙敦妇道，善相其夫，命之不济，曾弗偕老。兹特封为孺人。九原有知。服斯宠命。

曰：国家赐命群臣，而必及其室家者，所以嘉内助之美，重人伦之始也。尔南京山西道监察御史蔺澄继室毛氏，恪修妇道，允宜厥家，兹特封为孺人。服此荣恩，永贲阃门。

一布度二命

新乡一带流传着关于阎邦宁的传说。明嘉靖年间，阎邦宁家中贫穷，没有钱财，就带着两匹布去开封赶考。路上他在河边遇到了一位妇女带着一个儿子哭泣，要投河自杀。阎邦宁忙上前询问，妇女说，自己带着布出来做生意，布被人骗走了，自己空手回去怕被丈夫打，所以想投河自尽。阎邦宁劝她，并将自己的布给了妇女。之后阎邦宁就去开封考试了。在旅店里，听到空中传来声音：“解元阎邦宁，一布度二命。”阎邦宁觉得是在做梦就没在意。等到揭榜之日，他果然中了解元。报喜的人快马加鞭，想早点报告给阎邦宁，好讨些赏钱，由于用力过猛，把马给累死了。等到了阎邦宁的住处，看到破烂不堪，此人大失所望，恼怒之下把马铃摔在墙边，空手而归。后来在当地就流传了一则民谚：“解元阎邦宁，一布度二命。跑死报子马，摔碎鹅蛋铃。”

这则故事的主题思想是劝人行善，好人终有好报。笔者不想在此主旨上再阐释什么，而是想换了角度看问题，也许这虽非故事的本意。在真实的历史场景中，一个人因为行善而科举中第是不可能的。自隋朝建立科举制以来，制度越来越完善，“一切以程文为去留”，试卷成绩成为中第与否的唯一标准。这种制度选拔出了很多优秀的人才，对社会的发展贡献很大，这方面学界已经谈的很多。但科举制只能考察出人的智力，却无法测验出人的道德品质。所以，道德高尚的人未必能中第。这是与儒家的思想相违背的。因为我们知道，儒家是更注重德的，德才兼备最好，有德无才次之，有才无德更是等而下之。科举制只能选拔出有才的人，却无法选拔出有德之人。我们就明白为何科举制盛行后，许多大儒如朱熹、顾炎武等大力批判，想恢复以前的乡举里选。我们今天的考试制度与科举制有类似之处，只能测验出考生的智力水平，而无法检验考生的道德水准。我们也强调干部要德才兼备，以德为先，这与儒家的标准是差不多的。而如何做到这一点，是值得探索的。

《封神演义》

相传明代文人许仲琳撰写了魔幻长篇小说《封神演义》。获嘉地区流传着许仲琳撰写《封神演义》的传说。

许仲琳1560年在江苏应天府（今南京）出生。自幼喜爱读书，博览经史，过目不忘，聪慧过人。二十岁时参加乡试，他自觉学识对题，就写下了六千多字的文章。文章对科举和官场的弊端做了深刻的揭露和有力的抨击。由于他揭露了当时腐败官场的本质，所以科考没有中。直到四十多岁还是一个童生。后来他抛弃儒服，戴上黄冠，做了方外游客，并学了不少神道秘诀。他写了一些仙道书籍，还为《庄子》作注。一次，他仗义执言，得罪了清浦县的恶少张秉寅，被其寻仇，只得四处躲藏。

许仲琳的一个姨妈在获嘉，他就躲到这里。姨妈家的儿子徐培植聪明好学，许仲琳就把自己的知识传授给了他。后来徐培植中了进士，当上了清浦县令。一次偶然的机会，许仲琳遇见了获嘉知县张蕴道。交谈之后，知县看出许仲琳不是一般人，言谈举止非凡，是个饱读诗书的有才华的人。当即把许仲琳带回县衙，充作自己的幕僚，为自己治民理政出谋划策，同时与他谈诗论画，品读经史。

一次交谈中，说到万历十五年（1587）获嘉发生了地震，地震导致同盟山上的武王庙被毁，一直没有修复。知县就委派许仲琳去修复。在修复期间，庙中的长老向许仲琳谈起了武王伐纣、牧野大战、姜子牙封神等故事。说者无心，听者有意，许仲琳对这些故事越来越感到好奇。再加上这几日登临同盟山，看到七十二群冢，心中涌起一股思古之幽情。过了几日，他有了撰写一部关于武王伐纣历史小说的想法，并将这个想法告诉给了知县。知县对当地历史文化和文学很感兴趣，就全力支持许仲琳写这部书，并给了他几十两银子作为经费。

为了写好这部书，许仲琳做了大量的调研工作。他不仅多次登临同盟山，还向周边地区辐射，西至孟津口，东到朝歌城，北上太行山，南下黄河岸，凡是与武王伐纣有关的地方，他都去实地考察，并采访当地居民，收集相关传说和故事。他进出获嘉县城，凭吊古战场，想象当时双方交战的场面。

经过艰苦的努力，他收集到大量故事。他将这些故事改编、润色，再加上自己的想象，最终写成了一部结构完整、文采华丽、线索清晰、引人入胜的长篇神魔小说。正当写完的时候，张知县离任，新来的知县打压巫术，许仲琳被以"喧神道邪毒，扬巫术惑众"的罪名拘押。好在卫辉知府雅善文人，怜惜人才，就放了许仲琳。许仲琳觉得此地不是久待之所，就潜回了江南老家，到了表弟徐培植任知县的清浦。

许仲琳找到徐培植，就把自己撰写书稿的过程和出版的要求告诉了徐培植。徐培植表示大力支持。一番交谈后，许仲琳将《封神演义》中的"姜太公牧野祭冢封神七十二"，删改为"姜太公携《封神榜》至西岐，斩将封神三百六十五"。此改虽有点牛头不对马嘴，但避开了自己在获嘉著书"犯官"之嫌，也掩盖了自己的"逃犯"之名。之后，许仲琳就离开了这里，隐姓埋名，过起了隐居生活。徐培植联络了同乡的同榜进士贺仲轼等一些有识之士，帮忙出书。贺仲轼一看是出版关于自己家乡历史的书，当即表示全力支持。结合当时的现实情况，几个人商定了出书的原则：不明注刊印年代，不明注作者真实姓名，不写前言、后记。书稿交付刻印人时，刻印人严遵三原则，特将作者署名为陈仲琳。

《封神演义》出版后，以其很高的文学价值，引人入胜的故事情节，鲜明的人物性格，富有浪漫主义的幻想赢得了读者的欢迎。此书一印再印，总是供不应求，一时洛阳纸贵。后来有知情人就把作者的真实姓名刻到了书的封面。所以有的版本写的是陈仲琳，有的写的是许仲琳，其实是一个人。

这就是许仲琳获嘉著《封神演义》的来历。总之，因为武王伐纣，才有了牧野大战；因为牧野大战，才有了获嘉的同盟山；因为有了同盟山，才有了获嘉的七十二冢，才有了姜子牙封神；因为有了七十二冢和姜子牙封神的传说，许仲琳才写出了《封神演义》。

这个传说显然是虚构的。首先，《封神演义》的作者是不是许仲琳还很难说。《封神演义》的作者有许多种说法，其中之一是许仲琳。现知最早的《封神演义》版本是明代万历年间金阊舒载阳刊本，藏于日本内阁文库。书中卷二题作“钟山逸叟许仲琳编辑”，所以一些学者认为《封神演义》的作者即为许仲琳。但这是孤证，不能据此断定作者就是许仲琳。其次，关于许仲琳的生平事迹，我们只知道他是南直隶应天府人，大约生活于1560—1630年间，除此之外，他的活动没有留下任何记载。这个故事对许仲琳的事迹叙述得如此详细，显然是虚构的。我估计，这是获嘉地区的文人为了宣扬本地历史文化而编造出来的。不管怎样，同盟山确是武王与八百诸侯在此同盟誓师，共伐商纣的会盟地。《封神演义》既然以武王伐纣为本事，那么同盟山就与《封神演义》有密切的关系。《封神演义》的传播，有利于提高同盟山的知名度。如何利用《封神演义》的影响力扩大获嘉和同盟山文化的知名度，促进相关文化产业的发展，是当地政府部门应该考虑的。

望京楼传说

卫辉有座望京楼，关于此楼的建立，还有一段有趣的传说。

明朝万历年间，万历皇帝的弟弟被封到卫辉为潞王。潞王不学无术，就知道吃喝玩乐，尤其喜欢打猎。一次他打了一上午猎，感觉很累，就躺在了地上，并对随从说自己饿了。随从就去找吃的。一名随从看到有小摊卖年糕，就买了块年糕回去。潞王一吃，感觉很美味。回到府里，他还想着那块年糕，久久不能忘怀。同时也想到，这么好的年糕，不能自己吃，得让母亲也尝尝。所以他就下令，每家卖年糕的，三日内缴纳一定数量的年糕。三日后，缴纳的年糕有十船。他就命人开船沿着卫河北上把年糕送往京城。时值三月，船航行得很慢，到京城已五月。因天气太热，年糕已腐臭。潞王的母亲看到儿子在卫辉吃的是这样糟糕的东西，很心痛，忙叫人从国库中取出大量金银财宝，装了十大船运往卫辉。潞王得到金银财宝后，更加思念母亲，要建一座很高的楼，能望见京城。

潞王选择吉日动工，从淇县、延津等十多个县调来一万多名能工巧匠，昼夜不停地修建。民工们从太行山用肩扛、人抬、木头滚等方式把料石运来。时值年初岁尾，冰天雪地，民工们就在道路上泼水成冰，在冰上滑动石头，艰难地运到城中。当时，潞王为了缩短工期，派出了许多监工，发现谁稍有怠慢，就棍棒相加，死伤的工匠不计其数。有首民谣曰："修高楼，鬼见愁，活着来，抬着走。一人喜，万人忧，恨歪王，不如狗。"就是讽刺的这件事。

潞王为了要看到北京的母亲，要求把楼修得一高再高，可要想在平地建起那么高的楼，难度太大，千斤石需要一块块运上去，一层层砌起来。全靠工匠们人抬、肩扛、绳拉，艰巨程度可想而知。工匠们的生命得不到保障。每增高一层，都要死去七七四十九名工匠。但虎狼心肠的监工全然不顾，紧紧相逼。当楼修至第二层时，实在无法再向上修了。因为潞王要求此楼必须用青石砌成，不得动用土木。可二层的无梁大殿需要高空作业，用当时的土法施工根本无法修建。但潞王下令限期完工。违者格杀勿论。这些天又死了四十九名工匠，工匠们谁也想不出好办法，人心惶惶，面临着灭顶之灾。

正在这个时候，一个疯疯癫癫的和尚来到工地，口中念念有词，围着楼转了三圈，然后把一根木棍插在土丘中，就连蹦带跳地走了。工匠们看了都觉得奇怪，谁也猜不透这疯疯癫癫和尚葫芦里卖的什么药。其中一个老工匠望着土丘上的木棍沉思良久，恍然大悟："啊，和尚原来是在提醒我们用围土的办法向上修呀！"后来，众工匠用和尚提示的方法，用土一层层围上去，才避免了伤亡，修好了楼。这个历经三年才修建好的高楼被潞王取名为"望京楼"。如今，高大的望京楼还矗立在卫辉大地上。

"帝穴"传说

潞简王墓，新乡老百姓都叫"潞王坟"，坐落在河南省新乡市北郊 13 公里处的凤凰山南麓，依山据岭，泉壑幽深，时人称其为"头枕凤凰山，脚登老龙潭，左手揣着金灯寺，右手托着峙儿山"，景色十分秀丽，是中国目前保存现状最好，占地面积最大的一座明代藩王陵墓。墓主潞简王朱翊镠，是明太祖朱元璋九世孙，明穆宗朱载垕第四子，明神宗朱翊钧唯一同母弟。其陵墓建成于万历四十三年（1615），完全仿照万历皇帝在北京的定陵。现为国家 AAAA 级旅游景区，被誉为"中原定陵"。关于潞王坟，当地还流传着一个神乎其神的传说。

在明朝的时候，新乡卫辉城西乡，有一姓王的风水先生，祖辈相传，很有名望，方圆百里地以内，谁家修房盖屋，下茔安葬都来请他去看穴地。

一天，他儿子王小山说："爹！您给人家看了一辈子风水宝地，安上了好穴，使人家户户升官，家家发财。可是咱家，至今还是穷得叮当响，连间茅草房也盖不起，您就不能给咱家找块好穴地，叫您的子孙后代托个福，也出个当官的光宗耀祖。"

王风水说："孩子，我早就看到一处好穴地，多少年一直闷在心里。给别人吧，我实在舍不得。留给自己用吧，就是咱家没有那么大的福分，弄不好还要惹祸招灾呢。"

王小山连忙问："爹，是个啥好穴？"

王风水慢慢地说："是'帝穴'，就是谁埋在那里，谁家的后代就要出帝王哩。"

小山听了，高兴得坐不住，追问他爹帝穴在哪儿？想马上去看看。

第二天，王风水领着王小山，来到冈峦起伏的五龙岗。这五龙岗北靠巍峨雄壮的凤凰山。这凤凰山又是绵亘千里太行山余脉。走到一个地方，王风水站着不动了，指着脚下方："这就是帝穴，你看这儿，头枕凤凰山，脚蹬老龙潭，左手端着金灯寺，右手托着小峙山。它倚山坐岭，居高临下，山峦起伏，背风向阳，往南是一眼望不到边的卫河平原，真是峻山常在，清水长流，气势雄伟，美景如画，实在是一个难得的好帝穴呀！"小山请求说："爹，你留下吧！"

回家没有多久，王风水得了病，一天比一天沉重，已是奄奄一息，他把小山叫到床前嘱咐说："我是起不来了，我死后，不要用棺木盛殓，穿上随身衣服，埋葬在帝穴的地方。只要你能一刻不离，在坟上守够一百天，不要叫别人刨出我的尸首，那我就平安无事了，将来咱家准能成为帝王之家。"王风水死后，小山就照他爹说的办，把家里的东西卖个干干净净，换成米面带到坟地，在坟旁搭了个茅草小庵，住下守坟。

小山在坟上昼夜不肯离去，带的米粮强支撑到第九十八天时，吃的一粒米没有了。小山饥饿难耐，想这五龙岗是个荒凉野地，白天除放羊的偶尔路过，很少有人来这，到了夜晚更不会有人来。他念头一动，心想何不趁夜间回家一趟，寻觅点东西，换些米面，早早赶回，也不会出什么事。

待到晚上，小山偷偷地回到家里。左寻右找，没有一件值钱的东西可卖。只见院内还有两捆草，还能卖几个钱。于是他用扁担一挑，到卫辉城里去卖。哪知道这时还不到半夜，进不去城门。那时的规矩，鸡叫三遍，东方发亮才准开城门。小山又饥又累，站得两腿发酸，放下扁担，靠着软绵绵的草，就呼噜呼噜地睡着了。

这天夜里，卫辉知府连做三个梦，土地爷要他到西门外去迎接御驾。他醒来好觉奇怪，不信吧，连着三个梦一模一样；信吧，没听说御驾出京，也没有接到前方驿站传报皇帝南巡。他再也睡不着了，下床进书房，想马上唤起全衙，穿戴整齐准备去接驾。但又一想，全衙官员到西门外，没有接着御驾，传扬出去，不是个很大笑话吗？但若不去，万一真是御驾到来，在卫辉地面有个一差二错的，那可吃罪不起呀！知府想，“我何不叫亲随先到西门打探打探，再做道理”。立即唤起亲随，吩咐说：“你去西门外看看，如有官员路过，你要好言劝留，速来回报于我。如有平民百姓，推车挑担，过路客商，来往行人，要一律请到府衙来，不可怠慢，更不能呵斥施威。”

亲随赶到西门，命令开门。只见城门口躺着一个卖草的，正在那睡觉。亲随晃醒了王小山，说是要买他的草，把他带进了府衙。知府在书房，高悬红灯，满屋明亮，正在等候接驾。见亲随带来是一个卖草的，也不敢发作，和和气气地问卖草的姓名籍贯。最后问他为何这么早来卖。

王小山扯谎说：“家里有要紧事，卖完草还得急着回去呢。”

知府说：“谁都知道，鸡不叫三遍，天不亮是不准开城门的。你再有急事，开不了城门也进出不去，况且天早市上没人，你把草卖给谁呢？你这话谁会相信。到底这么早来是为了何事？”

王小山咬着嘴唇，不敢说出守坟的事来，支支吾吾无言答对。

知府高声说：“你到底有什么事，老老实实讲出来！”

王小山张口无言，仍不敢说出真情。

知府见他答不上话来，便威胁地说：“你不说实话，我就传令击鼓升堂，办你个半夜三更聚伙打劫之罪！”王小山吓得喊道：“大老爷，冤枉呀！我可是个好人呀！从来没有做过一点犯法的事呀！”

“那你为何起得这样早？”

王小山还是低着头不敢说真话。

知府看到这情况，更加犯疑，不由得大怒，用手一拍桌子，喊道："升堂！准备大刑伺候！"

"我说，我说。"王小山害怕受刑，就把他爹看帝穴，埋葬，守坟到九十八天，没有吃的了，才来卖草买米的事，一五一十地讲了出来。

知府听了，心花怒放，认为自己升官发财的机会到了。他决计要把王风水的尸首扒出来，把帝穴献给当今皇上，王家出不了皇帝，就不会改朝换代，使朱明帝业万代相传，自己就立了盖世大功了。

天一亮，知府点齐兵马，由王小山头前带路，浩浩荡荡来到凤凰山前五龙岗上。知府命令，立即刨坟，刨了很久，刨了一个很大的深坑，还没见到尸首。坟坑正中有一个碗口大的深洞，把洞口开大，往下看去，黑洞洞的什么也看不见。知府问王小山："埋你爹时，有这个穴洞吗？"

王小山说："埋俺爹时，墓穴是平展展的，没有这个穴洞。"

知府立即挑选了十个大胆有力的士兵，举着火把，掂着砍刀，用绳子把他们系下洞去打探。兵丁们到了洞底，向正南方向走有里许，一到尽头，看见王风水，已成为龙头人身死在那里了。翻过死尸，往下挖了三尺，只见下面是清亮亮的水，丢块石头试了试，是一个没底深的大水潭。这就是人人皆知的老龙潭。王小山如果不回去卖草，能忍着饥饿再坚持两天，那条龙就够着老龙潭的水了。大明的江山就完了。

知府听了上来兵丁的报告，叫人下去拉出王风水的尸首，又叫人画好地形图，然后带领兵马，高高兴兴地回卫辉城了。到了府衙连夜准备奏章，要亲自进京去献《帝穴图》，讨功请赏。

潞王得知知府要进京，把知府叫进王府，问他进京何事。知府不敢隐瞒，把献《帝穴图》之事实说了。潞王说："吾皇兄正在京北昌平修造他的定陵，那儿的风水可比这儿好多了。你去献这个埋过死人的穴，岂不是要笑皇帝吗？你这不是飞蛾扑火，自寻死路吗？"

知府听潞王这么一说，吓得目瞪口呆，战战兢兢地说："多谢王爷开导，险些惹祸招灾，那就请王爷收下这个《帝穴图》吧！"边说边跪下，双手将《帝穴图》高举过头顶献了上去。

潞王片言得到了《帝穴图》，好不喜欢，便派人到京北昌平，依葫芦画瓢把万历皇帝的定陵样式描绘了来。就在凤凰山前五龙岗依照定陵，给他修建了一座宏伟壮观的陵墓来。次妃赵氏先死，潞王把她安葬。这就是我们所常说的西坟——娘娘坟。赵娘娘安葬后，李娘娘很不乐意，又劝潞王在西坟的东边再修一个坟。潞王想起和赵娘娘击掌为定不合葬。就听了李娘娘的话，另造一处。这就是后人们所说的东坟——潞简王坟。潞王死后三十年，李闯王杀进北京，崇祯吊死煤山，明朝灭亡。之后清兵入关，实现了改朝换代。帝穴也没有挽救朱明王朝灭亡的命运。

王字街传说

据说明万历之前长垣县城主要街道是“王”字形，所以叫作王字街。王字街寓意以后这里会出很多高官。果然如此，从 1568 年到 1608 年，这四十年当中，先后有很多学子科考榜上有名，后升任高官，如：明万历元年（1573）李化龙得中进士后因政绩卓著被晋升兵部尚书，明万历十一年（1584）崔景荣得中进士后因政绩卓著被晋升吏部尚书；明万历二十一年（1594）王永光得中进士后因政绩卓著被晋升吏部尚书，随后还有工部左侍郎胡睿，南京户部侍郎胡锭，兵部左侍郎王家桢，吏部侍郎许宗礼等。所以当时有“满朝文武半江西，小小长垣七尚书”之称。

时隔不久，有一位南方人来长垣担任县太爷。此人做官只知为自己谋利。他看到朝中好多都是长垣人，而自己是南方人，不受长垣人的提拔，很不高兴，整日愁眉苦脸。他的母亲得知后，就给他出主意。知县就按母亲说的，在县前街的右边打了一眼水井。这就是在王字街的下部点了一个点，这样“王”字就改为了“玉”字，这就破坏了长垣的风水。所以以后长垣人在朝中当高官的少了。

这个解释当然是迷信，不足凭信。那真实的原因是什么呢？从历史上看，北宋后期，南方的进士已经多于北方。经过靖康之变和蒙元入侵，南方科场上的优势更加巩固和扩大。因此，江南地区是明清时期进士的主要来源。北方地区已经衰落，无法与江南抗衡。长垣的经济、文化、教育没有优势，它在明后期出了多名进士和高官，只能归结于偶然原因。它欠缺深厚的基础和良好的风气，就不能像江南一样长期地持续下去，而只能是昙花一现。

天官李戴

李戴，字仁夫，延津人。隆庆二年（1586）进士。历任户部尚书、工部尚书、吏部尚书等。因吏部尚书又称天官，所以人们称李戴为天官。李戴是明朝著名大臣。《明史》有传。除了正史中记载的事迹，延津地区至今还流传着几个关于他的故事。

一 李戴卖棒槌

有一年夏天，李戴在家闲居。清晨身着便服到县城东关散步。走至东关桥上，见一卖棒槌的老汉正坐在桥头吸烟。李戴走近时，那老汉急忙上前施礼："大哥，请行个方便，帮俺把车推上桥吧！"那李戴平时在朝官位显赫，早已听惯了"老爷、老爷"的称呼，今日回到故土听到老汉叫大哥，倍感亲切。于是就帮他把车推上了大石桥。上桥后，李戴招呼老汉放下车子，坐在桥上拉起了家常。老汉觉得这个人很和气，便把自己家境贫寒，全靠卖棒槌度日的话，都说了出来。李戴对老汉的身世深表同情。临分手时说："老弟，当哥的有一事相求，不知你是否帮忙？"卖棒槌的老汉一听连忙说："使得，使得，只是俺一个穷人不知能帮哥啥忙？"李戴说："三天后中午，请给哥哥我送一车好棒槌，我决不会亏待你。"言毕又详细交代了自己的住址，并再三叮咛一定要准时送到。

原来，第四天上午，正是初三，是李戴的六十寿辰。这一天，本县士绅、文武官员及李家的亲朋好友都来为他祝寿。门前车水马龙，屋内高朋满座。天至中午，眼看官员士绅和亲朋好友都到齐了，可李戴仍不叫开宴，说是有一位亲戚还没来。又过了好长时间，只见一位老汉满头大汗地推着一车棒槌来到门前。听到家人禀报，李戴慌忙赶出来迎接。看到二人的亲热劲，众官员无不纳闷。这时，卖棒槌的老汉才知道，前天帮他推车的人，原来是当朝天官，心中不免有些恐慌，可又见李戴兄弟长、兄弟短的叫不绝口，也不好再说什么。

酒足饭饱之后，众人正要起身告辞，李戴便向众人说："今蒙诸位大人光临，下官实乃三生有幸，感激之至，无以回报。适逢我的穷兄弟送来棒槌一车，就每人奉送一对吧。"众官员为了讨好天官，都去拿棒槌。但都不好意思白拿，出大价钱给老汉。穷老汉得到了许多金银。从此，他和天官的交情也更加深厚了。

二　天官夫人戏县官

话说李戴奉命南巡，一去三载，家中急坏了夫人。一天，她心血来潮，带领人马车辆到颍州探视，行至南阳地界的王家庄，已是红日西坠，玉兔东升，便命家人停车借宿。至一小店门前，却见一老汉坐在门前啼哭。家人走上前施礼问道："不知老人家因何事伤悲？小人今有一事相求，不知可否？"老人家满腹愁肠，听到有人礼貌相向，只得拭泪答道："敢问客官有何事相求？"家人曰："我家夫人想在贵店借宿，不知老丈意下如何？""客官，不是俺不愿留，只是知县胡为大老爷有令，说俺这小店临官道，须盖一片楼房，才不失官体，如不照办，发现什么时候留客，便拉我女子素娥充官婢。如今已有几个月不敢留客了，眼看一家数口人，坐吃山空，就要断炊，故伤心落泪。"夫人听到老汉的诉说，马上答话说："老人家不要悲伤，我自有办法叫那县官收回成命。"老汉一听非常高兴，又见来人仪仗威严，知其家定有人在朝为官，忙把他们接进家中，命儿子到右邻打酒借米，女儿素娥陪夫人到客厅侍茶。夫人有儿无女，见素娥眉清目秀，心中十分喜爱，有心认作干女儿。席间，对老汉说："老人家，我有心认素娥为干女儿，不知你们老两口儿是否应允？""感谢夫人厚爱，只是明日一早，定会有人告到县衙，那知县老爷必来抄家，这会牵连到您，老身实在于心不忍。"老汉说着，两行热泪又夺眶而出。"老人家，放心，此事包在我身上就是了。"素娥见夫人虽凤冠霞帔，却没一点官腔，而且豪气过人，早已倾慕不已。此时见她肯认自己做女儿，便即席下拜，轻启樱桃小口，娇滴滴喊了一声娘。夫人心花怒放，急忙站起来把女儿揽在怀中。接着又把自己的来历和计谋讲述一遍。素娥一家人高兴万分。夫人命人取出帛缎十匹，黄金百两作为认女之资。尽欢至夜深方才就寝。

次日天明，夫人命家人把院内深挖三尺，全部用水灌透，又从箱中取出天官画像挂于客厅正中，一家人都坐在客厅品茶闲叙，说说笑笑，好不热闹。

却说这边刚布置完毕，县令胡为就带着三班衙役气势汹汹地闯进店来，见满院泥浆，火冒三丈，命衙役进屋捉人。几个衙役淌着稀泥，好容易来到客厅门口，一抬头看见天官画像，连滚带爬回来禀报。知县一听，吓得屁滚尿流，领着三班衙役一步三叩头地来到客厅门口，也不敢吱声，跪在泥窝里听候发落。夫人大声呵道："你就是县官胡为么?""小人正是。""好你个大胆的胡为，身为朝廷命官，不恤民情，胡作非为，今又私入民宅，非抢即盗。该当何罪?"那胡为以为天官驾到，不想却出来一位夫人，心中不以为然。便问："你是……""我是天官夫人，今特来看望我干女儿素娥，你竟敢来此捉人。"胡为一听，吓得像鸡啄米一样地在泥窝里磕头不止，连说："小人不敢，小人不敢，夫人饶命啊……""呔!按律条本应处斩，念你初犯，暂饶不死，如再欺压良民，决不轻饶，滚回去吧!"县官胡为听到"处斩"二字，早已吓得昏了头，此时听说叫滚，就真的从稀泥中滚了出去。

县官胡作非为，自应受到惩处。天官夫人惩罚了县官，让人拍手称快。然而细究之下，就会发现，夫人原无权力处置县官。夫人乃一妇人而已，无职权，而县官却为朝廷命官，地位和权力在夫人之上。夫人怎能处置县官呢?无非夫人利用了自己丈夫的影响力。天官为吏部尚书，为中枢要职，权力甚大。夫人利用了天官的影响力，惩罚了县官。县官虽可不从夫人，但这样很可能得罪天官，所以任由夫人处置。夫人做了一件为国为民的好事，但其利用丈夫影响力处理事情的方式还是令人担忧。如果家属利用官员的影响力欺辱百姓、索贿受贿，其结果岂不糟糕?实际上家属利用官员影响力做违反勾当的事例远比做好事的事例多得多。因此，限制官员的权力，防止家属利用其影响力做事，是十分必要的。所以，天官夫人的处事方式并不值得肯定和提倡。

三　天官斩状元

万历年间，颍州有一王姓兄弟到京参加殿试，因其与皇上是亲戚，考试中间作弊，因此，兄弟二人分别考取了文武状元。他俩中了状元后，飞扬跋扈，闹得京城鸡犬不宁。皇上得知后降旨，把兄弟俩贬出京城，回归故里。二人到家后怀恨在心，抢占民女，征粮派款，修建宫院，招兵买马，伺机作乱，地方吏民深受其害。颍州知府暗修奏章，呈与朝廷，皇上大怒，责令天官李戴前往查办。

李戴领旨，带着督堂周泳，日夜兼程，微服南下。不一日，已到颍州。时天近黄昏又大雨将临，只好到路旁小店投宿。刚要用饭，只见一七旬老妪，身着破衣烂衫，哭哭啼啼走进店来。见到店小二，纳头便拜，口称来向恩人辞行。李戴见状，甚觉奇怪，便走上前去问道："老人家，何事如此伤悲？"老人哭诉道："唉！说来话长啊！老身祖居颍州，儿孙满堂，男耕女织，苦渡岁月，虽布衣粗食，然苦中有乐。谁知自家乡出了个文武状元，祸从天降。今日派粮明日要款，穷苦人家哪经得起这般折腾。不出几个月，家中早已一贫如洗。前几天，武状元又带家丁闯进我家，索要银子二十两，幸亏店家帮忙，好不容易才凑够送去。想不到，今天中午，武状元又来抢人。老伴拉着孙女跪地求饶，被武状元刀劈身亡。今老身冤深似海，特来告别恩人，拼着老命到京城告状。"

督堂听到老妪哭诉，气得咬牙切齿，手握宝剑就要冲出去，李戴急忙上前阻拦。又对老妪言道："老人家，那你为何不到知府告他？""唉，先生有所不知，这颍州地界，受害者何止千万。从前，曾有人联名告到知府，开堂之日，众百姓把衙门围了个水泄不通，都想看看文武状元的下场，不料，武状元闯上大堂，把知府揪下来，打得鼻口喷血。众百姓一哄而散，哪个还敢再去告状。""老人家，你要到京城告状，可有状纸。""颍州人畏王家如虎，哪个敢代俺来写状纸？""老人家，这状纸由我代写，八月十五日，你一定要到知府去告，我保证您官司打赢就是了。"说完展开文房四宝，一挥而就。老妪怀疑地问："敢问客官何人？""当朝天官李戴。"督堂代答。老妪千恩万谢而去。

且说李戴送走老妪，还未进店，只见一群如狼似虎的家丁挟持着几位民女，向状元府涌去。李戴早已心中了然，悄悄拉着督堂尾追而去。到了之后，发现是状元之母过八十大寿。李戴怕打草惊蛇，在状元街租了小店住下。夜深人寂，闻得状元府后院不时传来阵阵惨叫声，夹杂着女人的哭声，使人不寒而栗。督堂忍耐不住，趁天官入睡，偷偷在店门前挂起官灯。状元家丁发现，急忙回禀状元。文武状元闻报，不敢怠慢，连夜用八抬大轿，把天官、督堂迎进府中，并置酒款待。兄弟俩亲自把盏，并恳求李戴写诗为其母八十寿辰祝福。

李戴正低头沉思，督堂早已把笔抓在手中，写到"八十老母不算人"，李戴怕坏了大事，提笔写上"好比天上一尊神"。督堂怒火燃烧，抢过笔来写道："生下两个贼羔子"，武状元一见拔剑在手，眼看一场血战在所难免，李戴又抢笔写上"上天偷桃敬母亲"。文武状元这才转怒为喜，忙敬酒敬菜，大献殷勤。李戴推说皇命在身，执意告辞，并叮咛文武状元八月十五日一同到知府商谈国事，文武状元受宠若惊，连声道谢。

时到中秋，李戴对文武状元之罪行，早已了如指掌，并暗地代人写了不少状纸。又告诉知府要先礼后兵。有天官、督堂撑腰做主，知府胆气猛增。他亲自去接文武状元。武状元骑马前走，文状元坐轿后行，前有知府开道，后有官兵护驾，锣鼓齐鸣，好不威风。刚到府衙坐定，只听得外边堂鼓咚咚，呼声震野。原来是老妪联系好几个县的上千名苦主前来喊冤。武状元怒目圆瞪，气愤地说："大胆刁民，竟敢击堂鼓，扰乱秩序，待我出去教训一番。"李戴心平气和地说："区区小民，何劳状元动手，他们既然击鼓闹事，想来必有难言之苦，我今代皇上巡视，岂有不问青红皂白乱杀乱砍之理，如皇上怪罪，谁人敢当？不妨让他们进来，再降罪不迟。"众人见李戴说得在理，也无可非议。知府会意，忙命人打开大门，众人如潮水般涌进大堂，状告文武状元。只见二人面如土色，冷汗直流，无可言辩。

天至正午，李戴命人将文武状元开刀问斩，并没收其财产，开仓济贫，放回被抢占的民女一百二十七人。

天官为民除了大害，百姓无不拍手称快。

忠勇刚正

据《明史·冯师孔传》载，冯师孔，字景鲁，原武人。万历四十四年（1616）进士。授刑部主事，历员外郎、郎中。主持陕西刑政时，释放了证据不足的囚犯百八十人。天启初，出为真定知府，迁井陉兵备副使。值父母去世，丁忧归家。当时农民起义正在发展，其中尤以李自成义军尤其强大。李自成打算从淅川龙车寨间道进入陕西。明军统帅孙传庭得知后，令冯师孔率四川、甘肃兵驻商、雒为犄角。冯师孔催促军队与农民军作战。不久，官军在南阳取得败绩。农民军遂乘胜破潼关，大队长驱，势如破竹。冯师孔率众守西安。农民军到后，守将王根子开门迎接。不几日，城陷。冯师孔投井而死。冯师孔为国而死，人们都称赞他忠勇刚正。

抗匪英雄

据民国二十五年（1936）增修《阳武县志》卷四《忠烈》条目载，明朝时期，有阳武人士吴加增者，字继山，身长七尺，魁梧奇伟，尤长于孙吴。另有一人张琳，字美五，少年负气节，谙熟韬略，慷慨有建功立业之心。张琳与吴加增意气相投，往来友善。崇祯年间，流寇四起，国无宁日。于是朝廷传檄各地团练乡兵，以保地方。阳武县令就推举吴加增、张琳为千总，训练乡勇。崇祯十三年（1640）九月，土匪张叛子聚众数万劫掠乡村。阳武县西南一带悉遭屠戮。吴加增、张琳分领本部百余人进剿。吴加增所部和土匪相遇于合角集。吴加增身陷重围，力战不屈，奋勇冲击，虽身被数创，犹手刃六七名匪徒。最后马蹶被俘。土匪劝降吴加增，许以很多金银财物，想以此赚开城门。吴加增临危不惧，破口大骂，土匪看劝降无望，于是就把他杀害了。吴加增被害后，有人劝张琳溃围走。张琳说："我与增奋身行伍，誓为朝廷杀贼，今增独死，九泉下戴何面目相见也。"遂奋力冲杀，匪众披靡，但最终众寡不敌，力竭之后被杀害。

吴加增殉难之后，阳武县官府把吴加增的英勇事迹上报朝廷，朝廷有感于其忠勇事迹，就下诏让阳武县为吴加增举行公祭，并年年配享时人的祭拜。到了清朝雍正七年（1729），阳武县知县奉旨将吴加增牌位列入忠义祠。①

吴加增、张琳为了抗击杀人掳掠的土匪，保卫村庄而付出了宝贵的生命。他们的行为当然是正义的。但是在以前相当长的一段时间内，学界片面地以马克思主义阶级理论为指导认识历史上的变乱。认为凡是反对官府的人群，都是义军。这种认识的预设是，封建政府是剥削压迫人民的，因而是罪恶反动的。凡是反对官府的人群和行为都是正义的。从这种理论出发，学界把下层的暴动都称为义军，而不是分析变乱人群的具体行为。实际上，很多反政府的人群往往杀人越货、劫掠城乡、滥杀无辜，与"义"字毫不沾边。这种先验地从理论出发研究历史得出的结论必然是荒谬的，

---

① 窦经魁等修，耿愔等纂：《阳武县志》卷四《忠烈》，成文出版社 1976 年版，第 561 页。

经不起史实的检验。

彭了凡和饿夫墓

百泉苏门山东侧有个圆形古墓，墓碑上刻着三个大字——饿夫墓。这是明末清初志士彭了凡的殉节之处。当地流传着彭了凡反清的故事。

彭了凡是河北蠡县人。他学问渊博，无所不通。明末，朝廷腐败，贪官污吏盛行，弄得百姓非常穷困，无法生存。清兵入关后，镇压了农民起义，占领了河北。清朝知道彭了凡学通古今，请他做官。但彭了凡自认是明朝人，誓死不做清朝官。他愤然离开家乡，徒步千里来到百泉，在那里办学堂，做学问。

不久清兵南下，来到辉县。他们下令，留头不留发，留发不留头，强迫汉族人民薙发。清政府得知彭了凡在百泉，就劝他出来做官。彭了凡斩钉截铁地说："我是明朝人，从一而终，不会为清朝办事，不吃清朝皇粮。"

清军把彭了凡抓到京城，说："你头顶我大清的天，脚踩我大清的地，却不为我大清办事，不吃我大清的粮。我赏给你一个金饭碗，去要饭去吧。"彭了凡把金饭碗扔到一边，头也不回地出了京城。他走到哪，清朝的探子就跟到哪。谁给彭了凡东西吃，就杀死谁。彭了凡回到家，清兵就把他家的房子烧掉，土地占领。彭了凡没办法，又回到辉县，上了苏门山。以吃柏子、喝泉水为生。

清政府下旨，令辉县知县劝彭了凡出山。知县对他说："你学识渊博，德高望重，只要你出山，就能得到高官厚禄。"彭了凡断然拒绝，他说："国破家亡，我不能为国分忧，为民解愁，对不起天地良心，若再出山扶持清政府，还有何面目见天下苍生。"知县说："现在九州山河均是大清的，你不为大清办事，你吃啥？"

"我吃百姓种的粮食。"

"粮食也是从大清的土地中生长出来的。"

"我吃山上的柏子。"

"柏子也是从大清的山上长出来的。"

"我啥也不吃。"

“你啥也不吃，死后还占大清一块地。”

“我只占一脚之地！”

从此，彭了凡不食人间烟火，不采山上的柏子，不喝泉水，饿死在啸台旁。死后蹲的地方，只占了一脚之地。人们称赞他的民族气节，用两只瓦缸装着他的尸体，埋在苏门山上，叫作饿夫墓。

冯玉祥驻军百泉时，十分敬佩彭了凡的反清精神。抗战爆发后，冯玉祥把部队集中到饿夫墓训话，用彭了凡的事迹教育部下，让他们发扬民族精神，英勇抗战，誓死不做亡国奴。部队开赴前线时，冯玉祥亲书“民族精神”四个大字，刻成石碑，竖立在饿夫墓前，表示要抗争到底，决不退缩。

周朝灭亡商朝后，伯夷叔齐以商朝的遗民自居，誓不食周粟，隐居首阳山中，采薇而食，最后饿死。而彭了凡连清朝的柏子、泉水都不食，饿死时还蹲在地上。他的做法已超过伯夷叔齐。是什么让他做出令常人不可思议的举动？答曰：民族精神。

青龙湖传说

封丘县城东南18公里处有个青龙湖，是清乾隆二十年（1761）黄河决口时留下的一处自然湖泊。湖水面积2200亩，蓄水量300万立方米，南北长6.5公里，平均水深2米以上，最深处可达8米，因水深色青，南北狭长，宛如巨龙，故称青龙湖。它面积大，风来碧波荡漾，美丽如画，如一片汪洋，故乡人都叫它塘汪。这青龙湖的形成还有一段故事。

相传清乾隆年间，封丘有一户大家，富甲一方，腰缠万贯。但为人却很吝啬，贪财好利。不知他从何处听说黄河里有一堆宝藏。他为了得到宝藏，就命人不停地挖河堤。这惊动了河神。河神给他托梦，告诉他：“你坐拥金银无数，贪心不止，还要挖河堤寻宝藏，真是钻到了钱眼里了。你要是继续挖河堤，我就放水冲毁你的庄园，冲走你的金银财宝，把你家变成一片池塘。”第二天，财主醒来，还记得河神的话。但他不相信，就跑到河边说：“我命中注定是大富大贵之人，你能奈我何？”

话虽这样说，财主在回家的路上犯了嘀咕，万一河神真要发大水，可怎么办？他回到家后，就命工匠把自家的房屋都加固了一番。这样就不怕河水的冲击了。他得意扬扬地说，我的房屋如此坚固，肯定万无一失。别说小小的河神，就是龙王来了也不怕。

河神听到这话大怒，即乘云驾雾来到龙宫找四海龙王，禀明了来意。龙王听了也觉得应该教训这个财主。所以他们就和河神一同来到黄河湾。四海龙王一齐发威，喷吐出一个巨大的水柱，直冲财主家而来。河神也把大堤冲开，流入财主家。财主的家眷看到大水来了，就躲到了楼顶。财主安慰他们："不要慌。咱家的房屋很坚固。"龙王们一听，知道财主死到临头还不悔改，就加大力度，放出来更多的水。就这样财主连同家眷家丁，被水慢慢淹没，财主的庄园果真变成了池塘汪洋一片。封丘人把这形成的湖叫作"塘汪"。这也就是青龙湖。

很多人看了这个故事后都觉得财主贪得无厌，自傲自大。其实我们人类的行为与财主的做法差不多。人们为发展经济，不惜破坏环境，毁坏生态，这与财主的行为有什么两样呢？这种违反自然规律的做法最终受害的是人类自己。经过惨痛的教训，人们逐渐认识到这种做法的错误，认识到人要与自然和谐相处。这个故事虽然浅显，但揭示的道理却是深刻的。

席村由来

延津丰庄镇席村，原名西李皮寨，因清朝乾隆皇帝四十九年（1784）南巡期间，驾幸该村，题藏头诗一首《席家村好》，而改为"席家村"，久而久之，人们省略了"家"字，而称为"席村"。

乾隆皇帝怎么到西李皮寨视察呢？这事说来话长。

1. "席家花园"

同丰庄一带其他村庄一样，席村原来也归浚县管辖。浚县史称黎阳。明朝初年，席姓从山西洪洞县迁至黎阳西李皮寨，在这里男耕女织，勤俭持家。到了清乾隆年间，席家拥有良田 1300 亩，宅院宏大，坐北朝南，临街五大间雕砖花门楼，院内建有三座"转花楼"，配房 34 间，骡马 20 多匹。席家住宅号称"席家大院"，在当地远近闻名。席家大院南隔一条东西路，路南有 20 多亩大的一座花园，号称"席家花园"，园内植有各种各样的名贵花卉，五彩缤纷，争奇斗艳。席家传到席岚这一辈，演绎出诸多佳话。

2. 驸马招亲

话说清乾隆四十八年（1783），御驸马、黄河河务总督张宗河，久居京城，回乡探亲。张宗河乃卫辉府人，从北京回卫辉途经西李皮寨。那时候，西李皮寨村西为京官大道。张宗河回故乡探亲是私事，因此穿的是便衣，属私访，不扬名。这天他行至西李皮寨，赶上天黑并下起了雨，无奈，张宗河到席家大院门楼下避雨，恰逢一老汉在门楼下歇息，二人一说话，张宗河得知老汉是这席家大院的主人，名叫席国英，其子名叫席云升，其孙名叫席岚。张宗河见老汉忠诚可靠，善良厚道，又看天一直下着雨，无法行走，便将自己的身份亮明，提出借宿。席国英作为大户人家，早就听说张宗河张驸马的大名，巴不得高攀，闻听此意，慨然应允，把张宗河让至客厅，一边吩咐下人赶快备酒饭款待，一边让儿子云升和孙子席岚出面与驸马相见，共进晚餐。

晚宴上，张宗河通过言谈话语，了解到席家的富裕程度，果然名不虚传。特别是公子席岚，年轻英俊，谈吐不凡，随即产生了将女儿许配给席岚为妻的想法。但初次相见，自己又是当朝驸马，不好意思明言。

张宗河回京后，将把女儿许配席岚为妻的想法奏明了太后，太后又通报给乾隆，得到应允。

3. 乾隆陪嫁

张宗河是驸马，其女儿就是乾隆和太后的外甥女。外甥女出嫁，乾隆和太后陪送了许多绫罗绸缎、金银首饰。这些都不足为奇，一般朝中大臣的女儿出嫁，也都要陪送这些。令人大开眼界的是这次陪送了两件稀奇物品：吸水石和痒痒树。吸水石是一块宝石，晶莹透亮，小巧玲珑，放在桌子上，夜间会发光，眼睛不能直视，直视刺眼；放在水盆里，会从底部吸进水，再从顶部冒出来，并会发出“咕嘟嘟”的响声。痒痒树是两棵小花树，供观赏用，用手触摸树干，全株颤动，好像人被挠的感觉一样，故称痒痒树。

后来，吸水石被席岚的第四代孙席同彬以两石小麦的代价卖掉，几经转手最后流落到开封相国寺；痒痒树栽到席家花园里，谁见谁摸，一年后枯死。后来从根部生出一嫩芽，被一席家后人移栽到自家院内，也未成活。

4. 乾隆纺线

乾隆四十九年（1784），乾隆南巡，驸马张宗河等伴驾随行。这天，乾隆一行来到卫辉府住下。张宗河想，要让乾隆到女儿女婿那村看看，不就为女儿女婿增光添彩、提高知名度了吗？于是就奏请乾隆驾幸西李皮寨视察，乾隆准奏。

第二天上午，乾隆率领众臣来到西李皮寨席岚家。因为乾隆心里清楚，所谓视察西李皮寨，就是到席岚家看看。席岚是驸马的女婿，席家花园是全村唯一的景点，不到席岚家无处可看。

在席岚家，乾隆看到几个少妇坐在地上手持纺花车在纺棉花，很感兴趣，一问方知，原来席家除了男人种地，还有部分女人整日纺花织布，织成粗布到市场上卖。乾隆饶有兴致地走到纺花车前，向一个正在纺棉花的农妇提出自己要试纺一下，农妇赶忙笑着站起来离开纺花车。乾隆坐到刚才农妇坐的草苫子上，盘着腿，模仿农妇纺花的姿势摇了摇纺花车，却怎么也上不上线，众人笑了，乾隆也笑了。张宗河赶忙打圆场说：“万岁！这是农妇贱人干的活儿，万岁身为一国之主，终日忙于国事，日理万机，怎会让您干这个！”乾隆边笑边说：“这是技术活儿！技术活儿啊！哈哈哈！”

听说村南就是茫茫黄河故道，乾隆率众臣专门来到村南察看，但见空旷的原野，处处是黄沙一片，风吹沙流，流沙茫茫，因此，乾隆返回席岚家，即命研墨铺纸，挥笔写下“南望黄流”四个大字，记载了这一带黄河故道凄凉的境况。

后来，席岚改建门楼，专门请工匠将这四个大字雕刻在大门匾上。

5. 乾隆吃面

中午吃饭，席岚命家人操办酒席，乾隆知道后赶忙制止，提出要吃河南人的家常便饭——面条。张宗河奏曰：“万岁，面条虽为河南人的家常便饭，但民间又有‘面条不算饭’之说！况且万岁难得来外甥女家，他们怎好意思让您吃碗面条了事呢？”乾隆一听不悦，说：“朕今天非吃面条不可！”张宗河一见赶忙嘱咐女儿预备面条，张氏女为难地说：“爹爹呀！这么多人，擀不及呀！”张宗河说：“只预备皇上几个人的，其他随从人员随便！”

于是，张氏按照父亲嘱咐，擀了一大瓢白面面条，又考虑到人多，吃捞的来不及，最终上下人等每人吃了一碗汤面条。从此，人们给张氏女送了个“张大瓢”的雅号，戏称她用一瓢白面招待了皇帝一行。

6. 乾隆写诗

那时候，西李皮寨村西有个玉皇阁，阁内供有西天佛祖、南海观音、玉皇大帝诸神，于是，乾隆帝闻听又率众臣专程到玉皇阁祭拜众神灵，顺便又到席家花园观赏了各种花卉，之后又到村东头灶王庙祭拜了灶王。

回到席岚家，又命人把村中长者请来座谈，了解民俗村情，当听说该村姓席的和姓刘的居多时，乾隆脱口说出："啊，席宅刘府！"乾隆一再告诫村中长者，要教诲子孙多读孔孟书。然后即兴赋藏头诗一首：

席间少饮杜康酒，家家广积粮五谷。
村村多出栋梁材，好好攻读圣贤书。

四句诗首字即为"席家村好"，一时间，人们争相传抄，议论纷纷，都说万岁爷是让咱把村名改为"席家村"，"席家村好"嘛！从此，"西李皮寨"改为"席家村"。久之，呼为"席村"。

7. 乾隆晚膳

据说，乾隆在西李皮寨村期间还观看了"背阁""十样景""八不凑""莲花灯"等民间艺术表演，特别是听了莲花灯小曲后，乾隆非常欢悦，赞不绝口。

乾隆一行在西李皮寨用的晚膳也很令人称道，留传下一首顺口溜——

黄金饭，白银汤，骨肉团聚去而光，
芹菜菠菜拌韭菜，红梨吃饭二朝香。

"黄金饭"即小米稀饭，"白银汤"为白菜汤，"骨肉团聚"是猪耳朵丝，"去而光"原来就是炒粉条，"二朝香"为芫荽。乾隆一行上午吃了碗汤面条，晚上喝小米稀饭，不过多了点家常小菜而已——这就是乾隆的"晚膳"。

8. "土生户"

乾隆视察西李皮寨的故事本来到此已经结束，但乾隆帝与席岚夫妇之间的佳话以及因乾隆视察而产生的影响却是人们说不完的话题。传说乾隆七十寿诞时，席岚夫妇进京祝寿，寿礼仅拿了四个元宝。席岚两口到了京城，当然首先到太后处报到，向太后请安，太后听外甥女说只带了四个元宝，感到有点少，众多皇亲国戚只有外甥女一家是乡下人，寿礼拿得少了唯恐皇上龙颜不悦，于是又把自己的元宝添了三个，共七个。取民间俗语“齐齐束束”之谐音，意味“齐备”“完备”“正好”“恰到好处”之意。可是当席岚夫妇将七个元宝献上之后，细心如丝的乾隆一眼就看出七个元宝的不同之处，那三个元宝分明是母亲房中之物，和来自农村的元宝在质地、色彩诸方面有明显不同。于是私下就和皇后议论，皇后又和太后议论此事，当得知实情后，乾隆不但没有表现不愉快，反而很慷慨、大度地说：“土生户，拿四个元宝也就不错了！”众人闻听，无不称赞皇上那种体谅人，同情人，不下看农村人的品质。

从此以后，在当地颇有名气的席家大富户，又落了个“土生户”的雅号。

9. “下马石”

乾隆皇帝视察西李皮寨，驾幸席家大院，在席家大院纺棉花、吃面条、喝小米粥的故事，一霎时像长了翅膀一样，在黎阳、卫辉、延津一带到处传颂，当地地方官员，上上下下对席岚家刮目相看，争相登门拜访，结识联络感情，攀上这家皇亲国戚。一时间，席岚家天天客人不断。那时候，官员们外出流行骑马，到达后为了显示尊贵，通报后又总是由接待方搬凳子放到马的身旁，官员方肯下马。由于来访官员众多，席岚干脆请石匠锻造了一个“下马石”放在家门前，专门侍候来访官员。一使用果然方便，于是照此锻造了三对下马石。现在席村还保留有此下马石。乾隆驾幸席岚家，大大提高了席岚的知名度。有人蒙冤判死罪找到席岚，席岚一封信送达知府，知府就把囚犯释放；地方官征收皇粮在斗上做手脚，在家用标准秤、斗量好的数量，到官仓一量不够数，席岚大闹官仓，从此免了席家村的皇粮等等，不过这均是后话，在此不再详谈。

故事中说席岚的四世孙以两石小麦的价格将吸水石贱卖，痒痒树也枯萎而死，显示了席家的没落。这不禁让人想起《红楼梦》中的贾府。贾家以军功起家，第一代被封为荣国公、宁国公。贾元春还被皇帝选为贵妃，贾府一时显赫无比。但到第四代，即贾宝玉这一代，贾家被朝廷抄家，最终败亡。贾家与席家的情况何其相似乃尔！古训云：富不过三代，确是总结许多古代家族经历后得出的带规律性的认识。故事重点描述了席家与皇家结亲，皇帝临幸席家的盛况，但卖吸水石和树木枯死的细节隐隐显示了席家最终的归宿。“烈火烹油，鲜花着锦”（《红楼梦》第十三回）

之后，是无限的凄凉和悲惨。

席家与皇家结亲，皇帝又临幸席家，使席家威望大增，以致席家可以在地方呼风唤雨。如故事中所说，知府冤枉了好人，席家一封信就可以让知府放人；官府以大斗剥削席家和百姓粮食，席家一大闹，就让官府免去了席村的公粮。席家办的虽然都是好事，但笔者对此很是担忧。谁能保证席家会用自家的威权一直办好事？即使这代人都正直仁义，后代人也会这样总做好事吗？如果出现不肖子孙，利用威权胡作非为，遭殃的最终是当地百姓。

退一步讲，假设席家一直会办好事，即追求结果正义，但他们达到目的的方式却是特别的。他们不经过任何司法程序，仅凭一封信就让官府放人；不通过任何行政或财务程序，在官仓一闹，就让官府免去了整个村子的公粮。其达成目的的手段可谓简单粗暴。追求正义是人们普遍的诉求，但正义包括结果正义和程序正义。没有程序正义，很难保证结果正义。试想，不经过严格的司法程序，怎能保证席家所要释放的人是清白的呢？如果此人确系有罪，席家岂不是放错了人？所以，只顾结果正义，不管程序正义，虽可能收效于一时，但从长远看，不可能达致结果正义，而且往往会适得其反。

仁义胡同

清嘉庆七年（1802），延津城关南街住着一位进士，名为申启贤，他才思过人，满腹经纶，中进士后擢为翰林院侍讲。曾在朝教授皇子，深得皇帝器重。历任翰林院检讨，内阁学士兼礼部侍郎，江南乡试主考官，户部、工部侍郎等。他为官清正、为人忠厚。他家的邻居是李姓，亦有人在朝中为官。两家宅院只隔着一条巷道，仅容一人行走，群众把这条道叫蚂蚁胡同。

申启贤为官期间，其子在家重修院落，因边界与邻居起了争执，双方各不相让，矛盾迅速激化。家人碍于李家人多势众，不敢硬干，便向朝中的父亲修书一封，希望他给延津县令打招呼，让县令出面压服李家。申启贤看了书信后，心头一震，心想自己忙于朝政，忽视了对子女的教育，致使家人增长了争强之风。如果任其发展下去，不仅败坏自己的名声，而且害了子女。为此他给家人写了首诗："两家相争为一墙，让出三尺又何妨。万里长城依然在，不见当年秦始皇。"其子看了诗后，羞愧无比，按照父亲的训示，重新设计，让出了三尺。李家看到申家的表现后，很受感动，也退后三尺。这样原来窄小的胡同变成了宽广的道路。这一事情传播开来，五里八乡的人都来看。人们把这条路命名为仁义胡同，沿用至今。

百姓卫士

李毓栋，字继甫，原阳县沙岭村人，清嘉庆戊辰年秀才。他自幼聪颖好学，以为人写诉状而闻名遐迩。他做这事不为官不为财，只为帮助穷苦百姓。现今还流传着他打抱不平，帮助百姓智斗贪官污吏的故事。下面笔者叙述一个流传最广的李毓栋巧设连环计的故事。

话说乡里有个大财主邢步，无儿有女名竹枝。邢步想招个女婿入赘，继承家业。一次，邢家的骡马受惊，马上要踢到竹枝，家里的长工梁钢蛋救了竹枝，钢蛋自己受了伤。竹枝就亲自为钢蛋煎药熬汤，侍奉钢蛋。一来二去，时间一长，二人产生了感情。这件事被邢步知道了，他很反对二人在一起，就以裁人为由，赶走了钢蛋，并且逼竹枝与本地的一个纨绔子弟成亲。竹枝很不愿意，就偷偷跑出去找到了钢蛋家里，求其与自己逃婚。钢蛋不敢与邢家作对，不同意。竹枝看到这种情况，就说："你和我不能结合，我又无颜回家，请你保重。"说完就走了。可谁也没料到，竹枝不声不响地当夜死在了梁家的门口。这下可不好了，钢蛋想到，邢家必然会找自己的麻烦。危急时刻，钢蛋想到了李毓栋。他找到李，把情况说了一遍。李说："你回去给她穿上一双新鞋，把尸体盖好，明天中午你来李家的坟头找我。"钢蛋就回去按李说的做了。

第二天中午，骄阳似火，酷热无比。钢蛋来到李家坟，只见李毓栋头戴毡帽，身穿皮袄，手提灯笼，正在石案上写东西。李见钢蛋来了，就跟他说："状子写完了，你必须牢记：县太爷问你什么，你都说不知道。只有现在的时间、地点、我的穿戴、干的事情可以说。"说完，给了钢蛋一串钱。钢蛋也没说什么，就回去了。

不久，钢蛋就被传讯到了大堂。知县问钢蛋什么情况，钢蛋一问三不知。知县气急败坏，认为不打不招，就要对钢蛋施以大刑。钢蛋说："您还没看我的状纸就要打我呀。”知县就看了看状纸，其中写道：“竹枝是迫于其父压力而死的，是死在邢家被抬到梁家诬陷钢蛋的。”知县派人去验尸，回来人报道：“竹枝确系自缢而死，穿的绣花鞋一尘不染。”知县认为的确如此，否则鞋子为何一尘不染？于是知县宣判：“此事是原告邢步处理女儿婚事不当，导致竹枝自缢，与被告钢蛋无关。邢步蓄意诬陷他人，重打八十，罚银三百，退堂！”

邢步死了女儿，输了官司，挨了罚，心里很不痛快。他四处打听是谁为钢蛋写的状纸，后得知是李毓栋所为，就把仇恨转到了李的身上。他对钢蛋说：“只要你在县衙上说你的状纸是李毓栋写的，我让你重新回去干活，并且给你加工钱。”钢蛋不想和邢家结仇，自己也不愿撒谎，而且李毓栋说可以把这个事实说出来。所以他就答应了邢步。

有了钢蛋的保证，邢步就把李毓栋告到了县衙。知县审理此案，传讯了李毓栋。他对李说：“邢步告你颠倒黑白，诬陷他人，为钢蛋写了状纸，并且所写都不是真的，你可知罪？”李毓栋说：“大人明察。我一直光明磊落，怎会歪曲事实，为他人写状纸。我和钢蛋素无往来，怎会帮他写呢？”知县见李毓栋不承认，就叫证人上来。不一会，钢蛋来了。知县问他：“上次你打官司，是谁为你写的状纸？”“李毓栋”，钢蛋回答道。知县问：“你所说可是事实？”“千真万确，小人愿意以性命担保。”钢蛋保证道。知县回头问李毓栋：“你都听到了吧。”李毓栋说：“让他把经过讲一遍。”钢蛋就说了一遍，并且说我还有证据，就是临走前李毓栋给我一串钱。他刚说完，知县就对邢步说：“邢步，你输了官司不服，却弄了个神经病来做证人。你听他说的可信吗？李毓栋怎会在坟头写状纸？他怎会大热天穿着皮袄，大白天打着灯笼写状纸？他写完怎么还会给钢蛋一串钱？你和所谓的证人实在是欺骗本官，你们二人各打二十大板，罚你银子一千两。”整的邢步有口难言。

这个故事讲的是李毓栋帮助长工智斗地主财主的事，作者的目的是称赞李毓栋的机智聪明和帮助穷人的精神。但笔者读完这个故事，感到梁钢蛋实在没有值得帮助之处。邢财主的女儿竹枝为了能够和梁钢蛋在一起，不惜私奔，这是需要多么大的勇气，可见她对钢蛋的感情是真诚和浓烈的。而钢蛋却怕得罪邢步而不敢和竹枝私奔，与竹枝的果敢和敢爱敢恨相比，显得懦弱。他的这种态度导致了竹枝的自尽。他对竹枝之死是负有很大责任的。后来邢步让他回去继续做长工，并允诺给他加工钱，他见钱眼开，同意了。至此，钢蛋给我们的形象就是懦弱和贪财。我们看不出他有什么优点，看不出他哪里值得同情。反观邢步，他虽然反对女儿嫁给钢蛋，在婚恋自由的今天看来很不合理，但在当时是正常的、天经地义的。他把女儿嫁给有钱有势的子弟，也是为了女儿的幸福，只不过显得势利了些（他的势利在今天都不算什么）。他状告钢蛋和李毓栋，也是有理有据的。综观他在此事中的表现，没有什么可指摘之处，反倒他失去了女儿，令人怜悯。李毓栋以歪曲事实的方式帮助钢蛋智斗邢步，使邢步受到损失，除了表明他的机智外，实在与打抱不平、扶善除恶、爱护百姓等没什么关系。也许故事的编纂者的预设是富人就是恶的，穷人就是善的，帮助穷人，惩治富人就是扶善除恶。这种先验式的逻辑演绎必然禁不起事实的检验。

拂袖救人

任庄，在原阳县城南 1.5 公里处，属城关镇。明代，任姓迁此建村，以姓氏名村。清代，此村出一任姓官吏，给百姓办过一件大好事，被人们长久传颂。

任海晏，字静波。清道光二十九年（1849）拔贡。因朝考为一等，被任命为湖北施南府恩施县令。先后任建始县令、蒲圻县令，后升任知府，加按察使、盐运使，封资政大夫。

道光三十年（1850），任海晏任恩施县令时，正是太平天国起义即将爆发的时候。当时恩施县的一名康姓百姓加入了太平军，在县里秘密组织了上万人准备发动起义。但起义前被人告发，知府就带着任海晏和一些兵士去抓捕康某，将其住所围了个水泄不通。进入住所后，发现康某已经畏罪自杀。官军在住所里搜得一本准备参加起义的花名册。经查看计算，共有大小头领三千多人，会众一万多人。知府得到后大喜，认为只要按图索骥，就可将乱贼一网打尽。他把花名册放到了鱼缸上面，然后带兵去搜查另外的房间了。这位知府也比较大意，竟然把这么重要的东西随手一放。任海晏知道，按照大清律例，参加谋反的是要诛九族的，这样受死的人达数万甚至十几万。他知道所谓的乱贼大多是淳朴无知的百姓，并非十恶不赦。他乘知府不注意，起身时袍袖一挥，将花名册碰到了鱼缸里。等知府回来拿花名册，花名册已被水泡坏了。知府也不知谁干的，没有办法。他也不敢声张，因为这样会暴露自己的失职。结果在恩施，除康姓一家外，未牵连一人。后任海晏升任知府、按察使、盐运使、进封资政大夫。恩施百姓都说他在此事件中，积了大阴德，故步步高升。这就是在当地广为流传的任海晏拂袖救万人的故事。

二十八勇

清同治七年（1868），捻军从西边劫掠原武境。城北的靳科楼村首当其冲。村民们很是惊慌。村中会拳术的有二十八人，银长德是他们的教师。长德对他们说："我们习拳很长时间了，今日不使用我们的拳术，更待何时？"于是他们拿着兵器出村，与捻军战斗于村南的沙滩中，歼灭了捻军十余人，击伤的不计其数。捻军大怒，鸣号召集了更多的人。村勇人少，寡不敌众，牺牲的就有十人。这十人的姓名是：张姓的太光、万兴、书常、柱妞，薛姓的玉太、克甲，师姓的开堂、忠良，赵姓的良合，尹姓的志妞。教师银长德武艺高强，与敌格斗，脖子受了伤还坚持战斗。另外眼睛受伤的有二人。十五人因受伤而被俘虏。他们被关到村南的东祥庄。捻军告诉他们，明日将杀死他们以祭祀死去的捻军。这天晚上，这些人乘捻军睡觉的机会，破壁逃离出去。这二十八人或死或伤，为保卫村民付出了很大的代价。村民们乘他们与敌战斗的时机转移到了安全的地方。事后，有人将这件事报告给了皇帝。皇帝嘉奖他们的忠勇，各赐给他们抚恤金。①

一部二十四史，都是以国家或王朝为单位叙述的。关系国家或王朝兴衰的人才有资格载入史册。但中国历史上有很多仁人志士，为保护一乡一村而做出了巨大的贡献，付出了很大牺牲。他们的精神和做法其实是和国家或王朝层面的英雄相同的。只不过影响有限，而没有被载入史籍。如果他们的事迹湮没，是很可惜的。幸好一些地方志记载了他们的事迹。近些年，学界逐渐加强地方史或区域社会史的研究。这是一个可喜的现象。地方史或区域社会史的研究可以弥补传统研究的不足。

---

① 原阳县志编纂委员会：《重修原武县志・杂记・二十八勇》，民国二十四年整理本。

参考文献

一　著作

班固：《汉书》，中华书局1962年版。

陈寿撰，裴松之注：《三国志》，中华书局1959年版。

杜彤华主编：《牧野文化论文集》，内蒙古人民出版社2005年版。

范晔：《后汉书》，中华书局1965年版。

封丘县志编纂委员会：《封丘县志》，中州古籍出版社1994年版。

洪迈：《夷坚志》，中华书局1981年版。

黄朴民：《功臣悲歌——中国古代的皇权与将帅》，解放军出版社1999年版。

辉县市史志编纂委员会编：《辉县市志》，中州古籍出版社1992年版。

李民、王建译注：《尚书译注》，上海古籍出版社2004年版。

李心传：《建炎以来系年要录》，中华书局2013年版。

李延寿：《北史》，中华书局1974年版。

李延寿：《南史》，中华书局1975年版。

梁启雄：《韩子浅解》，中华书局2009年版。

梁启雄：《荀子简释》，中华书局1983年版。

刘向撰，向宗鲁校证：《说苑校证》，中华书局1987年版。

刘向撰，张涛译注：《列女传译注》，山东大学出版社1990年版。

刘煦：《旧唐书》，中华书局1975年版。

刘义庆撰，刘孝标注，刘强会评辑校：《世说新语会评》，凤凰出版社2007年版。

欧阳修、宋祁：《新唐书》，中华书局1975年版。

秦晖:《实践自由》,浙江人民出版社 2004 年版。
沈约:《宋书》,中华书局 1974 年版。
司马光:《资治通鉴》,中华书局 1974 年版。
司马迁:《史记》,中华书局 1959 年版。
宋濂:《元史》,中华书局 1976 年版。
苏轼:《苏轼文集》,中华书局 1986 年版。
孙武撰,曹操注,郭化若今译:《孙子兵法》,上海古籍出版社 2006 年版。
脱脱:《宋史》,中华书局 1977 年版。
王柏:《鲁斋集》,丛书集成初编本,商务印书馆 1936 年版。
王定保:《唐摭言》,中华书局 1959 年版。
王国轩、王秀梅译注:《孔子家语》,中华书局 2009 年版。
王楙:《野客丛书》,上海古籍出版社 1991 年版。
王鸣盛:《十七史商榷》,上海书店出版社 2005 年版。
王嗣槐:《桂山堂文选》,"四库未收书辑刊","青筠阁藏版"影印,北京出版社 1997 年版。
卫辉市地方史志编纂委员会编:《卫辉市志》,生活·读书·新知三联书店 1993 年版。
魏收:《魏书》,中华书局 1974 年版。
魏征:《隋书》,中华书局 1973 年版。
新乡市地方史志局编:《成语典故》,中州古籍出版社 2017 年版。
新乡县史志编纂委员会编:《新乡县志》,生活·读书·新知三联书店 1991 年版。
邢亚平主编:《牧野风》,河南美术出版社 2007 年版。
徐梦莘:《三朝北盟会编》,上海古籍出版社 1987 年版。
许维遹撰,梁运华整理:《吕氏春秋集释》,中华书局 2009 年版。
延津县志编纂委员会:《延津县志》,生活·读书·新知三联书店 1991 年版。
杨伯峻编著:《春秋左传注》,中华书局 1995 年版。
杨伯峻译注:《论语译注》,中华书局 1980 年版。
杨伯峻译注:《孟子译注》,中华书局 1960 年版。

姚思廉：《陈书》，中华书局 1972 年版。
袁珂：《中国神话传说》，北京联合出版公司 2016 年版。
岳珂编、王曾瑜校注：《鄂国金佗稡编续编校注》，中华书局 1989 年版。
张廷玉：《明史》，中华书局 1974 年版。
赵光岭、毛国杰编著：《成语典故篇》，河南文艺出版社 2009 年版。
周天游辑注：《八家后汉书辑注》，上海古籍出版社 1986 年版。
周振甫译注：《诗经译注》，中华书局 2002 年版。
周振甫译注：《周易译注》，中华书局 1991 年版。

二　期刊论文

姜锡东：《岳飞与王彦关系新论》，《河北学刊》2016 年第 5 期。
李开元：《吃软饭的陈平》，《文史知识》2011 年第 9 期。
李开元：《焚书坑儒的真伪虚实》，《史学集刊》2010 年第 6 期。
刘光胜：《汉初陈平“六出奇计”探评》，《殷都学刊》1985 年第 2 期。
孟祥才：《张良述论》，《秦汉人物散论》，上海古籍出版社 2005 年版。
秦晖：《“西化”、“反西化”还是“现代化”——太平天国、义和团与辛亥革命的比较（下）》，《南方周末》2011 年 10 月 13 日第 D24 版。
孙玉太：《陈平“盗嫂受金”问题辨析》，《青岛海洋大学学报》（社会科学版）1999 年第 2 期。
孙玉太：《论陈平》，《山东大学学报》（哲学社会科学版）2005 年第 2 期。
唐赞功：《吴楚七国之乱与西汉诸侯王国》，《北京师范大学学报》1989 年第 1 期。
张邦炜：《北宋亡国的缘由》，《西南民族学院学报》（哲学社会科学版）1999 年第 S6 期。

后　记

本书是“牧野文化研究丛书”之一种，是一部文化普及读物。本书写作过程中参考了不少前贤时彦的宏论。我尽可能地在文中和参考文献中作了标注。有些典故口耳相传，没有确切的文献资料，故参考了一些网络上的资料。这些资料虽未正式发表，但广泛流传于民间，具有较高的文化价值，不可忽视。限于体例，有些网络资料没有在文中注明。在此做一说明，我参考的网络资料大多来自获嘉县政府官网、原阳县政府官网、延津县政府官网、根在中原网及牧野文化研究者张帆先生的博客等。谨向这些网站及作者表示衷心的感谢。

本书的写作和出版得到了新乡学院和历史学专业领导的大力支持。李景旺教授主持召开了多次丛书作者全体会议，明确了写作要求，并一直关心本书的进展。本书完稿后，我交给聂好春教授审阅。他提出了不少中肯的意见，使本书质量有所提高，错误有所减少。我还曾将书稿交给新乡学院社会工作专业的一些同学阅读。他们以普通读者的身份提出了建议，并纠正了书中的文字错误。由于同学较多，恕不一一罗列姓名。在此，我向以上这些领导、师友致以诚挚的谢意。

我不是新乡人，在到新乡学院工作之前对新乡没有任何了解，仅凭借着历史知识知道中华人民共和国成立初期这里曾是平原省的省会。到新乡学院工作后，对新乡的了解逐渐加深，感到这是一片有深厚文化底蕴的热土。所以当学院领导要求我承担《牧野典故》一书的写作时，我欣然接受。我想借此机会，一方面弘扬新乡灿烂的文化，另一方面也表达我对这片土地的热爱。本书介绍了 138 个典故，对典故本身做了完整的叙述。除此之外，还就部分典故阐发了作者自己的见解。当然，由于我在新乡工作时间较短，对地方历史文献阅读得还不够，所以书中难免存在缺点和错误。恳请专家和读者批评指正。

希望本书的出版能让更多的人了解牧野文化。

作　者

2021 年 8 月 1 日

阳明学研究新论

第五辑

向淑文　李承贵　主编

中国社会科学出版社

图书在版编目（CIP）数据

阳明学研究新论．第五辑／向淑文，李承贵主编．—北京：中国社会科学出版社，2021.1

ISBN 978－7－5203－9030－9

Ⅰ．①阳…　Ⅱ．①向…②李…　Ⅲ．①王守仁（1472－1528）—哲学思想—文集
Ⅳ．①B248.25－53

中国版本图书馆 CIP 数据核字（2021）第 176187 号

出 版 人　赵剑英
责任编辑　伊　岚
责任校对　张爱华
责任印制　张雪娇

出　　版　中国社会科学出版社
社　　址　北京鼓楼西大街甲 158 号
邮　　编　100720
网　　址　http://www.csspw.cn
发 行 部　010－84083685
门 市 部　010－84029450
经　　销　新华书店及其他书店

印　　刷　北京明恒达印务有限公司
装　　订　廊坊市广阳区广增装订厂
版　　次　2021 年 1 月第 1 版
印　　次　2021 年 1 月第 1 次印刷

开　　本　710×1000　1/16
印　　张　24
插　　页　2
字　　数　387 千字
定　　价　148.00 元

目　　录

第四编 阳明后学研究

第五编 阳明学的传播

第六编 阳明学传承与发展

第七编 阳明学与朱子学比较

当代国学教育中的四大问题（代序）

李承贵

国学者，一国固有之学术。而"学术"包括"学"和"术"，"学"属理论、思想，"术"属技艺、工具。由此而论，国学拥有丰富的"学"和"术"。比如儒学，既有理论的部分，又有技术的部分，即所谓本体和工夫。而儒学内部的学说还可以分为"学"与"术"，比如"礼"，关于"礼"的起源、性质、功能、意义等的论述，就是"学"的部分，而关于"礼"的应用、操作，就是"术"的部分。因此，大体可以认为国学是由"学"与"术"构成的博大精深的体系。此博大精深之体系，用梁启超的话说就是"世界上第一个丰富矿穴"[①]。而这个"丰富矿穴"中有怡人情者，有开民智者，有明事理者，有养身心者，犹有治国平天下者，所以不仅广为民众所喜爱，亦深为政府所重视。因而我们对国学必须进行宣传和教育，必须予以传承和发扬。但国学有它的时空限制、主体限制，国学无不产生于特定的时空，也无不由特定的主体提出，从而表现出局限性。而且，我们从事国学教育的人员都不同程度地受到价值立场、国学修养、传播技能等因素的影响，从而使国学教育之效果并不总是如我们所愿，有时甚至产生负面影响。这就意味着国学教育存在需要我们注意并克服的问题。那么，我们的国学教育急需解决的问题有哪些呢？综合本人从事国学教学和研究的体验与国学本身的特性，我认为如下问题或是值得我们在国学教育中注意并努力克服的。

---

① 《治国学的两条大路》，《梁启超哲学思想论文选》，北京大学出版社 1984 年版，第 421 页.

一　国学教育必须客观地陈述知识与意蕴

国学知识丰富多样、博大精深，今天的我们实际上是非常难全面、准确了解、把握国学知识的。六艺、五术、诸子百家之说，大学、小学、经史子集、诗琴书画等，每个门类里又错综复杂，所以，国学知识的确是非常丰富庞杂的，也因为此，在展开国学教育实践中需要对国学的知识和意蕴进行鉴别、梳理，从而实现客观陈述。对于鉴别国学知识与意蕴的精粗、优劣，我们认为可分为两个层次。一是常识层面的鉴别，就是凭常识即可以判断精粗、优劣。比如，“三从四德”中，所谓“三从”指“未嫁从父，既嫁从夫，夫死从子”（《仪礼·丧服·子夏传》），所谓“四德”指“妇德，妇言，妇容，妇功”（《周礼·天官·九嫔》）。显然，“三从”已不可能。而“四德”中，特别是妇德的核心“贞顺”中，“贞”要求女子坚守节操，守身如玉，对丈夫忠诚不贰；“顺”要求女子“婉娩听从”，对公婆、丈夫甚至对家族所有人谦恭有礼、逆来顺受。无疑，凭常识就可以判断“三从四德”已跟不上时代，不会为现代女性所接受，因为常识告诉我们，“三从四德”不仅是对女子身体的束缚，也是对女子精神的侵害。因此，我们讲到“三从四德”时，就必须客观地解释和陈述，让听众了解其本来意涵，而不能含糊不清、模棱两可，甚至故意混淆是非，颂为美德。二是需要理性层面的鉴别，就是依靠理性判断精粗、优劣。比如，将“阴阳”理解成对女性的歧视，是重男轻女，是专制主义。这显然是没有接触到客观陈述的“阴阳”知识之结果，这就需要对“阴阳”进行分析，客观地陈述“阴阳”的内涵、意蕴，从而明白“阴阳”也是中国哲学中的基本范畴，是事物产生的内在原因，是事物变化发展的动力，也是宇宙世界丰富多彩的根源。因此，“阳尊阴卑”并不意味着对女性的歧视，而主要解释“阴阳”在事物发生、发展过程中的不同作用。可见，在国学教育过程中对国学知识与意蕴进行正确、客观的陈述和呈现是十分必要的，必须避免向读者陈述、呈现错误的国学知识与意蕴，必须避免误导读者。

二 国学教育必须使其思想内容与时俱进

国学教育的内容非常丰富，从诗琴书画到经史子集，从诸子百家到儒、佛、道，从国学常识到国学观念，可以传授、可以为我们所借鉴的内容非常多、非常广。但是不是可以不分青红皂白地对国学的思想内容进行宣传教育？是不是可以不考虑时空环境进行宣传教育？显然不可以。我们应当做到以下两点。第一，根据时代的变化对国学的思想内容进行辨析和选择。我们知道，《礼记》中的许多“国学内容”已经失传或淘汰，根本原因是那些国学内容已经陈旧过时了。以儒家“家”观念为例，在宗法社会里“家”具有独特的作用和价值，对于维护社会稳定、对于推动社会发展都发挥过积极意义。但由于儒家的“家”观念是特定时空的产物，而且非常庞杂，需要我们去分析、辨明。比如，《礼记》云：“男不言内，女不言外。非祭非丧，不相授器。其相授，则女受以篚。其无篚，则皆坐奠之，而后取之。外内不共井，不共湢浴，不通寝席，不通乞假，男女不通衣裳。内言不出，外言不入。”（《礼记·内则》）这段话的意思大致是：男子不谈家务事，女子不谈公务事；男女之间不能直接传递东西，不得已要传递，必须放在竹筐上，由男或女去取；居内的女子与居外的男子不能共用一口井，不能共用浴室，不能共用卧席，不能相互借东西，不能混穿衣裳；妇女的家务事不说给男子听，男子的公务事不说给女子听。无疑，这些礼节或规范在现代社会完全丧失了其存在的空间。再如，《礼记》云：“子甚宜其妻，父母不说，出。子不宜其妻，父母曰：‘是善事我。’子行夫妇之礼焉，没身不衰。”（《礼记·内则》）这段话意思是：儿子喜欢的妻子，如果父母不喜欢，必须休掉；儿子不喜欢的妻子，但父母喜欢，儿子必须与妻子白头偕老。显然，这一套唯父母是从的婚姻观也早就行不通了。因此，对于儒家的“家”观念必须全面、深刻地加以分析和检讨，特别是要与现代社会中的“家”结合起来思考，不能笼统地、抽象地演绎儒家“家”观念的价值。第二，根据时代的变化对国学的思想内容进行丰富和发展。依然以儒家“家”观念为例，现代社会中的“家”发生了巨大、深刻的变化，与传统社会的“家”不能同日而语，丁克家庭、独身主义、同性恋等都不再具有传统社会中的“家”的特性，即便是类似于传统社会中“家”，在结构、功能、情感、礼仪等方面也有了新的特质，因而不是儒家的“家”观念所能影响的。因此，发掘、宣传儒家“家”观念对于现代社会的意义，不仅要检讨儒家“家”观念本身内容的局限性，更应该以现代社会中的“家”为参照，丰富和发展儒家的“家”观念。《礼记》说：“大学之教也时。”（《礼记·学记》）就是强调教育必须按照时令（季节）而展开，不同的季节安排不同的内容，要与时俱进。概言之，国学教育也要做到眼观六路、耳闻八方，以对国学思想内容进行最佳调适和补充。

三　国学教育必须选取最有效的传授方式

客观地说，当今社会中愿意接受国学教育的人还是非常多的，但大家的认知水平、学习能力以及自身素质又是参差不齐的，因而大家对国学的接受能力也是不一样的，这就意味着优化国学教育的效果必须选用最有效的传授方法。那么，能够促使国学教育取得成功的方法有哪些呢？其一是平等施教。就是要求授课者将自己置于普通人的位置上。这是个前提，不管听众是什么层次，讲授者都必须让听众感到亲近，与听众打成一片，用王阳明的话说就是：“须做得个愚夫愚妇，方可与人讲学。”（《传习录》下）这样才能接地气，才能为听众所接受，而不是高高在上，真理都在你手中，似乎自己高人一等，如此便会与听众形成隔阂，不利于国学的传授。其二是因材施教。孔子说：“生而知之者上也；学而知之者次也；困而学之，又其次也；困而不学，民斯为下矣。”（《论语·季氏》）即指人的天资是存在差异的。而接受国学培训的人员，因为天资及文化知识水平的不同大致可分为三个层次：一是文化知识水平较高和具有一定国学修养的；二是文化知识水平一般和有些国学修养基础的；三是文化知识水平较低和欠缺国学修养的。对这三个层次的学员，在国学内容的准备、设计等方面都必须有针对性，才会有积极效果。比如我们讲儒学，如果听课的对象分别是博士生、硕士生、本科生，那么我们准备的教学内容就应该分为三个不同的层次。诚如王阳明所说：“我辈致知，只是名随分限所及。今日良知见在如此，只随今日所知扩充到底；明日良知又有开悟，便从明日所知扩充到底。如此方是精一功夫。与人论学，亦须随人分限所及。如树有这些萌芽，只把这些水去灌溉，萌芽再长，便又加水。自拱把以至合抱，灌溉之功皆是随其分限所及。若些小萌芽，有一桶水在，尽要倾上，便浸坏他了。”（《传习录下》，《王阳明全集》上，第 109 页。）就是要求根据不同人的天生资质和文化知识层次的不同对人展开教育。其三是技艺施教。事实上，悠久的教育教学史中留下了丰富的教育技巧和教学方法，而现代高科技又为教学方法充实了新内容，因而当代国学教育中可供选择的技巧和方法是多姿多彩的。但不管是怎样的教育方法，无论是怎样的文化知识层次，人们都喜欢通俗易懂、生动活泼的讲解。我们讲国学之所以有时不为听众接受，就在于我们的讲法生硬而不灵活、艰涩而不通俗、枯燥而无激情，既不能感染听众，亦不能启发听众，自己在上面慢条斯理地念稿子，下面的听众不知所云，或是呼呼睡大觉，这样的国学教育肯定是失败的。因此，我们进行国学教育时，第一要放下身段，与听众融为一体；第二要根据对象精心设计内容，做到有的放矢；第三要采用有效的方法，让听众喜闻乐见。唯其如此，才能收到理想的效果。

四　国学教育必须以宣传真精神为诉求

这里的“真精神”，也就是优秀传统文化，是国学中的精华，是“正能量”。如上所言，国学是博大精深的系统，而这个系统中的内容是良莠杂芜的，是精华与糟粕并存的，因此，国学教育究竟应该教什么、宣传什么，是摆在我们面前的必须回答的课题。毫无疑问，我们要教育的是国学中精华，要传承的是优秀传统文化，要复兴的是国学中的积极元素。但当下的国学教育实践似乎并不太在意国学中的“真精神”，主要表现在以下三个方面。一是国学教育的娱乐化。比如戏说王阳明，有人在描述王阳明时，为了迎合观众的猎奇心理和低级趣味，肆意编造桥段，极度夸张，虚构王阳明形象，妨碍读者或观众接近本真王阳明，影响人们对王阳明心学精神的理解和接受。二是国学教育鱼目混珠。比如将糟粕当精华宣传，神医张悟本臆造中医理论，“发明”鸡血疗法、甩手疗法、绿豆茄子疗法等，鼓吹“把吃出来的病吃回去”，让广大民众迷信他的食物疗化，结果耽误了治疗，使病人病情加重，甚至丧失生命，从而导致人们对中医的误解。三是国学教育的功利化。办国学培训班收费当然无可厚非，但如果将国学教育仅仅当作牟利的工具，从而对国学内容进行毫无责任的改编，宣传那些与国学“真精神”毫无关联甚至与国学“真精神”相悖的“消极国学”，则是与国学教育的初衷相悖的，最终也是不能做好国学教育的。因此，当今国学教育必须注重视国学“真精神”、国学精华的宣传和普及。儒学的仁义、诚信、自强不息、厚德载物等精神，道家的自然、质朴、宽容、谦下等品质，佛教的奉献、慈悲、度人等情怀，都是国学中的真精神、核心理念，也是国学中的精华。即是说，所谓国学教育，最需要传承的内容是这些，最需要普及的内容是这些，最需要发扬光大的内容还是这些。所谓国学的复兴，就是要使这些理念和精神为人们所掌握、所信奉、所实践，并融于身心。因此，在国学热中，必须坚定地、持续地、全面地、深入地宣讲、传播国学的核心理念和根本精神。

总之，国学教育不仅是力气活，也是技术活，更是责任活，这让我想起哲学家王阳明的话：“今焉于其良知所知之善者，即其意之所之之物而实为之，无有乎不尽；于其良知所知之恶者，即其意之所在之物而实去之，无有乎不尽；然后物无不格，吾良知之所知者，无有亏缺障蔽，而得以极其至矣。”（《大学问》）这给我们的启示是，在开展国学教育的实践中，我们应该有责任意识，自觉地舍去对那些“伪国学”“糟粕国学”“粗俗国学”，以心中的“良知”为最高准则进行国学的宣传和教育。

阳明学依然是当今国学风潮中的热点，各种讲座、培训班、会讲无处不在，但在阳明学传播实践中的确程度不同地存在本文所指出的问题，我们希望不要把阳明学搞成阳明所批评的“光景”，而应该有所追求、有所关怀，亦有所谦卑、有所自省，时时顾望己心之良知。《阳明学研究新论》（第五辑）即将问世，借此机会与读者朋友共勉。

2021 年 4 月 13 日

南京仙林道场

第一编　王阳明心学思想

本体与工夫之辩

——兼论王阳明思想的内在逻辑

汪学群*

王阳明的思想视野广阔，但并非零散而是有其内在逻辑的，其内在逻辑就是本体与工夫的合一，其所有的范畴都可以纳入本体与工夫之中，或者说他的诸范畴从不同角度或侧面反映或展示本体与工夫一致的特色。

本体与工夫的关系是宋明理学的主题，所谓本体是指使道德实践所以可能的先验根据或超越的根据，属于道德实践的客观根据。工夫则是道德实践的下手，属于道德实践所以可能的主观根据。[①] 人来源于自然，天赋予人人的本质，即使其具有与生俱来的最原初的本质，如心性的纯正等，这是先验先天的，属于本体；人又是社会的产物，无疑受后天的影响，如欲望习染等会遮蔽本体，这就需要后天的实践工夫。本体与工夫构成人本性内在的张力，也可以说人的自然属性与社会属性的不一致可能造成本体与工夫的对立。一些宋明理学家虽然或多或少涉及这一主题，但都没能像王阳明那样处理得那么好，也可以说后者的思想内在逻辑恰如其分地反映了本体与工夫的内在关系，简而言之，就是本体与工夫的一体或一致，人的自然属性与社会属性统一。在这里，本体是工夫的本体，工夫则是本体的工夫，其他范畴或概念以及相关主张都表现了本体与工夫的合一，只不过侧重点有所不同罢了。

---

* ［作者简介］汪学群，1956 年生，男，北京人，北京师范大学历史学院特聘教授，中国社会科学院历史研究所二级研究员。主要研究方向为中国思想史。

① 牟宗三：《心体与性体》（上册），上海古籍出版社 1999 年版，第 7 页。

一　本体与工夫一致

王阳明虽然十分强调道德本体，但也同样重视道德工夫，在他看来，本体与工夫是一致的。他对本体有如下界定，说："人之本体常常是寂然不动的，常常是感而遂通的。未应不是先，已应不是后。"① 这里所讲的本体有两个特点。其一如《周易·系辞上传》所说"寂然不动"，《周易·咸卦》所说"感而遂通"。其二如程颐所说"未应不是先，已应不是后"。② 本体的这种不动与动、未应与已应、先与后的辩证关系显然不属于形而下，亦非经验所能理解，应属于形而上层次，也就是说本体具有超验的特点，本体即道德形而上的本体，揭示了本体的特色。如果乐是心的本体，顺本体是善，逆本体是恶，哀恰当表达其情，则哀的本体也是乐。一位朋友问王阳明："圣人本体不动，何得又有失之?"王阳明认为，自己所讲的心的本体已经很明白了，希望这位友人不要拘泥于文字而应该仔细体认，如此才能有所收获。③ 本体即固有的本质，顺应事物或现象本身的特点，自然而然而非刻意为之就是本体，换言之，本体是不违背自然流出的情感。

本体是工夫的本体，工夫则是本体的工夫，本体与工夫是统一的。王阳明如是说：

> 合着本体的，是工夫；做得功夫的，方识本体。④

本体与工夫一致表现为：第一，工夫是本体的工夫而非外在的工夫，因此说"合着"，本体是工夫的本体，是工夫的指向，因此说

---

① 《传习录》(下)，《王阳明全集》(新编本)第一册，吴光、钱明、董平等编校，浙江古籍出版社2010年版。

② 《河南程氏遗书》卷十五，《二程集》，中华书局1981年版，第153页。

③ 《阳明先生遗言录》(下)，《王阳明全集》(新编本)第五册，吴光、钱明、董平等编校，浙江古籍出版社2010年版，第1605页。

④ 《传习录拾遗》，《王阳明全集》(新编本)第五册，吴光、钱明、董平等编校，浙江古籍出版社2010年版，第1546页。

“做得”；第二，本体与工夫通过对方彰显，两者是动态的而非静止的。简而言之，本体与工夫关系十分密切，它们之间非外在地而是内在地联系在一起。

他在论诚与思诚时认为，《中庸》所讲“诚者，天之道”，是说实理的本体。“‘思诚者，人之道’，圣贤都叫做思诚，只有工夫才是人道。”[①] 思诚是动词，指修养工夫，属于人道，诚为天道即本体，人道与天道一致，本体与工夫统一，天道即本体天赋予人之所以为人的给定（潜在）的前提，人道、工夫体现一种主动性，也可以说天道、本体于人道、工夫中显现。志道问：《荀子·不苟》讲“养心莫善于诚”，先儒却反对，这是为什么？先儒指程颢，程颢说：“孟子言‘养心莫善于寡欲’，寡欲则心自诚。荀子言‘养心莫善于诚’。既诚矣，又何养？此已不识诚，又不知所以养。”[②] 王阳明答：“此亦未可便以为非。‘诚’字有以工夫说者：诚是心之本体，求复其本体，便是思诚的工夫。明道说‘以诚敬存之’，亦是此意。《大学》‘欲正其心，先诚其意’。荀子之言固多病，然不可一例吹毛求疵。大凡看人言语，若先有个意见，便有过当处。‘为富不仁’之言，孟子有取于阳虎。此便见圣贤大公之心。”[③] “诚”是本体，“思诚”则是工夫，其目的是回归本体。程颢的“以诚敬存之”[④]，符合《大学》“欲正其心，先诚其意”。荀子的“养心莫善于诚”一句虽然有欠缺，但不可吹毛求疵，先入为主容易产生偏颇。意思是说不因人而废言，关键是要看说出的话合不合理，谁说的并不重要。如“为富不仁”见于《孟子·滕文公》：“阳虎曰：‘为富，不仁矣，为仁，不富矣。’”这话原本是阳虎所说的，但孟子能引用反而见孟子的圣贤大公之心。

关于本体与工夫的关系，王阳明进一步论道：

> 本体要虚，工夫要实。……合着本体，方是工夫；做得工夫，

---

① 《稽山承语》，《王阳明全集》（新编本）第五册，吴光、钱明、董平等编校，浙江古籍出版社 2010 年版，第 1609 页。

② 《河南程氏遗书》卷二（上），《二程集》，中华书局 1981 年版，第 18 页。

③ 《传习录》（上），《王阳明全集》（新编本）第一册，吴光、钱明、董平等编校，浙江古籍出版社 2010 年版，第 38 页。

④ 《河南程氏遗书》卷二（上），《二程集》，中华书局 1981 年版，第 16 页。

方是本体。做得工夫，方见本体，做工夫的，便是本体。[①]

因本体属虚，工夫属实，因此做工夫方显现本体，本体通过工夫再现，突出工夫的重要性。他认为，不睹不闻是良知的本体，戒慎恐惧是致良知的工夫，学者常睹其所不睹，常闻其所不闻，工夫才能有着落。“本体要虚，工夫要实。”[②] 如果舍弃根本而去枝叶上求个条理，是不可能回复到根本上去的。虽然勉强补缀得上，也终是遗落。如果能常用水去灌溉根本，不去理会枝叶，久久生理敷衍，自有枝叶发将出来。后人修养工夫往往在事物上下，这如同灌溉枝叶而不是根本。[③] 工夫的根本处下即是心，反身内修培植本心或彰显道心而非追逐外物，格外物而穷外物之理是用错了工夫。圣人应变不穷而不是预先讲求，即便讲求也不得许多。圣人之心如明镜，只是一个“明”却是在“照”上用功，如果不知镜昏而未磨，如何能照?[④] 镜本身是明的，由于外在因素造成昏，因此要磨，然后才是照。喻指心体本明，不明为外在因素所致，复明则要下功夫，通过工夫再现心体。

本体与工夫因一致可以在一定条件下置换互易。有人问：“‘不睹不闻’是说本体，‘戒慎恐惧’是说功夫否?”王阳明回答：“此处须信得本体原是‘不睹不闻’的，亦原是‘戒慎恐惧’的。‘戒慎恐惧’不曾在‘不睹不闻’上加得些子。见得真时，便谓“戒慎恐惧’是本体，‘不睹不闻’是功夫亦得。”[⑤] “不睹不闻”与“戒慎恐惧”出自《中庸》。“不睹不闻”与“戒慎恐惧”相互联系，他反对将本体与工夫固定化或格式化，主张灵活运用。既可以说不睹不闻是本体，戒慎恐惧是工

---

① 《稽山承语》,《王阳明全集》(新编本)第五册，吴光、钱明、董平等编校，浙江古籍出版社2010年版，第1610页。

② 《言行录汇辑》(上),《王阳明全集》(新编本)第五册，吴光、钱明、董平等编校，浙江古籍出版社2010年版，第1630页。

③ 《阳明先生遗言录》(下),《王阳明全集》(新编本)第五册，吴光、钱明、董平等编校，浙江古籍出版社2010年版，第1604页。

④ 《言行录汇辑》(上),《王阳明全集》(新编本)第五册，吴光、钱明、董平等编校，浙江古籍出版社2010年版，第1638页。

⑤ 《传习录》(下),《王阳明全集》(新编本)第一册，吴光、钱明、董平等编校，浙江古籍出版社2010年版，第116页。

夫，也可以说戒慎恐惧是本体，不睹不闻是工夫。[①] 这更体现出本体是工夫的本体，工夫是本体的工夫，二者统一。

王阳明起行征思田，钱德洪与王畿追送严滩，王阳明举佛家实相、幻相之说以证本体与工夫的一致：

> 先生曰："有心俱是实，无心俱是幻；无心俱是实，有心俱是幻。"汝中曰："有心俱是实，无心俱是幻，是本体上说工夫。无心俱是实，有心俱是幻，是工夫上说本体。"[②]

钱德洪在当时并未理解王阳明的话，经过多年的用功才开始相信本体工夫合一。但王阳明这时只是因问偶谈，"若吾儒指点人处，不必借此立言"。实相为《法华经》所说，实者非虚妄之义，相者无相也，是指称万有本体之语。法性、真如、实相，其体同一。就其为万法体性的意义上说为法性，就其体真实常住的意义上说为真如，就此真实常住为万法实相的意义上说为实相。幻相，《涅槃经》所说的虚幻的形象或现象。在这里有与无、实与幻相对且相互转化，他借用佛家语来阐释本体与工夫，强调两者之间相互转化。顾宪成说："凡说本体，容易落在无边。阳明所云'无心俱是幻'，景逸所云'不做工夫的本体'也。""凡说工夫，容易落在有一边。阳明所云'有心俱是幻'，景逸所云'不识本体的工夫'也。"[③] 讨论本体与工夫的角度不同，其相互转化说明不能彼此割裂。

本体与工夫的动态过程表现为它们之间关系的永恒性。王阳明认为颜子"欲罢不能"，则是"真见得道体不息，无可罢时。若功夫有起有倒，尚有可罢时，只是未曾见得道体"。[④] 关于"不息"，《周易集解》引干宝云："凡勉强以进德，不必须在位也。故尧舜一日万机，文王日昃不

---

① 《言行录汇辑》（下），《王阳明全集》（新编本）第五册，吴光、钱明、董平等编校，浙江古籍出版社 2010 年版，第 16 页。

② 《传习录》（下），《王阳明全集》（新编本）第一册，吴光、钱明、董平等编校，浙江古籍出版社 2010 年版，第 136 页。

③ 《明儒学案》卷五十八（东林学案一），《黄宗羲全集》第八册，浙江古籍出版社 1992 年版，第 747 页。

④ 《传习录拾遗》，《王阳明全集》（新编本）第五册，吴光、钱明、董平等编校，浙江古籍出版社 2010 年版，第 1554 页。

暇食，仲尼终夜不寝，颜子欲罢不能。自此以下，莫敢淫心舍力，故曰‘自强不息’矣。”① 以颜回为例是想说明工夫的永恒性、一以贯之，用功夫执着、永不停息地追求道德本体，说明本体与工夫的统一也是一个动态的过程。本体不息，工夫若息则不得见本体，从这个意义上说，修养工夫永无止境。

二 工夫内涵及特征

在王阳明看来，本体是先验或超验的，也可以说是给定前提的（潜在于心），因此他更重视工夫，其思想是行动的思想。而工夫又在本体上下，因此探讨工夫也必须着眼于它与本体的关系。这里以此为基础从宏观角度分析他的工夫论，旨在揭示其内涵及特征。

王阳明认为为学需要有个头脑工夫，指工夫并非盲目的而是有目的的或者说经过思索的，因此起到方向盘的作用。如他告诫学者说：

> 为学须得个头脑工夫，方有着落。纵未能无间，如舟之有舵，一提便醒。不然，虽从事于学，只做个义袭而取，只是行不着，习不察，非大本达道也。……见得时，横说竖说皆是。若于此处通，彼处不通，只是未见得。②

头脑工夫具有普遍性且是超验的而非经验之外求，因为经验只是个别的而不具有普遍性，只能用于一时一隅，偶然发生作用。又援引《孟子·公孙丑上》所批评的“义袭而取”，朱熹注为“非由只行一事偶合于义，便可掩袭于外而得之也”③，还引用“习不察”，即《孟子·尽心上》所说的“行之而不著焉，习矣而不察焉，终身由之而不知其道者，众也”。王明阳以为此非《中庸》所谓的“大本达道”。既然工夫具有一般

---

① （清）李道平：《周易集解纂疏》，中华书局1994年版，第38页。

② 《传习录》（上），《王阳明全集》（新编本）第一册，吴光、钱明、董平等编校，浙江古籍出版社2010年版，第33页。

③ 《孟子集注》，《四书章句集注》，《朱子全书》（修订本）第6册，上海古籍出版社2010年版，第283页。

性或普遍性的特点，那么就应该适用于不同场合，所以才有横说竖说、彼此相通之论。

为学工夫不可片面而要适中，要当机立断去其根。《传习录》载有一次王阳明与弟子论为学工夫，王阳明指出：

> 教人为学，不可执一偏。初学时心猿意马，拴缚不定，其所思虑多是人欲一边，故且教之静坐、息思虑。久之，俟其心意稍定，只悬空静守，如槁木死灰，亦无用，须教他省察克治。省察克治之功，则无时而可间，如去盗贼，须有个扫除廓清之意。无事时，将好色、好货、好名等私欲逐一追究搜寻出来，定要拔去病根，永不复起，方始为快。常如猫之捕鼠，一眼看着，一耳听着，才有一念萌动，即与克去，斩钉截铁，不可姑容与他方便，不可窝藏，不可放他出路，方是真实用功，方能扫除廓清。到得无私可克，自有端拱时在。虽曰"何思何虑"，非初学时事。初学必须思省察克治，即是思诚，只思一个天理，到得天理纯全，便是"何思何虑"矣。①

初学用功之时心神不静定而且思虑多有人欲，此时教他静坐而息思虑。沉潜一段后心意已定，像是悬空静守，如《庄子·齐物论》所说"形固可使如槁木，而心固可使如死灰乎"，又走向另一极端，此时则教他省察克治，时刻警醒，丝毫不放松。无事时则将所好之私搜寻拔根，所谓防微杜渐，如同去盗贼要彻底，如同猫捉老鼠以静制动。朱熹说："释氏有清草堂者，有名丛林间。其始学时，若无所入。有告之曰：'子不见猫之捕鼠乎？四足据地，首尾一直，目睛不瞬，心无它念。唯其不动，动则鼠无逃矣。'清用其言，乃有所入。"② 王阳明援引此段话喻指私念一闪便将其克去，而且要斩钉截铁，到了无私可克时则端坐拱手。初学时必须省察克治，这便是思诚，思即思天理，天理纯全则无思虑，即

---

① 《传习录》（上），《王阳明全集》（新编本）第一册，吴光、钱明、董平等编校，浙江古籍出版社2010年版，第17页。

② 《偶读漫记》，《晦庵先生朱文公文集》（卷七十一），《朱子全书》（修订本）第24册，上海古籍出版社2010年版，第17页。

《周易·系辞下传》所说“天下何思何虑！天下同归而殊途，一致而百虑。天下何思何虑!”无思虑或何思虑并非没有思虑，而是说除了天理以外没有其他的思虑，思虑应以天理为思虑。

适中实际上是一种巧力，王阳明强调工夫讲求巧力。弟子问：“孟子‘巧力圣智’之说，朱子云‘三子力有余而巧不足’，何如?”他说：“三子固有力，亦有巧，巧力实非两事。巧亦只在用力处，力而不巧，亦是徒力。”① “巧力圣智”见于《孟子·万章下》：“伯夷，圣之清者也；伊尹，圣之任者也；柳下惠，圣之和者也；孔子，圣之时者也。孔子之谓集大成。集大成也者，金声而玉振之也。金声也者，始条理也；玉振之也者，终条理也。始条理者，智之事也；终条理者，圣之事也。智，譬则巧也；圣，譬则力也。”“巧不足”指朱熹注“三子则力有余而巧不足，是以一节虽至于圣，而知不足以及乎时中也”②。王阳明不赞同朱熹的巧与力分说而主张巧与力为一事，巧只在用力处，力不巧为白费力，巧在这里似乎更为重要。

用功是本体内在的要求而不是犯了错误再用功。如王阳明说：“人有过，多于过上用功，就是补甑，其流必归于文过。”③ 在过上用功属于不得已，过上用功是修补已破之甑，是掩饰自己的过错，其潜台词是要在根本处即心上用功，使之无过，有防微杜渐之意，工夫起到防患于未然的作用。一位友人自叹私意发萌时分明自心知得只是不能使它即去，王阳明给他开个方子：“你萌时这一知处，便是你的命根。当下即去消磨，便是立命工夫。”④ 关键在于知晓私意萌时即知命根，此时要当即消磨、通过工夫去除，这就是《孟子·尽心上》所说的“存其心，养其性，所以事天也。夭寿不贰，修身以俟之，所以立命也”，也即立命工夫。工夫在根处下，才能真正发挥作用。

---

① 《传习录》(下)，《王阳明全集》(新编本)第一册，吴光、钱明、董平等编校，浙江古籍出版社2010年版，第121页。

② 《孟子集注》，《四书章句集注》，《朱子全书》(修订本)第6册，上海古籍出版社2010年版，第384页。

③ 《传习录》(下)，《王阳明全集》(新编本)第一册，吴光、钱明、董平等编校，浙江古籍出版社2010年版，第125页。

④ 《传习录》(下)，《王阳明全集》(新编本)第一册，吴光、钱明、董平等编校，浙江古籍出版社2010年版，第135页。

工夫要透出真机。王阳明说："功夫不是透得这个真机，如何得他充实光辉？若能透得时，不由你聪明知解接得来。须胸中渣滓浑化，不使有毫发沾带，始得。"[①] 工夫在于透得真机，玄妙之理才充实光辉，如《孟子·尽心下》所说："可欲之谓善，有诸己之谓信，充实之谓美，充实而有光辉之谓大，大而化之之谓圣，圣而不可知之之谓神。"真机需要心中不杂即纯洁无瑕，也可以说一尘不染，本体由此而显。用功要落到实处，如他说："大抵工夫须实落做去，始能有见，料想臆度，未有不自误误人者矣。"[②] 用功只有落到实处才能达到修养心性的目的。

工夫真切向内。一次王阳明与诸友论学，问在座诸友近来工夫如何？一友举虚明意思，王阳明说："此是说光景。"另一友叙今昔异同，他又说："此是说效验。"二友惘然，再请问，他说："吾辈今日用功，只是要为善之心真切。此心真切，见善即迁，有过即改，方是真切工夫。如此则人欲日消，天理日明。若只管求光景，说效验，却是助长外驰病痛，不是工夫。"[③] 王阳明讨论工夫时主张要为善之心真切，做到这一点就要改过迁善，也即《周易·益·大象》所说的"君子以见善则迁，过则改"，这才是真切工夫。改过迁善并非一劳永逸的，而是时时刻刻在进行着去人欲、存天理。刘宗周对此评道："依旧只是去人欲、存天理。"[④] 如果只凭"求光景，说效验"，那不过是外驰，而非反向内求心之真切，由此看来，工夫应向内在心上下而非流于表面或单纯的效用。工夫"只是简易真切，愈真切愈简易，愈简易愈真切"[⑤]。王阳明告诫工夫要简易真切，因为良知本身就是简易真切的。

用功也要有针对性，王阳明说："日间工夫，觉纷扰则静坐；觉懒看

---

① 《传习录》(下),《王阳明全集》(新编本)第一册，吴光、钱明、董平等编校，浙江古籍出版社 2010 年版，第 115—166 页。

② 《寄薛尚谦(戊寅)》,《王阳明全集》(新编本)第一册，吴光、钱明、董平等编校，浙江古籍出版社 2010 年版，第 184 页。

③ 《传习录》(下),《王阳明全集》(新编本)第一册，吴光、钱明、董平等编校，浙江古籍出版社 2010 年版，第 29—30 页。

④ 《阳明传信录》(三),《刘宗周全集》第五册，吴光主编，浙江古籍出版社 2007 年版，第 63 页。

⑤ 《传习录拾遗》,《王阳明全集》(新编本)第五册，吴光、钱明、董平等编校，浙江古籍出版社 2010 年版，第 238 页。

书则且看书，是亦因病而药。”[①] 纷扰与静坐、懒看书与看书相反，以静坐看书工夫来“医治”纷扰懒看的毛病，这也是对症下药。用功要精，超越或不受语言的限制，如他说：“用功到精处，愈着不得言语，说理愈难。若着意在精微上，全体功夫反蔽泥了。”[②] 用功到精处是不能用言语及说理完成的，反对着意即主观刻意，如果这样反拘泥了工夫，也就是说工夫是人本体的自然发出，是一个自然而然的过程。

工夫各有特色，不可相互混淆，所谓殊途而同归，最好是自然流出。王阳明对此写道：

> 圣贤论学，多是随时就事，虽言若人殊，而要其工夫头脑若合符节。缘天地之间，原只有此性，只有此理，只有此良知，只有此一件事耳。故凡就古人论学处说工夫，更不必搀和兼搭而说，自然无不吻合贯通者。才须搀和兼搭而说，即是自己工夫未明彻也。近时有谓“集义”之功，必须兼搭个致良知而后备者，则是“集义”之功尚未了彻也。“集义”之功尚未了彻，适足以为致良知之累而已矣。谓致良知之功必须兼搭一个“勿忘勿助”而后明者，则是致良知之功尚未了彻也。致良知之功尚未了彻，适足以为“勿忘勿助”之累而已矣。若此者，皆是就文义上解释牵附，以求混融凑泊，而不曾就自己实工夫上体验，是以论之愈精，而去之愈远。文蔚之论，其于大本达道既已沛然无疑，至于“致知”“穷理”及“忘助”等说，时亦有搀和兼搭处，却是区区所谓康庄大道之中，或时横斜迂曲者。到得工夫熟后，自将释然矣。[③]

相对于工夫来说，性、理、良知皆被视为本体，工夫应下在此处。

---

① 《传习录》(上)，《王阳明全集》(新编本) 第一册，第12页。《全集》为“日间工夫”断句，陈荣捷以为不然，“工夫纷扰为一事，否则何自纷扰?”见陈荣捷《王阳明传习录详注集评》，第58页。

② 《传习录》(下)，《王阳明全集》(新编本) 第一册，吴光、钱明、董平等编校，浙江古籍出版社2010年版，第126页。

③ 《答聂文蔚》，《传习录》(中)，《王阳明全集》(新编本) 第一册，吴光、钱明、董平等编校，浙江古籍出版社2010年版，第91—92页。

工夫不尽相同，不应混淆。王阳明尤其反对不同工夫的交替组合、掺杂混合，工夫要自然流出而非刻意有所为。如集义之功交替组合、掺杂混合良知，集义不明澈，同时也连累致良知不明澈。致良知交替组合、掺杂混合勿忘勿助，也不明澈，连累勿忘勿助，等等。他反对工夫之间的交替组合、掺杂混合，因为这是主观刻意有为，下功夫是自然流出，是良知本体内在决定而非主观私意。另外，这些也说明诸工夫各有自己的特色，应从多角度用功达于本体，彼此相互混淆则相互连累。

三　工夫达于本体的过程

工夫的内涵及特征还表现为本体与工夫统一为一个动态的过程，这涉及工夫的渐进性，换言之，指在本体上用功有一个量的累积过程，工夫达于本体是渐进完成的。如王阳明说：

> 吾教人致良知，在格物上用功，却是有根本的学问。日长进一日，愈久愈觉精明。世儒教人事事物物上去寻讨，却是无根本的学问。①

致良知要在格物上用功，也即格物是格心，再现其本体或良知，因此，王阳明反对朱熹教人于事物上寻讨。如人壮年的时候经过外面修饰暂时不见其衰老，老时精神衰迈说明其内在的根本衰败。又如无根的树木移栽水边，虽然暂时鲜好，终究要憔悴。喻指为学要抓根本，工夫也要在根本处下，寻于外物而失去根本必然是昙花一现、不可持久。工夫需要“日长进一日，愈久愈觉精明”，有一个渐进的过程。

门人问：“知识不长进如何？”王阳明答：“为学须有本原。须从本原上用力。渐渐‘盈科而进’。仙家说婴儿，亦善譬。婴儿在母腹时，只是纯气，有何知识？”“故须有个本原。圣人到位天地，育万物，也只从喜怒哀乐未发之中上养来。后儒不明格物之说，见圣人无不知、无不能，

---

① 《传习录》（下），《王阳明全集》（新编本）第一册，吴光、钱明、董平等编校，浙江古籍出版社2010年版，第109页。

便欲于初下手时讲求得尽，岂有此理！”[①] “为学” 指学习道德，对道德的追求要有本原，这个本原就是心体良知，从此处用力，渐渐累积而前进，如《孟子·离娄下》所说：“原泉混混，不舍昼夜，盈科而后进，放乎四海。” 朱熹注：“盈，满也。科，坎也。言其进以渐也。”[②] “婴儿” 源自《老子》：“专气致柔，能婴儿乎？” 婴儿善即圣胎本善，但也需要知识渐进的累积。本原处即纯气之善，虽然重要，但只是前提，需要后天的知识来达成。如人出生以后才能啼笑，既而能认识自己的父母兄弟，能站立行走、能把握负重等，天下之事几乎无所不能，这都是精气日足、筋力日强、聪明日开的结果，并不是天生（尽管天生潜存这些可能性）得来的。因此，本原固然重要，但未发之中的培养同样不可小觑，只有经过未发之中的存养，然后才有《中庸》所谓的 “致中和，天地位焉，万物育焉”，从本原之纯气到精气日足是积累的结果。因此，王阳明反对圣人无所不知、无所不能的说法，认为不通过工夫的渐进积累而一下子把潜能本体变成现实是极为荒谬的。

工夫之所以是渐进的，在于工夫受制于实施它的主体。王阳明以下的论述说明了这一点：

> 我辈致知，只是各随分限所及。今日良知见在如此，只随今日所知扩充到底；明日良知又有开悟，便从明日所知扩充到底。如此方是精一功夫。与人论学，亦须随人分限所及。[③]

刘宗周评道：“此是先生渐教，顿不废渐。”[④] 这里应注意到致知受主体的限制，良知在具体反身工夫中完成，尽管其中包括一般性的特点，但仍需要扩充，即由个别到一般需要扩充来完成，扩充就是一个渐进的

---

① 《传习录》（下），《王阳明全集》（新编本）第一册，吴光、钱明、董平等编校，浙江古籍出版社 2010 年版，第 15—16 页。

② 《孟子集注》，《四书章句集注》，《朱子全书》（修订本）第 6 册，上海古籍出版社 2010 年版，第 358 页。

③ 《传习录》（下），《王阳明全集》（新编本）第一册，吴光、钱明、董平等编校，浙江古籍出版社 2010 年版，第 106 页。

④ 《阳明传信录》（三），《刘宗周全集》第五册，吴光主编，浙江古籍出版社 2007 年版，第 75 页。

过程，其本身是专精唯一的存天理去人欲的工夫。这里讲的“随人分限所及”，揭示用功主体的有限性，这种有限性告知主体用功需要积累、逐步完善。如树生出许多萌芽，用水去灌溉，萌芽再长便又加水，把树芽浇灌成合抱大树，灌溉之功皆是随其分限所及，也即循序渐进而不可躐等。如果只是一些小萌芽，用一桶水便浸坏它了。总之，用功非一蹴而就，要有一个积累的过程。

渐进性即是持久性。《传习录》载，一位友人说：想要通过静坐逐一搜寻人好名、好色、好货等不良习惯的根源，扫除廓清，这恐怕是剜肉医疮。意指行事只顾一面，结果与预想适得其反。王阳明正色说：“这是我医人的方子，真是去得人病根。更有大本事人，过了十数年，亦还用得着。你如不用，且放起，不要作坏我的方子。”听了此话，这位友人感到十分惭愧并谢罪。过了一会王阳明又说“此量非你事，必吾门稍知意思者为此说以误汝”[①]，在座者皆悚然。有大本事的人是经历长久的工夫才做到大本事的，如果没有持之以恒的精神就别用，免得败坏此工夫，也就是说工夫贵在坚持，切不可半途而废。门人问：“近来妄念也觉少，亦觉不曾着想定要如何用功，不知此是工夫否？”王阳明答：“汝且去着实用功，便多这些着想也不妨，久久自会妥帖。若才下得些功，便说效验，何足为恃？”[②] 工夫要着实下，切不可求短期的效验，要持之以恒，“久久自会妥帖”。

既然工夫是渐进持久的，王阳明反对拔苗助长，“勿忘勿助，未尝致纤毫之力”[③]。有人问：近来用功也颇觉得妄念不生，但腔子里黑窣窣的，不知如何打得光明？王阳明答：“初下手用功，如何腔子里便得光明？”“只要在良知上用功。良知存久，黑窣窣自能光明矣。今便要责效，却是助长，不成工夫。”[④] 人的躯体有染，做工夫之初不可能使心体一下子就

---

① 《传习录》（下），《王阳明全集》（新编本）第一册，吴光、钱明、董平等编校，浙江古籍出版社 2010 年版，第 119 页。

② 《传习录》（下），《王阳明全集》（新编本）第一册，吴光、钱明、董平等编校，浙江古籍出版社 2010 年版，第 135 页。

③ 《言行录汇辑》（下），《王阳明全集》（新编本）第五册，吴光、钱明、董平等编校，浙江古籍出版社 2010 年版，第 694 页。

④ 《传习录》（下），《王阳明全集》（新编本）第一册，吴光、钱明、董平等编校，浙江古籍出版社 2010 年版，第 109 页。

光明，而要有一个过程。譬如奔流浊水才贮存在缸里，刚开始是浑浊的，必须等到澄定既久、渣滓自然尽去而复得清来。在良知上用功也如此，开始不明显，有个渐进的过程，用功既久，躯体自然光明。因此，王阳明反对主观拔苗助长，强调渐修而非追求速效的顿悟。

渐进是有节奏、有层次的。如王阳明说：

> 诸君功夫最不可助长。上智绝少，学者无超入圣人之理。一起一伏，一进一退，自是功夫节次。不可以我前日用得功夫了，今却不济，便要矫强，做出一个没破绽的模样，这便是助长，连前些子功夫都坏了。……诸君只要常常怀个“遁世无闷，不见是而无闷”之心，依此良知，忍耐做去，不管人非笑，不管人毁谤，不管人荣辱，任他功夫有进有退，我只是这致良知的主宰不息，久久自然有得力处，一切外事亦自能不动。……人若着实用功，随人毁谤，随人欺慢，处处得益，处处是进德之资。若不用功，只是魔也，终被累倒。①

功夫要循序渐进，不可助长或躐等，要有节次，上智者毕竟属于少数，大多数人要通过工夫积累到达圣域。同时王阳明承认有曲折也不必掩饰，比如行路的人遭一蹶跌起来便走，不要欺人做那不曾跌倒的样子出来。更重要的是常怀《周易·乾·文言》所说的“遁世无闷，不见是而无闷”之心，按照良知忍耐做去，不在乎毁誉荣辱，要持之以恒，工夫有进退，但致良知的主宰永无停息。这里强调着实用功、执着用功的重要性。通过以上所论可知，他论工夫更强调积累，在渐进中或者过程中用功，这也反映了其重视实践的思想特征。

渐进也表现为下学上达，上达在下学之中。有人问上达工夫，王阳明指出：

> 后儒教人才涉精微，便谓“上达”未当学，且说“下学”。是分

---

① 《传习录》（下），《王阳明全集》（新编本）第一册，吴光、钱明、董平等编校，浙江古籍出版社2010年版，第111页。

> “下学”“上达”为二也。夫目可得见、耳可得闻、口可得言、心可得思者，皆“下学”也。目不可得见、耳不可得闻、口不可得言、心不可得思者，“上达”也。如木之栽培灌溉，是“下学”也。至于日夜之所息，条达畅茂，乃是“上达”。人安能预其力哉？故凡可用功、可告语者，皆“下学”，“上达”只在“下学”里。凡圣人所说，虽极精微，俱是“下学”。学者只从“下学”里用功，自然“上达”去，不必别寻个“上达”的工夫。①

《论语·宪问》提出“下学而上达”。朱熹注曰：“但知下学而自然上达。此但自言其反己自修，循序渐进耳，无以甚异于人而致其知也。”朱熹又引程子语：“学者须守下学上达之语，乃学之要。盖凡下学人事，便是上达天理。然习而不察，则亦不能上达矣。”② 朱熹强调下学至上达的循序渐进，在此期间反己自修，但下学与上达似乎割裂。以感性和理性为界区别上达与下学，下学为可感觉、可思者，上达则不可，其超越感觉甚至思维，具有直觉体悟的特征。王阳明反对精微是上达的观点，而认为精微是下学，认为下学与上达既区别又相互联系且相互包含，下学用功自然上达，其渐进性自然包含于其中。

王阳明的本体与工夫关系的精义如下：工夫对于本体非外在的，而是内在联系在一起，表现为工夫是本体的工夫，工夫为本体服务。本体是心与良知，良知表征着心的本质，在心上用功实际上就是在良知上用功。工夫需要有个头脑，指工夫并非盲目的而是有目的或者说经过思索的，因此王阳明所提出的头脑工夫起到方向盘的作用，这种头脑不是犯了错误再用功而是有所预见，工夫起到防患未然的作用，用功要有针对性，哪里有问题从哪里入手。工夫在于透得真机即玄妙之理，才充实光辉，工夫不可片面而要适中，适中实际上是一种巧力，工夫是多样的，各有特色而不可相互混淆，所谓殊途而同归，最好是自然流出。工夫作

---

① 《传习录》(上)，《王阳明全集》(新编本) 第一册，吴光、钱明、董平等编校，浙江古籍出版社 2010 年版，第 14 页。

② 《论语集注》，《四书章句集注》，《朱子全书》(修订本) 第 6 册，上海古籍出版社 2010 年版，第 197 页。

用于本体体现为一个动态的过程，渐进性则是工夫的重要的特征，换言之，在本体上用功有一个量的累积过程，工夫达于本体是通过渐进完成的，渐进性即渐教，渐进仍是重要的修养方法。工夫之所以是渐进的，其原因是工夫受制于实施它的主体。既然工夫是渐进的，用功则应是持久且有节奏的，因此拔苗助长、急于求成不可取。由此看来，本体与工夫关系的内容丰富、特点突出，围绕着本体进行，强调渐而不是悟则是王阳明工夫的特色，这里包含着重视日常生活的因素，反映其心学的实践特征。

宋代理学开始重视本体与工夫的关系，但对此问题的讨论大都缺乏系统，并没有把其他范畴纳入其中，只是孤立的论说，或者把它们与其他范畴并列。与此不同，王阳明把它们提升到前所未有的高度，用以统摄其他范畴。具体而言，本体与工夫合一或统一是王阳明思想的内在逻辑，他的其他范畴包括心性、理欲、格物、良知、致良知、知行合一等，都体现本体与工夫合一或统一，本体与工夫像一条红线贯穿其范畴或概念之中，只不过不同范畴在本体与工夫统一中各有偏重而已。以本体与工夫梳理他使用的概念或范畴，理出作为工夫的本体、作为本体的工夫以及本体与工夫合一，再现从作为工夫的本体到作为本体的工夫再到本体与工夫高度一致的过程，也展现其思想逻辑的演进过程。① 另外，对本体与工夫的讨论也成为阳明后学的主题，如后学们或偏于本体，或偏于工夫，遂演成所谓的现成派、归寂派、修正派等，大体逃不出这对范畴的窠臼，因此也可以说本体与工夫是阳明学的核心。

---

① 汪学群：《吾心自有光明月：王阳明思想原论》，中国社会科学出版社 2017 年版，第 5—7 页。

道德觉悟与道德行动的源初相融之在

——王阳明知行合一论之道德—生存论意蕴

郭美华*

阳明知行合一之说，在认识论的视野下加以讨论，揭示出来很多意蕴，也将问题推向深入了。① 但认识论视野的考察，同时也遮蔽了其中的一些蕴意——因为，从阳明哲学的“心外无×”的本质来看，认识论所谓的认知，首先预设了人作为主体与物作为客体的彼此外在：“客体是现成的、外在的被认识者，主体是现成的、内在的认识者，两者彼此外在。”② 而所谓认识，就是以外在的方式去把握事物：“去认知，即是去准确地再现心以外的事物。”③ 这样一种认识论上的“彼此外在”，与阳明学的知行合一之论，本质上相距甚远。从儒学自身的脉络来看，《论语》开篇“学而时习之”就已经将道德—生存论意义上的知行绽露为一种觉悟与行动的源初浑一之在。④ 在儒学的问题意识中，知行的关系，不是认

---

* ［作者简介］郭美华，1972 年生，男，四川富顺人，上海财经大学教授、博士生导师。主要研究方向为先秦儒学、近现代哲学。

① 比如，郁振华教授的《论道德—形而上学的能力之知——基于赖尔与王阳明的探讨》（《中国社会科学》2014 年第 12 期），是从认识论角度研究王阳明知行合一说的富有新意与深度的阐释。在本文中，笔者并未从生存论角度加以讨论，但在《人类知识的默会维度》（北京大学出版社 2012 年版）一书中，则用专章（第四章“在世”的认识论分析）进行了默会知识论与海德格尔在世观念的对话，更为全面而深邃地揭示了认识（默会）与人的在世生存活动之间的关联。默会知识论对于理解传统中国哲学的知行关系，有极大的意义。

② 张世英：《天人之际——中西哲学的选择与困惑》，人民出版社 1995 年版，第 1 页。

③ ［美］理查·罗蒂：《哲学与自然之镜》，李幼蒸译，生活·读书·新知三联书店 1987 年版，第 1 页。

④ 郭美华：《论“学而时习”对孔子哲学的奠基意义——对〈论语〉首章的尝试性解读》，《现代哲学》2009 年第 6 期，第 101—107 页。

识论视域中的二者割裂基础上的先后与合一问题，而是在道德—生存论上的源初浑融一体如何绽露的问题。

对于阳明来说，其知行合一之论，在一定意义上，直接针对的是朱熹“知先行后”之论与“行重知轻”论之间的困境：“致知力行，论其先后，固当以致知为先。然论其轻重，则当以力行为重。”① 朱熹的理气哲学，在心与理、心与物等关系上，具有很强的认知主义倾向，其先后论与轻重论的两分，使得物理与人心因道德—生存论上的彼此外在性难以融而为一。阳明学以知行合一观念表现出来的心理、心物为一，即是在道德—生存论上彰显觉悟与行动之源初浑一。

一 知行的本体——知行的源初浑然为一

人的存在原本是生动活泼的，但也许因其生动活泼而易流于肤浅。所以，人不免于读书与反思，即相对独立地“求知以获得知识”。“求知”于是取得某种独立性的意义，并反过来成为生命存在本身的凸出之处。知的某种凸出彰显，体现了人自身生存活动的某些本质之处，但是，知的极端凸显，却也湮没了生命存在的整体，使之丧失了活泼与生动。王阳明的知行合一之说，在道德—生存论上的目的就在于恢复人自身生存的活泼与生动。以朱熹理学为代表的知先行后说，割裂知行，也就是割裂了生机盎然的生命整体。阳明的学生不理解阳明知行合一之说的要旨，所以认为古人提出知、行两个不同的说法，就表明知、行是两个不同的东西，不能简单合二为一：“古人说知行做两个，亦是要人见个分晓，一行做知的功夫，一行做行的功夫，即功夫始有下落。”② 阳明强调，必须理解知行合一说的宗旨，即避免知行分而为二的人生之病痛：“古人所以既说一个知又说一个行者，只为世间有一种人，懵懵懂懂地任意去做，全不解思惟省察，也只是个冥行妄作，所以必说个知，方才行得是；又有一种人，茫茫荡荡悬空去思索，全不肯着实躬行，也只是个揣摸影响，所以必说一个行，方才知得真。此是古人不得已补偏救弊的说话，若见

① 《朱子全书》卷22，上海古籍出版社2002年版，第2324页。

② 《王阳明全集》，吴光、钱明、董平等编校，上海古籍出版社1992年版，第4—5页。

得这个意时，即一言而足。今人却就将知行分作两件去做，以为必先知了，然后能行，我如今且去讲习讨论，做知的工夫，待知得真了，方去做行的工夫。故遂终身不行，亦遂终身不知。此不是小病痛，其来已非一日矣。某今说个知行合一，正是对病的药，又不是某凿空杜撰。知行本体原是如此，今若知得宗旨时，即说两个亦不妨，亦只是一个。若不会宗旨，便说一个亦济得甚事？只是闲说话。”① 在阳明看来，说知说行或只说知只说行，不是问题的关键，问题的关键是必须首先理解“宗旨”。这个宗旨是什么呢？阳明认为，古人强调知，针对的是“不知而冥行妄作”；强调行，针对的是“茫荡悬思而不躬行”。② 尽管阳明也说知行合一是补偏救弊，但实质上，知行割裂的偏弊，关涉到人自身存在的病痛状态，克服如此病痛状态，恢复人自身非病痛而洋溢生机的状态，也就是知行合一说深层的宗旨。此宗旨，也就是要回到“知行的本体”，“本体指本来意义，是说知与行就其本来意义而言”③。

关于“知行的本体”，《传习录》有一段记载，说几个学生不透悟知行合一之旨，举例说：“如今人尽有知得父当孝、兄当弟者，却不能孝、不能弟，便是知与行分明是两件。”阳明回答：“此已被私欲隔断，不是知行的本体了。未有知而不行者，知而不行，只是未知。圣贤教人知行，正是安复那本体，不是着你只恁的便罢。故《大学》指个真知行与人看，说‘如好好色’，‘如恶恶臭’。见好色属知，好好色属行。只见那好色时已自好了，不是见了后又立个心去好。闻恶臭属知，恶恶臭属行，只闻那恶臭时已自恶了，不是闻了后别立个心去恶。如鼻塞人虽见恶臭在前，鼻中不曾闻得，便亦不甚恶，亦只是不曾知臭。就如称某人知孝、某人知弟，必是其人已曾行孝、行弟，方可称他知孝、知弟。不成只是晓得说些孝、弟的话，便可称为知孝、弟。又如知痛，必已自痛了方知痛；知寒，必已自寒了；知饥，必已自饥了。知行如何分得开？此便是知行的本体，不曾有私意隔断的。圣人教人必要是如此，方可谓之知；不然，

---

① 《王阳明全集》，吴光、钱明、董平等编校，上海古籍出版社 1992 年版，第 4—5 页。

② 阳明这个说法，也是对孟子区分“舍而不耘”与“揠苗助长”（《孟子·公孙丑》）的进一步展开。冥行妄做相应于舍而不耘，凭空玄思相应于揠苗助长。

③ 陈来：《有无之境——王阳明哲学的精神》，人民出版社 1997 年版，第 95 页。

只是不曾知。此却是何等紧切着实的工夫！如今苦苦定要说知行做两个，是甚么意？某要说做一个，是甚么意？若不知立言宗旨，只管说一个两个，亦有甚用？”“爱曰：‘古人说知行做两个，亦是要人见个分晓，一行做知的功夫，一行做行的功夫，即功夫始有下落。’先生曰：‘此却失了古人宗旨也。某尝说知是行的主意，行是知的功夫；知是行之始，行是知之成。若会得时，只说一个知已自有行在，只说一个行已自有知在。’”① 阳明特别强调的不是别立一个心去好恶，而是心物不二、心事不二的意思。心之好，必有所好才好；心之恶，必有所恶才恶。不是眼看到好色，反过来反省一番，自觉自身心之能好，由能好之心发动而才又去好其所好。同样，恶也不是鼻子闻到恶臭，反过来反省自觉于自身心之能恶，由能恶之心发动而又去恶其所恶。实质上，能好与所好、能恶与所恶的一体而在，就是事情的源初之实。

表面上，“见”“闻”是直接的感官知觉，“好”“恶”则是间接的生理—心理情绪反应。但是，“所见”之色并非一无色彩的“纯粹之色”，而是“好色”；“所闻”之臭也非一无味道的“纯粹之臭”，而是“恶臭”。因此，“见色”是“见而知其好”的“有所领悟的见”，“闻臭”是“闻而知其臭”的“有所觉解的闻”。在直接的感官觉知之中，内在的理性判断、情意取向依然渗透于其中，尽管这不能用反思性的概念或句子来加以表达，但却是昭昭明明的。如此昭昭明明，具有前反思意义的“知”之意义，或者在今天的意义上可以被称为“领悟”或“觉悟”。由此，“见好色”和“闻恶臭”作为融合了单纯见闻感知与意味领悟的意识状态，自然也就相应地引起“好好色”与“恶恶臭”的生理—心理反应。但是，如此生理—心理反应，并非一种自然的本能，而是绽露为内在“领悟”或“觉悟”了的状态。见闻之感官知觉，色之美与味之臭的觉悟和判断，美色之好及臭味之恶的情绪及领悟，三者浑然为一，就是人自身生存的源初绽放。这就是“知行的本体”，而非三者相脱离的“私欲”——没有情意觉悟与意义判断的单纯理智的概念之知，或者没有情意觉悟与意义担当的单纯感官知觉（尤其体现为身体性欲望）。只要三者相脱离，知行便彼此相分，而产生出如何从单纯理智之知过渡到情意、

① 《王阳明全集》，吴光、钱明、董平等编校，上海古籍出版社1992年版，第4页。

理智与感官统一的具体之行这一知行难题。

尽管阳明以“好好色”和“恶恶臭”为“行”的看法与通常的理解不甚相合，但是，在见闻之感知、美恶之领悟、好恶之情感三者一体而觉的意义上，却更为深刻地将觉悟（知）与生存活动（行）的一体浑融显露出来。孝悌作为人自身源初存在的绽放，源始性地呈现自身于自我领悟之中——这就是古典儒家所谓“孝悌为仁之本”（《论语·学而》），而“智则知斯二者弗去”[①] 之意。人自身存在的源初绽放，就如同疼痛的显露一样，是非概念性的切身领悟。“我的疼痛”，尽管他人可以经由概念有所“理解”，但是，却并不能切身领悟“我的疼痛”。“我的疼痛”和“我自己对疼痛的领悟”二者的统一就是“我当下存在之绽放”。同样地，人自身的观念性觉悟作为能觉（能知），其所觉（所知）就是人自身的活生生的生命活动——人的生命存在不能在抽象的语词陈述里呈现出来。生命存在活动（行）与生命觉悟（知）二者的浑融一体，就是生命存在的源初绽放。在此“生命觉悟（知）与生命活动（行）的本体”中，根本就不可能有“知而不行”的情况，也不可能有“行而不知”的情况。所以，阳明才能说知（生命觉悟）或行（生命活动）的任举其一即是生命存在整体的绽放。

二　知行只是一个工夫——知行在现实生存活动中的相融一体

如上所述，人自身存在的源初绽放，就是生命觉悟（知）与生命活动（行）的浑融一体。在如此浑融一体之中，知作为觉悟，就是对生命存在本身的领悟；行作为生命活动，就是展开在觉悟之中。简言之，觉悟和活动必然展开。二者在展开中呈现出如此关联：“某尝说知是行的主意，行是知的功夫。知是行之始。行是知之成。”[②] 觉悟与践行活动的融合统一为人道德生存的实情。其中，知作为明觉或觉悟，主宰、支配、引导着行的进程；而行的具体而现实的展开，则是知的真实的内容。没

---

① 参见《孟子·离娄上》。《孟子》原文所说二者是“仁和义”。

② 《王阳明全集》，吴光、钱明、董平等编校，上海古籍出版社 1992 年版。

有知之觉悟的行是冥行妄作，没有行之切实展开的知则是揣摩影响、私意小智。在二者源始融合之中，知就是知所行，行就是行所知，二者没有先后可言，也没有分离之病。在二者的本真展开之中，二者保持为动态的统一体：一方面，觉悟之知不断生成为精神性的内容，并不断凝结为内在的德性和精神意向，从而在精神领悟的更高基础上展开生命的切实行动。就生命整体展开为过程的具体环节而言，知的领悟常常具有引导意义，体现为生命存在下一步展开的开启；另一方面，切实之行涵融着知、情、意、身，并与天地万物相往来，在多样性的具体活动中，不断生机勃勃地绽放自身，只有这样，觉悟之知才不会滑向单纯概念化的片面之知，才能使得觉悟之知归属于人自身存在这个整体目的。

如果以认识论上的理论（知）和实践（行）之关系来理解，知和行就分成两种不同的东西了，这是阳明反对的。所以，阳明强调，觉悟之知作为“开启”与切实之行作为“归终与目的”的动态的统一体，就是一个工夫、一件事情：“知者行之始，行者知之成。圣学只一个功夫，知行不可分作两事。”① 知行就是一个“圣学功夫”，不可分为两个。在知行一体的展开中，行是知的内容，即人之存在的真切笃实所在；知是行的觉悟，即人之存在的明觉精察所在。“知之真切笃实处，即是行；行之明觉精察处，即是知，知行工夫本不可离。”② 真切笃实作为行，明觉精察作为知，二者统一，也就是源初觉悟与行动浑融一体的展开。二者源初之浑融，展开之统一，都可以被理解为道德—生存论意义上的“形式与内容”的统一。借用康德式的语言来说，没有知（觉悟之知）的行（切实之行）是盲的，没有行（切实之行）的知（觉悟之知）是空的。知行源初绽放而合一，知行展开则二者并进。如果分裂二者各自一体，将知行分成两个，都是“说闲话”；不真切领悟二者的浑一，囫囵说个知行合一，也是“说闲话”。所谓说闲话，就是脱离了切实之行，觉悟之知片面地在单纯理智范围内玩概念或语词的游戏。在使用自己的理智力量时，很多人往往自私用智，脱离切己活生生的在世生存活动，而思辨地构造虚幻的理智世界，阳明称此为“说闲话管闲事”。相反，明觉之领悟

① 《王阳明全集》，吴光、钱明、董平等编校，上海古籍出版社 1992 年版，第 13 页。
② 《王阳明全集》，吴光、钱明、董平等编校，上海古籍出版社 1992 年版，第 42 页。

“政教不及”而产生动乱，虽以朝廷之威平定，但只有“建立县治”，“兴起学校，以移易风俗”，“化盗为良”，才是“久安长治之策”。[①]（《别录三》）教化，即以教化人，具体便是通过儒家经典教育，培育人的仁义之德。阳明将三个县分别定名为“崇义”“和平”与“平和”，如此定名，表明他期待由仁义道德带来世间的“和平”，实现社会长治久安、宁静和谐。也就是以“教化”“致良知”，使“无序”的边远之地重建为社会文明的“有序”之地。

四　“致良知”的启示：有道德才能构建文明社会

由以上分析可见，阳明的“致良知”揭示了社会文明与道德密不可分，有道德才能构建文明社会。人类的发展历程，恰恰证明了阳明这一理路的真理性。远古时代，人类为了抵御外界侵害、求得生存，便结成团队，形成了社会。生活在社会中的人，既是一般的动物，又是有道德的动物。道德，是社会行为的规范。正是靠着人人必须遵守的规范，社会才变得“有序”，才能和谐与安宁；只有处于“有序”状态下，人类才能生存和发展。正是在这个意义上，道德是社会和谐与安宁的基石，道德是社会长治久安的杠杆，道德是社会向心力的基础。

关于道德与社会的关系，孔子十分关注。生活在“礼崩乐坏”时代的孔子关注到社会出现动乱。他认为“好勇疾贫，乱也；人而不仁，疾之已甚，乱也”（《论语·泰伯》），社会动乱的根源是人的仁心失却了，“人而不仁”是社会动乱的根源。故孔子提出“导之以德，齐之以礼，有耻且格”（《论语·为政》），倡导以德治国，以礼治国，认定“克己复礼为仁，一日克己复礼，天下归仁”（《论语·颜渊》）。古人已懂得“国无德不兴，人无德不立”，注重教化，以文化人，以文育人。近代的孙中山，为了中华民族的伟大振兴，在关于三民主义的讲演中，阐述了道德的重要性，提出应将中华民族固有的道德恢复并发扬光大，“然后我们的

---

① 《王阳明全集》，吴光、钱明、董平等编校，上海古籍出版社 1992 年版，第 350—370 页。

民族地位才可以恢复”[①]（《三民主义·民族主义》）。他强调“有了很好的道德，国家才能长治久安”[②]（《三民主义·民族主义》）。他疾呼，国人要正心、诚意、修身、齐家，“从内发扬到外，由一个人的内部做起，推到天下为止”[③]（《三民主义·民族主义》），“改良人格来救国”[④]（《在广州全国青年联合会的演说》）。他说：“有道德始有国家，有道德始有世界。”（《在东京中国留学生欢迎会的演说》）后又题词：“有道德始有国家，有道德始成世界。”（《孙中山题词遗墨汇编》）

人们越来越认识到，道德对维系和推进社会文明的基础性意义。近年，中外学界都十分关注道德的功能与作用。在比较功利的西方，学界对道德也多有论述，例如法国社会学家爱弥尔·涂尔干在其专著《道德教育》中，界定了道德，揭示了道德的功能，并具体阐述了如何从培育儿童的道德素质开始进行道德教育。他指出：“道德完全存在于个人的良知中，只要看一看我们的内心，就足以把道德揭示出来。”[⑤] 同中国传统心学一样，涂尔干视道德为人的“良知”，认定道德就在人的“内心”中，是人本该具有的属性。涂尔干进而给道德下定义“道德是各种明确规定的总和”，并提出“道德的功能首先是确定行为，固定行为，消除个人随意性的因素”，“道德是由不计其数的特殊规范组成的，这些规范既是固有的，也是具体的，能够在一个人极为频繁地发现自身所处的不同情境中安排这个人的行为”。[⑥]

英国哲学家罗杰·特里格在《道德很重要》一书中更直接说：“道德很重要，并不只是因为它是我们的个人行为和待人处事所必须遵守的准则，它也应该是处理所有事务和治理国家的准则”，“它是正常的、有序的社会的基石”，“如果道德被连根拔起”，“是很危险的”。[⑦]

---

① 《孙中山全集》，中华书局1986年版，第247页。

② 《孙中山全集》，中华书局1986年版，第242页。

③ 《孙中山全集》，中华书局1986年版，第247页。

④ 《孙中山全集》，中华书局1986年版，第319页。

⑤ ［法］爱弥尔·涂尔干：《道德教育》，陈光金、沈杰、朱谐汉译，上海人民出版社2006年版，第22页。

⑥ ［法］爱弥尔·涂尔干：《道德教育》，陈光金、沈杰、朱谐汉译，上海人民出版社2006年版，第22—23页。

⑦ 《道德很重要》一书至今尚未有中译本，如上引文摘自网络。

可以说，阳明的“致良知”所揭示的道德与社会文明的密不可分的关系，已愈来愈成为人类的共识。社会发展至21世纪，文明程度已有了极大的提高。然而，也应看到，社会文明还需继续提升和发展，这仍然有赖于道德。

20世纪70年代末，中国开始了改革开放，开启了商品经济快速发展的新阶段。市场经济的发展，激化了人们对“利”的追逐，既带来了社会财富的快速增长、物质生活的明显提升，也带来了物欲的膨胀、功利与浮躁，使社会道德下滑。一些人为了一己之私利而为非作歹，始作俑者正是由于良知泯灭，而守不住道德底线。商品经济发展，诱发人欲膨胀，这是现代社会的顽疾，由此我们可以认为，“致良知”可以成为当代社会文明建设的思想武器和精神动力。通过“致良知”，让人人做到道德自觉，寻回失却的良知，把住道德本性，构建自身的精神家园，使社会文明建设落到实处。

五　“致良知”的启示：构筑人类命运共同体须有道德基石

“致良知”的社会价值，还体现在国际舞台上。现代科学技术的发展使人类生活在同一个“地球村”中，构建人类命运共同体，是历史发展的必然。

在党的十九大报告中，习近平总书记从当今国际形势出发，明确提出“我们生活的世界充满希望，也充满挑战”，“没有哪个国家能够独自应对人类面临的各种挑战，也没有哪个国家能够退回到自我封闭的孤岛”，所以“我们呼吁，各国人民同心协力，构建人类命运共同体，建设持久和平、普遍安全、共同繁荣、开放包容、清洁美丽的世界”。[①] 中国共产党，“始终把为人类作出新的更大的贡献作为自己的使命”[②]，总是依

---

① 习近平：《决胜全面建成小康社会　夺取新时代中国特色社会主义伟大胜利》，《中国共产党第十九次全国代表大会文件汇编》，人民出版社2017年版，第47页。

② 习近平：《决胜全面建成小康社会　夺取新时代中国特色社会主义伟大胜利》，《中国共产党第十九次全国代表大会文件汇编》，人民出版社2017年版，第46页。

循历史发展的规律，在世界格局发生新变化之时，提出顺应时代发展的战略构想。

早在2013年3月习近平在莫斯科国际关系学院发表演说时就提出："这个世界，和平、发展、合作、共赢成为时代潮流"，"历史都总是按照自己的规律向前发展，没有任何力量能够阻挡历史前进的车轮"。[①] 在人类经历了纷争、战争，特别是经历了第二次世界大战之后，人们从血的教训中认识到"和平与发展"对人类的存在与发展的必要性，经过大半个世纪的努力，世界格局发生了前所未有的变化，"这个世界，各国相互联系、相互依存的程度空前加深"，"越来越成为你中有我、我中有你的命运共同体"。[②] 马克思主义历史唯物论告诉人们，历史的发展有着不以人的意志转移而转移的规律。构建人类命运共同体，展示了人类发展的前景蓝图，顺应了人类发展的历史潮流。

习近平总书记首先向世界各国发出了构建人类命运共同体的呼吁，并强调了在构建人类命运共同体中道德的重要性。在党的十九大报告中，他十分清晰地论述了道德与构建人类命运共同体的密切关系。他指出："世界面临的不稳定性不确定性突出，世界经济增长动能不足，贫富分化日益严重，地区热点问题此起彼伏，恐怖主义、网络安全、重大传染性疾病、气候变化等非传统安全威胁持续蔓延，人类面临许多共同挑战。"[③] 事实正是如此：冷战时代已结束，可是世界不平静、不太平，纷争、对峙、战争等依然存在。各种形式的霸权主义与强权政治依然存在：当今的国际交往中有的大国，以一国之利为"优先"，无视他国利益，竟敢无视甚至破坏既定的国际规则，以"单边主义""保护主义"抗拒"全球化"的历史潮流；有的大国敢冒天下之大不韪，去充当"世界警察"，以强凌弱、以大欺小，到处点火，搞军事威胁；危及人类生命与安全的恐怖活动时有发生；欠发达国家的民众的生活无着落而不得不逃亡他乡，

① 习近平：《顺应时代前进潮流，促进世界和平发展》，载《习近平谈治国理政》，外文出版社有限责任公司2014年版，第272—273页。

② 习近平：《顺应时代前进潮流，促进世界和平发展》，载《习近平谈治国理政》，外文出版社有限责任公司2014年版，第272页。

③ 习近平：《决胜全面建成小康社会 夺取新时代中国特色社会主义伟大胜利》，载《中国共产党第十九次全国代表大会文件汇编》，人民出版社2017年版，第47页。

难民潮时常发生；等等。可见，在国际舞台上，不道德的行为依然存在。如何消除这些现象，使居住在同一“地球村”里的各个民族、各个国家能够融为一体？只有倡导“仁”，如阳明所说的“拔本塞源”，从根本上铸造道德基石，消除不道德行为，才能实现构建人类命运共同体的美好愿景。

要消除不道德行为，必须“致良知”，使人的道德觉醒。中国共产党人在道德自觉上率先垂范。习近平总书记在党的十九大报告中，向世人作出如下承诺：“中国坚定奉行独立自主的和平外交政策，尊重各国人民自主选择发展道路的权利，维护国际公平正义，反对把自己的意志强加于人，反对干涉别国内政，反对以强凌弱。中国决不会以牺牲别国利益为代价来发展自己，也决不放弃自己的正当权益，任何人不要幻想让中国吞下损害自身利益的苦果。中国奉行防御性的国防政策。中国发展不对任何国家构成威胁。中国无论发展到什么程度，永远不称霸，永远不搞扩张。”① 这段高度概括的话语，不仅彰显了我们的外交政策，更体现了在推进构建人类命运共同体的进程中，中国人有着可贵的道德自觉，将为世界人民铸造道德基石作出榜样。构建人类命运共同体，必须从自身的道德自觉做起，人人通过“致良知”铸造出道德基石，把构建人类命运共同体落到实处。没有道德基石，人类命运共同体不可能构建起来，铸造了道德基石，世界的一切纷争与挑战才可能化解。

阳明的“致良知”可以启示世人通过人的道德觉醒铸造道德基石，实现构建人类命运共同体的伟业。这便是阳明的“致良知”论最大的当代意义。

---

① 习近平：《决胜全面建成小康社会　夺取新时代中国特色社会主义伟大胜利》，载《中国共产党第十九次全国代表大会文件汇编》，人民出版社 2017 年版，第 47—48 页。

笃信、践履："致良知"内在支点刍析

马　寄*

众所周知，王阳明晚年为学的主旨是"致良知"。学界对此一直关注有加，然而这些关注多聚焦于"致良知"的内涵，"致良知"的架构即内在支点却一直被遗落在学界的视野之外。身陷宸濠、忠泰之变中，在笃信、践履的支撑下，"良知"怦然于心地。归越后，随着"致良知"思想的成熟，笃信、践履的意涵亦愈加丰盈。在知、情、意的推进下，笃信的理念得以系统构建，践履也由初期的"事上磨练"扩展到日用伦常。由此，笃信、践履内契于"致良知"之中，成为"致良知"的两大内在支点，这实际上证明"心学"并非"高谈性命""轻践履"的心性之学。

一　笃信、践履支点的初步建构：作为触媒的宸濠、忠泰之变

"致良知"是王阳明晚年思想的标志性内容，而宸濠、忠泰之变无疑是这一思想的触媒。

正德十四年（1519 年）六月，宁王朱宸濠怀篡位之野心，聚众而反。阳明临危不惧，一举平叛。不料明武宗并不认可阳明的盖世奇功，宦官张忠、许泰又在明武宗旁谗言。一时人言汹汹，阳明身陷谗构之中，王阳明称之为宸濠、忠泰之变。政局波诡云谲，身陷其间的阳明朝不保夕，不禁起归隐山林之念，以全其身。然而这只是阳明一时之念头，世事的

* ［作者简介］马寄，1972 年生，男，江苏南京人，闽南师范大学副教授，博士。主要研究方向为中国哲学。

无常并未消磨阳明的意志，反而进一步坚定了其为圣成贤之志。阳明愈加笃信本然心体，并将其明晰化为“良知”。这是阳明“心学”的重要创获，阳明终于找到了属于自己的为学关键词。不仅如此，他还拈出一个“致”字，使“致良知”成为一个生机勃勃、灵动不已的内外互动过程：信而行之，行而愈信。在笃信、践履的交互作用下，王阳明抉发而出晚年为学之宗旨——“致良知”。

笃信、践履是“致良知”的两大内在支点。这是因为因了笃信“良知”，愈加坚定于事行中践履“良知”；因了事行践履“良知”，“良知”愈益澄明。可以说，笃信、践履一体一用，体用结合，共同支撑起“致良知”。为了论述的方便，下文详论宸濠、忠泰之变，揭示笃信与践履支点的初步建构。

1. 笃信——“自知自信”

正德元年（1506 年），阳明被贬至贵州龙场。在龙场，在“居夷处困”中，阳明选择静坐，以期优入圣域。在静坐冥思中，本然心体终于澄然而显。阳明发现往日“格物致知”所孜孜追求的“天理”不假外求，就在本然心体之内。由于初识初信，阳明对本然心体还不甚了然，信心也不甚坚固，由是他将本然心体验之于五经，撰成《五经臆说》。正德四年（1509 年）至正德七年（1512 年），阳明以知行关系为契入点，探讨本然心体的发明和验证，先后提出了知行本体、知行合一等重要观点，把本然心体具体化为知行本体。阳明对本然心体的认识大大朝前跨了一步，相应的信心也得到了增强。

对本然心体的深入认知和个性把握，并进而笃信之，将其升华为判断是非、决定行止的“良知”，尚待宸濠、忠泰之变。宸濠、忠泰之变是明中叶惊天动地的大事件，也是阳明人生、事功、思想的转捩点。于宸濠、忠泰之变中，阳明“身罹谗构，危疑凶凶，不保朝夕”①。本然心体再次跃动于心，对之的笃信油然而生。弟子龙溪曾这样记载阳明其间的心曲：“吾所遭谤，构以党逆无将之恶名，蒙以灭族无辜之隐祸。几微倏忽之际，间不容发。若不能自信其心，略为形迹所滞，机稍不密则失身，

① 《王阳明全集》，上海古籍出版社 2011 年版，第 511 页。

根稍不慎则偾事。晦而明，曲而理，种种苦心，只好自知自信。意之微妙，口不能宣，而况于人乎?”① 世事的逼仄，已退无可退，阳明何以能摆脱世事的纠缠、寻觅个出路？他靠的是“自知自信”。这里的“自知”显然不是一般意义上的、对自己的了解，而是基于老子“自知者明”的、对本然心体的“自知”。这里的“自信”显然不是一般意义上的自信，间不容发、生死一线、灭族毁家之际，阳明从何处确立其自信？他的自信显然是对本然心体的自信，因此更清晰的表述是“自信其心”。有了对本然心体充分的“自知自信”，阳明才能不为形迹所拘，超然于物外，看轻生死并转危为安。弟子钱德洪亦曾准确辨识到阳明其时这一“自知自信”心态：“后贼平，张（忠）、许（泰）谤议百出，天下是非益乱，非先生自信于心，乌能遽白哉?”② 基于此，我们将“自知自信”提炼为笃信。这一笃信不是迷信的盲从，也不同于宗教性的坚守，而是基于“自知”的、深深浸淫着情感和意志力的对本然心体的坚定信念。有了这样的笃信，才能培养和践行“富贵不能淫，威武不能屈，贫贱不能移”的人格理想。在这一笃信过程中，本然心体的是之而是、非之而非，莫非就是亚圣孟子提点的“良知”？笃信的对象便从尚不明晰的本然心体升华确认为“良知”。

对本然心体的笃信便是对“良知”的笃信。阳明致弟子邹守益的信函清晰表述了对“良知”的笃信：“近来信得‘致良知’三字，真圣门正法眼藏。往年尚疑未尽，今自多事以来，只此良知无不具足。譬之操舟得舵，平澜浅濑，无不如意。虽遇颠风逆浪，舵柄在手，可免没溺之患矣。”③ 依赖对“良知”的笃信，阳明坦然面对“谗构”，正面直视“危疑”，从而安然渡过宸濠、忠泰之变。基于笃信，阳明将“良知”确认为儒门圣圣相传之正法。

2. 践履——“多事”之淬炼

如前所云，“良知”的原型是本然心体。本然心体经过践履的淬炼方

---

① （明）王畿：《王畿集》，凤凰出版社2007年版，第410—411页。

② （明）钱德洪：《年谱》，《王阳明全集》，上海古籍出版社2011年版，第1397页。

③ （明）钱德洪：《年谱》，《王阳明全集》，上海古籍出版社2011年版，第1411—1412页。

能升华为"良知"，我们认为践履是笃信之外的、"良知"的另一支点。

其实，本然心体本身就已蕴含践履的因素。龙场悟道后，阳明优入圣域，体悟到本然心体。阳明又称本然心体为知行本体。知行本体视域下的知、行并非一般语境下的知、行，而是统摄于本然心体下的知、行："知是行的主意，行是知的功夫；知是行之始，行是知之成。若会得时，只说一个知，已自有行在；只说一个行，已自有知在。"① 这段话的枢纽是"若会得时"。阳明未明言"会得"的具体内容，然而我们进入语境后不难体会到"会得"的对象就是本然心体。正是在本然心体的引导下，知、行相互规定，实现二者的一体。

阳明又以"知行合一"来表述知行一体。阳明的知行观推动了儒家知行观的发展，翻开了儒家知行观新的一页。假若龙场悟道所悟本然心体是对程朱理学"性"即"理"的反拨，那么"知行合一"则是对程朱理学的知行观的颠覆。众所周知，程朱理学的知行观可表述为知先行后。相对于行，程朱理学更强调知：在知的指引下，才可以行。若无知（真知）的指引，只会茫然而行，失路于歧。而在知、行相互规定的"知行合一"中，相对于知，阳明显然更强调行。陈来先生在解析阳明知行观时，就明确地指出："阳明知行观的基本精神是强调行，而不是强调知。"② 通过知行观的重新调整，阳明将程朱理学的重知导向重行。值得注意的是，"知行合一"尽管重视行，然而行主要停留在学理层面，并未明确指向具体的外在践履。真正将行落实到外在的践履上，同样要待宸濠、忠泰之变之后。

宸濠、忠泰之变是阳明除被贬谪龙场外另一重大人生考验。于龙场悟得本然心体，于宸濠、忠泰之变将本然心体升华为"良知"。弟子钱德洪评述业师两次重要的飞跃性体悟："盖师……得悟于龙场，大彻于征宁藩。"③ 不过，"得悟于龙场"与"大彻于征宁藩"背后在体悟机理上还存在着差异。"日夜端居澄默，以求静一"，方有其后"始知圣人之道，吾性自足，向之求理于事物者误也"。④ "得悟于龙场"基于"静坐"，是

---

① 《王阳明全集》，上海古籍出版社 2011 年版，第 5 页。

② 陈来：《有无之境——王阳明哲学的精神》，北京大学出版社 2006 年版，第 99 页。

③ （明）钱德洪：《年谱》，《王阳明全集》，上海古籍出版社 2011 年版，第 1143 页。

④ （明）钱德洪：《年谱》，《王阳明全集》，上海古籍出版社 2011 年版，第 1354 页。

“静中用功”。对宸濠、忠泰之变之中“良知”之获得，阳明这样表述：“往年尚疑未尽，今自多事以来，只此良知无不具足。譬如操舟得舵，平澜浅濑，无不如意。虽遇颠风逆浪，舵柄在手，可免没溺之患矣。”[①]“大彻于征宁藩”基于“多事”之淬炼，可以表述为“动中用功”。在这一淬炼过程中，知行本体之行冲破学理的层次，落实为具体的外在践履。这一践履不是日常践履，而是基于本然直觉之践履，即知是知非的“良知”。

经过“多事”之淬炼，内在之行落实为外在之践履。需要留意的是，在阳明“知行合一”的视域下，外在践履本就内契于“良知”之中，是“良知”的一部分。[②] 因此，不论在生发的外在条件上，还是在内在内涵上，“良知”均离不开践履的支撑。在此意义上，我们完全可以说践履是笃信之外的、“良知”的另一支点。

阳明“心学”将本然心体升华为“良知”，真正超越了程朱理学，具有了自己独立的理论体系与实践品格。孟子曰：“天将降大任于斯人也，必先苦其心志，劳其筋骨，饿其体肤，空乏其身，行拂乱其所为，所以动心忍性，增益其所不能。”（《孟子·告子下》）阳明与孟子的精神思想联系在此又获得了有力的证明。

宸濠、忠泰之变时期，“良知”思想只被初步建构，阳明归越后，“良知”思想进一步发展、成熟，笃信和践履的内涵进一步丰盈。

二　笃信：知、情、意的层层建构

归越后，阳明“致良知”思想愈加圆融。“致良知”的支点笃信的内涵愈加丰盈。阳明从知、情、意三个方面对笃信进行了层层的理论建构。

第一，“良知”的笃信有待知的引导。切己而知方可谓之为“致”。“致良知”的前提是要“自知”的人人，无论凡圣，都具有知是知非的

---

① （明）钱德洪：《年谱》，《王阳明全集》，上海古籍出版社 2011 年版，第 1411—1412 页。

② 王阳明晚年曾这样言知行的交互规定：“知之真切笃实处，即是行；行之明觉精察处，即是知。”见《王阳明全集》，第 47 页。在这一交互规定中，行自然内契于“良知”中。

“良知”。正德十五年（1520年）夏，阳明居虔，阳明首揭“良知”之教：“在虔，与于中、谦之同伺。先生（阳明）曰：‘人胸中各有个圣人，只自信不及，都自埋倒了。’因顾于中曰：‘尔胸中原是圣人。’于中起不敢当。先生曰：‘此是尔自家有的，如何要推？’于中又曰：‘不敢。’先生曰：‘众人皆有之，况在于中？却何故谦起来？谦亦不得。’于中乃笑受。又论：‘良知在人，随你如何不能泯灭。’”① 在阳明看来，“良知”本就内蕴于每个人心中，不论凡圣。可抉发与否，首先在于这个人是否“自信”。如上文所述，这里的“自信”含有自知自信的双重含义。对于个体来说，“信得及”便可抉发出“良知”，否则“良知”只能处于蛰伏状态。阳明又说：“良知即是天理。体认者，实有诸己之谓耳。”② 在“心学”的维度下，阳明一方面将“天理”诠释为“良知”，另一方面将“致良知”之“致”诠释为“体认者，实有诸己之谓耳”，言简意赅，直指本心。切己而知谓之为“致”，阳明将切己而知视为“致良知”的前提。从“实有诸己”来言说“自知自信”，儒门其来有自。“可欲之谓善，实有诸己之谓信。”（《孟子·尽心下》）“心学”可追溯到孟子，“心学”家咸以孟子为宗主。作为“心学”中坚的阳明亦坦承其孟子学脉。对于“实有诸己”，阳明更是推崇备至，径直拿来。

第二，“良知”的笃信有待由情的契近。知之不如好之。情感具有强大的吸引和排拒力量，职是之故，情感又与“良知”天然地连接。“盖良知只是一个天理自然明觉发见处，只是一个真诚恻怛，便是他本体。”③ 阳明一方面张扬“良知”的“天理”性，另一方面又从情感角度言说“良知”，直接把“真诚恻怛”与“良知”等同起来，甚至将之视为本体。“真诚恻怛”是对诚恳真挚之情的一种表达，不掺杂任何杂质，从本然心体径直流出。阳明还从好恶的天然情感反应的角度论述情对“良知”的契近。“如恶恶臭，如好好色，此之谓自谦。”（《礼记·大学》）阳明接续此话谈“良知”：“人但得好善如好好色，恶恶如恶恶臭，

---

① 《王阳明全集》，上海古籍出版社2011年版，第105页。

② 《王阳明全集》，上海古籍出版社2011年版，第243页。

③ 《王阳明全集》，上海古籍出版社2011年版，第95页。

便是圣人。”① 《大学》原本是在“自慊”道德修养的语境中言说，阳明则在善恶之道德判断中加以陈述。在这语境的转化中，阳明完成了对善恶问题的处理：径直地由任由当下情感好其善、恶其恶，便能远离恶、趋于善。“良知只是个是非之心，是非只是个好恶，只好恶就尽了是非，只是非就尽了万事万变。”② 这就是说，“良知”之知是知非并未基于理性的知性判断，而是基于情感的当下反应。可以说，阳明径直把判断道德善恶的是非之心与好善、恶恶的当下情感反应画上等号。这样，“良知”既是知本体，也是情本体。知本体就是情本体，反之亦然。阳明“致良知”思想暨笃信对情的强调无以复加。

第三，笃信包含意志力。“意志是人自觉地确立目的并支配其行动以实现预定目的的心理过程。”③ 阳明发明良知，成“致良知”之教，莫不强调意志和意志的效用：“诸公在此，务要立个必为圣人之心，时时刻刻，须是一棒一条痕，一掴一掌血，方能听吾说话句句得力。若茫茫荡荡度日，譬如一块死肉，打也不知痛痒，恐终不济事。”④ “是年先生(阳明)始揭良知之教，……自经宸濠、忠、泰之变，益信良知真足以忘患难，出生死，所谓考三王，建天地，质鬼神，俟后圣，无弗同者……又曰：‘某于此良知之说，从百死千难中得来，不得已与人一口说尽，只恐学者得之容易，把作一种光景玩弄，不实落用功，负此知耳。’”⑤ 钱德洪等众多弟子对阳明和阳明思想的认识和评述也无不强调意志力。

宸濠、忠泰之变后，到晚年，阳明虽再无性命之忧，但由于不遗余力地倡导“致良知”的“心学”，动摇和挑战居于主流地位的程朱理学，常被正统士人所排拒，其“心学”甚至被视为异端邪说。阳明地位日高，声誉日隆，“心学”影响日大，谣诼谤议亦日盛。⑥ 在正统士人看来，阳

① 《王阳明全集》，上海古籍出版社2011年版，第110页。

② 《王阳明全集》，上海古籍出版社2011年版，第126页。

③ 曹日昌：《普通心理学》(下册)，人民教育出版社1980年版，第74页。

④ 《王阳明全集》，上海古籍出版社2011年版，第140页。

⑤ (明)钱德洪：《年谱》，《王阳明全集》，上海古籍出版社2011年版，第1411—1412页。

⑥ 弟子皆感叹：“先生(阳明)自征宁藩已来，天下谤议益众。”阳明因势利导，“请弟子各言其故”。弟子各言其故：“先生功业势位日隆，天下忌之者日众。”“先生之学日明，故为宋儒争是非者亦日博。”“先生自南都以后，同志信从者日众，而四方排阻者日益力。”见《王阳明全集》，第131页。从“弟子各言其故”，可见正统士人皆对阳明侧目而视，视阳明为异类，甚至为洪水猛兽。

明标新立异，特立独行，似个狂者，其行肆无忌惮。对此，阳明不以为忤，还以为荣。阳明慨然放言："我今信得这良知真是真非，信手行去，更不着些覆藏。我今总做得个狂者的胸次，使天下之人都说我行不掩言也罢。"[①] 晚年，阳明还多次袒露其狂放胸襟："肯信良知原不昧，从他外物岂能撄。老夫今夜狂歌发，化作钧天满太清。"[②] 阳明对"乡愿的意思"的鄙弃，狂者的自认，狂者胸次的袒露，无不是阳明笃信"良知"的外在表现。因了笃信"良知"，阳明的言语行止依"良知"而行，所以能"从心所欲，不逾矩"。

"笃信"在词典上的定义是"忠实地信仰"[③]。这里隐含了五层含义：一是信仰具有对象的唯一性暨排他性，不会三心二意；二是信仰具有时间的延续性，即使不是永久性；三是信仰具有坚韧性，不会因为挫折和失败而改变；四是信仰暗含了情感的强烈性；五是信仰暗含了行动的可能性和必要性。内在的信仰必然会表现为外在的行动。笔者在第一节论"自知自信"为笃信的内涵，在本节论知、情、意为笃信的内在特质，基本涵盖了笃信的上述五层意涵，昭示阳明对笃信理解的深刻和全面。

三　践履：在主体、幅面、境界等向度下的彰显

晚年，阳明主要从主体、幅面、境界及工夫论四个向度来彰显践履，由是践履的意涵也趋于丰盈。

践履的主体由读书的士子扩大到人世间的凡夫俗子，践履的幅面也由"事上磨练"扩充为日用伦常，践履的境界由个人修为升华为对天地间的万事万物的体认。阳明还从工夫论的角度深入论述践履的必要性。

首先，践履的主体由读书的士子扩大到人世间的凡夫俗子。如前所云，在阳明看来，人人本具"良知"，那么成圣成贤并非少数高贵者的专利，走卒贩夫亦可成圣。在《大学问》一文中，阳明对这一可能性进行了理论阐述。人生境界有"大人""小人"之辨。"大人"之境为"以天

---

① 《王阳明全集》，上海古籍出版社 2011 年版，第 132 页。

② 《王阳明全集》，上海古籍出版社 2011 年版，第 866 页。

③ 《商务国际现代汉语词典》，商务印书馆 2014 年版，第 258 页。

地万物为一体”，而“小人”则拘束于“间形骸而分尔我者”的狭小境地。阳明接着阐明“大人”之所以能够臻于至高境界，在于本心之“仁”：在本心之“仁”的发动下，大人与万物相互感通，而能“视天下犹一家，中国犹一人”。而“小人”虽与“大人”一样本具本心之“仁”，但自小其“心”，未能发动本心之“仁”，也就未能与万物相互感通。从这个意义上说，“大人”“小人”之辨甚微甚稀。接着，为了说明本心之“仁”的感通性，阳明回归孟子“怵惕恻隐之心”的论述。在见孺子入井而“怵惕恻隐之心”发动后，“大人”本心之“仁”便与鸟兽甚至草木相互感应。而“小人”受制于一己之私欲，从而失其本心之“仁”，结果戕害物类，无所不为，甚至骨肉相残。在这个意义上，“大人”“小人”之辨甚宏甚大。最后，一方面阳明指出“小人”若祛除一己之私欲，心无挂念，则本心之“仁”亦会澄然于心。由此“小人”便能升华为“大人”，为“小人”优入圣域、成圣成贤留下了方便之门。另一方面，阳明亦警示“大人”，指出“大人”亦当为学用功，以去私欲之蔽，以防止本心之“仁”之失。①

其次，践履的幅面也由宸濠、忠泰之变时期的“事上磨练”扩充到日用伦常。宸濠、忠泰之变时期，“事上磨练”的事主要指的是关系到国家社稷的安危和阳明个人的生死存亡的大事。“事上磨练”也主要在这一背景下提出。对于凡夫俗子来说，这样的大事终生未必一遇，所以阳明将践履扩充到凡夫俗子的日用伦常。作为身心之学，“致良知”贴着一己身心的日常生活。日常生活不仅包括读书修为应举出仕施政庭对致仕，而且包括生丧嫁娶，还包括见闻酬酢。“盖日用之间，见闻酬酢，虽千头万绪，莫非良知之发用流行；除却见闻酬酢，亦无良知可致矣。故只是一事。”② 总之，日常生活的千头万绪和琐碎莫不包含在践履之中。

君子言义，小人言利。声、色、货、利历来被儒家修为警惕，并被认为是有害于成圣成贤的。阳明对君子避之唯恐不及的声、色、货、利，不但不回避，反而声称“声、色、货、利”正是致“良知”践履的得力处：“良知只在声、色、货、利上用功。能致得良知精精明明，毫发无

---

① 《大学问》的原文参见《王阳明全集》，第1066页。

② 《王阳明全集》，上海古籍出版社2011年版，第81页。

蔽，则声、色、货、利之交，无非天则流行矣。”阳明对致“良知”践履的理解可谓骇人听闻。他的这种极端说法不过是在强调践履的日用性和世俗性。曾有弟子这样评价阳明：“先生用功，到人情事变极难处时，其见愈觉精神。”[①] 对阳明践履日用性和世俗性的指证，切中肯綮。

再次，践履的境界从个人修为升华为对天地间的万事万物的体认。晚年，阳明所致之“良知”已由“成己”扩展到“成物”。宸濠、忠泰之变时期，阳明致得“良知”，即于事中致得“良知”，于事中验证“良知”。值得注意的是，这一过程仍局限于个体的践履和事功修为，其结果和效应亦局限于“成己”，尚未达到儒家“成己”更欲“成物”的大境界。而成物的关键，在阳明看来，在于“良知”之推广和扩充：“吾心之良知，即所谓天理也。致吾心良知之天理于事事物物，则事事物物皆得其理矣。”[②] 在这里，阳明将“良知”等同、比拟于“天理”。于是阳明从一己一事飞跃至天地之万事万物。这就是说，“致良知”着意于扩展一己之“良知”，以使“良知”流行于天地间。在此意义上，“致良知”之致便如张祥浩先生所云：“致为至、极、尽之意，‘致良知’推广扩充自己的良知。”[③] “良知”一旦流行于天地间，那么事事物物皆沐浴在“良知”的普照下，成为其自身。由此完成了“成己”至“成物”的提升。扩充一己之“良知”，使“良知”流行于天地间，便是“以天地万物于一体”的境界。这一时期，阳明主张“良知”之习得和验证不应局限于一己一事而应升华于天地间的万事万物的恢弘之境。

最后，阳明还在“动”“静”用功之辨中阐明“致良知”植根于践履之中。关于为学的用功方式，明中叶有“静”中用功和“动”中用功之争。而“静”中用功是当时学人为学的主要方式。阳明龙场悟道就是“静”中用功，对此阳明有深入的体会。主张“静”中用功的在阳明弟子中亦不乏其人。陈九川“静”中用功良久，苦无所得，于是求教于阳明：“静坐用功，颇觉此心收敛，遇事又断了。”针对陈九川的困惑，阳明一针见血地指出：“人须在事上磨练做功夫乃有益，若只好静，遇事便乱，

---

① 《王阳明全集》，上海古籍出版社 2011 年版，第 139 页。

② 《王阳明全集》，上海古籍出版社 2011 年版，第 51 页。

③ 张祥浩：《王守仁评传》，南京大学出版社 1997 年版，第 360 页。

终无长进。那静时功夫亦差似收敛，而实放溺也。"[①] 阳明明确地不赞同"静"中用功，而主张于"动"中用功。这里的"动"中用功即本文所论之践履。阳明指出"静"中用功，"静"时尚好，然而一旦遇事难免手足无措，拿不出对策，为学根本没有长进。可见，"良知"非悬空而可致，"致良知"只能基于践履。"致"的基本含义之一便是行。在行的层面上，方可言说"致"："可以知'致知'之必在于行，而不行之不可以为'致知'也明矣。"[②] "即知致良知，又何可讲明？良知本是明白，实落用功便是。不肯用功，只在语言上转说转糊涂。"[③] 阳明强调"良知"并非语言所能表达，而植根于践履之中，与其孜孜执着于言语，不如在日用中去着实践履。

关于这一层意义，阳明不厌其烦地对弟子进行教诲："吾与诸公讲致知格物，日日是此，讲一二十年俱是如此。诸君听吾言，实去用功，见吾讲一番，自觉长进一番。否则，只作一场话说，虽听之亦何用？"[④] 阳明身后，他的弟子们在编辑他的言行录时无不强调践履暨行的必要性和极端重要性。

儒家学派一般被认为是一个由理性主导的人本主义学派，而信仰暨笃信常与宗教或宗教类的主义关联。阳明对笃信的拈出与张扬固然和他早年出入佛老、受佛老的思想和仪轨影响有关，但对笃信的强调更多源于自己的切己体认、深入思考和缜密的体系建构。他给儒学输入了新质，殆无疑义。另外，践履紧贴着日用伦常。这实际上证伪了"致良知"的通行性印象"只有上半截，而无下半截"，即"心学"并非"高谈性命""轻践履"的心性之学。践履是阳明"心学"的重要特质。阳明对笃信、践履的拈出和弘扬在儒学史中有重要意义。

---

① 《王阳明全集》，上海古籍出版社 2011 年版，第 104 页。

② 陈来：《有无之境——王阳明哲学的精神》，北京大学出版社 2006 年版，第 167 页。

③ 《王阳明全集》，上海古籍出版社 2011 年版，第 56 页。

④ 《王阳明全集》，上海古籍出版社 2011 年版，第 139 页。

从生态哲学角度看朱熹之理生态主义

[韩] 金世贞*

毋庸置疑，环境和生态系统破坏造成的全球生存危机是21世纪人们面临的最为严峻的问题。即使在当下，蹂躏自然生态系统的一方和努力保护地球的一方仍在展开激烈的搏斗。遭受破坏的自然生态系统不仅会影响其所在地区，全球生存环境都会有所波及，甚至有可能迫使全人类走向灭亡。可见，环境问题是任何地区、国家或个人都绕不开的一个重要课题。

20世纪90年代，工业化的后起之秀韩国开始关注环境问题，西方环境伦理学随之流入韩国国内。到了90年代后期，人们对涉及环境问题的东方传统思想愈发关注。东方传统思想包含丰富的有机体论和生态论思想。然而，比起为早期深层生态主义带来诸多影响的佛教和道家而言，儒学思想在人们心中更加接近于人间中心主义的观点，因此并没有吸引太多的关注。

笔者在研究儒学思想的过程中，发现其中蕴含着十分丰富的有机体论式和生态论式的要素。值得注意的是，相关内容不是统一或单调的，而是带有鲜明的时代或学者特点的，具有丰富的多样性。比如，《周易》和《中庸》中出现了许多有机体论式要素和深层生态主义要素，而孔孟儒学则有很强的社会生态主义的色彩。在新儒学中，张载推崇将气视为宇宙自然的本体的“气生态主义”，朱熹推崇将理视为本体的“理生态主

* [作者简介] 金世贞，1967年生，男，韩国大田人，韩国忠南大学教授、儒学研究所所长，博士。韩国阳明学会会长，中国阳明文化（贵阳）国际文献研究中心特聘研究员，贵阳学院阳明学与黔学研究院特聘研究员。主要研究方向为中国儒学、韩国儒学、环境哲学等。

义”，王守仁推崇将心视为本体的“心生态主义”；在韩国儒学中，李珥主张基于“理气之妙”的“诚生态主义”，郑齐斗主张以良知为本体的“灵性生态主义”，朴趾源主张以人物均为基调的“相生生态主义”。[①] 由此可见，不同学派或学者的儒学思想呈现出多样化的特性与特质。相信这种多样性能够为解决西方环境及生态讨论所面临的问题带来重要启示。

笔者将从“理生态主义”的观点出发，重新解读朱熹哲学，探究朱熹哲学中的生态论特性及意义。

一 理一的普遍性和平等原理

朱熹认为，包括人与自然万物在内的宇宙自然均由理和气两个要素组成。其中，“理”指的是形而上学的事物存在的原理，即事物的本质和规则；“气”指的是构成事物的材料，即体现事物存在现象的质料。[②]“理”具有超脱事物的“先验性”和“超越性”。[③] 宇宙万物均以理的“先在性”为前提，在气的作用下存在。[④] 即，宇宙万物变化的实质相当于气，令气存在且发挥作用的原理或原型为理。

在这种对理和气的认识下，朱子学中人与人之外的自然万物的普遍性和内在的价值平等性的本源为“理一”，即“太极”。理不专属于人类，而是由上天赋予所有自然万物的。故从内在价值来看，人与自然万物是平等的。正如朱熹对《中庸》第1章“天命之谓性”的解读，人与自然万物的生命源于上天。所有自然万物从上天获得“阴阳五行”的气，从而具备形体，并将上天给予的理当作自己的性。对于所有自然万物而言，

---

① ［韩］金世贞：《照顾和共生的儒家生态哲学》，韩国：Sonamu，2017年。

② 《朱子大全》卷58《答黄道夫》说：“天地之间，有理有气。理也者，形而上之道也，生物之本也；气也者，形而下之器也，生物之具也。是以人物之生，必禀此理，然后有性，必禀此气，然后有形。”

③ 《朱子大全》卷46《答刘叔文》说：“若在理上看，则虽未有物而已有物之理。然亦但有其理而已，未尝实有是物也。”

④ 《朱子语类》卷1说：“未有天地之先，毕竟也只是理，有此理便有此天地。若无此理，便亦无天地。无人无物，都无该载了。有理，便有气流行，发育万物。”

健顺、五常等作为德性的性均是平等的、由上天给予的。[①] 由于上天赋予人与其他自然万物同等的理，故在内在的价值上，人与其他自然万物是没有差别的，是平等的。

朱熹指出："本只是一太极，而万物各有禀受，又自各全具一太极尔。"（《朱子语类》卷94条目203）即，太极既是自然万物的本源，也是本体。虽然现实中的自然存在物形象各异，但究其根本，其本源均遵从"太极"这一普适的先验性法则。同时，从朱熹对"天命之谓性"的解读中可以看到，自然存在物均以太极的理为自己的性，即本体（性即理）。从太极的思想来看，"理一"指的不是自然万物的"不同"而是"相同"，不是"差异性"而是"普遍性"。人与自然万物被给予了相同的太极，不能说人比自然万物更优越或更有价值，两者事实上具有相同的价值和同等的内在价值。这与西方人间中心主义的"人具有独特的内在价值，自然只是具有工具价值的道具"的自然观不同。由于人与自然万物具有相同的太极和相同的价值，人没有肆意破坏和统治自然万物的特权。人不应视自然万物为手段，而应当视其为目的。

朱熹依据理一的普遍性，提出了自然万物的"共生"原理。详细的共生原理可参考朱熹对《中庸》第30章[②]的注释：

> 天覆地载，万物并育于其间而不相害；四时日月，错行代明而不相悖。所以不害不悖者，小德之川流；所以并育并行者，大德之敦化。小德者，全体之分；大德者，万殊之本。川流者，如川之流，脉络分明而往不息也。敦化者，敦厚其化，根本盛大而出无穷也。此言天地之道，以见上文取譬之意也。（《四书集注·中庸章句》）

探讨天地之道的这篇文章在观点上更加接近于"深层生态主义"，而不是"生命个体主义"。即，每个事物个体在独立状态下不具有存在价

① 《四书集注·中庸章句》第1章认为："命，犹令也。性，即理也。天以阴阳五行化生万物，气以成形，而理亦赋焉，犹命令也。于是人物之生，因各得其所赋之理，以为健顺五常之德，所谓性也。"

② 《中庸》第30章认为："万物并育而不相害，道并行而不相悖。小德川流，大德敦化。此天地之所以为大也。"

值，只有作为天地的一部分时才有价值。万物在天地间共生，互不伤害。同样，四时与日月不是相互独立的，而是处在有机的关系之中。即，没有不经历春天的夏天，没有不经历白天的夜晚。四季与昼夜变化不存在矛盾。各部分生态系统在总生态系统中生长、运行，维持着有机的相辅关系。将自然生态系统视为一个整体时，每个个体作为其中的一分子，以相辅性为生命本质运行开来。

共生原理被放到个体与个体的关系中时，是互不伤害、互不违背的。从全体生命的立场来看，共生原理是每个个体一同成长和运行的准则。“互不伤害，互不违背”是小德的流川，一同成长和运行是大德的敦化。两者看似彼此异质，实为同一种原理，只是从个体与个体间的关系来看和从全体生命的立场来看时表现有所不同而已。“互不伤害，互不违背”与“一同成长和运行”并无区别。小德是全体之分。即，小德代表全体生命共享的内在价值和同样蕴含在每个个体之中的共同原理。大德是万殊的根本。即，大德代表个体的内在价值和共生原理的根源。由此我们可以看出内在的价值和共生原理的普遍性。

二 生物之心与生命中心主义

既然理是所有存在物普遍性和平等性的依据，那么理是无生命机械论的世界循环往复的因果论原理，还是有生命的有机体世界的生命原理？朱熹是否也从机械论的世界观出发，将世界看作一个机器？还是像有机体论那样，视世界为生命体？答案可从朱熹有关“天地生物之心”的探讨中找到。如下所述，朱熹认为天地是有“心”的。

> 天地以此心普及万物，人得之遂为人之心，物得之遂为物之心，草木禽兽接着遂为草木禽兽之心，只是一个天地之心尔。（《朱子语类》卷1条目18）

朱熹认为天地具有“心”的属性。由此，可以看到，他没有将天地当作无生命的自动机器，而尽可能地将其视为生命体。这种天地之心就是人心，就是事物之心，也是动物植物之心。与天地阴阳交感和感应所孕育出来的全部存在物都具有心，所以全部存在物均不是机器，而是堂堂正正的生命体。从根源上看，人、事物、动物、植物的内心不是局限在个体之中的个体心，而是天地之心，即全宇宙层面上的“宇宙之心”。宇宙自然的所有存在物可通过这种心融为一体。除了理一分殊，还有心一分殊。如果说心一代表本源的天地之心，那么分殊心代表通过与天地的交感和感应而诞生的人与事物各自拥有的“个别心”。

那么，“天地之心”具体指什么呢？我们可以从以下内容中窥见一二：

> 且看春间天地发生，蔼然和气，如草木萌芽，初间仅一针许，少间渐渐生长，以至枝叶花实，变化万状，便可见他生生之意。非仁爱，何以如此。（《朱子语类》卷17条目43）

天地具有不断生养万物的功能。即，天地不是无生命的机器，而是一个具有鲜活生命意志（生生之意）的生命体。天地生养万物的力量即生命的意志就是“仁爱”。仁爱是将上天与人贯通为一体的理一，是人与自然合为一体的契机。人与自然万物均是由天地的仁爱生养的。天地之心即为天地生养万物的仁爱之心，即“天地生物之心”。从仁爱是天地之心这一点来看，自然万物绝不像人间中心主义认为的那样，是实现人类幸福与欲望的工具或手段，自然万物理应与人具有同等宝贵的生命价值。

天地生养万物的心，即天地生物之心，是人与自然万物都具备的普遍之心，是人与自然物同等性及平等性的根据。人与自然万物都是在天地的生物之心下诞生的，故天地、人及自然万物三者之间具有德的一致性。天地具有元、亨、利、贞四德，自然万物具有春、夏、秋、冬四德，人具有仁、义、礼、智四德。人的道德性与道德价值来源于天地（宇宙自然）的道德性和道德价值。天地的元高于一切，能够凌驾万物；春的生发气韵可以抵达任何角落；人的仁可以包容一切。天地的元、万物的春、人的仁具有相同的普遍性和价值，因此，人与自然万物是平等的。天地生养万物之心决定了人不比自然物优秀或优越。人与自然具有相同的生命价值，是平等的、同等的。故，人得以天地生养万物之心来爱护他人，惠及万物，并理当如此。①

如果说天地是具有生养万物之心的生命体，那么天地生养的自然万物同样是具有这样的心的生命体。宇宙自然最重要的特征是具有想要存活且想要他物存活的“生意”。朱熹对“生意”作如下解释：

> 天之春夏秋冬最分晓：春生，夏长，秋收，冬藏。虽分四时，然生意未尝不贯；纵雪霜之惨，亦是生意。(《朱子语类》卷6条目87)
>
> 以谷种譬之，一粒谷，春则发生，夏则成苗，秋则结实，冬则收藏，生意依旧包在里面。每个谷子里，有一个生意藏在里面，种而后生也。(《朱子语类》卷20条目91)

尽管不同地域之间有所差异，但大部分地区都有分明的四季，且每个季节都有各自的功能和特性：春天具有让万物萌生的功能，夏天具有让万物生长的功能，秋天具有让万物结果的功能，冬天具有让万物休养生息的功能。四季各异的功能是生养万物的基础。四季不同功能之间有着共同的分母，那就是“想要活”和“让其活”的“生意”。在所有果实收获完毕的严冬，我们望向苍茫的大地和干枯的树木，会觉得一片死寂，没有一丝生存和救赎的意志。然而，冬季并不是死寂的。在万物休养的冬日里，生命在为春日的萌发做准备。在霜雪的严寒中，在土壤里、树木里、谷粒里都有等待春日萌发生命的强烈意志。因此，春天来临时，死寂的大地和树木中会萌生出劲头很强的新芽，新芽茂密地生长开来。

四季共通的内在“生意”正是“仁”：

---

① 《朱子大全》卷67《仁说》：“天地以生物为心者也，而人物之生，又各得夫天地之心以为心者也。故语心之德，虽其总摄贯通，无所不备，然一言以蔽之，则曰仁而已矣。请试详之。盖天地之心，其德有四，曰元亨利贞，而元无不统。其运行焉，则为春夏秋冬之序，而春生之气无所不通。故人之为心，其德亦有四，曰仁义礼智，而仁无不包。其发用焉，则为爱恭宜别之情，而恻隐之心无所不贯。……盖仁之为道，乃天地生物之心，即物而在。情之未发，而此体已具；情之既发，而其用不穷。诚能体而存之，则众善之源、百行之本莫不在是……此心何心也？在天地则块然生物之心，在人则温然爱人利物之心，包四德而贯四端者也。”

> 且如万物收藏，何尝休了，都有生意在里面。如谷种、桃仁、杏仁之类，种着便生，不是死物，所以名之曰“仁”，见得都是生意。如春之生物，夏是生物之盛，秋是生意渐渐收敛，冬是生意收藏。(《朱子语类》卷6条目80)

对于朱熹而言，“仁”不限于孔子所说的“爱人”① 的道德性。谷物或水果种子的外表看起来是死寂的，但其中蕴含着生意。因此，种下的种子可以萌发新芽。生意并不随冬天的到来而消失，因为种子里储存着生意。生意藏匿在冬日的种子里，到了春天再萌发新芽。因此，种子是“仁”的，其中蕴含着生意。

朱熹认为，“仁”是自然万物生命尊严的依据。仁意味着自然万物具有相同的内在价值。仁和自然万物的生意并无不同。具有生意是指具有内在的价值。由此，人不能肆意破坏和损伤具有生意的自然物。

这与西方环境伦理学的“生命中心主义”有一定的相似性。生命中心主义承认动植物等生命个体含有内在价值。古德帕斯特（Kenneth E. Goodpaster）主张，应将“活着”（being alive）这一条件作为道德思虑的必要充分条件。② 泰勒则指出，所有生命体是“目的论式生命中心体”，由于所有有机体具有平等的内在价值，③ 决定地球野生生命共同体的人类道德关系的是有机个体的利益。④ 考虑到上述生命中心主义的观点，朱熹所说的具有生意的全部有机个体是“目的论式生命中心体”，故可以假定各有机个体具有相同的内在价值。

三　气禀造成的人与自然物的差等

朱熹主张人与自然物都具有“理一分殊”和“心一分殊”的普遍性。仅从这点出发，人与自然物不仅平等，还将具有相同的内在价值，人没

---

① 《论语·颜渊》22章说：“樊迟问仁。子曰：‘爱人。’”

② Kenneth E. Goodpaster, “On Being Morally Considerable”, *Environmental Philosophy*, New Jersey: Prentice Hall, 1998, pp. 56–69.

③ J. Baird Callicott, “Introduction”, *Environmental Philosophy*, pp. 11–12.

④ Paul W. Taylor, “The Ethics of Respect for Nature”, *Environmental Philosophy*, p. 71.

有为自己的繁荣和福祉利用自然物的权利。那么，我们是否可以认为朱熹是“生命中心主义”者或“深层生态主义”者？朱熹尽管在普遍的理和宇宙心的层面上，即本源的层面上，主张人与自然物的相同性和平等性，但认为现实中人与自然物是不同的。

朱熹认为，从理的角度来看，人与自然物被给予的理相同，人与自然物由于均以这种理为各自的本性（性即理），因此可被视作是相同的。然而，在现实中，由于禀受的气的差异，人与自然物具有不同的特性。不仅是人与自然物之间，自然物与自然物之间由于禀受的气的差异，也存在多样化的层次。首先，朱熹从人与动物、植物、无生物三个层次提出如下观点：

> 天之生物，有有血气知觉者，人兽是也；有无血气知觉而但有生气者，草木是也；有生气已绝而但有形质臭味者，枯槁是也。是虽其分之殊，而其理则未尝不同。但以其分之殊，则其理之在是者不能不异。故人为最灵而备有五常之性，禽兽则昏而不能备，草木枯槁，则又并与其知觉者而亡焉。但其所以为是物之理，则未尝不具耳。（《朱子大全》卷59《答余方叔》）

人与自然物接受的理是相同的，但是，现实中人与自然物可分为以下三个层次：第一层次是具有血气和知觉的存在，人和动物属于这一类；第二层次是没有血气和知觉但有生气的存在，植物属于这一类；第三层次是连生气都没有的，只具有形质、气味和味道的存在，动植物之外的无生命自然物均属于这一类。虽然所有存在物的理和性相同，但是理在个体事物里内化的过程（分殊）衍生出了一系列的不同。顶级的人最接近神灵，具有仁义礼智信的五常性品。次级的动物虽不具备五常性品，但具有知觉。最低级的植物和无生命自然物连知觉都没有。那么，人、动物、植物、无生命自然物之间产生这种差异的理由是什么呢？我们从朱熹的下述观点中可以略窥一二：

> 人之所以生，理与气合而已。天理固浩浩不穷，然非是气，则虽有是理而无所凑泊。故必二气交感，凝结生聚，然后是理有所附

> 着。凡人之能言语动作，思虑营为，皆气也，而理存焉。故发而为孝弟忠信仁义礼智，皆理也。然而二气五行，交感万变，故人物之生，有精粗之不同。自一气而言之，则人物皆受是气而生；自精粗而言，则人得其气之正且通者，物得其气之偏且塞者。惟人得其正，故是理通而无所塞；物得其偏，故是理塞而无所知。且如人，头圆象天，足方象地，平正端直，以其受天地之正气，所以识道理，有知识。物受天地之偏气，所以禽兽横生，草木头生向下，尾反在上。物之间有知者，不过只通得一路，如乌之知孝，獭之知祭，犬但能守御，牛但能耕而已。人则无不知，无不能。人所以与物异者，所争者此耳。(《朱子语类》卷 1 条目 41)

人与自然物全部是理气的合一体。理不能单独作用，不能单独显现，必须通过气的作用显现。阴阳二气交感之下，五行与万物化生之处才会显现理。人的身体行为和内心的思虑作用全部是非理的气的作用，理在如此的气的作用下，作为原理内在于事物之中。孝悌忠信等纲常伦理和仁义礼智等道德本性都是非气的理。即，是“性即理”和“心是气”，而不是“心即理”和“身即理”。阴阳二气和五行交感的过程中，不仅会生成人，还会生成自然物。在生成过程中，存在“精密”（精）和“粗糙”（粗）两个层次。虽然人与自然物均由相同的一气组成，但人由畅通正直的精气组成，自然物由歪斜闭塞的粗气组成，由此产生了差等。即，气的差等造成拥有正直之气的人的理是畅通的，拥有歪斜之气的自然物的理是闭塞的，缺乏智慧。从本源的层面看，由于理具有普遍性，人与自然物是平等的。但是从现实的层面看，由于气的差等性，人与自然物之间也存在差异。人由天地间的正气组成，因此，懂得道理，具备知识。自然物由天地间的歪斜之气组成，因此，禽兽无法像人类一样直立行走，植物因根系埋在土壤之中而无法移动，都有一定的局限性。人具备道德性和知性，可以直立行走。动物没有道德性和知性，可以移动但无法直立行走。而植物连移动都做不到。此外，动物虽有知觉功能，但有偏向性，远不及人类的全知全能。故，人是优秀的，自然物是劣等的。综上，在价值层面上，人与自然物拥有平等的本源，但在现实中两者有优劣、差等和不同。

以上观点表明，尽管朱熹认可人与自然物在理一和生物之心等方面具有普遍性，但不同于深层生态主义思想，朱熹不认为所有存在物都是平等的且具有相同的内在价值。朱熹虽然主张在气禀方面人与自然物存在差等，但并未采取和西方环境伦理的“人间中心主义”相同的立场。朱熹心中的气禀差等带来的人类的优秀不同于人间中心主义，朱熹并不认可人类征服及统治自然的正当性。人比自然物优秀是因为只有人具备孝悌忠信或仁义礼智的道德性，且这种道德性是人与自然物沟通交流的依据。

四　对人与自然物差等的爱及其扩充

朱熹主张，气禀的差异不仅会造成人与自然物间的优劣差异，还会造成人和人之间的优劣差异。尽管比起自然物，气更为精密的人更加优秀。但不同的人被给予的气有昏明清浊的差异，故人和人之间也存在层次差异，具体可分为由清明纯粹的气组成的“生知安行者”，低一级的“学知利行者”及气禀不正且闭塞严重的“困知勉行者”。用功之后领悟且践行道的人较上一层次的人需要更多的努力。因为气禀的明暗及清浊有别，后天努力（学习）的结果也会存在些许差异。但重要的是其归结点是相同的。这个归结点正是孟子所说的人与禽兽的不同点，即“仁义”“四端”等道德性。① 不论气禀差异如何，任何人都可通过道德修养克服气质的障碍与制约，激发先天的道德性，成为有品德的人。只有人能做到这一点。自然物的局限性在于无法克服及跳脱出气质的制约和障碍。人与自然物的差异（即差等）的终极目的不在于保障人类统治自然物的正当性，而在于树立道德的人间性的同时，强调道德修养的必要性。

朱熹主张发自不忍之心的差等爱。先看看朱熹对不忍之心的主张：

---

① 《朱子语类》卷1条目41认为：“然就人之所禀而言，又有昏明清浊之异。故上知生知之资，是气清明纯粹，而无一毫昏浊，所以生知安行，不待学而能，如尧舜是也。其次则亚于生知，必学而后知，必行而后至。又其次者，资禀既偏，又有所蔽，须是痛加工夫，‘人一己百，人十己千’，然后方能及亚于生知者。及进而不已，则成功一也。孟子曰：‘人之所以异于禽兽者几希。’人物之所以异，只是争这些子。若更不能存得，则与禽兽无以异矣！”

> 盖杀牛既所不忍，衅钟又不可废。于此无以处之，则此心虽发而终不得施矣。然见牛则此心已发而不可遏，未见羊则其理未形而无所妨。故以羊易牛，则二者得以两全而无害，此所以为仁之术也。声，谓将死而哀鸣也。盖人之于禽兽，同生而异类。故用之以礼，而不忍之心施于见闻之所及，其所以必远庖厨者，亦以预养是心，而广为仁之术也。(《孟子集注·梁惠王章句上》第7章)

这里存在两种价值的冲突。“牛”作为有知觉的动物，懂得什么是死亡，且恐惧死亡，如同辛格（Peter Singer）的动物平等主义；“衅钟”是一种人类文化仪式行为，如同人间中心主义。人出于道德感受到的不忍之心的对象不仅包括人类，还包括有知觉的动物。因此，当梁惠王听到衅钟之牛的哭声后大发不忍之心，即恻隐之心。朱熹对此的观点是牛的生命宝贵，不能肆意屠杀。同时，衅钟的仪式也不能就此废弃。即，不仅动物的生命是宝贵的，人类的仪式也非常重要。那么该如何解决这一问题呢？其答案是在保留衅钟仪式的前提下将牛换成羊。我们之所以对牛起了不忍之心是因为双眼目睹了其恐惧的过程，换成羊之后，因为看不到也便不会起不忍之心了。即，换成羊还没有展现出理。对于人而言，理无法自己作用，只有在心的辅助下才能起作用，故理只能通过人心的作用显现。因为没看到羊的恐惧，所以心没有发生作用，不忍和恻隐之理无法显现，故可将羊用于衅钟。将牛换成羊，不仅能够挽救引发人们不忍之心的牛，还不会对衅钟仪式造成影响，一箭双雕，实现“仁”的思想。

朱熹承认人与动物的生命均是宝贵的，但人与动物的价值是不同的。朱熹认为，由于气禀的差异，人的价值要优于动物。特别是在二选一的情况下，比起动物的生命价值，人类的仪式和礼式更为宝贵、优先级更高，为人类的仪式牺牲动物并不是什么大问题。但在亲眼目睹动物的悲惨境地发起不忍之心的情况下，还是要保护那个动物的生命的。即，动物与人类具有相同的内在价值，不是说不可以杀生，只是目睹到恐惧死亡的动物时出于不忍之心不要杀生，故有君子远庖厨之说。庖厨是为人的生存或仪式礼式处理牲畜的地方，经过庖厨时人不免会看到动物的尸体，可能会引发不忍之心，为了不引发不忍之心应当远离庖厨。这种观点与辛格（Peter Singer）的动物平等主义或阿恩·内斯（Arne Naess）的深层生态主义是不同的。辛格认为，能够体验苦痛和喜悦感觉（sentience）的存在有不受苦痛的权利，故不能给动物带去不必要的苦痛。[①]内斯认为，地球上包括人在内的全体生命的福祉和繁荣本身具有价值，与人类突出的有用性无关，生命形态的丰富性和多样性为实现这种价值做出贡献，这种丰富性和多样性本身也有价值，除了维持生命的必要情况之外，人没有破坏自然界丰富性和多样性的权利。[②]

朱熹进一步阐述了孟子亲亲、仁民、爱物等差等之爱的正当性：

> 盖天地之性，人为贵。故人之与人，又为同类而相亲。是以恻隐之发，则于民切而于物缓；推广仁术，则仁民易而爱物难。今王此心能及物矣，则其保民而王，非不能也，但自不肯为耳。（《孟子集注·梁惠王章句上》第7章）

人与自然物的本性均来自上天，但并不是说人与自然物是完全平等的。在天地之性中，人是最宝贵的，人与自然物之间存在贵贱的差异，同种（同类）的人都是尊贵的，不同种（异种）的自然物没有人尊贵。故，人们易于亲近同种的他人，易于对其发动恻隐之心，对不同种的自然物相对地没有那么友爱。在实践仁的过程中，爱他人之心（仁民）易有，而爱自然物之心（爱物）不易有。在禀赋方面，由于气质上的差异，人与自然物之间存在贵贱和差等，故待人待物存在强弱和难易的差异。换句话说，仁民比爱物更强烈和容易。

除了对待自然物存在差等，在待人方面，也存在差等的爱：

> 盖骨肉之亲，本同一气，又非但若人之同类而已。故古人必由亲亲推之，然后及于仁民；又推其余，然后及于爱物。皆由近以及远，自易以及难。（《孟子集注·梁惠王章句上》第7章）

---

① Peter Singer, "All Animals Are Equal", *Environmental Philosophy*, pp. 27 – 36.

② Arne Naess, "The Deep Ecological Movement: Some Philosophical Aspects", *Environmental Philosophy*, pp. 196 – 197.

除了人与自然物，人与人之间也存在差等。骨肉相连的亲人由于共享一气，在生物学上比他人更亲近，优于其他同类的人。因此，比起仁民，亲亲的优先级更高。但我们不能被亲亲禁锢双脚，要将友爱的行为从亲亲扩充至仁民，从仁民扩充至爱物。这与墨子的“兼爱”和基督教的“博爱主义”（Philanthropism）有所不同：墨子主张“视人之国，若视其国；视人之家，若视其家；视人之身，若视其身”，在墨子心中，兼爱是不分你我的同等的爱护；而博爱主义是“超越人种、宗教及国家的全人类平等友爱的思想”。朱熹主张的爱的方法是将对象由近至远、从心绪上由容易拓展至困难的“扩充”的方式。即，从对家人的爱扩充到对邻居的爱，进一步扩充至对全人类的爱及对自然物的爱。这既不是兼爱也不是博爱，是“扩充爱”，是建立在人类自然情绪上的最为现实的方法。

由此可见，朱熹既不是人间中心主义者，也不是深层生态主义者。西方环境伦理的人间中心主义、动物权利主义、生命中心主义、深层生态主义及社会生态主义，均以将自然物对象化后赋予其内在价值为基础来处理人类的义务及权利问题。其中充溢着理性主义、合理主义等，因此，有忽视人类自然情绪的倾向，甚至还会对人类的可信度加以否定。若仅从理性层面出发处理问题，人很容易脱离人类的自然情绪，让实践发生断节。同时，西方环境伦理不考虑修养问题。因此，极易沦落为理性道具，陷入自我合理化的危险之中。故，我们可以遵照人类的自然情绪，通过提升修养，实现亲亲→仁民→爱物的扩充。相信这是朱熹等儒家主张的渐进式手段的最大现实意义之一。

五　理生态主义的意义与课题

在理和本体层面上，人与自然物都被赋予了相同的、普遍的理，因此，两者是平等的。然而，在气和现象层面上，由于气禀的差异，人与自然物之间乃至人和人之间是有差等的。从宇宙自然的生物之心来看，人与自然物的内心均为生物之心，故这种内心是普遍的、平等的。然而，从现实的气质来看，由于构成心的气禀的差异，人的心、动物的心和植物的心在功能上是有差等的。从普遍的理和天地的角度来看，所有存在物都具有相同的内在价值。然而，在现实中，由于气禀和气质的差异，内在价值并不完全相同。仅从理和生物之心的层面来看，朱熹的观点更加接近于深层生态主义或生命中心主义；从气禀和气质的层面来看，朱熹的观点更加接近于人间中心主义。

人间中心主义从现实的角度出发，认为人是优秀的，只有人才有内在价值，自然物是为人谋求福祉和繁荣的工具与手段。由此，赋予了人类征服及破坏自然的正当性。的确，人和其他自然存在物相比具有差异化的特性，但这些特性不能作为人类征服及统治自然的正当性依据。深层生态主义否定了人的优越性，认为由人与自然物组成的自然生态系统因具有丰富性和多样性，理所当然地具有内在价值。构成自然生态系统的人与自然物是平等的，人没有征服及统治自然的权利，更没有肆意利用自然物的权利。深层生态主义认为，为了自然生态系统的健康，人类应当缩减个体数量，改进生活方式。[①] 这种思想在缓和人间中心主义造成的环境破坏方面做出了诸多贡献。

深层生态主义会引发过分贬低人类价值的问题。纵观地球进化的悠久历程，人类站在进化的顶点，与其他自然存在物具有截然不同的特性。即使不带着优劣来评判，其中也有认可及尊重人类特有属性的需要。当然，这种区别于自然存在物的特性，不应成为人类征服及统治自然的正当理由，而应是人类照顾及关怀自然存在物使命的依据。这对解决现实中人与自然物之间的差等问题将有实质性的帮助。

朱熹认为，在本源上人与自然存在物是平等的。这是所有生命体都应尊重的“生命的同等性原则”[②]。朱熹以理和生物之心的普遍性，强调宇宙自然的所有存在物都具有内在价值，故而人应当尊重宝贵的生命体。然而，在现实中，无生命物不同于植物，植物不同于动物，动物不同于人类。虽然人都具备与其他自然物区分开来的共通的特性，但是每个人的能力、性格和外貌各不相同。因此，朱熹以气禀的差异解释人与自然

---

① Arne Naess, “The Deep Ecological Movement: Some Philosophical Aspects”, *Environmental Philosophy*, pp. 196 - 197.

② ［韩］边顺勇:《对徐白御生命伦理中体现的伦理原则的研究》,《ELS 研究》卷 1 第 1 号，KAIST 出版社 2003 年版，第 52 页。

物间的不同的观点是符合现实的。只靠普适的原理和乌托邦式的想法无法解释所有现实。故朱熹从气禀着手，描绘现实世界中各不相同的形象。亲近疏远是人的自然情绪。

由此，朱熹认为，对人的爱（仁民）、对自然物的爱（爱物）有差等，对他人的爱（仁民）和对亲近的人的爱（亲亲）也有差等。朱熹与孟子相同，认为爱应按照亲亲→仁民→爱物的顺序，且有差等。这种差等性原则有助于解决同等性大原则下不同生命个体的位阶问题。[①] 不过，这种爱的差等不代表家庭利己主义或人间中心主义的选择性的爱和差别的爱。我们不应只恭敬地爱护自己的父母和子女等家人，而应爱邻里，爱全人类。即，将对家人自然流露的爱扩展至他人及自然物，按照对亲人的爱→对邻里的爱→对人类的爱→对自然物的爱的顺序渐渐扩充人心。我们应当遵从宇宙自然的生命本质和生命尊严，而不是加深差等和差异的存在。从人类的立场来看，这是实现人类本性的行为，也是帮助天地万物化育的行为。[②] 从宇宙自然的立场来看，这是实现普遍的理和天地生物之心的行为。通过爱的扩充，人可以实现和宇宙自然合而为一的天人合一。

普遍的理和生物之心带来的平等性，气禀差异导致的差等秩序，打破差等藩篱的爱的扩充实践，三者缺一不可。当然，也不能执着于其中的任何一个。如执着于普遍的理和平等性，朱熹的思想容易流于教条化，缺乏现实性和实践性；执着于气禀差异造成的差等性，其思想容易像人间中心主义那样，将人类对自然的统治正当化，还会像中世纪那样固化社会位阶秩序，成为统治阶层的理论依据；执着于打破差等藩篱的爱的扩充，其思想容易丧失哲学和理论依据，止步于莽撞的行为，无法保证实践的持续性。故，只有上述三者达成一定的和谐与均衡，朱熹的哲学思想才能在解决今日生态危机的问题方面发挥有效的作用。

---

① ［韩］边顺勇：《对徐白彻生命伦理中体现的伦理原则的研究》，《ELS 研究》卷 1 第 1 号，KAIST 出版社 2003 年版，第 44 页。

② 《朱子语类》卷 64 条目 55 认为：“‘赞天地之化育。’人在天地中间，虽只是一理，然天人所为，各自有分，人做得底，却有天做不得底。如天能生物，而耕种必用人；水能润物，而灌溉必用人；火能熯物，而薪爨必用人。裁成辅相，须是人做，非赞助而何？”

王阳明“心体”的现象学解读

张小琴*

王阳明主张，“万物一体”，人与万物原本一气、无间隔、有感应、相融通。“天地万物与人原本是一体，其发窍之最精处是人心一点灵明。”① 人是“呈现”万物的机缘，让物呈现其本来面目，如其所是，万物因人而显现。“呈现”的意思是感应、观照和思。“我的灵明，便是天地的主宰。天没有我的灵明，谁去仰他高？地没有我的灵明，谁去俯他深？鬼神没有我的灵明，谁去辨他吉凶灾祥？天地鬼神万物，离却我的灵明，便没有天地鬼神万物了。我的灵明，离却天地鬼神无物，亦没有我的灵明，如此便是一气流通的，如何与他间隔得？”② 正因为人感应、观照和思，物得以保持本然，并非因人而改变物的本然。“你未看此花时，此花与汝心同归于寂。你来看此花时，则此花颜色一时明白起来，便知此花不在你的心外。”③ 人是何以“呈现”物的？其条件与方式是什么？以海德格尔现象学为视角，笔者拟从三方面阐释“心体”：第一，借鉴海德格尔“存在”与“此在”的关联，探索王阳明心与物的关联方式，特别是心何以呈现物的方式和条件；第二，借鉴海德格尔“此在”存在论建制以及“此在”生存状态，探索王阳明“心体”的特质；第三，借鉴海德格尔的 Ereignis，即天地人神四重整体的原发构成境域，剖析王阳明心体即仁体即道体的天地境界。

---

* ［作者简介］张小琴，1969 年生，女，陕西西安人，浙江师范大学副教授，硕士。主要研究方向为中西哲学比较。

① （明）王阳明：《传习录》，张靖杰译注，江苏凤凰文艺出版社 2016 年版，第 259 页。

② （明）王阳明：《传习录》，第 302 页。

③ （明）王阳明：《传习录》，第 260 页。

一　心与物

关于“心体”呈现物的条件和方式，王阳明设立了三个规定：（1）“心无体”，心并非西方哲学中的精神实体，亦非物质实体。心以感应天地万物之是非为本体。“目无体，以万物之色为体；耳无体，以万物之声为体；鼻无体，以万物之臭为体；口无体，以万物之味为体；心无体，以天地万物感应之是非为体。”① “心无体”亦非有的学者所谓“无自性”。（2）心物无隔离。心物事实上是隔离的，但是我的灵明主宰天地鬼神，一气流通，心物无隔离。（3）心物无对，心物并非主客体二元对立的。心对物并未有所作为，物并非主体的表象（康德），亦非主体意向性构造的对象（胡塞尔）。心感应、观照和思物，使心与物“无隔离”“无对”，也就消除了它们的距离感。因此，人与世界、人与物的结构关系可概括为，万物一体，心物神交，应合共存，相融相通。这妙不可言，正如“溪花与禅意，相对亦忘言”。

与之相近，道家与佛教也主张剔除“心”的主观尺度。道家“以物观物”“以物观道”，让万物各任其性，各尽其性，进入逍遥游的自由境界。佛教的缘起性空和依他起性彻底否定万物的现成性，即认为万物无自性，人也包括在内。万物的生灭仅是缘生而已。任何偏执于事物的执着最终都是无。因此，破除遍计执，破除执着，即心即佛。念起即觉，觉了即无，即无念与无住。“念念时中，于一切法上无住。”在相离相，即无相。“于自念上常离诸境，不于境上生心”，“见一切法，不着一切法，遍一切处，不着一切处”。② 既然心与物没有可把捉的现成性，那么佛法大意是什么？“春来草自青”“见山是山，见水是水”，即剔除主观偏执，让物自行呈现。需要说明的是，王阳明与佛教的区别在于，王阳明肯定人的自性，积极建构伦理人格，佛教则认为一切皆无“自性”。

在人与世界、人与物的结构问题上，海德格尔与王阳明颇有些类似之处，体现在以下2个问题上。（1）“存在”与“此在”关联问题。海

① （明）王阳明：《传习录》，第261页。

② （唐）慧能：《坛经校释》，郭朋校释，巴蜀书社1996年版，第125页。

德格尔彻底否定传统哲学把“存在”作为最高概念的做法，将其诠释为原发构成境域，如深渊、如场域。“此在”被“存在”推入公开场，“站在存在的林间空地之中”。公开场不是被存在者环抱着，而是环抱着一切存在者，即公开场使一切事物得以澄明。“此在”存在的本质结构为“在—世界—之中—存在”。“世界”被先行抛出、先行领会。“世界”是“存在”的澄明之地。(2)“此在”与物关联问题。海德格尔认为，“此在”进入公开场，把事物也带进了公开场。“此在”并非认识主体，物亦非认识客体，“此在”不依赖于对物认识的程度，而依赖于“在—世界—之中—存在”的本源性。物与“存在”原本没有关联，只有物之存在方式与“存在”具有关联性。存在物之存在方式只能是人赋予的，物之存在方式是人赋予的。万物如何呈现取决于人的呈现方式，“此在”让物到场、让物存在。“若没有终有一死的人的留神关注，物之为物也不会到来。达到这种关注的第一步，乃是一个返回步伐，即从一味表象性的亦即说明性的思想返回来，回到思念之思（das andenkende Denken）。”① “思”物就是保护物之本质，让物如其所是到场。“思”物让人与物消除了距离感。“物化乃是世界的切近。”②

杨国荣认为，王阳明通过主体意向活动建构了意义世界。“意之所在即为物，并不是意识在外部时空中构造一个物质世界，而是通过心体的外化（意向活动），赋予存在以某种意义，并由此建构主体的意义世界。而所谓心外无物，亦非指本然之物（自在之物）不能离开心体而存在，而是指意义世界作为进入意识之域的存在，总是相对于主体才具有现实意义。……这种意义世界不同于形而上的本体世界：它不是超验的存在，而是首先形成并展开于主体的意识活动之中，并与人自身的存在（existence）息息相关。”③ 心体通过意向活动赋予对象意义，并构建了意义世界。这种诠释是典型的胡塞尔式诠释，心与物被置换成胡塞尔的主体与对象。胡塞尔划时代地扭转了传统哲学中纯粹逻辑和经验实体之间分离的困境。主体意向性构造对象，主体与对象与生俱来缠连一起。离开主

① ［德］海德格尔：《海德格尔选集》，孙周兴译，上海三联书店1996年版，第1181页。

② ［德］海德格尔：《海德格尔选集》，第1182页。

③ 杨国荣：《杨国荣讲王阳明》，北京大学出版社2005年版，第38页。

体意向性，意向对象就不存在。“即在这个世界上有一种东西，它作为一种存在物意识到自己的存在而且又意识到其他的存在物。”[①] 以此类比王阳明思想，似乎顺理成章，无可厚非。然而，追根溯源就会发现，类比的前提实在牵强附会，其原因有二：第一，“心无体”并非主体，它怎么可能意向性构造对象；第二，仅仅囿于主体性哲学的主客体思维中，就遗忘了“道体”。

杨国荣认为，王阳明的心物互为体用关系。“心物之间似乎便有了一种互为体用的关系：就自在之物惟有在意向活动中才能转化为意义世界中的为我之物言，心为体，物为用；就无天地万物亦无我的灵明言，则物为体，心为用。”[②] 王阳明所谓“无天地万物亦无我的灵明”，不是说没有天地万物就没有我的灵明，不是说“物为体，心为用”，而是讲我的灵明心体感应观照万物。心“思”物，物“到场”，心物相互引发、感应神交，共存于原发构成境域中，哪里有互为体用的关系呢？杨先生关于心物互为体用的说法似是而非、含混不清，有主观臆想之嫌疑。

二　正心

王阳明训“格”为“正”，“格物”为“正心”，“格物者，格其心之物也。……正心者，正其物之心也”。[③] 他将朱熹“格物致知”转化为“诚意”。道德行动的出发点和目的就是“正心诚意”，无需外求。心体的特质如下：

1. 照心与妄心是心的存在样态

首先，照心即澄明之心、本真之心。照心非动，纯乎天理，“非知解可入也”。天理不动，照心亦寂然不动，即体用一原。“理无动者也。常知、常存、常主于理，即不睹不闻、无思无为之谓也。不睹不闻、无思

---

① ［美］赫伯特·施皮格伯格：《现象学运动》，王炳文、张金言译，商务印书馆 2011 年版，第 147 页。

② 杨国荣：《杨国荣讲王阳明》，第 39 页。

③ （明）王阳明：《传习录》，第 185 页。

无为，非槁木死灰之谓也，睹闻思为一于理，而未尝有所睹闻思为，即是动而未尝动也。所谓‘动亦定，静亦定’，体用一原者也。”[①]

其次，被私欲蒙蔽则是妄心、非本真之心。妄心则动，“‘照心非动’者，以其发于本体明觉之自然，而未尝有所动也，有所动即妄矣；‘妄心亦照’者，以其本体明觉之自然者，未尝不在于其中，但有所动耳，无所动即照矣”[②]。

最后，照心与妄心并非二元对立、非此即彼。“无妄、无照，非以妄为照，以照为妄也。照心为照，妄心为妄，是犹有妄、有照也。有妄、有照则犹二也，二则息矣。无妄、无照则不二，不二则不息矣。”[③] 照心与妄心保持在互融互通的动态变化的势态中。静中之动，动中有静，恒动恒静。“夫妄心则动也，照心非动也。恒照则恒动恒静，天地之所以恒久而不已也。照心固照也，妄心亦照也。”

照心与妄心亦不能简单地被划分为善恶。原因有二：其一，“善恶只一物”，“至善者，心之本体。本体上才过当些子，便是恶了。不是有一个善，却又有一个恶来相对也。故善恶只是一物”。[④] 程颐也有类似言论，“善恶皆天理。谓之恶者本非恶，但于本性上过与不及之间耳。”王阳明的善恶关系并非西方“逻各斯中心主义”的二元对立，不是善统摄恶、善战胜恶。王阳明的善恶非现成的，处于动态变化中，过与不过是区分善恶的标准。其二，“无善无恶是心之体”，心体只存有形而上天则，是衡量具体善恶是非和道德规则的终极标准。钱德洪认为：“人之心体一也，指名曰‘善’可，曰‘至善’可也，曰‘至善无恶’亦可也，曰‘无善无恶’亦可也。曰‘善’曰‘至善’，人皆信而无疑矣，又为‘无善无恶’之说者何也？至善之体，恶固非其所有，善亦不得而有也。至善之体，虚灵也，犹目之明、耳之聪也。虚灵之体不可先有乎善，……心无一善，故能尽天下万事之善。”[⑤] 圣人无私欲，能够始终守护至善心体，而常人则需要做为善去恶功夫，去除迷妄遮蔽，才能回归照心。

---

① （明）王阳明：《传习录》，第160页。
② （明）王阳明：《传习录》，第164页。
③ （明）王阳明：《传习录》，第165页。
④ （明）王阳明：《传习录》，第233页。
⑤ 钱明编校整理：《徐爱　钱德洪　董澐集》，凤凰出版社2007年版，第155页。

2. 良知是心之本体

此处“本体”并非西方哲学的“精神实体”，而是本然、本真。它包括五层涵义：

其一，良知天赋，良知乃心之本来面目，“本来自明”。“性无不善，故知无不良。良知即是未发之中，即是廓然大公、寂然不动之本体，人人之所同具者也。”① 良知即本真自我。

其二，良知即天理，是心中“本来天则”。良知乃是非之心。“良知只是个是非之心，是非只是个好恶。只好恶就尽了是非，只是非就尽了万事万变。”② 良知是本真自我判断善恶、形成道德情感以及建立价值观的准则，具体因人而异。“尔那一点良知，是尔自家底准则。尔意念着处，他是便知是，非便知非，更瞒他一些不得。尔只不要欺他，实实落落依着他做去，善便存、恶便去，他这里何等稳当快乐！此便是‘格物’的真诀，‘致知’的实功。”③ 程朱道德规范的根据是形而上的天理。作为他律法则，道德规范与良知相隔。王阳明道德规范的根据就在良知。作为自律法则，道德规范源自良知。这一点，王阳明思想颇类似康德“人为自己立法”，道德规范源自善良意志。当然需要说明的是，他们存在本质区别，王阳明强调知行合一，康德观点是唯动机论。

其三，良知“无方体”，无固定的形象、方位和处所，良知非现成。“夫良知一也，以其妙用而言谓之‘神’，以其流行而言谓之‘气’，以其凝聚而言谓之‘精’，安可以形象方所求哉?”④ 视而不见、听而不闻，良知乃非现成的。“良知即是《易》‘其为道也屡迁，变动不居，周流六虚，上下无常，刚柔相易，不可为典要，惟变所适’。”⑤ 良知皎如明镜，随物见形，即良知应物“运而不积”。“明镜之应物，妍者妍，媸者媸，一照而皆真，即是出其心处。妍者妍，媸者媸，一过而不留，即是‘无

---

① （明）王阳明：《传习录》，第 159 页。
② （明）王阳明：《传习录》，第 268 页。
③ （明）王阳明：《传习录》，第 221 页。
④ （明）王阳明：《传习录》，第 158 页。
⑤ （明）王阳明：《传习录》，第 305 页。

所住’处。”[①]

其四，良知不可教。“良知本无知，今却要有知；本无不知，今却疑有不知。只是信不及耳!”[②] 良知本无知，原因在于良知既非现成的道德知识，亦非德性，故“本无知”；良知本无不知，是因为良知为明觉的，是感应天地万物之心，为一切知之源，故“本无不知”。不管良知本无知，还是本无不知，良知都是非现成的知识，故不可教。圣人不敢以拥有良知知识而自居。孔子只是根据自己的良知帮助常人分析是非曲直，启发诱导常人去除习气的蒙蔽，回归本原体悟。“孔子有鄙夫来问，未尝先有知识以应之，其心只空空而已，但叩他自知的是非两端，与之一剖决，鄙夫之心便已了然。鄙夫自知的是非，便是他本来天则，虽圣人聪明，如何可与增减得一毫？他只不能自信，父子与之一剖决，便已竭尽无余了。若夫子与鄙夫言时，留得些子知识在，便是不能竭他的良知，道体即有二了。”[③] 心体原本澄明，圣人可直接在心体本原上体悟，便有了功夫。常人愚钝，良知被私欲蒙蔽，需要老师引导，且在意念处切实下功夫。功夫达到纯熟，私欲就去除干净了，心体自然澄明。

其五，良知是本体，致良知是工夫。本体与工夫体用不二。良知是致良知的先天根据。致良知就是随时就事，在事上磨炼。王阳明训“物”为“事”，指具体道德践履。“吾心之良知即所谓天理也。致吾心良知之天理与事事物物，则事事物物皆得其理矣。致吾心之良知者，致知也；事事物物皆得其理者，格物也。是合心与理而为一者也。”[④] 心在物则为理，即“心即理”，此事此理就是事父事君之事理，即伦理生活之“活”理，并非程朱的形而上之“死”理。“格物”就是在道德行动中完成“诚意”。他批判朱熹舍心逐物，一物一物格，“穷至事物之理，欲其极处无不到也”。万物无穷尽，如何去格？岂能穷尽？陆九渊也批评朱熹“支离”。王阳明强调随时就事即为致良知。自然界之物物与生活境域之事事是两码事。

---

① (明)王阳明:《传习录》，第174页。

② (明)王阳明:《传习录》，第264页。

③ (明)王阳明:《传习录》，第272页。

④ (明)王阳明:《传习录》，第121页。

如果仅仅只“知”却未付诸“行”，未实现“知行合一”，依然“只是不曾知”。王阳明秉承孔子“下学上达”理路。圣人之道彻上彻下，一贯而已。“上达”与“下学”并非一分为二的。随时就事之“下学”，把自我实现落实在活生生的伦理世界中。弟子王嘉秀指出：佛和道只有“上达”，却无“下学”。“仙佛到极处，与儒者略同。但有了上一截，遗了下一截，终不似圣人之全。”[①] 道家抛弃了礼乐社会和道德修持，出世回归自然本性。佛教否定了事事物物之现成性，否定随时就事。故道和佛皆无“下学”可言。因此王阳明指出：“佛氏不着相，其实着了相。吾儒着相，其实不着相。……佛怕父子累，却逃了父子；怕君臣累，却逃了君臣；怕夫妇累，却逃了夫妇。都是为个君臣、父子、夫妇着了相，便须逃避。如吾儒，有个父子，还他以仁；有个君臣，还他以义；有个夫妇，还他以别；何曾着父子、君臣、夫妇的相?”[②] 他还批判有些学者偏离“下学”本义，“后世儒者又只得圣人下一截，分裂失真，流而为记诵、辞章、功利、训诂，亦卒不免为异端”。[③]

海德格尔的“此在”首先是存在者，“为其自身择其本己”。它能够由此出发规定自身，即向着自身的能在选择存在。当然，“此在”也可以湮没于他人的存在中来规定自身，在遗忘自身的非本真方式中生存。“此在”完整的生存状态是“烦”。“烦”揭示的是“此在”的整体结构。“烦”使人感到了自身的沉沦和被抛弃，自身的自由和特性，自身的生存境域以及选择等。“此在”掩蔽于喧嚣的芸芸众生之中，失去了本真自我，陷入了“畏”，即“烦”的非本真态。本真性和非本真性是“此在”的两种生存样态。非本真性和本真性都属于“此在”之本质。“此在”的自身领会首先在非本真的自身性中揭示自己，也就是说“此在”首先非本真地生存，因此不能否定非本真性。

“烦”“此在”生存论建制的本真态包含三个因素：决断、良知和先行。海德格尔将良知诠释为本真的呼声，而不是道德品质。“愿有良知，作为在最本己能在中的自我领会，是‘此在’的展开状态的一种

---

① （明）王阳明：《传习录》，第49页。

② （明）王阳明：《传习录》，第238页。

③ （明）王阳明：《传习录》，第49页。

方式。”[①]“此在”以唤上前来的方式召唤自己当下的能存在。倾听本真的呼声就是把自己带入行动中。决断把有良知的“此在”拉回到最本己的能在，“先行”是“将来”的展望。海德格尔认为，“烦”是本真态，平静心恰恰是逃避生活、忘却自我责任、害怕自我筹划、失去自我的非本真态“畏”的表现。在本真态的状态理解上，海德格尔与王阳明存在巨大差异。

海德格尔“原始伦理学”追求“善即真”，将“善”诠释为让“此在”如其所是在场，将“伦理”诠释为“居留”、让“此在”居留。道德人格是“此在”本真态的一种展开方式，“本真的人格性乃是道德的人格性。如果人格性一般之形式结构包含在自我意识之中，那么道德的人格性就必定表达了自我意识之某种变样，于是它就必定呈现了自我意识的一个固有种类。这一道德的自我意识才是真正就人格之所是刻画了人格之特征”[②]。在道德行动中，“敬”的法则就是行动者对自我之敬。“在对法则之敬中，我听命于作为自由吾身的我自身。在这个‘我听命于’之中，我对自己彰显了，也就是说，我作为我乃是吾身”。[③] 敬是自身的罪责存在（即负责任的存在）。

在这个问题上，海德格尔与王阳明的类似之处有二。一是王阳明的照心与妄心，海德格尔的本真态与非本真态，都处于源初势态之变动中，既非先在形而上的规定（不是程朱那个先在的“性”，更不是西方传统哲学的人的本质先在），亦非二元对立。二是在当下生活境域中，他们都强调良知召唤建构本真人格。人生目标一致，他们都强调在非本真去蔽过程中，向本真态努力行动，最终实现真善合一。海德格尔的良知召唤即本真召唤。“此在”力图超越常人的非本真态，向着将来“去存在”，建构本真人格。他向道德人格导入了本真人格的当下存在。道德人格成为本真人格的一种展开方式，最终达到“善即真”的生存境界。王阳明的良知标识了形而上的道德天则，工夫向本真自我导入了当下的伦理存在

① ［德］海德格尔：《现象学之基本问题》，丁耘译，上海译文出版社 2008 年版，第 227 页。

② ［德］海德格尔：《现象学之基本问题》，第 174 页。

③ ［德］海德格尔：《现象学之基本问题》，第 180 页。

方式。在良知的引导下，以致良知之功夫“格物、致知、诚意、正心、修身”，去除私欲掩蔽，进入澄明之心，回归本真人格，将道德人格与本真人格结合起来，实现“真即善”的生存境界。

三 心体即仁体即道体

儒家人性论是在“天人合一”大背景中产生的。孟子首先提出天人相通，“尽心知性知天”，心性上下贯通。《中庸》亦曰：“惟天下至诚，为能尽其性，知天地之化育。”“性”是天所赋予的，人禀受天性，得以成人。天道赋予人的真实无伪的本性就是“诚”，尽己之性，达德达道即“自诚”。《孟子》曰：“诚者，理之在我者皆实而无伪，天道之本然也；思诚者，欲此理之在我者皆实而无伪，人道之当然也。”成人与成物息息相关，成人并非主体—客体二元思维下的唯我论，人与万物共存于原发构成境域。仁在成己，诚在成物。因此，《中庸》曰：“成己仁也，成物智也，性之德也，合外内之道也。”

理学人性论建基于形而上的“天理”，从宇宙本体论自上而下“天人相通”，深化了先秦人性论。“人性论皆是从其宇宙论推衍出来的，不仅就性论性，更向宇宙论寻求根据。”[①] 他们探索人在宇宙中的位置，力图在本体论上把握人的本质。人禀受形而上的天理以为性，天人相通，人性的最高境界便是“与理为一”。例如，“天地之性”（张载），“极本穷源之性”（程颐），“义理之性”（朱熹）。形而上的“性”自上而下落实于人，就是“仁”。张载概括为“仁统天下之善”。二程认为，“仁”具体包括“义”“礼”“智”“信”四支条。朱熹认为，天理就是天地生物之心，天地生物之心就是仁体，仁体是众善之源、百行之本。理学本根是形而上的“天理”，所以其人性论是形而上与形而下结合的产物，“性体”“仁体”都是形而上的。

王阳明的人性论建基于“心体”，从心上体悟道体，心体即天理。“性体”与“仁体”亦非形而上而是形而下的心体。他自下而上诠释“天人相通”。以人心为天地万物之心的天地万物就是现实世界，是唯一

---

① 张岱年：《中国哲学大纲》，中国社会科学出版社 1982 年版，第 211 页。

的世界。“此世界是人心与天地万物之彻底融合，人与世界万物息息相通、融为一体的程度，比起程朱哲学来要深刻得多。”[①] 王阳明的人性论是形而下的，并非那种形而上与形而下结合的人性论。其包括三个层面。其一，源于《中庸》“尽己之性”，他主张心体本然即本性。“夫心之体，性也。性之原，天也。能尽其心，是能尽其性也。《中庸》云：‘惟天下至诚为能尽其性。’”[②] 其二，心体致良知，让物物各得其所。良知感应万物，不管是人还是动植物，有机物还是无机物。正如佛教所谓“心相印证”。“人的良知，就是草木瓦石的良知。若草木瓦石无人的良知，不可以为草木瓦石矣。岂惟草木瓦石为然，天地无人的良知，亦不可为天地矣。”[③] “仁者以万物为一体，不能一体，只是己私未忘。全得仁体，则天下皆归于吾仁，就是‘八荒皆在我闼’意。”[④] “鸢飞戾天，鱼跃于渊”，这是天地生生之大德化育不已，故心体即仁体。其三，心体运作于事事之间，“周行而不殆”，让事事各得其所，亦是天地生生之大德化育不已。“天地间活泼泼地，无非此理，便是吾良知的流行不息。致良知便是‘必有事’的工夫。此理非惟不可离，实亦不得而离也。无往而非道，无往而非工夫。”[⑤] 仁心既是道德之创生性本源，又是万物本体，仁体即道体。

在这个问题上，王阳明与海德格尔相近。海德格尔前期基于“此在”的存在论建制构建了世界，也是“此在”的在世结构方式。为了突破“此在”向我来的属性的局限，后期他推出的 Ereignis 则基于天地境界将世界提升到原发构成境域。Ereignis 被张祥龙译为“自身的缘构成”，即万物自行涌现的一个相互引发机制。“物居留统一的四方，即大地与天空，诸神与终有一死者，让它们居留于在它们的从自身而来统一的四重整体的纯一性中。”[⑥] “天”象征敞开，“地”象征归藏，“诸神”象征神秘、不可知的领域，“终有一死者”是人及其生存域。Ereignis 标识了天地人神四重整体的纯一性和共属一体。在 Ereignis 中，“此在”与存在同

① 张世英：《哲学导论》，北京大学出版社 2002 年版，第 12 页。
② （明）王阳明：《传习录》，第 118 页。
③ （明）王阳明：《传习录》，第 259 页。
④ （明）王阳明：《传习录》，第 266 页。
⑤ （明）王阳明：《传习录》，第 299 页。
⑥ ［德］海德格尔：《海德格尔选集》，孙周兴译，上海三联书店 1996 年版，第 1180 页。

时被归本于自身。“天、地、神、人之纯一性的居有着的映射游戏，我们称之为世界（Welt）。”世界之世界化并非仅仅把统一的四方表象为个别的现实物、让现实物之间分出主体与客体，确立主体构造客体亦非互为体用关系，这些都在曲解四方整体的统一性本质。在 Ereignis 中，天地人神互相引发，万物显现成己、归藏居有、如其所是、相生相克，这也是王阳明的天地生生之大德化育不已的原发构成境域。

第二编　王阳明心学与心理学

论阳明学的心灵治疗学意义

徐春林*

蒙培元先生曾指出，从某种意义上说，中国哲学是一种心灵哲学。心灵哲学不只是心理学的问题，还有形上学的问题，但是同心理学有十分密切的关系。① 阳明学作为心学的成熟形态，把目光投向了人自身的心灵问题，以探寻人的价值和意义，典型地体现了中国哲学作为心灵哲学的特质。阳明学的理论功能，既有形上学的心灵建构，也有形而下的心理治疗，笔者把这密不可分的两种功能结合在一起，称之为心灵治疗。事实上，心灵治疗的形上学建构和形而下的心理治疗，是相辅相成、不可分割的，毋宁说，这二者本来就是一枚硬币的两面，它是中国哲学整体性、系统性、统一性思维在心灵问题上的体现。单纯从哲学层面理解阳明学，会忽略阳明学所具有的心理治疗的实践功能，而单纯地从心理学理解，又会弱化阳明学的形上学本体性质。因而，从心灵治疗学意义来理解阳明学，既有助于把握阳明学的精义，也有助于为阳明学走向社会生活找到切点。

一　心灵问题与阳明学的形成与开展

从某种意义上说，阳明学是由心灵问题催生并展开的，心灵问题构成了阳明学聚焦的“问题意识”。这可以从3个方面来看。

---

* ［作者简介］徐春林，1968年生，男，江西贵溪人，中共江西省委党校教授，博士。主要研究方向为中国哲学和宋明理学。

① 蒙培元：《心灵超越与境界》，人民出版社1998年版，第455页。

1. 心灵危机是阳明学形成与发展的时代精神状况

将儒学系统化、思辨化的朱子学，在元代成为官学以后，日益丧失了其滋养心灵的活力，利禄之学、口耳之学成为士人心灵的枷锁。这种精神状况，被王阳明用“不复知有身心之学”来概括。王阳明指出：“然世之讲学者有二，有讲之以身心者，有讲之以口耳者。讲之以口耳，揣摸测度，求之影响者也。讲之以身心，行著习察，实有诸己者也。”（《传习录》卷中）很不幸，阳明所处的时代，正是学者“讲之以口耳”的时代。在那个时代，“学者溺于辞章记诵，不复知有身心之学”①。

王阳明《答顾东桥书》的最后部分，通常被称为《拔本塞源论》，对那个时代的精神状况作了深入的批评：“三代之衰，王道熄而霸术猖；孔孟既没，圣学晦而邪说横。……于是乎有训诂之学，而传之以为名；有记诵之学，而言之以为博；有词章之学，而侈之以为丽。若是者，纷纷籍籍，群起角立于天下，又不知其几家，万径千蹊，莫知所适。世之学者如入百戏之场，欢谑跳踉，骋奇斗巧，献笑争妍者，四面而竞出，前瞻后盼，应接不遑，而耳目眩瞀，精神恍惑，日夜遨游淹息其间，如病狂丧心之人，莫自知其家业之所归。……盖至于今，功利之毒沦浃于人之心髓而习以成性也几千年矣。相矜以知，相轧以势，相争以利，相高以技能，相取以声誉。”（《传习录》卷中）

士人是时代精神最主要的体现者。他们为名为利而学的功利之心，争奇斗巧、莫衷一是的学术风气，以训诂、记诵、词章相夸耀的浅薄心态，都是那个时代心灵危机的体现。阳明弟子王艮也指责说：“方今大夫士，汩没于举业，沉酣于声利，皆然也。”②

总之，那是一个“不复知有身心之学”的时代，也就是放逐心灵、精神荒芜的时代。阳明学学者既是这一时代精神的觉察者，也是这一时代精神的改变者。要改变这种状况，成为阳明学兴起的直接动因。从某种意义上说，阳明学就是要解决心灵危机。

---

① 《王阳明全集》，上海古籍出版社1992年版，第1226页。

② 《王心斋全集》，江苏教育出版社2001年版，第69页。

2. 心灵问题贯穿阳明学发展的进程

心灵问题首先贯穿于王阳明对心灵问题的探索历程。心灵问题的核心是信仰安顿问题。天赋异禀的王阳明在十一岁时就意识到了这一问题的重要性，据《年谱》记载，王阳明在十一岁时问塾师，人生“何为第一等事”，塾师说“惟读书登第耳”。王阳明说“登第恐未为第一等事，或读书学圣贤耳”。[①] 从此，成圣贤成为他一生的追求，成为他心灵追求的起点。

1492 年，二十一岁的王阳明正式开启了修圣工作——格竹。有学者将此作为王阳明年轻幼稚的表现，笔者将其视为王阳明生命高度自觉的体现。当时的许多人往往将朱子的格物说当作一种知识来记诵，而王阳明却将这修圣的下手处付诸实践，年轻的王阳明尽管并没有理解朱子格物的精义并因此而失败，但对信仰之事身体力行，充分说明王阳明对待人生第一等事的认真。王阳明也曾自诩：“众人只说格物要依晦翁，何曾把他的说去用？我着实曾用来。”（《传习录》卷下）事实上，据陈来先生考证，格竹的时间可能不在 1492 年，而应该更早。据笔者推断，格竹时间极有可能在 1489 年，因为那年他拜谒了娄谅，娄谅告诉他“圣贤可学而至”，于是“始慕圣学”。因此，王阳明极可能一回到浙江便格竹修圣。如果这个推断成立，那么王阳明在十八岁时便正式开启了学圣贤的工作。

格竹失败后，王阳明心灵严重受挫，“自委圣贤有分”，便转入辞章（即“词章”）、佛老之学，但不能安顿其心灵。1506 年，王阳明因得罪宦官刘瑾被贬贵州龙场，终于找到了心灵安顿之道，其过程史称龙场悟道。龙场悟道对王阳明来说是一次惊天动地的心灵淬炼过程。当时，他“自计得失荣辱皆能超脱，惟生死一念尚觉未化”，于是日夜澄默，以求静一，久之，胸中洒洒。同时，他还得照顾生病的仆从，还得以唱歌的方式解决仆从的心理抑郁问题。于是，他设想圣人处此，更有何道？从而忽然悟道：“圣人之道，吾性自足，向之求理于事事物物者误也。”[②] 从

---

① 《王阳明全集》，第 221 页。

② 《王阳明全集》，第 1228 页。

此，王阳明找到了解决心灵问题的康庄大道。龙场悟道后的王阳明的待人处世与为政为学，无不成为其致良知的途径和知行合一观的践行，其心灵也愈益纯净、澄明，其临终遗言“此心光明，亦复何言”，也正是此后心灵修炼取得的精神成就。

综观王阳明的一生，心灵问题贯穿始终。王阳明十一岁就有把读书修圣作为“人生第一等事”的远大抱负，到后来的所谓“三变”“五溺”，无不紧扣心灵问题。其学术之路的旁逸和人生经历的种种苦难，也无不成为其心灵的滋养，使其心灵日益光明。

将解决心灵问题作为学术追求，不仅在王阳明本人那里如此，也在阳明后学中得到体现。其中，罗汝芳师从颜钧的例子最具典型性。罗汝芳拜师颜钧，正是为解心灵之困。据载，罗汝芳年轻时，慕道极笃，以习静婴病，遇颜钧在豫章，往谒之。颜钧一见即斥曰：“子死矣，子有一物，据子心，为大病，除之益甚，幸遇吾，尚可活矣。”罗公曰：“弟子习澄湛数年，每日取明镜止水，相对无二，今于死生得失不复动念矣。”先生复斥曰：“是乃子之所以大病也，子所为者，乃制欲，非体仁也。欲之病在肢体，制欲之病在心矣。心病不治，死矣。”于是颜钧乃以自信其心之说疏之，罗公跃然，如脱缰锁，病遂愈。[①] 这当然是阳明后学中富有故事性的突出例子。其实，阳明学的师承和学派建构，基本上都围绕着各种心灵问题产生。如徐爱、邹守益、刘邦采等师从王阳明，都源于心灵的触动。而聂豹等人学说的产生，则源于某种特殊的心灵体验。可以说，心灵问题始终贯穿在阳明学的发展进程之中。

3. 心灵问题及其解决之道构成了阳明学的基本内容

心灵问题不仅贯穿阳明学的始终，也构成了阳明学的基本内容。在《传习录》中，阳明思想的主要内容无非是省察和存养。“省察是有事时存养，存养是无事时省察”（《传习录》卷上），也就是说，无事时做形上学的心灵修养，有事时对形而下的事情进行反思。《传习录》的内容由此大体可分为心灵修养和心灵治疗两部分，前者主要指对天理良知的体认、对经典的理解、对名物制度的解释、对历史人物的认识等；后者则

① 《颜钧集》，中国社会科学出版社 1996 年版，第 82—83 页。

主要是针对心灵问题的对症治疗方法，包括如何面对疾病之忧、生活变故，甚至如何解决怕鬼的问题，也包括治疗性格中的好名、多悔、动气责人、露才扬己、傲慢等问题。如王阳明的“致良知”、邹守益倡导的“戒慎恐惧”、罗洪先倡导的“收摄保聚”、颜钧提出的“制欲非体仁”、罗汝芳提出的“解缆放船，顺风张棹”等思想，都是医治心灵问题的药方。只不过由于其具有形上学的特质而往往仅被视为哲学问题。实际上，在阳明学（乃至整个中国哲学）中，形上形下不是二分的而是融合一体的，这对理解阳明学的心灵治疗学意义重大。

二 意义治疗：阳明学心灵治疗的根本方法

奥地利心理学家弗兰克尔在20世纪提出了医治人们心理疾病的“意义治疗法”，风靡全球。这种意义治疗法和王阳明心灵治疗的方法十分类似，都上升到了心灵哲学的层面，二者被提出的经历也相似——前者是弗兰克尔经历了奥斯维辛集中营的九死一生而提出的，后者则是阳明通过贬谪龙场的“百死千难”而悟得。不过，阳明学的心灵治疗法是一个思想深刻、体系完整、论证细密的理论体系，比弗氏的要系统、完善、深刻得多，对具有中国文化背景的人来说也更易理解，因为它运用的是中国文化的资源。那么，阳明学的心灵治疗法是如何展开的呢？笔者用治心、治世、治行六字来概括。具体地说，以“心即理”的思想塑造意义赋予的主体，以“致良知”的方法来建立赋予事物意义的途径，以“知行合一”的境界追求来保障行为的意义属性，三者构成了阳明心灵治疗法的理论体系。

1. 心即理：塑造意义赋予的主体

人的心灵问题，从根本上说，是由于人无法从外在行为和外部世界中获得意义而产生的。那么解决问题的方法，显然不在外在行为和外部世界，因为意义作为人的内在体验不是外在行为和外部世界本身具有的，意义的获得取决于人这一主体，只有主体有能力将自己的精神投射到外在行为和外部世界，外在行为和外部世界才能获得精神属性，成为主体精神的呈现，因而成为意义所在。

如果不是主体去赋予事物以意义，而是从所谓的“客观事物”中去寻找意义，那么主体注定是要失败的。王阳明批评朱子“析心与理为二”，就是因为朱子把外物看成与主体无关的存在，导致主体无法获得事物的意义。阳明说：“朱子所谓格物云者，在‘即物而穷其理’也。即物穷理，是就事事物物上求其所谓定理者也，是以吾心而求理于事事物物之中，析心与理为二矣。夫求理于事事物物者，如求孝之理于其亲之谓也。”(《传习录》卷中)

王阳明经过“百死千难”悟到的，也不过是这样一个很普通但又被大多数人忽略的道理——事物的意义不在事物本身，而在于主体的态度，主体如果到外部事物上去寻找意义，则永远也找不到意义。王阳明龙场悟道，悟到的也是这个：“圣人之道，吾性自足，向之求理于事物者误也。”

那么，什么样的主体才能赋予事物以意义呢？肯定地说，不是所有的主体都能够赋予事物以意义。如果我们把生命分为生理生命和精神生命，那么，以生理生命为主宰者活在物欲的世界里，没有精神属性，显然就不具备赋予事物以意义的能力。只有以精神追求为生命主宰的人，才可能将其精神追求贯注于外在行为和外部世界，使外在行为和外部世界成为有意义的存在。人的这种精神生命，才是一个人应有的本质，王阳明称之为“真己”，而“心”就是这个真己的灵魂和本质。“所谓汝心，却是那能视听言动的，这个便是性，便是天理。有这个性，才能生。这性之生理，便谓之仁。这性之生理，发在目便会视，发在耳便会听，发在口便会言，发在四肢便会动，都只是那天理发生，以其主宰一身，故谓之心。这心之本体，原只是个天理，原无非礼。这个便是汝之真己，这个真己是躯壳的主宰。若无真己，便无躯壳。真是有之即生，无之即死。汝若真为那个躯壳的己，必须用着这个真己，便须常常保守着这个真己的本体，戒慎不睹，恐惧不闻，唯恐亏损了他一些。才有一毫非礼萌动，便如刀割，如针刺，忍耐不过，必须去了刀、拔了针。这才是有为己之心，方能克己。”(《传习录》卷上)

阳明所说的“真己”，也就是“心”，孟子称之为“大体”，陆象山称之为“本心”，是指人之为人的本质，亦即人的人文生命、精神生命。真己的规定是“天理”，而不能是别的。天理是宇宙的法则，人间的秩序。人的本质属性就是天理的体现、人间秩序的要求，这就是“心即理”的涵义。“心即理”保证了人的精神属性具有公共性、普遍性，而不是一己之私意。这或许是因为，意义的体验是一种文化体验，而文化具有公共性、普遍性的特点，没有一定的普遍认同，意义感就无以产生，尽管意义赋予是人的主观行为。

不过，更确切地说，阳明学的说法应是“心即良知”。阳明说：“真己者，良知之谓也。”当然，良知的内容也就是天理，“良知即天理也”，但良知之说更具主体性、内在性，可被称为主体化、内在化的天理。良知是意义世界生成的根本：“良知是造化的精灵。这些精灵，生天生地，成鬼成帝，皆从此出，真是与物无对。人若复他完完全全，无少亏欠，自不觉手舞足蹈，不知天地间更有何乐可代。”（《传习录》卷下）世界因为人的良知灵明，才显现出伟大的意义。没有良知，世界就失去了意义。“天没有我的灵明，谁去仰他高？地没有我的灵明，谁去俯他深？鬼神没有我的灵明，谁去辨他吉、凶、灾、祥？天地、鬼神、万物离却我的灵明，便没有天地、鬼神、万物了。”（《传习录》卷下）离却人的良知灵明便没有天地、鬼神、万物，是指意义上的没有，而非实体上的没有。阳明学的世界观，是一种存在主义的世界观。

那么人又如何以良知也就是以精神生命作为人的本质和生命主宰呢？那就是立志。阳明继承了孟子“持其志，无暴其气”与“先立乎其大者”的思想，把立志视为人生修养的头等大事。“志不立，天下无可成之事。”立志的意义，在于挺立一个人的精神生命，为意义赋予奠定基础。

要而言之，塑造意义的主体是意义赋予法的前提。一个人只有通过立志确立了精神生命良知，才可能赋予行为和外物以精神的意义。以良知作主宰，就是意义赋予的主体要求。当然，这个主体是需要塑造的。所谓修养，就是这种主体的塑造过程，这个过程是无止境的。

2. 致良知：意义赋予的过程

主体将自己的信仰（良知）运用、落实于行为之中，使事物成为自己精神信仰的体现从而成为有意义的存在，这个过程被王阳明称为致良知。致良知的“致”乃“行”之义，致良知即行良知。致良知是获得意义的根本途径，因而是阳明学的思想核心，也是阳明学最重要的创新之处。阳明将其视为根本宗旨："吾平生讲学，只是致良知三字。"[①]"致知二字是千古圣学之秘。……此是孔门正法眼藏，从前儒者多不曾悟到，故其说卒入于支离。"[②] 可见致良知在阳明学中的地位。

致良知之所以如此重要，是因为它是意义赋予的关键。那么，致良知如何能赋予事物以意义呢？王阳明是通过对格物致知的解释来说明的，因为格物致知是儒家修养的实际下手处，因此，要改变以往儒家在外部寻求意义的路径，就必然要对格物致知作出新的解释，而要对格物致知作出新解，首先要对"格""物"二字作出新解。王阳明说："格者，正也，正其不正以归于正之谓也。"其实，对于物字之意，阳明与朱子并无不同，但由于"格"字的理解不同，"物"字本有的主体性特征便得到彰显。换言之，没有主体，"物"便不会产生。王阳明说："身之主宰便是心，心之所发便是意，意之本体便是知，意之所在便是物。"（《传习录》卷上）在阳明看来，"物"（亦即事），是"意之所在"，是主体投射的产物，"心外无物，心外无事，心外无理，心外无义，心外无善"[③]。由此可知，成为有意义存在的物，是主体意之所发，是指事情，而非客观物体、物质。隐藏在事情背后的是人与人的关系，因此，阳明学处理事物（其实中国文化皆如此）实际上处理的是人与人的关系，而处理人与人的关系又取决于主体对做人的理解。

在对格、物二字作出新解的基础上，阳明对格物致知的涵义作出了全新的解释："所谓致知格物者，致吾心之良知于事事物物也。吾心之良知，即所谓天理也。致吾心良知之天理于事事物物，则事事物物皆得其理矣。致吾心之良知者，致知也；事事物物皆得其理者，格物也。是合心与理而为一者也。"（《传习录》卷上）

值得注意的是，阳明不是说"格物致知"而是说"致知格物"，这并非随意或疏忽，而反映了阳明对格物致知的理解，也是其思想表达的必然要求。在阳明看来，致知是格物的前提，只有"致知"，方能格物；格物是致知的结果，只要致知，就能格物。

---

① 《王阳明全集》，第990页。

② 《王阳明全集》，第199—200页。

③ 《王阳明全集》，第156页。

所谓“事事物物皆得其理”的“理”即良知，亦即人的本质，人的信仰。“事事物物皆得其理”，是人的本质的外化，人的信仰的落实。人从这种外化和落实中获得对事物的精神体认，也就从事事物物中获得意义。所谓“合心与理为一”，即客体完全被意义覆盖，主客体之间的矛盾和冲突被完全化解。需要强调的是，“事事物物皆得其理”实际上指的是人“皆得其理”，而不是“事事物物”得其理，因为事事物物本身是无所谓“理”的。

作为阳明学的“正法眼藏”和“一滴骨血”，致良知充分体现了意义赋予法的精髓。在致良知的主宰下，人的行住坐卧、一言一行都是获得意义的过程。这一过程，即事上磨炼的过程。《传习录》中载有一事，颇能说明事上磨炼的精义：“澄在鸿胪寺仓居。忽家信至，言儿病危。澄心甚忧闷，不能堪。先生曰：‘此时正宜用功。若此时放过，闲时讲学何用？人正要在此等时磨练。父之爱子，自是至情。然天理亦自有个中和处，过即是私意。人于此处多认做天理当忧，则一向忧苦，不知已是“有所忧患，不得其正”。大抵七情所感，多只是过，少不及者。才过，便非心之本体，必须调停适中始得。就如父母之丧，人子岂不欲一哭便死，方快于心？然却曰“毁不灭性”。非圣人强制之也，天理本体自有分限，不可过也。人但要识得心体，自然增减分毫不得。’”（《传习录》卷上）

这个故事表明，事上磨炼的过程，也就是将良知（亦即天理）贯注于事物的过程，越是艰难时，贯注的难度越大，对人的信仰的考验也就越大，如能在此事上磨炼，其意义也就越大。这种将挫折化腐朽为神奇的方法，孟子用“天将降大任”来激励，张载用“玉汝于成”来提示，不过阳明的事上磨炼①更为具体而已。王阳明的事上磨炼也是孟子的“集义”功夫的具体化。事上磨炼就是在这种人情事变上做功夫，“除了人情事变，则无事矣”。

那么，是不是从事任何职业都可以致良知呢？答案是肯定的。王阳明曾经为商人王麟写过一篇墓表《节庵方公墓表》，其中提出了“四民异

① 在典籍中，有的作“事上磨练”，有的作“事上磨炼”，意义相同，不必纠结。——编者注。

业而同道”的思想，并分析了士农工商每一种行业所具有的精神意义。在王阳明看来，任何职业都可以是实现人生信仰（道）的途径，人们不论从事何种职业，都可以体验到其中的精神意义。王阳明的这一思想充分体现了“致良知”的广泛性和普遍性。

3. 知行合一：意义生成的机制

为什么人的行为有时有意义，有时无意义？因为知行不一，也就是人的信仰和行为被割裂。王阳明强调知行合一，就源于他对这种状况的觉察：“世间有一种人，懵懵懂懂的任意去做，全不解思惟省察，也只是个冥行妄作，所以必说个知，方才行得是；又有一种人，茫茫荡荡悬空去思索，全不肯着实躬行，也只是个揣摸影响，所以必说一个行，方才知得真。”（《传习录》卷上）第一种人，就是不会反思人生的人，他们无法获得人生各种行为的意义。苏格拉底说，不经反思的人生是不值得过的，针对的就是这种人，他们的人生是毫无意义的人生。第二种人是只会空想的人，他们的人生因为没有具体事物的承载而无法生成意义。因此，要获得行为的意义，必须知行合一。

必须说明的是，知行合一的“知”，不是知识，而是良知，即人的本质、生命的本体，也就是人的信仰。知行合一强调人的信仰和人的行为严丝合缝，高度一致。脱离信仰支撑的行为没有意义，脱离行为的信仰同样无法生成意义。所以，知行合一解决的并非是我们通常所说的理论与实践关系的问题，而是信仰的践行及其坚定性问题。

那么，如何保证知行合一呢？“知而不行，只是未知”，知行不能合一，是因为没有真“知”，也就是良知信仰没有确立或不够坚定，只有良知信仰不因外界因素而动摇，知行合一才有保证。王阳明把这种信仰坚如磐石的状态称为“不动心”。所谓“不动心”，是指人在面临挫折、失败、困苦、屈辱的时候，外物无法动摇自己的内心，内心能够始终以自己的精神信仰与人格追求主宰自己的行为。只有彻底做到“不动心”，才能始终保持信仰完全贯穿于行为之中，保持内心与外物的高度一致。当然，这是一种极高的精神境界，需要不断的修炼才有可能达到。这个不断修炼的过程，即王阳明强调的事上磨炼的过程。

儒家追求体用一源、显微无间，就是追求人的本质与外在表现、人的内存信仰与外在行为之间高度一致，其目的无非是使人们的任何行为都有意义感。这种由主体赋予的意义感，一旦离开了生命本体（信仰）的贯注，便不可能获得。所以《中庸》说："道也者，不可须臾离也，可离非道也。"王阳明用知行合一来表述这种体用一源、显微无间的境界追求，使其对人的行为的要求更为具体、明确、直接。实际上，知行合一的真正目的是防止人的行为出现价值真空。价值真空必然导致意义虚无，从而导致一系列心灵问题的产生。

三 阳明学对当代人心灵治疗的意义

2014 年，人民论坛问卷调查中心对当下国人的心灵状况作了深入的调查。调查显示，国人的心灵出现了严重的病态，他们提炼出了十三种主要的社会病态：娱乐至死、看客心态、习惯性怀疑、审丑心理、社会焦虑症、信仰缺失、暴戾狂躁症、鸵鸟心态、思考恐惧症、网络依赖症、炫富心态、初老症、自虐心态。调查结果显示，超过八成的受调查者认为当前社会处于亚健康状态，"信仰缺失""看客心态""社会焦虑症"位列当今社会病态的前三项。心灵问题已经成为当下必须直面的严峻问题，必须高度重视并采取有效措施加以解决。在解决社会心灵问题的过程中，需要运用各种文化资源，而中华民族本有的精神资源是最基础、最重要的资源，阳明学作为中华优秀文化的代表，又以治心见长，能够为解决当下中国人的心灵问题提供良方。

1. 阳明学有助于挺立人的主体性，唤醒人的心灵自觉

心学是以阐扬人的主体性为特征的，孟子、象山的思想都呈现出强烈的生命主体意识，阳明继承了孟子、象山挺立生命主体意识的传统，从小就有寻求生死之道的强烈愿望，从而不仅在生命实践中树立了卓尔不群的人格形象，而且建构了内容深邃的心灵哲学。他给当代人的生命启示是：人必须树立高度的生命自觉和对精神生命的追求，并将其贯穿自己的一生，最终获得生命的意义和心灵的畅达。

在当代社会，人们汲汲于功名，沉湎于利禄，各种各样的人生指导书为人们设计了种种人生"成功"之道。然而，通观这些人生学家们指

出的人生“成功”之路，无非是如何赚很多的钱，当很大的官，出很大的名，却很少强调心灵世界的建构。在这种精神状况下，人的主体性和生命自觉意识日益淡薄。阳明学对提高人的主体意识和生命自觉精神进而提升人的生存品质应是极有助益的。

2. 阳明学有助于提升人们的心性体验能力，提高人们赋予生活意义的能力

如果把以肉体生存为目的的人生状态称为生存，把以精神价值的实现为目的而展开的人生状态称为生活，那么就不难发现，当下许许多多的人只有生存，没有生活，支撑他们的是物欲的满足，这种生活是没有意义可言的，对他们而言，由于心性体验能力的匮乏，意义世界是不存在的。用阳明学去提升他们的心性体验能力，显得非常必要。

阳明学重在对心灵世界的建构，其目的是提升人的心性体验能力，从而使人们能够赋予日常生活以意义。阳明学的心性体验智慧，以儒家为主导，融合了佛道的心性智慧，既具有日常、平实的常道性格，又具有高妙、终极的超越属性，为当下国人体验日常生活的意义提供了合理、可行的途径。如王阳明所说的“不离日用常行内，直造先天未画前”，罗汝芳所说的“捧茶童子却是道也”，都揭示了这种日常体验的意义。这可以修正以外在超越为特征的其他文化，对心性生活日益缺失的当代人而言，也提供了可资借鉴的、现在看来似乎更为合理也更为可行的心灵疗养之道。

3. 阳明学的心灵修养方法有助于人们治疗心理疾病，提升心理品质

克服人的心理问题，也是阳明学的重要内容。如面对死亡恐惧，王阳明用昼夜之理去疏导。面对疾病带来的忧愁，王阳明也有解决之道。有学生病目，戚戚甚忧，王阳明说他“贵目贱心”。弟子陈九川病忧，王阳明指示他“常快活，便是功夫”。面对生活困境，王阳明亦能进行有效疏导，而对于修行中产生的心理问题，王阳明更有良方。这些内容，《传习录》中俯拾皆是，阳明后学中治疗心理疾病的例子和手段也不胜枚举。这些心灵治疗的方法，对当今世人治疗心理疾病、提升心理品质依然大有裨益。

今人不见古时月，明月曾经照古人。由于人类的心灵问题古今皆同，只是表现各异，如陆象山所说："千百世之上有圣人出焉，此心同也，此理同也；千百世之下有圣人出焉，此心同也，此理同也。"① 因而阳明学的心灵治疗功能可以在今天发挥重要作用，又由于人类的心灵在本质上也并无太大区别，所谓"东（西、南、北）海有圣人出焉，此心同也，此理同也"（陆象山语），阳明学的心灵治疗学不仅适用于中国人，而且具有普遍的意义。

---

① 《陆九渊集》，中华书局1980年版，第483页。

智慧咨询的理念与实作：阳明心学对心理咨询的启发

陈　复*

一　自性：论阳明心学的主轴与局限

作为最早开始思考心学如何跟心理学在理论与实作两大层面深度结合进而提倡"心学心理学"（nousological psychology）的学者，笔者高度关注心学如何能在当前的知识领域中取得其学术合法性，并应用于生活层面，而不再仅被当作中国思想史的课题来讨论。

众所周知，中国学问目前仅局限于文史哲领域，提供给学者从事各类型考证的素材，然而，这种现象反映着中国学问日渐边缘化的危机，因为超过文史哲的范围，其他知识领域都不再将其视作研究课题，甚至按照西洋学术范畴的标准，中国学问只具有人文学的讨论意义，而不会被视作社会科学的一环，这背后不只涉及西洋学术殖民长期压制中国学问带来的困境，更表明中国学问自身没有完成其现代化，较少实践于当前的社会生活，并较少跟置身在"生命世界"（life world）中的人展开对话。

然而，问题的症结正在于学术现代化的过程不能忽略"微观世界"（micro world）既受到"生命世界"的滋养更影响着"生命世界"的发展良窳的事实，如果抽掉"微观世界"的架构，人纯粹活在"生命世界"

---

* ［作者简介］陈复，1972 年生，男，台湾台北人，台湾宜兰大学博雅学部副教授兼生命教育研究室召集人，博士。主要研究方向为心学心理学。

中，则不只学问将无由深化，人的生命也会显得浅薄无味。胡塞尔指出，只有回到“生活世界”或“生命世界”（就胡塞尔的角度而言，“life world”其实内在于意识，更指向生命的意义，“生活”与“生命”相较，前者比后者在中文语境内更具有物质层面的意涵，故后面统称“生命世界”），才能打破自然科学对真实世界的遮蔽，纾解欧洲文化潜藏的危机。生命世界是个原初自明的世界，这个世界落在意识内，全部自明呈现出来的事物，在这个世界中，都被当作在知觉里直接出现的事物自身，而生命世界与微观世界有着高度的关联性，具体的生命世界是微观世界的基石，尚未被知识专题化，却具有心灵这个最核心的主题。微观世界的客观性架构在生命世界的自明性上，后者无成见、无前设的先验性使其具有真正普遍的意义。我们承认科学家是生命世界的成员，我们就不能忽视微观世界应该要被拉回到生命世界来展开主体的思索。但，这件事情要反过来检视：中华思想天生有系统化欠缺的问题，如果持续漠视微观世界，即人文学无法社会科学化，无法架构相应的理论来诠释现象，无法让生命世界丰富、暧昧与变幻的特征获得微观世界的精确认知，无法树立典范来落实于生活，则永远无法在深受西洋文化宰制的环境里获得重视。

笔者从事阐发阳明心学的志业超过二十年，在此过程中深感阳明心学如果要落实于当前社会，就不能被当作“国学”，我们需要在理论层面完成其“微观世界”的架构，接着在应用层面要完成其“生命世界”的落实。前者就是为何笔者会提出“心学心理学”的原因，笔者特别将心学心理学纳入中华本土社会科学（Chinese Indigenous Social Science）这一新领域范畴来推展；后者则是笔者为何会藉由“智慧咨询”（wisdom consultation）的理念与实作来发展心理咨询（psychological consultation）并通过该咨询来完成心学的社会实践工作的原因。按照这两条路线，即可完成阳明心学的转型工作。首先，我们先探讨阳明心学的基本内容，如何能跟心理学结合。王阳明思想的主轴经历数变，关键的起点在于他在“龙场悟道”中领会到“自性”（the Self）作为本体的存在，钱德洪在《王阳明年谱》中记载：“始知圣人之道，吾性自足，向之求理于事物者误也。”[1]“吾性自足”意味着自性不假外求，悟得自性则生命自得圆满，这个体会显然具有冥契主义（mysticism）的特征。笔者曾在《阳明子的冥契主义》中指出，冥契主义具有将某个对象化议题容纳到己身的概念意涵，意即有着从“主客对立”到“主客合一”的过程，当“主客合一”完成，则再将其对象化，变成某个成形的知识，这就是再展开一道“主客对立”的工序，其认识的理路虽然不同于理性主义（Rationalism），却还是种基于理性的观点来探索知识的角度。

悟得自性本体就不再有内外的区隔，这就是天人合一更精细的领会，我们会说更精细，是因为世俗的冥契经验常常只在领会着自我的消融感，这属于很低阶（具有普遍性）的冥契经验，属于从“主客对立”到“主客合一”的体证过程。然而，如果我们还有论证过程，意即再将其对象化，则会将该“主客合一”再拉到“主客对立”的知识论证系统内。王阳明很看重“良知”这两个字：“某于此良知之说，从百死千难中得来，不得已与人一口说尽。只恐学者得之容易，把作一种光景玩弄，不实落用功，负此知耳。”[2] 显然，这是他经历了一生的各种撕裂精神的痛苦后用抽象概念将最终经验作个总结，其内容不再是个人特殊的感受，而是个人既然获得某种经验再将该经验抛出进行总结。这抛出意味着经验被对象化，对象化就能给出知识，再将该知识纳回到经验内，最终将交融获得的新经验再抛出，再经由对象化给出新知识，阳明思想的如此数变意味着道的历程的不断深化。因此，“致良知”成为“对本体自身的领悟”，并成为“活在本体里的工夫”，实具有划破当日时空的前瞻意义。

但阳明本人过世太早，对于良知的具体内容，他说的还是太简单，后来引发完全不同的解读。大体而言，早在阳明后学主要活动的明朝中晚期，良知已发展出两条内在觉悟的路线：其一，“自性”的发现，这是呼唤人往内在探索本体的历程，内在意识自有宇宙，且与宇宙相通，不假外求，人的心性刻度因此更加深密，外在的名相计较不再成为羁绊，儒释道三教获得调和与交融，这是“解脱”的路线；其二，“自我”（the Ego）的发现，这是人从社会规范与行为中意识到自己为个体的存在，个

---

① 《王阳明全集》，吴光、钱明、董平等编校，上海古籍出版社 1992 年版，第 1228 页。
② 《王阳明全集》，第 1279 页。

体生命不再于家族与国朝的结构中寻觅自身的位置，人只有活出自我的价值才能活出自在，这是“解放”的路线。自性与自我辩证发展。就解脱的路线而言，自我的解脱可谓“自性化历程”的考验，没有自我则自性无法开展；就解放的路线而言，自性的解放可谓“自我化历程”的深化，没有自性则自我无法伸张。[①] 荣格（Carl Gustav Jung，1875—1961年）后来将自性称作“未发现的自我”[②]，在西洋文化中，自性是从未被发现的议题，如此说法当不难理解。但转而思考，相对于明朝时空的人来说，自我才是真正意义上“未发现的自我”（the undiscovered Ego，请注意两者英文的差异），因为明朝中晚期后，人开始拥有自我意识，才会对伦理制度产生反思甚至反抗。

阳明心学可谓中国在20世纪以前深具原创性的思潮，但不容否认的是其就此成为绝响，没有人再针对其核心问题做出回应，实属中华文化的一大悲歌。尽管在西学东渐后，日本明治维新深受阳明心学的影响，使得清末的维新派与革命派都无不深受阳明心学启发，[③] 但将阳明心学直接拿来落实于当前社会，会有着显而易见的局限性。最明显的问题就在于当前讲学环境丕变，学术研究被视作“微观世界”而不是“生命世界”的事情，从学术层面来说，阳明心学高度重视体证性，这本来反映出中华思想的特征，但如果不能将自性的体证藉由“中西会通”通过当前深受西洋文化影响的学术语言来做出精确对应的论证使其能具有自成系统的理论，则阳明心学根本无法在主流学术环境中获得讨论与承认。解决的办法是通过科学哲学（philosophy of science）的严密论证，将心学与心理学结合起来诠释。从实务层面来说，根据笔者十余年来办书院的经验可发现，如果只是照搬宋明时期的书院制度到现代社会中运作，却不将书院制度跟人的日常生活高度结合，如何持续运作将会成为一个大问题。有鉴于此，笔者觉得心学的发展应该要在实务层面与心理咨询领域结合，

---

① 陈复：《心学心理学：心学如何在心理治疗领域获得突破与新生》，《咨商心理与复健咨商学报》2017年第30期，第36—39页。

② ［瑞士］卡尔·古斯塔夫·荣格：《未发现的自我》，邓小松译，中央编译出版社2018年版。

③ 陈复：《心学心理学：心学如何在心理治疗领域获得突破与新生》，《咨商心理与复健咨商学报》2017年第30期，第36—69页。

使得心理咨询师具备传统文化素养，更让心学开启人认识自性的智慧，由往日在书院讲会转型蜕变出解决人心理问题的办法。这种本土心理咨询被笔者特别称作“智慧咨询”（wisdom consultation）。2012 年，笔者指出：心学其实是华人本土心理学的源头，应该成为心理治疗本土化的主轴，心理咨询师有责任回归传统来发展适合华人的本土心理治疗方法。

二 阳明心学如何转型成心学心理学

中华思想具有丰富的心理学内容，然而，清末民初将中华思想发展成中国哲学而不是中国心理学，主要因为行为主义心理学（behavioristic psychology）系 20 世纪前期心理学的主流，心理学变成自然科学的一环。[①] 心理学“psycho”的字根是“psyche”，这个词在希腊语中是“psuchě”，原意是灵魂（soul）。中日两国对于心理学的翻译与理解，同样有灵魂甚至心性的内涵，公元 1872 年，有位署名“执权居士”的中国人在《申报》发表《论西教兴废》一文，讨论西洋社会宗教受到科学兴起的影响而衰落的情况时，心理（学）一词首度在中国出现。英文的“psychology”会有“心理学”的中译，其实源自日本汉字。西洋著作中直接使用“心理学”为书名的书籍，最早出自日本明治维新时期启蒙思想家西周（1829—1897 年）对海文（Joseph Haven）在公元 1857 年出版的 *Mental Philosophy*: *Including the Intellect*, *Sensibilities and Will* 一书的翻译，西周先将该书意译成《奚般氏著心理学》[②]，他在翻译“mental philosophy”时使用的“心理学”，其实是“心理上的哲学”的简称。在其书《百一新论》（1874 年）中数十次提到“心理”二字，这两个字本来在中文中并不会连用，虽未称学，实则将其当作专门的学问，这让汉语“心理学”一词被合理估计为首出于西周。[③] 西周毕生推崇徂徕学，会将其翻译作“心理学”，显然受到日本大儒荻生徂徕（1666—1728 年）的影响。

---

① 黄光国：《心理学的科学革命方案》，心理出版社 2011 年版，第 86—88 页。

② 海文（Haven，J.）：《奚般氏著心理学》（*Mental Philosophy*: *Including the Intellect*, *Sensibilities and Will*），西周译，日本文部省（日本国立国会图书馆古典籍数据：贵重书）1875 年版。

③ 赖世炯：《宋理明心渡，心理缘总督：论心理学一词中文翻译之肇基》，《文化越界》2016 年第 2 期，第 1—18 页。

荻生徂徕崇尚古文，受到王世贞的影响，王世贞相当推崇王阳明心学，因此“心理学”这个中文词汇的出现，推溯其根源，就格义比附的角度而言，本就与心学有着深度关联，尽管两者的内容尚有巨大的实质差别。[①]

康有为于光绪二十三年（1897 年）编的《日本书目志》中，有 25 本包含“心理学”一词的书籍。梁启超在《读〈日本书目志〉书后》中使用“心理”指称“心理学”，梁启超在光绪二十八年（1902 年）于《新民丛报》发表的《介绍新著》中提出日本人将英文“psychology”用汉字翻译成心理学，并将英文“philosophy”翻译成哲学。根据这个脉络，林耀盛指出，心理学本来是一门包含心性、灵魂与意志这些颇具生命感的范畴的学科，心理学深具文化的本土内涵，心理学探讨的范围本来应该包括灵性，而不是今天心理学狭隘认知下的心理逻辑（psychologic），这种说法让当前心理学的发展不只背反中华思想的主体精神，更背反其自身的本来脉络。[②] 反过来说，从心理学发展出心学心理学，就心理学本土化的角度而言自有其合理性。

但在心理学本土化过往三十年的发展过程中，心学心理学没有成为被关注的焦点，这不能简单说就是因为这门新领域没有被需要，也不能说尚未有人开始两个既有领域的整合工作，归根结底是因为心理学研究者多半不具有文史哲领域的背景，尤其心理领域的学者专注于西洋心理学，对中华思想相当生疏，其研究主要是从实证角度进行各种统计或实验。直至黄光国提出“心理学的科学革命”，希望对儒家文化传统进行探索，从“智慧”转变到“理论”，将学术典范由实证论翻转至实在论，并对西洋文化个人主义的心理学展开科学革命[③]，笔者主张的心学心理学才有开始被讨论的空间。阳明心学讲的良知虽然有自我义及自性义这两层涵义，但自我义是种歧出，自性义则是主干，因此笔者曾指出心学心理

---

① 赖世炯：《宋理明心渡，心理缘总督：论心理学一词中文翻译之肇基》，《文化越界》2016 年第 2 期，第 1—18 页。

② 林耀盛：《坦塔洛斯的困题：思“反”心理学，批判社群革“心”》，载陈复、黄光国主编《破解黄光国难题的知识论策略》，台北心理出版社 2019 年版，第 82—83 页。

③ 黄光国：《心理学的科学革命方案》，第 27—50 页。

学还可被称作“自性心理学”(psychology of the Self)[①]。该主干属于儒释道三教共同关注的共同议题，歧出则反而属于西洋心理学的核心焦点，不论是歧出还是主干，这些内涵存在于心学思想中是历史事实，都使得心学心理学结合中华文化与西洋文化来探讨心理议题成为合理的路径。由自性义来观察中华思想（尤其儒释道三家），中华思想的特征就在“心体论”(nousism)，三家都承认万法不离自性。

心体论成为“理论”(theory)，不再被视作理所当然的信仰，表示我们将心体暂且由生命实感往外抛出，当作研究的对象，通过推论，提供符合理则的总结型观点。经过这种客体化的过程，相关的本体知识才能被架构出来。我们只有严谨对待学术议题，在个人生命体证外让心体经由论证成为被当前学术客观探讨的议题，才能使心体重新回到学术领域内。但心体论的探索基本上还是属于哲学议题，如何让讨论成果能被心学心理学吸纳与转化成为心理议题呢？本土心理学已经从实证论来到实在论，并开启了架构“修养心理学”(psychology of cultivation）的探索历程。心学心理学探讨的重点在了解人如何从自我蜕变出自性，主轴是自性如何在人的内在向度展开真实的探索并藉此使得生命恢复其完整性。该依据的主要内涵虽然由阳明心学出发，但面对当前全球化的时空背景，心学心理学除将有关心学的实质内容都拿来与心理学整合外，更应该进而扩充到中外全部知识领域（除文史哲这些传统领域外，包括各种类型的宗教、艺术与医学，还包括各种既有的社会科学）中有关自性的内容，展开跨领域的知识整合。

这里有个更重要的议题：我们如何确知心学心理学系心学既有脉络的继续发展呢？重点就在于“成圣”，意即尽管我们会通过缜密的知识架构来探讨自性的相关议题，但绝不能漠视修养的终极目标是让人得证心体，生命的体证依然还是第一义，知识的论证则属于第二义，成圣的重点并不是成就外在的规范或事迹，而是精确把握住良知本身，并因获得良知而成就外在的规范或事迹。心学心理学的确与传统阳明学的脉络有个精微的歧异点：传统阳明学对外在的知识抱持很谨慎的态度，强调首

① 陈复：《心学心理学：心学如何在心理治疗领域获得突破与新生》，《咨商心理与复健咨商学报》2017年第30期，第36—67页。

先要把握住良知。[①] 但面对人类有关智慧的知识资产已经极其精微开湛的事实，如果人类文明与中华文化要继续展开，心学心理学的内涵就不应该再有丝毫的反智主义（anti-intellectualism）的倾向。心学心理学在引领人由自我转出自性的探索过程中，需要大量相关的知识以辅佐人们认识实际，让人的思维（甚至包括前思维）精微化，才能让心理议题获得细密的厘清。

三　以心学心理学发展智慧咨询工作

我们心中对心学心理学有清晰的轮廓，才能比较容易认识智慧咨询的理念与实作。智慧咨询应该被放在心理咨询的视野中来理解，但西洋心理咨询太强调将人的问题病理化。这最早脱胎自天主教会里信众向神父的忏悔与告解：承认有罪，希望获得上帝的救赎。“罪”（sin 或 crime）的概念应该是西洋心理咨询将人的精神问题病理化的根源。然而，且不说精神病学带来的各种争论，中国医学有“同病异治，异病同治”的说法，强调“论症不论病”，意即不由疾病看人，而由症状看人，观察当事人具体的个别差异。中华文化脉络发展出来的心理咨询并不应该被划归入医疗领域，除非是器质病变，应该去除心理病理化的思维，不再让人的各种复杂心理现象被安上某种病名，才能从文化心理的角度彻底摆脱宗教因素对本土心理咨询的影响，并重新恢复生命修养对中华本土心理咨询的核心意义。这并不意味着我们的心理咨询工作将要变得含混模糊，正好相反，心理咨询应该架构在坚实的文化研究基石上，这就需要从阳明心学发展出心学心理学，再由心学心理学发展出智慧咨询。

智慧咨询为何不适合直接套用现在已经成熟的“哲学咨商”（philosophical counseling）呢？中国智慧咨询的工作型态，是共论与共阐心性的对话型态。[②] 哲学咨商的治疗型态是：在与当事人的对话中，咨商师指出

---

① 陈复:《王阳明对生命意义的阐释与实践》,《生命教育研究》2012 年第4 期，第27—54 页。

② 陈复:《如何发展智慧咨询：解决大学生意义危机的创新策略》,《咨商心理与复健咨商学报》2017 年第30 期，第76 页。

当事人思维逻辑中的矛盾，进而厘清当事人的心理困惑。思辨来源于西洋哲学“天人对立”的哲学传统，早在哲学领域尚未“学院化”的古希腊时期，西洋哲学的本质就是追求“真理”，或存在于一个“超验”(transcendent) 世界中的智慧。人固然能不断追求完美的真理（属于神的智慧)，但是人永远不能成为神本身。然而，中华文化中却没有这种追求绝对真理与神性智慧的传统。中国的儒释道思想并不去追求永远无法到达的“彼岸的智慧”，反而更重视“当下的觉悟”。从本体论的层面来看，中西文化的关键差异在于人能否与终极的存在产生连接。两种“思想—哲学”传统的差异导致智慧咨询与哲学咨商在实务层面的差异，关键在于论证与体证的差异。笔者认为智慧咨询的基本路径有六道程序“对话—思辨—工夫—心体—实践—蜕变”，意即通过咨询师与当事人的对话，引发当事人自身的思辨，当事人进而展开工夫的练习，从中获得心体的觉悟，心体的觉悟再引发当事人的实践意愿，从而让当事人在不断开展实践的过程中产生深层蜕变。由心学心理学发展出的智慧咨询工作，基本特征有三个。

第一，“士人”混同“庶人”的咨询伦理。智慧咨询具有非常高的社会普适性，即人人都可接受该咨询，当事人并不需要深厚的知识背景或哲学训练，只要当事人精神清明并有救治自我的意愿，就可以进入智慧咨询的治疗中。智慧咨询的普适性首先体现在王阳明强调“良知人人皆有”上。王阳明两度悟道，最终体悟到“致良知”这一核心要旨，他曾说：“良知良能，愚夫愚妇与圣人同。”[①] 圣人和凡人的区别，只在于圣人可保全这本具的良知，而普通人的良知障蔽深重。人产生心理问题，只是因为其良知被私欲蒙蔽，如果要解决其心理问题，就要破除蒙蔽，恢复其本具的良知。当事人再经由良知给出恰当的“知”与“行”，应用于生活实践中。人只要在各自的分限范围内涵养自性便可希圣希贤：“我辈致知，只是各随分限所及。今日良知见在如此，只随今日所知扩充到底；明日良知又有开悟，便从明日所知扩充到底。”[②] 由此可知，阳明心学已大幅度消弭了“士人伦理”与“庶人伦理”的区隔。王阳明在替商人方

① （明）王阳明:《传习录与大学问》，台北黎明文化公司1997年版，第73页。

② （明）王阳明:《传习录与大学问》，第126页。

麟撰写的《节庵方公墓表》中表示："士以修治，农以具养，工以利器，商以通货，各就其资之所近，力之所及者而业焉，以求尽其心。"① 他反而批评读书人沉迷于科举，读书人怀着"贵士贱商"的心态，终究只是在满足自己的私欲。王阳明在自己的教育实践中，面对"庶人阶层"的求学者，都会拿四书这类经典来启发他们"悟道"，这与对待来自"士人阶层"的学习者无异。因此，在阳明心学中，"士人伦理"与"庶人伦理"的界限不再由社会阶层来区隔，士人与庶人在社会层面具有混同性，却在精神层面具有层次性，人只要有"成圣之志"，就可落实"成圣"的"士人伦理"。我们藉此来思索智慧咨询，就会发现：从精神层面观察，"士人"是指咨询师，"庶人"是指当事人。这只是指咨询师要帮助当事人证得心体、双方的咨询伦理构筑在精神引导上，只要当事人开始有自觉、开始通过实践心体来改变人生，他就会在精神层面上变成"士人"。

第二，"先觉"启发"后觉"的咨询关系。既然"成圣面前，人人平等"，不同社会地位与心智水平的当事人都是平等的，咨询师与当事人间同样是平等的。然而，这种平等并不是量化的平等。西洋哲学基于其个人主义传统，在哲学咨商中会特别强调平等性，普林斯-贝克（Prins-Bakker）表示："真正的哲学对话不但要求对话双方是平等的，而且从双方意见的分量来看，也是平等的。"② 咨询师固然需要充分照顾到当事人的感受，但是智慧咨询更注重如何让咨询师与当事人形成"我—你"共构的新关系（I-Thou relation）③④。"我—你"关系是咨询关系中的最高意境，这是彼此跨越自我与主客交融的关系，因为彼此对生命有爱，"你"不再是自我以外的陌生人，而是用某种型态参与我的生命的具有主体性的别的主体，让你来做我生命里的主体，我就要放弃宰制的心态，尊重且容纳他人的主体进来，让彼此同时都能成为主体。马赛尔称其为"互

---

① 《王阳明全集》，吴光、钱明、董平等编校，上海古籍出版社 1992 年版，第 941 页。

② Prins-Bakker，Anette，"Philosophy in Marriage Counseling"，*Essays on Philosophical Counseling*，Boston：University Press America，1995，pp. 136－137.

③ Marcel，Gabriel，*Creative Fidelity*，New York：Noonday Press，1964，pp. 131－134.

④ 关永中：《爱、恨与死亡：一个现代哲学的探索》，台湾商务印书馆 2002 年版，第 377—387 页。

为主体性”或“主体际性”(intersubjectivity)。[①②③] 在这种主客交融的关系中，并不需要特别从权益的角度来量化彼此的平等程度，而是在对话中形成共融，即当事人提供自己生命的具体困惑，咨询师依据问题铺陈出对话的脉络，当事人经由咨询师的指引，把咨询师的意见放在自己的人生情境中判断其中的本末与曲直，如果当事人和咨询师都同意他们此时的对话已洞见问题的中心点，甚至当事人的问题在默契点产生的当下就获得了解决，那么他们就完成了彼此的主客交融，完成生命的主体际性。从阳明心学的观点来看，这就是“先觉”启发“后觉”的咨询关系。王阳明说：“伊尹曰：‘天之生斯民也，使先知觉后知，使先觉觉后觉。予天民之先觉也，非予觉之而谁也?’是故大知觉于小知，小知觉于无知；大觉觉于小觉，小觉觉于无觉。”[④] 这“觉”就表示通过咨询师对当事人的启发，使当事人产生新一轮的精神觉悟，这种觉悟就来自心体。心理咨询的目的在于解决当事人的问题，对话的两个主体都变成受体，在“虚己”与“交融”的互动状态里，共同成为新的主体，来关注当事人的问题本身，让问题获得解决，完成彼此共有生命的“圆满”。心理咨询师不应该认为自己要去特意“承受”当事人带来的负面能量，而是化危机为转机，将负面能量转化成正面能量，让彼此的生命通过问题获得澄清而产生净化与共善，通过共创具有精神高度的平衡，实现觉悟智慧的平等。

第三，“实相”对峙“表象”的咨询方法。现存的历史文献中记载了大量的王阳明与他人的对话，这些对话都在直接讨论自性，因此颇具心理咨询的意义。从这些对话中看出，王阳明善于在具体的生活情境中，引领当事人领会心体。有时直接帮人勘破“表象”、揭露“实相”，使当事人获得当下的觉悟；有时则通过层层提问，逐渐揭示出事情的本质。如《与傅生凤》中，傅凤想跟王阳明学习心学，但是苦于家贫亲老，不得不学习辞章训诂，希望先获得功名、养活家人，却苦学到身体

---

① 黄光国：《心理学的科学革命方案》，第146页。

② Marcel, Gabriel, *Royce's Metaphysics*, Connecticut: Greenwood, 1975, p. 4.

③ 陆达诚：《马赛尔》，台北东大图书股份有限公司1992年版，第45—48、165—207页。

④ 《王阳明全集》，第813页。

罹患重病。王阳明直言："生之志诚出于孝亲，然已陷于不孝而不之觉矣。"傅凤听得悚然心惊，只好拖着病体来求教于阳明。傅凤问："家贫亲老，而不为禄仕，得为孝乎？"阳明回答："不得为孝矣。欲求禄仕而至于成疾，以殒其躯，得为孝乎？"傅凤回答："不得为孝矣。"阳明再问："殒其躯而欲读书学文以求禄仕，禄仕可得乎？"傅凤回答："不可得禄仕矣。"阳明再问："然则尔何以能免于不孝？"傅凤不禁哭出来，对自己的状态深感懊悔，再问阳明："凤何如而可以免于不孝？"王阳明回答："保尔精，毋绝尔生；正尔情，毋辱尔亲；尽尔职，毋以得失为尔惕；安尔命，毋以外物戕尔性。斯可以免矣。"[①] 王阳明的重点在指出傅凤希望考取功名而积劳成疾，读书累到身体严重受损，这根本是对于孝道本末倒置的错误认识，傅凤的初衷是实践"孝"，然而具体的举止却让自己远离"孝"的本质，于是王阳明不断拿孝的"实相"来质问傅凤做出的"表象"，让傅凤意识到自己表面的行为与原本的目的相互矛盾，最终傅凤幡然觉悟。王阳明并不是在逻辑思维层面论证什么是"孝"，而是呈现"实相"与"表象"的对峙，当"实相"被揭示出来，荒谬的"表象"则被击破，当事人自然能意识到自己行为的错误，从而觉悟到根本的生命意义。这种对话当时并不称作心理咨询，实际已经是技术相当成熟的咨询了，但是这种心理咨询的确不能从哲学咨商的角度来认识（因为他们并未在讨论抽象的哲学议题）。这种对话让自我获得调整，自我将作出符合自性的生命决策。智慧咨询尤其可针对人常受困于形式主义的概念绑架的情况，使当事人活出生命的本真自在，因此我们之为智慧咨询。

四　智慧咨询的课程设计与培训案例

笔者的学生张辰于 2014 年 9 月 1 日，集合山西省晋城市中对于心学与心理学都有关注的国家注册心理咨询师，设立了知行书院作为实践心学心理学的第一个实体单位。书院历来就是中国人探讨生命议题的场所，承载着抚慰与疗愈人的心灵的机能。如果只开办心理咨询诊所，则场所

---

① 《王阳明全集》，第 270—271 页。

的功能就会窄化成只有治疗，场所会让自认心理没问题的人望而却步。知行书院的活动包括社会活动与内部活动，社会活动包括举办讲会或讲座。讲会探讨阳明心学的各类议题，使每个人透过自己内在的烦恼来观察自己认知事情的状态，最终发现生命本来“吾性自足”的存在。内部活动主要为笔者号召大家从事心学心理学的探索与实践。2017 年 1 月，由“海峡两岸心学教育研究院”主办、知行书院协办的“智慧咨询师培训课”开班。智慧咨询培训课是演讲型与活动型的工作坊聚会，每 15 小时至 16 小时的课程为一个主题单元，课程只要累计满 240 小时，该学员即可取得“海峡两岸心学教育研究院”颁发的智慧咨询师结业证明。笔者的学生刘莞与刘倩将这两年的课程归类并绘制成《智慧咨询课程图》。该图如下：

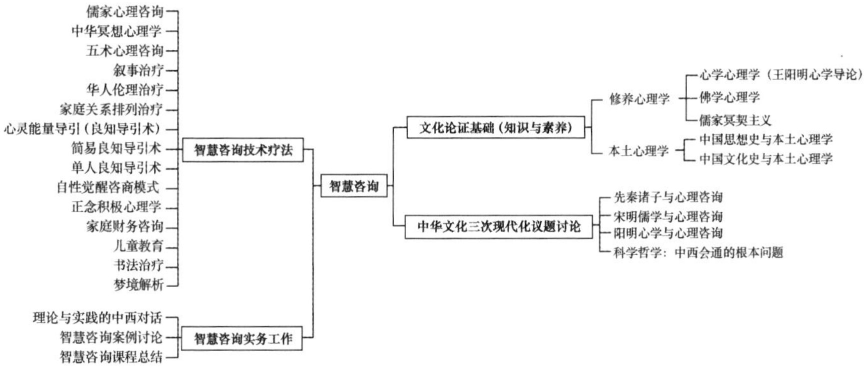

由该图可以看出，刘莞与刘倩设计的智慧咨询课程，并不只关注心理咨询技术层面的研习，更关注学术层面的知识厘清，其中阳明心学实属至关紧要的核心素养。兹因笔者始终觉得“道重于术”，只有把握住根源上的核心智慧，搭配着了解相关知识，学员才能打开思路并在技术层面上取得突破。智慧咨询源于从心学发展出来的心学心理学，然而心学心理学并不仅是“将心学心理学化”的学术领域（因此“心学 + 心理学”不能被简化为融接两者的概念，心学心理学已有新的主体性）。心学心理学高度重视华夏学术的本原知识，因此笔者开设了“中国思想史与本土心理学”与“中国文化史与本土心理学”的课程，并且特别重视

“先秦诸子与心理咨询”“宋明儒学与心理咨询”“阳明心学与心理咨询”的课程。刘莞的文章《欲问归途，先知来处：心理咨询与文化溯源》（发布于“心学复兴”公众号）举例说明了学生对“先秦诸子与心理咨询”这门课的体会：“先秦时期的百家争鸣源于人们对人生、世界、宇宙秩序的探问，难道今天的人就没有类似的问题需要思索了吗？现代社会中如此普遍的心理问题，为什么可以被理所当然地归结为‘心理’问题？在根本上，很多问题只是人对人生、对‘存在’的终极拷问不能得到解答，问题积累过多，导致这个问题表现出来并变成心理问题，我们只是需要回到生命的本来面目，如实地‘疏通’问题，自然就不会有‘心理问题’了。”这段文字指出人只要愿意厘清本原问题，问题就不会因为没能解决而继续发展成心理问题了。

在培训过程中，“智慧咨询实务工作”这一类的课程，使智慧咨询工作具有专业性，所提供的“智慧咨询自我评量”的表格，让学员在每次咨询工作结束后，发给其当事人填写。该表格目前设计了十二道题目，针对咨询的互动过程与咨询质量进行整体评估。该表内容如下：

智慧咨询自我评量

回顾本次咨询后，你对咨询质量的评估（感谢配合）	非常同意	还算同意	中立意见	不太同意	非常不同意
1. 本次咨询前与咨询后，我的心理状态有明显的差异与变化。	□	□	□	□	□
2. 这位咨询师了解我的个人背景，能完整理解我的心理状态。	□	□	□	□	□
3. 这位咨询师深刻认识我生活的文化，能从中解释我的问题。	□	□	□	□	□
4. 本次咨询对我提出的具体问题提供精确有效的回应与解答。	□	□	□	□	□
5. 这位咨询师具有专业素养，让我感受到咨询过程的专业性。	□	□	□	□	□

续表

回顾本次咨询后，你对咨询质量的评估 （感谢配合）	非常 同意	还算 同意	中立 意见	不太 同意	非常 不同意
6. 这位咨询师能认真聆听我的问题，过程让我感觉被关怀。	□	□	□	□	□
7. 本次咨询让我更认识智慧，对心理咨询产生更深刻的认识。	□	□	□	□	□
8. 我能接受咨询师提供给我的咨询意见，并愿意落实于生活。	□	□	□	□	□
9. 经过本次咨询，我对未来人生获得更深刻的理解与信心。	□	□	□	□	□
10. 整体而言，我觉得自己参与的心理咨询确实有显著效果。	□	□	□	□	□
11. 我如果还有其他具体问题，愿意再请这位咨询师做咨询。	□	□	□	□	□
12. 如果发现朋友有心理问题，我愿意推荐朋友认识这位咨询师。	□	□	□	□	□

该表格反映出智慧咨询的特点，对当事人的咨询背景、咨询的咨询质量与咨询效果高度关注。第 1 题到第 4 题关注咨询背景；第 5 题到第 7 题关注咨询质量；第 8 题到第 12 题关注咨询效果。其中咨询背景不只是个人背景，更包括文化背景。咨询师只有关注当事人的文化心理，才能理解当事人的个人心理。咨询质量考察咨询师与当事人的互动状况。咨询师的智慧越多，则与当事人的互动越好。咨询师具有丰富的文化知识，能调动的观念资源就多，当事人就越能感受到咨询师展现出来的专业性，从而对咨询师产生信任感，因此课程设计会希望咨询师具有很高的文化素养。咨询效果指当事人对该咨询效果的事后评估，课程设计不只是想了解原来的问题是否已得到解决，还想了解未来如果有问题是否愿意再来请教这位咨询师，甚至想了解当朋友有心理问题时是否愿意向朋友推荐这位咨询师。表格最下面会有质性回馈的题目，让当事人用文字记录对本次咨询的体验。

如果学员想取得智慧咨询师资格证书则需要完成 30 小时的实践咨

询，还需要撰写论文或技术报告。30 小时的实践咨询，包括 10 小时的与开课老师进行的督导咨询，督导咨询可以是面谈咨询或在线咨询。论文或报告要经过答辩会的讨论与认证。30 小时的实践咨询，还包括 20 小时的学员间彼此的伙伴咨询或向社会人士做的义务咨询。义务咨询可做梦境咨询，梦境咨询包括曼陀罗绘画形式的、以梦境工夫论为指导的咨询。咨询完毕，表格要有双方签名及知行书院的核章。实践咨询经知行书院核实无误后，由笔者颁发亲签的“华人心学智慧咨询师证照”（内有编号），获得证书者须参加智慧咨询师团（有微信群），有共同维护智慧咨询师的权利、义务与责任，每年最少修习“海峡两岸心学教育研究院”开设的 30 小时的相关课程，修完课程则获得知行书院的核章确认（即维持资格的依据）。持续进修满 240 小时，该咨询师可参加高级智慧咨询师测验，通过测验者可担任笔者认证的智慧咨询督导师。获得智慧咨询相关证书者，如果违背伦理守则，“海峡两岸心学教育研究院”将取消其资格。

第一期培训结束后，仅有王学峰与周学儒两人获得智慧咨询师的证书。周学儒获得证照后的学习心得指出：“中华文化中儒家心学自有其‘心体论’与‘工夫论’，‘心体’从字义上说便是心灵作为实体的终极实在，是人内在所具足的神圣性与超越性。心学家面对个人的困顿受苦，讲心性涵养的精神觉悟，但却不因此而出离人世，将这种磨练视为个人生命转化的源泉，在纷扰的世间获得心性的锻炼以完成生命，既能安身立命，又呈现出生命的超越性。以心学的‘心体论’和‘工夫论’为核心，并以‘精神实在论’与‘历史实在论’为科学哲学指导，来建构能够安顿人心与生命的心理学理论，这就是‘心学心理学’。”智慧咨询培训的根基，来自心学心理学的理论，当我们厘清“心体即是实在”，通过对心学指向的本体进行系统化阐释，让咨询师获得坚实的心理意识，自觉从事疗愈生命的工作。

在智慧咨询的技术层面，周学儒的笔记相当细致：“‘心学心理学’在咨询实务中的具体实践，目前已发展出以下几种技术：良知导引术、梦境解析与书法治疗等。其中‘良知导引术’是陈复教授在海灵格（Bert Hellinger）的‘家族系统排列’理论的基础上融合心学心理学理论形成的技术。‘家族系统排列’的重点在于关注家族或系统内部的动能，通过系统内关系位置的自然呈现，使治疗师引导家族成员排列出感觉最舒服自在的关系位置，让系统获得平衡感，让爱来弥合当事人的心理创伤。‘良知导引术’则以‘良知’呈现关系位置。”[①] 良知导引术又称良知导引治疗，相比于家族排列法（family constellations），良知导引术更重视将人的良知外显化。笔者观察到大脑一直在工作，其间潜意识的全部内容都可被视作梦。因此，笔者认为不止睡觉时人在作梦，不论张开眼睛或闭上眼睛，人只要置身在意识不自觉的潜意识状态，就活在梦境中。周学儒对笔者的观点有深刻认识：“‘梦境解析’虽然与荣格分析心理学的‘梦境分析’有着某些共性，但‘梦境解析’是一种儒家心学型态的‘梦境工夫论’，不同于‘梦境分析’透过梦境中呈现出的意象来进行分析或体验并使当事人开始理解潜意识中未知的内容。心学心理学认为不是只有睡着后才有梦境，无论睡着或醒着，人所产生的‘情境’都是梦境。梦境在意识与潜意识的交界处，对人生有着重大的指导意义，‘虚实交界’之处都是梦境。梦境有多重形态，有想象的梦境、冥想或静坐的梦境，还有睡眠的梦境。从梦的属性来看，同样会有‘自我梦’与‘自性梦’的差异。人可通过静坐或冥想来开发对梦的认识，提升梦的层次，通过对梦境的提升与开发，使人的身心都收到正向的影响。”他特别指出笔者将梦境结构化的企图：“心学心理学在进行梦境解析的时候，会更加强关注梦境中的三个架构——‘梦的情境’‘梦的结构’与‘梦的工夫’。梦的情境是指梦境中整体的感觉，其中的情绪或情感是什么，反映出当事人的情感投射；梦的结构是指在构成梦境的人、事与物的主体结构，反映出来的是当事人的心理机制；梦的工夫是指梦境中呈现出的现实、自我与意识，从而看出隐藏的自性，其中看见自性来做工夫是一种治愈的因素与机制，反映出修身养性的真实性，这是梦境中最为核心的要素。”

阳明心学固然有其本来无法跨越的时代局限，但其内容对当代人仍有强大的吸引力。相信阳明心学对中国人本土心理咨询的发展，确实有着重大的启发。

---

① 林耀盛：《坦塔洛斯的困题：思“反”心理学，批判社群革“心”》，载陈复、黄光国主编《破解黄光国难题的知识论策略》，台北心理出版社 2019 年版，第 79—90 页。

龙场悟道与格式塔顿悟学习论

——阳明心学与心理学之辨析二

徐晓虹[*]

心理学研究的内容十分广泛，与人的日常生活密切相关，被誉为“一个松散地联合在一起的学术王国”，心理学的学术丛林横跨了社会科学和生物科学两大领域，美国心理学会认为心理学分支目前有55个。加拿大多伦多大学教授斯坦诺维奇（Keith E. Stanovich）提出：“心理学必须要遵循科学的标准，即必须研究实证可解的问题；其研究方法要遵循系统的实证主义；其研究结论要能被反复验证，还需要经过同行评议之后获得认可等程序。”① 所以，不论心理学研究的内容多么包罗万象或千差万别，各种心理学研究都有类似的流程：第一步，构建理论，形成假设或预测；第二步，收集样本数据，检验预测或假设；第三步，修正理论，继续验证，反复操作。通过上述3个步骤，心理学研究最后找到接近事实真相的结论。

一　黑猩猩学习实验与格式塔顿悟学习论

1956年当选美国心理学会主席的德裔心理学家苛勒（Wolfgang Kohler，1887—1967年）在专著《人猿的智慧》（*The Mentality of Apes*，

* ［作者简介］徐晓虹，1969年生，女，浙江宁波人，宁波教育学院研究员，硕士。主要研究方向为心理健康教育和教育管理。

① ［加］基思·斯坦诺维奇：《对伪心理学说不》，窦东徽、刘肖岑译，人民邮电出版社2012年版，第12—16页。

1925 年）里，仔细记录了在第一次世界大战期间他在大西洋加纳利群岛中一个叫特纳利夫的小岛上所做的黑猩猩实验。①

实验中，第一步设计一个笼子，笼内放有两根竹竿、一根手杖、箱子、绳子等；第二步把黑猩猩关进这个大笼子里；第三步，把一堆水果放在笼子外，水果摆放的位置肯定是黑猩猩直接用其爪子够不到的位置。然后进行现象学式的观察，发现：起先黑猩猩安静地坐着，然后，突然用竹竿或者组合工具，取得笼子外的水果，津津有味地吃起来。

苛勒研究人的学习与知觉问题，主要通过两种不同工具的系列实验："箱子问题实验"与"棒子问题实验"。实验主角都是有一定智力的黑猩猩，基本道具都是笼子、香蕉之类的水果和可以取到香蕉的器具。"单箱情境"实验是将一根香蕉悬挂于黑猩猩笼子里面的顶板上，香蕉被放置的高度要确保黑猩猩够不着香蕉。在苛勒的设计中，笼子里有一个箱子可供黑猩猩利用。饥饿的黑猩猩，在领悟到箱子的作用及箱子与香蕉之间的关系后，突然将箱子移近香蕉，爬上箱子，然后顺利摘下香蕉。当然，实验证明猩猩的智商有高有低，有的猩猩就只会坐在箱子上流口水，只把箱子当作座位。在更复杂的"叠箱情境"实验中，黑猩猩把握了箱子可重叠的关系后，也能如愿以偿吃到香蕉。棒子问题实验要求黑猩猩将一根或几根竹竿、棒子作为可以利用的工具，集合起来使用工具才能够到笼外的香蕉。心理学家苛勒观察到，面对复杂问题情境，在几次用短竹竿够取香蕉失败后，聪明的黑猩猩突然顿悟，设法将两根短棒竹竿连接起来，最后成功吃到水果。

苛勒通过很多类似的黑猩猩实验发现：黑猩猩的学习行为是由整体到部分的，黑猩猩的行为能出现突然的飞跃。通过诸多黑猩猩行为实验，苛勒等格式塔派心理学家推理出顿悟学习论：有智力的动物的学习和解决问题是通过对刺激情境的突然领悟即顿悟实现的。该流派推导认为：人的学习也是如此。

毋庸置疑，阳明先生当然比黑猩猩高明很多倍，但是龙场悟道的过程，确实与格式塔心理学的顿悟学习有某种相似性。巧合的是，以组织

① ［德］沃尔夫冈·苛勒：《人猿的智慧》，陈如懋译，浙江教育出版社 2003 年版，第 8—19 页。

完形法则为基础的学习论——格式塔心理学的重要组成部分——由顿悟学习、学习迁移、创造性思维三部分内容构成。①

顿悟学习（Insightful learning）： 格式塔心理学家独创的一种学习模型。指个体通过重新组织知觉环境并突然领悟其中的关系而学习。该学习模型反对学习和解决问题是以前经验或者多次“试误”的结果的观点。心理学家以往做“老鼠走迷宫”实验证明经验或“试误”，而苛勒用七年的黑猩猩实验来说明顿悟学习问题。

学习迁移（Learning transfer）： 这个概念为心理学界公认的概念，指一种学习对另外一种学习的迁移影响，将已经学到的内化的知识经验灵活地运用于另一情境之中。不过，格式塔心理学家别出心裁地认为，这是由两种情境具有相似的关系功能导致的，即这种迁移基于对整个情境中各子项的关系之理解，或者对手段、方法、途径与目的间的关系之领悟。

创造性思维（Productive thinking）： 这个研究至今仍铺天盖地地进行，而格式塔心理学家提出的标志性口号是“打破旧的完形而形成新的完形”。格式塔派心理学家认为，对情境、目的和解决问题的途径的相互关系的新理解，是创造性的解决问题的根本要素，而过去的经验也只有在一个有组织的知识整体中才能获得新的意义并得到有效的使用。

二　格式塔心理学的主要观点及产生背景

作为西方现代心理学的主要学派，格式塔心理学（Gestalt Psychology）又被翻译为“完形心理学”。由于该学派的三位代表人物都是德国人，所以格式塔心理学诞生于德国。格式塔心理学在美国得到追捧而蓬勃发展，后来三人都被引进到美国的大学。三位代表人物是创始人韦特海默（Max Wertheimer，1880—1943 年）与二位先驱人物苛勒、考夫卡（Kurt Koffka，1886—1941 年），他们在 1921 年共同创办了格式塔学派的喉舌刊物《心理研究》。除了苛勒的黑猩猩实验，1911—1927 年吉森大学

① ［美］库尔特·考夫卡：《格式塔心理学原理》，李维译，北京大学出版社 2010 年版，第 19—29 页。

的考夫卡也做了一系列格式塔心理学的实验。考夫卡还用英文撰写了很多宣传论文，著有《格式塔心理学原理》等重要著作。

格式塔心理学的主要观点，可用三句话简要概括为以下三点。第一，关于心理学研究的对象，格式塔派认为心理学只研究直接经验（意识）与行为。第二，强调整体性，极其重视经验和行为的整体性，提出整体不等于甚至大于部分之和。第三，主张以整体的动力结构观来观察研究学习、回忆、志向、情绪、思维、运动等心理现象。格式塔派在美国大行其道，鲜明地反对美国构造主义心理学（元素主义心理学），也公然反对当时流行的古典心理学派行为主义。

格式塔心理学形成的科学背景，是1917年轰动一时的“场论”的提出。“场 ”是当时物理学发现的一种全新结构，不是分子间引力和斥力的简单相加。物理学上的经典场论包括动力学场论、量子场论，场论主要是量子力学场的理论。格式塔心理学家借鉴场论，对人类的心理现象和机制作出创新性的诠释。考夫卡还提出了“行为场”（Behaveioural Field）、“地理场”（Geographical Field）、“环境场”（Environmental Field）、“物理场”（Physical Field）、“生理场”（Physiogical Field）、“心理场”（Psychological Field）、“心物场”（Psychophysical Field）等多个格式塔新概念。

心理学界的新秀格式塔派反对这个反对那个，却吸收了马赫（Mach）和形质（Form-quality）学派的理论。他们认为，人的感觉是一切客观存在的基础，也是一切科学研究的基础，但是这些感觉与物体的元素无关，物体的形式是独立于物体属性之外的，可以单独被个体感觉并使个体获得经验。马赫理论直接被格式塔心理学家借鉴，形质学派朴素的整体观对格式塔心理学家也产生了重要影响。

格式塔心理学家赞同康德的先验论。他们认为人的经验是一种整体现象，肯定不能被拆分为简单的元素。他们认为个体对某个材料的知觉肯定会赋予这个材料以一定的形式以作为基础，并以整体组织的方式进行赋予。他们认为人类对现象的认识必须借助于人的先验范畴。格式塔派把康德的“先验范畴”改造为“经验的原始组织”，并认为经验的原始组织非常重要，决定着个体怎样去知觉人的外部世界。

格式塔心理学也受到了胡塞尔学说的影响。借鉴了现象学的认识过程，格式塔派认为认识必须依靠人的直觉与经验，只有人的直觉能理解、掌握人所观察的对象的本质。胡塞尔在1920年设计出“现象学还原法”的操作步骤：现象还原→本质还原→先验还原。这些具体的研究方法指导格式塔心理学研究者采用整体自然观察法与实验现象学方法进行心理学研究。

了解了当时的科学背景、心理学背景及哲学背景，就不难理解格式塔心理学派的顿悟学习论。

三 龙场悟道与格式塔顿悟学习论

1. 龙场悟道就是一种格式塔顿悟

笔者不研究王阳明龙场悟道到底悟到了什么形上超越的道，也不从语言、逻辑、理性的角度研究王阳明怎么悟的，也不讨论龙场悟道对王阳明个人生命的影响或对中国学术思想发展的影响，笔者只关注“龙场悟道”本身。此处先分析“龙场悟道”的外在形式。

时间：明武宗正德元年（1506年），王守仁三十多岁，因上疏反对宦官刘瑾，被廷杖四十，而且是“去衣行杖”，是明朝第一个受此奇耻大辱者，后被贬谪到贵州龙场当驿丞。1508年某天半夜王守仁忽然有了顿悟。

地点：龙场，贵阳西北七十里，修文县治。“万山丛薄，苗僚杂居。”荒郊野岭，人烟稀少，偏僻闭塞，条件极其恶劣。王阳明初到龙场，“结庐而居”，自己动手搭建住处。

人物：那天深夜，王阳明恍然大悟所谓的“格物致知之旨”，寤寐中好像有人对睡梦中的阳明讲道，旁边的人听到此事，都非常诧异。想象一下这个历史性的时刻，在龙场既寂寥又艰难的时空环境里，孤苦的王阳明结合历年来的人生遭遇，日夜反省所学、所得，终有所悟。

前文提到格式塔心理学产生的科学背景是当时物理学领域出现了“场论”，那么格式塔派如何运用“场论”的呢？格式塔派用“知觉场”的改变来解释心理学问题，并认为“外在刺激→内在反应”的行为主义公式不能解释心理学问题。格式塔派认为，人的行为是由相互作用的力所组成的动力模式支配的。个体操作的场叫“心理物理场”，是内部和外部的力结合起来进行积极活动的场，或简称为“心物场”（Psychophysical

Field），包括自我（Ego）与环境（Environment），自我与环境都有自己的组织（Organization）。龙场就是一个“场”，也是格式塔式的心物场，那里的地理环境，那时的王阳明的学识、遭遇、心态，组成一种此时此景的心理与物理的结合体。

格式塔派强调整体性，认为分子行为应该由物理学家和生理学家来研究，而整体行为则适合心理学家来研究。按照格式塔派的观点，王阳明个人龙场悟道的场，包括龙场的“物理场”，也包括涵盖王阳明个人经验和行为整体水平的“心理场”。1508 年，贵州修文龙场的特定的“心理物理场”对龙场悟道意义重大。

于是，王阳明的顿悟产生了。在《说文解字注》中段玉裁注解“顿”为“下首也。从页屯声。都困切”，注解“悟”为“觉也。从心吾声。五故切”。《新华字典》中“顿”为“很短时间的停止；忽然，立刻，一下子”，“悟”为“理解，明白，觉醒”，“顿悟”为“佛教指顿然破除妄念，觉悟真理；后来泛指猛然醒悟”。顿悟，跟脑、跟心有关系，而且时间很快，一下子觉醒，也是格式塔心理学中一个专门的概念。顿悟在英文中为 Insight，龙场悟道是顿悟，也是一种格式塔顿悟（Insight），“道”是“悟”之结果。

2. 龙场悟道就是一种格式塔学习迁移

龙场悟道就是一种顿悟，如果说顿悟是外在形式，那么顿悟的内在过程就是格式塔学习迁移，是积聚在王阳明身上的各种知识的迁移与整合。

苛勒做过“小鸡啄米实验”。第一步，先准备两张深、浅不同的灰色纸与鸡食米粒，让小鸡在两张纸的下面寻找米粒；第二步，通过条件反射学习，让小鸡知道只有在深灰色纸下面才能找到米粒；第三步，变换实验情境，保留原来的深灰色纸，浅灰色纸被黑色纸取代。结果为：小鸡对黑色纸的反应为 70%，对深灰色纸的反应是 30%。

如果小鸡仍然到原来的阳性刺激（即深灰色纸）下面寻找食物，那就证明迁移是对相同要素的反应（只对原来的刺激有反应）；如果小鸡到颜色更深的那张黑色纸下寻找食物，就说明迁移是对关系作出的反应。小鸡啄米实验的结果证明：情景中的关系对迁移起了作用，而其中的相同要素对迁移作用较小。有趣的是，幼儿在做同样的实验时，始终对黑色纸的刺激作出反应。

用这个实验，苛勒在1929年证明或者推导出关系转换的学习迁移理论，其要点是迁移产生的实质是个体对事物间关系的理解。苛勒提出，产生迁移基于两个条件，一是两种学习之间存在一定的关系，二是学习者对这一关系有理解和顿悟，显然后者比前者重要。苛勒认为，人越能发现事物之间的关系，则越能概括、推广迁移。习得的经验能否迁移，取决于这个个体能否理解或觉察到各个要素之间形成的内在的整体关系，能否理解或觉察到原理与实际事物之间的关系，即对情境中一切关系的理解和顿悟是获得一般迁移的最根本因素。这样，苛勒就从觉察事物关系的角度，重新解释了学习迁移理论。

苛勒强调"顿悟"是迁移的一个决定因素，迁移不是因为两个学习情境具有共同的要素、原理或规则而自动产生的某种东西，而是由于人突然发现两种学习经验之间可能或者必然存在着某种关系，也就是说人领悟到不同学习情境的关系是迁移能够实现的根本性条件。与其他的学习迁移理论不同，苛勒的关系转换说更加强调个体的作用。也有个别心理学家在迁移的研究上与苛勒不谋而合，赞同对事物的内在组织的理解是迁移的基础。通俗地说，人的理解力越强，对整体情境的知觉就越完善，就越能进行概括。格式塔心理学派认为，学习的实质是知觉的重新组织，是一个有组织的整体（即完形），学习是借助对问题情境中各种事物间关系的突然领悟（即顿悟）来实现的。

龙场悟道七年后，对这次有传奇色彩的顿悟，王守仁进行了回忆。他觉得少年的自己沉溺于"词章之习"。"然于孔子之教，间相出入，而措之日用，往往缺漏无归，依违往返，且信且疑"，十分苦恼。"其后谪官龙场，居夷处困，动心忍性之余，恍若有悟，体验探求，再更寒暑，证诸五经、四子"，龙场顿悟后十分爽快！如"沛然若决江河而放诸海也"①，真正领悟了圣人之学。

小鸡啄米实验让我们理解了基于关系转换的学习迁移理论，笔者认为基于学习迁移理论的内容就不难理解王守仁的"恍若有悟"也基于关

---

① （明）王守仁：《王阳明全集》，上海古籍出版社1992年版，第14—15页。

系转换的学习迁移理论。王守仁的顿悟，就是在龙场的那个情境下，求之于“老”“释”“五经”“四子”，这些知识一时间被关联起来，对知识之间关系的顿悟就是阳明学习迁移的结果。龙场悟道在某种意义上说是王守仁对各种知识之间的关系的一种认知或基本感受，即王守仁对阳明心学体系建构的顿悟。

3. 龙场悟道就是一种格式塔创造性思维

龙场悟道的内在过程是一种格式塔的学习迁移，实现学习迁移的复杂机理就是格式塔的创造性思维。为什么笔者有这样的论断?

格式塔是德文 Gestalt 的音译。考夫卡认为“这个名词不得翻译为英文的 Structure（结构或者构造)”，故译为英文“Congfiguration”，这个词的中文翻译为“完形”。苛勒认为完形是“具有一种个别特征的实体”，考夫卡则认为完形是“一种组织的产物”，因此可以说一个过程是格式塔，也可以说一个过程的产物是格式塔。韦特海默认为，学习是人对环境的一种完形作用，而创造性思维是在一定条件下人尽可能地看到这种“完形”的心理倾向。韦特海默强调人的主观能动性，把学习活动视为认识和再认识的运动，强调人与环境的相互作用。创造性思维，按照格式塔心理学的界定，就是打破旧的完形而形成新的完形。[①]

龙场悟道之后所形成的王守仁思想是一种新的完形，从此，王守仁转向学习陆象山心学，并构建了体系完整的阳明心学，提出“致良知”“知行合一”等理论。下面要探究比较新的完形阳明心学与旧的完形程朱理学。

对于人类秩序的逻辑起点在哪里的问题，程朱理学和阳明心学的答案都是“天理”。程朱理学通过格物寻得天理，阳明心学的天理就在人心。阳明心学通过“致良知”以“安天下之民”“成天下之治”，根本方法应当类似哲学家康德所谓的“道德律”，目标是安顿人心与人世。

对于知识分子的历史使命是什么的问题，程朱理学与阳明心学的答案都是“以天下为己任”。但程朱理学的路径是自下而上的，是“得君行道”即面向君主的，而阳明心学的路径是自上而下的，是“觉民行道”

---

① ［德］韦特海默:《创造性思维》，林宗基译，教育科学出版社 1987 年版，第 15—38 页。

即面向民众的。阳明心学就是王阳明历经艰辛于1508年龙场悟道之后建立的新的完形。这个完形是崭新的、既立己也立人的思想道路，能实现人生观的重大转变，又实现了宋朝理学向明朝理学的过渡。

综上所述，龙场悟道就是王守仁在龙场这个特殊“心物场”（Psycho-physical Field）的顿悟，并在自己读书、经历、感知觉察的基础上形成了陈述性和程序性的知识体系。王守仁通过学习迁移重新组织知识进而创新思维、融会贯通，打破旧的格式塔完形，形成自己新的阳明心学理论体系，实现了“圣人之道，坦如大路”。

“龙场悟道”包含“顿悟学习论”的三个组成部分，龙场悟道就是格式塔顿悟学习论的范例。英美诗人埃兹拉·庞德、托马斯·休姆、理查德·奥尔丁顿等，受到中国古典诗歌意象的丰富性、含蓄性、形象性的影响，创立了意象（Imagism）派，从外部表明“龙场悟道”与“顿悟学习论”的契合是因为人类心理与行为的共同规律。

第三编　阳明学研究方法论

阳明学研究的政治之维

朱　承*

如所周知，阳明学是儒家心学最主要的代表，历来为学界研究的重要对象。最近几年来，阳明学研究尤为盛事。从学术研究的角度看，现代阳明学研究中阳明学的心性维度开掘是最为重要的研究路径，这一心性维度集中表现为在整个宋明理学话语背景下，就心与理、心与物、意与行、良知与天理、德性与德行等问题展开思想考辨，并结合西方哲学的本体论、认识论、方法论、价值论、道德论等进行理论分析，字斟句酌，辨异析同。在心性维度的主要路径之外，阳明学研究也还有其他一些研究范式，如阳明学的文献整理、阳明学人物的学派考辨、阳明学人物的生活世界研究等。阳明学研究在现代学术上的多重呈现，也说明了阳明学作为中国思想史的资源之一，具有返本开新的重要现实意义。在此，笔者主要想谈谈阳明学研究的政治之维，讨论一下从政治的角度研究阳明学何以可能的问题。

同传统儒家的礼乐之道、王霸之辩、正统道统不一样，从形式上看，阳明学主要关注心性问题，更多地表现为理论思考，对现实政治问题关注不多。然而，生活在现实政治社会的阳明学人物，作为儒家治国平天下之信仰的忠实信徒，他们的思想和行动，仍然值得从政治的维度予以思考。笔者认为，阳明学的政治之维大概可以表现在如下几个方面。

一是将王阳明个人的政治事功放到明代中叶政治史中予以考察。众所周知，王阳明一生事功显赫，平息南赣的匪患、平定宁王朱宸濠的叛

* ［作者简介］朱承，1977 年生，男，安徽安庆人，博士，上海大学教授、博士生导师，华东师范大学中国现代思想文化研究所研究员。主要研究方向为中国哲学。

乱、征剿思恩田州的暴动，这些政治功绩足以使他成为明朝中叶重要的政治人物。虽然不像张居正等人那样具有全局性的政治影响，王阳明以其卓越的军事功绩，在明代政治史上也有着独特的地位。李贽曾针对王阳明平定宸濠之乱说："且夫古之立大功者亦诚多有，但未有旬日之间不待请兵请粮而即擒反者，此唯先生能之。"① 《明史》上也说："比任疆事，提弱卒，从诸书生扫积年逋寇，平定孽藩。终明之世，文臣用兵制胜，未有如守仁者也。"② 可见，王阳明在明代政治史上是值得大书特书的一位人物。因此，研究王阳明其人其学，他的政治事功是研究的一个重要的方面。从历史学、政治史的角度来看，我们可以考察王阳明政治事功的背景、过程、细节以及对明代中叶政治格局的影响，也可以考察一位文臣、儒生、哲学家是如何参与到军事斗争中并建立功勋的，还可以考察他的哲学思想是如何落实到他的政治和军事谋虑中去并支撑他率领将士取得胜利的。诸如此类的研究，主要是以王阳明在政治军事上的事功为中心来展开的。除了王阳明本人之外，还有王阳明后学弟子的一些政治事迹，如欧阳德、邹守益、聂豹以及被认为是阳明再传后学的徐阶等人的政治活动，相关研究也属于政治史领域内的研究。这是阳明学研究的政治之维的第一种表现形式。

二是将阳明学所展现出的理论品格、精神气质放到政治思想史视阈下予以考察。阳明学兴起于朱子学占统治地位的思想时代，王阳明倡导心学，突破"此亦一述朱，彼亦一述朱"③ 的思想格局，在当时来说，无疑具有思想解放的意义④，如嵇文甫先生所言："阳明的学说，处处打破

① （明）李贽：《续焚书》卷三，中华书局2009年版，第89页。

② （清）张廷玉等：《明史·王守仁传》，《明史》第17册，中华书局1974年版，第5170页。

③ （清）黄宗羲：《姚江学案·序》，《明儒学案》卷十，沈芝盈点校，中华书局1985年版，第179页。

④ 萨孟武先生著《中国政治思想史》时，就辟专章"王守仁的思想解放论"，申述王阳明思想的解放意义。参见萨孟武《中国政治思想史》，东方出版社2008年版。同样地，萧公权先生也在其《中国政治思想史》里说：阳明学"虽不敢直接攻击专制政治之本身，而对于专制政府所利用之正统学术则力加破坏。王守仁开其风，李贽极其流。以儒攻儒，波澜壮阔，几乎欲取千余年传统思想之网罗，举而冲决摧毁之"。参见萧公权《中国政治思想史》，辽宁教育出版社1998年版，第518页。

道学的陈旧格套，处处表现出一种活动自由的精神，对于当时思想界实尽了很大的解放作用。”[①] 王阳明主张人的思想观念要得之于心，强调自作主宰，他说：“夫学贵得之于心；求之于心而非也，虽其言出之于孔子，不敢以为是也。”[②] 又说天下之道、天下之学“非朱子可得而私，非孔子可得而私也”[③]。王阳明这种独立的精神，具有精神自由的气息。王阳明还强调人人自有良知，“人人有个作圣之路”[④]，愚夫愚妇也有成为圣人的可能，认为“满大街都圣人”，这些主张体现了王阳明心学中蕴含着平等的因子。王阳明心学还强调自我心力的重要性，认为心力对于认识世界、改造世界具有根本性的意义，故而阳明学也具有意志主义的特质，如近人章太炎所说“王学岂有他长，曰自尊无畏而已”[⑤]，其自尊无畏的意志主义精神对于近代社会的革命家多有影响。阳明学所呈现的思想解放、精神自由、人人平等、意志至上等特质，与近代以来中国社会革命的形势合拍，其自由、平等的精神因子又与现代性的根本精神相契合，故而，对阳明学予以政治思想史的考察具有历史意义。特别是当人们思考现代性精神可否从中国固有传统中生长出来的时候，阳明学的上述政治思想倾向往往会被提出来予以分析。如现代哲学家牟宗三提出的“良知是否可以坎陷出民主与科学”的命题，就是遵照这种现代性精神回溯的思路。除此之外，思想界有一种倾向，往往将明朝灭亡的原因之一追溯到阳明学的思想风气上，认为阳明学的空疏之风影响了中晚明的学风，间接导致了明朝的灭亡。就这个意义上讲，不管是不是要将明亡的责任追溯到阳明学那里，对于明朝灭亡的政治思想渊源的分析，却是绕不开阳明学的。另外，由于阳明学对于日本近代明治维新的影响，中日学界也往往从政治思想史的角度对于阳明学的社会影响力进行分析考察。综上，无论是现代性精神的思想史回溯，还是明朝灭亡的思想史分析，乃至日本阳明学的思想史考辨，针对这些问题，笔者认为，对于阳明学的

---

① 嵇文甫：《晚明思想史论》，东方出版社 1996 年版，第 1 页。

② （明）王阳明：《传习录》中，《王阳明全集》卷二，吴光、钱明、董平等编校，上海古籍出版社 2011 年版，第 85 页。

③ （明）王阳明：《传习录》中，《王阳明全集》卷二，第 88 页。

④ （清）黄宗羲：《姚江学案·序》，《明儒学案》卷十，第 179 页。

⑤ 章太炎：《答铁铮》，《章太炎全集》第 4 册，上海人民出版社 1985 年版，第 369 页。

政治思想史考察都具有必要性。这是阳明学研究政治之维的第二种表现形式。

三是从阳明学的概念、命题、思想中引申出来的政治哲学思考。阳明学主张心即理、人的良知能促使并保证道德社会的形成、人按照良知“为善去恶”便具有成为圣人的可能性，这些思想都集中在心性领域和道德领域，但从这些思想出发可以引申出一系列政治哲学问题。大致来说，在阳明学那里，其思想所引发的政治哲学问题主要有：第一，治心是否可以转化为治世？第二，万物一体的社会秩序如何可能？第三，良知何以成为现实规则？第四，民间社会的思想教化有何意义？第五，学术思想如何影响现实政治或者说学者如何承担政治责任？[①] 就第一个问题来说，王阳明心学的核心问题在于“治心”，但是“治心”并不是王阳明哲学的目的，而是方法或者途径。王阳明心学学派与儒家其他思想派别一样，其念头都是在于家国天下、现实秩序、社会生活，而不仅仅是心性满足，换言之，儒家的治国平天下目标也是王阳明学派的根本追求，正如王阳明所说：“心尽而家以齐，国以治，天下以平。故圣人之学不出乎尽心。”[②]“尽心”“治心”是实现治国平天下的一种路径，在王阳明及其后学看来，这是一条实现儒家理想的更为有效的途径。因此，将“治心”的效应放大到“治世”上，是阳明心学顺理成章的理论推演。就第二个问题来说，王阳明重视“万物一体”说，在《大学问》和《拔本塞源论》里都有对其的集中阐述。其后学王畿、王艮也是如此，在他们的心目中，“万物一体”是世界的理想秩序，这种理想秩序不仅仅是人们看待世界的方式，更应该成为现实社会中的生活秩序。特别重要的是，王阳明及其后学认为，“万物一体”的理想秩序曾经在“三代之治”的社会里实现过，所以，对于人们来说，“万物一体”不仅是必要的，而且具有历史可能性。就第三个问题来说，在阳明心学里，“良知”代表着人心中抽象的道德意识、道德意志、道德理性、道德情感，决定了人们的言语和行动，“尔那一点良知，是尔自家底准则”[③]。作为“规矩尺度”，良知保

---

① 朱承：《良知与信念——阳明后学的政治哲学》，上海人民出版社 2018 年版，第 47 页。

② （明）王阳明：《重修山阴县学记》，《王阳明全集》卷七，第 287 页。

③ （明）王阳明：《传习录》中，《王阳明全集》卷二，第 105 页。

证了人们行为的正当性，因此，如果每个人都能明确良知、推致良知，那么社会上所有人的行为都具有了正当性，一个理想的、道德的社会就成为现实。这正是阳明学注重良知对于社会生活之意义的逻辑前提，在阳明学看来，良知就是人之为人的准则，良知是儒家伦理规范的集中代表，按照良知行事，就能实现良好的政治社会。“世之君子惟务致其良知，则自能公是非，同好恶，视人犹己，视国犹家，而以天地万物为一体，求天下无治，不可得矣。”[①] 就第四个问题来说，王阳明及其弟子热衷于在民间“讲学”，进行广泛的社会教化活动，他们的意图在于通过讲学，激发人们自省到自己的良知，然后按照良知来处世做人，如此，社会便可实现善治。余英时先生曾经将阳明学的这一政治意图概括为“觉民行道”，以区别于宋儒的“得君行道”。阳明学以讲学活动来推动人们的道德自觉，其理论根据是每个人都有良知，每个人都有成善的依据，只是在现实中良知被利益遮蔽了，需要通过不断启发才能显现出来，一旦人们的良知自觉起来，他们的道德力量将是巨大的，足以建设一个更加良善的社会。[②] 讲学的“政治意义”正在于此，也即期望民间社会的自我觉醒来实现善治。就第五个问题来说，王阳明及其后学强调“知行合一”“政学合一”，希望儒家知识分子能够将自己的道德认知、理论认知与现实生活、政治行动结合起来，并对政治社会有所影响与改善。每个学者都应该承担自己对于公共社会的责任，即使是对于“心性”的探讨，也是在为人类的正当行为寻找恰当的人性根据，从而更好地鼓励和推广正当行为，并以此来建设美好的社会生活。在这个意义上，阳明学的“政学合一”思想，为学者履行自己的政治责任提供了依据，更提供了路径。上述五个问题，既是阳明学思想里包含的政治哲学维度的历史呈现，也是在政治哲学意义上进行的逻辑推演。对阳明学政治哲学的分析与推演，既有历史意义上的依据性，也有逻辑意义上的合理性。基于此，对阳明学所蕴含的政治哲学维度进行探究，使得阳明学与先秦儒家的政治

---

① （明）王阳明：《传习录》中，《王阳明全集》卷二，第90页。

② 沟口雄三曾经指出，阳明学“开始致力于把政治—道德的主体扩散到民众中处于指导地位的、具有自觉意识的阶层中去”。［日］沟口雄三：《中国的冲击》，王瑞根译，孙歌校，生活·读书·新知三联书店2011年版，第206页。

关怀、人类普遍的伦理秩序精神接续起来，可以展现阳明学为实现更美好的人类社会生活所做的理论努力，也可为中国古典政治哲学开拓出心学的独特致思方向。这是阳明学政治之维的第三种表现形式。

阳明学的上述三种形式，一为政治史，二为政治思想史，三为政治哲学。从学术研究角度而言，三种形式皆可被称为“政治维度”。不同的是，政治史形式偏向于从历史事实以及中晚明社会政治格局的层面考察王阳明及其后学的政治军事行动；政治思想史形式偏重于从中晚明思想史以及近代政治思想追溯的层面考察阳明学与现代性思想的历史关联问题；而政治哲学形式则从一般普遍的层面考察儒家伦理政治的心学样态。对于阳明学研究来说，虽然王阳明对于明代中期政治有一定的影响，但并不是具有全局性意义的，而且其功绩更多的是在军事层面，故而政治史领域可拓展的空间不大；而在政治思想史领域，由于近代以来中国社会对于思想解放、人人平等、精神自由、意志力量等的思想诉求，学界已经做了大量的阐发，不过，由于中国的现代化转型还没有彻底完成，从中国固有传统（包括阳明学）中寻求现代性的思想资源和精神支撑，依然具有重要的学术价值；在政治哲学领域，阳明学的政治哲学思想研究着眼于从普遍的人心、人性层面来探讨政治社会的道德根基，着眼于在伦理维度讨论理想社会的秩序，着眼于从教化层面思考社会成员与共同体之关系，具有超越一定时间、空间的普遍性理论价值，可以成为阳明学研究的新领域，同样十分值得学界关注。

阳明心学的研究应多采用社会科学的视角和方法

何善蒙*

一

阳明心学热，是近十几年来学界（甚至社会）的一个非常特殊的现象，也可以说是传统人文思想研究领域出现的一个特例。出于种种的原因和需求，与王阳明本人以及王阳明心学相关的种种作品，都成为坊间热捧的畅销作品，即便是深奥无比的严肃学术作品也不例外。这对于思想和社会来说，究竟是福还是祸？笔者可能无法以只言片语来判断，但是，这样的现象是必须引起我们重视的。可能如很多专家所言，阳明学在当下的走红、热销针对社会的某些特殊的情形，也就是说具有治理社会的某些现象的实际意义。这些自然是不可否认的，一种社会现象的兴起，必然有一种社会需求的存在，这是情理之中的事情。但是，即便如此，我们还是需要问，这样的一种热捧，是否有值得我们警醒的地方呢？

几年前，胡文辉曾经发表过一篇《作为心灵鸡汤的王阳明》的文章，对于当前"广泛肆虐"的阳明心学热，作了非常深入的剖析。笔者觉得该文中有很多地方值得注意，尤其是他对美国的神智学运动、《绿野仙踪》与中国的王阳明现象、于丹现象的类比，确实是发人深省的。"正面思考不仅只是儿童故事里的主题，也是深嵌在美国灵魂中的理念。……

* ［作者简介］何善蒙，1977 年生，男，浙江天台人，浙江大学教授、博士生导师，贵阳孔学堂签约入驻学者，中华孔子学会阳明学研究会秘书长。主要研究方向为中国古代哲学。

安德鲁·卡耐基这位强盗式资本家是又一位因正面思考通向成功的信徒。他认为‘让人富有的是其内心’。他相信成功有着简单可循的模式。……狂野西部、淘金热潮、镀金时代、咆哮的二十年代——这些无一例外都是美国狂野与不顾一切的青春的组成部分。暴富的强盗式资本家正是美国资本主义精神的产物，这种精神坚信内心所想并努力实现”。由此，在这样的背景下，似乎可以对阳明学的“走红”作一个合理的解释，“我们正处于这样的时代：社会的心理焦点越来越趋向财富、物质、消费，‘物物而物于物’，所有被时代洪流裹挟而随波逐流的个人，或多或少都需要一些启示，一些警醒，一些激励——要破除外在世界的宰制，要信任主观，要回归心灵，‘不忘初心，方得始终’。于是，当年美国佬遭遇的，如今我们同样遭遇了，当年美国佬需要的，如今我们同样需要了，在雾霾的天幕下回荡着的，依旧是‘让人富有的是其内心’之类的卡耐基式励志箴言。我们拣到篮里都是菜，供应形形色色的心灵鸡汤，包括‘破心中贼’的王阳明，也包括‘浑身正能量’的于丹。我们的王阳明、于丹，就相当于他们的神智学、《绿野仙踪》。这是我们的‘镀金时代’。这是我们的神智学运动”①。

毫无疑问，阳明学被心灵鸡汤化、成功学化，是当前非常普遍的事实，我们从每天的微信推送的文章中，都可以深深地感受到这样的一种事实。当然，这可能是民众最为普遍的心态，也是阳明学赢得广大市场的原因所在。但是，对于从事传统思想研究的我们来说，对于此种情形的出现，恰恰是我们应当警醒和反思的。阳明学可以被解读为心灵鸡汤，可以被解读为成功学，因为那可能是民众在当前状态下对于思想的一种需求。但是，如果把阳明心学等同于心灵鸡汤、成功学，那将是我们对于阳明心学思想的最大的伤害，也是我们这个时代对于思想的糟蹋。

① 胡文辉：《作为心灵鸡汤的王阳明》，2017 年 6 月 29 日（http：//news. ifeng. com/ a / 20170629/51342901_ 0. shtml）。

二

作为从事学术研究的专业人士，可能在这个过程中，我们有一个非常需要反思的地方，就是我们应当以何种方式来解读阳明的思想，这涉及一个基本的研究方法问题。其实对于传统人文学科的研究来说，尤其是对于哲学思想的阐释来说，文本的梳理和思想的阐释，自然是最为基本的和熟稔的方法了。千百年来，我们传统人文学科的发展，就是在这样的立场中推进的。就中国哲学的阐发来说，我们最为通常的方式就是如此。我们习惯于从古人的文献中来找到某些具有思想内涵的质料，再以现代的概念、系统分析的方法构建一个知识的系统。作为一种研究的方法，文本的梳理和思想的阐释无可厚非，而且这也是在日见系统化、专业化的背景下，我们处理古代文献时所惯常采用的思想方法。但是，这样的对中国哲学的处理，可能会存在一个比较大的问题，就是可能会使中国传统思想被抽象化、形式化。为什么会导致这样的结果？那是因为就中国自身的传统来说，古人实际上并没有纯粹学术的兴趣，他们所关心的更多是整个生活世界的意义，是希望在生活世界的实践中凸显出思想的意义和价值，即如王阳明所言的“知行合一”。这种实践性的、生活性的品格，如果被抽象为一种哲学思想系统，建构为一种知识的谱系，就会使得其原本所具有的那种鲜活的特性消失。理论的晦涩和苍白，最终会使得思想远离生活世界本身，这对中国哲学的阐释来说，尤其值得注意。很长时间以来，我们比较热衷于纯思的建构，热衷于以一种体系化的方式来讨论中国思想，这在很大程度上使得中国思想的讨论和诠释背离了中国哲学的基本精神价值。①

阳明学其实也面临着这样的一个问题，我们通常看到的对于阳明学的诠释，总是希望能够通过对具体概念、范畴的剖析建立起一整套心学的话语和理论体系，以理论的严密性和特殊性来呈现阳明心学在中国哲

① 关于中国哲学合法性问题的省察，就是在这样的研究理路和背景下出现的。“中国哲学”的合法性问题受到关注，表明这种研究范式在一定程度上存在着问题，并且这种问题引发了学界对于中国哲学自身的合理性的反思。

学思想脉络中的独特意义。这样的诠释当然是重要的，尤其是对于作为一种知识谱系的阳明学来说更是如此。但是，阳明学可能就会被视为一种抽象化和形式化的思想资源，被看成一种纯粹理论的建构。而这显然与阳明先生当年的立场是不同的，阳明先生的讲学，目的在于救治世道人心，他的立场在于生活世界的重新建构。试想，如果生活世界纯粹是由一些冷冰冰的观念构成，这样的生活世界会被中国古人给予深情吗？对于阳明心学的基本精神价值，笔者的看法是：阳明先生的心学关注的是活泼泼的生活世界，这样的生活世界充满着生命和活力，才是古人所钟情的。[①] 过度的抽象化、系统化的抽离和建构，可能只是研究者的兴趣所在，而不是阳明先生本身所关注的，更不是普通大众所需要的。

目前在研究之中，普遍存在的概念化、系统化的剥离甚至是肢解的倾向，产生了一个很直接的后果，就是思想的诠释逐渐与日常生活经验、生活世界远离，思想与生活之间产生了一个人为的鸿沟，在这种情况下，民众对于思想的需求显然是无法得到满足的。当然，我们也可以把这种不满足归于物质层面的飞速发展和精神层面的停滞不前，也就是说，精神落后于物质。但是，不管何种解释，我们都可以看到，大众对于思想是有期待的、有需求的。过分专业化的、体系化的阐释自然不能满足大众对于思想的期待。大众只能从这些论述中找到几句看似很正确、很正能量的话语，来安慰自己的内心，于是乎，心灵鸡汤就诞生了。所以，心灵鸡汤的出现、成功学的肆虐，不是学术研究的缺位导致的，而是学术研究的不恰当方式导致的，问题可能还是在于学术研究者本身。

三

从近几十年的中国哲学研究历程来说，中国出现阳明心学被心灵鸡汤化的现象，可能是不可避免的。阳明心学的“意外”走红，背后反映出来的是学术研究中价值立场的模糊以及对于生活世界的抛弃。这样的一种“虚热”，值得我们每一个从事学术（尤其是哲学）研究工作的人的

---

① 何善蒙：《心学的精神价值：活泼泼的生活世界》，《浙江社会科学》2017 年第 3 期，第 89—98、2、158 页。

深刻反思。

可能，首要的一个问题是，我们讨论问题的模式（或者说范式）需要有所改变，对于传统人文学科的研究来说可能更是如此。关于这个问题，梁启超先生的某个说法颇具启发意义。梁先生说："国故之学，曷为直至今日乃渐复活耶？盖由吾侪受外来学术之影响，采彼者治学方法以理吾故物，于是乎昔人绝未注意之资料，映吾眼而忽莹；昔人认为不可理之系统，经吾手而忽整；乃至昔人不甚了解之语句，旋吾脑而忽畅。质言之，则吾侪所恃之利器，实'洋货'也。坐是之故，吾侪每喜以欧美现代名物训释古书，甚或以欧美现代思想衡量古人……平心论之，以今语释古籍，俾人易晓，此法太史公引《尚书》已用之，原不足为病，又人性本不甚相远，他人所能发明者，安在我必不能？触类比量，固亦不失为一良法。虽然，吾侪慎勿忘格林威尔之格言：'画我须是我。'"①梁任公当年的警醒和反思，值得我们今天在从事相关研究的时候深思。在传统思想的诠释中，我们可能对源自西洋的概念的、逻辑的思维方式太过于依赖，使得我们不可避免地在思想内涵的实质上迷失了自我，所以，梁先生强调"我须是我"。

但是，学术作为一种研究形态，专业化是不可避免的，也就是说，我们都是在一定的学术框架和学术规范的背景下来讨论思想的，这是我们时代的特点，也是现代学科建制下不可回避的一个事实。在这样的情形下，完全抛弃现代学科体制的要素谈论中国古代的思想（哲学）几乎是不可能的。但是，如果把我们的视野变广阔一些，我们可能就会获得不一样的结果。我们现在对于阳明心学的诠释，主要是在传统人文学科的范围内，所用的方法基本上是人文学科的方法。我们能不能采用社会科学的方法呢？或者说，如果我们采用社会科学的方法，会有怎样的新的视野呢？相比于人文科学的定性研究及过于依赖对文本、概念、字句的内在逻辑的阐释和建构，社会科学的研究方法对于定量研究的强调，可能在时空的具体联系、细节的丰富性层面会给出更多动态的、过程性的阐释和描述。实际上，如果我们对中国哲学传统与生活世界本身的密切联系加以考察，我们就会更加赞同对过程性的具体把握，这样可以更

① 梁启超：《饮冰室合集》专集卷五十，中华书局1941年版，第13页。

好地呈现出中国思想的价值和特性，揭示出古人对于生活世界之重视的真精神所在。从最近几十年西方人文学科的发展来看，社会科学的方法已经非常深刻地影响到了传统人文学科的研究面向，方法的调整和改变是不可避免的。

就阳明学的研究来看，我们必须要注意到一点：当年阳明先生的学问之所以会产生极其重大的社会影响，是跟阳明先生讲学这一事实联系在一起的，阳明先生正是通过讲学运动实现觉民行道进而改变了整个中国的思想史脉络。这一事实告诉我们，如果要真切领会阳明学的深刻内涵，就必须要把这一现象放置在当时的社会历史脉络中去，而不能仅仅依靠纯粹思想的诠释和阐发。如前所述，当年阳明先生倡学的时候，有着非常强烈的现实关怀与救治世道人心的精神旨趣，这些在阳明思想本身以及阳明学运动中，都是根基。阳明心学运动是一场思想的社会运动，既然是思想的社会运动，就必须从社会运动的层面来综合考量和把握阳明心学，而不能仅仅做一些概念剖析的工作。社会科学方法的引入，对于阳明学的研究来说，是非常必要的，不仅合乎阳明学内在的特质，也对于救治当前阳明学研究中存在的问题有着积极的意义。

阳明学诠释理论建构的问题与思考

陆永胜[*]

自阳明龙场悟道迄今，阳明心学成为中外学者皆可得而释之的对象，产出了丰硕的学术成果，形成了一幅蔚为壮观的阳明学诠释史画卷。但仔细检视之，我们发现以往的研究存在着以下四个方面的问题：第一，以往研究阳明学的学者及其著述基本都是对阳明学思想的一度诠释研究，几乎是没有二度诠释研究的，也没有以二度“诠释史”的视野来观照阳明学的诠释流变史；第二，以往的一度研究著述多侧重阳明思想的“还原诠释”或“价值研究”，几乎没有自觉的诠释话语体系的建构，故显得散乱和先入为主，从而缺少普遍性意义；第三，以往的中外阳明学比较研究多侧重义理层面，很少关注到更为根本的诠释话语的差异；第四，以往的中外阳明学研究著述和史论多呈现散片化，以阳明学为主题、以诠释话语体系为形上理论建构的阳明学诠释史亟待研究。以上问题，一方面体现了阳明学研究的现状和阳明学诠释理论建构的缺失，另一方面也为开展阳明学诠释理论建构提供了研究视角、研究对象和诠释语境等。阳明学一度研究的丰富著述为二度诠释理论研究提供了充分的文献基础，其丰富性、多样性和差异性正是开展研究的可能性依据。阳明学思潮及其流变构成了二度诠释之语境，在此语境中，我们可以通过探究因国家、政治、民族、文化和诠释方法、诠释立场、诠释向度等的不同带来的不同诠释结果，在诸多具有差异性的诠释结果组成的王阳明思想的诠释史中反思其时代内涵与衍化，反思文化语境对文化生成的影响。这就需要

---

* ［作者简介］陆永胜，1978 年生，男，河南南阳人，贵阳学院教授、硕士生导师，贵阳孔学堂签约入驻学者，博士。主要研究方向为中国哲学。

我们建构一种新的阳明学诠释理论。

阳明学诠释理论体系在根本上是一套阳明学的诠释话语体系，具有普遍的方法论意义。对于已经流衍五百余年的阳明学而言，其诠释话语体系的建构离不开阳明学的诠释流变史研究，只有在“史”与“论”的融合中，在个体性与普遍性、在异与同的互见中，我们才能更好地认知阳明思想之真。

当然，阳明学诠释理论体系的建构并不仅仅是学术研究进路的“必然”或“必需”的结果，也不是为了研究阳明学而设计出来的研究任务，在某种意义上，它有着“历史”和“理论”的双重必要性。

明末清初，在“救世”思潮之下，一方面，阳明后学积极建构心学与事功的合一之学①，并身体力行，“救亡图存”；另一方面，阳明学又被时人视为“空疏”“清谈”“误国”“灭国”之学。清末民初，在社会变革、政治维新之势运下，解决思想原动力的问题迫在眉睫，阳明学成为不二选择。在近代中西文化思潮的碰撞之下，阳明学成为启蒙与图变的心之动力。1949 年后，在唯物与图新的思想与社会运动中，阳明学又被视为主观唯心、反动落后之思想。新时代承载着中国梦，伟大复兴呼唤全面深化改革、创新驱动、文化自信，阳明学再度成为显学，集信仰、自信、创新、成功诸厚望于一身。在异域的韩国和日本，阳明学也经历波折。阳明学在韩国由最初的被抑制，到积极参与近代化进程，再到在第四次工业化浪潮中的人性教育、人文主义中发挥积极作用。阳明学在日本一直走在“日本化”的道路上，几乎没有错过参与社会变革中的任何一个重要事件。阳明学在发展流变的五百余年间，可谓命运多舛。但正是这起伏不定的命运表明阳明学始终没有离开，它以一种在场意识参与并见证着中国乃至世界的思想、文化、政治的发展与变迁。因此，阳明学发展衍变的五百年，也是其与时代思想、文化、政治、意识相生相斥的五百年，阳明学在每一个历史时期的发展形态或“身份”都带着深

---

① 王畿在《与罗念庵》中谈到其先师年谱的编撰时说：“学术事功，须混作一项，提掇学术处详明曲尽，而于事功种种应迹，正是此学术下手处，使人读之，则可以默证此学之精微，方是传神手笔。”参见（明）王畿《与罗念庵》，《王畿集》卷十，吴震编校整理，凤凰出版社 2007 年版，第 236 页。

刻的时代烙印。纵观五百余年的阳明学发展历程，阳明学的每一次理论新突破、思想新发展、实践新成就都与时代变革、历史事件密切相连。这些看似独立、分散的发展与突破是我们检视阳明学时不可回避的。正确看待和解释这些“思想史事件”，并以一种一贯的、整体的理论体系作出解释，就需要建构一种全新的阳明学诠释理论体系。这同样是今天的阳明学研究不可回避和应该承担的学术责任，当下的阳明学研究者有责任对五百余年来的阳明学发展作出理论总结和回应，而不仅仅是“史”的梳理和“思”的解析，尽管这一任务异常艰巨。

透过浩如烟海的阳明学研究著述和阳明学五百余年的“遭遇史”，我们发现作为思想形态存在的阳明学具有三个显著特征。第一，阳明学思想是动态的。阳明学在历史语境中发展、演化，它不是如其产生时那样一成不变的，而与其所处时代的思想发生交流、碰撞，乃至文化要素间的互渗与转换，最终形成清晰可见的阳明学诠释史。第二，阳明学是语境的产物。不同地域的个性文化语境与时代普遍语境所形成的双重语境使产生、发展于其中的阳明学在保持基本属性的同时也具有了不同的地域个性。阳明学是时代思想的一部分，也必然和时代思想发生影响与互动。第三，阳明学可以超越政治文化。伴随着当代政治、文化的多元化发展，政治与文化的疏离趋势也日渐明显，在不同于传统社会政治与文化密切结合的当代语境中，阳明学得到了更为多样性的发展和多重性的价值体现。阳明学在学术研究与思想交流的层面先于政治得到了广泛的认可、普及与发展。阳明学的这三个特征使其似乎具有了变动不居、变化莫测的特性，其实不然，阳明学具有自身的“自性”，上述特征不过是阳明学的“适应性”罢了。阳明学的“适应性”即呈现为“典型环境”中的“典型阳明学”，是“适应性”和“自性”的合一。它一方面体现了阳明学的阶段发展，另一方面体现了阳明学对其之为阳明学的基本原则的持守。要想通过对“典型阳明学”的研究，透过表面的“适应性”揭示阳明学的“自性”，就需要建构一套诠释理论体系。作为言说对象和结果的阳明学始终处于不断生成的状态中，对象和结果是相对的，二者可以不断转化，故唯有诠释话语体系是相对稳定的，具有超越性、普遍性。

阳明学诠释理论建构以诠释史为基础，是对诠释史的升华。从一度诠释研究的视角看，阳明学诠释史是建构之再建构，是有亦是无，是有无合一，故需要在诠释建构中由本质的“在”走向实存的“有”，阳明学诠释话语体系在此过程中才可实现抽象与建构。因此，阳明学诠释理论研究的显性对象是国内外具有代表性的阳明学者及其著述按历时顺序构成的阳明学发展史，其隐性对象是具有不同面向和形态的阳明学及诠释话语体系，它们隐藏在二度诠释内。可以说，阳明学诠释理论建构是“史”和“论”的双重建构，由具体到抽象、由形下到形上，最终落实于“史”的考察和“论”的哲学分析上。故而，阳明学诠释理论建构呈现出显性结构和隐性结构相融合的双重结构。显性结构以历时顺序为主，具体表现为两个方面。第一，“整体研究”“区块研究”与“个体研究”相结合：将阳明学诠释史研究分为中国、日本、韩国、欧美四个相对独立部分，以“区块研究”构成对阳明学诠释史研究的“整体研究”，然后对每个时期的代表性阳明学者的思想进行“个体研究”，以“个体研究”充实“区块研究”。第二，传播影响与师承学承的研究相结合：考察“区块研究”间特别是中国阳明学对日本、韩国、欧美阳明学的早期影响，及近现代以来相互间的影响，同时考察“个体研究”中每个代表性思想家的师承、学承等带来的影响，这主要集中在每个“区块研究”内部，但在当代学者中也可能跨越“区块”。隐性结构以共时顺序为主，具体表现为在进行“区块研究”和“个体研究”时始终贯彻范畴论诠释、方法论诠释、主体论诠释、价值论诠释、发展论诠释五个向度，并在此基础上，对时代与地域语境中的诠释话语结构进行探讨，由此总结出阳明学诠释的普遍规律和特征。这种二重结构要求我们既要把握阳明学的主导原则与观念，分析其与相关诠释论点的关系，又要还原思想体系于具体的思想史情景中，再现其具体性、多重性和多样性，并解释该思想体系形成的外在与内在根源以及文化语境与文化生成的相互影响，把实证考察和哲学分析统一起来。这需要宏阔的哲学史视野和高度的理论抽象。但在根本上，这是求同原则下的、基于方法差异化的内在理论、立场、视角与思想研究，是貌似悖论的对立统一研究。

总之，阳明学诠释理论建构是具有开拓性和创新性的课题，其二度诠释研究的视角和方法可以最大限度地弱化诠释者的“偏见”对把握阳明思想的影响，进而得到经过阳明学文献和阳明学诠释学术史双重论证的结论，厘清阳明学研究中的诸多误解，探究出阳明学诠释史中具有普遍规律性的理论。其中也关涉着对阳明原著与一度研究著述、一度研究著述与一度研究著述之间的差异性诠释。阳明时代及其后的关于阳明思想的研究构成了一部阳明学发展史，这部发展史是客观存在的，不是我们要建构的对象，而是研究的对象。中国阳明学诠释中对其他学术思想及西学的处理，阳明学韩国化、日本化、西化过程中对中国阳明学乃至儒学思想及同时代其他本土学术思想的处理，成为重要研究课题，所获得的新的成果可以为当下文化复兴中传统文化的当代转换和西学、马克思主义之中国化提供理论支持和经验借鉴，为当前的文化自信与和谐社会秩序建构提供更坚实、更可靠的思想资源和形上根据。

神秘主义视域下的阳明学研究

罗高强[*]

研究阳明学（包括阳明后学）的进路众多，目前值得关注的一个方向便是神秘主义（冥契主义、密契主义或神契主义）。这类研究已经积累了不少成果，其中较为主流的倾向便是将神秘主义当作理解阳明学的重要途径甚至是必要的方式。

若承认神秘主义研究进路的重要性，那么又要面临的问题便是，应该如何合理地使用神秘主义呢？根据 W. R. Inge（1860—1954 年）的研究，"神秘主义"的定义至少有三十余项。[①] 而且，新的定义还在不断地冒出。这些定义几乎都不相同，甚至有些还相互矛盾。温带维的博士论文指出造成这一现象的原因与学者预先抱有的目的和旨趣有关，并将这些目的分成四类：（1）要人进入更高层次的信仰生活中，如 Inge、Evelyn Underhill；（2）介绍某一传统的特性，如秦家懿、陈来；（3）进行宗教间的对话，如 Denise L. Carmody、John T. Carmody；（4）检视神秘主义的哲学（特别是形上学及知识论）的相干性，如 W. T. Stace、Wainwright、Alasdair MacIntyre。[②] 由此可见，神秘主义并没有客观的本质性定义，诸学者皆可根据自己的研究目的提出自己的操作性定义。或许这是某些学术概念难逃的"宿命"。因此，为了实现清楚且有效的阳明学讨论，我们

---

* ［作者简介］罗高强，1986 年生，男，江西进贤人，西南政法大学讲师，博士。主要研究方向为明代哲学。

① Rev. W. R. Inge 曾在 1899 年于 Banpto 的演讲中列举了 26 种神秘主义的定义，后来又在《宗教中的神秘主义》（*Mysticism in Religion*）一书中加上了 6 种。参见 W. R. Inge, *Mysticism in Religion*, London: Rider & Company, 1969, p. 31.

② 温带维：《程明道与圣德里的威廉的密契主义思想之比较研究》。

也应该给出操作性定义。本文认为，神秘主义是透过非理性的方式（如直觉、静坐等）体悟终极真实并以此获得具有创造力的信念来改造人生的理论和实践。给出神秘主义的操作性定义并不是为了剪裁阳明学，恰恰是为了更好的理解阳明学。

无论以何种方式切入阳明学，相关研究都无法回避一个问题，即阳明学如何描绘宇宙和世界的真实面貌，人们也称之为阳明学的本体论问题。这个问题的答案在学界成了常识，被概括成“心本论”“心体论”“良知本体”等一些抽象概念。这个问题仅是阳明学的开端，而且还是一个不完整的开端。如果对终极存在的追问仅仅成为思的对象或者说认识对象，那么这样的追问对阳明学的终极追求是无意义的。心学家的终极追求便是“成圣”，故阳明学的本质就在于讨论成圣实践的可能性及理论前提。阳明学讨论宇宙和世界的真实面貌便不是为了理论性的认识，而是为成圣实践进行的理论说明。

阳明学关于宇宙与世界真实面貌的论述有很多，如“心外无物”“心即理”“万物一体”等。这些命题在不同语境中或有其他意涵，但在指涉何谓世界真实这一问题时，皆表现出消除对立的整体性世界观，即对象世界与关乎对象世界的意识是合一的，不存在主客、内外、有无等分别。存在这些观念并不稀奇，相信这些观念并从此获得改造自身行为的动力才至关重要。对阳明学而言，“相信”世界为整体性存在便将阳明学拽入神秘主义视域中。探讨终极真实的开端处便是要相信终极真实存在，其次才是搞清楚终极真实以何种方式存在。既然阳明学提出世界（宇宙）是内外一体的整体性存在，那么这种提法如何让人相信呢？当然对于阳明学而言，这种“相信”并不是理性的认同，如相信一加一等于二，而是愿意相信，即基于一定的价值选择相信世界与宇宙的真实面貌是内外一体的整体性存在。相信“本体”——世界和宇宙的终极真实——是切入阳明学的开始，如同王阳明当年提出“益信良知真足以忘患难，出生死”①，“信得及，直下便是圣贤”②。

接下来的关键问题是如何获得这种对“本体”的信念，这成为切入

---

① 《年谱》，《王阳明全集》卷三十四，上海古籍出版社2011年版，第1411页。

② 《答梁文叔》，《王阳明全集》卷三，第153页。

阳明学第二个需要解决的问题。获得这种信念不可能如同获得对知识的信念一般，可以依靠外力（科学家的经验及理论总结），而需要实际的悟证。这里所指涉的本体是心物一源、内外无别的整体性存在，所以拥有这样信念的心灵必然已经参加这种信念的建立。简言之，若没有证悟“仁者万物一体”的整体性，那么如何让其相信自身与他人、心与物、心与理是同体相关、一气相连的，如何让其实现仁者爱人呢？

对于阳明学学者如何建立内外合一、万物一体的整体性存在的信念，可以分两个部分来讨论：一是王阳明如何建立此类信念；二是阳明学其他学者如何建立此类信念。早年王阳明对“析心理为二”耿耿于怀，直至龙场悟道，才打通心理对峙，确立起“吾性自足”、内外一体的整体性世界观。从王阳明的学思经历来看，通过早年格物的向外求知无法建立起“内外一体”的信念，无法体验“仁者万物一体”的精神。对王阳明而言，理性知识无法打通内与外、心与理的隔阂，无法建立起内外一体、心理一如的具有实践力量的精神信念。后来，长期的宗教实践（如道家导引术、静坐等）让王阳明在特定环境中获得神秘体验（龙场悟道），奠定了其“合内外、一知行”的良知学的基础。由此可知，王阳明对整体性存在的信念来自他的神秘体验。除了王阳明本人依靠神秘体验建立了内外合一的整体性存在的世界观，其弟子和后学中也有不少人依靠特殊的神秘体验确立整体性的世界观。徐爱“恍若有见，已而大悟”[①]，道体与此心此学合一而在；聂双江“狱中闲久静极，忽见此心真体，光明莹彻，万物皆备”；罗念庵“恍然觉吾此心虚寂无物，贯通无穷……无内外可指、无动静可分，上下四方，往古来今，浑成一片，所谓无在而无不在……仁者浑然与物同体。同体也者，谓在我者亦即在物，合吾与物而同为一体”[②]；万廷言“忽觉此心推移不动……觉得光明在内，虚空在外，以内合外”[③]；胡直“心忽开悟，自无杂念，洞见天地万物皆吾心体，喟然叹曰‘予乃知天地万物非外也’”[④]；蒋道林“忽觉洞然宇宙，浑属一

① （明）徐爱：《赠薛子尚谦序》，《徐爱 钱德洪 董澐集》，凤凰出版社 2007 年版，第 77 页。

② 《罗洪先集》卷八，凤凰出版社 2007 年版，第 298—299 页。

③ 《书见罗卷兼赠思默》，《王畿集》卷十六，凤凰出版社 2007 年版，第 474 页。

④ 《困学记》，《胡直集》，上海古籍出版社 2015 年版，第 895 页。

身，呼吸痛痒，全无间隔，乃信明道所谓‘廓然大公，无内无外’是如此，‘自身与万物平等看’是如此”①。蕴含“合一性”的神秘体验有助于体验者获得世界整体性的感受和信念，并因此生发出道德实践的动力，但不能证明神秘体验是建立具有实践动力的关于世界整体性的信念的唯一方式。从阳明学的历史来看，并非所有阳明学学者都需要依靠神秘体验帮助自己建立起内外无别、万物一体的世界整体性信念。因此，就实现阳明学的目标即成就一个拥有“仁者万物一体”的精神境界和实践状态的生命（成圣）而言，不仅要讨论可能的实现方式，也要讨论某实现方式的可能性。换言之，神秘主义体验是建立世界整体性信念的可能方式，但是相比于其他方式，这种实现方式的可能性高，表现出极大的优势。

成圣是儒者努力的终极目标，达成这种目标的理论前提就是理解圣人的本质是什么，而实践前提则是领悟圣人本质并在领悟中获得开展成圣实践的动力。在阳明学中，圣人本质通常被理解成“致良知”，其实这只是实事本质，而不是圣人是其所是、非其所非。若仅以“致良知”指示圣人本质，那么良知从何而来、为何良知能知是知非、良知所知为何等问题依旧未能辨明。从王阳明的体悟经验来看，成圣的基础在于自足的“吾性”，那么什么是“自足的”呢？从儒学的思想脉络来说，“自足的”无疑是成就一切德性的可能性（宋明儒学语，就是“天理”）。既然吾性中天理自足，那么“吾性”必然与“天”合一同体，而非天外有性，性外有天，即天（外）性（内）合一。因此，圣人本质便是与“天”合一同体。对王阳明而言，这或许是其领悟的结果，但对阳明后学而言，这是理论预设。一旦成为阳明后学知解的对象，王阳明的领悟就在很大程度上阻碍了后学“领悟”（既是思想上的，也是行为上的）圣人本质。领悟并非知识上的，而是意志上的。对于仅从知识上了解阳明学的情况，王阳明本人就曾表示担忧，也提出过警告。

为什么领悟是意志上的呢？因为意志上的领悟（用王龙溪的话说便是“证悟”）不同于理性上的知解，不仅仅是懂得一加一等于二，而是感

---

① （明）柳东伯：《贵州等处提刑按察司副使蒋公信行状》，（明）焦竑《国朝献徵录》卷一百零三，上海书店 1987 年版，第 4649 页。

受到并相信其存在，如佛教所言的“信、受”。意志上的领悟所具有的巨大优势便是行动上的真诚和力量感。阳明后学中存在两个问题：一是行动上的盲目性；二是信念上的虚假性。这两个问题的缓解之道或可从神秘主义体验中找到。如前文所述，神秘主义有几个特性：一是体验终极真实；二是非理性的体验方式；三是获得呈现终极真实的信念和动力。就阳明学的成圣之路（成圣指引下的生活实践）而言，先要领悟圣人之所以为圣的终极奥义，然后在领悟中获得成圣的坚定信念以及成圣信念指引下的实践动力。阳明后学中行动上的盲目性无非是领悟圣之所以为圣的终极真实时出现了问题，而信念上的虚假性也不过是信念薄弱，如所谓“信得不及”“非真信”。对阳明学而言，这两个问题是关联是在一起的，不可能只解决其中之一。如果仅强调理性的作用，虽然有知识上给出的“仁者万物一体”“性天合一”等假设，但这些假设无法让接受者获得具有行动力的信念。简言之，如果道德行为需要从整体性世界观的深渊中长出来，那么连接在这种世界观上的道德意识就不可能仅靠理性之光照临来获得，更需非理性之水神秘主义来滋养。

第四编　阳明后学研究

论王阳明及其后学的“狂者胸次”

朱义禄*

一　王阳明与王畿：“狂者胸次”

在王阳明留下的文字中，大约有50次左右提及“狂”字。令后人印象最深的为嘉靖二年（1523年）王阳明对弟子明言，自己想做“狂者”，自己有着“狂者”的胸襟与气概：

> 我在南都已前，尚有些子乡愿的意思在。我今信得这良知真是真非，信手行去，更不着些覆藏。我今才做得个狂者的胸次，使天下之人都说我行不揜言也罢。①
>
> 吾自南京已前，尚有乡愿意思。在今只信良知真是真非处，更无揜藏回护，才做得狂者。使天下尽说我行不揜言，吾亦只依良知行。②

当时在身旁的弟子有邹守益、薛侃、黄宗明、马明衡、王艮等人，弟子们说，时人对老师的诽谤日炽，有人因为老师“势位隆盛”而“忌嫉”，有人因为老师学说的日益昌盛而“以学术谤”，有人因为老师门徒

---

* ［作者简介］朱义禄，1942年生，男，浙江宁波人，同济大学教授。主要研究方向为明清哲学。

① （明）王阳明：《传习录》，《王阳明全集》卷三，吴光、钱明、董平等编校，上海古籍出版社1992年版，第116页。

② （明）钱德洪：《年谱》，《王阳明全集》卷三十五，第1287页。

众多而“以身谤”[①]，王阳明听了后，说他的志向就是要做“狂者”，旁人毁谤是不值得计较的，因为每个人应该具有“狂者胸次”。隔年的中秋，王阳明宴门人于天泉桥，作诗再论狂者气象：“铿然舍瑟春风里，点也虽狂得我情。”[②] 曾点之事见于《论语·先进》。孔子问学生的志向，曾点却曰：“鼓瑟希，铿尔，舍瑟而作。”按常理说，曾点对老师有点不大恭敬，王阳明赞扬曾点有狂者气象且与他的心情十分合拍。

“狂者”得从《论语·子路》说起。孔子说：“不得中行而与之，必也狂狷乎。狂者进取，狷者有所不为也。”孔子把人品分为三等，“中行”最高，是合乎中庸要求的人。“狂者”次于“中行”。狂者，为富有进取心，志气激昂者。“狷者”又次之，为能谨厚拘守，不失其身者。晚明儒林、文苑与学者中，出现了一批狂放不羁的人们，如王阳明及其后学王畿、王艮、颜钧、何心隐、李贽、周海门等人，以及徐渭、袁宏道、汤显祖、屠隆等人。明代士人们对“狂”的理解是有歧义的，内涵复杂得很。一些与传统观念反常的士人，往往被视为“狂士”。如《明史·王艮传》载：“艮本狂士，驾师之上，持论益高远。”这是从负面来说的。王阳明及其后学，赋予“狂”以积极的意义。周海门说：“先生亦自予针投芥合，余有狂言，满座未契，而先生独自点头。”[③] 众人皆非而唯有李楮山一人认同，但周海门并不隐藏自己对“狂言”的青睐。周海门是从正面来理解的。中国思想史上有个现象，即孔子提出而又语焉不详且具有普世价值的命题，后世学者会对它作出名目繁多的诠释来，并打上各自的印记。王阳明的“狂者”有三重内涵，为进取精神、光明磊落与独立人格。阳明后学对此是继承了的，但发展的趋势是向着独立人格，到李贽那里画上了句号。

首先，王阳明把孔子“狂者进取”精神继承了下来。狂者与乡愿之辨，是明代学者经常争论的议题。邹守益记下了王阳明的话：“某愿为狂以进取，不愿为愿以媚世。”[④] “愿”指乡愿，是孔子心目中乱德媚世的

---

① （明）钱德洪：《年谱》，《王阳明全集》卷三十五，第1287页。

② （明）王阳明：《月夜》，《王阳明全集》卷二十，第787页。

③ （明）周汝登：《寄赠李楮山先生》，《周汝登集》卷五，浙江古籍出版社2017年版，第135—136页。

④ （明）邹守益：《阳明先生文录序》，《王阳明全集》卷四十一，第1569页。

人。后世多指言行不一、阿谀奉承、毫无原则的小人。黄宗羲论王阳明的学术，“其学心三变而始得其门”，“学成之后，又有此三变”。这前后“三变”，以“龙场悟道”为分界。前“三变”为“泛滥于词章”→“通读考亭遗书”→“出入于佛道”；后“三变”是“以默坐澄坐为学心”→“专提致良知”→“开口即得本心”。[①]“三变”的核心是王阳明不满足先前的学术成就，不断进行自我否定的过程。一个学者，敢于对先前苦心钻研所得成果作否定，就是进取精神的真实写照。

其次，强调个人不受世俗环境的影响，保持心胸的光明磊落：“狂者志存古人，一切纷嚣俗染，举不足以累其心。真有凤凰翔于千仞之意，一克念即圣人矣。”[②]“狂者”心中以古人为榜样，不受世俗恶劣环境的影响，如同凤凰飞翔于空中，再进一步就是“圣人”了。王阳明强调，他不会用言语来辩解掩饰自己的行为，自己的心胸是光明的。57 岁时，王阳明行至南安，“门人周积侍疾，问遗言，先生曰：‘此心光明，亦复何言？’”[③]这是黄宗羲的记载，而王阳明有诗自述其心胸：“吾心自有光明月，千古团圆永无缺。”[④]这是他一生行事的总结，在宸濠之乱中尤为明显。一个大臣平定了藩王之乱，照理来说那是名垂青史的功勋，历史却有它的偶然性，事功卓著的王阳明，偏偏碰到了以任性胡为著称的明武宗。得知王阳明擒住宁王后，明武宗还是执意率兵南下亲征，自称“奉天征讨威武大将军镇国公”。善于窥测皇帝心思的太监张忠、许泰大做文章，他们一方面制造流言，污蔑王阳明与宁王私通，虑事不成乃起兵。当王阳明从南昌出发，准备将朱宸濠献给明武宗时，他们屡屡遣人进行阻止，要求王阳明把朱宸濠释放在鄱阳湖地区，待皇上自擒之，以显示明武宗的威武。张忠、许泰以为王阳明会照办，谁知王阳明居然说不。王阳明想的是，万一宁王跑掉，天下苍生又将受多少磨难。王阳明

① （清）黄宗羲：《姚江学案》，《黄宗羲全集》第七册，浙江古籍出版社 2005 年版，第 201 页。

② （明）钱德洪：《年谱》，《王阳明全集》卷三十五，第 1287—1288 页。

③ （清）黄宗羲：《姚江学案》，《黄宗羲全集》第七册，第 201 页。

④ （明）王阳明：《中秋》，《王阳明全集》卷二十，第 793 页。

不惜跟皇上最宠幸的太监结仇，以为只要此心光明，就该有所为有所不为。①

三是以“良知”为达到“狂者胸次”的本体论根据。王阳明是凭藉着对“良知真是真非”的绝对自信，方才完全摆脱“尚有些子乡愿的意思”，达到“狂者的胸次”境地。在王阳明看来，主体有“狂者的胸次”，其前提是“信得这良知真是真非”。正德十五年（1521年），王阳明揭橥“致良知之教”后，领悟到“良知”为判断世间一切是非的准则，权威就在自家“良知”中。大多数的学者都着眼在“良知”上，于“是非”是忽略的。是非观从认识论上说，就是正确与错误的问题。中国古代占统治地位的有两种是非观，即天子的是非与孔圣人的是非。社会中广为流传公众之是非，是不占主导地位的。吕坤对此有透彻的论述：“众卿争议于朝，曰：‘天子有命。’则屏然不敢屈直矣。师儒相辩于学，曰：‘孔子有言。’则寂然不敢异同矣。”② 大臣在朝廷上争论不休，天子有是非的裁定权，这叫“天子有命”；儒生在学堂上聚讼不已，孔圣人有是非的终结权，这叫“孔子有言”。“天子有命”为政治性的，“孔子有言”属认识论。

王阳明不可能把矛头针对天子，要让“良知”置于权威的地位，唯一的办法是把“圣学”归于“心学”：“圣人之学，心学也。”③ 无论是尧、舜、禹，还是孔孟，以及近世的周敦颐、二程、陆象山，在王阳明心目中，相传的都是“心学”。这样“圣学”就是“致良知”之学：“心之良知谓之圣。圣人之学，惟是致此良知而已。”④ 王阳明把“圣学”与“心学”合二为一，因为非议孔圣人在古代是滔天大罪之一。韩愈的诗句形象地说明了孔子言论的权威性：“周诗三百篇，雅丽理训诂。曾经圣人手，议论安敢列？”（韩愈《荐孟郊士于郑余庆》，《全唐诗》第337卷）

---

① 《江盈科集》之《皇明十六种小传》卷三认为：“先是太监张忠、安边伯朱泰、左都督朱晖劝上亲征，既闻守仁已擒濠，甚不喜，盖不以其擒叛为功，而以不待上亲征辄擒濠为擅。守仁发自南昌，将往金陵，至广信遇忠等，乃欲使守仁纵宸濠鄱阳中，待上至亲擒示武。守仁曰：‘一日纵敌，数世之患，谁敢以叛藩戏？’忠等怒。”

② （明）吕坤：《谈道》，《呻吟语》卷一，时代文艺出版社2002年版。

③ （明）王阳明：《象山文集序》，《王阳明全集》卷七，第245页。

④ （明）王阳明：《书魏师孟卷》，《王阳明全集》卷八，第280页。

明宪宗在《御制重修孔子庙碑》中明言：“自孔子以后，有天下者无虑十余代，其君虽有贤否智愚之不同，孰不赖孔子之道以为治？其尊崇之礼，愈久而愈彰，愈远而愈盛。”（孔继汾《阙里文献考》卷三十三）朝代有更换，君主有贤愚，唯“孔子之道以为治”这一方针是不变的。李贽否定“是非尽合于圣人”，力主“是非谬于圣人”①。卫道士给李贽安上的第一个罪名，就是非议孔圣人。王阳明“信得这良知真是真非”是冲破了传统的，树立了以“良知”为判定一切标准的权威地位。王阳明是主张因材施教的，他把“成就狂者”贯彻到他的教育实践中：“圣人教人，不是个束缚他通做一般，只如狂者便从狂处成就他，狷者便从狷处成就他。人之才气，如何同得？”② 这对他的学生与阳明后学产生了深刻的影响。王阳明“狂者胸次”一经提出，便激起很大反响，被称之为“信得此处，方是圣人的真血脉”。③

王畿是王阳明后学中的一位著名狂者。他青年时代放浪不羁，蔑视道学，对头戴方巾、往来市中讲学的道学先生痛骂不已。师事阳明后，王畿固有的“任侠”风格同阳明提倡的“狂者胸次”相结合，使其思想表露出更为强烈的狂者风貌。他王畿给友人的信中，对狂者大加礼赞。曰：“夫狂者志存尚友，广节而疏目，旨高而韵远，不屑弥缝格套，以求容于世。其不掩者，虽是狂者之过，亦其心事光明特达，略无回护盖藏之态，可进于道。天下之过与天下共改之，吾何容心焉？若能克念，则可以进于中行，此孔子所以致思也。”④ 王畿是顺着王阳明意思来讲而又有拓展的。友人梅纯甫“问狂狷乡愿之辨”，王畿回答说：“狂者之意，只是要做圣人，其行有不掩，虽是受病处，然其心事光明超脱，不做此子盖藏回护，亦便是得力处。即若能克念，时时严密得来，即为中行矣。”⑤ 王畿之“狂”有四层含义：一是光明磊落，不用言语来掩饰自己，“心事光明”；二是志向高尚，胸襟宽广，“旨高而韵远”；三是不苟

① （明）李贽：《史学儒臣》，《李贽文集》第三卷，社会科学文献出版社 2000 年版，第 795 页。

② （明）王阳明：《传习录》，《王阳明全集》卷三，第 104 页。

③ （明）王阳明：《传习录》，《王阳明全集》卷三，第 226 页。

④ （明）王畿：《与阳子张和问答》，《王畿集》卷五，凤凰出版社 2007 年版，第 120 页。

⑤ （明）王畿：《与梅甫问答》，《王畿集》卷一，凤凰出版社 2007 年版，第 4—5 页。

同于世俗，“不屑弥缝格套，以求容于世”；四是说“狂者”如能“克念”的话，就能臻于孔子所说的理想人品“中行”了，这是以“狂者”向“中行”行进中的一环。大体上说，王畿的思想既是解读阳明心学的参考，又是理解阳明后学的重要一环。王畿对“狂者胸次”的诠释，当可作如是观。

二 王艮与颜钧：出位之思与出格之行

“从狂处成就他”，王阳明这一教育思想，是沦肌浃髓地渗入到阳明后学身上的。

在王艮与颜钧身上，体现在出位之思与出格之行上。王艮的理想是：“出必为帝者师，处必为天下万世师”[①]。王艮一生，以平民化教育为己任，“为天下万世师”勉强说得通。“出必为帝者师”，就是出位之思了。要做皇帝的老师，前提是担任经筵官。“经”指翰林学士或有学问的大臣给皇帝讲解经书，“筵”为讲经完毕后，皇帝赏赐讲经的官员们的餐食。在明代经筵官一般由翰林学士或有学问的大臣担任，也有由内阁大学士担任此职的。设立经筵制度的目的，是让皇帝知道四书、五经的内容，以及圣贤大旨、帝王之道、人臣忠奸、政事得失、民情休戚、历史教训等。到朝廷中做官是“帝者师”的前提，王艮没有参加科举考试，对朝廷高官的数次荐举也不予理会。王艮因虑及官场险恶而不愿入仕，更有《明哲保身论》一文告诫准备北上任官的王瑶湖。以一介布衣而“出必为帝者师”，正是出位之思的反映。

阳明心学是讲知行合一的，王艮有出位之思必有出格之行。嘉靖元年(1522年)，王艮“制一蒲轮，标其上曰：天下一个万物一体，入山林求会隐逸，过市井启发愚蒙”“作《鳅鳝赋》，文列前卷。沿途聚讲，直抵京师”[②]。据束景南先生考证，王艮北上讲学不是一次而是两次。嘉靖二年(1523年)，王艮往绍兴受教。受王阳明“狂者胸次”言论的刺激，王艮旋又驾车北上讲学，惊动朝廷，触犯当局“学禁”之大忌。王艮穿着古怪的

---

① (明)王艮：《答同补遗》，《王心斋全集》，江苏教育出版社2001年版，第39页。
② (明)董燧：《年谱》，《王心斋全集》，第71页。

服装，一路讲学到京都，这种张扬狂放的举止，与他 29 岁时“天坠压身”之梦相关：“先生一夕梦天坠压身，万人奔号求救，先生独奋臂托天而起，见日月列宿失序，又手自整布如故，万人欢舞拜谢，醒则汗溢如雨，顿觉心体洞彻，万物一体，宇宙在我之念益真切不容已。自此行往语默，皆在觉中。”① 天掉下来压在万人身上，大家奔跑呼号求救。王艮见状独臂托天而起，把零乱了的日月星宿重新恢复原状。他自述梦后的感受：“醒则汗溢如雨，顿觉心体洞彻，万物一体，宇宙在我之念益真切不容已。自此行住语默，皆在觉中。”② 从“万人奔号求救”到“万人欢舞拜谢”，可见王艮是以救世主的身份出现在世人面前的。《鳝鳅赋》一文最后以一首诗来总结：“一旦春来不自由，遍行天下壮皇州。有朝物化天人和，麟凤归来尧舜秋。”③ 王艮的意思很明白，就是自己要做尧舜那样的圣人，来拯救“不自由”状态下的生灵，达到“天人和”的理想境界。

颜钧在学术上常有突破传统藩篱的狂放之思，如对“礼”的解释就与众不同：“礼也，约也，学之规也。会，天下之大要也；是故约之取义，从系从勺，勺中一点，阳之精也。是精在勺，犹掌中握真物也，加以系焉，犹挛挛紧固，不轻放也，故曰‘约’。”④ 颜钧想说明士人聚集讲学的重要性，把“礼”解释为“约”。这同传统对“礼教”之“礼”的理解，是风马牛不相及的。受过传统教育的程学颜，追到舟中向颜钧请教：“同舟联榻，不下三旬日，朝夕听受，感思，渐次豁如，不觉自释其明辨，乃知此老竭力深造，自得贯彻，未为怪诞。”⑤ 程学颜对颜钧“大中”哲学，有个先觉得“怪诞”尔后感到“此老深造”的过程。颜钧别出心裁地把“大学中庸”四字，演衍为四个独立而又相联的哲学范畴，用来解释天地万物与人间社会。如此诠释是超越了传统的思维方式的。从两程到朱熹，自陆九渊至王阳明，他们之间对儒家经典的解释，有着很大的分歧，但没有改变先前一致认同的话语系统，即遵循原先传统而作出新诠释。他们视《大学》《中庸》是《礼记》中的两篇文章的

① （明）董燧：《年谱》，《王心斋全集》，第 68 页。
② （明）董燧：《年谱》，《王心斋全集》，第 68 页。
③ （明）颜钧：《扬州同志会约》，《颜钧集》，中国社会科学出版社 1996 年版，第 30 页。
④ （明）颜钧：《扬州同志会约》，《颜钧集》，第 30 页。
⑤ （明）程学颜：《衍述大学中庸之义》，《颜钧集》，第 76 页。

篇名，像颜钧这样拆字式的招数是不会用的。这是突破传统的大胆思索，是程学颜起初感到“怪诞”的缘由：“《大学》《中庸》书，名篇也。自汉以来皆诿视为书名，未有以为圣学精神，识达此四字作何用焉。我师颜山农独指判曰：‘此尼父自造传心口诀也。两篇绪绪晳章，并出夫子手笔，非曾子、子思所撰也。不然，何于《大学》引曾子之言，《中庸》直以仲尼名祖哉？’”[①] 颜钧以为，大学、中庸不是篇名，是孔子用于传道的口诀。大凡粗识文字而缺乏系统教育的人，心中的条条框框比较少，容易摆脱传统思维的羁绊，形成不同凡响的观点，用通俗的话来说就是剑走偏锋。颜钧剑走偏锋力度之大，是囿于传统经学知识的儒生不可能做到的。他的学生程学颜，对大、学、中、庸四字含义作了浓缩性的概括：“自我广远无外者，名为大；自我凝聚员神者，名为学；自我主宰无倚者，名为中；自我妙应无迹者，名为庸。”[②] “自我”即“心”，“心”有四个功能，一是广阔而没有边际，二是专一而精神集中，三是能自作主宰而不依靠他物，四是会神妙应用而不留任何痕迹。此四者皆以“我”为轴，故在内不在外。像颜钧这样诠解儒家经典，是前无古人，后无来者，这正是颜钧的出位之思的反映。

颜钧与王艮有一段师生缘，尽管只有三个月，但对颜钧影响是深刻的。他掮出王艮的旗号，说要通过讲学来消除人们心头上的炎火：“农之学，自授承东海（指王艮），单洗思虑嗜欲之盘结，鼓之以快乐，而除却心头炎火。”[③] 37 岁的颜钧在江西南昌贴出《急救心火榜文》，他自封为“出世人豪”。“心火”是指人们在想做事时而遇到的障碍，以及在自身心理上所产生的烦恼。颜钧列了“心火”六种情况并断言：“出世人豪，急了身命天大事，先正其心，完复天真。”[④] 以“出世人豪”自居的颜钧，正是王艮出格之行影响的写照。这次演讲，“得千五百友”[⑤]，招徕了一千多名参加科场考试的学子。颜钧讲了六个月，但真正追随者只有罗汝芳一人。罗汝芳因是年秋试未曾得中而有“心火”，“遇耕樵衍讲同仁，急救心火，芳听受二

---

① （明）程学颜：《衍述大学中庸之义》，《颜钧集》，第 76 页。

② （明）程学颜：《衍述大学中庸之义》，《颜钧集》，第 76 页。

③ （明）颜钧：《急救心火榜文》，《颜钧集》，第 3 页。

④ （明）颜钧：《急救心火榜文》，《颜钧集》，第 2 页。

⑤ （明）颜钧：《自传》，《颜钧集》，第 25 页。

十日夜，言下悟领旨味，鼓跃精神”①。罗汝芳的“心火”为颜钧的言辞所消泯，罗汝芳拜他为师。此事为罗汝芳一生思想转变的关键。在晚明时代，颜钧之“狂”不比王艮逊色。他早年访学寻师，“吉郡凡及明翁者，莫不遍证所传之次，而皆不识男子所诣”。人们知道后评说道：“古之狂简，恐不类子。”② 意为比古人所说的“狂简”还要厉害，而“狂简”就是“狂狷”③。1553 年，颜钧作《告天下同志书》，他打算以南京为中心，集合四方人士，用三年时间以“会明圣学”。他自称“山中农夫”，却要充当启迪人们的“先觉”的角色：“大道无私，人品殊科，不有先觉，孰开其蔽?”④ 不过，颜钧的出格之行，远不及他的学生何心隐。

三 何心隐：以身殉道

因程学博关系而与何心隐有过交往的耿定向，干脆称何心隐为“何狂”，或略为一“狂”字：“何狂者，姓梁名汝元，后自变易姓名为何心隐”，“程君北，狂与俱。嘉靖庚申岁也。余时官北台，狂匿程君邸，即同里士绅避不见，间从罗汝芳游”。⑤ 何心隐的友朋论实在狂放得很，在明代是独树一帜的。友朋一伦被他高高地置于其他四伦之上：“天地交泰，交尽于友也。”⑥ 友朋一伦提升到形而上的地位，家庭中的血缘关系和政治上的等级关系皆被涵摄其中，是人世间最崇高的人际关系。李贽对此有一概括：“人伦有五，公舍其四，而独置身于师友圣贤。”⑦ 顺此逻辑，何心隐得出了“师友一君臣”⑧ “君臣友朋相为表里”⑨ 的观点，把

① （明）颜钧:《著回何敢死事》,《颜钧集》，第 43 页。

② （明）颜钧:《明羑八卦引》,《颜钧集》，第 12 页。

③ （宋）朱熹:《朱子语类》卷一百二十一，中华书局 1986 年版。

④ （明）颜钧:《告天下同志书》,《颜钧集》，第 4—5 页。

⑤ （明）耿定向:《里中三异传》,《耿定向集》卷十六，华东师范大学出版社 2015 年版，第 629—630 页。

⑥ （明）何心隐:《论友》,《何心隐集》，中华书局 1960 年版，第 28 页。

⑦ （明）李贽:《何心隐论》,《李贽文集》第一卷，社会科学文献出版社 2000 年版，第 84 页。

⑧ （明）何心隐:《宗旨》,《何心隐集》，第 37 页。

⑨ （明）何心隐:《与艾冷溪书》,《何心隐集》，第 66 页。

平等世界的春风，吹进了冷冰冰的以上下等级为轴心的君臣关系里，这是自先秦到明代从未有过的石破天惊之说。黄宗羲惊呼，泰州王门一脉，“传至颜山农、何心隐辈，遂复非名教之所能羁络焉”①。何心隐想以平等关系为核心的友朋论取代了沿袭了一千多年的“名教”，简直是挖了纲常伦理价值体系的老底。追杀何心隐的各地官吏，“且以元为名教中罪人”②。何心隐被杀有其必然，论者过多着眼于是谁置其于死地，是见标而不见本的。

何心隐的特立独行，在阳明后学中算得上是佼佼者。与王艮与颜钧相比，他更多地在行动上显现他的“狂者胸次”。他以布衣干政治，企图扳倒奸相严嵩而精心设计了一套方案。他不畏权威，写了万言书在被禁止讲学时仍与张居正唱对台戏，宣称死也要讲学。耿定向说他“犯三公之怒以为欣”，看透了他的“狂者”③ 心思。他为民请命，拒绝官府对民众“皇木银两”的征收。他的众多行动中最令后人叹息的，是疏财仗义创建聚和堂，想发动宗族的力量来践履其理想社会的试验。顾宪成对聚和堂的评价是：“足以发明在斯民之直道，宛如三代，即欲百方磨灭之而不能也！”④ 永丰县志的记载相类：“率同族建聚和堂，立率教、率养、辅教、辅养之人，各董其事，延师礼贤，以训族子弟，计亩收租，以赡公家粮税，捐千金，创义田，储公廪，以待冠婚丧祭鳏寡孤独之用。数年间，一方几于三代矣。”⑤ “三代”指夏、商、周，历来被文人、学者视为理想的社会，这在明清两代达到了顶峰。何心隐以其“凡有血气之莫不亲”的泛爱观，主张尊重天下所有的人。民众无论亲疏贵贱、上下尊卑，应当得到同样的关爱与尊重。相互关爱、尊重他人、彼我无别、和睦人间就是何心隐想的打造理想社会的实质性内容。

聚和堂是以宗族为单位，集经济、教育、婚姻、养老、救助等事项为一体，有着乡村自治功能的一个组织。“聚和堂”设“率教”“率养”

---

① （清）黄宗羲：《泰州学案》，《黄宗羲全集》第七册，第820页。

② （明）何心隐：《与邹鹤山书》，《何心隐集》，第81页。关于何心隐的友论，笔者另有专文阐述。

③ （明）耿定向：《里中三异传》，《耿定向集》卷十六，第632页。

④ （明）顾宪成：《重刻怀师录题辞》，《何心隐集》，第127页。

⑤ （明）何心隐：《县志本传》，《何心隐集》，第125页。

各一人，分别管理教育和经济。何心隐担任“率教”，相当于今天的校长。何心隐把各家私塾集中起来，聚于祠堂。之前因族人间财富的差异，私塾之间有上、中、下之别，由此产生了亲情观念上的裂痕。① 让族人子弟集中起来，打成一片，何心隐是要实现他“凡有血气之莫不亲”② 的主张。“捐千金，创义田”，何心隐出资置“义田”，为学校发展提供经济后盾。“义田”是为团结本族成员，维护本族、本乡公益而设置的田庄，一般由族内有钱财的人倡议出资。义田所得田租用于祭祀、兴办学堂，也可资助族人中的贫困者应举赴考，同时接济孤寡鳏老、灾伤疾病及补助嫁丧葬等。“率养”③ 是经济活动的总管，负责收缴钱粮交给官府。“率养”下设“辅养”“维养”各三人，以为襄助。为何聚和堂要代表全族统一向官府交纳赋税呢？何心隐是想堵塞豪强逃避赋税的途径与官府节外生枝的盘剥。明代中叶以后，出现了赋税重担集中在下层民众身上、土地向乡绅豪强集中的现象，张居正的一条鞭法就是想消除此弊端。江西地区，“巨室”将赋税转移到“小户”身上，名目繁多。有“飞洒”，系“巨室”把购置的田产，放在他人的户头里；有“配寄”，是“巨室”把名下的田产，安置在逃亡他乡的人的户头里；“有暗袭京官方面、进士、举人脚色捏作寄庄者”，这是说把新买来的田产，挂在官僚与有科举功名的人的户头上，按照明王朝的政策，这些人是享有赋税徭役优免特权的。纳税的义务由“巨室”转移到了“小户”，结果只能是“递年派粮差无所归者”（《古今图书集成·食货典》卷五十引《大政记》语）。这样的“巨室”遍布于江西。

聚和堂的出现，无形中形成了与官府对抗的力量了。一个民间的私人组织，有一套同官方现存秩序相违背的规章制度，这对中央集权的专制统治来说是一种威胁。明代浦江郑氏九世同居，明太祖常赞叹不已。马皇后从旁提醒说，以此众叛，何事不成？明太祖惧怕了，于是叫来郑氏家长，找借口诛之。由此观之，聚和堂解体的命运是必然的。永丰大尹凌海楼对何心隐作过警示，要他“明哲保身”。何心隐辩解说，自己不

---

① （明）何心隐：《聚和率教谕族俚语》，《何心隐集》，第68页。

② （明）何心隐：《仁义》，《何心隐集》，第27页。

③ （明）邹元标：《梁夫山传》，《何心隐集》，第120页。

做官，又不从事农、工、商诸业，谈不上保身的事情。他表明自己不甘心为“樊笼”所囿，“直须出身以主大道”：“若在樊笼恋恋，纵得以展高才，不过一效忠、立功、耿介之官，于大道何补。直须出身以主大道，如孔孟复生于世，则大道有正宗，善人有归宿，身虽不与朝政，自无有不正矣。”[①] 何心隐的“大道”，就是他的理想社会聚和堂。“出身”就是捐躯。为君主效忠、为国家建功立业、做清廉正直的官，于“大道”一点也没用。何心隐向官府表达了以身殉道的决心，“出身以主大道”。“人莫不畏死，公独不畏”，李贽是恰如其分把握何心隐的内心世界的，“故公死而斯文遂丧，公之死顾不重耶？而岂泰山之比哉？”[②] 李贽对何心隐之死的评价是很高的。

嘉靖三十八年（1559 年），正当聚和堂“行之有成”的时候，永丰县令强迫民众缴纳“皇木银两”。何心隐为聚和堂捐献了丰厚的家产：“倾万金之产了不惜。”[③] 他把族中之人的财产纳入了聚和堂。“皇木银两”加派对聚和堂来说是毁灭性的灾难，他与村民作了猛烈的反抗，差役六人命丧黄泉。何心隐于“赋外之征”，对县令“贻书诮之”，“令怒，诬之当道，下狱中”[④]。何心隐入狱，被判以绞罪。后被救出，兴旺六年的聚和堂轰然倒塌。聚和堂在时人的心目里，是一个与“三代”相仿佛的理想社会。

与老子、孟子、康有为等大家相较，何心隐是一个不太起眼的角色，聚和堂的实践只能说昙花一现，但却是无法抹杀的。老子、孟子、康有为有小道寡民、仁政社会与大同之世等理想社会的设计，但他们是坐而言之，何心隐则起而行之。一个行动要比一百个完美的纲领更加来得有力。何心隐所制定的措施，在聚和堂行之有效达六年之久，被时人誉为像“宛如三代”一样的乐土。在中国古代社会里，像何心隐依赖宗族的血缘关系设计并建立与前不同的理想社会，甚至豁出命地干，那是少之

---

① （明）何心隐：《又上海楼书》，《何心隐集》，第 73 页。

② （明）李贽：《何心隐论》，《李贽文集》第一卷，第 84 页。

③ （明）耿定向：《里中三异传》，《耿定向集》卷十六，第 632 页。

④ （清）黄宗羲：《泰州学派》一，《明儒学案》卷三十二。王之垣的《历仁录》记载得较详：“梁汝元，原籍江西永丰县人，以侵欺皇木银两犯罪，拒捕杀伤吴善五等六命，初拟绞罪，后末减，充贵州卫军。”见《何心隐集》附录，第 145 页。

又少的。

四 李贽的“疏狂”：“直行己志”

李贽对王阳明的一生与学术思想是了如指掌的，他编有《阳明先生年谱》上下二卷。王阳明以“良知”为判断是非的标准，认为自身“良知”觉得是错误的，哪怕是孔子说的话，我也不说是。至于不及孔子的，更不在话下了。一旦心中的“良知”认为是，即使常人说的话，我也不说非。沿着这样的逻辑，稍作一下引申，就成了李贽的名言了，“不以孔子之是非为是非”。李贽对“二溪”礼赞有加，但相较之下，他对龙溪（王畿）比近溪（罗汝芳）尤为推崇：“余尝谓先生此书，前无往古，今无将来，后有学者可以无复著书矣。”① 他对狂者的论述，是继承了王阳明与王畿的衣钵，甚至用语与王阳明也无别：“狂者不蹈故袭，不践往迹，见识高矣，所谓如凤凰翔于千仞之上，谁能当之？”② 王阳明有“凤凰翔于千仞”的话，但没有“狂者”的见识高人一头的说法，可知“狂者胸次”在李贽那里更上了一层楼。

他直截了当地自认为“疏狂”，这见于万历二十二年（1594 年）所写的一首诗中：“若为追欢悦世人，空劳皮骨损精神。年来寂寞从人谩，只有疏狂一老身。”③“疏狂”之“疏”有两层意思，一是不取悦于他人，即使自损精神也不在乎；二是不考虑他人的谩骂，即使寂寞也不在乎。“疏狂”从字面上说，是讲自己与常人的言行是疏远的、格格不入的；“疏狂”从实质上看，是表明自己的人格是独立的。他对缺乏独立人格的奴性作了鞭挞：“今之人，皆庇于人者也，初不知有庇人事也。居家则庇于父母，居官则庇于官长，立朝则求庇于宰臣，为边帅则求庇于中官，为圣贤则求庇于孔、孟，为文章则求庇于班、马。种种自视，莫不自以为男儿，而其实皆孩子

---

① （明）李贽：《龙豀先生文录抄序》，《李贽文集》第一卷，第 110 页。

② （明）李贽：《与耿司寇告别》，《李贽文集》第一卷，第 25 页。

③ （明）李贽：《石潭即事四首》，《续焚书》，《李贽文集》第一卷，第 113 页。《蜻蛉谣》中，也以“狂”自许：“大概读书食禄之家，意见皆同。以余所见质之，不以为狂，则以为可杀也。”见《焚书》卷五，《李贽文集》第一卷，第 195 页。

而不知也。”① “庇于人者”有几种情况：在家依赖父母，社会上倚仗长官，做圣贤就依附于孔、孟，写文章则步随司马迁与班固。“庇于人者”是依附他人为生的，外形上看是堂堂男子，内心尚处于幼稚的阶段而自己还不知道。由于历史条件的制约，在中国古代社会里，能自觉意识到依附身份而又不甘心于这种身份的人是很少的。李贽就是少数人中的佼佼者，是自觉地要求摆脱依附人格的反叛者。正是这种先知者的觉醒，让李贽产生了独立人格的思想：“大众者，庇于人者；小人者，庇于人者也。凡大人见识力量与众不同者，皆从庇人生。若徒庇于人，则终身无有见识之日矣。”② “见识力量与众不同”的“大人”，即“见识高”的“狂者”。“庇于人者”为“小人”，表示了李贽对依附人格的蔑视，然而依附人格在中国古代社会里却是占据主流地位的。这种人格的扭曲现象有一个美称，叫“攀龙附凤”，意为巴结或投靠有权势的人，后来特指依附帝王而建功立业的人。刘秀在争夺天下的过程中下定了称帝之心，但何时称帝还得伺机而动。文官武将纷纷劝其称帝，刘秀不为所动；耿纯以“攀龙附凤”四字，道出手下人之意向。耿纯说“士大夫捐亲戚、弃土壤”，出生入死于战火纷飞之际，是为了求得荣华富贵。如果你刘秀再不称帝，手下的人就会“望绝计穷”，产生“去归之思”。(《后汉书·光武帝纪》) 明白了“士大夫”的“攀龙附凤”的依附心理之后，刘秀随即正式称帝。无论在王朝更迭之际，还是和平时代的人际关系中，“攀龙附凤”在其下移与泛化过程中，滋生并发展成为官本位意识，此即李贽所说的“居官则庇于官长，立朝则求庇于宰臣，为边帅则求庇于中官”。

李贽“有官弃官”的惊世骇俗之举，为“疏狂”在行动上的具体表现。李贽在姚安知府三年任上的政绩令人称道：“凡关系山川、风土形势，有改作不易者，制度不可阙者，皆为力为之，处置有法，而民不知劳。”③ 李贽理应有升迁的机会，他却义无反顾地“弃官”，他感到身处官场是人生莫大的苦楚：“为县博士，即与县令、提学触。为太学博士，

---

① （明）李贽：《别刘肖甫》，《李贽文集》第一卷，第46页。

② （明）李贽：《别刘肖甫》，《李贽文集》第一卷，第46页。

③ 《循吏》，《姚州志》卷五，转引自许苏民《李贽评传》，第100页，南京大学出版社2006年版。

即与祭酒、司业触。……又最苦而遇尚书赵。赵于道学有名。孰知道学益有名而我之触益又甚也？最后为郡守，即与巡抚王触，与守道骆触。”①“触”与官员们依附心理相对立，与大多数士人垂涎官职提升的心态相去甚远：“一为官守，日夜孜孜，惟恐囊橐之不厚，迁转之不亟，交友奉承之不至。书问繁于吏牍，馈送急于官赋，拜谒勤于职守。”② 中国的官僚政治开始于秦国，一直持续到晚清，延续了两千年左右。在官僚系统中，下级官吏对上级长官，必须要“卑恭如子”（《汉书·元后传》）。在官场中，对上级官吏乃至其他揽权人物，要养成一种敬畏自卑的心理，官做得越大，官场的人情世故知道得多、经历得多，就愈益知道这种自甘卑贱心理运用的重要性。只有这样，他们才能官运亨通。常人为官位的保持与迁升，唯恐对上司或同僚“奉承”不周到，“馈送”不及时，“拜谒”不勤劳，李贽则反其道而行之。官居御史的马经纶在李贽入狱后，积极营救，连续撰写了《与当道书》《启当事书》等文为李贽鸣冤：“先生有官弃官，有家弃家，有发弃发，盖其天性孤独直行己志。”③ 为保持独立人格不受“触”的干扰而“直行己志”，李贽根本不在乎官场生涯的有无。从“直行己志”不愿“追欢悦世人”来看，李贽的“疏狂”，依然不缺光明磊落的意蕴，但更多是不沉沦于依附人格而泯灭自我，在险恶的环境中保持个性的自由，在对自由的追求中卓然自立，这是一个令李贽心醉神迷的人格世界。

五　余论

王阳明的“狂者胸次”，在王畿、王艮、颜钧、何心隐与李贽等人身上，深深地烙上了印记。王阳明开了先河，王畿步尘于后，王艮、颜钧、何心隐与李贽四人从不同角度作了新的发挥。主宰明末清初文坛达半个世纪之久的钱谦益，对泰州王门有个评议：“稽良知之弊者曰：泰州之后

---

① （明）李贽：《豫约》，《李贽文集》第一卷，第174—175页。

② （明）归有光：《送纯甫先生会试赋》，《震川先生文集》卷九，上海古籍出版社1981年版。

③ （明）李元阳：《姚安太守李卓带吾先生善政序》，《李中溪全集》卷六。（明）马经纶：《与李麟野都谏转上萧司寇》。厦门大学历史系编：《李贽研究参考资料》第一辑，第64页。

流为狂子，为僇民。所谓狂子、僇民者，颜山农、何心隐、李卓吾之流也。彼其人皆脱身屣世，芥视权幸，其肯蝇营狗苟、欺君而卖国乎？其肯偷身事贼、迎降而劝进乎？讲良知之学者，沿而下之，则为狂子、为僇民；激而返之，则为忠臣、为义士。”① 此论实为有感而发。钱谦益先是降清，后又从事反清复明，与抗清义士多有交往，故对明代士人中“偷身事贼，迎降劝进”者鞭挞了一番。当时寻找阳明心学弊病的人们，视颜山农、何心隐、李卓吾为“狂子”“僇民”。“僇民”，指被辱之人。钱谦益以为，这三人是愿意为实现志向而舍却自家生命的。钱谦益以为，信阳明心学的士人，在易代之际，不为狂子，就做忠臣，不会有什么失节的行为。他们的身上跃动着蔑视权贵的因子，他们的人格是独立的。如果说钱谦益有点偏向于心学的话，那么作为程朱理学的忠实信徒的清初文学家方苞对“二王”的评议就值得深思了：“思阳明之门如龙溪、心斋，有过言畸行，未闻有变诈以趋权势。”② “过言畸行”，无非是“狂者胸次”换一种说法罢了：“未闻有变诈以趋权势”，是称颂“二王”的人格，不改变自身的主张以博取权贵们的欢心。王阳明及其后学们对“狂者胸次”的践履，在“过言畸行”中所映现出的独立人格，是晚明时代士人追求自由与个性解放思潮的真实反映。

在“狂者胸次”中，蕴藏着他们不断进取的学术精神，透露了他们“吾心光明”的高尚品性，体现着他们与专制主义斗争的出格之行反映了他们对依附人格的蔑视与对独立人格的向往……如果说用“狂”字来概括王阳明及其后学的精神世界，也不算太过。总而言之，研究王阳明与其后学的精神世界，切勿忘了他们的狂者气象。

---

① （清）钱谦益：《重修维扬书院记》，《牧斋初学集》卷四十四，上海古籍出版社2000年版。

② （清）方苞：《重建阳明祠堂记》，《方苞集》卷十四，上海古籍出版社1983年版，第412页。

王艮对王阳明心学的独特贡献

——兼及若干相关问题

李承贵*

王艮（1481—1540年），字汝止，江苏泰州人，学者称心斋先生。王艮拜阳明为师纯属偶然。据记载："先是，塾师黄文刚，吉安人也，听先生说《论语》首章曰：'我节镇阳明公所论类若是。'先生讶曰：'有是哉？方今大夫士汩于举业，沉酣于声利，皆然也。信有斯人论学如我乎？不可不往见之，吾俯就其可否，而无以学术误天下。'即买舟以俟。……稍稍隅坐，讲及致良知，先生叹曰：'简易直截，予所不及！'乃下拜而师事之。辞出，就馆舍，绎思所闻，间有不合，遂遂自悔曰：'吾轻易矣。'明日复入见公，亦曰：'某昨轻易拜矣，请与再论。'先生复上坐。公喜曰：'善有疑便疑，可信便信，不为苟从，予所甚乐也。'乃又反复论难，曲尽端委。先生心大服，竟下拜执弟子礼。公谓门人曰：'吾擒宸濠，一无所动，今却为斯人动。'"① 这个记载虽然有些神秘，但栩栩如生地传递了有价值的信息：王艮在家乡讲学时，正好被一位了解王阳明学问的塾师遇上，塾师告知王艮：你所讲内容与在我老家讲学的王阳明先生所讲内容非常相似。王艮乍听此说甚是惊讶：天下竟然有人讲学跟我一样吗？他的自负与好奇使他决定会会这位奇人。于是，王艮千里迢迢来到江西赣州，而拜师阳明的过程更富戏剧性。王艮与阳明纵论良知后，不得不佩服，但又觉得如此匆忙拜人为师，似乎有些草率，于是第二天

---

* ［作者简介］李承贵，1964年生，男，江西万年人，南京大学教授、博士生导师，博士。主要研究方向为中国哲学。

① 《年谱》，《王心斋全集》，江苏教育出版社2001年版，第69—70页。

还要与阳明辩论，几个回合之后，王艮最终被阳明的学问所折服，被阳明的魅力所吸引。可以说，王艮拜师阳明的情形，既显示了王艮的孤傲与好学，亦展示了阳明的造诣与胸怀。那么，如此特别的王艮对阳明之学究竟做出来怎样的贡献呢?

一　信奉心学，致力传播之

王艮天生具有演讲的能力与嗜好，所谓“先生故长于言，七岁受书乡塾，信口谈说，若或启之，塾师已无能难者”①。王艮拜师后，认定阳明心学乃千年绝学，必须为天下人所知晓、所接受，否则是天下人的不幸——“阳明归越，先生从之。来学者多从先生指授。已而叹曰：‘千载绝学，天启吾师，可使天下有不及闻者乎?’”② 并询问阳明当年孔子周游列国的车子是怎样制造的——“因问孔子当时周流天下，车制何如，阳明公笑而不答。既辞归，制一蒲轮，标其上曰：‘天下一个，万物一体。入山林求会隐逸，过市井启发愚蒙。遵圣道天地弗违，致良知鬼神莫测。欲同天下人为善，无此招摇做不通。知我者，其惟此行乎? 罪我者，其惟此行乎?’于是作《鳅鳝赋》。沿途聚讲，直抵京师。”③ 还没有从王阳明那里获得制作车子的答案，王艮便迫不及待地驾蒲轮、着异服，向北京进发。

当一位身穿奇装异服、驾着一辆蒲轮车的中年男子招摇过市时，不能不引起古城骚动，不能不引起人们瞩目，所谓“当是时阳明之学谤议蜂起，而先生冠服言动，不与人同，都人以怪魁目之”④。而蒲轮车横幅上写的是：“天下一个，万物一体，入山林求会隐逸，过市井启发愚蒙。遵圣道天地弗违，致良知鬼神莫测。”宣讲的是“万物一体”“致良知”，且豪言“欲同天下人为善，无此招摇做不通”，你要做善人，就必须接受

---

① 王士纬:《心斋先生学谱》,《王心斋全集》，第83页。

② （清）黄宗羲:《处士王心斋先生艮》,《明儒学案》卷三十二，商务印书馆1935年版，第69页。

③ （明）董燧:《王心斋先生年谱》,《王阳明年谱长编》三，上海古籍出版社2018年版，第1465页。

④ 王士纬:《心斋先生学谱》,《王心斋全集》，第84页。

良知学。这对阳明之学无疑是吸睛而煽情的广告。但沿途不乏奇异经历，董燧说："制一蒲轮……沿途聚讲，直抵京师。会山东盗起，德州集兵守关，不得渡。先生托以善兵法见州守，守曰：'兵贵勇，某儒生，奈怯何?'先生曰：'某有譬语，请为公陈之：家尝畜鸡母，其所畏者，鸢也。一日引其雏至野，鸢忽至，辄奋翼相斗，盖不复知鸢之可畏，其故何也?忧雏之心切耳。公民之父母，州之民皆赤子也。倘不忍赤子之迫于盗，何患无勇，将见奋翼相斗者愈于鸡母也。'州守听其言悟，益严于为备。遣人护先生渡河，复先于其所往。比至都下，先夕有老叟梦黄龙无首，行雨至崇文门，变为人立，晨起，先生适至。时阳明公论学与朱文公异，诵习文公者颇牴牾之，而先生复讲论勤恳，冠服车轮悉古制，人情大异。"① 这记载的是王艮北上时路过山东的遭遇。由于官府正忙于平息盗贼的任务，德州城门不通，王艮无法前进。但王艮略施小计，州守便心甘情愿地派人安排他渡河而去。对于抵达北京城的描述更为奇异：说是王艮抵至北京城的头天晚上，有一老人梦见黄龙无首，行至崇文门，突然有人站在崇文门下。次日凌晨，王艮正好抵至崇文门。这样，王艮的北京之行似乎是来自天神的派遣，"天降大任于斯人也!"不管如何，王艮的这种怪诞之行，不仅在社会效应上轰动了京城、震撼了华北，而且在思想观念上促动了人们正视阳明心学的热情与自觉意识。

"沿途聚讲，直抵京师"，王艮虽然是忠心传播阳明之学，但如此招摇、如此荒诞，连阳明自己也不曾有心理准备，而且压根就不会有这样的想法。同门都为他捏一把汗，在京城做官的同门欧阳德就竭力劝王艮返乡，阳明更是请王艮老父亲差人命王艮速回。所谓"（王艮）会南野诸公在都下，劝先生归。阳明公亦移书守庵公，遣人速先生"②。虽然王艮的怪诞行为既不为阳明认同，亦不为同门认可，但的确取得了很好的宣传效果。赵贞吉说："从王阳明先生居越，叹曰：'风之未远也，是某之罪也。'辞还家，驾一小蒲车，二仆自随北行，所至化导人，耸人听观，无虑百千，皆饱义感动。未至都下，先一夕，有老叟梦黄龙无首，行雨至崇文门，变为人立，晨起往候，而先生适应之。先生留一月，竟谐众

① （明）董燧：《王心斋先生年谱》，《王阳明年谱长编》三，第1484页。

② （明）董燧：《王心斋先生年谱》，《王阳明年谱长编》三，第1484页。

心而返，然先生意终远矣。”① 耿定向说：“久之，叹曰：‘风之未远，道何由明？’制轻车，诣京师，所至讲说，人士聚听，多感动。……著书千余言，谆谆申孝弟，拟伏阙上。然先生风格既高古，所为又卓荦如是，朝士多相顾愕眙，劝止之。先生留一月，竟谐众心而返。”② 李二曲说：“于是制轻车，将周流天下。先诣京师，沿途讲说，人士聚听，多感动。”③ 对王艮的北上讲学，这三份文献都提到了“所至化导人，耸人听观，无虑百千，皆饱义感动”以及“谐众心而返”之效果，足见王艮的北上讲学对阳明之学的传播的确产生了广泛而深远的影响，可谓不虚此行。

或许正因为王艮行为的刺激，王阳明也开始反思：你低调谦虚，人家照样诋毁你，还不如干脆做个狂者。钱德洪记载：“薛尚谦、邹谦之、马子莘、王汝止侍坐，因叹先生自征宁藩已来，天下谤议益众，请各言其故。有言先生功业势位日隆，天下忌之者日众；有言先生之学日明，故为宋儒争是非者亦日博；有言先生自南都以后，同志信从者日众，而四方排阻者日益力。先生曰：‘诸君之言，信皆有之，但吾一段自知处，诸君俱未道及耳。’诸友请问。先生曰：‘我在南都已前，尚有些子乡愿的意思在。我今信得这良知真是真非，信手行去。更不着些覆藏。我今才做得个狂者的胸次，使天下之人都说我行不掩言也罢。’尚谦出，曰：‘信得此过，方是圣人的真血脉。’”④ 在这里，王阳明对“狂者”表达了认同和敬意。或许是因为听了阳明的这番话，王艮受到了鼓舞和激励，于1523年再次以“狂者”面目出现，驾车入都，宣讲阳明之学。王臣说：“癸未之春，予试春官。君时乘兴，亦北其辕。琅琅高论，起懦廉顽。偕寓连床，忘寐以欢。君既南归，予官贵土。”⑤ 无疑，王艮的两次北上讲学进一步扩大了阳明之学的影响。

不过，关于王艮“怪诞”的京师之行，束景南先生有自己的看法。

① （明）赵贞吉：《心斋王艮墓铭》，《王阳明年谱长编》三，第1484—1485页。

② （明）耿定向：《心斋王艮传》，《王阳明年谱长编》三，第1485页。

③ （清）李颙：《观感录》，《二曲集》，中华书局1996年版，第275页。

④ （明）王阳明：《传习录》下，《王阳明全集》上，上海古籍出版社2017年版，第131—132页。

⑤ （明）王臣：《祭王心斋文》，《王阳明年谱长编》三，第1504页。

他认为因为王艮盲目、狂妄的行为，引起朝廷及士大夫不满，是王学遭到朝廷打压的根本原因。束景南说："王艮是次突发奇想，冠古服，驾蒲轮，招摇入都，以'神龙'自居，行事怪异，以至都人聚观如堵，朝士相顾愕眙，震惊都下，实犯朝廷大忌。其后遂有程启充、毛玉、向信、章侨等纷起攻阳明学为'异学''邪说'，实因王艮是次入都意气太狂、行事太怪有以启之；阳明之不胜危惧，促其速归，盖亦以此也。自是而后，斥阳明为'异学''邪说'而欲禁之之说起矣。王艮此行，乃'学禁'之导火线也。"① 这个判断大体上可以接受，但的确只能说是"导火线"，因为阳明之学被视为"伪学""邪说"应该是"由来已久"，只是在这个时候爆发而已。早在1514年，阳明之学就遭到魏校、邵锐等学者的批评、攻击，阳明的学生黄绾为了维护阳明之学，先后写有《答邵思抑书》《复李逊庵书》以劝说魏校、邵锐不要搞门户之见，不要攻击阳明之学。黄绾说："闻魏君子才学行绝，仆极倾仰，但与阳明时有门户之驰，浅陋念此，不堪忧怅，惟恨无由一讯其故。……窃意为其徒者，各持胜心，或私有所怀，巧添密劓，推附开合。如昔朱陆门人以自快一时，却不知此道塞天地、亘古今，无物不该、无人不同，可独为阳明、子才之私，象山、考亭之有也？"② 1519年，王阳明在《又答汪进之书》中提到："朱、陆异同之辩，固守仁平日之所召尤速谤者。"③ 这说明，阳明之学"召尤速谤"由来已久。而在《与陆原静二》中，阳明提到："诸君病于相信相爱之过，好而不知其恶，遂乃共成今日纷纷之议，皆不肖之罪也。……是非之心，人皆有之，彼其但蔽于积习，故于吾说卒未易解。就如诸君初闻鄙说时，其间宁无非笑诋毁之者？久而释然以悟，甚至反有激为过当之论者矣。"④ 这也提供了明确的信息：阳明之学遭受非议已有时日，尽管阳明认为自己要承担责任，尽管阳明认为由于未喻阳明之学真谛而非议毁谤很正常。因而，王艮北上讲学之前，已是"谤议蜂起"——"当是时阳明之学谤议蜂起，而先生冠服言动，不与人同，都

---

① 束景南编：《王阳明年谱长编》三，第1485—1486页。

② （明）黄绾：《答邵思抑书》，《黄绾集》，上海古籍出版社2014年版，第333—334页。

③ 《王阳明全集补编》，束景南等编，上海古籍出版社2018年版，第169页。

④ （明）王阳明：《与陆原静二》，《王阳明全集》上，第210—211页。

人以怪魁目之”[①]。在社会、学者对阳明之学的诋毁已酝酿较长时间的背景下，王艮以怪诞的方式宣讲阳明之学，的确有火上浇油之嫌。但从扩大阳明之学影响看，王艮的“怪诞之行”让阳明之学的影响扩大至大北方，不能不说厥功至伟。因此，将阳明之学遭禁完全归于王艮，既于事实不公，也有意淡化了王艮在传播阳明心学上的功劳。

二 侍讲阳明，推动书院建设

自拜师阳明后，王艮虽不能形影不离地陪侍阳明，但仍然较为频繁地来到绍兴侍讲，而且为建造阳明书院出谋划策，推动了阳明书院的建设。

1522 年，阳明父亲去世，在家守丧。王艮来到绍兴吊孝。王艮弟子董燧说：“嘉靖元年壬午，先生四十岁。时阳明公以外艰家居，四方学者日聚其门，道院僧房至不能容。于是先生为构书院调度，馆谷以居，而鼓舞开导，多委曲其间，然犹以未能遍及天下。”[②] 这是描述当时全国各地学者前往绍兴求学的景象：络绎不绝，日聚其门，即便道观、佛寺用上，依然不能满足需求。王艮目睹此景，既高兴，又着急：高兴的当然是老师的学问很有市场，圣人之学大有希望，着急的是房舍严重短缺，满足不了求学者的食宿需求。孔子说“先富后教”，不能食宿，无以为学，因而，王艮积极考虑筹建书院之事，且忙碌其间，同时协助阳明开导学者。但王艮认为这还远远不够，所以有了前面提到的京师讲学之行。1523 年，王艮再次来到绍兴侍讲阳明。董燧说：“嘉靖二年癸未，春初，往会稽侍阳明公朝夕。”[③] 1525 年，王艮将父亲、侄子都带到绍兴，一起向阳明问学。董燧说：“嘉靖四年乙酉，……春正月，往会稽。先生奉守庵公如会稽，并诸子侄以从。”[④] 王艮偶尔亦当“教授师”。董燧说：“未几，阳明公谢诸生不见，独先生侍左右。或有谕诸生，则令先生传授。”[⑤]

---

① 王士纬：《心斋先生学谱》，《王心斋全集》，第 84 页。

② （明）董燧：《王心斋先生年谱》，《王阳明年谱长编》三，第 1465 页。

③ （明）董燧：《王心斋先生年谱》，《王阳明年谱长编》三，第 1504 页。

④ （明）董燧：《王心斋先生年谱》，《王阳明年谱长编》三，第 1655 页。

⑤ （明）董燧：《王心斋先生年谱》，《王阳明年谱长编》三，第 1568 页。

王艮在阳明身边有时享受到“特权”，专门侍讲阳明，并命王艮传授。张峰记载：“嘉靖三年春正月，子补生。往会稽，请筑书院，以居四方学者。文成每令先生传谕焉。”[①] 其中也提到谋划建书院之事，时间为1524年。

关于阳明书院的建造，王艮是第一位推动者。《王阳明年谱》云：“（1525年）十月，立阳明书院于越城。门人为之也。书院在越城西郭门内光相桥之东。”[②] 阳明书院位于绍兴府城北至大寺左，由阳明门人王艮、何秦等为接待四方来学士子而建，《年谱附录》云：“先是师在越，四方同门来游日众，能仁、光相、至大、天妃各寺院，居不能容。同门王艮、何秦等乃谋建楼居斋舍于至大寺左，以居来学。”[③]《王艮年谱》至少两次提及建造书院之事：“时阳明公以外艰家居，四方学者日聚其门，道院僧房至不能容。于是先生为构书院，调度馆谷以居，而鼓舞开导多委曲其间，然犹以未能遍及天下。”[④]“在会稽。是年春，四方学者聚会稽日众，请阳明公筑书院城中以居同志。”[⑤] 董燧说：“嘉靖三年甲申，在会稽。是年春，四方学者聚会稽日众，请阳明公筑书院城中，以居同志。”[⑥] 可见，从1522年到1525年，王艮一直谋划建造一座书院，并为之奔波，乐此不疲，终于1525年落成，是为阳明书院。钱德洪说：“嘉靖十六年丁酉十月，门人周汝员建新建伯祠于越。是年汝员以御史按浙。先是师在越，四方同门来游日众，能仁、光相、至大、天妃各寺院，居不能容。同门王艮、何秦等乃谋建楼居斋舍于至大寺左，以居来学。师没后，同门相继来居，依依不忍去。是年，汝员与知府汤绍恩拓地建祠于楼前。”[⑦] 根据钱德洪的叙述，阳明书院在当时成了阳明弟子及众学者的主要聚集场所。综上所述，王艮的确积极推动、筹划了阳明书院的建造。而阳明书院的建造，一方面暂时缓解了来自全国学者的住宿问题，使大家能够

---

① （明）张峰：《王艮年谱》，《王阳明年谱长编》三，上海古籍出版社2018年版，第1567页。

② 《年谱三》，《王阳明全集》下，第1432页。

③ 《王阳明年谱》附录一，《王阳明全集》下，第1472页。

④ 《年谱》，《王心斋全集》，第70页。

⑤ 《年谱》，《王心斋全集》，第71页。

⑥ （明）董燧：《王心斋先生年谱》，《王阳明年谱长编》三，第1568页。

⑦ 《王阳明年谱》附录一，《王阳明全集》下，第1472页。

安心求学问道，能够安心切磋交流；另一方面方便了阳明讲学，传播自己的学问。这都极大地促进了王阳明在绍兴讲学活动的顺利开展。王阳明即便远在广西，仍然关心书院的讲学活动，他说：“绍兴书院中同志，不审近来意向如何？德洪、汝中既任其责，当能振作接引，有所兴起。会讲之约但得不废，其间纵有一二懈弛，亦可因此夹持，不致遂有倾倒。”① 而对书院的维修更是亲自出资，阳明说：“书院规制，近闻颇加修葺，是亦可喜。寄去银二十两，稍助工费。墙垣之未坚完及一应合整备者，酌量为之。”② 这些充分说明，王艮所筹建的阳明书院对阳明之学的传播和发展是发挥了特殊作用的。

三　讲学收徒，创立泰州学派

如上所言，王艮不仅能讲，而且爱讲，他认为讲学是宣传学问的最佳途径，也是扩大自己学说影响的有效方式。黄宗羲说：“开门授徒，远近咸至。同门会讲，必请先生主席。阳明而下，以辩才推龙溪，然有信有不信，惟先生于眉睫之间，省觉人最多。”③ 王艮能讲爱讲，看来的确是名不虚传，而坐实此名的是，王艮拜师阳明不久便四处讲学。

1520 年，拜师阳明后回到泰州不到一周时间，王艮再次起身前往豫章，并趁路过金陵之际，利用间隙时间聚友讲论。所谓“过金陵，主学前，聚诸友讲论。时六馆之士具在，先生曰：‘吾为诸君发六经之旨。夫六经者，吾心之注脚也。心即道，道明则经不必用，经明则传复何益，经传印证吾心而已矣。’六馆之士皆悦服”④。此次所讲，是王艮的“六经”观，即谓“六经”乃心之注脚，“经”的作用是传“道”，所以“道”明之后，“经”的存在便失去意义。这是典型的心学“六经”观，凸显了心学对于“六经”地位、特点的评价。

---

① （明）王阳明：《与钱德洪、王汝中一》，《王阳明全集》上，第 249 页。

② （明）王阳明：《与钱德洪、王汝中三》，《王阳明全集》上，第 250 页。

③ （清）黄宗羲：《处士王心斋先生艮》，《明儒学案》卷三十二，商务印书馆 1935 年版，第 68 页。

④ 《年谱》，《王心斋全集》，第 70 页。

1525年，同门邹守益在广德建成复初书院，请同门讲学，王艮自然亦列其中，“会广德，时邹东廓守益以内翰谪判广德，建复初书院，大会同志，聘先生与讲席。作《复初说》，文列后卷。东廓子书院成，因名曰‘复初’，刻先生说于其中”①。《复初说》的中心思想是：“知不善之动者，良知也。知不善之动而复之，乃所谓‘致良知’，以复其初也。”②同年秋，“郭中州治时尹丰聘先生开讲，刻诗学宫，以示诸生”③。

1526年，受王瑶湖的邀请，王艮来到安定书院讲学，“秋八月，会讲安定书院。时王瑶湖臣守泰州，会诸生安定书院，礼先生主教事”④。其后作有《安定集讲说》（《安定书院讲学别言》），主要思想是：“予谓道在天地间，实无古今之异，自古惟有志者得闻之。孔子曰‘朝闻道，夕死可矣’，其余何足言哉？嗟夫有志之士，何代无之？若非明师良友鼓舞于前，诱掖奖劝，抑其过，引其不及，以至于‘中’，其不至于半途而废，行不著，习不察，流于异端枝叶者鲜矣。”⑤ 就是说，圣人之道无处不在、无古今之别，人人应该以“闻道”为最高追求。如果一个人有良师益友的引导和鼓励，抑其过而补其不及，那么，他就不至于半途而废，也不至于“行不著，习不察”，而流于异端枝叶者更是不可能。无疑，这种思想与阳明的主张完全一致。这一年慕名拜师者明显增多，“是年泰州林春、王栋、张淳、李珠、陈芑数十人来学”⑥。

1527年，王艮来到新泉书院讲学，“至金陵。会湛甘泉若水、吕泾野楠、邹东廓、欧南野聚讲新泉书院”⑦。湛甘泉讲“随处体认天理”六字以教学者，已在学者中间开始流传，王艮认为其义与阳明“良知”说并无不同，便作《天理良知说》：“或问‘天理’‘良知’之学，同乎？曰：‘同。’曰：‘有异乎？’曰：‘无异也。’‘天理’者，天然自有之理也，‘良知’者，不虑而知、不学而能者也。惟其不虑而知、不学而能，所以

① 《年谱》，《王心斋全集》，第72页。
② （明）王艮：《复初说》，《王心斋全集》，第28页。
③ 《年谱》，《王心斋全集》，第72页。
④ 《年谱》，《王心斋全集》，第72页。
⑤ （明）王艮：《安定书院讲学别言》，《王心斋全集》，第28页。
⑥ 《年谱》，《王心斋全集》，第72页。
⑦ 《年谱》，《王心斋全集》，第72页。

为天然自有之理；惟其天然自有之理，所以不虑而知、不学而能也。故孔子曰‘知之为知之，不知为不知’，是良知也。‘入太庙，每事问’，是天理也。惟其‘知之为知之，不知为不知’，所以‘入太庙，每事问’；惟其‘入太庙，每事问’，便是‘知之为知之，不知为不知’。曰‘致’，曰‘体认’，知天理也。否则‘日用不知’矣。’曰：‘以子之言，天理良知之学同而无疑矣，人又以为异者，何哉?’曰：‘学本无异，以人之所见者，各自为异耳。’”① 王艮的意思是，天理之说、良知之说本无不同，之所以被人们当成对立的学说，乃由于人之所见不同而然。他说好比一个人，有名有字，但有人知其名不知其字，便以名为是而以字为非，另有的人知其字不知其名，便以字为是而以名为非，因此，如果这两人既知其名又知其字，他们便不会有“名”与“字”孰是孰非的争论，因为他们不仅会承认自己是对的，也会承认对方是对的。王艮所谓“学本无异，以人之所见者，各自为异耳”之说，亦与阳明的观点完全一致。而王艮调和王阳明、湛若水两位大师的愿望也完全可以理解。

但王阳明对“随处体认天理”之说，一直是持批评态度的。1521 年，在《答甘泉》中，阳明说：“‘随处体认天理’是真实不诳语，鄙说初亦如是，及根究老兄命意发端处，却似有毫厘未协，然亦终当殊途同归也。修齐治平，总是格物，但欲如此节节分疏，亦觉说话太多。且语意务为简古，比之本文反更深晦，读者愈难寻求，此中不无亦有心病？莫若明白浅易其词，略指路径，使人自思得之，更觉意味深长也。高明以为何如？致知之说，鄙见恐不可易，亦望老兄更一致意，便间示知之。此是圣学传心之要，于此既明，其余皆洞然矣。意到恳切处，不得不直，幸不罪其僭妄也！”② 阳明开头就说自己当初与甘泉所想是一致的，且认为与甘泉可以殊途同归，这话说得很客气、很谦卑。但于理处却无任何暧昧、妥协。所谓“似有毫厘未协”，所谓“节节分疏，说话太多”，所谓“此中有心病”，等等，充分显示了阳明对“随处体认天理”的不认可态度。而对自己的“致良知”说，则是“圣学传心之要”。值得注意的是，王阳明于 1526 年写给邹守益的五封信中，有两封信专门批评湛甘泉的

① （明）王艮：《天理良知说》，《王心斋全集》，第 31—32 页。
② （明）王阳明：《答甘泉》，《王阳明全集》上，第 202 页。

“随处体认天理”说。阳明说：“‘随处体认天理’之说，大约未尝不是，只要根究下落，即未免捕风捉影，纵令鞭辟向里，亦与圣门致良知之功尚隔一尘。若复失之毫厘，便有千里之谬矣。四方同志之至此者，但以此意提掇之，无不即有省发，只是著实能透彻者甚亦不易得也。”① 阳明认为，如果从根本意义上说，由于“随处体认天理”说与圣门隔着一层，因而，若是以此往前走，便可能铸成千里之谬，希望邹守益讲学时一定要将这点讲明白，提醒求学者注意，免得误入歧途。不久，阳明再次与邹守益强调：“随事体认天理，即戒慎恐惧功夫，以为尚隔一尘，为世之所谓事事物物皆有定理而求之于外者言之耳。”② 直至1527年，阳明依然对“随处体认天理”说持批评态度：“凡鄙人所谓致良知之说，与今之所谓体认天理之说，本亦无大相远，但微有直截迂曲之差耳。譬之种植，致良知者，是培其根本之生意而达之枝叶者也；体认天理者，是茂其枝叶之生意而求以复之根本者也。然培其根本之生意，固自有以达之枝叶矣；欲茂其枝叶之生意，亦安能舍根本而别有生意可以茂之枝叶之间者乎？”③ 不管怎么说，“随处体认天理”说依然有“外心求理”之嫌，所以永远与圣门隔着一层，而且属于舍本求末的方法。阳明如此纠缠于此命题，究竟是出于学问方向上的分歧？还是个人私情所致？或许是值得我们深入探究的一个课题。而对王艮言，调和王、湛初衷非常美好，若他注意到阳明对“随处体认天理”的持续批评，又会作何感想？这一年前来拜师学艺的有：“是年扬州王俊、本州宗部、朱軏、朱恕、殷三聘来学”④。

1528年，王艮来到绍兴讲学，此时阳明已远赴广西。《年谱》云：“嘉靖七年，在会稽。集同门讲于书院，先生言百姓日用是道。”⑤ 不过，学者初闻其说并不敢信，但当王艮援引案例加以解释后，听者无不醒然：“初闻多不信，先生指童仆之往来，视听持行，泛应动作处，不假安排，俱自顺帝之则，至无而有，至近而神，惟其不悟，所以愈来愈远，愈作

---

① （明）王阳明：《寄邹谦之一》，《王阳明全集》上，第224页。
② （明）王阳明：《寄邹谦之五》，《王阳明全集》上，第230页。
③ （明）王阳明：《与毛古庵宪副》，《王阳明全集》上，第243—244页。
④ 《年谱》，《王心斋全集》，第72页。
⑤ 《年谱》，《王心斋全集》，第72页。

愈难。谓之有志于学则可，谓之闻道则未也。贤智之过与仁智之见俱是妄。一时学者有省。”① 这一年前来拜师问道者有：“时广信永丰俞文德入山习静，作书招之。俞得书即出山受学”②。自然，王艮回到泰州后直至去世，来自全国各地的求学者仍然是络绎不绝。

无疑，王艮的讲学活动产生了轰动效应，不仅宣传了阳明心学，也宣传了他自己的思想；不仅扩大了阳明心学的影响，也扩大了自己的影响，所谓“开门授徒，远近皆至。同门会讲者，必请先生主席。阳明而下，以辩才推龙溪，然有信有不信，唯先生于眉睫之间，省觉人最多”③。“故玩廉懦立，感及齐氓，而化民成俗之功，且不在阳明下也”④。经过不算太长时间的努力，王艮的影响风靡神州，无论是思想的独特性，还是学说的普及性，抑或门徒的广泛性，都表现出了独立的学派特色——泰州学派。

四　结语

王艮于阳明心学的贡献主要表现在：其一，致力讲学，扩大了阳明心学的影响。就本文所示，王艮在很短的时间内，周游华东、华北地区，讲学频繁，且都产生了广泛的社会影响，特别是北上京师讲学，震动全国，响彻寰宇，阳明之学从此广为人知。正如黄宗羲所说：“阳明先生之学，有泰州、龙溪而风行天下。”⑤ 其二，侍讲阳明和筹建书院，为阳明心学的传播提供了实际的助力。如本文所示，王艮频繁往来于泰州、绍兴之间，一旦停留绍兴，便不离阳明左右，专心侍讲，从而成为阳明的得力助手；王艮积极筹划书院的选址、建造，在他的周旋下，书院终于落成，从而及时为阳明心学的交流、传播提供了场所。其三，广招弟子，壮大了阳明心学的队伍。阳明在世时，王艮不仅为阳明引荐学者，自己也广收门徒，这些门徒无不慕名而来，无不为求圣人之学而来，由于王

---

① 《年谱》,《王心斋全集》，第72页。

② 《年谱》,《王心斋全集》，第72页。

③ （清）黄宗羲：《处士王心斋先生艮》,《明儒学案》卷三十二，第69页。

④ 王士纬：《心斋先生学谱》,《王心斋全集》，第84页。

⑤ （清）黄宗羲：《泰州学案》,《明儒学案》卷三十二，第62页。

良讲学的影响，加之阳明心学的号召力，所以来自全国的求学者络绎不绝。《明史》有这样的评价：“王氏（王守仁）弟子遍天下，率都爵位有气势。艮以布衣抗其间，声名反出诸弟子之上。”① 其四，阐发义理，使阳明心学思想得以传承和弘扬。王艮讲学所阐发的基本思想，在性质上与阳明心学高度一致，诸如关于“六经与‘心’关系”的论述，关于“日用庸常即是道”的讲说、关于“学本无异，以人之所见者，各自为异耳”的主张、关于“天下一个，万物一体”的观念，关于“立志才能不流于异端枝叶”的警示、关于“致良知即复初”的论断，等等，无一不是阳明心学的嫡传，正所谓“王门有心斋、龙溪学皆尊悟，世称‘二王’。心斋言悟虽超旷，不离师门宗旨；至龙溪直把良知作佛性看，悬空期个悟，终成玩弄光景”②。其中关于王畿的评论是否准确不得而知，但对王艮“不离师门宗旨”的评论应该是合乎实际的。因而，可以说，王艮创立泰州学派对构建阳明心学格局发挥了重要作用。从王阳明于1526年写给王公弼的信中，可以体会到阳明在精神上对王艮的依赖和在能力上对王艮的欣赏：“汝止去后，即不闻消息。迩惟政学日新，为慰。汝止颇为救荒一事所累，不能久居于此，不审此时回家如何料理，亦曾来想见了否？倘其事稍就绪，须促之早来为佳，此间朋友望渠至者，甚切，甚切！兼恐渠亦久累其间，不若且来此一洗涤耳。”③ 因为救荒一事，王阳明心疼王艮；因为需要助手，王阳明想念王艮；因为同门急盼切磋学问，王阳明欣赏王艮。王艮，这位言行怪诞而又才华横溢、特立独行而又忠贞不贰的“盐夫”，终成王阳明心学脉络中不可或缺的一员，终成王阳明心学群星中一颗璀璨的明珠。

---

① 《列传·儒林二·第一百七十一》，《明史》卷二四，中华书局1974年版，第7275页。

② （明）刘宗周：《明儒学案·师说》，《刘宗周全集》第四册，台北“中央”研究院中国文哲研究所筹备处1997年版，第620页。

③ （明）王阳明：《与王公弼书二》，《王阳明年谱长编》四，第1741页。

“南中王门”的学派构成及其思想特征

孙钦香*

明末大儒黄宗羲在《明儒学案》中将阳明后学划分为浙中、江右、南中、楚中、北方、粤闽、泰州七派，“南中王门”为王学七派之一，概指以（明代）“留都”为中心，涵盖今苏、皖、沪三地的阳明亲炙弟子及其再传弟子群体。具体而言，南中王门人物群体以《南中王门学案》为基础，但有3处需作进一步阐明。一是黄宗羲认为黄省曾论学“往往失阳明之意”，朱得之“其学颇近于老氏”，但从二人师承阳明又奉良知之教等方面来看，此显失公允。二是黄宗羲指出薛甲“笃信象山阳明之学”，但没点明师承关系。从《畏斋先生绪言》中“晦翁之功其可少乎”等观点看，薛甲并非“笃信象山”，但却主张“阳明学问是孔门嫡传”。三是黄宗羲以家学渊源将唐鹤徵纳入南中王门，却未将因家学且与王门学人关系密切的沈懋学纳入，笔者在此加入沈懋学。在此基础之上，参照当今学者的研究成果，将阳明南都为官时来学诸弟子亦纳入。

一　南中王门人物及其著述考

与浙中王门、江右王门、泰州王门等兴盛繁荣的研究状况相比，有关南中王门的研究相对稀少许多，南中诸弟子在阳明后学研究中几乎处于湮没不彰的境地，因此，有必要梳理南中诸弟子群体图像及其著作情况。据《明儒学案·南中王门学案》记载，南中第一代著名的弟子有泰

* ［作者简介］孙钦香，1980年生，女，山东莒南人，江苏省社会科学院副研究员，博士。主要研究方向为宋明理学。

州人王艮（字汝止，号心斋，1483—1541年）、苏州人黄省曾（字勉之，号五岳山人，1490—1540年）、宜兴人朱得之（字本思，号近斋）、全椒人戚贤（字秀夫，号南玄，1492—1553年）、宜兴人周冲（字道通，号静庵）、上海华亭人冯恩（号南江，约1496—1576年）六人，另休宁人程默（字子木）曾问学于阳明，为及门弟子。[1] 此外，据学者考证，阳明1513年为官滁州和1514年为官南京时，有大批士人来问学，如（1513年）十一月孙存（字性甫，号丰山，滁州人）来问[2]；"滁州士子朱勋、萧惠、姚英、孟源、孟津兄弟来受学"，（武进人）白悦、白谊来受学；（休宁人）汪尚和（字节夫，号紫峰）来受学；（无锡人）华云、华夏从学阳明于南京[3]；另，（昆山人）张寰（字允清，1486—1561年）正德九年（1514）在南京从学阳明；（高邮人）张綖（字世友，号南湖，1487—1543年）约阳明在南京时，从学门下，相与数月，阳明曾赠其《定志立诚》说[4]，等等。

综上可见，阳明在南中的亲炙弟子多达二三十人，其中，非著名的南中亲炙弟子，多为阳明在南中讲学时入门受学，多习于阳明早期思想，多成长为文章节义之士。而《明儒学案》所枚举的著名南中亲炙弟子多为阳明晚年提出"致良知"教后入门，其中戚贤虽在滁州时与闻阳明讲学，但当时"未知信向，其后为归安令，读论学诸书，始契于心，遂通书受学"[5]。据此，这些著名的南中亲炙弟子皆熟稔和服膺阳明晚年提出的"心即理""致良知"等主要的心学思想观念。

尤为关键的是，南中地区作为有明一代南方著名的政治经济文化中心，自然也成为阳明后学讲学活动的重地。黄宗羲在《明儒学案·南中王门学案》前言便点明："阳明殁后，绪山、龙溪所在讲学，于是泾县有

---

① 参见（清）黄宗羲《明儒学案》，中华书局2008年版，第579页。但因泰州王门单列成派，故"南中王门"不含泰州三王（王艮、王襞、王栋）。

② 束景南编：《王阳明年谱长编》二，上海古籍出版社2017年版，第720页。

③ 束景南编：《王阳明佚文辑考编年增订本》下册，上海古籍出版社2015年版，第632—636页。

④ 邹建峰：《阳明夫子亲传弟子考》，中国社会科学出版社2017年版，第193—212页。

⑤ 参见黄宗羲《明儒学案》，第578页。另王畿《语录》中也记载了一些讲会，包括在休宁、婺源、滁阳、宛陵、福田、桐川等地的讲会，均可见南中地区在此时期阳明讲会兴盛的状况。

水西会，宁国有同善会，江阴有君山会，贵池有光岳会，太平有九龙会，广德有复初会，江北有南谯精舍，新安有程氏世庙会，泰州复有心斋讲堂，几乎比户可封矣。而又东廓、南野、善山先后官留都，兴起者甚众。"[①] 浙中、江右等王门后学著名弟子如邹守益（号东廓，1491—1562年）、欧阳德（号南野，1496—1554年）、钱德洪（号绪山，1496—1574年）、王畿（号龙溪，1498—1583年）等倾心讲学授徒，纷纷以光大师说为己任，在南中地区积极组织、参与讲学活动，教导一批优秀的年轻读书人成长为阳明学学者。据《南中王门学案》记载，南中阳明再传弟子有20人，其中师事王龙溪的有太平人周怡、武进人唐顺之、宣州人贡安国、泾县人查铎、宣城人沈宠、宣城人萧良干、宣城人戚衮、泾县人张棨，师事钱绪山的有贡安国、查铎、泾县人萧彦、萧良干、张棨、歙县人程大宾，师事邹东廓的有周怡、戚衮、张棨、青阳人章时鸾、歙县人郑灼，师事欧阳南野的有武进人薛应旂、沈宠、戚衮。

就上述南中诸王门弟子的存世作品而言，首先据《南中王门学案》记载，南中王门有论学语录者有黄省曾、周冲、朱得之、周怡、薛应旂、薛甲、唐顺之、唐鹤征、徐阶和杨豫孙10人，此外诸人还有文集存世。具体而言，《明儒学案》录黄省曾《陈晓问性》，另有《五岳山人集》38卷（《四库全书存目丛书》，集部94册，明嘉靖刻本，南京图书馆藏）；《明儒学案》录周冲《周静菴论学语》8条[②]；《明儒学案》录朱得之《语录》17条[③]，另有《三子通义》（即《老子通义》《庄子通义》《列子

---

① 关于南中地区讲学活动的研究，可参看吴震《明代知识界讲学活动系年：1522—1602》（学林出版社2003年版）、陈时龙《明代中晚期讲学运动：1526—1626》（复旦大学出版社2005年版）、［瑞士］耿宁《人生第一等事——王阳明及其后学论"致良知"》（上册）（商务印书馆2014年版）、吕妙芬《阳明学士人社群——历史、思想与实践》（北京师范大学出版社2017年版）等。

② 据学者考证，日本天理图书馆藏《王阳明先生小像附尺牍》一卷，存《与周道通答问书》和《与周道通（五通）》。见张立文《王阳明与周道通答问书》，《哲学研究》1996年第5期。

③ 据日本学者三浦秀一考证，朱得之现存的著作除了《三子通义》以外，仅有《稽山承语》与《宵练匣》。现存《宵练匣》一卷17条语录（《四库存目丛书》第87册，涵芬楼影印明隆庆间刻《百陵学山》本）与《明儒学案》所录《语录》17条完全相同；《稽山承语》收录嘉靖初期阳明的发言，包括朱得之在内的阳明晚年门人与其师的问答。［日］三浦秀一：《王门朱得之的生平与思想》，《王学研究》第三辑，第270—271页。

通义》，明嘉靖四十四年朱氏浩然斋刻《三子通义》本）和《稽山承语》（嘉靖二十九年间闾东刻本《阳明先生文录》附录，现存台北"中研院"傅斯年图书馆）；录周怡《尤西川纪闻》7条语录，另有《周讷溪全集》27卷（清道光二十年仙源周氏燕翼堂刻本，南京图书馆藏）；录薛应旂《薛方山纪述》，另有《方山薛先生全集》68卷（《续修四库全书》第1343册，明嘉靖刻本，南京图书馆藏）、《方山先生文录》（《四库全书存目丛书》第102册，明嘉靖三十三年东吴书林刻本，南京图书馆藏）；录薛甲《文集》5条语，另有《畏斋薛先生绪言》4卷（《续修四库全书》第1124册，子部，明隆庆刻本，南京图书馆藏）、《畏斋薛先生艺文累稿》14卷《续集》3卷（《续修四库全书》第1340册，集部，明隆庆刻本，南京图书馆藏）；录唐顺之《荆川论学语》14条，另有《重刊荆川先生文集》17卷《外集》3卷《附录》1卷（明万历元年刻本，南京图书馆藏）[①]；录唐鹤徵《桃溪答记》37条，另有《周易象义》4卷附《桃溪札记》1卷（唐氏铅印本，南京图书馆藏）或《周易象义》4卷（《四库存目丛书》第10册，明万历三十五年纯白斋刻本）；录徐阶《存斋论学语》13条，另有《世经堂集》26卷（《四库存目丛书》第79、80册，明万历刻本，国家图书馆藏）、《少湖先生文集》（《四库全书存目丛书》第80册，明嘉靖三十六年宿应麟刻本，国家图书馆藏）；录杨豫孙《西堂日记》14条，另有《杨幼殷先生集》（《广理学备考》丛书，清康熙间刻本、道光五年重修，国家图书馆藏）、《宝颜堂订正西堂日记》1卷（《宝颜堂秘笈》丛书，明万历绣水沈氏尚白斋刻本，国家图书馆藏）。

其次，南中诸再传弟子有文献存世者还有：查铎撰《毅斋查先生阐道集》10卷末1卷（《四库未收》第16册，清光绪十六年泾川查氏济阳家塾刻本，国家图书馆藏）、《毅斋经说》1册、《水西会语》1卷、《毅斋奏疏》1卷（清·赵绍祖、赵绳祖辑撰《泾川丛书》收录，国家图书馆藏）[②]；萧良干撰《拙斋学测》1卷、《拙斋十议》1卷和《稽山会约》1卷（《泾川丛书》，国家图书馆藏）；沈懋学著《郊居遗稿》10卷（《四库全书存目丛书》第163册，明万历三十三年何乔远刻本，南京图书

---

① 现浙江古籍出版社2014年整理出版《唐顺之集》（上、中、下）。

② 阳明后学文献第三编即将推出《查铎集》。

馆藏)。

由上可见，南中王学诸弟子群体虽不及浙中、江右等阳明后学流派久负盛名、影响深远，但在人数、著述方面仍颇有可观之处，是阳明后学群体不可或缺的组成部分，理应成为阳明后学研究中的重要组成部分。

二 “丸之走盘”：良知学的多元拓展

黄宗羲在《明儒学案发凡》中引杜牧《注孙子序》说：“‘丸之走盘，横斜圆直，不可尽知也。其必可知者，是丸之不出于盘也。’夫宗旨亦若是而已矣。”缘此来说，南中王门对阳明学的“多所发明”恰如“横斜圆直之丸”，但并未越出阳明学的“立言宗旨”，未脱离阳明心学“致良知”这一“宗旨之盘”。简言之，南中诸弟子大都在阳明“良知学”的思想范式内，在某些思想议题上表现出不同的取径和各自的侧重。

具体而言，全椒人戚贤，嘉靖五年（1526 年）进士，是最早接触阳明学的南中地区学者，也是一名纯正的阳明学者。《南中王门学案》称：“阳明在滁州，南玄以诸生旅见，未知信向。其后为归安令，读论学诸书，始契于心，遂通书受学。”可见戚贤年轻时虽听闻过阳明在滁州讲学，但当时对阳明的讲学主旨未能真正体知和认同，直至嘉靖五年中进士，授归安县令，才通书信问学，正式入门称弟子。阳明曾称赞他笃志向学，曰：“此道之在人心，皎如白日，虽阴晴晦明千态万状，而白日之光未尝增减变动。足下以迈特之资而能笃志向学，勤勤若是，其于此道真如扫云雾而睹白日耳。”① 可见，自执弟子礼之后，戚贤一生便真诚服膺阳明“良知学”，黄宗羲记载他在安定书院举办讲会时，曾对学者说“千圣之学，不外于心，惟梏于意见，蔽于嗜欲，始有所失。一念自反，即得本心”，而且还记载他严守儒学与佛老之分界，“在京师会中，有谈二氏者，即正色阻之”，因此，黄宗羲称赞道：“南玄论学，不离良知。而意气激昂，足以发之。”②

华亭人冯恩，嘉靖五年（1526 年）进士，阳明临终前入门之弟子，

---

① （明）王阳明：《王文成公全书》，中华书局 2015 年版，第 268 页。

② （清）黄宗羲：《明儒学案》，第 578 页。

当时阳明不仅身在军旅之中，而且抱病在身。据《明史》记载，冯恩，嘉靖五年中进士，授为“行人”，奉命慰劳时为两广总督的王阳明，“遂执贽为弟子”①，《明儒学案》亦说：“阳明征思、田，南江以行人使其军，因束脩为弟子。”② 可见，冯恩入门从学时间较短，且军旅事务繁多，问学请教的机会可以想见并不多，但即便在这种境况下，冯恩仍被阳明所折服，入门受学。

再者，南中再传弟子从浙中、江右等王门后学的众多著名学者问学，纷纷修习和传播阳明晚年所揭示的“良知教”。宣州人贡安国曾从邹守益问学，后又与欧阳德、王畿等人往来讲学。门人曾录其讲学语，题名为《学觉窥斑》（今亡佚）。据查铎《学觉窥斑序》所记，书名之“学觉”乃是祛除迷雾而还人人本具之灵觉。另据查铎所言，其师为学在于洞见心体，主张“终日应感，不动一念，即是立命功夫”，查铎称其师之学已深窥太极之妙，不落五行之偏，深得阳明良知之传。③

武进人唐顺之，嘉靖八年（1529 年）会试第一，从王龙溪听闻阳明“良知学”，“闻良知说于王畿，闭户兀做坐，匝月忘寝，多所自得”④，其学深受龙溪影响，并与江右王门罗洪先（号念庵，1504—1583 年）交往密切，在唐顺之《荆川先生文集》和罗洪先《念庵文集》中，存有不少二人尺牍论学之文。唐顺之学识广博，学贵自得，主张“天机说”，同时，在“天机说”基础上，又提出“欲根洗尽”和“天机自然”等颇具心学色彩的观点。黄宗羲说他为学“以天机为宗，无欲为工夫。谓‘此心天机活泼，自寂自感，不容人力，吾惟顺此天机而已。障天机者莫如语，欲根洗尽，机不握而自运矣”⑤。

太平人周怡，嘉靖十七年（1538 年）进士，“早岁师事邹守益、王龙溪，于《传习录》身体而力行之”。黄宗羲称赞他：“海内名王氏学者，

---

① （清）张廷玉等：《明史》，中华书局 1974 年版，第 5518 页。

② （清）黄宗羲：《明儒学案》，第 578 页。

③ （明）查铎：《毅斋查先生阐道集》，《四库未收丛书》16 册，刻本，泾川查氏济阳家塾 1890 年（清光绪十六年）本，第 23—25 页。

④ （清）张廷玉等：《明史》，第 5424 页。

⑤ （清）黄宗羲：《明儒学案》，第 598 页。

不远千里，求其印证。”① 北方王门尤西川曾从其问学，在《尤西川记闻》中存有问学语录。“不喜为无实之谈，所谓节义而至于道者也”，黄宗羲此言诚不虚。

泾县人查铎，嘉靖四十四年（1565 年）进士，“学于龙溪、绪山”，其学深受龙溪影响，深契无善无恶之玄旨，但又能保持一种较为中道之精神，强调“彻最上之微机，兼中下之修证”② 的为学宗旨。黄宗羲说他为学主张“良知简易直截，其他宗旨，无出于是。不执于见即曰虚，不染于欲即曰寂，不累于物即曰乐，无有无，无始终，无阶级，俛焉日有孳孳，终其身而已”。

可见，南中诸弟子多服膺“良知之教”，且能切实做功夫，成就一名真正儒者。此外，南中王门的另一大思想特征便是在当时诸多学术流派之间持更为融通之见。其中，南中王门多会通阳明学与甘泉学者，首屈一指的人物便是宜兴人周道通。阳明在江西赣州讲学时，周道通曾前往受业，从学于阳明，有《启问道通书》（《传习录》中）。在此书信中，阳明对他的为学颇称许之，足见其为身体力行者。另有《与周道通答问书》和《与周道通（五通）》，师生二人书信讲学讨论往来不断。后周道通问学于当世另一大儒湛若水（号甘泉，1466—1560 年），为学不死守门户之见。周道通去世后，湛若水曾赞叹：“道通真心听受，以求实益，其异于死守门户以相訾而不悟者远矣!”黄宗羲也曾言：“当时王、湛二家门下弟子，未免互相短长，先生独疏通其旨。门下弟子时不相能。”③ 可见，其为学颇主阳明学与甘泉学之交相辉映。

热衷会通甘泉学与阳明学的另一位南中亲炙弟子，便是苏州鼎鼎大名的文学家黄省曾。正德十六年（1521 年），黄省曾为王阳明《修道说》作注，开始接触阳明心学，并在思想上逐渐倾向于心学。嘉靖三年（1524 年），阳明在稽山书院讲学，往绍兴问道，才得以正式拜于门下受教，晨夕参问，作《会稽问道录》，《传习录》卷下有他记载的阳

① （清）黄宗羲：《明儒学案》，第 591 页。

② （明）查铎：《毅斋查先生阐道集》，《四库未收丛书》16 册，第 7 页。

③ 参见（清）黄宗羲《明儒学案》，第 578 页。湛若水是王阳明早年学友之一，两人曾与黄绾（字宗贤，1477—1551 年）3 人订“共学之盟”，共同追求圣贤之学，阳明逝后，黄作《行状》，湛作《墓志铭》。

明语录12条。曾自言对阳明学有所彻悟，因很少显露，所以同门中许多人大多都只认他为文人，惟与邹守益、欧阳德、王艮、王畿等为知己莫逆。同年秋天归乡，此时湛若水升任南京国子监祭酒，黄省曾便前往受教，颇得湛若水赏识。从此，黄省曾便以会通阳明学与甘泉学为己任，在《临终自传》中，他说：“二公谈道，本为大同，因有小细，往来其间，述饰萋绵，几堕参商。盖王公如握日中天，湛公如流光衣士……日必有光，派何离本，故二门尚王者曰：‘吾师以有事为简，何假忘助之扰。’崇湛者曰：‘吾师以忘助为实，不似有事之虚。’”当时阳明后学与甘泉后学交互非议，彼此不容，黄省曾却指出，“二门所争”多因傲气，出于意气，他认为：“有事正为勿忘勿助，勿忘勿助正为有事，一体浑同，安得离判？二公之学实各神明，非世所拟。二公皆不求知于仁，而乐知于天者也。”① 可见，王、湛之学的会通和调和，不仅出现在甘泉后学之内，南中王门如周道通、黄省曾亦主二派“一体浑同”，不应存意气之争。

周、黄两位弟子在阳明学与甘泉学之间持开放融通之见，另一亲炙弟子朱得之在阳明学与老庄学之间亦主兼容。靖江人朱得之于嘉靖三年至六年（1524—1527年）陪伴在阳明左右，朝夕问学，得闻阳明晚年“致良知”之教。嘉靖二十三年（1544年）在国子学期间，结识国子学正北方王门尤时熙（号西川，1503—1580年），在北方传播阳明心学。同时，又标举老庄“虚静自然”之学，《靖江县志》卷14《人物志·儒学》中有其《传记》，说他学术旨趣归于“体虚静，宗自然”，黄宗羲亦说他“从学于阳明，所著有《参玄三语》。其学颇近于老氏，盖学焉而得其性之所近者也”②。可见，与阳明“早年溺于佛老之学，后归于圣贤之学”的学术成长路径不同，朱得之在良知学与老庄学之间持更为平等、兼容之立场，而且他曾“在《庄子通义》之中，展开阳明良知无知说”③。

① （明）黄省曾：《五岳山人集》38卷，《四库全书存目丛书》94册，明嘉靖年间刻本，第851页。

② （清）黄宗羲：《明儒学案》，第585页。

③ ［日］三浦秀一：《王门朱得之的生平与思想》，《王学研究》第三辑，第280页。

再者，朱得之晚年对《大学》“格物”曾作一新解，以“通物情”来释“格物”。据尤西川记载，近斋解格物之格，与阳明大指不殊，而字说稍异。予问：“曾就正否?”近斋叹曰：“此终天之恨也。”① 虽未能向阳明请教己说之是非得失，颇显遗憾，但同时也看出，他为学不主墨守，有所创说。对“格物”有新解的还有江阴人薛甲，嘉靖八年（1529 年）进士，虽与阳明后学无明确的师承关系，但笃信阳明之学，曾说：“古今学术，至于阳明渐而昭融。”同时，在对“格物”的解释上，与阳明“格物，致吾心良知之天理于事事物物”不同，主张“以感物为格，不能感物，是知之不致”②。

最后不得不说的是，南中王门的思想世界之所以呈现丰富多元之态势，与南中地区的讲学活动关系重大。阳明弟子如邹守益、欧阳德、钱德洪、王畿等倾心讲学，在南京、宁国府等南中地区授徒讲学。南中诸再传弟子亦身体力行，组织和参与讲学。宣州人贡安国“师南野、龙溪。主水西、同善之会。……后官山东州守，讲学于志学书院”。查铎长期居乡讲学，《明史》曰：“缮水西书院，讲王畿、钱德洪之学，后进多归之。”③ 泾县人萧良榦师承钱德洪和王畿，黄宗羲将水西会之盛归功于他，说：“水西讲学之盛，萧氏之力也。”泾县人张棨，从欧阳德受良知教，是泾县士人中最早接受阳明学者，后归里筑室，聚徒讲论，开泾县讲学风气之先。

综上可见，南中诸弟子对阳明晚年“良知教法”颇为熟稔，其独特的思想面貌是恪守“致良知”宗旨，同时学贵自得，对“格物”颇有新解，而且在阳明学与甘泉学乃至老庄学之间持有更为开放融合的立场，促使南中王门的思想世界呈现多元拓展之局面。

---

① 关于朱得之“通物情”的格物新解，可以参看三浦秀一《王门朱得之的生平与思想》中对朱得之晚年“格物”解释的阐述。

② （明）薛甲：《畏斋薛先生绪言》，《续修四库全书》1124 册，明隆庆年间刻本，第 15 页。

③ （清）张廷玉等：《明史》，第 5965 页。

三 “呼之欲出”：思想新动向

据上节所述，南中王门对阳明“良知学”的多元拓展恰如“丸之走盘”，虽“横斜圆直”，但并未出阳明学的立言宗旨；同时，须指出的是，南中王门的确在一定意义上开启了一场批评和反省阳明心学的思想运动。这可从以下三个方面得到论证：一是对阳明学派讲学活动的批判，二是重提会通朱陆并重视经世致用之学，三是将横渠“气”学重新引入其思想视域。

宣城人沈宠从学王龙溪，热衷讲学，从王龙溪游达十七年之久，子沈懋学（字君典），《明史》有传，万历五年（1577 年）进士第一，[①] 为学受其父沈宠影响，与王畿等多有交往。但据学者吕妙芬研究，从沈懋学致王畿、罗汝芳等人书信，可清楚看出其对当时讲学严厉的批判，尤其无法认同当时借禅话机锋讲儒家圣学的风气。[②] 即使对受业恩师罗汝芳和王龙溪，沈懋学也直言批评，曾批评道：“时之所谓学，吾惑焉，谈良知者率以知识为性真，以本体即戒慎，卒流禅语。于王文成‘致良知’三字漫不知求，而任职莅官，每每废事，分门立户，好为人师。将以万物为体，则淑慝莫辨，无所劝惩，是高者趣于空谈，卑污者笼于名利，险诈而犯法者，借以为避祸之渊，敝也久矣。”[③] 可见他对讲学者好立门户而引发党派之争极为不满，对讲学者高举讲学而忽略实际经世致用之作为亦不能认同。阳明本人及其弟子如王龙溪、王艮、钱德洪等均热心于讲学活动，可以说，讲学活动是中晚明阳明学蓬勃发展的主要推动力。沈懋学对当时的讲学活动持严厉批判。由此可见，学问风气转变之机运，在此意义上说，沈懋学的这些批评与之后明末清初诸大儒对心学空谈之批判有着某种思想上的延续和进展。

自然，南中再传弟子们从学术思想上对阳明心学有所反省和批判的

---

① （清）张廷玉等：《明史》，第 5698 页。

② 吕妙芬：《阳明学士人社群——历史、思想与实践》，北京师范大学出版社 2017 年版，第 169 页。

③ （明）沈懋学：《郊居遗稿》，《四库全书存目丛书》163 册，刻本，何乔远明万历三十三年本，第 21—22 页。

理应为武进人薛应旂、江阴人薛甲以及武进人唐顺之与唐鹤徵父子。

薛应旂，嘉靖十四年（1535 年）进士，曾问学江右王门欧阳德，与邹守益、罗洪先、聂豹等人均有往来，接受阳明“致良知”说，并提出“心即道”（“此心之外无余道”）和“求经于心”[①] 等心学思想观点；同时又从程朱学者邵宝（号二泉）、朱子学者吕楠（号泾野，1479—1542 年）问学，在《重编考亭渊源录序》中高度评价朱子之学“学宗濂洛，远绍洙泗，孰不谓其集诸儒之大成哉”，并与唐宋派的唐顺之等人交往频繁，故而其学术思想呈现多元兼容之表述，主张会通朱陆之同异，反对朱陆之争，指出朱陆“道本一致，学不容二，两先生实所以相成”[②]。此外，薛甲也力主朱陆之会通，指出“学者不由晦翁之功好而遽希自得之效鲜有不堕于空虚者”[③]，对朱子的“道问学”思想颇多注意。

再者，薛应旂与后来东林学派亦有某种师承和思想的关联，东林领袖顾宪成曾记述其“少受业于方山先师之门”，并受其子薛近鲁“引掖”，还与其孙薛敷教有同窗之谊。薛氏家族三代与东林学派有密切交往，薛应旂为学明确反对空谈性命的讲学活动，崇尚务实，躬行实践，注重外王经世之学，《明儒学案·提学薛方山先生应旂》就曾云：“然东林之学，顾导源于此，岂可没哉!”此外，同郡唐顺之对“以玄妙之语，文夹带之心”等“近来学者之病痛”也多有批判，亦与东林学派人物颇有关联，《常州府志》中唐顺之的传记便是顾宪成所写。

唐鹤徵，隆庆辛未（1571 年）进士，曾与顾宪成等讲学东林书院，为学深受其父唐顺之的影响，曾整理其父所纂《诸儒语要》，刊刻出版时，有所触发，随笔记述，成《桃溪札记》，此外著述还有《周易象义》《周易合义》《皇明辅世编》《南游记》等。唐鹤徵对王门后学“现成良知”“四无说”等思想观念均有批评，尤为可贵的是，他指出“盈天地之间，只有一气，惟横渠先生知之”（《桃溪札记》），突出横渠之气学的思

---

① （明）薛应旂：《方山先生文录》，《四库全书存目丛书》102 册，刻本，东吴书林 1554 年（明嘉靖三十三年）本，第 301—303 页。

② （明）宋端仪：《考亭渊源录卷首》，《续修四库全书》517 册，（明）薛应旂重修，刻本，钱塘吴玉墀本，第 561—568 页。

③ （明）薛甲：《畏斋薛先生绪言》，《续修四库全书》1124 册，明隆庆年间刻本，第 2 页。

想意义，并指明“非气外别有理”，认为“条理精详”者“谓之理”，这与明末大儒王船山“希横渠之正学”遥相呼应，可以说，他的“元气”说开明末气学思潮复兴之先河。

综上而言，沈懋学对阳明学者讲学活动的批评，薛方山、薛甲在阳明学“一统天下”的思想背景下重提朱陆会通，以及薛应旂、唐顺之与唐鹤徵重提经世致用之学，外加唐鹤徵将思想界遗忘良久的横渠“气”学重新提出，从中均可以看出，南中王门确实在一定意义上产生了某些反省和批判阳明心学的思想新动向，这些思想新动向与后来明末清初时期儒学范式的转移存在着某种思想承续关系。这种学术思想方面的延续关系，不仅仅是因为这几位南中阳明再传弟子与东林学派在地缘上相近，接触频繁，更为重要的是，时代思潮逐渐显现出某种转向或转移的时机，江南地区的学者积极呼应了这一时代新思潮。

四　结语

南中王门为“王学七派”之一，与浙中、江右、泰州等阳明后学相比而言，思想大家固然不多见，但仍呈现出丰富多元、异彩纷呈的思想世界。具体而言，南中诸多弟子纷纷服膺阳明“良知教”，同时，又能在阳明学与甘泉学乃至老庄学之间持较为开放会通之见，对《大学》“格物”亦屡有创建，外加讲学活动昌盛，南中诸再传弟子同时师事浙中王门王龙溪和江右王门欧阳德，均促使阳明“良知学”在多角度、多层次展开新的探索，恰如“丸之走盘，横斜圆直”。

此外，南中王门特别是再传弟子们确实在一定意义上呈现出批评和反省阳明“良知教”的思想动向，在此意义上，可以说，南中王门确有某种“呼之欲出”的思想新动向，这可从沈懋学、薛应旂、薛甲和唐鹤徵诸再传弟子对讲学活动之批判，重提朱陆之会通与经世致用之学，以及引入横渠“气学”等思想活动中看出。

综上而言，南中地区阳明诸亲炙弟子和诸多再传弟子是阳明后学群体中不可缺少的重要组成部分，诸亲炙弟子深受“良知教”影响，同时又在阳明学与甘泉学乃至老庄学之间持融通之见；再传诸弟子屡屡出现一人既师事浙中王门王龙溪、又师事与浙中龙溪之学多有不合的江右邹东廓和欧阳德的情况，足见其思想之开阔以及阳明后学中所谓“左右”之分的有限性；再者，再传弟子因应时代思潮的转移际会，在某些层面对阳明心学特别是空谈讲学、四无说等提出批评，同时重提朱陆之会通和经世致用之学，乃至重新引入横渠“气学”思想，从而使得南中王门在此意义上呈现某些思想新动向。

阳明后学袁黄师承、交游及著述考略

林志鹏*

袁黄（1533—1606年）即袁了凡，初名表，后改名黄，字坤仪，初号学海，后改号了凡。明世宗嘉靖十二年（1533年）生于浙江嘉善魏塘，明神宗万历十四年（1586年）进士，万历十六年（1588年）至万历二十年（1592年）任宝坻知县，后升任兵部职方司主事。适逢朝鲜“壬辰倭乱”（1592年），袁氏以军前赞画身份随军入朝，不逾年即遭削籍，返乡后隐居吴江赵田，著述教子，行善积德。万历三十四年（1606年）逝世，享寿七十四岁。明熹宗天启元年（1621年），吏部尚书赵南星“追叙征倭功”，追赠其“尚宝司少卿”。明思宗崇祯十五年（1642年）袁黄、袁俨父子同入吴江贤祠。

袁氏一生跨越嘉靖、隆庆、万历三朝，活跃于晚明[①]时期。其于《明史》并无专传，黄宗羲著《明儒学案》，他亦未能名列其中，属于“《明儒学案》所不收”而又“和《明儒学案》中的若干位又实在不无交涉的人”。[②] 袁氏生前，与冯开之、钱明吾被誉为万历年间“秀水三名士”；袁氏身后，又以《了凡四训》及其提倡的“功过格”对世俗伦理道德影

* ［作者简介］林志鹏，1980年生，男，河北石家庄人，广东省社科院副研究员，博士。主要研究方向为中国思想史、阳明心学、文化产业与文化发展。

① 笔者对“晚明”这一历史概念的界定，依照嵇文甫《晚明思想史论》一书的划分，“大体上断自隆万以后，约略相当于西历16世纪的下半期以及17世纪的上半期”。参见嵇文甫《晚明思想史论》，东方出版社2013年版，第1页。

② 柳存仁：《和风堂文集》，上海古籍出版社1995年版，第836页。

响深远，名垂后世。①

《了凡四训》流行数百年，其所宣扬的“立命之学”及报应思想深入人心，世俗社会因此多将袁氏视为佛教居士，亦有以士绅身份目之者。笔者认为，这些看法皆不足以尽其底蕴。长期以来，由于学者对袁黄与阳明学派的渊源及其交游、著述疏于考究，遂使其真实面目逐渐湮没于历史长河中。探究袁氏的师承、交游及著述情况，有助于更加全面准确地明晰其人其学，因而具有相当的思想史尤其是儒学史意义。

一　师承

欲考证袁黄的师承渊源，先要从其父袁仁（1479—1546 年）说起。袁仁，字良贵，号参坡，居于浙江嘉善，“以医为业”，藏书甚富，“吴下推为文献世家”。袁黄乃袁仁第四子。② 袁仁与阳明门人弟子多有交往，亦曾受王心斋（1483—1541 年）引荐，亲向王阳明问学。王龙溪（1498—1583 年）《袁参坡小传》云：

> 心斋王艮见之（笔者按：袁仁）于萝石所，与语，奇之曰：“王佐之才也。”引见阳明先师。初问良知之旨，师以诗答之曰：“良知只是独知时，自家痛痒自家知。若将痛痒从人问，痛痒何须更问为？”瞿然有省，然终不拜。弟子有谤则告，有过则规，先师以益友待之。嘉靖戊子，闻先师之变，公不远千里迎丧于途，哭甚哀，与余辈同反会稽。

由此可知，袁仁并未向阳明纳贽称弟子，阳明也仅“以益友待之”，但无疑在学术思想上接近或倾向于阳明学派。而从阳明殁后“不

① 明末清初张履祥（1611—1674 年）指出当时士人群体奉持了凡功过格的风气之盛，“袁黄功过格，竟为近世士人之圣书”。清代彭绍升（1740—1796 年）则指出：“了凡既殁百又余年，而功过格盛传于世。世之欲善者，虑无不知效法了凡。”参见（清）张履祥《杨园先生全集》，中华书局 2002 年版，第 117 页；（清）彭绍升《居士传》，成都古籍书店 2000 年版，第 242 页。

② 关于了凡的家世渊源，可参见章宏伟《袁了凡生平事迹考述》。

远千里迎丧于途，哭甚哀”的行为表现来看，说他私淑阳明也不为过。此外，龙溪直言与袁仁“相知甚深”[①]，也透露出袁仁与阳明学派的密切关系。龙溪即王畿，字汝中，号龙溪，浙江山阴人，王阳明高第弟子。嘉靖十一年（1532 年）进士，授南京职方主事，不久以病告归，升兵部武选郎中。后乞休，致力于阐扬阳明“致良知”学说，讲学吴山越水之间达四十余年，“讲舍遍于吴楚闽越，而江浙为尤盛，年至八十犹不废出游”[②]，卒年八十六岁。其思想以“四无”为核心，认为心、意、知、物只是一事，若悟得心是无善无恶之心，则意、知、物皆无善无恶，主张在先天心体上立根，以顿悟为工夫，强调“一念之微”“见在良知”。

据《袁参坡小传》，龙溪十分厚爱他的学生袁表（即袁黄），但起初并不知道他是故人袁参坡之子，当知晓其家世后，龙溪欣然记述这一因缘。其云：

> 公（笔者按：袁仁）没后二十年，武塘袁生表从予游，最称颖悟，余爱之而不知其为公之子也。后询其家世，始知为故人之子。因作《小传》以授之，以志通家之雅。[③]

武塘即魏塘，袁表即袁黄。袁仁逝于嘉靖二十五年（1546 年），据此推测，袁黄游学于龙溪之门约在嘉靖四十五年（1566 年）前后，其时龙溪 69 岁，袁氏 34 岁。这段经历，亦与《分湖志》的记载两相契合。《分湖志》云：“黄好奇尚博，四方游学，学书于文衡山，学文于唐荆川、薛方山，学道于王龙溪、罗近溪。”[④] 也就是说，袁氏自幼兴趣广博，曾分别向当时名士学书、学文及学道。此处所谓“道”是指身心性命之学，是包含学术思想、价值观念在内的一种学术传承，涉及哲学体系的构建，自然不同于其他专业技能的学习。笔者所谓“师承”，正是就这一层面的

---

① 《王畿集》，吴震编校整理，凤凰出版社 2007 年版，第 816 页。

② 《王畿集》，第 830 页。

③ 《王畿集》，第 816 页。

④ 《分湖三志》，吴江汾湖经济开发区、吴江市档案局编，广陵书社 2008 年版，第 13 页。

师从与传承而论。

《四书删正》是袁氏兼具四书诠释和举业参考双重性质的一部著作，曾广泛流传于晚明，其孤本现存日本内阁文库。① 在此书中，袁氏言及“从先师闻阳明之教”，此处“先师”即指王龙溪。袁氏学无常师，却独奉龙溪为“先师”，正是将“道”置于其他专业技能之上的表现，同时亦可印证他是龙溪及门弟子的事实。

在袁氏晚年所著《训儿俗说》中，他直言：我在学问中，初受龙溪先生之教，始知端倪。②

显而易见，袁氏承认其学术思想得自龙溪。既然如此，其师从龙溪的具体情况怎样呢？袁氏《光禄寺署丞清湖丁公行状》云：

> 初，东浙王文成公倡道东南，其门人龙溪先生独得文成之正传，天泉桥证悟可考也。侍御公（笔者按：丁宾）同余先登龙溪之门，闻言契悟，深识世儒之支离之谬。③

所谓“清湖丁公”是指丁宾（1543—1633年）之兄丁寅。丁氏兄弟乃嘉善望族，亦是袁氏挚友。由此可见，袁氏是与丁宾一同拜入龙溪之门的。尤为重要的是，此处提及阳明心学历史上的重要公案“天泉证悟”，表明袁氏坚信中龙溪“四无”之论代表阳明心学“正传”，更加证实其龙溪一派的思想立场。

值得一提的是，龙溪殁后，袁氏作为门人参与了《龙溪王先生全集》的编辑工作。其中，“全集”卷五《语录》署名“门人袁黄坤仪辑、丁宾礼原校”④，

① 关于《四书删正》一书的写作、流传及禁毁情况，参见拙文《袁黄〈四书删正〉考述》，《中国典籍与文化》2016年第3期。

② （明）袁黄：《袁了凡文集》，线装书局2006年版，第9页。

③ （明）袁黄：《袁了凡文集》，第458页。

④ 包括：一、蓬莱会籍申约，包括敦德业、崇俭约、恤患难、修礼节、严约规、明世好、申约后语等七篇；二、竹堂会语；三、南雍诸友鸡鸣凭虚阁会语；四、慈湖精舍会语；五、颖宾书院会纪；六、天柱山房会语（与张阳和、周继实、裘子充问答）；七、书同心册卷；八、与阳和张子问答；九、万松会纪。参见（明）王畿：《王畿集》，吴震编校整理，凤凰出版社2007年版，第103—128页。

卷十五《杂著》署名“门人袁黄坤仪编、丁宾礼原校”①。龙溪讲学数十年，名声显赫，弟子众多。而“全集”的编撰涉及学术思想的传承，绝非寻常小事。一般而言，能得到先师首肯、同门推许的高第弟子方有资格参与此项工作，这也从侧面说明，袁氏作为龙溪门人，是得到同门的许可与推崇的。

此外，倘若《分湖志》的记载属实，袁氏亦曾师从阳明心学另一位重要人物、泰州学派巨擘罗近溪（1515—1588年）。那么，这一渊源又是如何呢？今按《耿中丞杨太史批点近溪罗子全集二十四卷》，其扉页署名“东吴门人袁黄”所作“近溪罗先生像赞”云：

> 儒者曰：汝学似禅；释者曰：我法无是。超然直透本心，以俟圣人百世，此昔人赞象山先生之言，予赞先生无异。（罗汝芳《耿中丞杨太史批点近溪罗子全集二十四卷》）

可见，袁氏对近溪之学推崇备至，亦自称近溪门人。罗近溪，名汝芳，字惟德，号近溪，江西南城人，师事颜山农（名钧，1504—1596年），尽受其学，得泰州学派真传。嘉靖三十二年（1553年）进士，曾任太湖县令，后历任刑部主事、知宁国府、东昌府、云南副使、参政，万历五年（1577年）致仕。一生宣讲哲理，教化士民，其学以“求仁”为宗旨，以“孝弟慈”为核心内容，提倡“赤子之心”“当下即是”，主张顺适自然。

袁氏本人坦承受近溪思想影响颇深，其在任宝坻县令期间（1588—1592年）所作《答杨复所座师书》云：

---

① 包括以下篇章：一、先师画像记后语；二、跋名贤遗墨漫语；三、跋徐存斋师相教言；四、私警录后语；五、云间乐聚册后语；六、书耿子健冬游记后语；七、书庐野永思卷后语；八、易测授张叔学；九、图书先后天跋语；十、明儒经翼题辞；十一、莘疇记迹题辞；十二、法华大意题辞；十三、苇航卷题辞；十四、调息法；十五、自讼长语示儿辈；十六、自讼问答；十七、天心授受册；十八、盟心会约；十九、册付应吉儿收受；二十、册付光宅收受后语；二十一、册付炯德收受后语；二十二、册付丁宾收受后语；二十三、册付养真收受后语；二十四、册付梦秀收受后语；二十五、册付云凤尚衮收受后语；二十六、趋庭漫语付应斌儿；二十七、北行训语付应吉儿；二十八、遗言付应斌应吉儿；二十九、若赞（先生像赞也）；三十、黄松轩像赞。参见（明）王畿《王畿集》，第410—444页。

某自受官以来，轻徭缓刑，颇得民和。每朔望，群弟子员而授之经，讲《论》《孟》之遗言，而实示以现在之至理。生童之属，环明伦而观听者不下数百人，诵义之声达于四境，此皆先生及罗先生（笔者按：罗近溪）之教也。①

杨复所即杨起元，为袁氏丙戌进士及第之“座师”。袁氏赞之曰：“岂曰寻常之座主，实惟衣钵之明师。”② 可见，二人志同道合之默契，交往密切之程度，远非一般关系可比。而复所本是近溪最重要的弟子之一，其思想学术之源头活水正是近溪。此处将复所与近溪之教并称，既表明袁氏对二人学术之服膺，又说明他对近溪学说之了解很有可能来自座师复所。

与复所并称“近溪门下二大佬”曹明府（胤儒）《盱坛直诠跋》云：

万历丙午初夏，不佞儒过了凡袁丈于吾苏之开元僧舍，相与扬榷斯学，盖溢志而尽其事已。袁丈曰：“迩来理学先生立言于世，没而不朽者，莫过于盱江近溪罗先生。先生近宗王文成，远溯程宗正，弘洙泗之风而悬诸日月，恨予相遇之日疏也。犹幸座师岭南复所杨先生为先生门人，予时窃聆其绪言。杨先生今亦弃门生矣。予欲自适而不可，将参验而必之。子亲受业于罗先生且久，其何以道予先路？”不佞爰少述先师诲人大义，重以一二微言，袁丈则竦意而听焉，怫然若有所深解焉。③

万历丙午即万历三十四年（1606年），袁氏逝于是年七月，二人此番对话正在辞世前三个月。对话蕴含的信息十分丰富，其一，袁氏对近溪推崇备至，认为其学说“近宗王文成，远溯程宗正”；其二，袁氏之于近溪甚有“相遇日疏”之恨，说明他并无长期从学近溪的经历，最多是听

① （明）袁黄：《袁了凡文集》，第1315页。
② （明）袁黄：《袁了凡文集》，第1105页。
③ （明）罗汝芳：《盱坛直诠》，广文书局1956年版，第297页。

过近溪讲学而已；其三，袁氏由于座师复所之机缘而得以亲近近溪之学，因之“时窃聆其绪言”，这也印证了上文推测。

按照黄宗羲《明儒学案》划分，王龙溪是浙中王门的代表人物，罗近溪则为泰州学派巨擘，“二溪”同为阳明心学后起之秀。袁氏是龙溪的及门弟子，同时崇信近溪之学，无疑属于阳明后学①的重要一员。

二　交游

“道学”师承之外，袁氏师友尚多。在其七十四年生命历程中，与许多社会贤达以及佛教中人都有密切交往。按社会贤达、丛林中人进行分类，罗列其主要交游如下：

（一）社会贤达

殷迈（1512—1577 年），字时训，号秋溟居士，南京人。《居士传》卷四十二载，殷氏“性淡泊，虽处清要，不耐交际苛礼”，曾“屏居山寺，反求诸己，期于自得”。在官十三年，告归闲居十七年，“耽释氏书”，深研《楞严经》《金刚经》，并撰《赘言》一卷。钱谦益《历朝诗集小传》中直称殷氏为“金陵法侣”，“少求格致之义，不得其说，参证内典，澄思静照，久之忽有省，自此皈依佛学，栖息天界寺”。《本朝分省人物考》（天启刻本）卷十三云：“殷迈，字时训，嘉靖丁卯举于乡……丁卯穆庙改元，起元官，视学两浙。”《了凡四训》记云：“直至丁卯年，殷秋溟宗师见余场中备卷，叹曰：‘五策，即五篇奏议也，岂可使博洽淹贯之儒，老于窗下乎！’遂依县申文准贡。”也就是说，袁氏正由他批准补贡进入北京国子监学习。

唐顺之（1507—1560 年），字应德，一字义修，号荆川，江苏武进人，嘉靖八年（1529 年）会试第一，官翰林编修，后调兵部主事。当时倭寇屡犯沿海，唐氏以兵部郎中督师浙江，破倭寇于海上。后升右佥都御使，巡抚凤阳。唐氏理学文章为时人推崇，其理学思想得自龙溪者为多。袁氏曾向其请教文章之道，唐氏勉励之曰：“吾弟于世情颇淡，今将

---

① 亦称“王门后学”，主要是指阳明之后尊崇并推广其学问的士人群体。

一切闲书尽从屏省，只将此三经（笔者按：指《楞严经》《维摩经》《圆觉经》）从容熟玩，句句要悟透本心，字字要消归自己。”① 他推许袁氏云：“适见王龙溪，道吾弟（笔者按：即袁黄）负一方盛名，浙中士子俱视为准的，吾弟之身正，则一方士子俱正，否则一方皆颓靡矣。”② 同时告诫袁氏：“六经之言，皆是古昔圣人以其心之精微形之副墨者，不可全靠他人讲贯……既有醒悟，而后观前辈讲章与先儒传注，皆是梦中说梦。故善读书者，当借传以明经，不可驱经以从传；当尊经而略传，不可信传而疑经。”袁氏《四书删正·凡例》引唐氏之语云：“荆川先生云：‘学者当借传以明经，不可驱经以从传；当尊经而略传，不可信传而疑经。’卓哉！”③

薛应旂（1500—1575年），字仲常，号方山，江苏武进人，嘉靖十四年（1535年）进士，授慈溪知县、江西九江府儒学教授，累迁南京考功郎中。嘉靖二十四年（1545年），因忤严嵩，谪建昌通判，后复起浙江提学副使。罢官归家后，潜心理学，著书立说。著有《宋元资治通鉴》《考亭渊源录》《四书人物考》《方山文录》等。袁氏曾向薛氏请教作文之法，他告诫袁氏：“作人作文，皆以求放心为急。心是一身之主，百骸万应，靡不关焉。此心常在腔子内，则动而应事，必中规矩，下笔为文，定然可观。”

耿定向（1524—1597年），字在伦，号楚侗，又称天台先生，湖广黄安（今湖北红安）人，嘉靖三十五年（1556年）进士，官历行人、御史、学政、大理寺右丞、右副都御史至户部尚书。隆庆初为大理寺右丞，万历年间任福建巡抚。耿氏学宗王守仁，亲近泰州学派，以“不容已”为宗，即“莫致莫为，原自虚无中来，不容着见”，圣人“使人由之，不使知之”即是此义。作为阳明后学，耿氏积极推动讲学运动，注重纠偏救弊，改善社会风俗，其部分主张成为东林学派的先声。袁氏推重耿氏云：“耿天台先生督学南中，专尚德行，奖恬退，抑奔竞，讲孔孟之正学

---

① （明）袁黄：《〈游艺塾文规〉正续编》，武汉大学出版社2009年版，第178页。

② （明）袁黄：《〈游艺塾文规〉正续编》，第179页。

③ （明）袁黄：《四书删正》，刻本，日本内阁文库藏。

于流风靡靡之时，而管登之、焦弱侯辈，遂翕然奋起。”[①] 又曰：“予从先生游，见其内介外和，量宽心细，不以气节沾沾自喜，而以委曲济时为中道。每传坐听教，觉其精神常贯满于一堂之中。凡所启发，不以悟门为急，而以行门为先，循循有序，闻着莫不动心有进，真如春风发物，不知其所以然而然也。”[②]

杨起元（1547—1599年），字贞复，号复所，广东惠州府归善县人。其学承自罗近溪，尊奉罗氏为“圣人”。杨氏之学既有深刻的阳明心学印迹，又有冲破俗套、自立门户的见解，展现出泰州学派“非豪杰之士不能”的独特性格。杨氏为袁氏丙戌进士之“座师”，其《赠袁了凡诗》云：“自从晓事来，知子海内杰。敢以文字知，屈在弟子列。”又曰：“每忆了凡向在灵济宫会中，同志谈及‘天行健，君子以自强不息’，我了凡徐应之曰——且说‘地势坤，君子以厚德载物’。生时一闻此语，与欲镂膺刻骨。凡吾人之学，所以不到实际，不及古人，小而不能大、近而不能久者，正坐欠此一着。虽有超脱妙悟，不过添知识、增机智而已。黎文老平日少所许可，至我了凡，则每云‘吾无忧矣，吾无忧矣’。”袁氏推许杨氏云：“复所杨先生祖述尧舜，宪章圣祖，融二氏之教，开百代之迷。其学授之盱江罗公，而广大精微多所自得。”又赞其文章曰：“杨侍郎起元，心同赤子，量比苍溟，讲千圣之绝学，起末俗之支离，故其为文，借假谈真，直透理窟，如天风环佩，遗响白云。”[③] 杨氏之学不讳佛禅，曾作《决科要语》宣扬阴骘思想。袁氏《当官功过格·序言》云：“《道藏》有紫微帝君功过格，吾师复所杨先生刻之感应篇中，余取其有切于官守者增损数条，用以自警。”可见，袁氏编制此格受到杨氏启发。袁氏从政名著《宝坻劝农书》，特请杨氏作序；而在杨氏身后刊刻著作的门人中，袁氏往往名列其首。

丁宾（1543—1633年），字礼原，初号敬宇，晚号改亭，浙江嘉兴府嘉善人，隆庆五年（1571年）进士，万历二年（1574年）出任南直隶句容知县，万历八年改授御史，万历二十六年起任南京大理寺右寺丞，后

① （明）袁黄：《〈游艺塾文规〉正续编》，第465页。
② （明）袁黄：《〈游艺塾文规〉正续编》，第466页。
③ （明）袁黄：《〈游艺塾文规〉正续编》，第466页。

历职于南京光禄寺、太常寺、鸿胪寺、都察院等，天启元年（1621 年）以南京工部尚书致仕。后加太子少保，卒谥清惠。嘉靖四十五年（1566 年），已是举人的丁宾与尚为诸生的袁黄一同拜入王畿之门，二人最终成为龙溪晚年得意弟子。隆庆五年，袁氏与丁宾等十人同赴会试，断言丁氏必定高中，他如是说："君看十人中，有恂恂款款、不敢先人如敬宇者乎？有恭敬承顺、小心谨畏如敬宇者乎？有受辱不答、闻谤不辨如敬宇者乎？人能如此，即天地鬼神犹将佑之。"[①] 袁氏《送丁敬宇书》极称其贤，曰："足下真实之心，恺悌之行，事不敢为天下先，而举世让步，若言讷讷，而能使听者醉心，以至柔而胜天下之至刚，以无为而胜天下之有为，实当世之伟人，而理学之巨擘也。"[②]

冯梦祯（1546—1605 年），字开之，号具区，又号真宝居士，浙江嘉兴府秀水人。官至南京国子监祭酒，后罢官，盛负文名。他喜佛好禅，曾礼紫柏真可为师，与密藏道开、云溪袾宏、憨山德清等著名僧人交往甚密。冯氏与袁氏同乡，隆庆四年（1570 年）同科中举，尝以学行相砥砺，堪称一生挚友。冯氏为万历丁丑（1577 年）进士，《了凡四训》记云："丁丑在京，与冯开之同处，见其虚己敛容，大变少年之习。李霁岩直谅益友，时面攻其非，但见其平怀顺受，未尝有一言相报。予告之曰：'福有福始，祸有祸先。此心果谦，天必相之。兄今年决第矣。'已而果然。"[③] 冯氏《寿了凡先生七十序》云："所叹天下皆知有先生而先生竟不为天下用，其仁心惠政仅试于宝坻一邑而已。颜氏之言曰：'夫子之道大，故天下莫能容。虽然，不容何病？不容然后见君子。'余于先生亦云。"（冯梦祯《寿了凡先生七十序》，《快雪堂集》卷六）又曰："汉而下，道术裂而为三，先生能一之，著书竖义为后学所宗。盖天将以万世木铎寄之。"（冯梦祯《寿了凡先生七十序》，《快雪堂集》卷六）冯氏殁后，袁氏撰写祭文云："忆岁庚午与公同升，有善相助，有过相惩，游从稍久，德义日增。及丙子谐上公车，修业燕京，谈经讲艺，一惟予之是凭。昼扃丈室，夜对清灯，既搜孔辄，亦证佛乘，扫少年之狂荡，慕前

---

① （明）袁黄：《袁了凡文集》，第 895—896 页。
② （明）袁黄：《袁了凡文集》，第 1316 页。
③ （明）袁黄：《袁了凡文集》，第 896 页。

辈之庄矜，遂变钩棘之习，而以大雅自绳。”又云：“寂寂实阶，人非路圯，知己交情，如君几人？寝门之悲，恸彻苍旻。”[①] 痛失故人之伤痛，情见乎辞。

陈于王（生卒年不详），号颖亭，浙江嘉兴府嘉善县人，万历十四年（1586年）进士，曾任福建按察使，为万历朝“循卓名臣”。万历三十四年朝廷谕令，认为其“品著清廉，心存忠正”，赐祭勒碑，于嘉善县建祠。袁氏与陈氏同年进士，相交甚笃。其《与陈颖亭论命书》云：“我辈平日辛勤刻苦，为子孙创业者，死来皆用不着，所可待以瞑目而释然无憾者，惟此修德行义之事而已。大抵人受命于天，生来之福有限，积来之福无穷。”[②] 又曰：“然从此而遍交天下豪杰聪明智慧者，如麻似粟，并无一个半个知归根复命者，是以世智浮慧愈高，而去本地风光愈远。纵步步圣贤，早已错用心矣。弟知世儒学问迷误已久，不但佛教不行，即孔孟脉络，居然断灭，故从来只和光混俗，未尝敢以真实本分之事开口告人，而今特举以告足下，为爱足下不同众人也。”[③] 又赞其子陈龙正“孝思最深，所至不可限量”。

李世达（1534—1599年），字子成，号渐庵，晚年又号廓庵，泾阳人，嘉靖三十五年（1556年）进士，官授户部主事，后改吏部，历考功、文选郎中。万历二年任右佥都御史，巡抚山东，又进右副都御史，后改抚浙江。他历任嘉靖、隆庆、万历三朝，政声显赫，以耿介闻名于世。袁氏早年即与李氏相交，据李氏记述：“予家去终南山最近。尝裹粮深入，遇梅翁于古松涧，与谈合变，纵横无穷，异而订交焉。了凡袁子下第，谒予，谋隐于终南。时予方废弃，亦有终焉之志。因与同造梅翁，了凡持一缣，以师礼事之。梅素信予，受而不辞。是夕，语至夜分，梅变色曰；此吾师，非吾友也。稽首，而还其缣，且约之同谒其本师。既见，尽以其学授之，促令出山……明年，予起官赴淮，旋自南转北，而了凡以会试至，相见欢甚。”[④] 他对袁氏推崇备至，曰：“予交了凡二十余

① （明）袁黄：《袁了凡文集》，第1445页。
② （明）袁黄：《〈游艺塾文规〉正续编》，第450页。
③ （明）袁黄：《〈游艺塾文规〉正续编》，第451页。
④ （明）袁黄：《袁了凡文集》，第310页。

年，见其乐善如饥，好学不倦，日间非静坐即观书。虽祁寒盛暑，不令隙虚。其与人交也，胸怀洞然，至情可掬，孳孳欲人同归于善。听其教，激励裁抑，具于片言之中，贤愚皆获其益。觌其面，如春风发物，鄙吝潜消，未有不爽然心服者。六艺之学久不讲，而了凡能以身通之；二氏为世所大忌，而了凡则笃信而行之。大而天文地理，小而三式六壬之属，靡不开其关而入其奥。”①

管志道（1536—1608年），字登之，号东溟，江苏吴县人，隆庆五年进士，历任南京兵、刑二部，万历六年，上疏陈事忤张居正，出为广东按察司佥事分巡南韶道，寻遭弹劾，降盐课司提举，次年以母老乞归。著有《周易测六龙解》《孟义订测》《从先维俗议》等。《明儒学案》卷三十二《泰州学案一》称其“受业于耿天台，著书数十万言，大抵鸠合儒释，浩汗而不可方物”②。袁氏评价其文章云：“近日诸名家如管佥事志道，资禀高明，闻道最早，守礼之矩，会禅之精，以三教之宗师，为一方之标榜。”③ 其《答管东溟书》曰：“世间一切顺逆好丑皆系宿业所召，不可脱离，不容欣厌。其遇逆与丑也，反躬自励，借境进修，不求减轻，不计效验；其遇顺与好也，应缘忖德，不胜惭愧，常恐顺境多魔、淫佚日肆。《中庸》所谓‘素富贵行乎富贵，素贫贱行乎贫贱’者，岂特随缘顺受已哉？正有一段正己工夫，不怨不尤，始有下落。”

王肯堂（1549—1613年），字宇泰，金坛县人，万历十七年（1589年）进士，初授翰林院庶吉士，万历二十年（1592年）因上疏言事及政治事故而辞官回乡。王氏曾追随袁黄问学，对袁氏有关“福祚、阴谴”的观念印象深刻。其《律例笺释·自序》曰：“余久欲锲行（《读律私笺》）于世。闻袁了凡先生言：流传法律之书，多招阴谴。惧而中止……世之司民命者，倘因余言而有感焉，体圣祖之心，遵圣祖之训，则刑为‘祥刑’，而皋陶迈种德之一脉，为不断矣！福祚且流及子孙，而又何阴谴之有？故余与虞倩来初捐俸流通之，固了凡先生之意也。”袁氏曾告诫管氏云：“欲养气，先要息心，随缘练习，从粗入细。盖志为气之帅，未

① （明）袁黄：《袁了凡文集》，第311页。

② （清）黄宗羲：《明儒学案》，中华书局2008年版，第467页。

③ （明）袁黄：《〈游艺塾文规〉正续编》，第465页。

有帅不宁尔气能顺者也。又要知蹶趋之类，能扰吾心。行须缓步，语要低声，百尔动作，安详徐整，使冲和之气充于四体，而塞于两间，我与天地万物同在一点太和元气之内，即此便是致中和之实学。”又评价王氏文章曰：“王检讨肯堂，性敦孝友，学绍家庭，谦厚冲抑，不以才高自眩，故其为文，细密谨严，会词切理，如三代法物，模范秩然。”①

周汝登（1547—1629年），字继元，号海门，浙江嵊县人，万历五年（1577年）进士，累官南京尚宝卿。周氏学宗龙溪，属尊悟一路，主张心体“无善无恶”之说，提倡儒佛汇通。《明史》称其“欲合儒释而会通之，辑《圣学宗传》，尽采先儒语类禅者以入”。周氏极为赞赏袁氏，支持刊刻袁氏《立命篇》等书，曾曰：“上士假之游戏以接众生，中下援之钩引而入真智。启之入门，诱之明了，兹文（笔者按：即袁黄《立命篇》）有无限方便存焉。余早年不知是事，有从兄剡山者，乃苦行头陀，与我谈不能入。一日会袁公（笔者按：袁黄）于真州，一夜之语而我心豁然，始知世间有此正经一大事，皈依自此始。余迄今不能一日忘此公之恩。公于接引人，固有缘也，兹文之行，利益必广。”（周汝登《东越证学录》卷六）周氏早年即与袁氏相识，其思想亦深受袁氏启发。

（二）丛林中人

云谷法会（1500—1575年），法名“法会”，号“云谷”，浙江省嘉善县胥山镇人，俗姓怀，幼年立志出家，投在本乡大云寺一老和尚座下，剃度为僧。十九岁时，到处参访善知识。翌年，受三坛大戒。后修习天台止观法门。恰逢法舟禅师在天宁寺闭关，便去参访问道。“一日受食，食尽亦不自知，碗忽堕地，猛然有省，恍如梦觉。复请益舟，乃蒙印可。阅《宗镜录》，大悟唯心之旨。从此一切经教及诸祖公案，了然如睹家中故物。”袁氏登第之前，曾于南京栖霞山拜访云谷禅师，受其点拨遂了悟“立命之学”（详见《了凡四训》）。此外，袁氏自称：“幼受云谷老师之教，即知静坐摄心，或经夕不寐，或经旬不出。”② 可见，其静坐之法很大程度上得自云谷禅师。

---

① （明）袁黄：《〈游艺塾文规〉正续编》，第465页。
② （明）袁黄：《〈游艺塾文规〉正续编》，第450页。

素庵真节（1519—1593年），讳真节，湖北襄阳人，俗姓钟，幼习理学，少为诸生，行年二十五，宿根内萌，即辞亲割爱，投南阳留山寺，从泯庵休上人祝发。继而飘然一钵，走伏牛，入五台，后进京依秀法师精研经论十一年，因学富内外，被诸方推为教下龙象。后负锡南下，朝礼普陀，游历金陵，主摄山栖霞寺讲席，畅演《华严大钞》《法华经》《楞严经》等大乘经论，“众逾三百，教备五乘”①。栖止十年，格顽导愚，道声大振。慈圣宣文太后钦其德业，特赐金缕僧伽黎衣一袭，以示褒崇。袁氏《圆通精舍募田碑记》云：“江之浒，有六朝古刹，曰栖霞寺，云谷老人尝栖止其中。余曩就访之，获接素庵法师，聆其绪论，豁如也。后游金陵，必访师，师道业愈隆，法席愈广。秋溟殷先生素慎许可，独重师，命余依止，以求解脱。余壮年阔步，实勃勃有遗世之想，一堕尘网，倏焉廿载。癸巳岁，得师手书，索作长生田记，余心诺之，未暇也。今秋，其徒如敬不远千里谒余赵田草堂，求曩所诺文，则素师逝矣。”

紫柏真可（1543—1603年），讳真可，字达观，晚年自号“紫柏老人”，江苏吴江人，俗姓沈，与云溪袾宏、憨山德清、藕益智旭合称明末高僧。紫柏与袁氏早年即相交甚笃，据袁氏养子叶绍袁记曰：“（紫柏）少游四方，参契道奥，英气高情，挺然云霄而立，与袁司马公（笔者按：即袁黄）心宗密友也。司马家多藏书，故大师在湖上闭关三年，尽司马公诸书而去。以此益名闻天下，凡偈颂诗文操笔立就，皆琳琅金石。”二人虽然路途分疏，但感情深厚，不时有书信往来。紫柏寄袁氏诗云：“华岳山人辟谷方，先生独得已休粮。悬知天上增仙籍，岂恋人间转烛光。玉液常吞肝肺润，金丹能转鬓毛苍。青山不远终相见，知己新添一少郎。”袁氏《紫柏可上人六十》诗曰：“六月十一是何日？悉达宫中钟磬鸣。花甲已周尝世变，苦辛历尽见人情。新愁黯黯寒烟积，故里萧萧春昼晴。我已七旬君六十，莫留燕市滞浮名。”

妙峰真觉（1537—1589年），讳真觉，又号“百松”，江苏昆山人，俗姓王，二十一岁落发于杭州锅子山，后往苏州竹堂寺，从虚白禅师受具足戒。至崇明寿安寺闭关，读《楞严经》，出关后再与虚白禅师论议，

---

①（明）幻为如惺：《大明高僧传》卷四，《卍续藏》第134册。

“其锋已不可当矣”。再从湖州月亭明得法师学《法华经》，并阅大藏，得四明尊者《妙宗钞》，宛如夙契，遂潜心天台一家教观，深悟一心三观之旨。嘉靖四十二年（1563 年），于锅子山开演《法华经》，翌年，长住天台，相继开演《楞严经》《法华经》《妙宗钞》《法华玄义》等经。二十六年间，“岁无虚席，远近风向”。冯梦祯称誉妙峰法师“梵相奇古，身不逾中人，而言论风采如大火轮，不可撄触”。妙峰法师出月亭明得之门，但其所传心印，则与本迹相齐、金口祖承之付嘱无异，故被尊为继四明尊者之后的天台宗第十八祖。袁氏深受妙峰法师影响，其《静坐要诀》云：“余又交妙峰法师，深信天台遗教，谓禅为净土要门。”

密藏道开，名道开，号密藏，江西南昌人，原为儒生，后出家，因紫柏真可誉满士林，志心师从，著有《密藏开禅师遗稿》《密藏禅师定制楞严寺规约》《藏逸经书标目》。万历七年，袁氏与紫柏真可、嘉兴知府陆五台（光祖）等人发愿刊刻《大藏经》，后由密藏道开主其事。袁氏《刻藏发愿文》记曰：“明年甲申，遇密藏师兄与嘉禾之楞严，相与筹划（刻藏事宜），颇有次第，即命余草募缘文，而请益于吾师五台先生。厥后具区、洞观、健垒、宇泰诸兄弟相竭力谋之，事遂大集。”《大藏经》原无版刻，版刻始于北宋，自宋至元不过七八副。明初，诸方之版已尽废，明太祖命刻于南京（称“南藏”或“南版”），明太宗又命刻于北京（称“北藏”或“北版”）。但两版均系梵策，浩繁笨重。而《径山藏》改梵策为方册，易印刷，便流通，并经严格校勘，正确度高，故在历代《大藏经》中占有重要地位。

除以上列举的名公巨卿、高僧大德之外，袁氏与当时士庶大众之接触与交游亦广，包括众多的中下层士子、佛道中人等，在此无法一一详述。

三 著述

袁氏博学多通，笔耕不辍，自言平生“䌷绎古今，删述经史，所著书毋虑千卷，而刻行者凡三十余种”①，由此可见其著述之丰富浩繁。其

① （明）袁黄：《袁了凡文集》，第 1317 页。

弟子韩初命万历十八年（1590年）所作《刻祈嗣真诠引》云：

> 先生（笔者按：袁黄）登进士，名重于天下，天下士传诵举子业如《心鹄》《备考》《疏意》等书，令都市纸增价。又作《经世略》三百卷、《通史》一千卷，皆未梓，世莫睹焉。①

按《心鹄》《备考》《疏意》皆为科举考试参考用书，盖袁黄是受当时士子推崇的举业大家，出版商亦对其趋之若鹜。

另一弟子杨士范万历三十三年（1605年）所作《刻了凡杂著序》云：

> 先生（笔者按：袁黄）又以其余力发挥古先圣人之书，读《易》则有《袁氏易传》三十卷，读诗则有《毛诗袁笺》二十卷，读《书》则有《尚书大旨》十二卷，读《春秋》则有《义例全书》十八卷，读《礼》则有《礼记略说》《周礼正经解义》共二十卷，读《四书》则有《疏意》二十四卷，外古使有《袁氏通史》一千卷，今史有《皇明正史》四百卷，皆未梓行。②

可见，袁氏既有关于《四书》《五经》等儒家经典的著述，又有《袁氏通史》《皇明正史》等史学著作。

其养子叶绍袁《湖隐外史》云：

> 袁司马先生（笔者按：袁黄），有《图书解》《历法新书》《屯田马政治河考》《农书》《易说》《尚书中庸疏意》《举业文规》《心鹄》《群书备考》《两行斋集》。③④

《了凡杂著》于万历三十三年（1605年，亦即袁氏去世前一年）由

① （明）袁黄：《袁了凡文集》，第67页。

② （明）袁黄：《袁了凡文集》，第12页。

③ 《分湖三志》，吴江汾湖经济开发区、吴江市档案局编，广陵书社2008年版，第253页。

④ 按：《两行斋集》是袁氏本人文集，包括其文章、尺牍、诗词等等。

“建阳余氏”梓行。1998 年北京书目文献出版社的《北京图书馆古籍珍本丛刊》收录该书，包括著述十种：《训儿俗说》《静坐要诀》《祈嗣真诠》《袁生忏法》《静行别品》《劝农书》《皇都水利》《诗外别传》《历法新书》《宝坻政书》。

日本学者酒井忠夫在其《中国善书研究》中列举了现存袁氏著作，包括：

1. 日本内阁文库、尊经阁文库收藏：《立命篇》《省身录》《广生篇》《祈嗣真诠》《阴骘录》《四书删正》《袁先生四书训儿俗说》《增订二三场群书备考》《游艺塾续文规》《袁了凡先生汇选古今文苑举业精华四集》《新刻经世文衡》《两行斋集》《历史大方纲鉴定补》。

2. 除以上各种外，《四库全书》收录：《皇都水利》一卷、《评注八代文宗》八卷。

3. 除以上各种外，《千顷堂书目》录有《宝坻政书》二卷、《宝坻农书》二卷、《袁生忏法》一卷、《诗外别传》一卷、《静坐要诀》一卷、《历法新书》五卷。

4. 日本内阁文库藏《袁氏丛书》收录袁黄校订、增订的其父袁仁的著作有《毛诗或问》《尚书砭蔡编》《春秋针胡编》《一螺集》《纪年类编》《庭帷杂录》。

嘉善县政府历时四年，在《了凡杂著》基础上，进一步系统收集整理了国内现存袁氏著作，于 2006 年委托线装书局出版了《袁了凡文集》。该文集共 3 函 20 册，收录袁氏著作影印版十七种：《训儿俗说》《静坐要诀》《祈嗣真诠》《袁生忏法》《静行别品》《河图洛书解》《劝农书》《皇都水利考》《诗外别传》《历法新书》《宝坻政书》《禹贡图说》《了凡四训》《摄生三要》《两行斋集》《增订二三场群书备考》《史汉（定本）》。

按线装书局版《袁了凡文集》收录了袁氏大部分著作，但仍有欠缺，如具有珍贵思想价值的《四书删正》《游艺塾文规》《游艺塾续文规》等均未能囊括。总体来看，袁氏著述涵盖经史，相当丰硕，绝不仅仅是世俗眼中的“善书”作者、佛教居士。然而，这些著作或生前并未梓行，或刊行后因禁毁、年代久远等原因而亡佚，流传至今而又为人熟知的仅有《了凡四训》《祈嗣真诠》《摄生三要》《静坐要诀》等寥寥数种。倘能系统梳理袁氏有关著述，无疑有利于吾人全面、准确把握其人其学及其学术地位，因此极具思想史尤其是儒学史价值。

第五编　阳明学的传播

阳明后学在北京讲学活动述论

陈寒鸣*

孔子以“德之不修，学之不讲”为“吾之忧”（《论语·述而》），历代儒家无不注重授徒讲学传道。王阳明一生极重讲学，尝谓：“世之学者稍能传习训诂，即皆自以为知学，不复有所谓讲学之求，可悲矣！夫道必体而后见，非已见道而后加体道之功也；道必学而后明，非外讲学而复有所谓明道之事也。”（《阳明全书》卷二《传习录》中）钱绪山称阳明“平生冒天下之非诋推陷，万死一生，遑遑然不忘讲学，惟恐吾人不闻斯道，流于功利机习，以日堕于夷狄禽兽而不觉。其一体同物之心，譊譊终身，至于毙而后已。此孔、孟已来圣贤苦心，虽门人子弟未足以慰其情也”①（《传习录》中之“序”）。

阳明后学亦多承继这种思想文化传统，以讲学为事业，以讲学为乐，故“阳明学作为一种哲学，固是一种理论思辨的产物，同时阳明学的展开过程又是一场思想运动，其具体表现就是讲学。阳明之后的整个中晚时期的思想界，讲学之风可谓盛行不衰、绵延不绝”②。笔者仅就阳明后学在北京的讲学活动情况述论于下。

---

* ［作者简介］陈寒鸣，1960年生，男，江苏镇江人，天津市工会管理干部学院副教授，中国哲学史学会理事。主要研究方向为中国文化史、中国思想史、中国儒学史。

① 《徐爱　钱德洪　董澐集》之《钱德洪语录诗文辑佚》，钱明编校整理，凤凰出版社2007年版，第194页。

② 吴震：《明代知识界讲学活动系年（1522—1602）》之“引言”，学林出版社2003年版，第4页。

一

阳明后学在北京的讲学活动极多极盛，而一述及此，便首先得说到嘉靖元年（1522年壬午）王艮驾蒲轮北上入京讲学之事。《心斋年谱》记道：

> 一日，入告阳明公曰："千载绝学，天启吾师倡之，可使天下有不及闻此学乎？"因问："孔子当时周流天下，车制何如？"阳明公笑而不答。既辞归，制一蒲轮，标题其上曰："天下一个，万物一体。入山林求会隐逸，过市井启发遇蒙。遵圣道天地弗违，致良知鬼神莫测。欲同天下人为善，无此招摇做不通。知我者，其惟此行乎？罪我者，其惟此行乎？"……沿途聚讲，直抵京师。会山东盗起，德州集兵守关，不得渡。先生托以善兵法见州守，守曰："兵贵勇，某儒生，奈怯何？"先生曰："我有譬语，请为公陈之。家尝畜鸡母，其所畏者，鸢也。一日，引其雏之。野鸢忽至，辄奋翼相斗，盖不复知鸢之可畏。其故何也？忧雏之心切耳。公，民之父母，州之民皆赤子也。倘不忍赤子之迫于盗，何患无勇？将见奋翼相斗者，愈于鸡母也。"州守听其言悟，益严于为备。遣人护先生渡河，复先于其所往。比至都下，先夕有老叟梦黄龙无首，行雨至崇文门，变为人立。晨起，先生适至。时，阳明公论学与朱文公异，诵习文公者颇抵牾之。而先生复讲论勤恳，冠服、车轮悉古制度，人情大异。会，南野诸公在都下，劝先生归，阳明公亦移书守庵公遣人速先生。先生还会稽，见阳明公。公以先生意气太高，行事太奇，欲稍抑之，乃及门三日不得见。一日，阳明公送客出，先生长跪曰："某知过矣！"阳明公不顾，先生随入，至庭事复厉声曰："仲尼不为已甚！"于是，阳明公揖先生起。时，同志在侧，莫不叹先生勇于改过。①

① 《王心斋全集》，陈祝生等点校，江苏教育出版社2001年版，第70—71页。

心斋并未因遭阳明严斥而就此圭锋尽敛，他在第二年可能又有过一次北上京师讲学之行。据董燧《王心斋先生年谱》记载："嘉靖二年癸未，春初，往会稽侍阳明公朝夕。"《传习录》卷下、《传习录栏外书》及钱德洪《阳明先生年谱》均对阳明与心斋等弟子谈谤议日炽与狂狷、乡愿之说有所记载。受阳明所揭"狂者胸次"的激发，心斋在这年的春间又以"狂者"面目冠服驾车入都，黄直《祭王心斋文》说："癸未之春，会试举场。兄忽北来，驾车彷徨。随处讲学，男女奔忙。至于都下，见者仓皇。事迹显著，惊动庙廊。同志曰吁，北岂可长？再三劝谕，下车解装。共寓京师，浩歌如常。我辈登科，兄乐未央。"对于心斋此次"惊动庙廊"的北上，阳明似未置可否，而只是请正好在会稽做客的心斋之父守庵公致书心斋，促其南归。而后在丙戌年《答甘泉》中王阳明说："向承狂生之谕，初闻极骇，彼虽愚悖之甚，不应遽至于尔。既而细询其故，良亦有因。近复来此，始得其实。盖此生素有老佛之溺，为朋辈所攻激，遂高自矜大，以夸愚泄愤。盖亦不过怪诞妖妄如近世方士呼雷斩蛟之说之类，而闻者不察，又从而增饰之耳。近已与之痛绝，而此生深自悔责，若无所措其躬。赖其资性颇可，或自此遂能改创，未可知也。学绝道丧之余，苟以是心至，斯受之矣。忠信明敏之资，绝不可得。如生者，良亦千百中之一二，而又复不免于陷溺若此，可如何哉！可如何哉！"（《王阳明全集》卷六）此处讲的所谓"狂生"或即指心斋。

对于王艮第一次驾蒲轮北上入京讲学之事，束景南评道，心斋此举"实犯朝廷大忌。其后遂有程启充、毛玉、章侨等纷起攻阳明学为'异学''邪说'，实因王艮是次入都意气太狂、行事太怪有以启之；阳明之不胜危惧，促其速归，盖亦以此也。自是而后，斥阳明学为'异学''邪说'而欲禁之之说起矣"①。而对王艮第二次以"狂者"面目冠服驾车入都讲学事，束景南则说：王艮"嘉靖二年初再来绍兴，旋即又二次冠服驾车北上入都，实不合时宜，触犯'学禁'，钱德洪、董燧《年谱》皆讳言之，几湮没无闻矣"②。

在晚明思想文化界，比王艮北上入京讲学影响还要大的，无疑是阳

---

① 《王阳明年谱长编》，上海古籍出版社 2017 年版，第 1485—1486 页。

② 《王阳明年谱长编》，第 1505 页。

明后学在京师兴办的“灵济宫大会”。嘉靖二十三年（1544 年甲辰），罗汝芳（近溪）赴京应试，与徐樾（波石）、颜中溪、王西石、敖梦坡、谭二华等会于灵济宫，但未被黄宗羲列入阳明学史上著名的“灵济宫大会”之中。黄宗羲《明儒学案》所述的几次“灵济宫大会”都是由徐阶主持的。

徐阶（1503—1583 年）于嘉靖二年成进士，历官吏部尚书等职，嘉靖三十一年入阁，嘉靖四十一年至隆庆二年位居内阁首辅。他在京大力推行讲学活动，影响巨大，“成、弘以上，学术醇而士习正，其时讲学未盛也。正、嘉之际，王守仁聚徒于军旅之中，徐阶讲学于端揆，流风所被，倾动朝野。于是，搢绅之士、遗佚之老联讲会、立书院，相望于远近”（《明史》卷二三一之“赞”）。黄宗羲《明儒学案》卷二十一《南中王门学案三・文贞徐存斋先生阶》说：

> 聂双江初令华亭，先生受业其门，故得名王氏学。及在政府，为讲会于灵济宫，使南野、双江、松溪程文德分主之，学徒云集，至千人。其时癸丑甲寅，为自来未有之盛。丙辰以后，诸公或殁或去，讲坛为之一空。戊午，何吉阳自南京来，复推先生为主盟，仍为灵济之会，然不能及前矣。

《盱坛直诠》卷下详记“灵济宫大会”道：“癸丑，廷试中试。时内阁存斋徐公、部院双江聂公、南野欧阳公、俨山周公皆以兴起斯学为己任者，乃定会所于灵济宫。师（罗汝芳）集同年桂岩顾公、近麓李公、洞阳柳公、望山向公、一吾李公，会试同年昆湖瞿公、泽峰吴公、浑庵戴公、少龙贺公、敬所王公，旧同志善山何公、西吾张公、吉阳何公、浮峰张公、芳麓王公数十百人，联讲两月，人心翕然，称盛会也。”关于嘉靖三十七年（1558 年戊午）何迁（吉阳）任职京师后复推徐阶为主盟所兴“灵济宫大会”，《世庙识余录》卷二十一记载：“戊午岁，太仆少卿何迁自南京来，复推阶为主盟，仍为灵济宫之会。乃迁名位未可恃号召，诸少年多无应者。”[①] 罗汝芳《詹纳斋传》亦说：“嘉靖戊午，余官

① 吴震：《明代知识界讲学活动系年（1522—1602）》之“引言”，第 227 页。

比部。乐安纳斋詹公以四川邛州学正起复来京，同诸缙绅谈学于灵济、广慧之间。”（《罗明德公文集》卷四）此外，嘉靖四十四年（1565年乙丑）春，由时任宁国知府的罗汝芳推动而举行的“灵济宫大会”同徐阶也有关系：“乙丑，入觐。吏部养齐严公，考公五台陆公，考师卓异。诸公卿相谓罗宁国真实好官，不可多得。……谒政府存斋徐公。公访以时务，师曰：‘此时人材为急。欲成就人材，其必由讲学乎？’公是之。遂属师合部寺台省及觐会诸贤，大会灵济宫。徐政府手书程子《定性》一书‘学者先须识仁’一条，令长子携至会所。兵部南离钱公出次朗诵。诸公恳师申说，师亦悉心推演，听者跃然。详见《灵济宫会语》。”（《盱坛直诠》卷下）王塘南《近溪罗先生传》说：

> 乙丑，予为符卿，先生以宁国守入觐。既见政府存斋徐公，出语予曰：“吾适见公，首言公当劝主上以务学为急，然必于其左右赞御焉先之。公诚能使诸大阉知向学，即启沃上心一大机括也。公奈何仅循内阁故事，以塞其职耶？”公大以吾言为然。因叹曰：“诸君讲学，只三五卷谈，不足风世。得君相同心学道，环宇受其福矣。”（《罗近溪先生全集》卷十“附集”）

颜钧（即颜山农，晚年因避明神宗朱翊钧讳改名铎）说他参加了这次讲会并为主讲：“时，徐少湖名阶为辅相，邀铎主会天下来觐官三百五十员于灵济宫三日。越七日，又邀铎陪赴会试举人七百士，亦洞讲三日。如此际会，两次溢动。湖公喜，信私邀铎与近溪、吉阳，尽日倾究。岂期及筵，朝士骈至湖公庭。湖公出庭周旋，底暮入座，西城又促去，良可慨也。”（《颜钧集》卷3《自传》）山农随弟子近溪入京而参加了这次“灵济宫大会”，但他这里夸张了自己在讲会中的地位和影响力，故其说不可尽信。而王塘南参加了这次讲会，并在会后与近溪联榻夜谈，讨论

“本心”，显为事实。钱南离[①]（1509—1596年）的朗诵给与会者留下深切印象，“会之冠首，咸推谷钱君”，甚至有“元相（徐阶）倡道之功大，而钱君朗诵之不可诬也”[②]（《石泉山房文集》卷八《赠兵曹南离钱君请告南还序》）的说法。吴震综评曰：“‘灵济宫大会’自嘉靖二十年以来，曾多次举行，主持者多为阳明弟子，可以说该会是王门讲学运动达致高潮的一大标志，其有赖于徐阶之力为多。”[③] 这是合乎史实的论断。

除了上述“有赖于徐阶之力为多”的“灵济宫大会”，隆庆二年（1568年戊辰），欧阳德（南野）之仲子欧阳乾江“授试中书舍人，入制敕房办事。……少暇，辄合馆院台省部寺诸同志数十人，偕灵济宫、西瓦厂二所。其间，若赵翰林某、徐议部某……咸昕夕切劘，善类以兴”。[④]（《衡庐精舍藏稿》卷二十四《欧阳乾江先生行状》）万历二年（1574年甲戌），宋仪望倡举讲会于灵济宫：“四方缙绅及诸挟册士云集阙下。时，学禁愈厉，公倡会灵济宫，亹亹多所发明。”[⑤]（《泉湖山房稿》卷二十二《华阳宋公墓志铭》）万历十五年（1587年），“都门诸同志会于灵济宫。内翰张阳和举‘知命’说相质”（《耿天台集》卷7《知命解·后》）。万历十七年（1589年己丑），“杨复所偕邹泸水诸同志者，举会于灵济宫。时，进士补外有司理者、有守州者、有宰邑者，座中谈及亲民事”（《愿学斋亿语》卷三《语录》）。当然，无论是讲会的规模，还是其产生的影响，都无法与前文所述的那几次“灵济宫大会”相比。

二

阳明后学在北京开展的形式不一、规模不等的讲学或会讲活动还有很多。譬如：嘉靖十八年（1539年己亥），邹守益（东廓）与徐阶、罗

---

① 钱南离，名镇，字守中，号南离，晚年更号淡庵，浙江归安人，嘉靖三十八年进士。“少游同里唐一庵之门，而私淑姚江王文成之学。”（明）许孚远：《敬和堂集》卷一《寿钱淡庵先生序》。他在此次“灵济宫大会”上，“对众端几婉诵，其声琅琅，其气暗暗，侃侃入乎耳，感乎心，如春阳被物，充盎向荣”。（《石泉山房文集》卷八《赠兵曹南离钱君请告南还序》）

② 吴震：《明代知识界讲学活动系年（1522—1602）》之“引言”，第269页。

③ 吴震：《明代知识界讲学活动系年（1522—1602）》之“引言”，第267页。

④ 吴震：《明代知识界讲学活动系年（1522—1602）》之“引言”，第287页。

⑤ 吴震：《明代知识界讲学活动系年（1522—1602）》之“引言”，第315页。

洪先、赵时春、唐荆川、胡宗宪、毛介川、张浮峰等相从讲学，“士类兴起甚众”（《耿定向集》卷十四《东廓邹先生传》）。嘉靖三十六年（1557年），“都下有讲学会”（《耿定向集》“附编二”）；同年，以御史起复的宋仪望，与胡庐山、邹颖泉、罗汝芳等立会讲学，“士大夫翕然从之，每会至百数人”（《华阳馆文集》卷四《奉贺胡母大夫人八十寿》）。嘉靖三十九年（1560年）春试期间，徐阶、李石麓主持过数千人参加的讲会：

> 冢宰柏泉胡公大计事竣，乃约诸路入觐诸僚，天下髦士之试春官者，以及京朝各署，下至山林野叟布衣，几三千人，大会于象所。而阁相存斋徐公、石麓李公为之主，共推柏泉胡公正讲席，式扬明道程先生“定性”之指。①（《沈太史全集·讲学述》）

另据《宋元学案》卷十三《明道学案上》黄百家案语，参会者“约五千余人”。吴震《明代知识界讲学活动系年（1522—1602）》说：“‘象所’者，不明。疑即‘灵济宫大会’”，“姑称之为‘象所大会’”。其实，当时灵济宫早已著称于世，在此举行大型讲会亦非鲜见，如此会真“即‘灵济宫大会’”，则当径称“大会于灵济宫”而不应说“大会于象所”。所以，这应是有别于“灵济宫大会”的又一次盛大讲会。此外，嘉靖四十一年（1562年壬戌），罗汝芳在京与罗一山、万合溪、刘小鲁、李见罗、徐鲁源等“日夕聚论，商榷理学”（《盱坛直诠》卷下）。

在这些讲会中，声名显著并在阳明学史上有重要意义的，当推多次举行的“京师同志会”。它最早是在嘉靖五年（1536年丙戌）春王畿（龙溪）入京应会试时，阳明及门弟子们倡兴起来的：

> 丙戌，士复当试礼部。文成命公（龙溪）往，不答。文成曰：“吾非欲以一第荣子，顾吾之学，疑信者犹半，而吾及门之士，朴厚者未尽通解，颖慧者未尽敦毅。觐试，仕士咸集，念非子莫能阐明之，故以属子，非为一第也。”公曰：“诺。此行仅了试事，纵得与还，当不廷试而归卒业焉。”文成曰：“是惟尔意。”乃觅大舟，聚诸

① 吴震：《明代知识界讲学活动系年（1522—1602）》之“引言”，第232页。

> 同志以行。其在途，自“良知”外，口无别谈；自《六经》《四书》《传习录》外，手无别检。间有及时艺者，曰：“业已忘之矣。”有及试事者，曰：“业已任之矣。”及抵都，欧阳南野宗伯、魏水洲谏议、王瑶湖宪伯，洎郡县入觐诸同志，争迎公，与相辩证，由是公名盛一时。①

三年后，王在庵“己丑举进士。时，都下同志大倡良知之学，若中离薛君、南野欧阳君，既同年念庵罗君、松溪程君、双华柯君及陈君辈，晨夕聚会，究明师（阳明）旨”（《王畿集》卷二十《中宪大夫都察院右佥御史在庵王公墓表》）。嘉靖十一年（1532 年），时任吏部尚书的“方献夫合同志会于京师。自师没，桂萼在朝，学禁方严。薛侃等既遭罪谴，京师讳言学。至是年，编修欧阳德、程文德、杨名在翰林，侍郎黄宗明在兵部，戚贤、魏良弼、沈谧等在科，与大学士方献夫俱主会。于时，黄绾以进表入，洪、畿以趋廷对入，与林春、林大钦、徐樾、朱衡、王惟贤、傅颐等四十余人始定日会之期，聚于庆寿山房”（《王阳明全集》卷三十六《年谱·附录》“嘉靖十一年壬辰正月”条）。同年，龙溪赴京应试，“日以聚友讲学为事”（《王畿集》卷十九《祭戚南玄文》）。他后来忆道：

> 每期会，余未尝不与。众谬信，谓余得师门晚年宗说，凡有疑义，必归重于余，若为折衷者。旧会乃以翰林科道部属官资为序，余请曰：“会以明学，官资非所行于同志。盖齿序为宜。”君（王在庵）倡言以为然，至今守以为例。众中有举“‘致良知’与‘体认天理’同异”为问者，君谓：“心，一也，以其自然明觉而言谓之‘良知’，以其天然条理而言谓之‘天理’。认得天理即是良知，致得良知即为天理。一也。”余曰：“是则然矣。‘致’与‘体认’，终当有辨。谓之‘体认’，犹涉商量。‘致’则简易直截，更无藏躲处。毫厘之间，存乎默识，非可以意测也。”（《王畿集》卷二十《中宪大夫都察院右佥御史在庵王公墓表》）

① （明）徐阶:《龙溪王先生传》,《王畿集·附录四》。

他还与罗洪先相从讲学，洪先对此云："忆壬辰岁，与君处。君是时孳孳然，神不外施，惟道之求。泛观海内，未见与君并者。"（《罗洪先集》卷十五《题辞·书王龙溪卷》）

万历年间，京师同志会"渐成避忌"，而龙溪犹给刚状元及第的沈懋学写信，殷殷期望能再举"京师同志会"。他说："顷见题名，大对第一，可为圣朝得人之贺。不肖辱贤父子两世交承，相信相爱之情甚笃，于宗门宗说契悟亦深。……夫学之于朋友，如鱼之于水，不可一日离。京师旧有同志会，相传已久，今因时好差池，渐成避忌。消息盈盈，时乃天道，不足为异。但吾人此生发心，原为自己性命，自性自修自命自立，无所待于外。若以时之向背为从违，所学何事？非所望于豪杰也！……所云月会之议，还望终始自信，约三五同志，续而举之。此件事不论在朝在野，原是一体同善不容已之心，非强饰门户，求以矫亢于时也。"（《王畿集》卷十二《与沈宗颜》）由此不难看出龙溪对讲学的重视，对"京师同志会"的留恋。因此，后来耿定向（天台）、邹聚所、周友山、耿定力（叔台）等在京举会讲学①，龙溪听说后十分高兴，在给相关同志、朋友的信中说："闻京师已复同志大会，乃吾丈与一二同志倡之，浣慰可知。曾见台时相会否？此可与性命相许之友。"（《王畿集》卷十《与耿楚侗·一》）"闻京师已复同志大会，吾丈与楚侗二三兄实倡之。此会实系世道之盛衰。人心向背、学术邪正之机，皆在于此。"（《王畿集》卷十二《与曾见台》）

明代中晚期的心学思潮与讲学运动密不可分。阳明及其后学正是藉讲学而使心学思想风靡一时，震动朝野。京师乃明朝中枢，阳明后学在此频频举行讲会，有时参加者达数千人之多，这当然有力扩大了阳明心学的影响。

---

① 刘元卿所撰《邹聚所言行录》记载："甲戌，（邹聚所）授刑部主事。……时，天台先生在京，则时时诣门考德，汲汲招引四方豪杰，纳于师门。及先生出京，则与友山周子、叔台耿子倡率为会。甲戌新榜诸君稍稍来人，君竭力启迪鼓舞，人人以为因君有得。当时秉国者（张居正）方恶言学，智士率隐迹潜修，而君挺身不避，又业已上《从祀疏》，于是外补之命下矣。"《邹聚所先生外集》，见吴震《明代知识界讲学活动系年（1522—1602）》，第315—316页。

三

震动朝野的阳明后学之讲学运动，渐渐引起当政者的不满和反对，到万历朝更出现了对自由讲学的严厉弹压。万历五年（1577 年），罗汝芳奉贺入京，终日以讲学为事，张居正不悦，遂被勒令致仕归里。近溪还只是为讲学丢掉乌纱帽而已，万历三十年（1602 年），李贽（1527—1602 年）因讲学而在通州被捕系狱并自刎于狱中，为捍卫人格尊严和讲学自由而献出了生命。

万历三十年，由系捕李贽入手进而猛烈剿灭“异端”的谋划早已紧锣密鼓地进行了。当时京官结社讲学之风颇盛，而黄慎轩、陶石篑、袁宗道、袁宏道、吴本如等卓吾友人的聚会讲学，谈禅论道尤为瞩目。这引起执政的沈一贯的强烈不满：

> 己亥、庚子（万历二十七、二十八年）间，楚中袁玉蟠（宗道）太史同弟中郎（宏道）与皖上吴本如、蜀中黄慎轩，最后则浙中陶石篑，以起家继至，相与聚谈禅学，旬日必有会，高明士夫翕然从之。时，沈四明（一贯）柄政，闻而憎之，其憎黄尤切。①
>
> 黄慎轩以官僚在京时，素心好道，与陶石篑辈结净社佛［疑当作“净佛社”］，一时高明人士多趋之，而侧目者亦渐众，尤为当途所深嫉。壬寅之春，礼科都给事张诚宇（问达）专疏劾李卓吾，其末段云：“近来缙绅士大夫，亦有捧咒念佛，奉僧膜拜，以为律戒，室悬妙像，以为皈依。”“不遵孔子家法，而溺意禅教”者，盖暗攻黄慎轩及陶石篑诸君也。②

在这种背景下，曾迅即响应乃师号召编写出《焚书辨》的耿定向门生蔡毅中（辛丑科会试中了进士，被选为翰林院庶吉士），一向认为定向对卓吾太过隐忍，应效孔子诛少正卯而将卓吾置于死地，遂与其旧日座

① （明）沈德符:《万历野获编》卷二十七《紫柏祸本》。

② （明）沈德符:《万历野获编》卷十《黄慎轩之逐》。

师、时任都察院左都御史的温纯和都察院礼科给事中、著名的东林党人张问达合谋向卓吾发难，“忽蜚语传京师，云卓吾著书丑诋四明相公（沈一贯）。四明恨甚，踪迹无所得。礼垣都谏张诚宇（张问达）遂特疏劾之，逮下法司”（《万历野获编》卷二十七《二大教主》）。张问达在沈一贯的授意下上劾李贽的专疏，疏上，万历帝下旨：“李贽敢倡乱道，惑世乱民！”“便令厂卫五城严拿治罪。其书籍已刻未刻，令所在官司尽搜烧毁，不许存留！如有党徒曲庇私藏，该科道及各有司访奏治罪。”（《明神宗实录》卷三六九。亦见顾炎武《日知录》卷十八《李贽》）张问达疏上后不到10天，礼部尚书冯琦复上与之内容基本相同的劾疏，万历帝亦降旨谓：“祖宗维世立教，崇尚孔子；明经取士，表章宋儒。近来学者不但非毁宋儒，渐至诋讥孔子，扫灭是非，荡弃行简，复安得忠孝节义之士为朝廷用?”“仙佛原是异术，宜在山林独修，有好尚者任解官自便去，勿与儒术并进，以混人心！”（《明神宗实录》卷三七〇）

于是，李贽就在北通州前御史马经纶[①]（已被削职为民）的家中被捕并投入监狱。袁中道《李温陵传》记道：“至是，逮者至邸舍匆匆。公以问马公，马公曰：‘卫士至。’公力疾起，行数步，大声曰：‘是为我也，为我取门片来！’遂卧其上，疾呼曰：‘速行！我罪人也，不宜留！’马公愿从，公曰：‘逐臣不入城，制也。且君有老父在。’马公曰：‘朝廷以先生为妖人，我藏妖人者也。死则俱死耳！终不令先生往而己独留。’马公卒同行。至通州城外，都门之牍尼马公行者纷至，其仆数十人奉其父命泣留之。马公不听，竟与公偕。明日，大金吾置讯，侍者掖而入，卧于阶上。金吾曰：‘若何以妄著书?’公曰：‘罪人著书甚多，具在，于圣教有益无损！’大金吾笑其倔强。狱竟，无所置词。”

李贽被捕后，下镇抚司狱。据马经纶说：“先生卧病三月，仅余喘息，门板抬来，一路昏迷。连日粒米难进，诊脉异常，医者缩手，死将至矣！无生望矣！”（《与王翼廷主事书》，《李温陵外纪》卷四）又说：“卓吾先生安然听命，无他意，惟曰：‘衰病老朽，死得甚奇，死真得所矣！如何不死?’日来呕吐狼狈，便溺不通。痛苦之余，惟愿一棒了当为快耳。”（《与黄慎轩宫谕书》，《李温陵外纪》卷四）李贽在狱多日，渐

① 据《明史》卷二三四《马经纶传》，经纶以御史直言，被贬为民。

渐作诗读书自如。

马经纶为营救李贽而奔走呼号，再次上《与当道书》，又连续写了《启当事书》《与李麟野都谏转上萧司寇》《与王翼廷主事》等。在《启当事书》中，针对张问达专疏中对李贽的诬劾，他说：

夫以七八十岁垂尽之人，加以淫纵勾引之行，不亦可笑之甚乎！且所谓麻城士女云者，盖指梅衡湘守节之女言也。夫衡湘身冒矢石，为国讨贼，凛凛大节，是当今一个有数奇男子，乃有女不能制、有家不能正、有仇不能报、有耻不能雪，必待诸公为伊抱不平而慷慨陈言，代为处分，世间曾有此理否？……盖此事起于麻城士夫相倾，借僧尼宣淫名目，以丑诋衡湘家声，因以败坏衡湘之官，如斯而已。今麻城官京师者甚多，中间尽有是非不昧之人，可质问也。

夫评史与论学不同。《藏书》品论人物，不过一史断耳，即有偏僻，何妨折衷？乃指以为异为邪，如此则尚论古人者，只当寻行数墨，终身惟残唾是咽，不敢更置一喙耶！……呜呼！《史记》早出，子长婴祸。实录昭著，崔浩丧元。彼以本朝之事而遇刚暴之君，宜乎不免。……所幸天理之公常在人心，流言之沸止于智者。惟大君子矜其孤老，哀其病困，霈然速赐完结，令卓吾早得生出都门，免致死于幽系，其功德真难算譬矣！①（《李温陵外纪》卷四）

在《与李麟野都谏转上萧司寇》中，他称李贽“宦游二十余年，一介不取，清标苦节，人所难堪，海内荐绅谁不慕悦？夫以如是人品，如是操履，而以逾闲荡检之事诬之，亦大不伦矣！”马经纶申辩道：

至于著述，人各有见，岂能尽同，亦何必尽同。有同有异，正以见吾道之大，补前贤之缺。假使讲学之家一以尽同为是，以不同为非，则大舜无两端之执，朱陆无异同之辨矣。……夫人之精神，岂有一生用于著述至数十百种之多，而有淫纵不检之行者乎？

---

① 《李贽研究参考资料》第1辑，福建人民出版社1976年版，第62—63页。

又说："堂堂天朝，济济高贤在列，而令一衰病廉二千石遍天下无容身之地，乃世之贪官污吏满载而归，恣欲而行。彼不自以为耻，而人亦不以彼为耻，甚至利其有而为之纳交，掩其丑而为之延誉，或以境内人才荐，或以例应存问请，虽间为有识者所鄙，有司者所驳，然踵而行之，恬不以为怪也。岂贪者乃真孔氏家法，宜亲宜近，而廉吏若先生乃为惑世诬民，应逐应拿应拟罪耶？然则良吏安可为也！"[①] 如此义正词严，当政者却全然置若罔闻，马经纶的书信如石沉大海，当政者毫无反应。

身陷囹圄的李贽，"照旧观书候圣旨"，寄希望于万历皇帝能够理解自己忧国忧民的苦心，能够御览自己所著之书而知自己绝非"惑世诬民"，从而颁下恩诏为自己洗刷冤屈，但"狱词上议，勒还原籍。卓吾曰：'我年七十有六，死耳，何以归为？'"（钱谦益《列朝诗集小传》"闰集"《异人三人·卓吾先生李贽》）绝望的李贽于万历三十年三月十五日（1602年5月6日）"呼侍者薙发。侍者去，遂持刀自割其喉，气不绝者两日。侍者问：'和尚痛否？'以指书其手曰：'不痛。'又问曰：'和尚何自割？'书曰：'七十老翁何所求！'遂绝。时马公以事缓，归觐其父。至是，闻而伤之曰：'吾护持不谨，以致于斯也，伤哉！'乃归其骸于通，为之大治冢墓，营佛刹云"（袁中道《李温陵传》，《珂雪斋集》卷十七）。而明廷史臣据镇抚司的呈报，记曰："贽逮至，惧罪，不食死。"（《明神宗万历实录》卷三六九）似此，有司和相关人员或可免去责任。

焦竑作《焦弱侯荐李卓吾疏》曰：

> 卓吾先生秉千秋之独见，悟一性之孤明。其书满架，非师心而实以道古；传之纸贵，未破俗而先以惊愚。何辜于天，乃其摩牙而相螫；自明无地，溘焉朝露之先晞。刎头送人，岂以表信陵之义；溅血悟主，庶几有相如之风。当其捐生殉朋友之知，足愧全躯保妻子之辈。此犹一时之果报，未论累劫之因缘。昔歌利截肢，翻以成其忍辱，而净满伤首，亦何损于传衣？今传者少而咻者多，非佛事微而魔事盛。泯同生死，盖以示当体之全空；平等冤亲，益以明达

① 《李贽研究参考资料》第1辑，第64—65页。

人之无我。曾于公而何憾，顾我辈之奚堪。灯火残更，尚想《诗》《书》之讨论；林泉清昼，犹疑杖屦之追游。痛逝者之如斯，伤谮人之已甚。虽有志者不忘在沟壑之念，而杀人者宁不干阴阳之和！为演真乘，冀消夙障。况法流浩浩，雅已洞于一源；而智日辉辉；讵复加于委翳。七十六年成梦幻，百千亿佛作皈依。鉴此悃诚，永为明证。谨疏。①

这篇署名为“金陵同志”的文章，既是祭祷挚友卓吾之文，又实为对迫害卓吾的统治当局的抗议与控诉。

陶石篑认为卓吾为讲学而死，盖因在朝中讲学为当道所忌。他说：

此间（京师）旧有讲会，赵太常、黄宫庶、左柱史主之，王大行继之，颇称济济。而旁观者指目为异学，深见忌嫉。然不虞其祸乃发于卓老也！七十六岁衰病之身，重罹逮系，烦冤自决，何痛如之？（《歇庵集》卷十五《与周海门先生》五）

卓吾先生虽非真悟正见，而气雄行洁，生平学道之志甚坚，但多口好奇，遂构此祸。当事者处之太重，似非专为一人。卓吾之不宜居通州，犹吾辈之不宜居官也。（《歇庵集》卷十六《辛丑入都寄君奭弟书十五首》三）

马经纶在回复焦竑的信中指出：“事起于词苑（翰林院蔡毅中等）诸人……欲以‘异学’名目一网打尽一时正人君子。……即以吾丈远栖田间，何与朝事？乃当事端沸起之日，人言亦引之。”② 总之，卓吾之死，具有十分重要的象征意义。从此，包括讲学在内的作为一场思想运动的整个阳明心学思潮逐渐走向衰落。

---

① 《澹园集·附编一·佚文辑录》，中华书局1999年版，第1183—1184页。

② 《答焦漪园书》，转引自《澹园集·附编四·焦竑年谱》。

略论王阳明书院办学的实践与理念

邵友伟*

王阳明是宋明理学的代表人物，也是明代心学的集大成者。其一生文韬武略，大气磅礴，极富戏剧感和传奇性。他的书院实践活动自官场失意被贬贵州龙场驿始，在书院教学实践中其思想体系也不断成熟完善，书院教学实践也促进了其政治生涯的发展。随着职位和能力的不断提升，王阳明对书院教育的贡献也逐渐增多，二者相得益彰。其书院实践既有直接的又有间接的。直接创办的书院有四个，包括在贵州创立的龙冈书院，复兴的濂溪书院，重建的稽山书院，以及晚年在行军途中创建的敷文书院。间接创办和指导的书院有十所，包括文明书院、阳明书院、万松书院、白鹿洞书院、鼎新书院，以及义泉、正蒙、富安、镇宁、龙池五所社学性质的书院。在二十余年的书院教育实践中，凭着踏实问学的态度、孜孜不倦的教育精神，王阳明在明代书院教育史上具有承前启后的作用。同时，他也推动了明代学术的进步和知识的下移，促进了儒家思想的发展。在书院实践中，其形成了自己独到的教育理念和哲学思想，促进了自己思想体系的成熟，对后世教育产生了深刻影响。

王阳明生于成化八年（1472 年），弘治五年（1492 年）通过乡试，弘治十二年第三次参加会试考中进士。王阳明在从事书院教育之前，并未将为官和学术作为一生秉持的事业。他曾学习骑射，也曾修习诗文，向道士学养生，筑阳明洞习引导术等。弘治十八年（1505 年），王阳明开始办学招收学生，《年谱》记载“是年先生门人始进”。同年王阳明与湛

---

* ［作者简介］邵友伟，1991 年生，男，山东滨州人，黑龙江大学硕士研究生。主要研究方向为中国哲学及哲学基本问题。

若水始交，确立了传道讲学的志向。“然师友之道久废，咸目以为立异好名，惟甘泉湛先生若水时为翰林庶吉士，一见定交，共以倡明圣学为事。”① 正德二年（1507 年），王阳明去往贵州，途中路过长沙，在长沙游岳麓书院，并写下长诗《游岳麓书事》，进一步坚定了办学的决心。

一 直接参与书院办学活动

第一，龙冈书院办学。正德三年（1508 年）王阳明被贬贵州龙场驿。与富有人文素养的中原相比，这里“蛇虺魍魉，蛊毒瘴疠，与居夷人鴃舌难语，可通语者，皆中土亡命”②。王阳明从教当地百姓筑房架木开始，逐渐教授当地百姓文化知识。在贵州期间，王阳明摒弃了朱子的格物之说，认为人的本性是自足的。王阳明以知行本体阐释五经内容，著《五经臆说》，以此发明了自己的“知行合一”学说，后世称之为龙场悟道。龙冈书院是王阳明创办的第一个书院性质的学校，也是其二十年书院教学实践的开端。“王阳明在书院讲学活动中，常常激动不已，有时夜不能寐，与诸生秉烛讲习，通宵达旦。”③ 王阳明的教学实践是其将所知施行于教学中的过程，以达致“知行合一”。王阳明在此寓教于乐，实现教学相长，这段时间是其一生中少有的悠游自在的时光，王阳明沉溺于学术研究和教学中。其间作诗《诸生来》：“门生颇群集，樽罍亦时展。讲习性所乐，记问复怀靦。”④《诸生夜坐》：“讲习有真乐，谈笑无俗流。缅怀风沂兴，千载相为谋。”⑤ 王阳明为龙冈书院制定学规，形成了著名的《教条示龙场诸生》，其中包含四条，即立志、勤学、改过、择善。

第二，濂溪书院办学。正德十二年至正德十三年（1517—1518 年），在经历了一系列军事活动后，王阳明任南赣巡抚期间开始有时间、有精力着手办学。濂溪是宋代理学家周敦颐的号，为宣扬自己的理学思想，

① 《王阳明全集》，吴光、钱明、董平等编校整理，上海古籍出版社 1992 年版，第 1226 页。

② 《王阳明全集》，第 1228 页。

③ 李国均主编：《中国书院史》，湖南教育出版社 1994 年版，第 677 页。

④ 《王阳明全集》，第 697 页。

⑤ 《王阳明全集》，第 699 页。

南昌、九江、赣州都有以濂溪为名的书院。王阳明修复的书院是赣州的濂溪书院。在此期间他发布了大量的告谕，要求所辖州县设立社学，订立乡约，为此他还撰写了《社学教条》和《训蒙大意》。正德十三年（1518 年），王阳明在赣州还新建了义泉、正蒙、富安、镇宁、龙池五所社学性质的书院。在教学内容上，王阳明从批评朱熹的《大学章句》着手，指出“格物致知”说的缺点，摒弃朱子的注解和编纂顺序，仍按古本《大学》进行教学。为了缓和与朱子之学的矛盾，显示其思想对朱子的继承之处，王阳明作《朱子晚年定论》，该书虽然未达到预期的效果，但是对其思想本身以及阳明学派的发展产生了很大影响。他的门人还将他的教学问答进行了整理，辑录成《传习录》，作为入门弟子进阶的重要书籍。“阳明学派的建立和阳明学的传播与《传习录》的编纂和刊刻所造成的事实影响，有着直接联系。在中国古代学术思想发展史上，其地位与作用不亚于《论语》。”①

第三，稽山书院办学。稽山书院位于浙江山阴卧龙山西岗，南宋时为纪念朱熹而建，元代开始办学。嘉靖三年（1524 年），绍兴郡守南大吉以阳明为座主而自称门生，增大书院规模，一时稽山书院成为阳明思想传播的中心。来自四面八方的学子都来向阳明请教学习，场面蔚为壮观。“萧珍、杨汝荣、杨绍芳等来自湖广，杨仕鸣、薛宗铠、黄梦星等来自广东，王艮、孟源、周冲等来自直隶，何秦、黄弘纲等来自南赣，刘邦采、刘文敏等来自安福，魏良政、魏良器等来自新建，曾忭来自泰和。”② 可见当时王阳明授徒讲学盛况空前。稽山书院规模宏大，生源层次参差不齐，王阳明针对这一状况在教学方法上进行改进。一是初入学者先由资历深厚、学问扎实的阳明高足引导和启蒙，再由阳明本人面授。二是采取寓教于乐的教学方法，讲学不拘泥于特定的时间、地点，要求学生全面发展。教学内容以四书五经为主，并以“心即理”的思想贯通之。初学者则以王阳明的《大学问》和《传习录》作为入门的教材。在稽山书院期间王阳明撰写了《稽山书院尊经阁记》《万松书院记》《亲民堂记》《答顾东桥书》《答欧阳崇一书》等有分量的文章。

---

① 李国均主编：《中国书院史》，第 680 页。

② 《王阳明全集》，第 1290 页。

第四，敷文书院办学。嘉靖六年（1527年），结束了六年闲适的讲学时光，王阳明重新披上战袍奔赴广西镇压叛乱。他还在当地举乡约、重礼教、兴学校，意图改变当地的民风，使当地人学习圣贤之学，抑制反叛和颓废之心。嘉靖七年（1528年）六月，他在广西南宁创立敷文书院，并聘其门人季本作为书院的主讲。八月，王阳明发表了影响深远的《经理书院事宜》一文，对书院的财务花费进行了细致的规定，拟定了书院教学学规章法。九月，应苍梧师生请求，他发表了《批苍梧道创建敷文书院呈》，在原有的苍梧县学的基础上鼎建书院一所。十一月，王阳明病逝于归家途中。敷文书院代表了王阳明晚年的书院教育实践，以敷文书院为代表的书院教育促进了广西教育的发展，促进了知识在广西的传播。

二　间接参与书院办学活动

第一，受邀讲学。如贵阳文明书院讲学（非《年谱》所记贵阳书院）。[①] 由于王阳明在龙冈书院声名远扬，贵州提学副使席元山亲自到龙冈书院请教阳明。关于席元山往复问辩，《年谱》是这样记载的：

> 始席元山书提督学政，问朱陆同异之辨。先生不语朱陆之学，而告之以其所悟（知行合一）。书怀疑而去。明日复来，举知行本体证之五经诸子，渐有省。往复数四，豁然大悟，谓："圣人之学复睹于今日。朱陆异同，各有得失，无事辩诘，求之吾性本自明也。"[②]

文明书院始建于元皇庆年间，元末毁于战乱。弘治十七年至正德元年（1504—1506年），时任提学副使的毛科对其进行了重修。正德四年（1509年）王阳明受聘于席元山到此讲学。"时守仁谪龙场驿丞，席书择州县子弟入文明书院，而以书敦请守仁主之。守仁既就书院，席书公余则往见论学，或至夜分，诸生环而观听者以数百。自是贵人士始知有心

---

① 王路平：《王阳明"主贵阳书院"证误》，《浙江学刊》1997年第6期。

② 《王阳明全集》，第1229页。

性之学。”[①] 王阳明来时文明书院刚刚步入正轨，可谓恰逢其时，也使其知行合一学说的影响扩展到贵州全境。及至嘉靖十三年（1534 年），王门弟子王杏任贵州监察御史时，“闻里巷歌声，蔼蔼如越音。又见士民岁时走龙场致奠，亦有遥拜而祀于家者，始知师教之入人心深若此”[②]。贵州成为王学思想的发源地和根据地。王杏还新建阳明书院以及王公祠以纪念王阳明的功绩。

第二，门人创建和管理书院。万松书院位于杭州西湖南边的凤凰山万松岭，始建于唐贞元年间（785—804 年），原为报恩寺。明弘治十一年（1498 年），浙江右参政周木改辟为万松书院。嘉靖四年（1525 年）正月，监察御史潘仿建新万松书院，王阳明对此也有记载，写下了讲求明伦之学的《万松书院记》，并亲自赴万松书院讲学。十月，门人在绍兴西郭门内光相桥之东建立阳明书院，进一步扩大办学规模，弘扬王阳明的学说。

第三，办学中传播心学思想。阳明任江西巡抚平定宁王朱宸濠叛乱，派门人冀元亨到宁王建的阳春书院从事教学活动。他还派门人蔡宗兖任白鹿洞书院洞主，并刊印《朱子晚年定论》和《传习录》用于教学。正德十六年（1521 年）五月阳明集门人于白鹿洞。“先生遗书促邹守益曰：‘醉翁之意盖有在，不专以此烦劳也。区区归遁有日，圣天子新政英明。如谦之亦宜束装北上，此会宜急图之，不当徐徐而来也。’”[③] 由其急切复兴白鹿洞书院的态度可以看出阳明“希望自己的门徒尽快占领白鹿洞，将这一朱学堡垒变为王学阵地”[④]。

三　办学理念与哲学内涵

1. 驱除功利之心

明朝有追名逐利的社会风气，读书诵典无非是为了功名利禄。王阳

① 《贵阳府志》卷五十六，贵州人民出版社 2005 年版，第 160 页。
② 《王阳明全集》，第 1330 页。
③ 《王阳明全集》，第 1280 页。
④ 邓洪波：《中国书院史》，武汉大学出版社 2012 年版，第 307 页。

明针对这种社会风气在书院教育中有针对性地进行了批驳并提出了积极的建议。他在《答顾东桥书》中说：

> 时君世主亦皆昏迷颠倒于其说，而终身从事于无用之虚文，莫自知其所谓。间有觉其空疏谬妄、支离牵滞而卓然自奋、欲以见诸行事之实者，极其所抵，亦不过为富强功利、五霸之事业而止。圣人之学日远日晦，而功利之习愈趣愈下。①

面对当时流行于士大夫之间的追名逐利的社会风气，王阳明暗下决心扭转。这种不良的社会风气自上而下地蔓延，导致理论与实践严重脱节，儒家王霸义利之辨被世俗遮蔽。

又王阳明在《答顾东桥书》中说：

> 圣学既远，霸术之传，积渍已深，虽在贤知，亦不免于习染，其所以讲明修饰，以求宣畅光复于世者，仅足以增霸者之藩篱，而圣学之门墙，遂不复可睹。②

在王阳明看来整个知识界需要一场革新，使儒学免于世俗的沾染，正本清源，重现儒家思想的仁义礼智，减少流于功利世俗之学的影响。王霸之辨始于战国时代，以仁义治天下为王道，以武力结诸侯为霸道。随着明代商品经济的发展，市民社会群体进一步壮大，士大夫阶层的功利之心越来越凸显。王阳明针对这种华而不实、浮躁功利之心提出一些应对之法。

第一，王阳明认为驱除功利之心就是摆脱功名利禄的束缚。他在《教条示龙场诸生》一文中对学子提出了四点要求，即立志、勤学、改过、责善。其中，第一条立志是学子做学问和为人的根本，同时也是驱除学子功利之心的前提。

---

① 《王阳明全集》，第56页。

② 《王阳明全集》，第25页。

> 志不立，天下无可成之事。虽百工技艺，未有不本于志者。今学者旷废隳惰，玩岁愒时，而百无所成，皆由于志之未立耳。故立志而圣，则圣矣；立志而贤，则贤矣。志不立，如无舵之舟，无衔之马，漂荡奔逸，终亦何所底乎?①

在王阳明看来做任何事之前都要立志，不管是读书修身还是从事百工技艺。对于自己所从事的事业不能一曝十寒，更不能信马由缰，而应该“择善而固执之”。在他看来立志的高度与人的成就的高度是成正比的，人心所能见到的高度也就是能力和地位所能达到的高度。“通过立志而确立价值目标，自我才能真正由迎合于外转而挺立自我，而为己、克己、成己的过程亦可由此获得内在的依归。”②

立志的说法取自孔子，立志就是志于道。“士志于道，而耻恶衣恶食者，未足与议也。”（《论语·里仁》）在孔子看来君子不慕名利，对于耳目口腹之欲从来都是等而下之、作为维持基本生存的条件，从来没被当成毕生追求的价值标准。在孔子看来“道”才是最高的目标，是可以用毕生精力去追求的。在追求道的过程中，箪食豆羹也能悠然自得。“无恒产而有恒心者，惟士为能”（《孟子·梁惠王上》），孟子同样认为士追求的不是衣食等世俗意义上的个人享受，而是一股浩然之气，一种“舍我其谁”的寻道勇气。儒学坚持“君子谋道不谋食，耕也，馁在其中矣，学也，禄在其中矣，君子忧道不忧贫”（《论语·卫灵公》）。

第二，王阳明认为要想驱除世俗的功利之心，就是去私欲，重视“天地万物一体之仁”。

> 天下之人心，其始亦非有异于圣人也，特其间于有我之私，隔于物欲之蔽，大者以小，通者以塞，人各有心，至有视其父、子、兄、弟如仇雠者。圣人有忧之，是以推其天地万物一体之仁，以教

① 《王阳明全集》，第974页。

② 杨国荣：《心学之思——王阳明哲学的阐释》，中国人民大学出版社2009年版，第105页。

天下，使之皆有以克其私，去其蔽，以复其心体之同然。①

王阳明认为要去私欲，而不能任由私欲生长。如果任由私欲之心发展，即使是父子、兄弟也会出现隔阂甚至反目成仇。他认为私欲的源头在于人心受到物欲的蒙蔽，在物欲面前人的眼光容易变得短浅，只重视眼前的利益，而不重视长远的利益和责任。

第三，王阳明认为想要驱除人的私心必须廓清心体。他说："学者欲为圣人，必须廓清心体，使纤翳不留，真性始见，方有操持涵养之地。"②

王阳明认为我们生活在世俗世界里难免会被物欲蒙蔽，难免会沾染上不良的习气，因此，要立志做圣人就必须清除掉自己的恶习。他认为廓清心体可以防止初学者心猿意马，不着边际。只有廓清心体，所学才能不与世俗见解混杂，才能具有独立思考的能力。"在王阳明看来，真实的德性之中，总是内含自我评判的规定，而自我评判则往往包含着独立思考的要求。"③ 在王阳明看来，自我评价、自我净化、自我反思是驱除功利的必要步骤。立志向学、革除私欲、廓清心体是王阳明书院教学的理论支撑，也是其知行合一理论的前提。

2. 发明人伦之学

关于书院，王守仁将其定位于"匡翼夫学校之不逮"，认为书院存在的意义就在于补救官学的流弊。王阳明提出人伦之学既是为了弥补官学的弊端和罅漏，又是为了阐明个人在五伦关系中符合行为规范的所作所为。

王阳明指出当时官学存在的诸多弊端。"然自科举之业盛，士皆驰骛于记诵辞章，而功利得丧分惑其心，于是师之所教、弟子之所学者，遂不复知有明伦之意矣。"④

虽然科举制始于隋唐，但是儒家从政的传统是一直存在的。明朝严

---

① 《王阳明全集》，第 29 页。
② 《王阳明全集》，第 103 页。
③ 杨国荣：《心学之思——王阳明哲学的阐释》，第 108 页。
④ 《王阳明全集》，第 253 页。

格规定考试的题目必须来自四书五经，考生对题目的解释必须以朱熹的《四书集注》为标准，不得自己随意发挥。考试答卷必须使用八股文的形式。所以人们记诵辞章以应付科举考试。王阳明认为书院的职责就是弥补官方科举考试的僵化与不足，学子读书不仅是为了追求科举之“名”，也要追求学问扎实。

> 惟我皇明，自国都至于郡邑，咸建庙学，群士之秀，专官列职而教育之。其于学校之制，可谓详且备矣。而名区胜地，往往复有书院之设，何哉？所以匡翼夫学校之不逮也。[①]

明朝前期，书院教育出现了衰落。明朝官方加强了对思想的控制，民间学术活动凋零。多亏湛若水、王阳明大力倡导、兴办书院。此时的书院既有培养人才的作用，又有启蒙社会教化的功能。与此同时，众多士人科举考试失意，遂投身于书院教育当中，使得书院的教学队伍壮大，学术氛围也更加浓厚。

在五伦关系和行为规范方面，王阳明认为士子所学内容不应该一板一眼只重视辞章记诵之学而忽略学问的实用价值。因此他认为读书要作用于实践活动“行”上，而不是只停留在理论知识的演绎上。“人心惟危，道心惟微，惟精惟一，允执厥中”（《尚书·大禹谟》）的十六字心诀代表了儒家传统。王阳明强调“以言其伦，则为父子之亲、君臣之义、夫妇之别、长幼之序、朋友之信，而三才之道尽此矣”。[②]“人伦明于上，小民亲于下，家齐国治而天下平矣，是故明伦之外无学矣。”[③]

到了明朝，程朱理学的弊端已经暴露。“一方面由于功利主义渐渐形成一股强大的思潮，削弱了理学维系人心的作用”，另一方面，理学将“理”推向了极致，如宣扬“饿死事小，失节事大”，[④] 使理学逐渐教条化和形而上学化，失去了维系人心和社会教化的功能。“王阳明认为圣贤

① 《王阳明全集》，第252—253页。
② 《王阳明全集》，第253页。
③ 《王阳明全集》，第254页。
④ 张学智：《明代哲学史》（修订版），中国人民大学出版社2012年版，第80页。

的基本修养方法不是朱熹所讲的‘格物穷理’和‘存天理灭人欲’，而是完完全全地依靠个体的自我良知自觉，并且顺其人性自然情感的流露。”[①]与程朱理学注重外在明理的原则不同的是，王阳明更加注重主观内在的觉醒。他认为外在的规范只会约束人的行为，让人束手束脚，他认为“天理”和“物欲”并不是对立的，重要的是对“天理”和“人欲”的理解。发明人伦之学并不是抛弃天理的至上权威，而是将天理内蕴于人心，发明内在本性的灵觉。内在本性的灵觉在人身上是“知”，在行动上则是“行”。与朱子的格物致知、诚意正心、心性修养的诸多环节相异的是，王阳明删繁就简将“发明本心”作为修身的原则，他认为“发明本心”是齐家治国平天下的前提。本性就是王阳明所指的“良知”，我们只需把内心的良知推出来，即“致良知”。

3. 匡正经典权威

王阳明治学就是从摆脱朱子格物之学开始的，他认为朱子之学不仅在理论上烦琐、故弄玄虚，在实践上也没有很好地把握儒家思想的精髓。王阳明虽然也重视六经的作用，但认为当时对于六经的解读存在很多问题，理解偏离了儒家的正道。他说：

> 呜呼！六经之学，其不明于世，非一朝一夕之故矣。尚功利，崇邪说，是谓乱经；习训诂，传记诵，没溺于浅闻小见，以涂天下之耳目，是谓侮经；侈淫辞，竞诡辩，饰奸心盗行，逐世垄断，而自以为通经，是谓贼经。[②]

王阳明认为当时对于六经的解读出现了很多问题，他将种种乱象归为三类：第一种是被功利思想迷惑，轻信邪说，否认经典旷日持久的作用；第二种是沉浸在经典注疏中不能自拔，并以此得意忘形，通过经典凸显自己；第三种是将经典作为修饰自己的工具，抢占学术阵地但又无真才实学。王阳明拒斥功利浅见，欲正本清源，使学术免于陷入辞章之

① 李国均主编:《中国书院史》，第682页。

② 《王阳明全集》，第255页。

学。我们可以感知他对于支离末学的猛烈批评的态度，更可以从他“世之学者既得吾说而求诸心焉”的迫切期望中，体味到他借书院传播其学说的迫切之情。[①] 其书院讲学活动，实际上就是其学术建构活动的自然延伸。[②]

在《大学问》中王阳明强调了《大学》的重要性。《大学问》是王阳明晚年在浙江稽山书院讲解《大学》的问答体著作，反映了王阳明成熟时期的哲学思想。《大学问》的价值在于以天地万物一体释仁，并以此解释《大学》的“三纲”（明明德、亲民、止于至善）。他将四书五经融会贯通，认为四书五经言说人的性体，唤醒人内在的良知良能。他认为：“经，常道也。其在于天谓之命，其赋于人谓之性，其主于身谓之心。心也，性也，命也，一也。”[③]

总体来说，王阳明的思想是儒家思想内部的调整。在他看来，明初朱学的独尊地位导致了它的日益僵化，徒具形式，而不能真正深入人心，发挥对于社会生活的指导作用。与朱子将“天理”放在首要位置相区别的是，王阳明着重强调“良知”的重要性，重视内在的领悟。但是王阳明所阐扬的本性良知必然符合外在的客观标准，因此本性良知与“理”在本质上是一致的。

四 结语

王阳明的书院实践涉及贵州、江西、浙江、广西、福建，覆盖了南方大部分地区，其书院实践迎合了明代书院学术兴起的浪潮，接续了儒学学脉，其后学更是撑起了明代教育的半壁江山，以泰州学派为代表的阳明后学也促进了文化的普及和知识的下移。王阳明的书院教育理念包括以立志向学、革除私欲、廓清心体为步骤的驱除功利之心，心性修养和政治治理原则相统一的发明人伦之学，五经原典与良知本性相结合的

---

① 邓洪波：《中国书院史》，第309页。

② 肖永明：《儒学·书院·社会——社会文化史视野中的书院》，商务印书馆2012年版，第225页。

③ 《王阳明全集》，第254页。

匡正经典权威，这些都是为培养人的道德理性服务的，其教育理念与“知行合一”“心即理”“致良知”的哲学思想是一致的。“王阳明以内在的良知转换成超越的天理，但与赋予良知以二重性相应，王阳明不仅未放弃普遍性的原则，而且将其置于重要的地位。”[①] 道德理性的培养不仅需要主观性的良知的觉醒，而且需要客观的道德规范作为参照，既需要革除心非，又要抵制物欲，他继承了自张载、朱熹、陆九渊等宋明理学家借书院传播思想和发展学派的传统。心学与书院的相互成就，促进了明代学术的繁荣。

① 杨国荣:《心学之思——王阳明哲学的阐释》，第116页。

“孝弟慈”

——论泰州学派平民讲学的“实落处”

唐东辉*

《明儒学案》记载：“先生（指王心斋，笔者注）拟上世庙书，数千言佥言孝弟也。江陵阅其遗稿，谓人曰：‘世多称王心斋，此书数千言，单言孝弟，何迂阔也。’罗近溪曰：‘嘻！孝弟可谓迂阔乎？’”① 心斋所拟上嘉靖皇帝书，洋洋数千言而佥言孝弟，从一个侧面反映出心斋思想重视孝弟的特色。其实不止心斋，其所开创的泰州学派，都表现出重视孝弟的思想风貌，呈现出一种重视孝弟的“家风”。之所以如此，是因为泰州学派认为，孝弟或者说“孝弟慈”（近溪称为“孝弟慈”）乃是平民讲学的“实落处”②。所谓“实落处”，即是切实处，是与普罗大众切实相关之处。因为人生在世，人人都有家有室，有妻子可慈，有父母可孝，有兄长可悌③，从“孝弟慈”入手，才能贴近普罗大众的日常生活，才能使高明而又精微之道显现于庸常而又广大的生活之中。

---

* ［作者简介］唐东辉，1987年生，男，广西全州人，山东大学博士研究生。主要研究方向为先秦儒学与宋明理学。

① （明）黄宗羲：《明儒学案》，沈芝盈点校，中华书局2008年版，第718页。

② 《罗汝芳集》（上），方祖猷、梁一群、李庆龙等编校整理，凤凰出版社2007年版，第188页。

③ “弟”同“悌”，全文未区分，尤其以王艮等人原文指代其思想时。——编者注

一　从王艮到颜钧："孝弟慈"的理论奠基与实践探索

从学术传承的角度看，从王艮到颜钧，再从颜钧到罗近溪，重视孝弟可谓一脉相承。其中，王艮的身本孝道观为近溪"孝弟慈"的思想奠定了理论基础，而颜钧对"圣谕六条"的阐释则为近溪"孝弟慈"的思想进行了实践探索。

（一）理论奠基：王艮的身本孝道观

如引言所论，王艮思想的一个重要特色就是重视孝弟。不过，王艮的孝道思想，有一个从传统孝道观到身本孝道观的转变。前者以《孝弟箴》为代表，后者以《孝箴》为转变，而以《与南都诸友》一文为代表。

王艮《孝弟箴》曰：

> 事亲从兄，本有其则。孝弟为心，其理自识。爱之敬之，务至其极。爱之深者，和颜悦色。敬之笃者，怡怡侍侧。父兄所为，不可不识。父兄所命，不可不择。所为若是，终身践迹。所为未是，不可姑息。所命若善，尽心竭力。所命未善，反复思绎。敷陈义理，譬喻端的。陷之不义，于心何择？父兄之愆，子弟之责。尧舜所为，无过此职。①

全文分为三个部分：首句为第一部分，以"事亲从兄，本有其则"总领全文；第二至第五句为第二部分，讲孝弟之道当以爱敬存心；第六至第十五句为第三部分，讲孝弟之道不是盲目顺从，规谏也是题中应有之义。可见，王艮在此箴中阐述的孝弟之道，不外乎以爱敬之道事亲从兄及对父兄所为应当有所规谏。这两点其实是儒家传统孝道思想的题中应有之义，并没有新的理论建构，故笔者将其称为传

① （明）王艮：《王心斋全集》，陈祝生等校点，江苏教育出版社2001年版，第54页。

统孝道观。

王艮的孝道观，在《孝箴》中开始由传统孝道观向身本孝道观转变。《孝箴》曰：

> 父母生我，形气俱全。形属乎地，气本乎天。中涵太极，号人之天。此人之天，即天之天。此天不昧，万理森然。动则俱动，静则同焉。天人感应，因体同然。天人一理，无大小焉。一有所昧，自暴弃焉。惟念此天，无时不见。告我同志，勿为勿迁。外全形气，内保其天。苟不得已，杀身成天。古有此辈，殷三仁焉。断发文身，泰伯之天。采薇饿死，夷齐之天。不逃待烹，申生之天。启手启足，曾子之全。敬身为大，孔圣之言。孔曾斯道，吾辈当传。一日克复，曾孔同源。①

《孝箴》分为三部分：第一至第七句为第一部分，重点阐述的是“天人感应，因体同然”；第八至第十二句为第二部分，着重论述的是要“外全形气，内保其天”；第十三句至最后为第三部分，举了大量的古代事例以证成“苟不得已，杀身成天”。《孝箴》虽然没有出现孝字，但却把“外全形气，内保其天”的孝道观诠释得淋漓尽致且通俗易懂。所谓“外全形气，内保其天”，就是曾子所说的“全生全归”。从“全生全归”的角度看，王艮的《孝箴》并没有超越传统的孝道观，但此《孝箴》引人注意的是倒数第三句“敬身为大，孔圣之言”一语。王艮所谓的“身”是本末一贯的身，以己身为本，以天下国家为末，所谓“敬身”就是进不危身，退不遗末，必至于内不失己、外不失人、成己成物而后已。由此可知，王艮在《孝箴》当中所表达的孝道观开始由传统孝道观向身本孝道观转变。

王艮在《与南都诸友》一文中，详细阐述了这种身本孝道观。王艮认为：“然尧舜君民之道，必有至简、至易、至乐存焉，使上下乐而行之，无所烦难也。”②

---

① （明）王艮：《王心斋全集》，第54页。

② （明）王艮：《王心斋全集》，第50页。

王艮指出，在仁、义、礼、智、信这五德中，具根源意义的乃是仁、义二德，他引用孟子的话说："仁之实，事亲是也；义之实，从兄是也；智之实，知斯二者弗去是也；礼之实，节文斯二者是也；乐之实，乐斯二者。"在他看来，仁即是事亲之孝，义即是从兄之悌，所以说，"尧舜之道，孝弟而已矣"。

王艮又指出，孝弟不仅是家庭伦理，还可用以治国平天下——若在上位者能够老吾老以及人之老，则可以使人人亲其亲，长其长，而天下平；在下位者若能事父孝，就可以以孝事君，移孝作忠。因此，王艮得出结论"上下皆当以孝弟为本也"。而以孝弟之道来治国平天下，关键在于把握好人己、本末关系：

> 无诸己而求诸人，是其本乱而末治者，否矣；有诸己而不求诸人，是独善其身者也。①

这里提到的本、末，涉及王艮的格物论。王艮指出，身与家、国、天下本为一物，惟其为一物，才有本末之别。其中，身为本，家国天下为末，故要修身以立天下国家之大本。因此在王艮看来，若自己不孝不悌，无诸己而求诸人，就是《大学》所说的"其本乱而末治者，否矣"；若自己已孝已悌，有诸己却不求诸人，就是孟子所说的"独善其身"，退而遗末。王艮尧舜君民的孝弟之道正是以共身本论为关捩，既要自己孝弟，修身以立本，又要人人都孝弟，而非独善其身。而若要天下皆孝弟，在上位者则须"尽其术"：

> 求诸人而天下之有不孝者，未能尽其术者也。不取天下之孝者立乎高位治其事，是未能尽其术也。取之在位，所以劝天下以孝也。立乎高位，所以尊天下之孝也；使之治事，所以教天下以孝也。②

---

① （明）王艮：《王心斋全集》，第50页。

② （明）王艮：《王心斋全集》，第50—51页。

在王艮看来，"盖孝者，人之性也，天之命也，国家之元气也"[①]，而要培植元气，就必须"尽其术"，即取天下之孝者立乎高位、使之治事，以劝天下以孝、尊天下之孝、教天下以孝。而取天下之孝者又须"取之有道"，即取之以渐、取之以专。所谓取之以渐，即一月颁取天下之孝者，二月颁取在各司之次位，三月颁赏爵禄，四月任以官事，五月颁以举之司徒，六月颁取进诸朝廷，颁诸天下。所谓取之以专，即要月月颁诏，使天下皆听其谆谆之教，而知在上者用心之专也，又得以宣畅其孝心，使无间断也。只有这样，才能使作为国家元气的六阳之孝壮盛起来，才能使六阴之不孝渐渐转化，如此则天下之不孝者鲜矣。在王艮看来：

> 在上者果能以是取之，在下者则必以是举之，父兄以是教之，子弟以是学之，师保以是勉之，乡党以是荣之，是上下皆趋于孝矣。然必时时如此，日日如此，月月如此，岁岁如此，在上者不失其操纵鼓舞之机，在下者不失其承流宣化之职，遂至穷乡下邑愚夫愚妇皆可与知与能，所以为至简至易之道，然而不至于人人君子、比屋可封者，未之有也。[②]

据此可知，王艮所说的尧舜君民之道，其实就是孔孟所说的孝弟之道，而孝弟之道就是此书开篇所说的尧舜君民的至易、至简、至乐之道。"尧舜之道，孝弟而已矣"，若"在上者不失其操纵鼓舞之机，在下者不失其承流宣化之职"，使父兄、子弟、乡党皆知当以孝弟为本，则必至于"穷乡下邑患夫愚妇皆可与知与能"，从而实现"人人君子、比屋可封"的尧舜之治。

（二）实践奠基：颜钧阐发"圣谕六条"

王艮的身本孝道观虽然为泰州学派的平民讲学奠定了一定的理论基础，但他在《与南都诸友》一文中所探讨的外王路线，却仍然走的是"得君行道"的传统路线，观其书中所言："今闻主上有纯孝之心，斯有

---

① （明）王艮：《王心斋全集》，第51页。

② （明）王艮：《王心斋全集》，第52页。

纯孝之行，何不陈一言为尽孝道而安下之心，使人人君子，比屋可封?”①即可知其心目中论述的理想对象乃是刚即位的嘉靖皇帝，他这是要“出则必为帝者师”，为嘉靖皇帝提供平治天下的治国纲领。然而明代的政治生态环境极为恶劣，并不存在“得君行道”的良好君臣关系②，嘉靖初年的“大礼议”事件③，正式宣告了王艮这一传统外王路线的失败。

不过事情并没有那么悲观，王艮在该文中还提到“钦惟我太祖高皇帝教民榜文，以孝弟为先，诚万世之至训也”。④ 所谓“以孝弟为先”，就是教民榜文中著名的“圣谕六条”。明太祖朱元璋非常重视地方基层的治理，并为此颁布了一系列诏书，采取了一系列措施，其中最为著名的为洪武三十年（1397 年）九月颁布的“圣谕六条”：“上命户部下令，天下民每乡里各置木铎一，内选年老或瞽者，每月六次持徇于道路，曰：孝顺父母，尊敬长上，和睦乡里，教训子孙，各安生理，毋作非为。”⑤“圣谕六条”对有明一代的地方基层治理产生了深远的影响，可以说是“明代基层教化的指导思想”。⑥ 上至皇帝，下至各级官员，都极为重视“圣谕六条”在基层教化中的作用。王阳明最早将“圣谕六条”与乡约相结合，他在《南赣乡约》中提出要以“孝尔父母，敬尔兄长，教训尔子孙，和顺尔乡里，死丧相助，患难相恤，善相劝勉，恶相告诫，息讼罢争，讲信修睦”⑦ 这十条乡约来协和乡民。其中，前四条明显是“圣谕六条”化用而来，后六条则是从《吕氏乡约》中化出。

阳明之后，心学一系最为重视孝弟进而大力弘扬“圣谕六条”的，莫过于泰州学派。王艮对“圣谕六条”推崇备至，甚而将其提到“万世至

---

① （明）王艮：《王心斋全集》，第 50 页。

② 关于此点，具体可参看余英时所著《宋明理学与政治文化》第六章第一节“明代政治生态与政治文化”的相关论述，吉林出版集团有限责任公司 2008 年版，第 160—175 页。

③ 明世宗即位后，坚持要尊称生父兴献王为皇考，230 余名官员集体伏跪于皇宫左顺门外以示抗议，世宗一怒之下竟将 134 人逮捕入狱，杖五品以下 180 余人，死者多达 17 人。这是明史上仅有的集体官员被杖事件，惨烈程度可谓空前绝后。

④ （明）王艮：《王心斋全集》，第 50 页。

⑤ 《明太祖实录》卷第 255 洪武三十年辛亥条，见《明实录》，台北“中央”研究院历史语言研究所 1968 年版，第 3677 页。

⑥ 陈时龙：《圣谕的演绎：明代士大夫对太祖六谕的诠释》，《安徽师范大学学报》（人文社会科学版）2015 年第 5 期，第 611—621 页。

⑦ 《王阳明全集》，吴光、钱明、董平等编校，上海古籍出版社 2011 年版，第 665 页。

训”的高度。心斋之后，泰州学派中极为重视“圣谕六条”的则是颜钧。[①] 颜钧著有《箴言六章》阐发“圣谕六条”。由于《箴言六章》较长，此处只举“孝顺父母”一条为例进行说明：

孝顺父母

天地生民，人各有身。身从何来，父母精神。形化母腹，十月艰辛。儿生下地，万般殷勤。儿饥啼食，儿冷啼衣。乳抱缝浣，惕惕时时。儿渐长大，择师教儿。儿长大矣，求妇配儿。人有此身，谁不赖亲。幼赖养育，长赖教成。

儿幼赖亲，儿幼恋亲。娶妻生子，何忍忘亲！父母衰老，舍儿谁亲？儿不孝顺，亲靠谁人？亲不忍我，我忍忍亲。忍亲饥寒，饥寒我身。亲不逆我，我忍逆亲。我逆亲心，天逆我心。我若不孝，子孙效行。阳受忤逆，阴受零丁。

儿幼亲怜，施德施恩。亲老儿痛，报德报恩。摩痛搔痒，喘息忧惊。老人多病，顺志体情。思之痛之，泪血淋淋。孝顺父母，圣谕化民。

附诗曰：

孝顺父母好到老，孝顺父母神鬼保。孝顺父母寿命长，孝顺父母穷也好。

父母贫穷莫怨嗟，儿孙命好自成家。勤求不遂大家命，孝顺父母福禄加。[②]

颜钧对“孝顺父母”一条的阐释，主体内容大致可分为三部分：第一部分从人身得于父母精神说起，历述父母养儿教儿的艰辛，以此说明人有此身，全赖双亲“养育”“教成”的道理；第二部分从儿女幼时“赖亲”“恋亲”说起，指出即使娶妻生子了，也不能忘了生养自己的父

---

① 除颜钧外，王栋也非常重视“圣谕六条”，并作有《乡约谕俗诗六首》和《乡约六歌》。其中，《乡约谕俗诗六首》缺第一条“孝顺父母”的诗文，只保存了后五首；又《乡约六歌》散更多，只保留了“孝顺父母”和“尊敬长上”这两条的诗文，其余四条的诗文不存。

② 《颜钧集》，黄宣民点校，中国社会科学出版社 1996 年版，第 39 页。

母，若不孝顺父母，就会“子孙效行”，“阳受忤逆，阴受零丁”；第三部分从儿女幼小时父母“施德施恩”说起，讲父母年老时，儿女要“报德报恩”“顺志体情”。后附两首七言古诗，再次强化本条的主题，极有可能是在举乡约时供童子歌诗所用。不过这两首诗掺杂了佛教的因果报应理论，带有明显的劝善意味。由此可见，颜钧对“孝顺父母”一条的阐释，诉诸人们的日常生活经验，很能引起人们的情感共鸣，而采用诗歌的形式，则朗朗上口，易于传诵。

二　罗近溪：以“孝弟慈”为平民讲学的“实落处”

从学术史的角度看，王艮对身本孝弟观的阐发，为罗近溪的“孝弟慈”思想奠定了理论基础，而颜钧对“圣谕六条”的阐发，则为罗近溪以“圣谕六条”为核心的乡约实践奠定了实践基础。因此，罗近溪“孝弟慈”思想的形成以及乡约实践可谓水到渠成。

(一)“孝弟慈”理论——修己率人的挈矩之道

近溪的平民讲学，“纯以孝弟慈立教”①，“夫孩提之爱亲是孝，孩提之敬兄是弟，未有学养子而嫁是慈。保赤子，又孩提爱敬之所自生者也”。② 可见，近溪是从发生学的角度将“慈”与“孝弟”联系在一起的，认为父母之慈是孩提之孝弟之所由生，父母以慈心保赤子，赤子才能以孝弟之心爱亲敬兄。

近溪指出：“实见得此孝、弟、慈三事，是古今第一件大道、第一件善缘、第一件大功德，在吾身可以报答天地父母生育之恩；在天下可以救活万物万民万事之命。”③ 不过近溪对“孝弟慈”的理解，却有一个从“寻常人情”到“归会孝弟”的深化过程。他在早年只把孝弟当作寻常人情，以为并不紧要，直到后来在省中逢着大会，闻同志师友发挥，才幡

---

① 《罗汝芳集》(上)，第389页。
② 《罗汝芳集》(上)，第108页。
③ 《罗汝芳集》(上)，第152页。

然醒悟：孝弟才是做好人的路径。他从此回头，将《论语》细细再读，真觉字字句句重于至宝，又看《孟子》《大学》《中庸》，更无一字一句不相照映，哪怕是五经之源的《易经》，也只是究极孝弟的本源而已。自此以后，他认为"一切经书皆必归会孔孟，孔孟之言皆必归会孝弟"①。

近溪的"孝弟慈"思想，一言以蔽之，即以本末观贯穿"孝弟慈"，修己立本，率人达末，从而实现平治天下的理想。具体而言，一方面，以"孝弟慈"修己立本。近溪指出，孔门宗旨，惟在求仁，而"孔子自己说仁，平生只有'仁者人也，亲亲为大'，是他正解"②。所谓"修身以道，修道以仁"(《中庸》)，人以仁修身，人亦以仁而立，而仁道之大端，则在"亲亲"即孝弟。故孝弟是修身立本之要。另一方面，以"孝弟慈"率人达末。近溪指出，"仁者浑然与物同体，故大人联属家、国、天下以成其身"③。在近溪看来，仅仅以孝弟修身立本是不够的，仁者浑然与物同体，故大人还能以"孝弟慈"率人达末，使家、国、天下都归于孝弟，以实现天下太平的社会理想。而治平的机栝则在以挈矩之道修己率人："老吾老以及人之老，而莫不兴孝。长吾长以及人之长，而莫不兴弟。即明德达之天下，而人人亲其亲、长其长，治且平焉者也。"④

近溪之所以提出以"孝弟慈"为宗旨来修己率人、平治天下，主要有以下三个方面的原因。一是家学渊源的启发。近溪曾向其孙辈转述其父罗锦之言说，人的家业想要兴旺，需要培养"三条大根"："盖我此身，父母分胎，父母其一也；此身兄弟同胞，兄弟其一也；此身妻子传后，妻子又其一也。若能孝父母，和兄弟，善妻子，三根得培，而身家产业有不发越者哉!"⑤ 其中，善事父母为孝，善处兄弟为悌，善待妻子为慈。因此，近溪以"孝弟慈"立宗，可谓渊源有自。近溪承其父"孝弟慈"之说而予以发挥曰："我此人身，从何所出？岂不根着父母，连着兄弟，而带着妻子也耶？二夫子乃指此个人身为仁，又指此个人身所根、所连、

---

① 《罗汝芳集》(上)，第53页。

② 《罗汝芳集》(上)，第102页。

③ 《罗汝芳集》(上)，第8页。

④ 《罗汝芳集》(上)，第213—214页。

⑤ 《罗汝芳集》(上)，第423页。

所带以尽仁，而曰：‘仁者人也，亲亲长长幼幼，而天下可运之掌也。’”① 罗汝芳认为“孝弟慈”不仅仅可以兴旺家业，更能平治天下，使天下可运于掌中。

二是个人见闻坚定了他以“孝弟慈”为论学宗旨的理念。近溪说：“予叨仕进，自极北边陲，率海而南，历涉吴、越、闽、广，直逾夜郎、金齿，其深山穷谷，岁时伏腊之所由为，未有一方一人而非孝弟慈和以行乎其间者，则其习虽殊，而其性固未甚相远也。”② 这就使近溪更加坚定地相信：性之所以善者，即在于孩提之爱亲敬兄，而善之所以同者，也惟在此“孝弟慈”三者。“民间一家只有三样人，父母、兄弟、妻子；民间一日只有三场事，奉父母、处兄弟、养妻子。家家日日，能尽力干此三场事，以去安顿此三样人，得个停当。如做子的，便与父母一般的心；做弟的，便与哥哥一般的心；做妻的，便与丈夫一般的心，恭敬和美。此便是民三件好德行。”③ 因此，只要人人亲其亲，长其长，以至于其为父子兄弟足法，而人之父子兄弟自法之，便可天下太平。

三是悟《大学》“格物”宗旨以兼贯本末。《大学》“格物”之说，历来聚讼纷纭，近溪早年时也曾苦于格物之旨，直到三十八岁时才忽悟格物之旨，认为“格物者，物有本末，于本末而先后之，是所以格乎物者也”④。意、心、身、家、国、天下，本是一个大物，但物有本末，以身为本，而以家、国、天下为末。诚意、正心、修身、齐家、治国、平天下，本是一件大事，但了结这件大事，却有个先后，以诚意、正心、修身为始，而以齐家、治国、平天下为终。欲明明德于天下，究竟这场物、事，只是以挈矩之道挈度于物之本末，“故《大学》虽有许多功夫，然实落处，只是上老老而民兴孝，上长长而民兴弟。故上老老、上长长，便是修身以立天下之本；民兴孝、民兴弟，便是齐、治、平而毕修身之用也”⑤。只要人人能老吾老以及人之老，长吾长以及人之长，幼吾幼以及人之幼，则其为父子兄弟足法，而人自法之，便能家齐、国治而天

① 《罗汝芳集》（上），第65—66页。
② 《罗汝芳集》（上），第316页。
③ 《罗汝芳集》（上），第151页。
④ 《罗汝芳集》（上），第28页。
⑤ 《罗汝芳集》（上），第188页。

下平。

（二）"孝弟慈"实践——《宁国府乡约训语》

近溪不仅坐而论道，提出"孝弟慈"的理论，而且起而行之，大力实践"孝弟慈"的思想。近溪居官期间，常以乡约为载体，实践自己"孝弟慈"的思想。

《宁国府乡约训语》对"圣谕六条"进行了集中阐释，可以看作是近溪对自己"孝弟慈"思想的集中实践，故笔者以该乡约为中心，探讨近溪"孝弟慈"思想的实践。由于该乡约训语原文颇长，故此处只举"孝顺父母"一条为例进行说明：

> 臣罗汝芳演曰："人生世间，谁不由于父母，亦谁不晓得孝顺父母。孟子曰'孩提之童，无不知爱其亲'者，是说人初生之时，百事不知，而个个会争着父母抱养，顷刻也离不得，盖由此身原系父母一体分下，形虽有二，气血只是一个，喘息呼吸，无不相通。况父母未曾有子，求天告地，日夜惶惶。一遇有孕，父亲百般护持，母受万般辛苦，十月将临，身如山重，分胎之际，死隔一尘。得一子在怀，便如获个至宝，稍有疾病，心肠如割，见儿能言能走，便喜欢不胜。人子受亲之恩，真是罔极无比，故曰'父即是天，母即是地'。人若不知孝顺，即是逆了天地，绝了根本，岂有人逆了天地、树绝了根本而能复生者哉？故凡为人子，当常如幼年时一心恋恋，生怕离了父母，冬温而夏凊，昏定而晨省，出则必告，反则必面，远游则必有方。又当常如幼年时一心嬉嬉，生怕恼了父母，好衣与穿，好饭与吃，好屋与住，好饭与吃，好兄弟姊妹同时过活。又要常如幼年时一心争气，生怕羞辱了父母，读书发愤，中举做好官，治家发愤生殖，置产业。或命运不扶，亦小心安分，啜茶饮水，也尽其欢，也留个好名声在世上。凡此许多孝顺，皆只要不失了原日孩提的一念良心，便用之不尽，即如树木，只培养那个下地的一些种子，后日千枝万叶，千花万果，皆从那个果子仁儿发将出来。"①

① 《罗汝芳集》（下），第752—753页。

在近溪看来，孝顺父母乃是人的良知良能，正所谓“孩提之童，无不知爱其亲”。具体而言，一是子女与父母有天然的血缘纽带，所谓“此身原系父母一体分下，形虽有二，气血只是一个”；二是子女受亲之恩，罔极无比，父母从“未曾有子”到“一遇有孕”，再到“得一子在怀”，可谓备尝艰辛，子女若不知孝顺父母，便是“逆了天地，绝了根本”。子女要孝顺父母，“当常如幼年时一心恋恋，生怕离了父母”；“又当常如幼年时一心嬉嬉，生怕恼了父母”；“又要常如幼年时一心争气，生怕羞辱了父母”。这许多的孝顺，都只从“原日孩提的一念良心”发端而来，只要不失了赤子良心，便可用之不尽。

在演绎完圣谕后，近溪又概括说，“圣谕六条”不过是欲人“为善事，戒恶事”[①]。基于此，近溪又将“圣谕六条”与《吕氏乡约》放在一块，认为“然善恶得失相规，礼俗相交，患难相恤。这四句言语，虽则与圣谕不同，其实互相发明”[②]。所谓“德业相劝”，是说同族、同乡、同会之人，都要以“圣谕六条”互相劝勉；所谓“过失相规”，是说在践行“圣谕六条”的过程中，遇有过失，大家应互相规讽；所谓“礼俗相交”，是说平常时节和睦乡里，大抵期于不失古礼、不悖时俗；所谓“患难相恤”，说患难之际和睦乡里，只有患难周急，才是彻底的好人。

从以上论述可以看出，近溪的《宁国府乡约训语》有以下三个特点：

一是以“圣谕六条”为核心。我国最早的成文乡约是《吕氏乡约》，但它在两宋之际并未有太大的实践效果，[③] 直到明代它才在乡村治理中发挥出作用。明太祖非常重视乡村治理，并为此颁布了“圣谕六条”。明成祖则将《吕氏乡约》颁行天下，使之成为全国推行乡约的蓝本。阳明制订《南赣乡约》时，首次将“圣谕六条”与《吕氏乡约》结合起来。及

---

① 《罗汝芳集》（下），第755页。

② 《罗汝芳集》（下），第755页。

③ 吕氏兄弟在自己的家乡蓝田推行该乡约，并一度取得良好的效果。可惜当时就遭到一些士大夫的反对，加之北宋灭亡，《吕氏乡约》也就随之湮没无闻。南宋时期，朱子重新发现了这个乡约，并编写整理成《增损吕氏乡约》，可惜朱学一度被禁，故其实践也就无从谈起。

至“嘉靖间，部檄天下，举行乡约，大抵增损王文成公之教”①。而近溪的《宁国府乡约训语》则是“第一部明确地以《圣谕》为思想指导而制定的《乡约》”②。不仅如此，近溪还很好地处理了“圣谕六条”与《吕氏乡约》的关系，以“圣谕六条”为核心，以《吕氏乡约》发明“圣谕六条”，为明代以“圣谕六条”为核心的乡约实践作了一个很好的理论说明。

近溪之所以在举乡约时以“圣谕六条”为核心，包括三个原因。第一，继承泰州学派重视孝弟的“家风”。如前所论，王艮特别推崇“圣谕六条”，颜钧著有《箴言六章》，专门阐发“圣谕六条”，近溪在此基础上，着力阐扬“圣谕六条”，可谓渊源有自。第二，顺应明廷推行乡约的时势。明廷于嘉靖八年（1529 年）开始在全国范围内推行乡约，乡约很快与“圣谕六条”结合在一起。近溪在任内推行以“圣谕六条”为核心的乡约，即是积极响应朝廷的号召，也为讲学找到了合法的前提。第三，也是最为重要的，“圣谕六条”与近溪自己的论学宗旨不谋而合。近溪思想归宗“孝弟慈”，而“圣谕六条”首之以孝弟，故近溪认为“高皇帝真是挺生圣神，承尧舜之统，契孔孟之传，而开太平于兹天下，万万世无疆者也”③。有学者指出，“罗汝芳将太祖六谕提升到道统的地位上，与泰州学派师道自任的取向是矛盾的，这标志着泰州学派师道自任思想的终结”④，这种论断未免偏激，完全忽视了近溪自己的学术旨趣即“孝弟慈”。

二是以俗语训导，侧重说理教化。陈时龙研究员曾概括嘉靖年间士大夫对“圣谕六条”的三种诠释方式，即纲目式、歌诗式、说理式。⑤ 其中，纲目式是分条设目诠释六谕，列举同约之人必须遵守的行为规范，乃是受《吕氏乡约》疏之为目的诠释方式的影响；歌诗式是以诗歌诠释

---

① （明）叶春及：《石洞集卷七·惠安政书九·乡约篇》，《备忘集　石洞集》，上海古籍出版社 1993 年版，第 489 页。

② 吴震：《明末清初劝善思想研究》（修订版），上海人民出版社 2016 年版，第 89 页。

③ 《罗汝芳集》（上），第 5 页。

④ 陈时龙：《师道的终结——论罗汝芳对明太祖〈六谕〉的推崇》，中国社会科学院历史研究所明史研究室《明史研究论丛》（第十辑），2012 年 3 月。

⑤ 陈时龙：《圣谕的演绎：明代士大夫对太祖六谕的诠释》，《安徽师范大学学报》（人文社会科学版）2015 年第 5 期，第 611—621 页。

六谕，如前举颜钧的《箴言六章》，既朗朗上口，又易于传诵；说理式则是以浅近俗语诠释六谕，《宁国府乡约训语》"可以说是说理式六谕诠解之经典"①。从上举"孝顺父母"一条的演绎来看，近溪的用语可谓通俗易懂，既将抽象的良知观念用浅显直白的语言传达出来，又将何以要孝顺父母以及如何孝顺父母的大道理讲得生动感人，无怪乎黄宗羲评论说："近溪舌胜笔。顾盼呿欠，微谈剧论，所触若春行雷动，虽素不识学之人，俄顷之间，能令其心地开明，道在现前。"②

近溪之所以用白话俗语进行说理，一是因为说理的对象大都是不识文字的乡里村民，语言不得不通俗易懂；二是因为近溪作为一个儒家士大夫，坚持为政以德，他在该乡约序语中说，易俗之机，惟在"敦德礼以洁治源""萃人心以端趋向"③，而章程与讥察则有所省略，故他在举乡约时，必然以说理的方式感发人心，引人向善。

三是具有强烈的复兴礼乐的意识。这主要体现在举行乡约的过程中注重乡饮酒礼与歌诗这两点。乡饮酒礼是周代乡人聚会宴饮的礼仪，具有尊贤与尊长养老两种特点。历朝历代都非常重视乡饮酒礼。及至明代，朱元璋又将乡饮酒礼与宣读"圣谕六条"结合在一起，突出了其在地方基层治理中的作用。不过在近溪这里，"酌酒"改为了"敬茶"，这或许是因为酒可致人迷乱，茶则醒人心神。此外，近溪还特别重视歌诗，在乡约中引入诗教乐教。在该乡约中，歌唱的是《诗经·南山有台》。进讲者每演讲完两条圣谕，歌生班首就吟唱其中的一至两章。近溪之所以选取此诗，乃是希望会众通过对"圣谕六条"的学习实践，成为有德君子，就像南山之下的有台、有桑等一样，长成有用之材。

"移风易俗，莫善于乐；安上治民，莫善于礼。"（《孝经·广要道》）通过复兴礼乐，以实现尧舜三代之治，是儒士群体共同的社会理想，近溪亦莫能外，故他特别重视通过乡约来复兴礼乐，以期实现移风易俗、安上治民的理想。

---

① 陈时龙：《圣谕的演绎：明代士大夫对太祖六谕的诠释》，《安徽师范大学学报》（人文社会科学版）2015年第5期，第611—621页。

② （清）黄宗羲：《明儒学案》，第762页。

③ 《罗汝芳集》（下），第750页。

近溪在宁国府任上，“诚以讲会、乡约治郡”①，竭力凸显“圣谕六条”，“凡士民入府，则训以孝顺父母，尊敬长上”②。当时就有人质疑仅凭“圣谕六条”能否治理好宁国府，而事实证明，近溪的乡约实践取得了良好的效果，及经月而鞭朴不闻，数月后而教化大行，远迩向风。不仅如此，近溪在宁国府的乡约实践，还对后世产生了不小的影响，如嘉靖四十四年（1565 年），徽州知府何东序在全府倡立乡约，其选年高有德者为约正、通礼文者为约赞及童子歌诗，都借鉴了近溪的乡约实践。又如隆庆时的一些宗族乡约，像徽州府休宁县的乡绅对“圣谕六条”的解释，甚至直接引用近溪的乡约训语。③

三 “孝弟慈”思想的实践与理论意义

从以上论述可以看出，近溪的“孝弟慈”思想，在晚明乃至整个儒学发展史上，都可谓别开生面，独树一帜，具有非常重大的理论与实践意义。

“孝弟慈”思想最大的实践意义在于，为泰州学派的平民讲学找到了落脚点。近溪将阳明心学抽象理性的良知观念发展成为具体感性的“孝弟慈”思想，从而使圣人之道更加贴近普通百姓的生活。我们知道，阳明从百死千难中悟得良知，正是为治儒门支离之病，极有功于圣门。阳明指出：“知是心之本体，心自然会知。见父自然知孝，见兄自然知弟，见孺子入井自然知恻隐，此便是良知，不假外求。”④ 可见阳明所说的良知，乃是指本体而言。这种本体良知对于不识文墨的普罗大众而言，未免显得过于抽象，虽然在指点良知的过程中可以深入浅出，事实上阳明确实也做到了深入浅出，但不免离百姓日用还隔着一层。近溪正是有见于此，所以才评价阳明的良知之学说：“阳明先生乘宋儒穷致事物之后，直指心体，说个良知，极是有功不小。但其时止要解释《大学》，而于孟

① 《罗汝芳集》（下），第 922 页。

② 《罗汝芳集》（下），第 407 页。

③ 关于此点，具体可参看董建辉《明清乡约：理论演进与实践发展》，厦门大学出版社 2008 年版，第 210—213 页。

④ 《王阳明全集》，第 7 页。

子所言良知，却无暇照管，故只单说个良知。而此说良知，则即人之爱亲敬长处言之，其理便自实落，而其工夫便好下手。”① 近溪提出的“孝弟慈”思想，正是接续孟子良知良能之爱亲（孝）敬长（悌）而来，把阳明本体层面的抽象理性的良知观念发展成为贴近百姓日用的具体感性的“孝弟慈”，不仅使良知在百姓日用中有了“实落”处，还揭示了百姓实践良知的“下手”处，“民间一家只有三样人，父母、兄弟、妻子；民间一日只有三场事，奉父母、处兄弟、养妻子。家家日日，能尽力于此三场事，以去安顿此三样人，得个停当。如做子的，便与父母一般的心；做弟的，便与哥哥一般的心；做妻的，便与丈夫一般的心，恭敬和美。此便是民三件好德行”②。

“孝弟慈”思想的理论意义则在于，一方面，以“孝弟慈”贯通四书五经，为儒家的内圣外王之道提供了一种新的诠释方式。孝是否具有形而上的本体意义，可以孝与仁的关系为例进行探讨，具体表现为对“孝弟也者，其为仁之本与”（《论语·学而》）一语的阐释。有子虽然首先提出孝弟“为仁之本”的论断，但此语究竟何解，后儒却有不同的理解。汉唐儒者的主流观点认为，孝弟是仁的根本。皇侃指出：“此更以孝弟解本，以仁释道也。言孝是仁之本。若以孝为本，则仁乃生也。”③ 而宋明理学家的主流观点则认为，仁才是孝弟的根本。朱子指出：“论仁，则仁是孝弟之本；行仁，则当自孝弟始。”④ 可见，汉唐儒虽然也说“本”，但“本”之所指，为根基、基础，并无形上的意义，且根基意义上的孝悌，已被宋明理学家所谓的“行仁，则当自孝弟始”所涵摄；而宋明理学家所说的“本”，则是体用意义上的本体，仁是形上本体，而孝悌则是形下之用。不过，居于形下层面的孝悌，在晚明则实现了向本体的升越。这其中，近溪可谓代表。在近溪看来，“孝弟慈”就是《大学》的“明德”，就是《中庸》的“天命”，就是《论语》的“为仁之本”，就是《孟子》的“良知”“良能”，就是《周易》的“生生”之道，就是《尚

① 《罗汝芳集》(上)，第86页。

② 《罗汝芳集》(上)，第151页。

③ 《论语集解义疏》，(曹魏）何晏集解，(南朝梁）皇侃义疏，商务印书馆1937年版，第4页。

④ 《朱子语类》第二册，(宋）黎靖德编，中华书局1986年版，第463页。

书》的“峻德”，就是《诗经》的“懿德”，就是《春秋》《礼记》的经礼。因此，“孝弟慈”作为一种普通的家庭伦理原则与伦理情感，在近溪这里，获得了内圣层面的形上意义，如明德、天命、良知良能等，是人之所以为人的根本所在，是学者志学修身的头脑所在。

不仅如此，近溪在大悟格物之旨后，还指出“孝弟慈”具有外王层面的意义，即不仅以“孝弟慈”修身立本，还要以“孝弟慈”率人达末，齐家、治国、平天下，以明明德（明德即是“孝弟慈”）于天下。在儒学史上，对孝道最为推崇的莫过于孝道派及其理论著作《孝经》。《孝经》指出“先王有至德要道，以顺天下，民用和睦，上下无怨”（《孝经·开宗明义章》），对孝弟之道的外王功能推崇备至。汉代提倡以孝治天下，在全社会形成重视孝弟的风尚，在一定程度上实现了以孝治天下。如前所论，近溪在中年大悟格物之旨，以为意、心、身、家、国、天下本是一物，但以身为本，家、国、天下为末，而欲明明德于天下，只是以挈矩之道挈度于物之本末，而挈矩之矩，就是“孝弟慈”，而挈矩之道，就是以“孝弟慈”挈度于上下左右，正所谓上老老而民兴孝，上长长而民兴悌，上恤孤而民不悖，只是以“孝弟慈”之矩修身立本，自然能够率人而达末，正己而物正，老吾老以及人之老，长吾长以及人之长，幼吾幼以及人之幼，则其为父子兄弟足法，而人自法之，便能实现家齐、国治、天下平的社会理想。

另一方面，泰州学派的“孝弟慈”思想，也为“四民异业而同道”找到了更加坚实的理论依据。中晚明时期，随着四民的流动尤其是商人与士人的融合，士阶层对四民在社会中的作用有了全新的认识，最典型的为王阳明所提出的“四民异业而同道”之论。王阳明指出：“古者四民异业而同道，其尽心焉，一也。士以修治，农以具养，工以利器，商以通货，各就其资之所近，力之所及者而业焉，以求尽其心。其归要在于有益于生人之道，则一而已。”① 阳明主要从“尽心”的角度来论述“四民异业而同道”。在他看来，士、农、工、商只要尽心于修治、具养、利器、通货，就都有益于“生人之道”。可见，这是从整个社会运转的角度对“尽心”的客观效果进行的一种抽象概括。问题在于，四民“尽心”

① 《王阳明全集》，第1036页。

于四民，自身有何“同道”之处？这不能仅以“尽心”这一从业精神状态来简单概括，而应深究“尽心”这一精神状态背后的动机。关于此问题，近溪恰恰给出了完满的答案，那就是尽心四民以求尽此“孝弟慈”。近溪指出：“由一身之孝弟慈而观之一家，一家之中未尝有一人而不孝弟慈者；由一家之孝弟慈而观之一国，一国之中未尝有一人而不孝弟慈者；由一国之孝弟慈而观之天下，天下之大，亦未尝有一人而不孝弟慈者；又由缙绅士夫，以推之群黎百姓。缙绅士夫，固是要立身行道，以显亲扬名，光大门户，而尽此孝弟慈矣。而群黎百姓，虽职业之高下不同，而供养父母，抚育子孙，其求尽此孝弟慈，亦未尝有不同者也。”① 在近溪看来，“孝弟慈”才是通家国天下的“同道”。无论是“缙绅士夫”，还是“群黎百姓”，虽职业有高低不同，但尽心本业以求尽此“孝弟慈”则无有两样，“总是父母妻子之念，固结维系，所以勤谨生涯，保护躯体，而自有不能已者”②。诚如吴震所指出的：“孝弟慈作为一种伦理学说，可以打通‘缙绅士夫’与‘群黎百姓’的界限，也不受家族/社会、道德/政治的局限，而成为普遍性的道德法则。”③

四　结语

综上所述，近溪的“孝弟慈”思想，为泰州学派的平民讲学实践找到了真正的“实落处”，“民间一家只有三样人，父母、兄弟、妻子；民间一日只有三场事，奉父母、处兄弟、养妻子。家家日日，能尽力干此三场事，以去安顿此三样人，得个停当。如做子的，便与父母一般的心；做弟的，便与哥哥一般的心；做妻的，便与丈夫一般的心，恭敬和美。此便是民三件好德行”④。平民讲学的关键之处，在于将极高明而又尽精微之道以一种通俗易懂的方式传达给“愚夫愚妇”，同时使普罗大众将这种高明精微之道实践于庸常而又广大的日常生活当中。“孝弟慈”正具备

① 《罗汝芳集》（上），第232—233页。
② 《罗汝芳集》（上），第233页。
③ 吴震：《泰州学派研究》，中国人民大学出版社2009年版，第340页。
④ 《罗汝芳集》（上），第151页。

这种特性，极高明而又道中庸，尽精微而又致广大，可以高明到天命之性，但又落实到百姓日用，可以精微至生生之易，但又达致天下而莫不尊亲。因此以“孝弟慈”讲学，既能贴近普罗大众的日常生活，又能为“愚夫愚妇”所乐于接受与践行。

第六编　阳明学传承与发展

李贽《论语评》的诠释特色

唐明贵*

李贽（1527—1602 年），字宏甫，号卓吾，又号笃吾，别号温陵居士，明泉州晋江（今属福建）人。他学承泰州学派，曾师事王艮之子王襞，钦佩何心隐、罗汝芳。而泰州学派素以“赤手以缚龙蛇”、勇于创新而著称，倡言“百姓日用之道”即为圣人之道，大力推进儒家经典诠释的平民化。这些思想都对李贽产生了深刻影响，在其《四书评》中亦有所体现。

一 将孔子平民化、世俗化

在历代的《论语》诠释中，孔子的形象与时俱进，不断发生着变化，“浸假而孔子变为董江都、何邵公矣，浸假而孔子变为马季长、郑康成矣，浸假而孔子变为韩昌黎、欧阳永叔矣，浸假而孔子变为程伊川、朱晦庵矣，浸假而孔子变为陆象山、王阳明矣”①。之所以会出现这么多的“孔子”，究其原因就在于每位解释者都按照自己的意图来解读孔子，使其为自己张目，李贽亦如此。

在《论语评》② 中，李贽虽然有时将孔子视为圣人，如《为政篇》：“或谓孔子曰：‘子奚不为政？’子曰：‘《书》云：“孝乎惟孝，友于兄

---

* ［作者简介］唐明贵，1971 年生，男，山东临清人，聊城大学教授，博士。主要研究方向为论语学。

① 梁启超：《梁启超论清学史二种》，朱维铮校注，复旦大学出版社 1985 年版，第 71 页。

② 《论语评》实为《四书评·论语卷》，《论语评》之书名为作者自己加的。——编者注。

弟。”施于有政，是亦为政，奚其为为政。’”李贽评曰：“又委婉，又直截，圣人之言。”[①]《公冶长篇》：“子使漆雕开仕。对曰：‘吾斯之未能信。’子说。”李贽评曰：“好弟子，好先生。”[②]《公冶长篇》：“子在陈曰：‘归与！归与！吾党之小子狂简，斐然成章，不知所以裁之。’”李贽评曰：“夫子之出，为何而出？夫子之归，为何而归？圣人！圣人!”[③]但更多的地方李贽则将孔子世俗化、平民化。

一是在点评中他多次将孔子描写为官迷，如《子罕篇》中“凤鸟不至，河不出图，吾已矣夫”，李贽点评曰：“夫子婆心直至此地，极象如今急功名者，欲得一好梦也不能，安得不心焦！说‘已’，政见其不‘已’处。”[④]大谈孔子对功名的渴求。对《先进篇》中“子路、曾皙、冉有、公西华侍坐”章，李贽点评曰：“四子侍坐，英才济济，孔子勃然动当世之想。子路言之凿凿，夫子色喜，所以连问三子，其急于用世可知矣。点乃狂者，竟以目前对。夫子又动一念，曰：‘富强礼乐，反属空言，睹此春光，令人增感!’其用世之心，于此滋戚。所以‘喟然’，非关‘与点’。点后三子而问，亦疑之也。及夫子说到‘为国’上，其不忘当世之心何如？乃犹以求、赤之为邦请也。夫子虽不直言所以，玩其答语，自是了然。何从来说此书者之瞶瞶也。特为拈出，想夫子亦含笑于杏坛之上矣。”[⑤]这点出了孔子“急于用世”的心情。对《子罕篇》中“沽之哉！沽之哉！我待贾者也”章，李贽评曰：“此见圣贤都急于渡世，非子贡求而孔子待也。但玩‘沽之哉！沽之哉’，口角自见。”[⑥]对《子路篇》中“苟有用我者，期月而已可也，三年有成”章，李贽点评曰：“老婆心切。凿凿可据，岂浪言者?”[⑦]对《宪问篇》中“邦有道，谷。邦无道，谷，耻也”，李贽点评曰：“原思辞‘粟’，欲脱身于‘谷’之外；孔子耻‘谷’，欲效其身于‘谷’之中。”[⑧]这三则材料都反映了孔

---

① （明）李贽：《四书评》，上海人民出版社1975年版，第37页。
② （明）李贽：《四书评》，第52页。
③ （明）李贽：《四书评》，第56页。
④ （明）李贽：《四书评》，第81页。
⑤ （明）李贽：《四书评》，第100页。
⑥ （明）李贽：《四书评》，第83页。
⑦ （明）李贽：《四书评》，第111页。
⑧ （明）李贽：《四书评》，第116—117页。

子积极求仕的心态。

二是视孔子为善于随时变通的人。《公治长篇》："子谓公冶长：'可妻也，虽在缧绁之中，非其罪也。'以其子妻之。子谓南容：'邦有道，不废；邦无道，免于刑戮。'以其兄之子妻之。"李贽点评曰："'在缧绁之中'，'免于刑戮'，极有意味。记此以见夫子时中。"[①]《乡党篇》："孔子于乡党，恂恂如也，似不能言者。其在宗庙朝廷，便便言，唯谨尔。"李贽点评曰："只玩'于'字、'其在'字，便见他是个时中之圣。"[②] 这两处"时中"的意思就是"随时变通"。

三是视孔子为凡人。在《乡党篇》点评中，李贽多次视孔子为常人，"食不厌精，脍不厌细。食饐而餲，鱼馁而肉败，不食。色恶，不食。臭恶，不食。失饪，不食。不时，不食。割不正，不食。不得其酱，不食。肉虽多，不使胜食气。惟酒无量，不及乱。沽酒市脯，不食。不撤姜食，不多食。祭于公，不宿肉。祭肉不出三日。出三日，不食之矣。食不语，寝不言。虽蔬食菜羹瓜，祭，必齐如也。"对此，李贽认为除"惟酒无量，不及乱"外，"其余都与大众一般"[③]。对"升车，必正立，执绥。车中，不内顾，不疾言，不亲指"，李贽评曰："与大众一样。"[④]"君召使摈，色勃如也，足躩如也。揖所与立，左右手，衣前后，襜如也。趋进，翼如也。宾退，必复命曰：'宾不顾矣。'"对此，李贽评曰："圣人亦只完得人臣之常。"[⑤] 即认为孔子和一般大臣并无二致。

二　运用了"评点"的新诠解方式

评点是中国古代研读文章的一种特殊方法，其形式包括圈点、眉批、夹批、回评、总评等，旨在对作品的写作技巧和思想内容进行画龙点睛式的评论、指点，其要求是言简意赅、一语中的。评点最初本用于诗文，为阅读时的随笔、心得，而后应用范围也逐渐扩大。古文、时文、诗歌、

① （明）李贽：《四书评》，第51页。
② （明）李贽：《四书评》，第87—88页。
③ （明）李贽：《四书评》，第89—90页。
④ （明）李贽：《四书评》，第91页。
⑤ （明）李贽：《四书评》，第88页。

笔记小说、白话小说乃至于剧本等，都出现了评点的刊本。[①] 李贽又将其移植到对四书的注解上，遂形成了自己独特的经典诠释方法。

其一，采用“眉批”“旁批”的形式进行注解。旁批是指在文句的旁边作注，如李贽旁批《子罕篇》。太宰问于子贡曰：“夫子圣者与？何其多能也？”子贡曰：“固天纵之将圣，又多能也。”子闻之，曰：“太宰知我乎！吾少也贱，故多能鄙事。君子多乎哉？不多也。”李贽在“夫子圣者与”处旁批曰：“圣人知己。”在“固天纵之将圣，又多能也”处旁批曰：“夹带。”在“太宰知我乎”处旁批曰：“真个相知。”[②] 又见《阳货篇》。阳货欲见孔子，归孔子豚。孔子时其亡也，而往拜之，遇诸涂。谓孔子曰：“来！予与尔言。”曰：“怀其宝而迷其邦，可谓仁乎？”曰：“不可。”“好从事而亟失时，可谓知乎？”曰：“不可。”“日月逝矣，岁不我与。”孔子曰：“诺，吾将仕矣。”李贽在“阳货欲见孔子”处旁批曰：“良心。”在“归孔子豚”处旁批曰：“奸。”在“孔子时其亡也，而往拜之”处旁批曰：“毫无成心。”在“来！予与尔言”处旁批曰：“做模样。”[③] 两篇的旁批文字简洁明了，点到为止。眉批是指在书眉上批注读书心得，包括批语、订误、校闻和音注，如李贽眉批《子罕篇》。颜渊喟然叹曰：“仰之弥高，钻之弥坚。瞻之在前，忽焉在后。夫子循循然善诱人，博我以文，约我以礼，欲罢不能，既竭吾才。如有所立卓尔，虽欲从之，末由也已。”李贽眉批曰：“好一篇囫囵文字。贞下起元，如环无端。后世文人胸中原无元气，如何到此。”[④] 又见《阳货篇》。子谓伯鱼曰：“女为《周南》《召南》矣乎？人而不为《周南》《召南》，其犹正墙面而立也与？”李贽眉批曰：“‘矣乎’是训词，非问词。”[⑤] 一处是总评文字，一处解读助词。有时李贽既用旁批，也用眉批，如《宪问篇》。子路问成人。子曰：“若臧武仲之知，公绰之不欲，卞庄子之勇，冉求之艺，文之以礼乐，亦可以为成人矣。”曰：“今之成人者何必然？见利思义，见危授命，久要不忘平生之言，亦可以为成人矣。”李贽在“子路问

---

① 陈洪：《李贽》，春风文艺出版社 1999 年版，第 48 页。
② （明）李贽：《四书评》，第 80 页。
③ （明）李贽：《四书评》，第 145 页。
④ （明）李贽：《四书评》，第 82 页。
⑤ （明）李贽：《四书评》，第 148 页。

成人”处旁批曰：“切问。”先眉批曰：“知、廉、勇、艺，是铜铁，礼乐是丹头。”在“今之成人者何必然”处旁批曰：“转句妙绝。”后眉批曰：“然则今之不成人者极矣。”[①] 又见同篇第二十一章。陈成子弑简公。孔子沐浴而朝，告于哀公曰：“陈恒弑其君，请讨之。”公曰：“告夫三子。”孔子曰：“以吾从大夫之后，不敢不告也。君曰‘告夫三子’者。”之三子告，不可。孔子曰：“以吾从大夫之后，不敢不告也。”李贽眉批曰：“实请讨三家也。”在“告夫三子”处旁批曰：“好贷。”在“君曰‘告夫三子’者”处旁批曰：“有味。”在“不可”处旁批曰：“自然。”[②]

其二，关注《论语》的写作技巧，凸显了《论语》的文学色彩。与传统经典注家不同，李贽对六经和《论语》基本上是持蔑视和否定态度的。他说：“夫六经、《语》、《孟》，非其史官过为褒崇之词，则其臣子极为赞美之语。又不然，则其迂阔门徒，懵懂弟子，记忆师说，有头无尾，得后遗前，随其所见，笔之于书。后学不察，便谓出自圣人之口也，决定目之为经矣，孰知其大半非圣人之言乎？”[③] 在他看来，这些经典要么经过了“史官”或“臣子”的一番语言修饰，要么是门徒“有头无尾，得后遗前”的断言片语，总之“大半非圣人之言”。因此，不应将它们目之为纯粹的经典，而应当视之为文学作品或史学作品。在《微子篇》的“总批”中，他就曾写道：“读此一篇，如读稗官小说、野史、国乘，令人不寐。其亦经中之史乎。”[④] 所以李贽比较关注《论语》中的写作手法、文字描摹。

李贽对《论语》中的写作手法予以了关注，如他在评点《学而篇》中“巧言令色，鲜矣仁”时，指出：“倒‘鲜矣’二字在‘仁’上，便令人骨悚。圣人文字真能醒醉觉梦。”[⑤] 文字颠倒，意思更加凸显。又《为政篇》中“知之为知之，不知为不知”下，李贽评点曰：“两‘为’字煞有工夫。”[⑥] 强调了“为”字的重要性。对《八佾篇》中“禘自既灌

① （明）李贽：《四书评》，第119—120页。
② （明）李贽：《四书评》，第122页。
③ （明）李贽：《焚书》，中华书局1975年版，第99页。
④ （明）李贽：《四书评》，第156页。
⑤ （明）李贽：《四书评》，第29—30页。
⑥ （明）李贽：《四书评》，第36页。

而往者，吾不欲观之矣”和“或问禘之说”两章，李贽评点曰：“此二篇不曾说出一字，实是无一字不曾说出。”① 此处无字胜有字。

李贽对《论语》中的文字描摹非常崇拜，给予了很多的赞赏。如对《述而篇》中“富而可求也”章，李贽点评曰：“字字活眼。”② 对《子罕篇》中“子绝四”章，李贽评曰：“何物文人，八字便传宣老之神!”③ 对《乡党篇》中“入公门”章，李贽旁批了五个“画”字，且评曰：“一幅入公门图。笔法亦变。神品！神品!”④ 对《尧曰篇》中“子张问于孔子曰：‘何如斯可以从政矣?’”章，李贽在眉批中提到“文法错综，妙甚”，且对整段文字评曰：“是绝好文字。”⑤ 同篇“不知命，无以为君子也”章，李贽评曰：“文法极平顺。”⑥ 李贽的评点比较重视经典的文学性，与传统重视训诂、义理的注释不同，这也成为《论语评》反传统的特色之一。

由于评点要求言简意赅，所以在注释过程中，李贽采用了不同的处理方式。

一方面，采用“略言”的注解方式。传统的经典注释，无论是考据之学，还是义理之学，都喜欢床上架床，屋上架屋，力求解说详尽。这在李贽看来是比较可恨的，有时你解释越多，别人越不懂。他说：“有详言之不解，略言之而解者。世之龙头讲章之所以可恨者，正为讲之详，讲之尽耳。”⑦ 既然详解经典反而使人产生不解之感，那么就不如采用“略言之”的方式来解经。于是在《论语评》中常常出现简短的解释，有时甚至三言两语了事。《学而篇》中，有子曰：“礼之用，和为贵。先王之道，斯为美。小大由之，有所不行，知和而和，不以礼节之，亦不可行也。”马融曰：“人知礼贵和，而每事从和，不以礼为节，亦不可行。”邢疏曰：“此章言礼乐为用，相须乃美。‘礼之用，和为贵’者，和谓乐

① （明）李贽：《四书评》，第41页。
② （明）李贽：《四书评》，第67页。
③ （明）李贽：《四书评》，第80页。
④ （明）李贽：《四书评》，第88页。
⑤ （明）李贽：《四书评》，第164页。
⑥ （明）李贽：《四书评》，第164页。
⑦ （明）李贽：《四书评》之《四书评序》，第1页。

也。乐主和同，故谓乐为和。夫礼胜则离，谓析居不和也，故礼贵用和，使不至于离也。'先王之道，斯为美'者，斯，此也。言先王治民之道，以此礼贵和美，礼节民心，乐和民声。乐至则无怨，礼至则不争，揖让而治天下者，礼乐之谓也，是先王之美道也。'小大由之，有所不行'者，由，用也。言每事小大皆用礼，而不以乐和之，则其政有所不行也。'知和而和，不以礼节之，亦不可行也'者，言人知礼贵和，而每事从和，不以礼为节，亦不可行也。"① 朱熹《四书章句集注》曰："礼者，天理之节文，人事之仪则也。和者，从容不迫之意。盖礼之为体虽严，而皆出于自然之理，故其为用，必从容而不迫，乃为可贵。先王之道，此其所以为美，而小事大事无不由之也。承上文而言，如此而复有所不行者，以其徒知和之为贵而一于和，不复以礼节之，则亦非复理之本然矣，所以流荡忘反，而亦不可行也。愚谓严而泰，和而节，此理之自然，礼之全体也。毫厘有差，则失其中正，而各倚于一偏，其不可行均矣。"朱子又引程子曰："礼胜则离，故礼之用，和为贵。先王之道，以斯为美，而小大由之。乐胜则流，故有所不行者，知和而和，不以礼节之，亦不可行。"又引范氏（范祖禹）曰："凡礼之体主于敬，而其用则以和为贵。敬者，礼之所以立也；和者，乐之所由生也。若有子，可谓达礼乐之本矣。"② 而李贽则解曰："'礼'是面貌，'和'是血脉，'节'是骨节，总而命之曰'道'。"③ 与前贤所注相比，李贽之解读，既简单又明了，既全面概括又重点突出。通过比喻，很形象地解释了"礼""和""节"三者之间的关系。

《里仁篇》中，子曰："不患无位，患所以立；不患莫己知，求为可知也。"包咸曰："求善道而学行之，则人知己。"邢疏曰："此章劝学也。'不患无位'者，言不忧无爵位也。'患所以立'者，言但忧其无立身之才学耳。'不患莫己知'者，言不忧无人见知于己也。'求为可知也'者，言求善道而学行之，使己才学有可知重，则人知己也。"④ 朱子注曰："所

---

① （北宋）邢昺：《论语注疏》，北京大学出版社 2005 年版，第 18 页。

② （宋）朱熹：《四书章句集注》，中华书局 1983 年版，第 51—52 页。

③ （明）李贽：《四书评》，第 32 页。

④ （北宋）邢昺：《论语注疏》，第 61 页。

以立，谓所以立乎其位者。可知，谓可以见知之实。程子曰：‘君子求其在己者而已矣。’”① 李贽则一言以蔽之曰：“至言。”② 与前注相比，李贽并没有拘泥于对经文的解释，而是将经文本身视为人生的至理名言，仅用了两个字就评点出了该章对人们生活的指导意义。

对《子张篇》中“博学而笃志，切问而近思，仁在其中矣”，李贽评曰：“真。”③ 对同篇“君子有三变：望之俨然，即之也温，听其言也厉”，李贽评曰：“画。”④ 仅仅用一字来揭示经文大义，李贽评点式注经与众不同。

另一方面，采用“反言”的诠释方法。所谓“反言”，即是正话反说。在李贽看来，“盖道理有正言之不解，反言之而解者”⑤，也就是说有时道理从正面讲解却不能使人明白，这时不如采用从反面讲解的方式为受众诠释。如《里仁篇》中“朝闻道，夕死可矣”，李贽点评曰：“说不闻道不可以死，非说闻道即当死也。”⑥ 这里，李贽先是用正话反说的方法解读孔子的话——没有“闻道”的人不应该死。他进而说明孔子的话不是指“闻道”的人就应当死去。正反结合的点评，让人一目了然。

在评点过程中，李贽为了使经典通俗化，往往采取日常生活化的口语，如“扯淡”“痛快”“受用”“妙”“狠”等，这也使得其诠释通俗易懂。《学而篇》中，子曰：“学而时习之，不亦说乎！有朋自远方来，不亦乐乎！人不知，而不愠，不亦君子乎！”李贽点评曰：“学则有悦乐而无愠，何等快活！何等受用！不学真是小人，一生惟有烦恼而已矣。”⑦ 这条点评通过引入“快活”“受用”等贴近百姓生活的口语，既通俗易懂，又富有强烈的感情色彩。它毫无疑义地表达，学习能使人快乐，不学习的人真是小人，一生中将只有无尽的烦恼。又《八佾篇》中“季氏旅于泰山。子谓冉有曰：‘女弗能救与?’对曰：‘不能。’子曰：‘呜呼！

① （宋）朱熹：《四书章句集注》，第72页。
② （明）李贽：《四书评》，第47页。
③ （明）李贽：《四书评》，第158页。
④ （明）李贽：《四书评》，第159页。
⑤ （明）李贽：《四书评》，第1页。
⑥ （明）李贽：《四书评》，第46页。
⑦ （明）李贽：《四书评》，第29页。

曾谓泰山不如林放乎?'" 李贽评曰:"季氏闻之,不胜扯淡。这便是夫子救季氏处。"① "扯淡"乃地地道道的民间俗语,难登大雅之堂,李贽竟然用来解经,而且是解孔子的《论语》,真是惊人之举,这也意味着在李贽那里经典的权威性已经弱化。

三 援佛道释《论语》

受时代因素影响,李贽也和当时其他士子一样,自幼熟读儒经。"余自幼读圣教不知圣教,尊孔子不知孔夫子何自可尊"②,在其思想深处,儒家思想扎根。他曾说:"孔夫子道德之重自然足以庇荫后人","孔子教泽之远自然遍及三千七十,以至万万世之同守斯文一脉者,乃学其讲道学,聚徒众,收门生"。③ 伴随着年龄的增长和学识的深化,李贽开始对居以正统地位的朱子理学不满,"稍长,复愦愦,读传注不省,不能契朱夫子深心"④。在他看来,"古圣之言,今人多错会",仁义道德成了儒学末流博取功名、谋求富贵的手段,即"今世称学道者,徒有名而无实"⑤。在这一过程中,他先是接受了阳明心学,继而又对道家思想和佛教思想产生了兴趣。他一方面专治《老子》,将《道德经》"日置案头,行则携持入手夹,以便讽诵"⑥;另一方面"因得友朋劝诲,翻阅贝经,幸于生死之原窥见斑点"⑦,此处的"贝经"就是"佛经"。在此基础上,李贽进一步提出了融会儒学乃至三教的思想。他说:"儒释道之学,一也,以其初皆期于闻道也",即"然其期于闻道以出世一也"。⑧ 这一思想也体现在《论语评》中。

其一,在语言表达上,借用道教和佛教的话语来注解《论语》。《泰伯篇》:"可以托六尺之孤,可以寄百里之命,临大节而不可夺也。君子

① (明)李贽:《四书评》,第40页。
② (明)李贽:《续焚书》,中华书局1974年版,第174—175页。
③ (明)李贽:《焚书》,第63页。
④ (明)李贽:《焚书》,第84页。
⑤ (明)李贽:《焚书》,第45页。
⑥ (明)李贽:《续焚书》,第174页。
⑦ (明)李贽:《续焚书》,第175页。
⑧ (明)李贽:《续焚书》,第198—199页。

人与？君子人也。”李贽评曰：“末二语是赞体文字。大是镜花水月。”① “镜花水月”是佛教中的常见词，喻指可望而不可即。对《子路篇》中“君子和而不同，小人同而不和”，李贽评曰：“法眼。”② 此词为佛教语，指能照见一切法门的眼睛，泛指敏锐、深邃的洞察力。这里借指孔子对君子和小人的深刻认识。《宪问篇》：“子贡方人。子曰：‘赐也贤乎哉？夫我则不暇。’”李贽评曰：“好棒喝。”③ 棒喝是禅宗师家引弟子开悟的手段之一，喻指促人醒悟的警告。这里借指孔子对子贡的警告。《子路篇》：“子夏为莒父宰，问政。子曰：‘无欲速，无见小利。欲速则不达，见小利则大事不成。’”李贽评曰：“千古至言。”④ 此处的“至言”指极其高明的言论，出自《庄子·天地篇》：“是故高言不止于众人之心，至言不出，俗言胜也。”⑤ 对《述而篇》中“仁远乎哉？我欲仁，斯仁至矣”，李贽评曰：“口诀。”⑥ 对《述而篇》“加我数年，五十以学《易》，可以无大过矣”，李贽评曰：“学《易》口诀。”⑦ 这两处出现了同一个词“口诀”，它的原意就是道家传授道术时的秘语。葛洪在《抱朴子·明本篇》中曰：“岂况金简玉札，神仙之经，至要之言，又多不书。登坛歃血，乃传口诀。”⑧ 《子罕篇》：“子在川上曰：‘逝者如斯夫！不舍昼夜。’”李贽注曰：“亦劝人‘不舍’也。与道家‘流水不腐’之语同。”⑨ 直接借用道家话语解释经文。

其二，在思想内容上，借用佛教思想来解读《论语》。在佛教思想中有以佛法为药之喻，如憨山大师曾说：“知佛法破妄想者，亦本非有。佛法是药，妄想是病，若药病不立，则本体安然。如此则知药病皆病。今参究所提古人‘无’字公案，乃攻药病之药也，是谓‘以毒去毒’。”⑩

---

① （明）李贽：《四书评》，第 74 页。
② （明）李贽：《四书评》，第 114—115 页。
③ （明）李贽：《四书评》，第 124 页。
④ （明）李贽：《四书评》，第 113 页。
⑤ 王先谦：《庄子集释》，三秦出版社 2005 年版，第 172 页。
⑥ （明）李贽：《四书评》，第 71 页。
⑦ （明）李贽：《四书评》，第 68 页。
⑧ （东晋）葛洪：《抱朴子》，中华书局 1980 年版，第 172 页。
⑨ （明）李贽：《四书评》，第 84 页。
⑩ （明）憨山大师：《憨山老人梦游集》（上册），北京图书馆出版社 2005 年版，第 90 页。

李贽在《四书评》中也将四书视为治疗社会人生疾病的典籍，在释读过程中，多次提及。

《学而篇》："君子不重则不威；学则不固；主忠信，无友不如己者；过则勿惮改。"李贽评曰："首节反言病也，次节是对病之药，三节四节总是调理之方。"①

《为政篇》："君子周而不比，小人比而不周。""学而不思则罔，思而不学则殆。"李贽评曰："分言其病，正是对下其药。"②

《为政篇》："道之以政，齐之以刑，民免而无耻；道之以德，齐之以礼，有耻且格。"李贽评曰："由今以思古也，亦对病而下药也。"③

《先进篇》："柴也愚，参也鲁，师也辟，由也喭。"李贽评曰："识得病，便是药。"④

《先进篇》："回也其庶乎，屡空。赐不受命，而货殖焉，亿则屡中。"李贽眉批曰："回是药，赐是病。真个是对病之药。"⑤

《卫灵公篇》："道不同，不相为谋。"李贽评曰："此是病语，亦是药语。"⑥

《阳货篇》："唯上知与下愚不移。"李贽评曰："正要他移。不移是病，移便是药。"⑦

从上述例子不难看出，李贽在评点时，经常以病和药对比来讲，还将社会或人生中存在的问题视为病，要求对病下药。

禅语词短义丰。李贽在释读《论语》时，将其中的部分文字视为禅语。《乡党篇》："色斯举矣，翔而后集。曰：'山梁雌雉，时哉！时哉！'子路共之，三嗅而作。"此段让人费解，释读者见仁见智，莫衷一是。李贽在评点时另辟蹊径，从佛学的角度入手，指出：

---

① （明）李贽：《四书评》，第31页。
② （明）李贽：《四书评》，第36页。
③ （明）李贽：《四书评》，第33页。
④ （明）李贽：《四书评》，第97页。
⑤ （明）李贽：《四书评》，第97页。
⑥ （明）李贽：《四书评》，第138页。
⑦ （明）李贽：《四书评》，第146页。

分明一则禅语。若认作实事，便是呆子。“色斯举矣”，“可以仕而仕”，“可以速而速”也。“翔而后集”，“可以处而处”，“可以久而久”也。曰“山梁”，见非庙堂也。曰“雌雉”，见非帝王也。曰“子路”，见非“用之则行，舍之则藏”者也。的是宣圣一幅真容，的是宣圣一部实谱，正与“学而时习之”处关应。记《论语》者，圣手也。读《论语》者，从来都是瞎子。我今指出，孔子又活矣。快活！快活！然亦孔子知之耳，瞎子仍不知也。[①]

在他看来，这章是一则禅语，描写的是真实的孔子的状况，真乃千古奇解。

四 品评宋儒和心学家

一方面，李贽被看作异端，他对宋儒[②]和道学是持反对态度的。他说：“以诸子虽学，未尝以闻道为心也。则亦不免士大夫之家为富贵所移尔矣，况继此而为汉儒之附会、宋儒之穿凿乎？又况继此而以宋儒为标的，穿凿为指归乎？人益鄙而风益下矣！无怪其流弊至于今日，阳为道学，阴为富贵，被服儒雅，行若狗彘然也。夫世之不讲道学而致荣华富贵者不少也，何必讲道学而后为富贵之资也？此无他，不待讲道学而自富贵者，其人盖有学有才，有为有守，虽欲不与之富贵，不可得也。夫唯无才无学，若不以讲圣人道学之名要之，则终身贫且贱焉，耻矣，此所以必讲道学以为取富贵之资也。然则今之无才无学、无为无识而欲致大富贵者，断断乎不可以不讲道学矣。”[③] 李贽认为，宋儒多穿凿，道学成为攫取荣华富贵的敲门砖，给社会带来了诸多灾害。因此，他在释读过程中，对此多有评点。

《颜渊篇》：“子张问崇德辨惑。子曰：‘主忠信，徙义，崇德也。爱之欲其生，恶之欲其死。既欲其生，又欲其死，是惑也。“诚不以富，亦

---

① （明）李贽：《四书评》，第92页。

② 宋儒并非指宋代的儒学学者，而指治程朱理学的儒学学者，即道学学者。——编者注。

③ （明）李贽：《续焚书》，第200—201页。

只以异。"'" 朱熹注曰："恶，去声。爱恶，人之常情也。然人之生死有命，非可得而欲也。以爱恶而欲其生死，则惑矣。既欲其生，又欲其死，则惑之甚也。'诚不以富，亦只以异。'此《诗·小雅·我行其野》之辞也。旧说：'夫子引之，以明欲其生死者不能使之生死。'如此诗所言，不足以致富而适足以取异也。程子曰：'此错简，当在第十六篇齐景公有马千驷之上。因此下文亦有齐景公字而误也。'杨氏曰：'堂堂乎张也，难与并为仁矣。则非诚善补过不蔽于私者，故告之如此。'"① 李贽嫌宋儒的解释过于明白，注曰："就在此处，有何不好。引来证其意耳，何必字字明白。宋儒解书，病在太明白。"②

《颜渊篇》中，司马牛忧曰："人皆有兄弟，我独亡。"子夏曰："商闻之矣：'死生有命，富贵在天。'君子敬而无失，与人恭而有礼，四海之内，皆兄弟也。君子何患乎无兄弟也？"朱熹注曰："苟能持己以敬而不间断，接人以恭而有节文，则天下之人皆爱敬之，如兄弟矣。"③ 如此解说，是视天下人皆为兄弟。这在李贽看来是离间骨肉。他说："司马牛多言而躁，其兄弟又凶顽不道之人。料必兄弟不相能者。'人皆有兄弟，我独亡'，忧其将害己也。故子夏以'死生有命，富贵在天'慰之。又教以处之之法，谓只待以恭敬，疏者可亲，况亲者乃反疏乎？盖劝其兄弟和睦也。宋儒竟谓认他人为兄弟，何必自家兄弟？这叫做离间骨肉。"④

对《阳货篇》中"性相近也，习相远也"，朱熹《四书章句集注》曰："此所谓性，兼气质而言者也。气质之性，固有美恶之不同矣。然以其初而言，则皆不甚相远也。但习于善则善，习于恶则恶，于是始相远耳。程子曰：'此言气质之性，非言性之本也。若言其本，则性即是理，理无不善，孟子之言性善是也。何相近之有哉？'"⑤ 在李贽看来，程朱对"近"字的解释失之偏颇，评曰："原是说性善，倒为程朱注脚看坏了'近'字，可恨。"⑥

---

① （宋）朱熹：《四书章句集注》，第 136 页。
② （明）李贽：《四书评》，第 104 页。
③ （宋）朱熹：《四书章句集注》，第 134 页。
④ （明）李贽：《四书评》，第 102 页。
⑤ （宋）朱熹：《四书章句集注》，第 175—176 页。
⑥ （明）李贽：《四书评》，第 145 页。

另一方面，从学术渊源上来讲，李贽虽属王门后学，但对心学也并非全部认同，对心学的某些说法也予以了评点。对《季氏篇》中“君子有三畏：畏天命，畏大人，畏圣人之言”，李贽注曰：“‘天命之谓性。’‘大人’尽‘性’之人。‘圣人’之言，尽‘性’之方。今之讲心学者，畏耶，狎耶，侮耶？自考之。”① 只有恭顺天性、自由成长，人才能成为大人。如果弃性而空言良知良能，就会妨碍人自由的成长和发展。

程朱理学的格物是格自然之物，而心学讲致良知，在李贽看来，心学家所讲是有失察之处的，于是在点评《卫灵公篇》“吾尝终日不食，终夜不寝，以思，无益，不如学也”时，他指出：“‘致知’必在‘格物’，“尽性’必在‘穷理’。孔子已身验之矣。彼讲心学者何如？”②

在王阳明看来，良知是天生的，是对自己和外界的良好判断能力，良知即至善，即天理。但李贽认为，现实中心学只言良知不言学，所以不但要言良知，且要言学。对《阳货篇》“由也，女闻六言六弊矣乎”章，李贽注曰：“搔著子路痒处，亦搔著子路痛处，亦搔著天下万世痛痒处。呜呼！今天下蔽者岂少哉？言良知而不言‘学’，亦愚，亦荡，亦贼，亦绞，亦乱，亦狂。”③

五　注重观照现实

在评点《论语》时，李贽时刻未忘自己的社会使命，经常结合自己所处的社会背景针砭时弊，使评点更具现实针对性。

一是针对从政者，李贽极尽贬斥。《雍也篇》：“季康子问：‘仲由可使从政也与？’子曰：‘由也果，于从政乎何有？’曰：‘赐也可使从政也与？’曰：‘赐也达，于从政乎何有？’曰：‘求也可使从政也与？’曰：‘求也艺，于从政乎何有？’”李贽评论说：“今之‘从政’者亦‘果’乎？‘达’乎？‘艺’乎？思之，思之！”④ 希望当时的从政者努力。《子

① （明）李贽：《四书评》，第142页。
② （明）李贽：《四书评》，第136页。
③ （明）李贽：《四书评》，第148页。
④ （明）李贽：《四书评》，第59页。

路篇》："子贡问曰：'何如斯可谓之士矣？'子曰：'行己有耻，使于四方，不辱使命，可谓士矣。'曰：'敢问其次？'曰：'宗族称孝焉，乡党称弟焉。'曰：'敢问其次？'曰：'言必信，行必果。硁硁然小人哉！抑亦可以为次矣。'曰：'今之从政者何如？'子曰：'噫！斗筲之人，何足算也！'"李贽评论说："'孝''弟'都从'有耻'得来。'言必信，行必果'也，只为不肯'无耻'。'今之从政者'，只是一个'无耻'。"① 他对当权者予以痛斥。

二是对士人的品行多有质疑。譬如《泰伯篇》："士不可以不弘毅，任重而道远。仁以为己任，不亦重乎？死而后已，不亦远乎。"李贽点评曰："今之号为士者，亦有'以为己任'者乎？亦有'死而后已'者乎？"② 对士者提出了质疑。《子张篇》："百工居肆以成其事，君子学以致其道。"李贽评曰："今之'百工居肆以成其事'者比比，今之'君子学以致其道'者几人哉？"③ 他对士人束书不观的社会风气提出了批评。

另外，李贽还对社会的诸多方面提出了批评。在《子路篇》中，子谓卫公子荆善居室。始有，曰："苟合矣。"少有，曰："苟完矣。"富有，曰："苟美矣。"李贽评曰："今之居室者能如是否？"④《八佾篇》："射不主皮，为力不同科，古之道也。"李贽点评曰："今则何如？"⑤《里仁篇》："古者言之不出，耻躬之不逮也。"李贽评论说："可想见古人淳朴厚重之风。"⑥ 对《卫灵公篇》中"工欲善其事，必先利其器"，李贽点评曰："今天下只是多'钝器'，奈何！"⑦

由上可见，李贽《论语评》突破了此前对《论语》支离破碎甚至是故弄玄虚的学术性解释，采取了"反言""略言"的解释策略，不再对原本简单的经典文本进行无所适从的过度解释，使《论语》注释变得简单明了。同时，他借用民间口语解读《论语》，重视《论语》评点的文学化

---

① （明）李贽：《四书评》，第114页。
② （明）李贽：《四书评》，第74页。
③ （明）李贽：《四书评》，第158页。
④ （明）李贽：《四书评》，第111页。
⑤ （明）李贽：《四书评》，第42页。
⑥ （明）李贽：《四书评》，第49页。
⑦ （明）李贽：《四书评》，第131页。

倾向，援引佛道思想解读《论语》，也给《论语》注释注入了新鲜血液。另外，在《论语》评点过程中，为了救治不良社会风气，他对成为荣华富贵敲门砖的道学和导致束书不观的心学末流予以了批判；他反对“以孔子是非为是非”的固有观点，将孔子形象平民化世俗化，把其拉下了神坛；为了救治国难民瘼，他结合时代背景，对名不副实的为政者、士者进行了抨击。从某种意义上来讲，《论语》注释成为他“六经注我”的工具，彰显了与众不同的时代特色。

主静功夫的发展与丰富

——从万廷言到刘宗周

张昭炜*

从学术传承的延续性而言，陈献章、湛若水、唐枢、许孚远、刘宗周这一脉的儒学谱系具有明确的、不间断的师承关系。从功夫论而言，陈献章之学由主静而入，以自得为学，如刘宗周评述："至问所谓得，则曰'静中养出端倪'。向求之典册，累年无所得，而一朝以静坐得之，似与古人之言自得异"，"静坐一机，无乃浅尝而捷取之乎"，"今考先生证学诸语，大都说一段自然工夫高妙处，不容凑泊，终是精魂作弄处"。① 陈献章之学主要有两大问题。其一是来源不正。"典册"代指儒学经典，陈献章于典册无所得，转入静坐。他以纯粹的静坐获得自得体验，道家与佛家亦主静坐，这不是由儒学传统的格致诚正、修齐治平而悟道。其二是不着实，不深厚。"静中养出端倪"，此端倪尚浅浮，没有展开，没有经过行的验证，还不深厚，这很容易导致弄惊魂、沉湎在光景中。刘宗周认同陈献章的老师吴与弼之学，如其评述，"先生之学，刻苦奋励，多从五更枕上汗流泪下得来。及夫得之而有以自乐，则又不知足之蹈之手之舞之。盖七十年如一日，愤乐相生，可谓独得圣人之心精者。至于学之之道，大要在涵养性情，而以克己安贫为实地。此正孔、颜寻向上

---

* ［作者简介］张昭炜，1977 年生，男，河北无极人，武汉大学副教授。主要研究方向为阳明学。

① （明）刘宗周：《明儒学案师说》，《刘宗周全集》第 5 册，浙江古籍出版社 2007 年版，第 519 页。

工夫”，“陈白沙犹激于声名，惟先生醇乎醇云”。[①] 陈献章从学于吴与弼，吴与弼之学有两大特点。其一是宗旨醇正。吴与弼以孔颜之学为旨归，这是儒学的正统谱系，以克己复礼、安贫乐道为学，这是孔颜的正统之学。其二是功夫着实深厚。吴与弼刻苦体证孔颜之学，其所得“多从五更枕上汗流泪下得来”，由此可见践行之苦；“七十年如一日”，吴与弼经由漫长的涵养积淀，不断提升自得之乐。毋庸置疑，刘宗周站在其慎独之学的立场上来评判陈献章与吴与弼，“醇乎醇”的吴与弼显然是刘宗周向往的学术典范。从功夫论来看，吴与弼是持敬，陈献章是主静，陈献章“激于声名”，积淀不深厚，当刘宗周将陈献章的主静纳入自己的慎独学说时，势必要对主静进行修正，从而在更深层次上思考主静。

一　九容之目容

刘宗周师承许孚远，“余尝亲受业许师，见师端凝敦大，言动兢兢，俨然儒矩。其密缮身心，纤悉不肯放过，于天理人欲之辨，三致意焉”[②]。许孚远的气象及为学进路，总体上类似吴与弼，持矩甚严，此为持敬。“密缮身心”，可视为刘宗周《人谱》之导源。许孚远亦有主静的进路，“尝深夜与门人子弟辈窅然静坐”[③]。在阳明学的大背景中，重视主静者莫过于江右王门，其代表为罗洪先：“特拈‘收摄保聚’四字为致良知符诀，故其学专求之未发一机，以主静无欲为宗旨，可为卫道苦心矣。”[④] 罗洪先的后学胡直、万廷言、王时槐与李材是许孚远的重要学友，这些学友深刻影响了刘宗周的主静功夫。万廷言与李材均重视止，并与许孚远论学甚密：“初，嘉靖壬戌，予以应试来京，与孟诚李君识许君孟中于众人之中，因定交于兵部主事南离钱君邸舍。未数日，三人同举进士。李君早得家学，予不肖从念庵罗先生闻主静之说，两人常相论议。君为一庵唐先生门人，谓予两人

① （明）刘宗周：《明儒学案师说》，《刘宗周全集》第5册，第517页。
② （明）刘宗周：《明儒学案师说》，《刘宗周全集》第5册，第530页。
③ （明）刘宗周：《明儒学案师说》，《刘宗周全集》第5册，第530页。
④ （明）刘宗周：《明儒学案师说》，《刘宗周全集》第5册，第528页。

言甚当，日喜闻予两人言”①，“榜下许郎旧三益，如今亦作粤台臣。想君论到同心处，回首应怜少一人”②。

万廷言之学从沉潜邃密中积淀而来，以静立本，他又服膺程颐之学，静中有敬，这为刘宗周所欣赏，如刘宗周摘录万廷言论学语：

> 万思默廷言曰：“凡物诱人，色为甚；人为诱所入，目为甚。故养神之道，全在收视。收视者，非瞑目不视，盖常不欲尽视也。如所谓平视含光之意。此养德、养身之至要。语云‘平视则心柔’，甚有味。”
>
> 又曰：“人心惟危，故易动。易动，故有一种躁率粗犷之气不觉发来，与物相忤，所以虽向好事，动多凶悔吝。道心惟微，微便细腻。圣贤兢兢在微处用功，所以气平色和，动必安详而吉。”
>
> 又曰：“人多经忧患始能思，则惧而反本。”③

上述三段引文取自万廷言的《学易斋约语》，均指向返本：平视含光是养德、养身之至要，是归根之学；在道心惟微处用功亦是返本；经过忧患的历练，然后思而返本。刘宗周所引第一段文字是讲九容之目容。与主静一致，目容重点在收视，与之相对的是目容之过：“偷视、邪视、视非礼。”④ 从动静而言，偷视、邪视、非礼视均是妄动，是消耗心神之举；而收视则是由动返静之根，是养心之功。万廷言以主静功夫为主，于静中养出平和，冲然孕育恬愉。如同主静的收摄保聚，对于九容之目容，万廷言通过收视将发散的神收回，进而涵养保育。

二　平视含光

从本源处讲目容，显然受到道家养生学说的影响。第一段引文前原

① （明）万廷言：《许孟中壬申所寄和诗后序》，《万廷言集》，中华书局2015年版，第208页。

② （明）万廷言：《送李孟诚年兄兵宪广东兼柬孟中》，《万廷言集》，第347页。

③ （明）刘宗周：《定命篇》，《刘宗周全集》第2册，第33页。

④ （明）刘宗周：《纪过格》，《刘宗周全集》第2册，第11页。

有:“邵子曰:‘天之神栖于日,人之神栖于目。’《阴符经》曰:‘机在目。’”[①]“人之神栖于目”之“栖”,《观物内篇》作“发”。从邵雍的“人之神栖(发)于目”来理解,“收视”即是收神,收敛、退藏、保任心神。“平视含光”相通于扬雄的“藏心于渊,美厥灵根”。以渊寂、深静养心,这正是养心、养身、养德的总纲。由“平视”达到“心柔”中,守柔是老子思想的重要特征,如《道德经》第十章:“载营魄抱一,能无离乎?专气致柔,能婴儿乎?”据万廷言释义:

> 魄锐则气奔而强,气柔魄亦驯而伏,强则纵魄,柔则近虚。虚者,气之母也;柔者,虚之用也。气之始生也必柔,故敛魄抱一,将循危以入微,由粗以臻妙,莫如专气致柔。专者,专一翕聚之意。翕聚此奔驰之气,使渐还其生之初,则机融而魄自化。婴儿者,气之初,柔之致也,故曰“专气致柔,能婴儿”也。[②]

如朱子论魂魄,魄是人的精神中具有收敛性、下沉性的部分,类似于“精神”之精,是“阴神”[③]。儒家由众人至君子、圣人的过程内在化表述则是以魂制魄、以魂胜魄、魂魄融妙[④],从儒学心性角度而言,魄“则今之念是已”[⑤]。念牵动着气,魄与气相摩荡,魄如桀骜不驯的野马,带着气一起奔放。若要驯服魄,必须“专气致柔”,以柔克刚。通过翕聚专气,从而收摄念虑。从先天而言,气始生时为柔,“专气致柔”是从后天返先天的过程,如复归婴儿,亦是由惟危人心返至惟微道心的过程,是由粗返精的过程。按照动静的特征,动静可分为三个层次:后天有动有静;其生之初为静极而动,这是“机”;先天生生不息。“收视”是将后天有动有静归于静,以静养动,养“机”。先天之机表现在“其生之初”,此时具有生生活力。“平视则心柔”,由“平视”的功夫涵养达到“心柔”的效验。柔则能静,这是心由实向虚的渐趋过程,是收念的过

---

① (明)万廷言:《学易斋约语》,《万廷言集》,第497页。

② (明)万廷言:《读老子二》,《万廷言集》,第509页。

③ (宋)朱熹:《九歌》,《朱子全书》第19册,上海古籍出版社2002年版,第199页。

④ (明)万廷言:《读老子二》,《万廷言集》,第510页。

⑤ (明)万廷言:《读老子二》,《万廷言集》,第509页。

程，是敛魄之纵、化魄之锐的过程。

“收视”是养神之道，甚至可以说是“养德、养身之至要”。收视不是瞑目，而是为了涵养心体，换言之，收视是手段，养心是目的。如《孟子·告子上》：“故苟得其养，无物不长。”心亦不例外，由收视而得以心神明，这亦如“藏心于渊”是为了“美厥灵根”。此处有一个转换点，即是由收到放的转换，指向由渊静至灵根生发的转换点，对此转换点的把握可以说是养德养身之至要中的至要者，这一转换点是《易》中的《坤》《复》之际，即是由深静向真动转机处，万廷言对此极为重视，泰州学派的管志道应和之，如二人所论：

> 《阴符》《参同》论日月《姤》《复》立天定人之旨，多《图》《书》先天之意。虽出伯阳辈，必传古语。盖《易》自儒者执泥文字，多失其精意。秦乱，有道高人诡迹方外，《图》《书》遂为秘传。至周邵表章之，《易》始有头脑。夫养德养生是一事，今人聪慧大露，思虑忿欲日贼其根，性情失其中和，神精昏耗，灾病横生，不能保其天年，岂可尽诿诸命？①
>
> 文中子曰：“九师兴而《易》道微。”九师皆儒也，乃以注疏微《易》道，而玄家如魏伯阳陈图南之属，实有得秘传之《易》者。伯阳知《坎》《离》为《乾》《坤》之二用，又知爻辞之不肇于周公，而肇于文王。图南知《先后天图》俱出文王之作，而谓《乾》生子，《坤》生午，《坎》终寅，《离》终申，为应天之时，置《乾》退《坤》，《坎》《离》得位，为应地之方，此皆通神明之德，究象数之原，儒家之所未及晓者，安可谓其不同道而废之？而图南之《易》学实为周邵二子开先，周精其理，邵精其数，并以儒宗命于世，亦不可谓图南之迹于玄而遂等之为外道也。盖有阳修《六经》仁义之教，而阴恋九还七返之术，依违两可于其间者，此诚二本之学已。若乃洞明《易》道，约取而旁通之，如孟子之以养气辅持志，周子之以主静摄禅玄，则何伤于夫子之一贯也？今之学者不蔽于执一，则流于二本，皆以不深于《易》之故，而万子研几入密，其探一贯

① （明）万廷言：《学易斋约语》，《万廷言集》，第475页。

之源良邃也……孜孜惟忠信闲邪洗心藏密之为主根，极羲文周孔之要旨而粹然一出于正也哉!①

如同“收视”体现养德养生之至要，《周易》的“头脑”（纲领）亦表现为养德养生。万廷言与管志道所论涉及儒道两家谁是《周易》真精神的继承者。万廷言站在儒学的立场上阐发《周易》的精蕴，能够把握住《周易》“秘传”的内核，或许正是因此而被黄宗羲称为：“自来说《易》者，《程传》而外，未之或先也。”② 按照万廷言与管志道的理解，《周易》有显学与密教两个传统，《周易》的显学体现在“九师”，即《汉书・艺文志》“淮南王安聘明《易》者九人，号九师说”，由此可以延伸至自汉代以来盛极一时的卦气说、象数说，魏晋横扫象数的义理说，以及孔颖达等对于经文的疏证等。显学的主要特征是“执泥文字”，而《周易》的密教体现在内证功夫上，即将《周易》视作心性功夫的指南。从万廷言与管志道所列可以大概梳理出《周易》密教的谱系：伏羲、文王、周公、孔子、孟子、《阴符经》、魏伯阳（《参同契》）、陈抟、周敦颐、邵雍。这是一个儒道两家混杂的谱系，其中周敦颐、邵雍与陈抟的直接师承关系本身就是学术界持续争论而未决的学术问题。传承谱系有时中断，如魏伯阳到陈抟，两人毫无联系，如孟子到《阴符经》。但这并不妨碍密教的传心要旨，即是《图》《书》先天之意、《姤》《复》天心之际。从邵雍的《易》学观点来看，《姤》卦代表月窟，《复》卦代表天根，天根月窟来往间孕育着春意，万物生生不息。主静是发掘天根的过程，这与孟子的养气说一致。周敦颐“主静摄禅玄”，以儒学为主，统摄释道，这是对于孔子“一以贯之”、孟子“养气”的继承，当然是儒学正宗。刘宗周的师友中亦有融摄儒道者，如周宁宇“晚年深契道州传”，“古来谁解还丹诀，世上空传久视名。一气清虚游造物，两间飞跃寄神明。识根已断羲皇梦，掷笔青牛著《道经》”③。万廷言“贵精”，重视

① （明）管志道：《易原引》，《万廷言集》，第528—529页。

② （清）黄宗羲：《明儒学案》，《黄宗羲全集》第7册，浙江古籍出版社2005年版，第580页。

③ （明）刘宗周：《挽周宁宇先生》，《刘宗周全集》第4册，第535页。

《坎》，这可看作继承了魏伯阳“知《坎》《离》为《乾》《坤》之二用”，从而以《坎》进入《周易》内核。万廷言认为“不深则竭”，因此重视深深，这正是“研几入密”、以求孔子一贯之源的功夫。“忠信闲邪”可视为持敬，“洗心藏密”是主静，由此孜孜以求，以此归根，这不仅是万廷言的为学功夫进路，也成为刘宗周思想的重要特征。

三 从危到微

刘宗周所引的第二段文字是从十六字心传的“人心惟危”“道心惟微”讲动与静。目妄动而视，为色所诱惑，此时如同人心危，是凶；收视是主静，返至惟微道心，是吉。这段引文后有：

> 古今国家治乱成败，士君子进退失得，其几多在此。《乾》初之潜，是惟微之理；《坤》初履霜，是惟危之意。凡躁率皆属《坤》气，故《坤》利牝马之贞，先则迷，后则得，必顺以从《乾》。离丧朋类而后安贞吉，所谓在微处用工也。一部《易》，教人趋吉避凶，精意不过如此。吾人习心习气终是易动，未有能行之者。孔子云：“五十学《易》，可无大过。”宜深自省悟。①

万廷言借助《乾》《坤》二卦以明此理：《坤》属于躁气，是妄动，“动多凶悔吝”，属于人心，《坤》之初六“履霜”，即容易导致危险的境地；《乾》之初是潜龙，是收敛退藏，属于道心，《坤》必顺以《乾》，然后才能吉，“动必安详而吉”。《乾》《坤》二卦是《周易》的门户，由万廷言的诠释进路推致，则整部《周易》可视作从人心向道心做功夫的经典。由此再看孔子云：“五十学《易》，可无大过。”孔子学《易》是为了避免履霜，追求“动必安详而吉”，这当然不会产生大过，由此，赋予孔子之言以新意。

---

① （明）万廷言：《学易斋约语》，《万廷言集》，第488页。

四 忧患返本

刘宗周所引的第三段文字是讲返本。这继承了文王拘而演《周易》的忧患意识。《周易》作为人生忧患之作，由动而至静。此段主要指先后关系，先经“忧患”，而后始能思、惧，而返本。这也可视作因果关系，常处忧患，所以才能对于本体有透髓的理解。原文后有“此豳所以继曹桧之后”①，刘宗周在引用时略去此言，这是从《诗经》的篇章安排来重申此意。《诗经》编排总体上依据风雅颂的顺序，风以《桧风》《曹风》《豳风》结尾，下接《小雅》。按照万廷言的解释，曹桧是忧患、浮躁之作，豳是返本、沉潜之作。《桧风》共四篇，《羔裘》描写士大夫的服装，以此怀念着羔裘的大夫，《素冠》是悼念亡夫的诗，《隰有苌楚》是国破民逃之诗，《匪风》是游子思乡的诗，总体上以忧患为主。《曹风》共四篇，《蜉蝣》借蜉蝣言死亡，感叹时间的流逝，《候人》讽刺近小人、远君子，《鸤鸠》讽刺在任君子不壹，《下泉》前三章感叹周京，最后一章描写芃芃黍苗，赞美国王勤劳。总体而言，《曹风》亦是以忧患为主。从抑到扬的转换出现在《下泉》末章，由此可将《下泉》作为由曹桧的忧患之风向豳的返本之风的小过渡。《豳风》七首，以描写勤劳耕作的《七月》为首。从《诗经》的文学史来看，《豳风》合《雅》《颂》②，这从诗歌的体例而言。万廷言是从《诗经》的思想特点而论，由曹桧的忧患，能思而惧，应该自然出现豳的务本。从儒学密教的实现过程来看，必然经过艰苦的功夫琢磨，方能正而雅，经过忧患的积淀，才能成就盎然的春意。

总之，上述三段引文以目容为引子，涉及由危向微、由动至静、由

① （明）万廷言：《学易斋约语》，《万廷言集》，第489页。

② 如胡承珙《毛诗后笺》认为《豳风》“合乎《雅》《颂》故也”。“据此，可知《七月》虽属风诗，但它又可以在不同的场合配上《雅》《颂》的乐调来歌唱。”（程俊英、蒋见元：《诗经注析》，中华书局1991年版，第405页。）另外，从诗歌的内涵深度来看，《桧风》《曹风》浅陋，“我诗如曹桧，浅陋不成邦。公如大国楚，吞五湖三江”。见（宋）黄庭坚《子瞻诗句妙一世，乃云效庭坚体，盖退之戏效孟郊、樊宗师之比，以文滑稽耳。恐后生不解，故次韵道之》，《山谷诗集注》卷五，《黄庭坚诗集注》，中华书局2007年版，第191页。《豳风》正而雅，由此《桧风》《曹风》《豳风》表现为由浅陋以至雅正的渐进过程。

凶向吉、由末返本的儒学功夫论，体现出江右王门万廷言主静思想的丰富性，以及刘宗周对此的接受。许孚远是万廷言的重要学友，刘宗周师承许孚远，显然也受到万廷言的启沃，由此诚意慎独，静气如山。

唐君毅对阳明“乐是心之本体”的解读

张　倩*

王阳明多次提到“乐是心之本体”。唐君毅非常重视阳明的这一论述，指出“乐”的绝对性，彰显了中国传统哲学中存在本体、价值本体、情感本体合一的特点，并体现了本体与工夫合一的思路。他说：“乐由德来，德为绝对，乐乃绝对。及至王阳明，更谓‘乐为心之本体’，而心之本体即良知，则谓乐原于良知。致良知之乐亦即成德之乐。”在王阳明和唐君毅的思想中，“乐”不是普通的道德情感。“心之本体”之“乐”需要经过不间断的工夫修养方能实现，并需要经过多种文化活动的陶养才能真正获得。唐君毅高度肯定了王阳明对于“乐是心之本体”的多种表述，并把本体之乐、生生之乐、天德流行之乐作为重点来解读，进而阐发了自己的心学思想，作为他解释中国文化特质的基础。

一　本体之自乐

唐君毅在早期所著的《道德自我之建立》一书中，对“心之本体”有所说明。他指出：“心之本体一方平等地表现出真善乐与苦恶错，然而只有真善乐，是他自性的表现，因此我们可说心之本体之自性，是绝对的真善乐。”① 唐君毅对于“心之本体”之“乐”的说明，与他对阳明

* ［作者简介］张倩，1982 年生，女，河北张家口人，华南理工大学副教授、硕士生导师，博士。主要研究方向为现代新儒学、文化哲学。

① 唐君毅：《道德自我之建立》，台湾学生书局 1985 年版，第 131 页。

"乐是心之本体"的解读密切相关。

在中国哲学史上，王阳明"乐是心之本体"思想是从本体层面阐发"天理""良知""人性"与"乐"的关联的一种尝试说明，这种说明建立在阳明对于"心之本体"以及"心"的多重性、综合性理解的基础上。整体而言，阳明曾言："乐是心之本体。仁人之心，以天地万物为一体，欣合和畅，原无间隔。……良知即是乐之本体。"（《王阳明全集·与黄勉之书》）他把"乐"放在"心之本体""仁""万物一体"的框架下讨论，使得"乐"具有了形上属性。"乐"是"心"的基本内容，成为阳明论"心"的重要向度，把宋明儒者所追求的"孔颜乐处"真实地安立在人自身之中。王阳明对"心之本体"有多种描述。第一，"心之本体"是"理"，是"性"："这心之本体原只是个天理"，"心之本体即是性，性即是理"。（《王阳明全集·传习录上》）第二，"心之本体"是"至善"。第三，"心之本体"是"知"，是"良知"。以"良知"来表达"本体"的含义，在王阳明思想中是非常清晰的，这也是阳明综合宋明儒学中关于"心"的诸多说明的表现。

以"心之本体"为基础，唐君毅援引朱熹的相关思想，对于本体之"乐"的形上性、绝对性进行了说明。在唐君毅看来，阳明思想是朱子、象山思想的综合，较好地说明了"心与理一"这一宋明儒学的基本问题。[①] 在朱子那里，"心"主要是"虚灵知觉"，是一种知觉能力；在阳明思想中，除了"虚灵知觉"之外，"心"还具有了"道德本心"的含义，是最根本的形上本体。唐君毅的结论是："陆王一派，虽不以心性为二，谓心即性理，然此乃透过程朱'性即理'之言以言心，其心实非徒一虚灵不昧之觉，而即天理本然之性。"[②] 唐君毅进一步指出：阳明以"良知"为"心之本体"，为"天理"，把"理"与"心"打通，这继承了象山"心即理"的思路，并结合了朱子以心为"虚灵明觉"的说法；阳明把"虚明灵觉"改为"昭明灵觉"，意在"显此明觉中有理之昭

---

① 张倩：《朱陆之通邮：唐君毅对阳明思想的诠释与发展》，《贵阳学院学报》（社会科学版）2018年第13期，第10—14页。

② 唐君毅：《中国哲学原论·原道篇》三，台湾学生书局1986年版，第436页。

显”。[①]

第一，唐君毅认为，阳明对于“本体”作出的进一步论说，是以“心、性、情、意、知在存在上互相关联以为一体”[②] 为基本思路的，道出了“心之体之性理之至善，应由心之情、心之工夫、心之用之好善恶恶以识得”的心体与性情、本体与工夫、本体与功用、形上与形下相即不离的意蕴。这可以从阳明以“乐是心之本体，虽不同于七情之乐，而亦不外于七情之乐”(《王阳明全集·传习录中》)来道出本体之自“乐”引申出来。在阳明看来，“乐”虽为绝对，却依旧不能离开其他情感，还要通过超越其他情感来体现。

唐君毅通过“反省”来论证“乐”的超越性与绝对性：“善之所以是善，即在它之恶恶，真之所以是真，即在它之非错，乐之所以是乐，即在于它之苦苦，正面之所以是正面，即在于它之反反面。……反与正同时存在，它们是相对。……苦恶错中无真善乐，然正因为苦恶错中无真善乐，所以真善乐反苦恶错，而与苦恶错不离。但是亦正因为真善乐与苦恶错不离，而反苦恶错，所以苦恶错，又不能与真善乐平等的存在。苦恶错只能在真善乐的超化否定之势下存在，苦恶错必需被超化否定，而失其与真善乐相对之资格，而只留下真善乐之绝对。”[③] 概括而言，唐君毅通过疏解生命存在的虚幻、混沌、矛盾、痛苦等烦恼，确认真善乐等“应该意识”的自觉，并指出进而证明人有一个绝对的真实、完满、美好、快乐的要求，成为“心之本体”的内容，引导人的行为。唐君毅把乐解读为本体自身的重要内容，亦具有终极、绝对之特性，强调人与天地同体的超越之“乐”。这种无以复加的理性之乐，超越感官欲望之乐，必须通过修身来获得。从这个意义上讲，本体层面绝对之“乐”，是经历了修身之“忧”与“苦”之后的境界。

第二，王阳明在描述“本体”时提出：“人之本体常常是寂然不动的，常常是感而遂通的。未应不是先，已应不是后。”(《王阳明全集·传

---

① 唐君毅:《道德自我之建立》，第 327 页。

② 张倩:《朱陆之通邮：唐君毅对阳明思想的诠释与发展》，《贵阳学院学报》(社会科学版) 2018 年第 13 期，第 454 页。

③ 唐君毅:《道德自我之建立》，第 131 页。

习录上》）唐君毅用体用不二、相即不离的思路来把握“本体”的寂然不动、感而遂通，认为无论“体”有没有具体发用，“体”与“用”都不离。当本体没有发用时，体之用在于存养其体，“阳明言‘心之本体，性也’，则此体即在未有一般之发用时，此体上亦原有用。……此体之虚明灵觉，自存养而自相续，即其用。在此用中，无任何所觉，亦表现理、表现性”[①]。当本体自有用、自然畅发时，即指向了圆满之境，“乐”是内蕴于修德、成德全过程的。唐君毅指出：“此中教人于初发心即以德行圆满之圣果为依归，与其标示成德之乐，实为一事之二面。盖乐者自慊自足之谓，必成德，而后有真正之仁者之乐。有真乐乃德具于心之符验，亦即成德之果相。”[②] 以本体之自然畅发来说明成德之教，以本体之自乐来说明成德之乐，正是唐君毅所向往的圆教模式。

阳明强调“知行合一”，认为本体发动处即工夫；唐君毅在此中亦强调“乐”既是心之本体自足的状态，又是成德之人的外在表现，亦应贯穿在功夫修养、日常生活之中。人们正是因为注意到日常生活、修养心性过程中的快乐经验，才能进一步通过直觉来体验、确认本体之乐。“如吾人之精神，果能充满于日常生活中之事物而不陷溺，则吾人之有超越性、涵盖性之精神，即充满于所接之事物，并以情趣加以护持，而更无所泄漏。”[③] 通过唐君毅的解读，“乐是心之本体”的思想成为人们化解修身养性之辛苦，并欣赏、感受日常生活之美的根本支撑。“乐”是以身心与宇宙自然合一为依归的、最大快乐的人生极致，是巨大深厚且无可抵挡的动力，是直觉的审美体验。

第三，唐君毅强调，“乐是心之本体”是本体“至善”的重要表现。正如牟宗三所指出的：“至善是心之本体实即等于说良知明觉是其本体，故阳明亦云：‘知是心之本体。’至于‘定是心之本体’‘乐是心之本体’，乃至‘真诚恻怛是心之本体’，皆是由‘知是心之本体’辗转引申而来的种种说法。”[④] 与牟宗三相较，唐君毅对于“乐”为本体状态的说

---

① 唐君毅：《中国哲学原论·原教篇》，台湾学生书局1990年版，第327—328页。

② 唐君毅：《中国哲学原论·原道篇》三，第428页。

③ 唐君毅：《中国文化之精神价值》，台北正中书局2000年版，第246页。

④ 牟宗三：《从陆象山到刘蕺山》，上海古籍出版社2001年版，第168页。

明，则更为细密。“乐”不只是情感表现，还是工夫论、本体论的基础，还是天人合一的原初起点和最终成果。

对“心之本体”的这种理解，也深刻地影响了唐君毅对中国文化特质的解释。由唐君毅执笔、发表于1958年的《为中国文化敬告世界人士宣言——我们对中国学术研究及中国文化与世界文化前途之共同认识》(后改名为《中国文化与世界》)就明确地指出：“今人如能了解此心性之学，乃中国文化之神髓所在，则决不容许任何人视中国文化为只重外在的现实的人与人之关系之调整，而无内在之精神生活及宗教性形上性的超越感情之说。而当知在此心性学下，人之外在的行为实无不为依据亦兼成就人内在的精神生活，亦无不兼为上达天德，而赞天地之化育者。此心性之学乃通于人之生活之内与外及人与天之枢纽所在，亦即通贯社会之伦理礼法，内心修养，宗教精神，及形上学等而一之者。”① 唐君毅的这一说明，也直接指出了中国心性学中“本体”的丰富内涵，该“本体”不能简单与西方形而上学等同。

二　生生不已之乐

唐君毅对“乐是心之本体”的讨论，通过“生生不已”来进一步展开和落实，并进一步说明了中国哲学本体论的特色。“生生不已”是中国哲学中非常古老的思想，“天地之大德曰生”“生生之谓易”“一阴一阳之谓道，继之者善也，诚之者性也”(《周易·系辞》)、“天命之谓性”(《礼记·中庸》)是唐君毅解读“生生不已”的文本依据。从文献上看，唐君毅延续着整合《周易》《中庸》来建构形上本体的心学思路。从义理层面看，唐君毅进一步申论“性”“理”的内容，整合理学与心学的资源来说明生生不已之“乐”。

在唐君毅看来，“宋明理学家所言之理，则是生生不已之实理，此理之在宇宙，即万物之所以生生不已之理。此理之在吾人，即吾人之性，具于此虚灵之心，由心之虚灵之作用而显现者。……就其为客观普遍之

---

① 唐君毅:《中国文化与世界》，《唐君毅全集》第四卷，台湾学生书局1991年版，第34—35页。

理而言，则名之为天理。就天理之赋于吾人及万物言，曰天命。又由心之作用，原是虚灵，故心与万物，可彼此相感通，万物之理与吾心之理，又复不相隔绝。无论由心之自反而得，复验之于物、或观万物之后，复证之于心，以得此理，皆实有所得。此理不得为碍，盖理即吾人之本性，即吾人之真自己”①。唐君毅打通心与理，表现出进一步圆融朱子与阳明思想的趋向。

第一，“理”是“生生之乐”的内在依据。他指出：“物之存在的根本之理为生理，此生理即物之性。物之性表现于与他物感通之德量。性或生理乃自由原则、生化原则，而非必然原则。”② 在唐君毅看来，不以“共相”或“必然性原则”来论述“理”，直接以生生、变易为本体，是中国哲学不同于西方哲学的根本点。“乐”自然也要通过万物之生生、天地之化育来表现，贯注在整个宇宙大化之中。天地生生之理的不断体现，建立在不断增长人的德量以感通万物的基础上。“此自由生化原则，非依附于物之一个体之力量，亦非依附于一个体之任意意志，而是依附于个体所得于天之生生之几、生生之理，亦即个体之能贯通他物之德量。个体之德量，由其与他物感通，新有所创造的生起而显；亦有时时能自觉的求多所感通，求善于感通，并脱离其过去之习惯之机械支配，及外界之物之力之机械支配，而日趋宏大。”③ 宇宙本体生生不已，根本上是一种广大、自由的创造原则，人直下承担这种创造原则，日新己德，保证宇宙之“生生不已”能够不间断，是真正的与天地合流的大德。有论者指出，在阳明思想中，“乐”也就是天地生生之理的体现。乐作为心之本体就是以万物一体为核心的生命意识，是生命本真的怡然自得的本然状态，“欣合和畅”是其中一个重要内容。④ 唐君毅以“自由的创造之理”解读“生生之理”，为说明阳明“欣合和畅”之乐作了理论铺垫。

第二，“善”润泽“生”是“生生之乐”的具体保障。是否赋予生命本源价值意义，是东西文化的根本差异；在价值关系上的“天人合一”

① 唐君毅：《中国哲学原论·原道篇》三，第434—435页。

② 唐君毅：《中国文化之精神价值》，第86页。

③ 唐君毅：《中国文化之精神价值》，第88页。

④ 黄文红：《论王阳明本体之乐》，《湖北大学学报》（哲学社会科学版）2014年第4期，第23—28、148页。

成为中国传统文化的主要内容。这也塑造了中华民族对“善”的诉求，以及强调个人体验的修身方式。唐君毅对此有深刻的体认，并指出：“以种种成德之乐，兴发鼓舞人之精神，原是孔孟之遗教。”① “生而不乐，则生不若死。生必归于乐，乃成其为生。乐者，生之自己肯定之符验也。生有真乐，而生乃真自己肯定。生之真乐，则在于以善润生。善能润生，即证生之性善。必以善润生，有真乐，而有生乃能真自己肯定。即必性善，而后我之生，乃能自己肯定。故我真肯定我之生，即必须肯定我生之性善。我生之性既善，则他人之生之性亦当善，而宇宙之生生不已之几，所本之性亦当善。盖人善者无私。”② 整体而言，在唐君毅的思路中，“生之真乐”由“以善润生”来表现，并通过“同声相依，同气相求”的传统类比思维，确认“性善”。这种思路本质上是一种形而上的论述方式，亦不局限于孟子“以心善论证性善”的思路，更强调造化本身的至善之性，融摄了阳明“良知是造化精灵”的基本思想。同时，这也表明唐君毅以“性善”为文化本源论的重要内容，进而探讨人类文化活动的规律和方向，从根源处确立人类文化活动的乐观底蕴。

第三，“乐”是生生不已的情感基础和最终指向。唐君毅指出：“自周秦儒家观之，变易之义，即含生生之义，变易之事，即生生之事。而生生之事，乃被视为可乐而非所苦者。”③ 强调“生生之事”的“乐”，是唐君毅思想中一个非常基础的理论预设。在他看来，中国哲学的人性讨论，有一个共同的主题：“人之面对天地与自己，而有其理想，而透过其理想以观人与天地之性。”④ 理想基于人的生活而产生，是人们把握、涵养人性的现实基础。在这种思路下，人性之“善”，不仅仅是“天命”，更应该是人的当下承担与自我期许。这也是他理解、阐发儒学生生不已之义的基础。“乐”是生生不已、善以润生的情感保证和动力支撑：“得善而乐此生，即此生唯由善，乃得安顿、得满足。生于善乃得安顿满足，即证生之必以善为其内容，生以善为性，以实现善为事。……生生不已，

---

① 唐君毅：《中国哲学原论·原道篇》三，第426页。

② 唐君毅：《中国哲学原论·原道篇》三，第438页。

③ 唐君毅：《中国哲学原论·原道篇》三，第422页。

④ 唐君毅：《中国哲学原论·导论篇》，台湾学生书局1986年版，第12页。

善必求继，故宇宙以生生不息而真实，即以善必求继而真实。宇宙之所以必须恒久，即根于善之必须相继。”① 唐君毅以“花过飘零”的心态、“灵根自植”的努力、“中国文化自立于世界文化之林”的自信来追求中国文化的生生不息与现代开展，既是当下现实文化问题逼出的理论探讨，也是对宋明儒学“以忧言乐”精神的继承。②

“生生不已”是唐君毅对儒学“变易”思想的基本解释。他晚年以“心”与“境”的“感通”来确立自己心学体系的骨架，即是对变易、生生等中国传统哲学核心理念的融会贯通。有论者指出，唐君毅“感通”思想建立在《周易》“感通之理”上，显示了唐君毅哲学的易学背景和基础。而在牟宗三的哲学中，易学是其“道德形上学”的补充，这也体现了唐君毅与牟宗三建构形上学的不同路向。唐君毅通过对“感通”理念的建构，创发了一个“生命存在与心灵境界”的心性本体论和哲学判教体系。③ 在“感通”理论的支撑下，唐君毅提出，心灵与境之相依、俱存俱现是世界之层层展开，而性是心灵之体，情是心灵之用。“乐”作为绝对、超越的情感，与心性本体同在。通过性情而确立超越之信心，高扬心性之学，对于解决意义危机及现实境遇上的困顿具有重要作用，不仅是唐君毅从生命体验中得到的智慧，更是对传统心学的理论拓展。

三　人文世界之乐

从本体之“乐”，到生生不已之“理”，再到人之善“性”、人之成德之“乐”，是唐君毅哲学体系的基本架构。在对本体之乐、生生不已之乐的充分肯认中，唐君毅诠释出中国文化“圆而神”（不偏执、注重整体、重视变通）的智慧，努力使人真知、真信“其本心即天心，以知‘宇宙在乎手，万化在乎身’，而自强不息，使精神一直向上提起，更无

① 唐君毅：《中国哲学原论·原道篇》三，第436—437页。

② 唐君毅指出：“宋明理学家忧德以言乐，则此乐非是凡情；德而必至于乐，则德非枯淡。乐则生趣盎然，而德适所以润生。”（唐君毅：《中国哲学原论·原道篇》三，第427页。）

③ 刘乐恒：《唐君毅易学思想中的“感通”问题》，《周易研究》2014年第3期，第38—47页。

一息之懈弛”[①]。以心之本体为基础，建构一个真善美全幅展开的人文世界，充分发挥人性，完全实现人格尊严，是唐君毅的哲学理想。在他看来，所有的人类活动都是在心性本体、道德理性的统摄下完成的。基于这种思路，他发挥“乐是心之本体”思想，强调人们活动中的向善本性以及同情共感的生命基调和情感方向，赋予人文世界以“乐”的文化色彩。

唐君毅对于“人文”的解释，更加偏重中国传统哲学的思路，他说：“所谓人文的思想，即指对于人性、人伦、人道、人格、人的文化及其历史之存在与其价值，愿意全幅加以肯定尊重，不有意加以忽略，更决不加以抹杀曲解，以免人同于人以外、人以下之自然物等的思想。”[②]“我们现在发扬人文主义之精神，我们所要对治的，只是视人如物、以驾驭机械之态度驾驭人之唯物主义。我们所要讲的人性，是异于物性的人性，而非异于神性的人性。我们所谓人文，乃应取中国古代所谓人文化成之本义。”[③] 对于本体之乐、生生不已之乐的解读，强调创造活动本身的价值内容和情感方向，构成了唐君毅建构人文世界的心性基础。

从理论层面来看，唐君毅反复申论本体之乐、生生之乐的真实不妄，个体心性与人文世界的相即不离。他用“仁义礼智依次而生”来分析人的道德情感，从对自己的仁义礼智如何生发，到对他人、物的仁义礼智何以可能，来说明安仁与行义、守礼、明智联系在一起，都是“心之生”的过程在具体情境中展开。这可以看作是对阳明“良知是造化的精灵”以及“仁是造化生生不息之理”的进一步说明，“乐”也因之而体现在具体情境之中。

唐君毅指出，人的心灵最初的存在状态就是“在一无我与非我之分别之境中，以我之生命存在与非我之生命存在同情共感”，这种“同情共感”是“人之生命心灵中之原始性情”，是“心灵自超出其限制与封闭”“以成此感通之善”。[④]“仁义礼智”作为最初始的道德意识、道德情感，

---

① 唐君毅：《文化意识与道德理性》，台湾学生书局1986年版，第671页。

② 唐君毅：《中国人文精神之发展》，台湾学生书局1989年版，第10页。

③ 唐君毅：《宗教精神与现代人类》，《人文世界之重建》，台湾学生书局1989年版，第26页。

④ 唐君毅：《生命存在与心灵境界》下，台湾学生书局1986年版，第178页。

都是自己对自己而言的。其中，“仁”是“自己求成就自己”，“义”是“自己裁制自己，为另一自己留地位”，“礼”是“自己对将来自己之活动之尊重”，“智”是“自己保持清明理性，以判断自己”。[①] 唐君毅的这种思路，强调了人的道德活动的连续性，强调了道德活动无一刻停止。在成就自己的期许中，仁、义、礼、智依次出现，指向未来的自己。“仁”在这里，更多地表现出生生不已的精神品质，不断生成新的自己；“礼”则是对于自己生活上之事的节制与尊敬。尽管唐君毅如此解释“仁义礼智”，但他依旧强调：“吾人主张人在安顿其自己之生活，自己之活动上，即有道德。然吾人仍承认人之道德，主要者为表现于人与人者。”[②] 在唐君毅看来，安顿自己的道德生活只是初级的道德意识，能够安顿人与人之间关系的道德原则才是更加高级的道德准则。这也是唐君毅提出人文世界必须充分发展的原因，而唐君毅对于人文世界之乐的讨论，也随之展开。

接下来，唐君毅从安顿人与人之间关系的原则的角度，进一步申论了“仁义礼智”依次产生的道德架构。这也是对自己而言的道德架构外化的过程：“当我之生命心灵与他人或他物有同情共感之仁之表现时，而我同时有以其心灵向于他人之生命心灵，以恭敬奉承其生命心灵之表现，此即为原始之礼。此中，同时对我已有之生命心灵活动，有一裁制，以使他人之活动，亦得存在于我之生命心灵中，以与我之活动有一平等之地位，是为义。人之自觉地超越其已有之活动，使之退屈，而呈现一无分别之清明，以使他人之活动为我所知，而得在我心灵中有一地位，即是智也。”[③] 对“仁”的理解，是这一架构得以确立的基础。唐君毅指出：“依儒家义，人最初对人之仁，可不表现为有所事之积极之爱，而只表现为浑然与人无间隔之温纯朴厚，或恻隐不忍人之心情。……在此本能中，已直觉有他人之自我或精神之存在。”[④] 最初的“仁”，即是“心之本体”，即是“至善”，内蕴着“乐”。随着本体的发用，个体会产生

① 唐君毅：《中国人文精神之发展》，第 536 页。
② 唐君毅：《文化意识与道德理性》，第 536 页。
③ 唐君毅：《生命存在与心灵境界》下，第 178—179 页。
④ 唐君毅：《文化意识与道德理性》，第 538 页。

人与我有差别的观念，“义礼智”依次产生。在唐君毅看来，从原始之“仁”，到原始之“义”，再到原始之“礼”和原始之“智”，存在着一个次第展开的过程，是一个对于人与我的分别逐渐清晰并抑制私欲、尊重他人的过程，在此过程中，人形成好善恶恶的道德原则，并构成人文世界的准则，同时“乐”与“德”联系在一起。

唐君毅的这种思路，一方面是对儒学一气贯通天道生生世界图式的继承，另一方面也强调“心”在面向万物时所自然具有的感通能力。这种感通能力又要靠“乐”来涵养。“仁”是一种本体的最初状态，也是最基础的生命活动，构成人们生存之立体结构的基石。通过“仁”的活动，他人的生命、天地万物的生命自然而充分地进入“我”的生命关怀之中，“我”在这种与物同体的生命活动中体会到本体之乐、生生之乐。这即是唐君毅所向往的人文世界之乐：“如吾人之精神，果能充满于日常生活中之事物而不陷溺；则吾人之有超越性、涵盖性之精神，即充满于所接之事物，并以情趣加以护持，而更无所泄漏。情之所至，一方为吾人之仁义礼智之德性之所至，一方亦即为吾人之想象力或神思之所周流默运。吾人之神思或想象，真流连于所接之事物，而不有所陷溺，则吾人自然要求事物之美化艺术化，以适合吾人神思或想象中所显之美的意象。同时，吾人之求美的神思想象之活动，亦将自然地贯注于吾人当前之活动，以使吾人之活动本身美化而艺术化。”①

基于“乐是心之本体”，唐君毅把“心之本体”“道德理性”解读为一种与鲜活的生命、存在相结合的主体意识，既包含生命的创造力，也包含人的生命活动，是主体性与理想性相结合的创造本体。他始终强调人具有不断为善的能力，并在现实生活中自觉彰显道德理性的功用，是人之所以为人的关键，并说明道德理想的充分展开和发用是人在现实生活中成就自身的依凭。这种成德为人的活动本身，就是一种至乐，是德与乐的共存共在。

① 唐君毅：《中国文化之精神价值》，第246页。

第七编　阳明学与朱子学比较

作为人格存在的良知：王阳明论未发已发

——兼论与朱子中和说之区别

段重阳*

一

王阳明在幼年时便有“读书学圣贤”为“第一等事”的高远志向，及揭示致良知之教后，即以致良知为成圣人之法。成就圣人，意味着人的整体性变化，而何为圣人，则关联着对人的理解。

西方近代哲学传入中国以来，主体成为对人的基本理解。而在阳明学的研究中，“主体”已经成为“良知”“心体”的同义语。在通常的“主体”研究范式中，“主体”意味着一种能够自身立法的绝对者，这种康德式的形式主义伦理学继承的是自笛卡尔以来寻求最终根据的近代形而上学，最终在黑格尔的“主体即实体”中完成了自身，并在胡塞尔的意识现象学中延续下来，成为一种“不言而喻”的思维方式。然而，这种思路会遮蔽对良知的深入理解。“良知”在阳明那里，既意味着“良知本体”，也指向了“致良知工夫”，本体与工夫之辨就是在说明如何通过具体的道德意识和行为而实现人的整体性变化（“变化气质”）。但是，在“主体”研究范式中，人的整体性变化与具体的意识和行为之间的关系难以被深入讨论，因为后者只能被看作是主体自身立法的结果，本体与工

* ［作者简介］段重阳，1993 年生，男，陕西铜川人，华东师范大学博士研究生。主要研究方向为宋明理学。

夫之间的互动没有得到应有的注意。

当悬置这些主体性范式而直面良知与整体性的人的关系时，在这里，“良知本体”意味着人格的存在样式本身，“致良知”就是通过一个个道德意识的充实而生成稳定的人格（圣人）。舍勒的人格主义伦理学对人格的存在样式及其与意识/行为的关系作了描述，可以使我们了解这一人格的生成是如何进行的。在张任之教授的分析中，舍勒现象学中的“人格”涵盖三个层级，即存在论式的知识论的、实存—存在论的、存在论—伦理学的。[①]“人格是不同种类的本质行为的具体的、自身本质的存在统一，它自在地先行于所有本质的行为差异。人格的存在为所有本质不同的行为奠基。”[②] 通过前概念的、直接的、非对象化的、伴随性的“自身体验”以及作为“存在参与”的“一同飘荡着”的存在论式的反思的知识，人格自身被给予自身。这也就是说，人格在行为的随附性意识中被给予。人格作为动态的“行为实体”，有“厚度”地生活在它的每一个生活—亲历之中，并且通过当下的“自身认同化”获得其自身的同一性。这里谈论的人格的被给予方式（显现自身和获得自身同一），就是“存在论式的知识论”意义上的人格。而在儒家思想中，如果说有着“人格”的对应概念的话，那应该就是“性”。因为，人格首先意味着人的自我同一性，这种同一性首先表现为意识的同一性，而在儒学中，这种意识的同一性表现为人的善恶问题，即人的整体性的善恶的存在状态。

在宋明理学中，“性善”得到了普遍的承认。尽管其表现方式不同，情之可恶与性善之间的张力使得对人的整体存在样态的讨论更加复杂，这种复杂表现在已发和未发的中和问题中，这可以看作是宋明儒学心性论的最核心内容。喜怒哀乐之情是已发，那么性是不是未发？这种未发如何理解？而关联着未发已发的性情关系也就是如何理解性的存在样态和显现方式的问题，即性与显现着的情的关系是什么？这些问题也就是作为人格的性如何被给予（人的整体存在样态如何被把握）的问题。因

---

① 张任之：《质料先天与人格生成——对舍勒现象学的质料价值伦理学的重构》，商务印书馆2014年版，第383页。

② ［德］舍勒：《伦理学中的形式主义与质料的价值伦理学》，商务印书馆2011年版，第559页。

此，在人格的被给予问题中重新梳理未发与已发的关系，有助于理解阳明学的深层意蕴。阳明的论说同时也针对朱子学的批驳，因而梳理朱子的中和说也是题中应有之义。

二

“未发”“已发”出自《中庸》首章“喜怒哀乐之未发，谓之中；发而皆中节，谓之和”，阳明在《答汪石潭内翰》中对此有过一个综合性的说明：

> 夫喜怒哀乐，情也。既曰不可，谓未发矣。喜怒哀乐之未发，则是指其本体而言性也。斯言自子思，非程子而始有。执事既不以为然，则当自子思《中庸》始矣。喜怒哀乐之与思，与知觉，皆心之所发。心统性情。性，心体也；情，心用也。①

阳明在这里以喜怒哀乐、思、知觉等为已发，也就是说，心作为虚灵明觉，只要有现实的意识活动，都是已发，即“心用”，而“未发”则是此喜怒哀乐的“本体”，即“心体”。然后，阳明又使用了朱子的一个概念“心统性情”，并且以性为心体，情为心用。“性”也就是良知、心体，即那个能够有直接的价值感受和行为驱动力的根本性的“能”（“所谓汝心，却是那能视听言动的，这个便是性，便是天理”②），即“未发之中”（“人心本体原是明莹无滞的，原是个未发之中”③）。这种“能”与具体的价值感受以及意识活动构成了体用关系，因此，阳明讲的体用关系和心、性、情之间的关系与朱子比较起来大为不同。

朱子的中和说有所谓旧说和新说的不同，在与南轩等人的诸多通信中也有着思想上的变化，这里对其最后定论即新说作一番梳理，以显示阳明和朱子的区别。正如陈来教授所指出的，在朱子那里，有着两种

① 《王阳明全集》，吴光、钱明、董平等编校，上海古籍出版社 2011 年版，第 165 页。

② 《王阳明全集》，第 41 页。

③ 《王阳明全集》，第 133 页。

“已发”和“未发”：一种是指心的未发已发，一种是指性情的未发已发。心之未发指思虑未萌时候的心，心之已发指思虑已萌时候的心，心的未发已发区别了心理活动及其状态的两个阶段，是同一层次的概念；而性情的未发已发，是不同层次的体用关系，未发时心不等于性，已发时心不等于情。[①] 也就是说，不论是未发时思虑未萌还是已发时候七情迭出，都属于能够自身显现者，而性则是不能够自身显现者，即“人只要生存，心的作用就不会停止，而性作为内心本质始终是通过他者表现，自身是隐而不发的”[②]。在这个前提之下，新说提出“思虑未萌”为未发就是为了提出新的工夫，即“敬”。但是，“思虑未萌”作为一个心理活动的阶段则不是那么容易把握的，而且也未与“已发”构成简单的前后相继的过程，尽管这种状态是在心上说已发未发的最简单样式。朱子在新说中使用了“寂然不动之心体”和“感而遂通之心用”的说法，表明心之已发未发作为两个阶段，仍旧是一种体用关系。倘若在心上说的已发和未发只有时间上的先后关系的话，那么，体用关系则很难成立。这里的突破口在于，当心之未发区别于性的时候，意味着这个未发是能够自身显现的，因此，需要追问的是，未发之心体是如何显现的，也即它是如何被把握住而有工夫可做的。朱子说，“于已发之际观之，则其具于未发之前者，固可默识”[③]。也就是说，在喜怒哀乐之情发作的时候，我们可以直接领悟到在此情发作之前的心理状态，但是这种领悟不如情感一样突出而显明，所以说“可默识”。在其他地方，朱子也对此做过分殊：“盖心之有知与耳之有闻、目之有见为一等时节，虽未发而未尝无；心之有思乃与耳之有听、目之有视为一等时节，一有此则不得为未发。”[④]“未发而未尝无”表明，心体之未发仍旧是自身显现着的，这里需要关注的是，“心知”“耳闻”“目见”和“心之思”“耳之听”“目之视”的区别在哪里。朱子说，“未发之前，须常恁地醒，不是瞑然不省”[⑤]，心知、耳闻、

① 陈来：《朱子哲学研究》，生活·读书·新知三联书店2010年版，第209页。

② 陈来：《朱子哲学研究》，第203页。

③ （宋）朱熹：《朱子全书》，朱杰人、严佐之、刘永翔主编，上海古籍出版社2010年版，第3130页。

④ （宋）朱熹：《朱子全书》，第2221页。

⑤ 《朱子语类》，（宋）黎靖德编，王星贤点校，中华书局1986年版，第2469页。

目见就是这种“醒”，“知”即“知觉”，心的存在方式就是知觉，而“耳”和“目”的存在方式就是“闻”和“见”，否则就是一团血肉的死物。但是以心来说，作为存在方式的知觉和某一具体时间段中的未发状态是什么关系，以及与喜怒哀乐之已发有什么关系，又牵涉到了朱子的体用论。

朱子对体用有过一个说明：“体、用也定。见在底便是体，后来生底便是用。此身是体，动作处便是用。天是体，‘万物资始’处便是用。地是体，‘万物资生’处便是用。就阳言，则阳是体，阴是用；就阴言，则阴是体，阳是用。”“体是这个道理，用是他用处。如耳听目视，自然如此，是理也；开眼看物，着耳听声，便是用。江西人说个虚空底体，涉事物便唤做用。”[①] 这里的“后来生”不能简单地理解为时间上的先后，而是说后者建立在前者的基础之上才是可能的，前者为后者奠基，当然，时间上的先后也是这种奠基关系的表现形式之一。“见在”意味着当下给予的、直接显现着，与“后来”相比是在先的。“只就那骨处便是体。如水之或流，或止，或激成波浪，是用；即这水骨可流，可止，可激成波浪处，便是体。如这身是体；目视，耳听，手足运动处，便是用。如这手是体；指之运动提掇处便是用”[②]，“假如耳便是体，听便是用；目是体，见是用”[③]。如此，心便是体，知觉便是用，即知觉是“涉事物”，作为根本的能的心是“虚空底”。这是一个方面。从知觉本身来说也有体用，此即“寂然不动”和“感而遂通”，也对应着“未发之中”和“已发之和”。寂然不动之时，天命之性当体具焉，而此时心是有知觉的，但是并没有遇到具体的事物时产生的显著的喜怒哀乐等情感和思虑活动，故为未发，此时的工夫在于对于“性”有着切实的把握，即“涵养”；感而遂通之时，七情迭出而各有攸当，此时有着具体的喜怒哀乐，故为已发，此时的工夫在于对自己意念是否符合“性理”的检验，即“省察”。已发之时，心之细微的知觉转化为显著的思虑情感，这是一种时间上的先后关系，但是后者仍然要以前者为可能性的奠基。一方面，“已发”是

① 《朱子语类》，第 101 页。

② 《朱子语类》，第 101 页。

③ 《朱子语类》，第 3 页。

“后来生底”；另一方面，“已发”之时显著的思虑情感必须是在“未发”时把握住的“道理”的应用。故也是为体用关系。

因此，从心上来说体用，理论上当分两层：其一是心是体，知觉是其用（如耳与闻、目与见之类）；其二是心之寂然不动之体（未发）和感而遂通之用（已发），这是在知觉上讲体用。若只在知觉上讲心，那么，在朱子那里，使已发和未发得以可能的那个“能觉”与“思虑未萌”“事物未至”的状态没有明显的区别。大体说来，“能觉”使得未发和已发得以可能并且在其中显现自身，而“寂然不动”（未发）只是喜怒哀乐未发时的不显著的思虑活动，这里也构成了体用关系。但需要指出的是，“能觉”并不是未发—已发之外的，而伴随着此心之流行而显现自身。联系到“心”的话，心之自然能知觉就是体，而具体的知觉（包括未发已发）就是用。因此，如果对朱子的中和说作一补充的话，那么，这里“心”会有三种分别：“能觉”“未发”“已发”。第一，心是根本的“能觉”，即“虚灵明觉”；第二，这一“能知觉”在“事物未至”时显现为细微的知觉，此时的工夫是敬，也是涵养；第三，当“事物已至”，这一“能觉”显现为显著的情感和思虑，这时的工夫是省察。那么回到上文提到的“心知”“耳闻”“目见”和“心之思”“耳之听”“目之视”的区别，“知”“闻”“见”首先是“心”“耳”“目”的存在方式，然后作为显著的情感思虑活动之前的细微活动而与“思”“听”“视”等显著地区别开来，这也是“一等时节”的含义所在。

朱子并没有明确区别“能觉”和“事物未至”时的心理状态，而本文所提出的以这个“能觉”作为关键性的概念则是为了与阳明学构成一个对比，以显示二者在“未发”处的关键不同。而这个“未发”，则构成了人的超越具体意识活动的整体性的同一性存在，也就是“人格”概念，阳明学也就在这里显现出了自身与朱子学的不同，以及与舍勒分析的现象学的人格给予的相近处。

三

针对体用，阳明有过比较详细的论说：

> 夫体用一源也，知体之所以为用，则知用之所以为体者矣。虽然，体微而难知也，用显而易见也。君子之于学也，因用以求其体。……而后之读者遂以分为两节，而疑其别有寂然不动、静而存养之时，不知常存戒慎恐惧之心，则其工夫未始有一息之间，非必自其不睹不闻而存养也。吾兄且于动处加工，勿使间断。动无不和，即静无不中。而所谓寂然不动之体，当自知之矣。未至而揣度之，终不免于对塔说相轮耳。①

虚灵不昧之心就是体，而此虚灵不昧之活动就是用。举例来说，人之当下一念恻隐之心，就是用，而此心之能够恻隐就是体，这也是上一章反复论说的根本性的“能”，也就是性体、心体、良知本体，“能戒慎恐惧者，是良知也”②。而此“能恻隐”之“能”在具体境遇下的价值感受和意识活动就是用，这就是体用一源、即体即用。当此具体的意识活动发作的过程中，这一根本性的“能”并未离去，而是在此具体的意识活动中显现着自身。人们对具体的意识活动有着显而易见的把握，但对于这一根本性的“能”却缺乏直接的领会，所以说“体微而难知也，用显而易见也”。阳明指点学者的办法就是“因用以求其体”，就是在具体的意识活动中直接领悟，使得此意识活动得以可能并且伴随着此意识活动一同被给予良知心体。同时，阳明对朱子的中和说也提出了批评。在朱子的中和新说中，未发和已发构成了人心的意识活动的两个阶段，因此，针对未发也有一个存养的工夫，这是中和新说的关键之处。当然，这个工夫的目的是保证意识活动的无私欲，但是在阳明看来，“亦若过于剖析”，将工夫分作了“至静之中”与“应物之处”，而认为在喜怒哀乐之外别有一个“寂然不动”之时，工夫遂成两节。在阳明看来，“工夫未始有一息之间”，这也是阳明及其后学直到蕺山的一致看法，后来蕺山讲“本体只是这些子、工夫只是这些子”，就是受阳明学的影响而来的。而阳明那里的工夫，就是在具体的意识活动即恻隐之心等处用功，从当下的价值感受和意识活动中领悟与把握良知本体，这种工夫首先使此价值

---

① 《王阳明全集》，第165页。

② 《王阳明全集》，第74页。

感受得到充分的实现以及意识活动不夹杂丝毫私欲，这就是“动”处用功，此时的工夫得到应有的效果意味着作为根本的“能”的良知心体也得到了充分的实现，即“动无不和，即静无不中”，而心体也就于当下一念中显现自身，“寂然不动之体，当自知之矣”。这种工夫要求对具体的意识活动有深切的体察，而不是在概念名相上分别讲求，即要求在当下一念的恻隐之心中同时把握到使得此恻隐之心得以可能的“未发”之良知本体。没有实际工夫（此工夫使良知体用能够自身显现）而只是口说纷纭，则只是“对塔说相轮”，不得其门而入。

体用一源的深层意涵在于，“未发”本身的生成离不开“已发”的意识活动，或者说，具体意识活动的善恶状况直接影响到了良知本体的充分显现与否。我们在这里区别两个概念“未发”和“未发之中”，两者都是根本性的“能”，只不过后者是“纯然天理”的能，理学家工夫的目的就是使“未发”成为“未发之中”，不论是直接从未发上识取还是从已发之和处转进。在朱子那里，“未发”作为根本性的“能”以及微小的意识活动，其存养工夫就在于使此“未发”能够祛除私欲而“天命之性当体具焉”，即性理能够在微小的意识活动中显现自身，也就是成为“未发之中”，而前提就在于此根本的“能”没有受到私欲的侵染。但是在朱子的理论中，“性”自身只是表现为一种“应当”，这种“应当”需要通过格物致知的工夫来获得，存养的工夫使此理显明；省察的工夫是检视意念是否符合这一“应当”，而不是依靠这个根本的“能”通过直接的价值感受而实现道德行为，因此也不是在具体的道德行为中直接把握使此道德行为得以可能的根本性的“能”。也就是说，在阳明那里，“未发”是伴随着“已发”而给出的。在前面提到过，“未发”作为一种根本性的“能”，意味着人格存在的整体和意识流的自身同一，而这种“未发”只能在“已发”的进行中伴随着给出自身，并且意味着一系列已发活动的统一。这种统一意味着“未发”必须经由“已发”而实现自身的变更，因为在已发活动中的现时意识所伴随的“未发”必然受到此现时意识的影响。而“未发”作为一系列现时意识的自身同一将前一个现时意识的善恶“传递”到下一个现时意识之中，因为“未发”作为自身同一有厚度地生活在每一个现时意识之中，并超越此现时意识而连接着所有的意识活动，前面的意识活动形成的“积淀”通过作为人格的“未发”而深刻影响着后面的意识活动。因此，在阳明看来，“未发”的状况需要从“已发”中寻求：

> 虽未相着，然平日好色、好利、好名之心，原未尝无，既未尝无，即谓之有，既谓之有，则亦不可谓无偏倚。譬之病疟之人，虽有时不发，而病根原不曾除，则亦不得谓之无病之人矣。须是平日好色、好利、好名等项，一应私心，扫除荡涤，无复纤毫留滞，而此心全体廓然，纯是天理，方可谓之喜怒哀乐未发之中，方是天下之大本。①

在已发的各种意识活动中祛除了“一应私心”，使“此心全体廓然，纯是天理”，即每一个意识活动都顺着直接的价值感受而来并得到充实，如此，通过“已发之和”才能实现“未发之中”，此即“不可谓未发之中，常人具有。盖体用一源，有是体即有是用，有未发之中，即有发而皆中节之和。今人未能有发而皆中节之和，须知是他未发之中，亦未能全得”②。人的现时的意识活动中有着恶的私欲，就说明人之根本的“能”中就有着向恶的趋向，反过来也是同样的，现时的意识活动生成着作为整体性人格的“未发”，而作为整体性人格的“未发”也在现时的意识活动中显现着恶。在这里，恶在现时的意识活动和根本的“能”之间相互传递着，阳明后学的主要倾向就在于人如何一劳永逸地在根本的“能”中消融此“恶”，此所谓“即本体即工夫”或者“第一义工夫”的着力点所在。将已发的意识活动和作为此活动得以可能的良知心体紧密地联系起来，二者在同一个意识行为中共同地被给予，这是阳明学不同于朱子学的根本特点，所谓“即本体即工夫”就在这一点上得到理解。因此，在阳明的话语中，“已发”和“未发”并不能够分离：

> “未发之中”即良知也，无前后内外而浑然一体者也。有事无事，可以言动静，而良知无分于有事无事也。寂然感通，可以言动

---

① 《王阳明全集》，第27页。

② 《王阳明全集》，第20页。

> 静，而良知无分于寂然感通也。动静者，所遇之时，心之本体固无分于动静也。理无动者也，动即为欲。循理则虽酬酢万变而未尝动也；从欲则虽槁心一念而未尝静也。“动中有静，静中有动”，又何疑乎？有事而感通，固可以言动，然而寂然者未尝有增也。无事而寂然，固可以言静，然而感通者未尝有减也。“动而无动，静而无静”，又何疑乎？无前后内外而浑然一体，则至诚有息之疑，不待解矣。未发在已发之中，而已发之中未尝别有未发者在；已发在未发之中，而未发之中未尝别有已发者存；是未尝无动静，而不可以动静分者也。①

“有事”和“无事”的区分类似于朱子对未发和已发作为不同的意识活动阶段的区分，在阳明看来，这种区别只是良知心体所遇之时的区别，即良知之体的不同之用，只要现时的意识活动没有私欲的夹杂，那么良知之体也就没有区别。在良知之体遇事而发时，虽然有不同的显著的意识活动，但是使此意识活动充满善的价值的根本的“能”（心体）却仍然保持着自身的同一，这就是“有事而感通，固可以言动，然而寂然者未尝有增也”；在良知之体没有遇事而发时，譬如静坐、停息一类，虽然没有显著的意识活动，但是这个根本的“能”随时应物而起，显现为具体的意识活动的能力却丝毫没有被削弱，这就是“无事而寂然，固可以言静，然感通者未尝有减也”。良知之体在所有或静或动的具体的意识活动中显现并生成着自身，“无前后内外而浑然一体”，“未发”之体和“已发”之中是同时显现而一体并存的关系，此所谓“未发在已发之中，而已发之中未尝别有未发者在；已发在未发之中，而未发之中未尝别有已发者存”，在未发之外寻求已发和在已发之外寻求未发，都是不对的。因此，阳明并不乐意经常提及已发、未发之类的概念，而是喜欢用圆融的讲法磨平不同的概念带来的理解上和工夫上可能的混乱，试图用一种工夫挽救“支离”的弊病，这与朱子喜欢明辨概念的倾向是不同的。因而，倘若真见得良知，也就无所谓已发未发了：

① 《王阳明全集》，第72页。

或问“未发已发”。先生曰:“只缘后儒将未发已发分说了,只得劈头说个无未发已发,使人自思得之。若说有个已发未发,听者依旧落在后儒见解。若真见得无未发已发,说个有未发已发,原不妨,原有个未发已发在。”问曰:“未发未尝不和,已发未尝不中。譬如钟声,未扣不可谓无,既扣不可谓有,毕竟有个扣与不扣,何如?”先生曰:“未扣时原是惊天动地,既扣时也只是寂天寞地。”①

“一理为主”即顺此良知心体所有直接的价值感受而有种种意识活动,此时便无所谓已发未发,也无所谓动静语默,“惊天动地”原本就是“寂天寞地”,只是良知一体流行而已。当然,阳明这里回答学生的“未发已发”之问,也有将其当作有事无事的动静之别来理解的意思,这可能跟学生发问的背景有关。与朱子的中和新说比较,阳明思想的关键就在于两点:其一,突出了心体的根本性的“能”,“能戒慎恐惧的”等话语表明阳明充分认识到了这点,而朱子那里确实语焉未详,这跟朱子并不强调心体从直接的价值感而来有关;其二,阳明把“性”收摄到根本的“能”上来讲,即心即性即情,性的当下显现就是良知之体的自身显现,也就是现时的意识和情感活动,而朱子那里的“性”并不能自身显现,而呈现为情,同时表现为一种“应当”之“所以然”。这二者合起来的关键就在于作为根本的“能”的良知之体的被提出,而良知心体同时意味着人格的自身同一。有学者从道德动能和道德行动者的角度也指出了这点:“就王阳明而言,良知即是真己,即是道德自我、人的道德行动能力。此具统合作用的动能,同时为视听言动与读书等感官与身体活动,以及事亲与仁民爱物等道德行为之可能条件。良知同时能明辨善恶,对吾人之妄念、私欲具有省察之作用。当良知知善知恶并好善恶恶之际,即是道德自我之自觉。这是一种反身的自觉,而非向外的感觉或知觉。自我同一性的表现,必须从突显人主动的实践面着手,使视听言动皆以

① 《王阳明全集》,第130页。

良知为主而不逾矩。”[①] 这种统合作用也可以理解为伴随着具体意识活动的人格的自我理解，特别是“反身的自觉”作为一种非对象性的伴随意识能够呈现出自身的自我感受[②]，人格的同一性也就在这种活动意识中显现着自身。

---

① 张子立：《同一性、道德动能与良知：中西伦理学对话之一例》，《哲学与文化》2016 年第 8 期，第 191 页。

② 海德格尔在对康德的道德人格概念进行现象学分析时指出：“对某某有感受的同时也包含了一种自感，而自感中则包含了‘自己自身彰显出来’的一种样态。我在‘感’之中彰显自己自身的方式方法，乃是通过我在这一‘感’之中对之有感受的东西得到共同规定的。这就表明，感受并非一种对于自己自身的简单反思，而是在‘对某某有感受’中的自感。”参见［德］海德格尔《现象学之基本问题》（修订译本），丁耘译，商务印书馆 2018 年版，第 189 页，海德格尔的说法可以印证这里的分析。

主敬与尚诚：比较视域下朱熹与王阳明的童蒙教育观

林孝斌*

"小学"乃人成长学习中的重要阶段。朱熹和王阳明都十分重视对童蒙的教育：前者认为小学阶段预备"圣贤坯璞"①，强调"知规行矩"，为进入大学奠基；后者认为对童蒙需"顺导其志意，调理其性情"②，注重"诵诗"与"习礼"在培养儿童理情一致中的作用。二者的童蒙教育观的形塑都基于他们各自所处的环境。朱熹认为"如今全失了小学工夫，只得教人且把敬为主，收敛身心，却方可下工夫"。言外之意是当时的小学之学并没有遵照古人立学宗旨，都已经"蹉过"，但"不能转去做"，只能是"今当地头立定脚做去，补填前日欠阙，栽种后来合做底"③，这个起点就是培养人的"敬"。正德十三年，四十七岁的王阳明在南赣平乱之后，痛感当地民俗不善，于是立小学以教化，试图通过"诵诗、习礼、读书"来恢复人伦教化，教育的主导方向是提倡注重发展"童心"，强调诚实对待儿童的"真心"，故以"诚"为重。二者童蒙教育观的出发点俨然有别，但都试图重归古人的立学要义，从这点看，二者又是殊途同归的。而二者的结合，恰恰能给童蒙教育提供了一种符合儿童身心的"双轨"式教育图式，这对当下的儿童教育不失为一种有益的借鉴。

---

* ［作者简介］林孝斌，1987年生，男，福建福州人，山东大学博士研究生。主要研究方向为宋明理学、中西比较哲学。

① 《朱子语类》卷一，王星贤点校，中华书局1986年版，第124页。

② （明）王守仁：《训蒙大意示教读》，《王阳明全集》上，谢廷杰辑刊，中央编译出版社2014年版，第83页。

③ 《朱子语类》卷一，中华书局1986年版，第125页。

一 不同圣人观下的“主敬”与“尚诚”

童蒙教育乃是人一生教育的起点，人后来的诸多习性和思维模式都与童蒙教育息息相关，常语所说的“三岁看大，七岁看老”，就意味着童蒙教育对一个人的成长和形塑起到关键的作用和深远的影响。朱熹指出：“古者初年入小学，只是教之以事，如礼乐射御书数及孝弟忠信之事。自十六七入大学，然后教之以理，如致知、格物及所以为忠信孝弟者。”① 在朱熹看来，十六岁乃是人生教育的分水岭，十六岁之前的教育都属于童蒙教育，其主要学习内容涉及“礼乐射御书数及孝弟忠信之事”。这里的“礼乐射御书数”当然指的是相关的外在技能，而“孝弟忠信之事”则指向儒家的伦常教化，朱熹将这两者统称为“教之以事”。十六岁之后便开始进入大学，主要学习内容是“致知、格物以及所以为忠信孝弟者”，朱熹将此称为“教之以理”。可见，十六岁乃是划分学“事”与学“理”的界限。这样看来，童蒙教育在朱熹的眼中就是围绕许多“事”展开。这些“事”不仅具有外在的客观性，而且需要一件件学，才能够逐渐掌握，这个特征也决定了这个学习的过程并不能够随意，必须遵循一定的规矩，如时间的有序不紊、先易后难的原则、逐渐累积的过程等，是否遵循这些学习的规矩就成为学成与否的重要标志。不仅如此，朱熹甚至认为这也是培养圣人的关键，他说：“古者小学已自养得小儿子这里定，已自是圣贤坯璞了，但未有圣贤许多知见。及其长也，令入大学，使之格物、致知，长许多知见。”② 在朱熹看来，小学乃是培养圣人的胚胎，是苗圃式阶段，为大学作蓄力准备。大学阶段则是意在引导圣人长成。如此一来，小学和大学在朱熹的观感中，都是统合为圣人之学的一部分，既有分工又紧密相关。因此，朱熹的圣人观就成为他童蒙教育观的根据：

> 自古无不晓事情底圣贤，亦无不通变底圣贤，亦无关门独坐底

---

① 《朱子语类》卷一，中华书局1986年版，第124页。

② 《朱子语类》卷一，中华书局1986年版，第124页。

圣贤，圣贤无所不通，无所不能，那个事理会不得？如《中庸》“天下国家有九经”，便要理会许多物事。[1]

在这段描述何为圣人的讨论中，朱熹强调，圣人不仅知识丰富渊博，而且在处理事情的能力、治国理政等实践上也都是佼佼者，至少知晓各种事情是圣人的一大特点。我们前面提过，小学的主要目标就是让儿童能够打好“知事”的基础，圣人无所不晓的境界也并非朝夕成就，乃是从童蒙教育开始、逐步精进的过程，在这个意义上，朱熹说小学乃是“圣贤坯璞”。基于这种圣人观，我们就能清楚朱熹眼中的“童蒙教育”乃是一种“童蒙—知事”的教育模式。为了对这种模式有更加清晰的理解，我们再来阅读一些朱熹针对小学和大学之间的区别展开的讨论：

小学是事，如事君、事父、事兄、处友等事，只是教他依此规矩做去。大学是发明此事之理。小学是学事亲，学事长，且直理会那事。大学是就上面委曲详究那理，其所以事亲是如何，所以事长是如何。古人于小学存养已熟，根基已深厚，到大学，只就上面点化出些精彩。古人自能食能言，便已教了，一岁有一岁工夫。至二十时。圣人资质已自有十分。寓作“三分”。[2]

在这里，朱熹指出，小学的教育内容在于“知事”，比如事君、事父这类事，就是通过小学的教育告诉你这些事是当做之事，而且给儿童设定了一套规矩让儿童照着去做，并没有告诉儿童为什么如此做的道理，这个道理乃是到了大学阶段学习的内容。因此，在小学阶段，教一件，学一件，做一件，一件件地学，一件件地做，这些所做之事慢慢地使外在的规矩内化在儿童心里，成为一种内在知识。懂得这些是什么，该如何做，但做的道理要到大学阶段才给出。因此，在朱熹看来，小学阶段这些事照理应该都要学得差不多才行，这样到了大学阶段就十分轻松，

① 《朱子语类》卷一一七，《朱子全书》第十八册，上海古籍出版社、安徽教育出版社2010年版，第3704页。

② 《朱子语类》卷一，中华书局1986年版，第125页。

“只就上面点化出些精彩”就行。朱熹认为，这样进行小学学习的儿童到了二十岁的时候，就已经具备了三分的圣人资质。但是朱熹认为，当时的小学教育却并没有如此发展，反而存在严重的缺失和断裂：

> 而今自小失了，要补填，实是难。但须庄敬诚实，立其基本，逐事逐物，理会道理。待此通透，意诚心正了，就切身处理会，旋旋去理会礼乐射御书数。今则无所用乎御。①

在朱熹看来，小学与大学之间的关系本来十分紧密，也都是成就圣人的关键环节，缺一不可，小学是作为外在关系的礼制性的东西，而大学要追究后面的理，这正是圣人之学的两面。但是如今的真实情况却是“小学已失，难以填补”，如果再重新回头去修补小学内容已然来不及了。为此，朱熹提出“庄敬诚实，立其基本”。在他看来，小学的“知事”的各种培养目标乃是为了在人的心中培养一种“敬”感，所以“持敬以补小学之缺”就成为朱熹弥补小学之缺的关键途径。可见，在朱熹看来，小学的关键在于培养学生的一种“敬畏”之感。比如通过教育儿童事父，让儿童心里敬重父亲，因为在“事父”的行为中，“事”背后存在着一套相对应的外在规范。也就是说，你必须按照这套规范去“事”父才是正确的，不能按照自己的心情和意愿去实行，接受规范并遵守规范才是“事父”背后的原则。这种“接受—遵守”的过程，恰恰就是培育“敬”感的过程。以此类推，一件件的事的学习，都要求在“接受—遵守”中落实，以此强化这种情感的培育。这样一来，对“规矩”的“敬”感也在不断被形塑。这样看来，朱熹的圣人观下，“敬”在成圣的过程中具有优先性。

在追求上，王阳明也与朱熹一样，都以圣人为目标，王阳明十一岁时就回答他的私塾老师说“登第恐未为第一等事，或读书学圣贤耳”②。但是在经历了按照朱熹方式“格竹子”而劳思成疾之后，王阳明龙场悟

---

① 《朱子语类》卷一，中华书局1986年版，第125页。

② 《年谱一》,《王阳明全集》卷三十三，吴光、钱明、董平、姚延福编校，上海古籍出版社1992年版，第1221页。

道形成了自己的圣人观:“圣人之所以为圣,只是其心纯乎天理,而无人欲之杂。犹精金之所以为精,但以其成色足而无铜铅之杂也。人到纯乎天理方是圣。”① 由这些言简意赅的文字可以看出王阳明的不同于朱熹的圣人观。在王阳明看来,圣人的根据在于有个纯乎天理的心,而且这个没有任何人欲的掺杂。他只要有纯乎天理的心,那么就是圣人。这样一来,圣人的标准不在于所谓的能力如何,知识如何,而是在于其心纯乎天理。心成为圣人的标准衡量。拥有这种圣人观的王阳明,严厉批评了以往的小学教育方式:

> 近世之训蒙稚者,日惟督以句读课仿,责其检束而不知导之以礼,求其聪明而不知养之以善,鞭挞绳缚,若待拘囚。彼视学舍如囹狱而不肯入,视师长如寇仇而不欲见,偷薄庸劣,日趋下流。是盖驱之于恶而求其为善也,何可得乎?②

在这段批评性的文字中,王阳明指出,之前的小学教育过于刻板,在一种浓烈的“监督”气氛中让儿童读书,并且以一种严责的态度要求儿童检视约束自己的行为,还存在“鞭挞绳缚,若待拘囚”的情形。这样一来,小学的教育被儿童视为囚牢,让儿童感到恐惧,从而害怕入学学习,避之不及,导致出现“视师长如寇仇而不欲见,窥避掩覆以遂其嬉游,设诈饰诡以肆其顽鄙。偷薄庸劣,日趋下流”的败坏景象。试想,儿童的教育走向这样一种厌学、恐惧入学、视老师为仇敌的光景,整个社会乃至国家还有何前途可言?正是出于这种担忧,王阳明认为,必须修正小学教育模式,不能过于注重儿童的外在,而应注重儿童内心性情的发展和发扬,他说:

> 大抵童子之情,乐嬉游而惮拘检,今教童子,必使其趋向鼓舞,

---

① 陈荣捷:《王阳明〈传习录〉详注集评》,华东师范大学出版社2009年版,第70—71页。

② (明)王守仁:《训蒙大意示教读》,《王阳明全集》上,中央编译出版社2014年版,第83页。

中心喜悦，则其进自不能已。故凡诱之歌诗者，……发其志意，……泄其跳号呼啸于咏歌，宣其幽抑结滞于音节也。导之习礼者，……肃其威仪，……周旋揖让而动荡其血脉。……顺导其志意，调理其性情，潜消其鄙吝，默化其粗顽，日使之渐于礼义而不苦其难，入于中和而不知其故。是盖先王立教之微意也。①

王阳明反对在童蒙教育中过于注重外在严苛管教，提倡要尊重儿童的内心性情，通过诵读诗歌、学习礼仪等事来引导孩子的内心情感，将外在所学之事融入他们的性情之中，让他们的性情成为他们学习的起点，这样就使儿童能够在学习中感到快乐，并在快乐中更乐意学习而“不能已”。儿童自身性情表露的状态乃是一种“诚身”的状态，也就是说儿童真实的自己的展露乃是童蒙教育的关键，也是童蒙教育的起点。只有在儿童展露真实自我的基础上进行，童蒙教育才能有正确的开始，这样后面的诵诗和习礼就不会简单地成为一种外在附加的规矩，而是成为发展儿童本身性情的导管。整个过程就从“儿童本身性情”出发，沿着“诵诗习礼”的途径进行“顺导”，然后达致理情一致的教育目标。从“儿童本身性情”出发，就是王阳明“圣人观”中以“诚”为出发点的延伸和应用。

二　“整齐严肃”和“诵诗习礼”：“敬”和“诚”的应用

那么在小学教育上，朱熹的“主敬”和王阳明的“诚身”所指向的生存到底是怎样的生存状态？它们又该如何被落实到童蒙教育中去呢？

根据《中庸》首章“天命之谓性，率性之谓道，修道之谓教”的思想主张，人有天命在身。因而人的修身与天命意识紧密相关。但天命自行其是，不受人力的约束控制，自然成为人“敬畏”的对象，但人又想对天命有所认识，故而天命便在人的“敬畏”中呈现出其对人的生存产

① （明）王守仁：《训蒙大意示教读》，《王阳明全集》上，中央编译出版社 2014 年版，第 83 页。

生的影响。朱熹在为《中庸》作注解的《中庸章句》中，很好地把握到这个“敬”天命的思路，朱熹所谈论的“敬”也必然与天命之性有所关联。我们首先来看朱熹对“敬”的理解[①]，他说：“只收敛身心、整齐、纯一，不恁地放纵，便是敬。”[②]“‘敬’字工夫，乃圣门第一义，彻头彻尾，不可顷刻间断。”[③]“无事时敬在里面，有事时敬在事上。有事无事，吾之敬未尝间断。”[④]“问敬。曰：‘一念不存，也是间断；一事有差，也是间断。’”[⑤]在朱熹看来，人们的身心在自然状态下很随便，而“收敛”的意思就是要有意对这种随意态度进行约束，而这种“有意”的感觉正来源于在“整齐纯一、不放纵”中聆听天命之性在具体事物中的运行。这便是朱熹所说的，当你无事的时候，你在敬里头，有事的时候敬在事里头。可见，无论有事无事，敬的情感都在，并且都指向天命之性的存在和运行。而打断这种敬的持续性的便是人在某种观念或事上出现差错，如此，敬的持续性中断，人离开天命，走向与天命运行相反的生存。朱熹所理解的“敬”，乃是指人能够参与到天命本性的运行中的生存状态。

落实到圣人之学上，朱熹认为“敬”乃是根本且贯彻全程的动力性因素。朱熹指出：“敬之一字，万善根本。涵养省察、格物致知，种种功夫皆从此出，方有据依”，“‘敬’之一字，真圣门之纲领，存养之要法。一主乎此，更无内外精粗之间”。[⑥]可见，“敬”既然为万善根本，当然也是“圣人坯璞”的根本。因此，童蒙教育以“敬”为根自然是题中应有之义。但是，朱熹又反对把天命意识引入童蒙教育中，他认为：“天命，非所以教小儿。教小儿，只说个义理大概，只眼前事。”[⑦]那么，在缺乏天命意识的童蒙教育中，如何激发或者培育这种“敬”的感觉？朱熹提出可以通过“整齐严肃”的方式在童蒙教育中培养儿童的“敬”感。他说：

---

① 关于对“敬”的理解，朱熹实际上延续了《中庸》首句“天命之谓性，率性之谓道，修道之谓教”中对天命之性的理解。

② 《朱子语类》卷十二，中华书局 1986 年版，第 208 页。

③ 《朱子语类》卷十二，中华书局 1986 年版，第 210 页。

④ 《朱子语类》卷十二，中华书局 1986 年版，第 213 页。

⑤ 《朱子语类》卷十二，中华书局 1986 年版，第 111 页。

⑥ 《朱子语类》卷十二，中华书局 1986 年版，第 210 页。

⑦ 《朱子语类》卷一，中华书局 1986 年版，第 126 页。

> 整齐严肃虽非敬，然所以为敬也。严威俨恪，亦是如此。未有外面整齐严肃，而内不惺惺者。如人一时间外面整齐严肃，便一时惺惺；一时放宽了，便昏怠也。①

朱熹指出整齐严肃通过一定的规条戒律，附加到儿童的学习过程中，并成为儿童学习成果的衡量标准。这时候，这些戒律性的标准就代替天命意识成为儿童“敬畏”的外在对象，只不过这种“敬畏”更带有一种恐惧和害怕的味道，因为戒律的存在意味着惩罚的存在。这些严格的规矩和戒律，足以对儿童产生相当强的震慑性力量，在这种力量之下，儿童敬畏之感得到强化。反过来，越在敬畏中，这些戒律的力量就越发显示出来。由此，外在的严苛规范戒律就借着儿童的“敬畏”之情逐渐在不断的“接受—遵守”学习模式中内化成为儿童的知行模式。这时候，就会出现朱熹所说的“未有外面整齐严肃，而内不惺惺者”的生存状态。这种生存状态既有单向的强力灌输作用，也是敬畏情感被培育出来后反向加强、互相作用的结果。不仅如此，朱熹还强调，童蒙教育的这种“整齐严肃”应当一以贯之，什么时候停止或者放宽了，就会出现“昏怠”的现象，儿童就会进入放纵、任意和不收敛身心的状态，从“敬”中离开。

朱熹提倡通过“整齐严肃”形成一种外在性的规范和标准，以戒律和规范作为培育儿童“敬”意识的主要力量。朱熹的童蒙教育，通过塑造一种外在力量帮助儿童在内心形成一种规范秩序。由“整齐严肃”所形塑的戒律和规范，得到儿童的遵守和奉行的根据在于一种真实的情感，这种情感对儿童而言只能够是具体的，因为个体的具体的儿童在遵行这套规范时必须从自己的情感出发，才能具有力量，而当这种情感被其他儿童所共享的时候，就会有一批儿童自然而然地生活在这种戒律性样式之中。显然，朱熹的“童蒙教育”观就是试图培养出这样一批“圣人坯璞”，成为进入大学的人才。值得注意的是，这种童蒙教育在以某种人为性的“整齐严肃”取代天命意识的时候，容易使这批儿童固守自己所接

① 《朱子语类》卷一，中华书局1986年版，第372页。

受且奉行的信念和知识体系，从而形成一种固化的生存模式和思维方式。这一点正是王阳明所极力批评的。

只要有外在的行为表现，肯定有内在的东西，这是朱熹的观点。这便是朱熹所说的“未有外面整齐严肃，而内不惺惺者”。但王阳明恰恰反对朱熹这种由外而内的童蒙教育方式，认为按照这种思路，实际上分离了天命之性与人的现实生存。引文“由外而内”意味着外在规范在童蒙教育中具有优先性，那么儿童的注意力自然会优先向外在规范聚拢，这实际上淡化了天命之性在儿童教育中的重要性，反而于儿童教育中形成遏制天命之性的力量。儿童的天命之性意味着儿童发展的诸多可能性，但是外在规范主导童蒙教育，就使某种观念性的东西在形塑和引领着童蒙教育。如此一来，诸多的可能性就因为此观念的力量而走向一种可能性，扼杀了其他可能性。这使童蒙教育走进困境：一旦外在规范有所松动或减弱，那么儿童就会怠惰而走向消极一面。

这种“抹杀”儿童发展多种可能性的教育方式在王阳明看来就是“摧挠童心”。为了彻底否定这种教育方式，王阳明指出，天命之性就是人内在天生的良知，乃人内在所固有，不需要外求。他认为这才是学习的本原：“为学须有本原，须从本原上用力，渐渐盈科而进。……圣人到位天地，育万物，也只从喜怒哀乐未发之中上养来。”①

言外之意，王阳明就是说童蒙教育乃是学习的初始阶段，与本原更近，更需要也更容易从本原出发展开学习进程，而这个本原就是人的“心”。那么如何才能够从这个本原出发？王阳明在《紫阳书院集序》中指出：“德有本而学有要，不于其本而泛焉以从事，高之而虚无，卑之而支离，终亦流荡失宗，劳而无得矣。是故君子之学，惟求得其心。虽至于位天地，育万物，未有出于吾心之外也。”② 这种以“求得其心”为出发点的为学思路，与王阳明在童蒙教育中所提倡的从“童子之情”出发一脉相承。他在《训蒙大意示教读》中将童子之情比喻为草木，认为需

---

① （明）王守仁：《传习录》（上），《王阳明全集》卷一，上海古籍出版社 1992 年版，第 14 页。

② （明）王守仁：《紫阳书院集序》，《王阳明全集》卷七，上海古籍出版社 1992 年版，第 239 页。

要让其舒畅，并沐浴时雨春风，才能够使其萌动发越，自然日长月化。该比喻实际主张要从儿童的本性（即天命之性）出发，外在以舒畅和雨露引导发展其本性，即王阳明提出的“诵诗习礼”。他说：“其栽培涵养之方，则宜诱之歌诗以发其志意，导之习礼以肃其威仪，讽之读书以开其知觉。今人往往以歌诗、习礼为不切时务，此皆末俗庸鄙之见，乌足以知古人立教之意哉！”① 可见，诵读诗歌本身不是目的，而是以此发展儿童的道德情意，让道德情意得到抒发和流露，这是一种真性情的流露。此外，还以习礼引导儿童具有威仪感。由此可见，在王阳明那里，童蒙教育一直就是心之学，而非外力灌输。这种注重儿童本心、从儿童本真性情出发进行适当引导的教育方式，在王阳明的相关措辞中就是“诚身”，是从“立诚”开始的。王阳明在回答慎独与独知的关系时指出：

> 此独知处便是诚的萌芽，此处不论善念恶念，更无虚假，一是百是，一错百错，正是王霸义利诚伪善恶界头。于此一立立定，便是端本澄源，便是立诚。古人许多诚身的工夫，精神命脉全体只在此处。②

“诚”就是回到自己真实的内心，在童蒙教育中，儿童的生存从儿童自己的内心和性情出发，施教者如果不从“诚”开始，便很容易扼杀和否认儿童的本真性情，施教者以自己现有的某种善观念让儿童顺从，儿童向某种被允许的可能性发展，这种教育离开了儿童天命之性，无法避免地走向支离和色庄外驰。因此，“诚”将外在的天命之性从外在性存在转入人的内在之心，使天命落实在人的心上。对童蒙教育而言，这种天命就存在于儿童的本真性情之中，即“童心”中，发展童心、尊重童心便是从“诚”出发，将天命联系于现实生存。“诗歌”本身具有怡情作用，需要情感的投入和运用，而通过“诵读”，对儿童内在的情意进行疏导，使儿童通过诗歌得以舒畅，此时内在的天命之性就会通过诵诗而有

---

① （明）王守仁：《训蒙大意示教读》，《王阳明全集》上，中央编译出版社 2014 年版，第 83 页。

② （明）王守仁：《王阳明全集》，上海古籍出版社 1992 年版，第 34—35 页。

所指向，发展儿童性情中的某种可能性。而同样从“诚”出发的“习礼”对童蒙教育而言必不可少，避免儿童天命之性在发展时出现紊乱而不自知自制的情形，儿童知道顺性，但不知道如何约束，此时的约束可以更好地发展其性情。这也是“立诚”的需要，要面对真实，不躲避，不忽略。

乍看之下，王阳明所提出的顺着儿童的自然之情，通过“诵诗习礼”的双重作用，让“诚”的作用得以发挥，此时“诚”就等同于行天命，比朱熹的“整齐严肃”自由许多，儿童学习的乐趣和效用也提高了。但是其问题在于，淡化了“敬”的“诚”，只顾及尊重自身，只注重真实面对儿童的天然性情，却没有“敬”的内在约束，会不会出现一种肆无忌惮、任由情识的教育结果？事实上这种担忧在王阳明那里就已经存在，这也是导致阳明后学中出现“狂”“放荡不羁”等一系列流弊的根本原因。可见，“敬”的淡化使“诚”并不能保证内在的约束性，从而无法避免儿童走向虚妄的生存。

三　进一步思考

无论如何，童蒙教育的核心在于关注儿童这一学习主体的实际生存状况。在现实生存中，儿童的教育永远处于家长和教育者双重的权威导引之下，如何使这种权威性力量在儿童教育中形成正确的生存导向，对童蒙教育至关重要。如果以权威主导去培养儿童的“敬”意识，固然可以让儿童在“敬”意识中顺从权威的教育带领，从而走上权威所铺设的教育路径，但如若其代价是忽略儿童这一主体自身的“内在特性”，那么这种教育乃是损害“诚”、培养“敬”，抹杀了儿童自身发展的多种可能性。反之，若此权威注重儿童的“内在特性”，注重“诚”，那么儿童发展就具有多种可能性，但若没有培养儿童的“敬”，那么儿童尚未成型的心性无法得到合适的培育，导致儿童“不敬”的生存状态。笔者认为，儿童乃是一个个复杂的个体，单向度的教育侧重无法正确把握童蒙教育的本意，只有有效结合“敬”和“诚”，才能让现代的童蒙教育进入一种既符合现实生存的需要又尊重个体性的教育状态。这种有效的结合，对当下的教育工作者和家长来说，可能是一项艰巨的任务。

黄道周论朱王异同

——以《王文成公碑》等三文为中心

郑晨寅*

“朱陆异同”是学术史上一大公案，而“朱王异同”在某种程度上实有过之，从王阳明《朱子晚年定论》引起聚讼纷纭即可见一斑。生于朱子过化之临漳，对于宋明以来的“朱陆异同”，黄道周抱持的反而是较为客观的态度，重在折衷、调和，这在其榕坛讲学、大涤讲学中皆有明证。[①] 陈来先生曾论及此[②]，故不复赘言；而作为明末大儒，黄道周身处明清易代之大变局与理学、心学交汇碰撞之际，其论“朱王异同”既具有学术思想史的意义，也颇具时代与地域特色。

---

* ［作者简介］郑晨寅，1974 年生，男，福建云霄人，漳州城市职业学院教授。主要研究方向为宋明理学。

① 黄道周于榕坛首讲论及致知、知止时，即对朱陆进行辨析，云：“象山诸家说向空去，从不闻空中有个止宿；考亭诸家说逐物去，从不见即事即物止宿得来。”见（明）黄道周《榕坛问业》卷一，影印文渊阁《四库全书》本。《朱陆刊疑》则说：“如晦翁之格致，子静之良知，皆有瑕疵，亦皆不远于圣门之学。……用子静以救晦翁，用晦翁以济子静，使子静不失于高明，晦翁不滞于沈潜，虽思、孟复生，何间之有?”《黄道周集》卷三十，翟奎凤、郑晨寅、蔡杰整理，中华书局 2017 年版，第 1420 页。《子静直指》中则许可弟子所称“子静是吾家好种子”（《黄道周集》卷三十，第 1424 页）。随着思想的发展，他在《大涤书院三记》中结合自身学问，对朱陆之学进行总结：“由子静之言，简确直捷，可以省诸探索之苦，然而弊也易；由仆之言，静观微悟，可以开物成务，然而弊也支；由元晦之言，拾级循墙，可至堂室，高者不造项无归，深者不眩崖惊坠，由其道百世无弊，则必元晦也。”（《黄道周集》卷二十四，第 1033 页）清儒章学诚言“陆、王之攻朱，足以相成而不足以相病”，“盖性命、事功、学问、文章合而为一，朱子之学也。求一贯于多学而识，寓约礼于博文，是本末兼该也”。见（清）章学诚《文史通义》卷三“朱陆”，上海古籍出版社 2008 年版，第 79 页，其论与黄道周略同。

② 陈来：《中国近世思想史研究》，商务印书馆 2003 年版，第 514—516 页。

绍熙元年（1190 年），朱熹以耳顺之年知漳，复兴文教，移风易俗，并在漳州刊刻四经、四子书，树立新经学之典范，漳州遂有“海滨邹鲁”之称。漳州亦经王守仁“过化”，平和县即为其所申请建置，而明末阳明心学盛行，一向尊奉朱子学的漳州也受到一定影响。黄道周年轻时曾数至平和，阳明建县其事不远，黄道周于阳明之泽当有感怀，故亦表现出对阳明学之同情，梁启超乃至认为其受阳明学哺养。[①] 黄道周论“朱王异同”尤集中于讲学榕坛期间为重修平和文成庙所作之《王文成公碑》《书王文成公碑后》（崇祯七年），及为施邦曜刊印《阳明先生集要》所作之《〈王文成公集〉序》（崇祯八年）三文。在此，即拟以此三文为主，结合黄道周在《榕坛问业》等著述中对阳明学的讨论，探讨其于“朱王异同”之主张。

一 黄道周与阳明、平和之渊源

正德十二年（1517 年），王阳明在肃清漳南寇乱后，顺应民意，向朝廷申请在闽粤交界处新置平和县。平和建县后，邑人感阳明之德，置祠庙祀之。又，王阳明于万历十二年（1584 年）获准从祀文庙，次年黄道周出生。十三岁时，黄道周曾至平和瞻仰文成庙，据《年谱·十三岁》载：“师如平和，过王文成公庙而叹。见其湫侧，为之徘徊乃去。”[②] 其所“叹”，当有感于王阳明之文章事功；其所“徘徊”，则因文成庙之“湫侧”（低湿狭窄），故心中不平，这也可被视为其后来创作《王文成公碑》之机缘。

《年谱·二十岁》说：“子二十岁之平和，居大朋山，所谓大峰山也。春，欲往阙下上书，不果。夫子知王道难行也。河汾二十而学成，慨然有济苍生之心，游长安，上书文帝谈王道也，召入见而不用。伊川二十学成，慨然念苍生，游京师，上书仁宗，亦以谈王道也，乞召见，不报。夫子知王道之难行也。况欲以白衣之士，一旦出蓬户，谈非常之功、动

---

① 梁启超：《中国近三百年学术史》，东方出版社 1996 年版，第 14—15 页。

② 《黄道周集》，第 80 页。

明主乎?”[①] 大峰山又称大朋山、天峰山，风景秀丽，奇峰林立，黄道周曾于崇祯五年（1632 年）为大峰山及漳浦梁山作《梁山峰山赋》，称大峰山“一一与黄山相似，或有过焉，无不及者”[②]，并为大峰山题写“灵应感通”四字[③]，后人遂名之曰“灵通山”。灵通山上有灵通寺，如今寺旁犹有黄道周读书处及后人奉祀他之庙宇。

崇祯七年（1634 年），施邦曜（1585—1644 年）重修平和文成庙，请黄道周为碑记。施邦曜为浙江余姚人，《明史》本传称其“少好王守仁之学”[④]，其时任福建左参政。黄道周慨然应约，作《王文成公碑》，盛称阳明对平和之深远影响，其中云：

> 我太祖定天下既百五十年，吾漳郡邑始有定制，而平和一县为文成建置之始。……今自平和设县以来，百二十年，弦诵文物，著于郡治，在崇义、和平邈不敢望者，岂独其山川雄骏苞郁使然？亦以为名贤巨掌高跖之所专导，灵宰实护之。……其士夫笃于经论，尊师取友。[⑤]

《礼记·学记》曰：“古之教者……一年视离经辨志，三年视敬业乐群，五年视博习亲师，七年视论学取友。”追随黄道周慷慨就义于南京之“四君子”中的赖继谨（字敬儒），即为“尊师取友”之平和人，为黄道周邺山讲学时之弟子，庄起俦称其“慷慨多大节”[⑥]。据《年谱·六十一岁》载，赖继谨跟随黄道周出关时，即有“惟师是依，誓不归矣”[⑦] 之志；黄道周于婺源兵败被俘后，“诸被执者皆涕洟饮泣，不能仰视。继谨独从容饮啖自若，曰：‘师存与存，师亡与亡。从师以死，幸矣，何唏嘘涕泣为！’”[⑧] 表现出舍生取义的豪迈气概。而黄道周绝命辞“蹈仁不死，

---

① 《黄道周集》，第 83 页。
② 《黄道周集》，第 1776 页。
③ 当出自《周易·系辞传》：“《易》无思也，无为也，寂然不动，感而遂通天下之故。”
④ （清）张廷玉等：《明史》卷二百六十五，中华书局 1974 年版，第 6852 页。
⑤ 《黄道周集》，第 1106—1107 页。
⑥ 《黄道周集》，第 146 页。
⑦ 《黄道周集》，第 146 页。
⑧ 《黄道周集》，第 146 页。

履险若夷，有陨自天，舍命不渝”①，即附录于赖继谨家书之后。

由上可知，黄道周与平和一地之山水、人文夙有渊源，而其论“朱王异同”亦有独特之处，体现了致知格物的工夫进路与博观约取的会通精神。

二　践履而非妙悟：朱、王“又何间焉”

在《王文成公碑》中，黄道周论及阳明之学云：

> （文成）独于文字散落之余，豁然神悟，以为声华刊落，灵晃自出。今其学被于天下，高者嗣鹅湖，卑者混鹿苑，天下争辨又四五十年，要于文成原本所以得此，未之或知也。②

鹅湖之会上，朱陆就“为学之方”等问题展开激烈争辩，遂有朱陆异同，但黄道周颇有调和朱陆之思想，故此处“鹅湖”乃泛指儒门；而“鹿苑”即佛教圣地“鹿野苑”，为传说中佛陀成道之处，此处代指佛门。黄道周认为阳明后学分化与变异严重，乃至有流于禅门之惑，其根源在于学者没有真正认识到阳明之学乃从实践中得来。黄道周同年所作之《书王文成公碑后》载：

> 诸生因问：“文成良知之说，著于海内，如何说‘所以得此未之或知’？”某云：“文成自家说从践履来，世儒都说从妙悟来，所以差了。”唐生问：“如何是践履来？”某云：“伊历过许多汤火，岂世儒口耳所就？”③

王阳明之“龙场悟道”乃一场惊心动魄之历练，而在平定宁王叛乱后，又被宦官所谗害，遭武宗猜疑。他谦忍恭顺，度过劫难，在南昌深

① 《黄道周集》，第147页。

② 《黄道周集》，第1107页。

③ 《黄道周集》，第978页。

居反省，遂于知命之年揭示“致良知”之教。他说：“某于此良知之说，从百死千难中得来，不得已与人一口说尽，只恐学者得之容易，把作一种光景玩弄，不实落用功，负此知耳。”① 故黄道周所言“文成自家说从践履来”确有实据，而世儒所说的“妙悟”，正是忽略了王阳明自称的“从百死千难中得来”（即黄道周所说的“历过许多汤火”）的践履工夫，亦验证了王阳明对于后学“不实落用功”、混同于禅悟之担忧。②

朱子认为：“为学之实，固在践履。苟徒知而不行，诚与不学无异。……故《大学》之道，虽以正心诚意为本，而必以格物致知为先。”③ 朱子学工夫论主张通过格物致知、居敬穷理以变化气质，从而达致心与理、人与天合而为一之境界。而王阳明认为“心即理”，“良知”为心之本体，故在为学工夫上，只须依此良知本体去做，不离于日用常行，即可成就理想之道德人格。二者自然有“理”在内还是在外的区别，但是在终极目标上其实并无二致，黄道周认为，佛老之学才是他们共同的对手。《王文成公碑》云：

> 吾漳自紫阳莅治以来，垂五百年，人为诗书，家成邹鲁，然已久浸淫佛老之径。平和独以偏处敦朴，无诐邪相靡，其士夫笃于经论，尊师取友，坊肆贸书，不过举业传注而已。……呜呼！人学与治亦何常？各致所应致、治所应治者，皆治矣。即使山川效灵，以其雄骏苞郁者畅其清淑，令誉髦来彦溯文成之业，以上正鹅湖，下锄鹿苑，使天下之小慧闻说者无以自托，是则文成之发轫藉为收实也，于紫阳祖祢，又何间焉？

黄道周回顾了朱子知漳以来平和文教之兴盛、民风之纯朴，以此反

① 《年谱二·五十岁》，《王阳明全集》卷三十四，吴光、钱明、董平等编校，上海古籍出版社2011年版，第1412页。

② 如《榕坛问业》卷一载：“文成诸公不合教人上屋去住，伊自家磨炼摧折，自天陨来，却教人不得。人只管上屋，不知他是屋匠，上下无疑。天下人各有心眼，那个不知龙溪、温陵说吃不得？至如罗近溪、周海门近来诸公引人入悟，初亦不离仁义礼乐，只要自家卓尔高坚，虽造屡空，不坠空界。自家多识一贯，虽多亿殖，不受物累。”

③ 《晦庵集·答曹元可》，《朱子全书》卷五十九，朱杰人、严佐之、刘永翔主编，上海古籍出版社2010年版，第2811页。

衬其时漳郡之溺于佛老。所谓“上正鹅湖，下锄鹿苑”，正指出发扬儒学与排斥异端乃为一体之两面，而阳明与紫阳实殊途而同归，如其所言“各致所应致、治所应治者，皆治矣”。《说文》云：“祢，亲庙也。”“祖祢”本指祖庙、父庙，在此特指朱、王一脉相承。扬雄《法言·问神》称：“昔者，仲尼潜心于文王矣，达之；颜渊亦潜心于仲尼矣，未达一间耳。”而在黄道周看来，在斥异端、倡儒学、重践履上，朱、王“又何间焉”？

三　“虚实对治”与“良知由致知而来”

崇祯八年，新任漳州知府施邦曜在漳刊印《阳明先生集要》，黄道周为之作《〈王文成公集〉序》，较深入地比较了朱陆、朱王之异同：

> 善哉！施四明先生之言曰：“天下病虚，救之以实；天下病实，救之以虚。”晦翁当五季之后，禅喜繁兴，豪杰皆溺于异说，故宗程氏之学，穷理居敬，以使人知所持循。文成当宋人之后，辞章训诂，汩没人心，虽贤者犹安于帖括，故明陆氏之学，易简觉悟，以使人知所返本。[①]

黄道周称赞施邦曜“对症下药”之说，认为程朱与陆王之学各有其所长，亦各有其所用，黄道周简明扼要地阐述了程朱理学与心学产生的背景及特点，阐发了调和朱陆、会通朱王的学术主张。关于当时“天下病实”之状，黄道周在《榕坛问业》卷八中有较具体的描述：

> 非著因问：“先儒谓学有三弊：溺于文辞、牵于训话、惑于异端。苟无此三者，则必归于圣人之道矣。今国家以制义取士，士亦从制义应试，虽无异端之惑，而训诂相沿，文辞递习，深入膏肓。即不溺文辞，不牵训诂，循经注之言，何由便归圣人之道？”某云：“非著意思极好……”

---

① 《黄道周集》，第908页。

“三弊之说”出自程颐：“今之学者有三弊：一溺于文章，二牵于训诂，三惑于异端。苟无此三者，则将何归？必趋于道矣。”[①] 而这些弊端自宋迄明并未消除，明朝科举考试内容限于四书五经，文体严格限于八股文，急功近利之心遮蔽了广大士子学习经典的终极目的，故黄道周弟子林非著针对当时学术之弊提出了如何归于“圣人之道”的时代命题。实际上，于王阳明而言，他困处龙场时已悟出“圣人之道，吾性自足”，此心不假外求、可自证其成，良知之学已呼之欲出[②]。榕坛师生以朱子学的基本立场，对王阳明之“致良知”进行了辨析、改造。在《榕坛问业》卷五中，黄道周以《论语·雍也》“知之者不如好之者，好之者不如乐之者”为课义，引发讨论：

> 唐伟伦问：“如此看，则致知之义，深于良知；乐天之义，齐于好学。见今世达人皆尊自然而下穷理，古来有道者皆遗好学而贵乐天，何耶？”某云：“《易》曰‘穷理尽性，以至于命’，又曰‘乐天知命故不忧’，乐天不从好学，此乐竟从何来？如良知不由致知，此良究竟何至？良有三训，良言善也，言常也，言小顷也。言善者，从继善来，所称‘柔顺利贞’者是；言常者，犹称良常，所谓‘厥有恒性’者是；言小顷者，犹称良久、良已，所谓‘乍见夜气’者是。其言自然者，不过‘不学不虑’一段而已，亦是不学不虑而良，不是不学不虑才训作良也。人读书都要读其易者，难处放过，如生成潇洒者，顽皮无碍，问他所知、所好、所乐，中间开放果是何物，亦复茫然。晋人道：解饮者，自知饮趣，如不解饮者，闻酒辄醉，岂亦复领醉妙耶？”

这段话可视为上引《书王文成公碑后》“世儒都说从妙悟来，所以差

---

① 《二程集》，《河南程氏遗书》卷十八，王孝鱼点校，中华书局2004年版，第187页。

② 董平先生认为：“阳明虽曾谓自龙场时即已悟‘良知’之意，只是讲此二字不出，但似乎不可谓在龙场时即已悟良知之旨。”可备参考。见董平《王阳明的生活世界——通往圣人之路》，商务印书馆2018年版，第69页。

了”之注脚。黄道周从训诂学的角度，对“良知”之“良”进行分析，给出了“善”“常”“小顷”三种释义，他以《坤》卦《彖传》之“柔顺利贞”释善，以《尚书·汤诰》之“若有恒性”释常，又以《孟子·告子上》之“夜气”释小顷，使良知之说在儒家经典内部获得一种诠释的自洽性与合法性，随后重点对阳明后学以佛老之自然、妙悟解读“良知”的说法进行批驳。《孟子·尽心上》曰：“人之所不学而能者，其良能也；所不虑而知者，其良知也。孩提之童无不知爱其亲者，及其长也，无不知敬其兄也。亲亲，仁也；敬长，义也；无他，达之天下也。”黄道周认为，并非“不学不虑”就是“良”（这极易陷入佛家的“空”与道家的“无为”），而是“不学不虑”中蕴含着良知良能①，有如仁义根植于心，人皆有之。但是，要“致良知”，却须经过“致知”之工夫，如其所言：“如良知不由致知，此良究竟何至？”这就回到朱子由“致知”入手的工夫路径上来了。钱穆先生在论及朱陆分垒时说：“朱子要人先泛观博览而后归之约，是主张先从‘致知’一边下工夫的，他的格物说尤其显见；二陆要先发明人之本心，而后使之博览，是主张先从持守方面下工夫的。”② 黄道周的学术气质偏向于朱子，故对“致知”亦给予极高的评价，在《榕坛问业》卷一中声称“千古圣贤学问，只是致知”。黄道周之“格物致知”颇为重视求索客观事物与自然现象之理，较朱子亦有所发展，学者已有论及③，在此不复赘述。儒门之致知，绝非简单的知识向度，通过分析黄道周的致知路径，即可知其主要有两个面向。其一，乃向内之求仁。《榕坛问业》卷七载：

---

① 黄道周《子静直指》云：“但如夫子说：有知乎哉？无知也。陆家亦云：‘无知而有知，此是良知之说。’后来海门、龙溪皆从此落脚，却自纷纷难明。”（《黄道周集》卷三十，第1421页）孔子“有知无知”之说出自《论语·子罕》：“子曰：‘吾有知乎哉？无知也。有鄙夫问于我，空空如也。我叩其两端而竭焉。’”陆九渊“无知而有知”之说则见于其语录：“我无事时，只似一个全无知无能底人；及事至方出来，又却似个无所不知、无所不能之人。”见《陆九渊集》卷三十五，钟哲点校，中华书局1980年版，第456页。此处孔子之“无知”近于孟子之“不学不虑”，乃“自然而然”，黄道周以此作为陆九渊良知说之渊源，但亦指出至心学后学周汝登、王畿已不明此义。

② 钱穆：《阳明学述要》，九州出版社2016年版，第20页。

③ 《宋明理学史》，侯外庐、邱汉生、张岂之主编，人民出版社1997年版，第655—659页。

伟伦因问:“吾门屡说求仁、致知,此是两事、抑是一事?”

某云:“‘能近取譬’,是一语、抑是两语?读书人立心须要极细,细得尽时,条理分明,自然到仁田地,如取譬处是致知,近取处便是求仁也。”

伟伦云:“如今日说‘知三者则知修身’,‘告往知来’,‘知性知天’,此种种知,果由学问、果不由学问?”

某云:“如不由学问,又说他怎么?程伯子云:‘涵养须用敬,进学则在致知。’致知只是学耳。”

黄道周引用大程子所言“进学在致知”①,进而提出“致知只是学耳”,而儒门之“学”,乃在于成人、成仁,由“下学”而“上达”(《论语·宪问》),由“多学而识”而至于“一以贯之”之道(《论语·卫灵公》),故“尊德性”与“道问学”缺一不可,黄道周将“致知”与“求仁”并称,亦基于此。

而致知的另一面向,乃向外之尽礼、复礼(由此最终亦一归于仁)。《榕坛问业》卷八载:

沈若木时初入会,未领前说,又问“克复归仁”之防。

某云:“某从来亦未见到此。但见人有己便不仁,有己便傲,傲便无礼,无礼便与天下间隔;无己便细,细便尽礼,尽礼便与天下通。老氏云:谓我大甚,似不肖;如肖,蚤已细。克己者,只把己聪明才智一一竭尽,精神力量一一抖擞,要到极细极微所在,虽外间非礼,不能染着,犹须如荡涤邪秽一样用工,所以洗心退藏,不堕沈潜高明之弊,如是刚人实克到柔,如是柔人实克到刚,事事物物,俱从理路炼得清明,虽视听言动,无一是我自家气质,如此便是格物物格、致知知至耳。所以天下更无间隔,更无人说我无礼不肖,便是天下归仁。”

《论语·颜渊》载,孔子曰:“克己复礼为仁。一日克己复礼,天下

① 《二程集》,《河南程氏遗书》卷十八,第188页。

归仁焉。为仁由己，而由人乎哉?”朱子注云：“礼者，天理之节文也；为仁者，所以全其心之德也……日日克之，不以为难，则私欲净尽，天理流行，而仁不可胜用。”[①] 黄道周早年在《万历四十六年乡试策·正学第二》中提出“道莫大乎不争，而学莫要于克己”之说[②]，而在此，他认为“有己”会导致“无礼”，要达到“无己”“克己”，则须“用工”“理路炼得清明”，将“外间非礼”之处一一荡涤净尽，这便是格物致知之工夫。而一旦物格知致，即可克复归仁。

由此我们可以看出，不管是向内还是向外，黄道周都强调了朱子学所极力主张之致知、力学、居敬、持礼之于良知的重要作用，对纠正阳明后学的蹈空入虚之症有对治之功。[③] 洪思在《〈王文成公集〉序》中称“黄子学善朱子，素不喜文成良知之说”[④]，亦当理解为针对此种独以“豁然神悟”为宗者而发。《榕坛问业》卷四载：

> 魏秉德云：“此道只须静观，久当自彻。古人尝说外照终年，不见一身；内照移时，能见天下。圣人学问，只是致知，致知前头，又要格物。如看万物果是万物，此与未曾格物有何分别？如看万物不殊一物，此知岂复万物所量？譬如镜子，十分光明，自然老来老照，少来少照，岂必豫先料理老少面孔耶?”
>
> 某云：“从来论说，唯有此彻。”

魏秉德所说，虽然强调格物致知，但其重点仍在静观自得、存养内心，偏于向内一面。黄道周虽称其论透彻，但似可被视为对弟子鼓励之语。崇祯十七年，黄道周于明诚堂讲学时，亦以镜作喻，《漳浦黄先生年

---

① 《四书章句集注》，中华书局 2011 年版，第 125 页。

② 《黄道周集》，第 403 页。

③ 事实上，王阳明亦提倡“致知”，只不过强调要有“分限”。《传习录·卷下·黄直录》说：“先生曰：我辈致知，只是各随分限所及。今日良知见在如此，只随今日所知扩充到底。明日良知又有开悟，便从明日所知扩充到底。如此方是精一功夫。与人论学，亦须随人分限所及。如树有这些萌芽，只把这些水去灌溉；萌芽再长，便又加水。自拱把以至合抱，灌溉之功皆是随其分限所及。若些小萌芽，有一桶水在，尽要倾上，便浸坏他了。”（参见《王阳明全集》上，第 109 页）

④ 《黄道周集》，第 906 页。

谱·卷下·六十岁》中对此作了较为全面的总结：

> 问："今日'明诚'二字，的从《中庸》里来，可是为良知、主敬别下针药?"曰："良知、主敬，止是'明诚'注子。从诚生明是良知，从明归诚是主敬。先后贤初无两路，亦自不用针药。"……"天道人道，是人生而上，不须说，止说一事一物。先明得过，后信得过。譬如一镜，先要刮垢磨光，然后随形映物。到他随形映物，尚要刮垢磨光。切莫道镜即是光、光即是镜也。"①

二程所主张的"敬义夹持""明诚两进"，皆包含着向内、向外两路，钱穆先生认为"一到南宋，便免不了形成朱、陆的分垒"②。黄道周在此则用"明诚"涵摄良知、主敬两路，同样是取譬于镜，其所阐发的意涵比魏秉德的更为丰富：既强调须有"刮垢磨光"之工夫，镜方能发光，良知（本体）方得以呈现；又指出在良知呈现之后，仍须有"刮垢磨光"之工夫，"时时勤拂拭"，才能永葆光明。事实上，王阳明并非一味内向，亦颇重格物工夫，据《传习录》徐爱所言："先生之格物，如磨镜而使之明，磨上用功，明了后亦未尝废照。"③ 磨镜使明，是一层工夫，重点在"磨"；明了之后，"未尝废照"又是一层工夫，重点在"照"。黄道周一生正道直行，因忤珰告归、因直谏削籍、因被诬入狱，其生平亦如王阳明一般历经坎坷，而其工夫论颇有兼综顿、渐二路的取向。他在《格物证》中亦认为"论学问则学问同归，论功夫则渐顿殊候"，主张学者须兼具"博文（格物）"与"克己"两路工夫，"莫作南顿北渐，误堕禅门也"，而"朱、陆两公不合自为异同耳"④。

---

① 《黄道周集》，第122页。

② 钱穆：《阳明学述要》，第20页。

③ 《传习录》卷一，《王阳明全集》上，吴光、钱明、董平等编校，上海古籍出版社2011年版，第23页。

④ 《黄道周集》卷三十，第1425—1426页。《坛经·顿渐第八》载："法本一宗，人有南北。法即一种，见有迟疾。何名顿渐？法无顿渐，人有利钝，故名顿渐。"可供参考。

四 “才难”之叹：兼及朱、王之比较

施邦曜《阳明先生集要》分文章、经济、理学三部分，其中对阳明之政治与军事才干多有褒奖。如果说在思想上，黄道周着力以朱子学工夫论对“良知”之说进行调适，那么在《〈王文成公集〉序》中，他对王阳明的才能与事功更给予充分赞扬。为方便分析，除前文所引之外，录《〈王文成公集〉序》如下：

有圣人之才者，未必当圣人之任；当圣人之任者，未必成圣人之功。伊尹殁而知觉之任衰，逃清者入和，逃和者入愿，至于愿而荒矣。周公救之以才，仲尼救之以学。其时犹未有佛老禅悟之事，辞章训诂之习，推源致澜，实易为功。而二圣人者竭力为之，或与鸟兽争胜于一时，或与乱贼明辟于百世，其为之若是其难也！

明兴，有王文成者出。文成出而明绝学，排俗说，平乱贼，驱鸟兽，大者岁月，小者顷刻，笔致手脱，天地廓然，若仁者之无敌。自伊尹以来，乘昌运，奏显绩，未有盛于文成者也。

孟轲崎岖战国之间，祖述周、孔，旁及夷、惠，至于伊尹。只诵其言曰：“天之生斯民也，使先知觉后知，使先觉觉后觉也。予，天民之先觉者也，予将以斯道觉斯民也。”变学为觉，实从此始，而元圣之称，亦当世烂焉！仲尼独且退然，让不敢居。一则曰：“先觉者，是贤乎？”再则曰：“我非生而知之也。”夫使仲尼以觉知自任，辙弊途穷，亦不能辍弦歌，蹑赤舄，以成纳沟之务；必不得已，自附于斯文，仰托于后死，曰：“吾之志事，在斯而已。”今其文章俱在，性道已著，删定大业，无所复施；虽以孟轲之才，不过推明其说，稍为宣畅，岂复发挥裨益其下，则天下古今著述之故概可知也。

孟轲而后可二千年，有陆文安。文安原本孟子，别白义利，震悚一时。其立教以易简觉悟为主，亦有耕莘遗意。然当其时，南宗盛行，单传直授，遍于岩谷。当世所藉，意非为此也。

……虽然，晦庵学孔，才不及孔，以止于程，故其文章经济，亦不能逾程以至于孔。文成学孟，才与孟等，而进于伊，故其德业事功，

> 皆近于伊而进于孟。
>
> 夫自孔、颜授受，至宋明道之间，主臣明圣，人才辈生，盖二千年矣。又五百年而文成始出。陆文安不值其时，虽修伊尹之志，负孟氏之学，而树建邈然，无复足称。今读四明先生所为《集要》三部，反覆于理学、经济、文章之际，喟然兴叹于伊、孟、朱、陆相距之远也。子曰："才难，不其然乎？不其然乎？"①

伊尹是此文重要的文化意象。伊尹为商汤重臣，佐汤伐夏，放还太甲，历事五代君主达五十余年，为商朝做出巨大贡献，后人尊其为商之"元圣"，实为有才、有任、有功之人。而黄道周乃称"自伊尹以来，乘昌运、奏显绩，未有盛于文成者也"，则是对阳明事功的高度表彰。伊尹有"觉民行道"诸语（见《孟子·万章》），为孟子所服膺。孔子虽以学为主，不敢以觉知自任，然其所作所为、所遗后世斯文，实亦有志于此。陆九渊则以觉为主，故黄道周称其有"耕莘遗意"（伊尹曾耕于有莘之野）。《榕坛问业》卷一载：

> 杨玉宸当日已信格物是个明善，再不复疑。某曰："且问看。"玉宸云："朱陆异同，勿论格致，只如一'学'字，晦翁谓明善复初，陆说是自然有觉，将觉先于学，抑学后乃觉耶？有学便有习，将觉果是性、学果是习耶？"某曰："此则不晓。格物是知去格他、抑知至是物通至此耶？圣贤只是，如此学问，犹天上日月，东西相起，决不是旧岁星辰觉今年风雨，亦不是今岁晦朔觉去岁光明。吾人只此一段精魄，上天下地，无有停期，温故便知千岁，知新便损益百代，切勿为时师故纸蔽此晶光。"

于此可以看出，黄道周倾向于"学"而非"觉"，故强调学问，强调温故知新。阳明学绍承陆学，而陆氏又"原本孟子"，与朱子存在"尊德性"与"道问学"之异同。此处，我们要特别注意黄道周对朱子与阳明之比较。朱子师法孔子，不以自己为"生而知之"（《论语·述而》），故

---

① 《黄道周集》，第906—909页。

提倡力学致知，走以“道问学”为主的路径；阳明师法孟子，主张“使先知觉后知，使先觉觉后觉”（《孟子·万章上》），故提倡易简觉悟，走以“尊德性”为主的路径。孔孟历来并称，但孔子文章性道无疑已为万世楷模，“虽以孟轲之才，不过推明其说”，黄道周说朱子“才不及孔”“不能逾程以至于孔”，并非过抑。而言阳明“才与孟等”“近于伊而进于孟”则明显有揄扬之意，其原因除了阳明“明绝学，排俗说”、对儒学有创新发展之外，更在于其“平乱贼，驱鸟兽”之事功，呼应了序文一开头所颂扬的、寄托了古代士人“帝王师”之理想的伊尹。[①] 事实上，从为政生涯与君臣关系来看，“不值其时”的不止陆氏，还有朱子、王阳明乃至黄道周。黄道周在比较了朱子与阳明之后，不能不有感于孔子曾经发出的“才难”之叹（《论语·泰伯》）。人才之不易得，古今同慨，何况处于内忧外患之明末。天启年间黄道周为翰林院庶吉士时，曾作《经纶天地之谓才论》，抒发了“才由学也……人才之不参于天地，则天地空其机轴，道学穷其杼镊，经纶不生而帝王之绪绝”[②] 之感叹。榕坛讲学期间，黄道周撰写了汉代以来贤人能臣三十六人之评传，汇编而成《懿畜编》，以寄托其政治理想，其中即有王阳明（王新建），文中除了评述阳明生平功绩之外，还表达了“国朝勋封，文人数寡”[③] 之感慨。崇祯十二年，他建十朋轩、九串阁祀五十六贤并作“像赞”，其中对陆贽亦有“呼呼才难，修眉多妒”[④] 之叹。弘光时，黄道周撰《时务疏》，提出了当时急需施行之十务，其中云：

> 一曰先树儒臣，而后可以用武将。崇祯以来，边圉日绌，谈者皆谓文臣不效，一意右武，韦跗出门与藩臬争道。然自数年中，八、

---

① 伊尹除了辅佐商汤成就大业，更对国君给予匡正：“帝太甲既立三年，不明，暴虐，不遵汤法，乱德，于是伊尹放之于桐宫。三年，伊尹摄行政当国，以朝诸侯。商太甲居桐宫三年，悔过自责，反善，于是伊尹乃迎帝太甲而授之政。帝太甲修德，诸侯咸归殷，百姓以宁。伊尹嘉之，乃作《太甲训》三篇，褒帝太甲，称太宗。”（《史记，殷本纪》）张守节《史记正义》引《帝王世纪》称沃丁“以天子礼葬之”，则伊尹既是“师儒”，更为“圣王”。

② 《黄道周集》，第 543—544 页。

③ 《黄道周集》，第 1677—1678 页。

④ 《黄道周集》卷二十八，第 1284 页。陈寿祺将黄道周比之为陆贽，称其“文章似贾太傅、陆宣公”。见《黄道周集》卷首《重编黄漳浦遗集序》，第 76 页。

> 九大将宠极贵盛，无有不叛，其仗义死功者一二耳。故自唐宋以来，儒将策勋烂于史牒。唐如韦孝宽、裴行俭、张巡，宋如宗泽、虞允文、余玠，皆卓荦可观。至于明兴尤为极盛，于谦、罗通、韩雍、王守仁之徒指不胜屈也。儒臣致命，而武臣不敢不死；儒臣立功，而武臣不敢不奋。诚以风力之司，采其骨干胆识不作软美者以行三军，犹宿习耳。此九务也。[①]

明末边境不宁，内乱频仍，朝廷战事不利，极需将帅之才，却屡屡损兵折将。邵雍《观物外篇》载："或问：'才难何谓也?'曰：'临大事然后见才之难也。'曰：'何独言才?'曰：'才者，天之良质也，学者所以成其才也。'"[②] 临大事方见人才之难，确实如此。儒臣而具将才，正是国之大器，亦为国之大幸。甲申之变，施邦曜殉节于北京，黄道周作《施忠介公墓志》，回顾了施邦曜治漳的卓异政绩，称"以公才任督抚一二年，可使盗贼骇散，边圉不惊"，又将其与于谦、阳明相提并论："其人即不死社稷，足风百世；而又死社稷，故其颠末与文成、忠肃争烈也。"[③] 此后黄道周于隆武朝时作为文臣、首辅领兵出征，固然体现其一贯的舍生取义、慷慨报国之志，其中亦当有效法于谦、阳明等先儒，渴望力挽狂澜、名垂青史之心。北伐抗清期间，他努力将其一生所学运用于戎政，亦取得了一些局部胜利，却因形格势禁，无力回天，最终完节于南京，与施邦曜同死社稷。

总之，黄道周生于朱子施政讲学之邦，受朱子学熏陶良多，同时又有感于阳明事功、有取于阳明心学。陈来先生认为，黄道周对王学之批评"所指也是针对王学的主悟派，而不是阳明学的全体"[④]，此言允当。黄道周引"致知"释"良知"，以济阳明后学之不足，强调践履，主张经世致用，成为明末"会通朱王"的一个典型，并为后学提供了颇有价值的思想资源。

---

① 《黄道周集》，第243页。

② （北宋）邵雍：《观物外篇》，《邵雍集》，郭彧整理，中华书局2010年版，第173页。

③ 《黄道周集》，第1133页。

④ 陈来：《中国近世思想史研究》，第518页。

黔中王门孙应鳌“仁本”心学思想探析

——以《四书近语》为中心的研究

张明*

孙应鳌（1527—1584 年）是王阳明的第二代弟子，不仅是黔中王门的集大成者，同时也是嘉隆万时期名满天下的理学大师，海内以“近世豪杰”“名臣大儒”誉之。① 江右王门胡直称：“宇内讲明正学，楚有黄安耿公，蜀有内江赵公，黔有清平孙公，吾豫章有南城罗公，皆贤人也。”② 清初史家万斯同称：“奋起荒徼，以学行知名，为黔中人士之冠。”③ 清末贵州著名学者莫友芝称：“以儒术经世，为贵州开省以来人物冠，即以词章论，亦未有媲于先生者。”④ 以上学者对孙应鳌其人、其学、其政之评价，是为定论。

孙应鳌一生著述颇丰，多达二十余种，保留至今的尚有十余种两百余万字。⑤《四书近语》一书凡六卷四册，九万余言，是孙应鳌关于“四

---

* ［作者简介］张明，1970 年生，男，土家族，贵州印江人，贵州大学副教授、硕士生导师，美国夏威夷大学访问学者，贵州大学阳明学研究中心主任。主要研究方向为中国思想史、阳明学、贵州地方史、教育学。

① 张明：《黔中王门孙应鳌学行及著述考略》，《人文论丛》2017 年第 28 期，第 189—200 页。

② （明）郭子章：《孙文恭祠碑记》，《黔记》卷十七“学校志下”，赵平略点校，西南交通大学出版社 2016 年版，第 348 页。

③ （清）万斯同：《明史·孙应鳌传》，《续修四库全书》第三二九册，上海古籍出版社 1996 年版，第 500—501 页。

④ （清）莫友芝：《文恭孙淮海先生应鳌传》，《黔诗纪略》卷五，关贤柱点校，贵州人民出版社 1993 年版，第 184—185 页。

⑤ 张明、关春红：《黔中王门弟子孙应鳌研究综述》，《贵阳学院学报》（社会科学版）2017 年第 5 期，第 223—230 页。

书学”的重要著作。王阳明宦游天下，在所到之处与阳明后学交游讲学，故该书影响较大。东林党领袖、江右王门邹元标贬谪贵州都匀期间（1577—1584年），曾亲到清平向孙应鳌请教问学，讲学必称先生。江右王门郭子章称该书：“发明圣学，具载诸书，立朝大节，他日国史当有大书之者。”① 清康熙贵州学者王柸称：“清平孙淮海先生，生有明盛时，得孔孟所以教人之指……著有《四书近语》，每发一论，亲切著明，与朱注相表里。”②（王柸《重刻四书近语序》）黄宗羲在《明儒学案》中也提及该书，成为黔中王门唯一进入《明儒学案》的著述。③ 可见《四书近语》在当时影响之大。以下通过对《四书近语》的研究，探析孙应鳌“仁本”心学思想的内容、特点，以及该书在阳明后学中的重要地位和作用。

一　《四书近语》的缘起和版本流传

孙应鳌享年五十八岁，《四书近语》是他在四十七岁第一次居乡养病期间于“学孔精舍”讲学的讲义辑录，初刻于万历元年（1573年），仅比谢廷杰整合刊行《王文成公全书》（1572年）晚一年。该书可被视为孙应鳌盛年期比较成熟的著述，是其“四书学”与心学思想的代表作。孙应鳌在《四书近语自序》一文中述该书缘由云：

> 余既以病废家居，得日与吾党二三子讲明孔门之学，随所论析，二三子各有辑录，已乃成帙。④

《四书近语》共六卷四册，卷一论《大学》，卷二论《中庸》，卷三、四、五论《论语》，卷六论《孟子》。该书用浅近的语言对《四书》进行解释，独抒新意，弘扬圣学，提出“即心是仁”“心外无仁”“识仁”

---

① （明）郭子章：《孙文恭祠碑记》，《黔记》卷十七“学校志下”，第348页。

② （明）孙应鳌：《孙文恭公遗书》，南洋官书局1910年版。

③ 黔中王门进入钱德洪编《王阳明年谱》者有陈文学、汤冔、叶梧三人；《明儒学案》提及者仅有孙应鳌一人。（清）黄宗羲：《明儒学案》，沈芝盈点校，中华书局1985年版，第1021页。

④ （明）孙应鳌：《孙文恭公遗书》，南洋官书局1910年版。

“求仁”“成仁”“诚意”“慎独”等核心命题，建立起独具特色的“仁本”心学思想体系。这既是对阳明心学思想的继承和发展，又有助于挽救阳明后学空谈心性、陷入狂禅的弊病。孙应鳌广交天下学友而名扬海内。江右王门郭子章因平“播州之乱”而巡抚贵州（1600 年），曾亲访孙应鳌清平（今凯里市炉山镇）故居，特意记载孙应鳌著述，其云：

> 公所著有《学孔精舍汇稿》《易谈》《四书近语》《教秦语录》《春秋节要》《律吕分解》等书，共若干卷，发明圣学，具载诸书，立朝大节，他日国史当有大书之者。①

郭子章认为，孙应鳌《四书近语》等书中“他日国史当有大书之者”，可见其评价之高。大概黄宗羲也曾亲睹该书，其《明儒学案》引唐伯元《论学书》云：“近读孙淮海讲章，亦既明乎其解，视诸家较备矣。乃其紧要，归明心体，是本其所本，而非大学之本也，是解一人，而学又一人也。”② 可见孙应鳌的思想与当时心学主流思想有所区别，故引起湛门后学唐伯元和王门后学黄宗羲的共同关注。

与其他许多阳明后学论著的命运相似，包括《四书近语》在内的孙应鳌著述在清初遭到禁毁而散佚，故《明史》《四库全书》未见著录。康熙年间，贵州学者王杌（黄平县人）开始辑佚孙应鳌著述，积三十余年之功，仅收得孙应鳌《四书近语》《学孔精舍琐言》《秦中教士》三书，后加以整理，重新刻印。王杌《合刻文恭三书跋》（1715 年）云：

> 吾黔理学者孙文恭、李同野、马心庵三先生，各有著述。振起前修，彪炳六艺，未及百年，消沉过半……《近语》一篇，始亦東之见。自田山姜师抚黔，力事征粟，予始录于同里赵某家，既钞录，以应存有本草。未及三十年，予读《礼》归，始阅前本，又复遗其半，予滋惧焉，乃觅之清平公族裔，欲补成全璧，卒无以应会。张生维际盛子以寄《学孔精舍琐言》见复，如获拱璧。间又得《论语》

① （明）郭子章：《孙文恭祠碑记》，《黔记》卷十七“学校志下”，第 384 页。

② （清）黄宗羲：《明儒学案》，第 1021 页。

下卷于施秉顾孝廉进也。至武陵得《秦中教士》十六条于张太史志尹家，乃舍刻以行世。夫存其十一，可以见先生于羹墙矣。①

王柌离孙应鳌去世才一百余年，但他积三十年之功而收集整理的孙应鳌著述只“存其十一”，可见孙应鳌著述散佚之严重，《四书近语》能保留下来的部分，极其可贵。清乾隆年间，湖南学者戴嗣方（武陵人）在《四书近语序》（1715 年）中对该《四书近语》评论道：

嘉隆间，清平孙淮海先生为切问近思之学，窥知行合一之原，其于四子书，融会贯通，详说反约，著《四书近语》，务得圣贤大旨所存，不拘拘一章一句训诂。《论语》开章言学，未言所学何事。先生提“仁”字贯之，曰“学者学此而已”。今试取《论语》二十章反复玩味，何一非圣人教人求仁之事。论《大学》，则以“格致”为圣学之安身立命。论《中庸》，则以“慎独”为尽性之始终条理。而谓孟子一生之学为性学。故可以正人心、息邪说、回治道、端学术，尤为深切著明。虽其标新立异，不无一二，间与《章句》互异，然意在发明，实非抵牾。既有以得夫圣贤教人之旨归，则有裨于世道人心不少。②

清光绪年间，贵州学者莫祥芝辑得《四书近语》《学孔精舍诗钞》等七种，合编为《孙文恭公遗书》，于光绪六年（1880 年）在贵州独山刻印出版，但误讹较多；孙茂檑（孙应鳌的裔孙）加以校勘，作《正讹七十二条》，附梓书末，是为独山刻本。后来贵州学者黎庶昌在日本访得孙应鳌《督学文集》；宣统元年（1909 年），孙茂檑之子孙廻澜以《孙文恭公遗书》独山本加上《督学文集》一书，共八种，编为新版《孙文恭公遗书》，于次年（1910 年）付上海南洋官书局铅印出版，质量较佳，是为南洋官书局本，孙应鳌《四书近语》等主要著述得以重见天日，继续流传。

---

① （明）孙应鳌：《孙文恭公遗书》，南洋官书局 1910 年版。

② （明）孙应鳌：《孙文恭公遗书》，南洋官书局 1910 年版。

《四书近语》是孙应鳌最重要的代表作之一，该书在明末流传较广，济南府曾有版藏，黄宗羲在《明儒学案》一书中亦曾提及。历代对《四书近语》的著录和版本流传情况清晰可查：郭子章《黔记》、毛在《孙应鳌遗稿序》、黄虞稷《千顷堂书目》、莫友芝《黔诗纪略》，以及万历、康熙、民国《贵州通志》等皆有著录，均为《四书近语》，唯朱彝尊《经义考》著录为“《四书近指》七卷”，盖一书而二名也。目前，《四书近语》万历元年初刻本、王枟康熙五十四年重刻本均亡佚，今两个通行本分别为莫祥芝光绪六年《孙文恭公遗书》独山刻本和宣统二年南洋官书局铅印重版本。《四书近语》莫祥芝独山刻本在贵州师范大学图书馆（残，一册四卷）、国家图书馆、南京图书馆、日本东亚同文书院图书馆有藏（三处均全，二册六卷），竖排，有格，楷书，双框，半叶十行，行二十一字；南洋官书局铅印本在贵州省图书馆等有藏，竖排，无格，楷书，双框，半叶十四行，行三十二字。

1993年，今人所编《续修四库全书总目提要》收录《四书近语》一书，其云：“明人讲章，大都宗朱，然拘迂空泛，鲜能自抒心得。应鳌是书，泛论大义，不为讲章；解句释与朱注互有详略，不肯苟同，亦不染讲章习套，似在其所著《易谈》之上。《四库》著录《淮海易谈》而不及是书，殆未见之欤！”[①] 传统的看法认为，《淮海易谈》代表了孙应鳌心学与易学思想的最高成就，但《续修四库全书总目提要》反而认为《四书近语》价值超过《淮海易谈》，由此可见，学术界已经开始认识到孙应鳌《四书近语》在阳明后学著述中的重要价值和地位。

1996年，贵州师大刘宗碧教授等将《四书近语》等四种整理点校，合编为《孙应鳌文集》[②] 一书出版，并收入贵州著名学者吴雁南先生主编的“国家社科基金项目‘阳明学研究丛书’”（四种）之中。2013年，《续修四库全书》（一六〇经部四书类）将日本东亚同文书院图书馆所藏莫祥芝独山刻本影印出版。2016年，贵州人民出版社点校出版《孙应鳌全集》，该集收录《四书近语》一书，方便学界使用和研究。

---

① 中国科学院图书馆编：《续修四库全书总目提要》，中华书局1993年版，第939页。

② 《孙应鳌文集》，刘宗碧等点校，贵州教育出版社1996年版。

二 孙应鳌“仁本”心学思想

1998年，贵州学者陈奇在《论孙应鳌的“仁”本心学》一文中，首次将孙应鳌的心学思想总结为“仁”本心学。[①] 2003年，张明在《贵州阳明学派思想流变初探》[②] 的学位论文中，对孙应鳌心学思想（仁本论、求仁论、慎独诚意论）进行了探析。2008年，扈继增在《工夫与境界——孙应鳌的心学之路》[③] 的学位论文中，从“一贯境界”（万物一体之仁）和“明德工夫”（慎独诚意）的视角，对孙应鳌的心学思想进行了讨论。2018年，关春红《本体与功夫——黔中王门孙应鳌心学思想研究》[④] 一文，对孙应鳌“仁本体论”“求仁论”“工夫论”进行了较为细致的论述。这是目前仅有的4篇专门从“仁本”角度探讨孙应鳌心学思想的文章，各有侧重点。兹通过对《四书近语》的具体分析和研究，进一步综合探讨孙应鳌“仁本”心学思想的内涵与特点。

（一）仁体论

在孙应鳌现存著述中，《四书近语》最能集中体现其“四书学”和“仁本”心学思想。孙应鳌“仁本论”具体包含“仁本”“即心是仁、即仁是心”“心外无仁、仁外无心”等重要命题。

1. “仁体”

“仁体”的观念，在北宋开始显发，来源于儒家“万物一体之仁”。在北宋以前，儒家学者普遍认为天地万物的根本和终结的来源是“道”“气”“理”，可以分别称为“道本体”“气本体”“理本体”。陈来先生指出，在佛道二氏的逼迫下，宋代理学“仁体论”被逼显出来，最早揭

---

① 陈奇：《论孙应鳌的“仁”本心学》，《贵州师范大学学报》（社会科学版）1998年第1期，第34—36页。

② 张明：《贵州阳明学派思想流变初探》，硕士学位论文，贵州师范大学，2003年。

③ 扈继增：《工夫与境界——孙应鳌的心学之路》，硕士学位论文，贵州大学，2008年。

④ 关春红：《本体与功夫——黔中王门孙应鳌心学思想研究》，硕士学位论文，贵州大学，2018年。

示“仁体”的学者是北宋的程明道。[1] 王阳明也提到过“仁体”，但他“不是强调仁体的存在意义，而是强调仁体的工夫意义”[2]。王阳明认为“心”（良知）是天地万物一体的本体和主宰，“心体”是王阳明心学思想的本体论依据，王阳明将程朱理学的“理本体”发展为阳明心学的“心本体”。王阳明去世后，阳明后学因为对“四句教”的理解不同，发生了激烈的争论，逐渐分化为“良知现成派”“良知归寂派”和“良知修证派”。

清代道咸同时期贵州著名学者莫友芝曾概括孙应鳌的为学宗旨：“应鳌之学，以求仁为宗，以尽人合天为求仁之始终，而其致功，扼要在诚意、慎独。”[3] 莫友芝认为孙应鳌之学“以求仁为宗”，言简意赅，切中关键。具体考察《四书近语》一书，“心”出现七百余次，“仁”出现五百余次，而“良知”只出现了十余次。当时王门空谈心体良知，已经引起学界反思，四川学者杨慎称：“迩者霸儒创为心学……而一时奔名走誉者，自扣胸臆，以惊人彪彩罔克自售，靡然从之。”[4] 为了避免陷入“现成良知”的困窘，孙应鳌将“良知”替换成了“仁”。换言之，“良知”已经不是孙应鳌思想中的重要命题，而“仁”才是最核心的命题，并在《四书近语》一书中具有举足轻重的地位，表明孙应鳌作为阳明后学的重要人物，虽然继承了王阳明“心学”的传统，但已经将阳明心学的“心本体”（良知本体）发展成了“仁本体”。

进一步考察孙应鳌的“仁体”思想，可以看出他在《四书近语》中开宗明义借程明道和孟子之口指出“仁体”的重要性。他说：“明道先生曰：‘学者须先识仁，识得此体，以诚敬存之。’此三言者，《大学》之要领也。格得此身与天下国家共是一物而致其知，无有一毫疑惑障蔽，这便是识仁体……识仁则大，不识仁则小。”[5] 又说：“孟子曰‘万物皆备于我矣’，是教学者先识此仁体也。”[6] 由此可见，“仁体”已经成为孙应

---

① 陈来：《仁学本体论》，生活·读书·新知三联书店 2014 年版，第 169—174 页。
② 陈来：《仁学本体论》，第 185 页。
③ （清）莫友芝等：《文恭孙淮海先生应鳌》，《黔诗纪略》卷五，第 184 页。
④ （明）杨慎：《答重庆太守刘嵩阳书》，《升庵集》卷六，上海古籍出版社 1993 年版。
⑤ 《孙应鳌文集》，第 165 页。
⑥ 中国科学院图书馆编：《续修四库全书总目提要》，中华书局 1993 年版。

鳌学术探索的出发点和归宿，他在《四书近语》中把“仁体”作为天人合一、万物一体的本原和始基，要求“仁”（而非“良知”）回到“心”。孙应鳌终于以“仁体”为核心，建立了“仁体”心学思想体系。

2. “即心是仁，即仁是心”

“仁体”是如何显示出来的呢？在孙应鳌看来，“心”必须通过“仁”来显现，因此，孙应鳌提出了“即心是仁，即仁是心”的命题，通过心仁合一、心物合一，达到天人合一、万物一体的境界，从而避免了“良知现成”的困窘。孙应鳌说：“圣门之学，全在求仁。夫子称颜渊其心不违仁，提出个‘心’字与‘仁’字相粘。可见即心是仁，即仁是心；心外无仁，仁外无心。”[①] 换言之，“仁”成为“心”的广博而温暖的内容，“仁”既是天地之心，又是人心，天地之心与人心就在一个“仁”合一，除“仁”之外别无他“心”。所以他说：“仁即天地之心。”“仁者，天地生生之德。”“天地以一阴一阳化生万物，所谓仁也。”“仁者，浑然全体，纯是天理之心。”“仁即贯通乎万物毕备之全体者。”

孙应鳌把“仁体”上升到天理和本体的高度，认为“仁”作为本体的存在，当然可以决定“善恶”和“心”的存亡，所以强调人必须立志于“仁”。他说：“仁者天地之心，须时时以此激昂，不失了我的心，便不失天地之心。”又说：“好善恶恶，人心之公。不仁之人，此心全是私意，故好只是作好，恶只是作恶，惟仁人浑然天理。故有所好也，因其可好；有所恶也，因其可恶……人心本然之天理，本无不善，本无恶，所谓仁也，但患人不志于仁耳。志于仁便无恶，心存也；不志于仁便恶，心亡也。”[②] 可见孙应鳌的“仁本”心学思想是立足于儒家的正统学脉基础之上的。

3. “心外无仁，仁外无心”

孙应鳌何以将“仁”而不是将“良知”赋予“本体”的意义呢？这是因为在孙应鳌看来，“心是活物，出入靡常。如就规矩，则日精日微；任其放荡，则愈骛愈远”。[③] 为了避免“现成良知”的泛滥无归，必须用

---

① 《孙应鳌文集》，第 212 页。

② 《孙应鳌文集》，第 201 页。

③ 《孙应鳌文集》，第 399 页。

“仁”取代“良知”，将“心”提升到“仁体”的高度，从而使“心”找到挂搭处和落脚处，上学下达才有切实的工夫可寻。孙应鳌还认为，最重要的是要将“仁”落实到人伦日用之中，必须做踏实的工夫，如就规矩，一刻不可懈怠，天道才得以长存，仁体也才能够得以实现。孙应鳌为空洞的“心”注入了“仁”的力量，使宇宙和人生提升。所以他说：“人心是一个仁，仁之本体全具于吾心。富贵贫贱，外物也，何能加损于心？惟不仁之人私欲固蔽，失其本心。”① “当理而无私心之谓仁，得其所安之谓仁，无一毫惜身为名之念以杂其心为仁。”② 他还说：“人生所禀之性，与天地同量，与民物同则，与万古同息，流行宇宙，至久而大，于穆不已，至精而深，昭旷旁达，至灵至明，粹然无杂，无有间隙，至纯至真，故圣名之曰仁。”③

孙应鳌进一步认为，仁既是天地流行之真机，也是人“极美的种子”④。在他看来，知仁为仁者，则可见天地之真机流行，自然与道同体，自然与道同乐。他说：“君子所性，仁义礼智根于心，这心体，大行不加，穷居不损，何尝不乐？不加不损，便是我心体之大处，只因常人不能见得此大，是以不能乐。所见既小，无一不在自己躯壳上计较，故虽处贫贱，不堪甚忧。即使富贵也，只是忧此心也，无一时能得本然之乐。周子令寻孔、颜乐处，所乐何事？颜子之乐，惟见大耳，见大便是乐，非见大之外又有乐也。知众人之所忧，便知颜子之乐，非颜子之所乐，又有异于众人之心体之外也。”⑤ 可见孙应鳌达到了天人合一、心仁合一的与“仁体”同乐的境界。

孙应鳌“心外无仁，仁外无心”的思想是对王阳明“心外无理，心外无物”思想的继承、发展和完善，特别是对当时阳明后学“现成良知”之弊的矫正。相对于王阳明的“心体”（良知），孙应鳌强调的是“仁体”，他把“仁”提升到了本体的高度，认为“仁”是通天地、贯万物、同古今、流行宇宙、廓然大公、至久至大、至灵至明、至纯至真的本体。

---

① 《孙应鳌文集》，第201页。
② 《孙应鳌文集》，第298页。
③ 《孙应鳌文集》，第322页。
④ 《孙应鳌文集》，第311页。
⑤ 《孙应鳌文集》，第214页。

因此，在孙应鳌“仁体论”的视野中，天地之心与人心必然归结为一个“仁”字。他在继承王阳明“心即理”“心外无理”的基础上，依据自己的生命体验，发展出以“即心是仁，即仁是心”“心外无仁，仁外无心”为命题的“仁本”心学思想。他的思想归宗于仁，仁既是本体，又是立志的依据，心出于仁，依于仁，正于仁，简捷易行，“仁”成为孙应鳌学说的基础和核心。故王梠称孙应鳌“得孔孟所以教人之旨”，赞扬《四书近语》“与朱注相表里”①。王梠序是精准之定论。

（二）求仁论

孙应鳌以“仁体”为核心和基础，进一步形成了“求仁论”的实践思想。孙应鳌认为，“仁”既然是人与天地万物之心，又是人之所以成“仁”的根据，因此，“圣门之学，全在求仁而已”，“一部《论语》，圣人唯教人以求仁，学者学此而已”。② 在孙应鳌看来，为人与为圣之学，全在“求仁”两字，这是孙应鳌的“求仁论”实践思想。下文具体探析孙应鳌“求仁论”的三个维度和层次——识仁、求仁、成仁。

1. 识仁之门径

所谓“识仁”，就是去体悟认识万物一体之仁的“仁体”，此“仁体”将此身与天下国家合而为一，是无一毫疑惑障蔽的本来面目。“格物致知”和“万物一体之仁”是宋明理学的核心命题，孙应鳌吸纳前人的观点并融会贯通，提出“格物致知”就是识得“万物一体之仁”，这是相对于王阳明的“格物致知”是“正心”来说的。因此，孙应鳌在《四书近语》开篇第一段说：“格得此身与天下国家共是一物而致其知，无有一毫疑惑障蔽，这便是识仁体。由此着实下诚意工夫，以正其心，以修其身，这便是以诚敬存之。只此就是大人之学。识仁则大，不识仁则小。”③ 孙应鳌认为，“识仁”是“格物致知”的精髓，是《大学》之要领，“识仁”就是“先立其大”（“识仁则大，不识仁则小”）。

孙应鳌认为，“仁体”既然是无欲、无意、无必、无固、无我的廓然

① 《孙应鳌文集》，第187页。
② 《孙应鳌文集》，第298页。
③ 《孙应鳌文集》，第298页。

大公境界，那么“识仁”的途径就是去除心中的欲望和意、必、固、我的纠缠，这是“尽圣人之学”阶梯和步骤。由于“识仁”是通过去“私欲”而复“心”之本体，所以“识仁”之后，不能停止，必须下切实笃行的工夫，只有去除心中各种欲望，才能恢复和保持“仁体”的本来面目。故孙应鳌又说：“心本无欲，有欲则失其心之本体矣。寡欲者，求复其心之本体，寡之以至于无，则心本体复矣。”① 又说：“圣人之心，其始也，任理而发，何意之有？其继也，顺理而行，何必之有？其既也，与理俱化，何固之有？其终也，与理俱止，何我之有？盖未感，只是一寂然之体，既感，只是一顺应之常，故无是者之累。门人记此，真尽圣人之学。”② 在此，可以将孙应鳌的“识仁”说概括为：圣人之学，始于识仁。

2. 求仁之次第

孙应鳌认为，“求仁”有三个方面的内涵与次第。第一，求仁之道。孙应鳌说：“一部《论语》，圣人惟教人以求仁……学者学此仁而已。”③ 又说：“圣门之学主于求仁……是教人不要在言、色上做工夫，当在为己求仁上做工夫也。”④ 由此可见，孙应鳌将圣人之道定位在为己和求仁之上。他说：“求仁之道，只在一念人己之间，便可得人之心体。”⑤ 在他看来，一念之公即是仁，无欲即是天理。去人欲，全天理，慎言慎行，就是求仁为仁，这是在身、心上做工夫，而不是在言、色上做工夫。因此他说：“圣门之学，身心之学也。”⑥ “仁不出乎言行之外，慎言慎行，即所以为仁矣。”他又说：“程子体贴‘天理’二字，亦自‘无欲’体贴耳，故无欲就是天理。”“有了一分人欲，便没了一分天理，去了一分人欲，便全得一分天理。”⑦ 第二，求仁之门路。孙应鳌认为，求仁之门路，在求之于我，求之于近，即近即我，就是一己之身心，通过一己之身心，

① 《孙应鳌文集》，第 317 页。
② 《孙应鳌文集》，第 231 页。
③ 《孙应鳌文集》，第 187 页。
④ 《孙应鳌文集》，第 188 页。
⑤ 《孙应鳌文集》，第 219 页。
⑥ 《孙应鳌文集》，第 254 页。
⑦ 《孙应鳌文集》，第 248 页。

由近取譬，可以寻得求仁之门路。因此他说："圣人教人求仁，其言切近精实如此。曰近，则不必求之于远，而事即在；曰譬，则不必外之于我，而仁即存。"[①] 又说："苟吾一念之立达，而推之于人，是即为仁之门路。"[②] 他认为，"仁"不离人伦日用，不在言行之外，所以从身心开始，从身边的实事做起，通过审己知人，推己及人，立人达人，以尽人合天，最终达到万物一体的本然状态，成就圣贤气象，这就是求仁的门径和道路。第三，求仁之功。孙应鳌认为，求仁之功，在"克己"。他说："圣门求仁之功，通只在克己。"[③] 又说："仁者，人也。人之所以为人者，都是成此一个仁，失此仁则不得为人矣。曰义、曰礼，都是成此一个仁。"[④] 在他看来，"克己"就是复礼，就是诚意、慎独，就是非礼勿言、非礼勿听、非礼勿视、非礼勿动，就在正心、修身。他说："孔子言克己，即是诚意也。克己之目，在非礼勿视听言动。勿之云者，即慎独也。非礼勿视听言动，可见一诚意，而正心、修身皆举之矣。"又说："夫克己复礼，便可以为仁。则仁只是个心，而天下之人无不是一个心也，全得我之本心，即全得天下人之本心，自然万物皆吾一体，四海皆吾度内，故一旧克复，则天下皆归吾仁之内，此便是以有立天下之心……仁之体段与为仁之功用，此节已尽之矣。"[⑤] 孙应鳌将正心、修身的所有工夫，全归于"克己"两字，可谓简易直截、畅快淋漓。

3. 成仁之目标

通过"识仁""求仁"的门径和次第，人最终的目标是什么呢？那就是"成仁"。"成仁"有何奥妙？答案是："成仁"没有奥妙，"不为不仁，就是成仁"。孙应鳌认为，既然"仁体"无时、无处、无事不流行显用于人伦日用之间，那么只要遵循本心之仁，则视听言动，学问思辨，忠信敬笃，义利礼乐，恭宽信敏，无非都是识仁、求仁，一言以蔽之，就是"成仁"。在孙应鳌看来，"成仁"方法极其简易直截。他认为，不为不仁，便是为仁，便是成仁，也就是顺应仁体之流行，复我本有之仁，

---

① 《孙应鳌文集》，第 219 页。
② 《孙应鳌文集》，第 219 页。
③ 《孙应鳌文集》，第 262 页。
④ 《孙应鳌文集》，第 178 页。
⑤ 《孙应鳌文集》，第 248 页。

去我本无之不仁，成本然之仁体。所以他说：“仁是我所本有的，不仁是我本所无的，不为不仁，即是为仁。”“圣门之学，全在自己身心上用功。但知学非难，好学为难。”① 在孙应鳌看来，“求仁”是极其简易的工夫，事事、时时、处处无一不可以体仁，因此，人人皆可以成仁。所以他说：“君子无一事而不体仁，无一时而不体仁，无一处而不体仁。取舍存养对待皆是。”② 他要求人们必须遵循仁的自然流行，服从仁的召唤，求得身心、家国、天下、万物本然和谐的秩序，从而实现一切存在的价值和意义，实现人个体生命、社会生命、自然宇宙生活的终极安顿。

（三）工夫论

诚意、慎独是儒门正心修身的重要工夫。《大学》讲“格物”“致知”，强调“诚意”工夫；《中庸》讲“已发”“未发”，强调“慎独”工夫。宋明儒家对本体和工夫进行了热烈争论，提出各种“工夫论”。尽管王阳明也讨论过“诚意”，但他并没有将“诚意”当成工夫，只是笼统地称诚意是“圣门教人用功第一义”，“诚意是循天理”，“诚是心之本体”，“为善去恶，无非是诚意的事”。“诚意”在王阳明那里似乎没有得到具体而明确的界定。

王阳明晚年将“良知心学”融为一体，专门提出“致良知”三个字，认为本体即工夫、工夫即本体。他说：“吾平生讲学，只在‘致良知’三字。”又说：“吾心之良知即所谓天理也。致吾心良知之天理于事事物物，则事事物物皆得其理矣。”“致吾心之良知者，致知也；事事物物皆得其理者，格物也。是合心与理而为一者也。”在王阳明看来，“良知之学”千言万语，其工夫的关键就在“致良知”的“致”字，要求人们即知即行，即行即知，真正做到知行合一。

但在王阳明去世之后，阳明后学中逐渐出现了以意念为良知的认识，认为良知现成，进而出现空谈心性、放荡无束、任心而行、率性而动的弊病，最终陷入狂禅。学界一般认为，这种流弊延及晚明，才由刘宗周重提“诚意”“慎独”来加以挽救。其实不然，孙应鳌早在刘宗周之前就

---

① 《孙应鳌文集》，第211页。

② 《孙应鳌文集》，第201页。

提出了“诚意”“慎独”的工夫和学术要旨。清代贵州学者莫友芝、黎庶昌都肯定了孙应鳌的“诚意”“慎独”工夫。黎庶昌在《督学文集序》中说：“其学以求仁为宗，以诚意慎独为要，以尽人合天为求仁之终始。”① 在《四书近语》中，“致良知”一次都没有出现，而“诚意”出现了四十七次，“慎独”出现六十次。可以肯定，孙应鳌是阳明后学中较早专提“诚意”“慎独”工夫的学者，其目的就在于挽救阳明后学空疏之弊。以下就“诚意”“慎独”工夫进行论述。

1. 诚意

王阳明说“心之所发便是意”“意之所在便是物”，又说“无善无恶心之体，有善有恶意之动”。他认为，心就是善恶之心，就是是非之心。心之发动，有善有恶，有是有非，而其善恶是非则是人独知独觉的，此独知独觉就是良知。由于人人具有良知，因此，人应该在此心最初发动的“独知”之处顺应良知，去做“致良知”的工夫。孙应鳌继承了“意”有“善恶是非”的观点，但却放弃了“致良知”工夫，特意提出“诚意”“慎独”的工夫。孙应鳌说：

> 《大学》释诚意，上不连格致，下不连正心，以诚意乃《大学》关键所在也。格物、致知而不诚意，则格致是虚见；正心、修身而不本于诚意，心无由正、身无由修也……学不透此旨，不能入圣。②

孙应鳌认为，心未发之时，无善无恶，心已发动时（即意），便有了善恶，所以必须在“诚意”“慎独”工夫上加以修证。《大学》释“格致诚正修”诸条目，关键在“诚意”这一条。他明确警示：“格物、致知而不诚意，则格致是虚见；正心、修身而不本于诚意，心无由正、身无由修也。”他特别强调“学不透此旨，不能入圣”，真有烈耀破迷、振聋发聩的效果。

如何做到“诚意”呢？孙应鳌说：

---

① （明）孙应鳌：《孙文恭公遗书》，南洋官书局1910年版。

② 《孙应鳌文集》，第168页。

诚意，只“毋自欺”一句尽之。“毋自欺”只是格得好恶，是天下同然之理。是非，是人心本然之公。真知好恶之至善，而实致其知而已。如恶恶臭，不欺所恶之知也；如好好色，不欺所好之知也。好恶之念，各得其正，此知之真而浑然与物同体，不与以一己之私，便是自慊。自欺、自慊，只在自己意上之功。曰“独”者，示人下手用功处也。盖意者，心之所发，正是独知之地，所谓几也。慎之云者，先见于善、不善之前，有不善未尝不知、知之未尝复行，使自欺之念不得以乘之，就是自慊。非于自欺、自慊处用力也，意即为自是独也。诚意，即“毋自欺也”，即是“慎独”也，非有三段、四段工夫也。①

孙应鳌认为，“诚意”就是“毋自欺”，就是顺应天下同然之理、人心本然之公、真知好恶之至善，反身而诚，遵循天理，以求廓然大公，恢复心之本体。易言之，“诚意”就是“尽心”，就是“正心”，就是恢复和保持本心之善，这是恢复真实自我和实现真实自我的过程。

2. 慎独

孙应鳌不仅要求在“心之所发处”做“诚意”工夫，而且还进一步主张在意念未发之前和已发之后做“慎独”工夫。他认为，人心是本然至善的、廓然大公的，但心的发动有恶和自欺的趋向。因此，他要求在心的发动时“毋自欺”，在独知独见时诚意慎独，也就是时时、处处、事事都遵循心体之仁，表里如一，言行如一，知行合一。他说：“宋儒有看未发以前气象之学，此亦方便法门，圣门真正尽性脉络只是‘慎独’二字。”孙应鳌将“戒谨恐惧”与“慎独”连接在一起，他说：“戒谨恐惧便是慎独。复言慎独者，即戒谨恐惧之真几至精至一者言之也。慎独则尽性，尽性则廓然而大公，便是未发之中。物来而顺应，便是已发之和。未发不在已发之外，盖冲漠无朕，而万象森然，是和之所统会，乃天下之大本也。”②

在孙应鳌看来，“慎独”是动静合一的工夫，因此，“慎独”不仅是

① 《孙应鳌文集》，第168页。
② 《孙应鳌文集》。

思虑未起（心体寂然宁静）之静时工夫，而且也是意念已发之后（心体发用）之动时工夫，通过未发已发、动静皆融，做到即知即行、知行合一。孙应鳌要求在人所不见、不视、不闻而独知独见时慎独，也就是在心体寂然不动或感而遂通之时保持不离本体境界，真正做到此身此心与家国天下一体合道，这是动静合一、知行合一、天人合一的修养工夫。所以他说："慎独者，知行合一之旨也。""知行合一，便是慎独，慎独仅是知行合一。不能慎独，只是外知为行、外行为知，非天命之本性也。"①孙应鳌尽管放弃了王阳明的"致良知"工夫，但通过自己对"慎独"的解读，又重新回到了王阳明的"知行合一"。孙应鳌的"慎独"，不仅突出了道德意识的自主性，更突出了道德行为的自律性，这对当时阳明后学知而不行、率性而为的空疏与狂禅流弊能起到一定的矫弊纠偏作用。由此可见，虽然孙应鳌对王阳明学说有所扬弃，但他在总体上还是坚守阳明心学的立场，其学问宗旨仍然没有超出王阳明的矩矱和范围。

四 余论

清康熙贵州学者王枟不仅称赞孙应鳌在当时是与罗近溪、赵大洲、耿楚侗等著名王门学者比肩的理学大师，而且称赞《四书近语》"每发一论，亲切著明，与朱注相表里"。《四书近语》既有阳明心学的特点，也有程朱理学的特色，已经有了调和陆王与程朱的倾向。笔者通过《四书近语》一书，具体探析了孙应鳌思想中"心外无仁，仁外无心""即心是仁，即仁是心""识仁""求仁""成仁""诚意""慎独"等核心命题，揭示孙应鳌建立起来的"仁本"心学思想体系。孙应鳌思想的特点是不作玄虚之想，不为无妄之行，一意提倡简易笃实之学风，以求挽救"世道人心"之效果。这既与王阳明"龙场悟道"时感受到的贵州朴实民风有关，也与孙应鳌游历天下、与其他阳明后学交流讲学得以洞察阳明后学的诸多弊端有关。作为黔中王门的重要代表，孙应鳌融汇各家之长，最终建立起"仁本"心学思想体系，这在明代中后期阳明后学逐渐陷于空疏狂禅的时代背景中，别具特色，不容忽视。令人遗憾的是，孙应鳌

① 《孙应鳌文集》。

尽管在当时"名满天下"，但由于后嗣乏人，加之贵州战乱频繁、清廷禁毁其书，其著述逐渐散佚。贵州历代学者自清康熙朝以来不断收集整理孙应鳌文献，取得重要成绩。特别自20世纪80年代以来，以孙应鳌为代表的黔中王门得到当今学界认同①，围绕孙应鳌著述的研究也逐渐开展起来。

① 2018年3月，贵州学界举办"纪念王阳明龙场悟道510周年暨黔中王学研究40周年"系列学术活动。

陈北溪与杨慈湖

［日］荒木见悟　路浩宇　陈碧强*

一

陈北溪是朱子晚年的弟子。绍熙元年（1190 年）四月，六十一岁的朱子赴任来到漳州，同年十一月，三十二岁的北溪执自警诗为贽初次登门拜谒（《北溪集》，第四门，卷四①），并向其表达了求教之意。② 此前约十年间，北溪出于兴趣研读了以《近思录》为首的濂、洛、关、闽相关书籍（《北溪集》，第四门，卷十九，二丁），从此正式亲聆教诲，投入道学研究。然而，朱子于翌年四月末离开漳州，北溪师从朱子的日子仅过了半年。此后的一段时间，北溪并未得到拜谒朱子的机会，与朱子的交流与从朱子处受教全靠书信往来。别后八年，庆元五年（1199 年）十一月，北溪与岳父同去建阳拜谒朱子，并在当地逗留一月有余，于第二年正月五日拜别。③ 同年三月朱子辞世。北溪于此后约十七年间（即四十

* ［作者简介］荒木见悟（1917—2017 年），男，日本广岛人，博士。主要研究方向为宋明理学。

路浩宇，1985 年生，女，内蒙古包头人，关西学院大学国际学部讲师，博士。主要研究方向为中日语言对比研究及对外汉语教学。

陈碧强，1985 年生，男，云南昆明人，名古屋大学国际开发研究科硕士研究生，复旦大学博士。主要研究方向为先秦儒学与宋明理学。

注：该文原名为“陳北溪と楊慈湖”，收入［日］荒木见悟《中国思想史の諸相》，第 138—168 页，中国书店 1989 年版。

① 本文使用的《陈北溪集》为光绪刊种香别业藏本。

② 参照《朱子语类》，卷一一七，九丁。

③ 参照《北溪集》第四门，卷四，《竹林精舍录后序》。

二岁至五十九岁之间)，僻处南陬，与四方同门鲜有往来。(《外集》，二丁）北溪曾就自己的苦恼“暇陬僻郡，孤陋寡闻，易致差迷”问教于师(《朱子语类》，卷百十七，十九丁)，朱子告之须游学四方，与友人切磋。然而，北溪最终也未按其师之教那样游学四方，想必其中必有原因。嘉定元年和八年[①]，北溪曾两度到访中都，却并未结识知音。据北溪陈述，借特试之机他第三次旅居中都，虽有四方人士不惜自川蜀远道而来，但北溪并未从中受益多少（《北溪集》，第四门，卷二十一，九丁)。然而，需要注意的是，由于和政界保持距离且大部分时间隐居南陬，北溪这两三次前往北方的经历使得他有机会了解北方学术思想界的状况，同时他作为朱门传承者的地位也在主客观的形势中逐渐明晰。朱子在世时，由于“伪学之禁”，来自社会的压力越来越大，不断出现弟子叛离朱门的情况，而朱熹之殁更使程朱理学的中心地带出现了巨大的空白，这是一个棘手的问题。这一切都要求后继的朱门弟子迅速而及时地在思想、著述和行动方面弥补空白。然而，事与愿违，在其后数十年里，不断有朱门弟子离世，而还活着的朱门弟子中也不乏发表不成熟、不明确的言论来欺世盗名者，甚至不乏背师自立之辈。陈北溪说：

> 乡间诸老，在师门者皆已零落。(《北溪集》，第四门，卷十一，一丁)
>
> 吾党凋落，斯道诚为孤立。(《北溪集》，第四门，卷十一，十二丁)[②]

特别令北溪感到震惊的是，于师门最久的、被认为深谙朱学本末的、作为紫门后继者秉承职责的黄勉斋，所论也存在不充分之处。[③] 即使目睹

---

① 《宋史・道学传》记为嘉定九年，本文以《北溪集》之《外集》为参考。亦可参考《北溪集》，第四门，卷六，《严陵学徒张吕合五贤祠说》。

② 黄勉斋也抒发过同样的概叹，参见《黄文肃公文集》卷五之《与李敬子司直书》与卷十七之《复饶伯舆书》。

③ 得知勉斋在白鹿洞解《易》的讲义内容后，北溪作出了如下批评：“（黄）直卿在师门最久，传得本末，极为精备，而其为说如此，则真见之粹然者，最为难也。”(《北溪集》，第四门，卷十三，《答郭子从》)

了如此混沌的学界状况，恩师逝去前九十天在建阳病榻上表现出令人难忘的毅然为学术献身的态度以及殷切的教导和嘱托历历在目，这一切如潮水般涌入北溪胸中，将他那孤傲不逊的学术精神引领至新的方向。自己阵营内部的状况得到整理、充实，也提高了自己防御他派思想进攻的能力。北溪高度自觉地认识到，往日单纯温和的传道方式已行不通，应由殉教式热情来驱使，“以传道授业为己任”（《外集》，九丁）。此时，北溪“破邪显正”的热情会转向何方？又将在思想界掀起怎样的波澜？

北溪本是一个以理智的思辨方式进行内省的人，其行动似乎不会被一时的情意主导。他在漳州接受朱子教示时（《朱子语类》，卷一七，十一丁）对知行问题有所论述，由此也将自己真实的性格毫无隐瞒地呈现了出来，“淳资质懦弱，行意常缓于知，克己不严，进道不勇”。这本是老生常谈，将其看作北溪的性情癖好也未尝不可。但在建阳，北溪求教朱子有关“气弱胆小之病”（《朱子语类》，卷一七，二十六丁）的问题，说明这绝非一时的偶然之问，而是他想就自己一直苦恼的问题向朱子求教，才有了朱子“公只去做功夫”云云的回答。[①] 朱子曾对勉斋言“近得漳州陈淳书，亦甚进也”（《朱子文集》，续集，卷一，《答黄直卿》），朱子在某种程度上有对北溪委以学术嘱托之意。[②] 北溪穷理思考的能力极其绵密精细并具有独创性。例如，他将朱子《大学或问》及其他文本中提出的“所当然”与“所以然”进一步细分为“能然”“必然”“当然”“自然”（《北溪集》，第四门，卷二，十一丁；《朱子文集》，卷五十七，三十六丁），其学术功底可见一斑。他深刻地思考了“在学者穷索理义，则思之思之而又思之，愈深而愈精”（《朱子文集》，卷五十七，十三丁；《北溪书简》）的日用平常之理，这种极致的对“理”的研究在为判断学问的是非和行为的善恶寻找最高的标准。所以，在朱子学的传承上，北溪虽主张在尊德性与道问学中不偏向任何一方，但还是常常会在不经意间将重点放在道问学上。由此亦可看出他的特点：

---

① 李退溪的《自省录·答郑子中》说：“朱子初得陈安卿，甚喜之，屡称于朋友间。盖其学长于辩说，门人鲜及之者。惜其局于所长，不屑践履功夫，正所谓《中庸》所言‘智者过之’也。”以上内容亦见于山崎闇斋的《文会笔录》卷十九。

② 朱子又言：“漳州陈安卿书来，甚长进，不易得也。”（《朱子文集》，卷五十八，《答杨仲思》）“陈淳者书来甚进，异日未可量也。”（《朱子文集》，卷五十五，《答杨至之》）

老先生平日教人最吃紧处，尊德性、道问学二件功夫，固不偏废。而所大段着力处，却多在道问学上。其所以为纲条节目，见于《大学》。(《北溪集》，第四门，卷十一，七丁)

致知之功，视力行为加多。(《北溪集》，第四门，卷一，《侍讲待制朱先生叙述》)

如上所述，北溪在朱子学传承问题上表现出的态度是否表明他真正地把握了要点？这里还有很大的讨论余地。程敏政在《心经附注》（卷四）中将以上北溪之言引出，并加上了如下按语：

朱子没后，陈氏（北溪）之言如彼，则考亭之学，固不俟一再传，而未免失真者矣。宜临川吴氏①，于北溪有不能满焉，殆此类也夫？

与以上材料相关的是北溪记录了朱子的一句话：“《近思录》好看。四子，六经之阶梯；《近思录》，四子之阶梯。”（《朱子语类》卷一〇五，四丁）这句话的真伪需要注意，尽管这句话给《近思录》在后世的发展带来了极大的影响，使得《近思录》一书成为与四书密不可分的存在，且令该观念一时间就流行起来。黄勉斋就对这种说法产生过疑问②，之后王白田、夏炘也产生过疑问。若将以上言说理解成向初学童蒙提示为学读书之序，便极为不妥，且朱子的言论中也有大量与之不符的话语。如果将其视为学问达到一定阶段的学者所提出的解决与四书紧密相关的问

① 我们认为，此处所说的“临川吴氏”的意见指的是《吴草庐集》卷二十二的“尊德性道问学”斋记中左侧的一节：“如北溪之陈、双峰之饶，则与彼记诵词章之俗学，相去何能以寸哉？汉唐之儒无责焉，圣学大明于宋代，而踵其后者如此，可叹已！”以上斋记的主要部分抄录于《心经注》卷四及王阳明的《朱子晚年定论》的末尾。

② “先《近思录》而后四子，却不见朱先生有此语。陈安卿所谓‘《近思录》，四子之阶梯’亦不知何所据。”（《黄文肃公文集》，卷八，《复李之晦书》）关于王白田、夏炘的言论，请参照《述朱质疑》卷七之《跋近思录》。明儒杨升庵说：“朱子作《近思录》。黄勉斋云：‘此书首言太极，非近思，乃远思也。’勉斋此言，固朱子之忠臣也。”（《升庵外集》，卷六十，《近思录》）

题时所用的方法论，我们就很难找出全面否定的理由了。所以黄勉斋也让了一步，他说："若不识本领，亦是无下手处，如安卿之论亦善，但非先师之意，若善学者，亦无所不可也。"

毫无疑问，大凡随笔、语录与倾尽毕生精力所著之书相比，不乏一些随意应答之辞，对此我们自不可不加分辨地全盘接受。但若能理清这段对话发生的具体背景，并了解说话人的深层用意，我们或许会在随笔、语录中发现比倾尽毕生精力所作的鸿篇巨制更强大的活力与真实。[①] 我们暂且不论以上北溪所记录的言辞是否为"先师之意"，就"《近思录》，四子之阶梯"这句话来看，毫无疑问是可以接受的，以此为纽带，他和朱子的精神达到了高度的契合。另外，他对《近思录》一书理论的整体性与一贯性表现出热情，并对该书作出高度评价，由此不难看出北溪特有的倾向，即与"道问学"的做法一脉相承。

朱子格物论的基本方法是通过对个别事物的丰富体验，人一丝不苟地追求真理，最终实现对最普遍、最本质、贯穿天地万物的终极真理的把握。这种合理主义的倾向在北溪思辨和内省的性格的影响下进一步深化，北溪所著的《性理字义》对朱子学相关概念的整理起了重要作用。然而，如前所述，这种做法时常会被说成是重理知而轻实践，导致后人对北溪评价的复杂化。作为朱子思想的后继者，北溪与勉斋之名常被同时提及，而此二人除了晚年时期极少的交流[②]外，似乎并无过多密切交往，探讨问题的书信往来则几乎没有。与以勉斋为核心的朱子学群体相

---

① 北溪自身也并未仅执着于此语录，所以他说："《近思录》及《四子》……非谓天下道理皆丛萃该备于此。"（《北溪集》，第四门，卷十七，九丁）而且在说到读书次序的问题时，北溪又把说明的重点放到了四书上。（第一门，卷一，《读书次序》；第四门，卷十五，《读书之法》）作为参考，笔者引用以下材料："教人读《近思录》为四子阶梯，四书以朱子《章句集注》为本。"（《吴草庐集》，卷三十七，《张达善墓碑》）"朱子有云：'四子，六经之阶梯；《近思录》，四子之阶梯。'愚以为小学又《近思录》之阶梯也。"（《顾端文公集》，《小心斋札记》卷九，二丁）"（朱子）他日又着《近思录》为人道阶梯，于修己治人之法略备焉。"（《刘子全书》，卷二十一，《开心札记序》）"盖《近思》经晦庵采辑，粹然一出于正诚，所谓'四书，六经之阶梯'也。"（《用六集》，卷三，《答范定兴铨部书》）"晦庵朱先生曰：'《近思录》好看。四子，六经之阶梯；《近思录》，四子之阶梯。'信哉，是言也！孟子没而圣学不传者，其无此阶梯也。"（《山崎闇斋全集》，《垂加草》第十，《近思录序》）

② 《陈北溪集》第四门卷十一收有他给黄直卿的书函一封，从内容推断，此书函应作于嘉定十二年。

比，北溪可以说基本上处于与世隔绝的状态。正如他们在思想特质上所反映出的差异一样，后儒对于二者优劣的评说也鲜有定论。① 但无论如何，如对朱陆的评价持折衷态度的吴草庐等人所言，此二人的理论“于细碎字义亦不差”，又如薛敬轩褒奖“朱子门人陈北溪论理切实”（《读书录》，卷九）那样，在思辨的深刻性和概念分析的缜密性上，北溪确实展现出了杰出的才能，取得了各家的一致认同。如此独具个性的思想家在北方及江浙一带游历时又目睹了怎样的学界现状呢？

二

嘉定十年，北溪在离开中都的归途中，受严陵郑侯之邀约暂作停留。② 在当地，他切实目睹了当时的学界风尚。虽说象山离世已二十余载，而其四位高徒杨慈湖、袁絜斋、沈定川、舒文靖（所谓“明州四先生”）的势力已遍及两浙，拥有广泛而稳固的影响力，而此时的朱子学却仅以微弱的力量在勉强支撑。全祖望在《宋元学案·槐堂诸儒学案》的案语中说：“槐堂之学，莫盛于吾甬上，而江西反不逮。……甬上之西，尚有严陵，亦一大支也。”两浙实为象山学派的阵营，特别是四明与严陵已成为其中枢。北溪说：

> 自到严陵，益知得象山之学情状端的矣。大抵其教人，只令终日静坐以存本心，无用许多辩说劳攘。此说近本，又简易径捷。后

---

① 陈定宇认为北溪较勉斋更优秀：“陈安卿当为朱门第一人，看道理不差，其文字纯正明畅。黄直卿、李方子多有差处。”（《勤有堂随录》）吴草庐认为勉斋更优秀：“朱门惟勉斋黄直卿识道理本原，其次北溪陈安卿于细碎字义亦不差。”（《吴草庐集》，卷三，十二丁）丘琼山与吴草庐持同样的看法：“朱门高第弟子亲得其真传者，勉斋黄氏一人，其在朱门，亦犹孔门之有曾子焉。”（《大学衍义补》，卷七十二，二十五丁）方虚谷认为：“黄直卿《通释》、陈安卿《字义》之外，各有文集羽翼文公。”（《桐江续集》，卷三十一，《送柯德阳如新城序》）方虚谷未谈哪位更优秀。朱止泉评价道：“及门如勉斋、敬子、安卿诸先生，存心无一毫放松，无一毫偏戾，事理则处处贯彻，其得于朱子者深矣。”（《朱子圣学考略》，卷七，七十一丁）李穆堂持折衷朱陆的立场：“然其弟子如陈北溪辈，则沉溺于支离训诂之俗学，终其身不悟。”（《穆堂初稿》，卷四十五，《书朱子语类后》）

② 在严陵学宫中所作的四篇讲义被置于《北溪集》的开头部分，应力北溪颇为自信的文章。

进未见得破，便为竦动。(《北溪集》，第四门，卷十九，五丁；卷二十，七丁)

而当陆学盛行之时，杨慈湖与袁絜斋二人中，前者成为核心，其功夫觉悟虽都采用禅家宗旨，却在表面上以儒圣作为假托，一时间受到了难以看破真相的众多地方士人如侍祖师般的虔诚追捧（《北溪集》，第四门，卷十一，八丁）。嘉定十年，杨慈湖已届七十七岁高龄，他自五十四岁升任国子博士起，就一直担任要职。其人格、才能深受景仰，曾一度受到朱子、叶水心和楼钥的推荐，就连作为竞争对手的北溪也不吝惜溢美之辞，评价道："彼持敬苦行一节，诚亦可钦羡。"（《北溪集》，第四门，卷二十，七丁）当时的慈湖思想纯熟，已臻于极致，能从檐旁的涧水听闻妙理，从柳外的山禽看见天真，心灵澄澈无垢，沉浸在无我之境。[①] 然而，杨、袁、舒、沈四位陆门高徒里，将陆学引向禅门程度最深的要数杨慈湖，这也说明使陆学与朱子学之间距离进一步变远的正是慈湖。与慈湖相比，其他三人在象山的基础上构建了更加稳健踏实的学风，都不同程度地受到了朱子学的教化。慈湖近于空门的做法，正是其思想达到了高远境界的表征。"清明高远自不可及"（《真西山集》，卷三十五，《慈湖行述》），友人真西山的话可看作对慈湖真挚的溢美之词。然而，同门袁絜斋评价道："慈湖中年以后却肯读书，所以益大其器业。"（《袁絜斋遗文抄》，《答舒和仲书》）这表明袁絜斋对慈湖早年过度偏重于静观的态度怀有慎重的警戒之心。[②] 挚友们的评价尚且不一致，则后世学者在对象山表达诚挚敬意时，将慈湖与象山分而论之，并或多或少地在评价慈湖时产生分歧，也在情理之中。在王阳明、湛甘泉、刘念台、

---

① 参照以下诗篇："天造慈湖回出尘，无冬无夏只长春。四山桃李围新锦，一邑风光让绝伦。涧水檐旁谈妙理，山禽柳外说天真。杏坛无限难传意，付与凭栏寓目人。"（《慈湖遗书》，卷六，《丁丑咏春偶成》，第二首）"物物皆吾体，心心是我思。四时非代谢，万说不支离。涧水谈颜乐，松风咏哲词。仲尼亲许可，实语断非欺。"（《慈湖遗书》，卷六，《丁丑偶书》，第二首）《鹤林玉露》卷五慈湖诗的条目评价其诗"句意清圆，足觇其所养"。

② 据真西山的《慈湖训语》（《真西山集》，卷三十五），对于慈湖的四点非难，即"泯心思、废持守、谈空妙、略事为"，真西山一一给予了同情的辩解。

黄宗羲、全祖望、李穆堂等人那里，对慈湖的评价褒贬不一。[①]

杨慈湖早年将克服繁琐分别的意识作为工夫的核心，即回避由对每个概念先入为主的认识而产生的主体分裂。关于自己最初的精神开发状态，他如是说：

> 简之行年二十有八也，居大学之循理斋，首秋入夜，燕坐于床，奉先大夫之训，俾时复反观。简方反观，忽觉天地内外、森罗万象、幽明变化、有无彼此通为一体，曰天曰地、曰山川草木、曰彼曰此，皆名尔。简方信“范围天地”非空言，“发育万物”非空言。(《慈湖遗书》，卷十一，四十一丁)

三十二岁的慈湖又受到象山的启示，刹那间旧习释去，进入澄然清明的不二境界。名不再是名，物不再是物，概念规定的意义、效用全部一起消除，慈湖进入无差别、无分别、无所得的境界之中，从此安住了下来。在那里，不仅事象与事象之间的障壁彻底被消除，心与物、一理与万象的区分也被抹去。从此，概念的自由翻转移动成为可能。对于二十八岁时的体验，慈湖还回忆道：

> 某后于循理斋，燕坐反观，忽然见我与天地、万物、万事、万理澄然一片。向者所见万象森罗，谓是一理通贯尔，疑象与理未融一。今澄然一片，更无象与理之分，更无间断。不必言象，不必言理，亦不必言万，亦不必言一。自是一片，看唤作什么。唤作天亦得，唤作地亦得，唤作人亦得，唤作象亦得，唤作理亦得，唤作万亦得，唤作一二三四皆得。(《慈湖遗书》，卷十五，十二丁)

总之，程伊川的一理贯穿森罗万象的世界观从此被超越，理之影藏

---

① 刘念台言：“象山不差，差于慈湖；阳明不差，差于龙溪。”(《刘子全书》，卷十三，二十九丁)“象山言心，本未尝差；慈湖言无意，分明是禅家机轴，一盘托出。”(《刘子全书》，卷十，九丁)李穆堂言：“敬仲一觉之后，纯任自然，故有过高之论。梨洲黄氏云：‘象山以觉为入门，而慈湖以觉为究竟，此慈湖之失其传也。’以慈湖为‘失传’，则知陆子之传不如是矣。”(《穆堂初稿》，卷十八，《本心发明说》)

匿，物之形消逝，一与万销声匿迹，万物合一、浑然一体的绝对真理之境由此产生：

> 众人见天下无非异，圣人见天下无非同。天地之间，万物纷扰，万事杂并，实一物也。而人以为天也，地也，万物也，不可得而一也。不可得而一者，睽也。[①] 睽，异也，故不可得而一者，众人之常情，而未始不一者，圣人之独见。非圣人独立此见也，天地万物之体自未始不一也。天下同归而殊途，一致而百虑。惟人执其途，而不知其归，溺其虑，而不知其致。夫是以见其末，而不见其本，转移于事物，而不得其会通。（《慈湖遗书》，卷七，二十四丁）

主体从客观世界分裂出来，由于特定概念而产生的一贯实在消失。慈湖学的根本意图很清晰，即绝对主体的确立与独立，这正是对陆象山所谓“宇宙不曾限隔人，人自限隔宇宙”（《陆象山全集》，卷三十四）、“天下事事物物，只有一理，无有二理，需要到其至一处”（《陆象山全集》，卷三十五）立场的继承。象山评价慈湖曰：“杨敬仲，不可说他有禅，只是尚有气习未尽。”（《陆象山全集》，卷三十五）他的评价即使指摘了慈湖在工夫上的些许不成熟，但绝未对慈湖哲学思考意图的方向进行否定。当我们在探讨如何否定万物的差别性并超越这种差别性时，万物依然秉持着芸芸的名义与形体，凭借其独有的力量向人逼近。即便万物之名被拒绝，新的混沌状况又会接踵而至。此时，将万物合一继而确立其主体性的方法缺失。将道问学吸纳到尊德性之中进而树立一元极约的主体的意图被象山与慈湖肯定。象山为了打破物与物的障壁，强调“狮子捉象捉兔，皆用全力”（《陆象山集》，卷三十五），“激励奋迅、绝破罗网、焚烧荆棘、荡夷污泽”（《陆象山集》，卷三十五），强调要想如从自家药箱取物一般自由驱使事物，必然要深入事象之中全神贯注地和各种体验作斗争。与此相对，慈湖却试图用一种观念的方式消除事物的差别，进而进入无差别世界的冥想中。慈湖采取内在的手段，即无意绝念的方式，恰恰是象山与慈湖二人对道的不同体认。

---

① 关于睽，请参照《慈湖易传》卷十三之“睽卦”条目。

三

在慈湖看来，要想去除万物差别的障壁，把握统一性，就要透过万物有形的外在去观察与挖掘万物无形的内在（具体存在所依之物）。就拿人的身体来说，眼耳口鼻能够视听味嗅，使这些功能得以实现的是什么？手足可运用、步趋，使这些功能得以实现的是什么？血气周流，内心思考，使这些功能得以实现的又是什么？这些都是要追究的问题。眼耳口鼻是可见之物，而视听味嗅之功能却是无形的；手足是可见之物，而运用步趋之功能却是无形的；血气与器官是可见的，而血气的周流、大脑的思考是无形的。

> 其可见者，有大有小，有彼有此，有纵有横，有高有下，不可得而一。其不可见者，不大不小，不彼不此，不纵不横，不高不下，不可得而二。（《慈湖遗书》，卷七，《己易》）

再进一步即可有如下结论：

> 天地非大也，毫发非小也，昼非明也，夜非晦也，往非古也，此非今也，他日非后也。鸢飞戾天，非鸢也；鱼跃于渊，非鱼也。（《慈湖遗书》，卷七，二十四丁、三十二丁；《易传》卷一；等等）

如此一元性的把握，专注反观自省，使己心得到清晰的审视。届时，“天地，我之天地；变化，我之变化，非他物也”。若如此定位，则“易者，己也”“不以天地万物、万化、万理为己，而惟执耳目鼻口四肢为己，是剖吾之全体而裂取分寸之肤也”。《己易》曰：

> 自一人之身，一日之中，元亨利贞咸具焉，而况于他乎？一以贯之，物物皆易，事事皆易，念念皆易，句句皆易。号名纷然，变化杂然，无一非易也。（卷七，十七丁）

进入此境界后，慈湖才能实现其哲学意图，尤其是他“此非沉虚陷寂者之所能识也，亦非憧憧往来者之所能知也”（《己易》）的思考和他强调自己立场的即物性[①]和非逃避性[②]的理由才能得到认同。

陆象山曾言：“今之学者，读书只是解学，更不求血脉。且如性、情、心、才，都只是一般物事，言偶不同耳。”（《象山集》，卷三十五）此时象山并未拘泥于逐条对性、情、心、才等德目进行定义和规范，而慈湖也巧妙地将这种豁达的风格运用到教学之中，将其作为静观一元论的基础。

静观一元论能呈现出各种形式。但对于要彻头彻尾地摒弃差别意识、闭居于单一孤门中、将《孔丛子》中“心之精神是谓圣”[③]一语奉为金科玉律的慈湖来说，更精髓的为“绝意念”，这是一直将超越外物作为静观自省方向的慈湖理应选择的道路。曾经为他哲学意图出发点的“夫是以见其末而不见其本，转移于事物而不得其会通”（《遗书》，卷七，二十四丁）一说，即是慈湖看到了他人思考方式的弊端而提出的，“见其末而不见其本”根源是难以认识到一物殊名、一体殊称，产生于不安定的意识中：

① 《四库提要》的《慈湖易传》条目未谈及《己易》，而在《慈湖诗传》的条目下，《易传》被理解为以禅诂经之物。这种解释是对慈湖哲学批判的一般看法。当然这种评价是有理由的，为进一步理解慈湖哲学的历史环境与意图，可参考全祖望《碧沚杨文元公书院记》（《鲒埼亭集》，外编，卷十六）的相关论述。

② 《己易》的立场是，并非通过《易》来审视自己与世界的关系，而是应逆而行之，通过自己来审视《易》。慈湖《易传》中有自相矛盾之处，应皆由记述者的误差而起，并非慈湖本来的意思。许多人受权威影响会认为慈湖的思想虚妄未熟，责难慈湖这类人。这显然是慈湖在不断接受象山“六经皆我注脚”思想的同时，独自对经典作出的评价。例如，他曾对《论语》的编撰者流露出不满之意（《遗书》，卷十，四十九丁），对《孟子》则常有不成熟的指摘（《遗书》，卷十四，二丁、六丁；《遗书》，卷八，三十一丁；《遗书》，卷十一，三十六丁）。对《中庸》的评价（《遗书》卷十三，七丁；《易传》卷一，十二丁）与对《大学》的评价（《遗书》，卷十三；《续集》，《杨先生回翰》）皆可见慈湖尖锐的批判。

③ 永明延寿说：“万法无体，因心得名。”（《注心赋》，卷二）大慧宗杲说：“若实得一如，则不见有物我之名。”（《大慧语录》，卷四）这些禅门著述中的话常被用来批判慈湖的己易思想为禅宗思想。然而，慈湖秉承儒家的伦理思想并以之为核心，并未完全被禅宗思想占领，所以明代的云栖袾宏说，慈湖所谓的“精神”不外乎实体的灵，与“良知”相比较为浅薄，远未及佛教的“真知”。（《竹窗随笔》，初笔，《心之精神是谓圣》）

> 千失万过，孰不由意虑而生乎？意动于爱恶，故有过；意动于声色，故有过；意动于云为，故有过。意无所动，本亦无过。（《遗书》，卷二，《乐平县学记》）

人处于动静、难易、多寡、虚实、精粗、古今、大小等难以穷尽、意态万状的世界中，为了保持一贯不动的觉悟的纯粹性，对于外在对象的意识乃至对内在的正邪善恶、本末始终等道义伦理的意识会作为意念的妄动而被消除。意识的内容在对立的形式下才能被意识到，所以象征着一种恶蔽的分别意识使人处于分裂的堕落状态中。

> 此心无体虚明，洞照如鉴，万象毕见其中，而无所藏。惟动乎意，则始昏。作好作恶，物我樊墙，是非短长；或探索幽遐，究源委，彻渊底，愈乖张。（《遗书》，卷二，《昭融记》）

《绝四记》（《遗书》，卷二）的总结最完整。《论语·子罕篇》有“子绝四”的说法，对于其中“意必固我之四毋”中的“毋”字之意，朱子引《集注》中程子之语：“程子曰：‘此毋字非禁止之辞，圣人绝此四者，何用禁止？’”[①] 慈湖却说：“毋者，止绝之辞。”朱子将“意”解释为私意，而慈湖将一切的心之动摇解释为“意”：“一则为心，二则为意。直则为心，支则为意。通则为心，阻则为意。”求心固然离不开意。朱子将“意”解释为私意，割裂了心与意的联系，陷入了心与意的分裂。的确，慈湖慎重严苛地拒斥陷入心的分别界、意识界、思量界当中。作为其本来的作用，心具有保持美恶利害的判断力，以超越对学问的穷索。如慈湖所言，“四时之错行，日月之代明”，曲折万变的人心之妙得以呈现。如其在微尘不起的静观世界之中独居，避免任何偏颇，在日用交错中求得人心之妙。（《遗书》，卷十三，六丁）慈湖承认人心之习弊，对既深且广的人心的灵明也抱有坚定的信赖[②]，这些可以从主张“己即易”的

① 参照《二程全书》卷三十二，七丁。

② 与此相关的明确指出人心具有天衣无缝的自然能力的叙述，请参照：《慈湖易传》，卷一，十九丁；《慈湖易传》，卷六，十二丁、十六丁；《遗书》，卷十，二丁；等等。

慈湖式天人合一的世界观中看出。禅（特别是大慧禅）及陆氏考虑到现实苦难的多样性，主张最大限度地活用分别意识，再由此进入超意识的无分别状态。然而，慈湖认为这种做法不可取，他认为应该从意识中彻底拒绝分别性。可以说，慈湖的主张中蕴含着常人所难以理解的本质心境，现实之物最终在心之镜映射出的现实之影上停留，在万籁俱寂的月夜深山的湖面上浮现。但湛甘泉认为其有不足：

> 慈湖可谓恶影而行日下矣。(《湛甘泉集》，卷二十四，《杨子折衷》)
>
> 仿佛渺茫，冥昧气象，皆是想象中来，乃幻意也，而以为得，不亦误乎？(《湛甘泉集》，卷二十四，《杨子折衷》)①

“在学者穷索理义，则思之思之而又思之，愈深而愈精”，这是先前所引的北溪之言，若站在慈湖无意绝念的立场上，这般使人深陷混乱、使人支离迷惑之物是不存在的。慈湖说：“愈知愈离，愈知愈远。……不知犹远，而况于知乎?”(《慈湖遗书》，卷四，《祖象山先生辞》) 在此，他又将矛头指向了知识尊重论者。② 从此，他开始提倡超越了知不知的无知之知（真无知）：

> 以圣人之道为可以知者，固未离于知；以圣人之道为不可知者，亦未离于知。惟其犹有不可知之知，非真无知也。圣人之真无知，非智识之所到，非知不知所能尽。一言以蔽之，曰：心而已矣。(《慈湖遗书》，卷十一，二十二丁)

慈湖与理智主义诀别，向拘泥于概念的人发起挑战。于是他开始沉溺于当时的义理的意说，他慨叹胸中常存一理而不能舍去（《慈湖遗书》，

---

① 湛甘泉又说：“象山谓‘予不说一，杨敬仲说一’，便是一障。阳明谓慈湖得见无声无臭学脉，而未能忘见，又便是无声无臭障耳。”(《湛甘泉》，卷二十三，四十四丁)

② 但在杨慈湖的著述中，知识尊重论者的代表人物仅程伊川一人。对于朱子，慈湖只是将其尊为长辈，有一定的敬意。至于陈北溪的名字，自始至终都没有提及。因此，北溪与慈湖的争论，从形式上来讲，也就结束于来自北溪一方的攻击了。

卷十六，六丁），意识中总会浮现出穷理的提倡者程伊川[1]，此时又会猛然开始反对格物论：

> 格物不可以穷理言。文曰格耳，虽有至义，何为乎转而为穷？文曰物耳，初无理字义，何为乎转而为理？据经直说，格有去义，格去其物耳。程氏倡穷理之说，其意盖谓物不必去，去物则反成伪。既以去物为不可，故不得不委曲迁就，而为穷理之说。（《慈湖遗书》，卷十，三十一丁）

慈湖认为，穷理的概念不可与格物相结合，不能将“格”训为“至”，而应训为“格去”。慈湖认为，别人的“格物”是通过将物抛弃与摒除的手段来达到“无物”的目的，别人的“格物”保有“尚物”的“去取之情”而并未远离物，真正要去除的是对物的执着。他说：

> 格物之论，论吾心中事耳。吾心本无物，忽有物焉，格去之可也。物格则吾心自莹，尘去则鉴自明，滓去则水自清矣。（《慈湖遗书》，卷十，三十一丁）

慈湖继续批驳程伊川一派“今日格一物，明日又格一物，穷尽万理”的格物论，认为此举只会让人沉湎于纷纷扰扰的思虑动念之中。

刘念台言：“格去物欲，是禅门语径，吾儒用不着。”（《刘子全书》，卷十九，五十二丁）如此之评价，确实指出若将“格物”之“格”训为

---

① 请参照以下语句：“伊川之教固愈于放逸者，然孔子曰‘过犹不及’。何则？其害道均也。”（《慈湖遗书》，卷十五，六丁）根据慈湖所撰《象山行状》来看，象山对慈湖言：“总角时，闻人诵伊川语，自觉若伤我者。”对于这些问题，同门的舒文靖表示，这样的事最好不要轻易告人，否则徒生矛盾，只能靠学者们的自觉。（《舒文靖类稿》，卷一，《答杨国博敬仲书》）陈北溪非难曰：“慈湖才见伊川语，便怒形于色。”（《北溪集》，第四门，卷十一，八丁）北溪的话正与上述内容相应。

“格去”[①] 的话，那么其对象无论是物理、物欲还是物意，都难免会近似佛教“理障拂拭说”。即便“不起意，非谓都不理事。凡做事只要合理，若起私意则不可”（《慈湖遗书》，卷十三，十一丁），但惧怕起心动念而不起意的考虑在很大程度上也是在逃避偏禅孤寂。慈湖之心确实常向外界开放，万象亦可自由进出，而一旦被心镜吸收，事象就会丧失其独立性、主体性、历史性，彼此间也不会顺畅、温和地相互自我主张，只是平板镜面中的罗列之物。

慈湖虽因万象来去自由而对立场的现实性与非偏静性抱有充分的自信，却似乎并未察觉，随着无意绝念观想的纯粹化，万象也会失去核心，气势也会有逐渐消退的可能性。因此，随着这种观想态度的传播，人的具体存在性会逐渐淡薄，人只会化作影中之人。如此进一步发展，便会更加恶化，影像与现实、当为与存在的区别会消失，就会很容易产生“气即道”“凡夫即圣人”的观点。[②]“人之举动皆有妙用”（《遗书》，十七卷，十六丁）、“举匙施筴仁也，咀嚼厌饫仁也，别味知美恶仁也”（《遗书》，卷十，二十七丁），他的话头与“运水搬柴是道”的禅语如出一辙，程朱对禅警戒，也应警戒慈湖。

罗整庵对《己易》提出了非议：“藐然数尺之躯，乃欲私造化以为己物，何其不知量哉!”（《困知记》，卷四）魏庄渠揶揄道：“慈湖之书，逆天侮圣人之书也。……佛氏无天，今慈湖既已叛圣人而从佛，亲为之奴矣。”（《庄渠遗书》，卷四，《答崔子钟》）慈湖绝非要将造化私物化，而是要将所有遮蔽了造化的人意（私意和公意）消除，回到无我无体无所得之心灵状态，以此来开创天人合一的境界。如果我们忽视“绝意”

---

① 当时，将“格物”之“格”训为“格去”的应该还有其他人，《南轩文集》中有如下一节：“今乃云格物则纯乎我，是欲格去夫物，而己独立，此非异端之见而何？物果可格乎？且如其说，是反镜而索照也。”（卷二十六，《答吕季克》）作为佛教学者解读《大学》的代表作，憨山德清的《大学纲目决疑》解释《大学》的立场与慈湖极为相近。他说：“物体本虚，以妄取着，故作障碍。今以真知独照，则解处洞然，无物可当情矣。”

② 与此相关的朱陆两派的差异，参照以下出自《学蔀通辨》终篇卷上的内容：“朱子尝谓，佛氏最怕人说这理字，都要除掉了。愚按：杨慈湖谓学者沉溺乎义理之说，胸中常存一理不能忘舍，此岂非最怕人说这理字，都要除掉了耶？象山说‘善能害心’，岂非将善字都要除掉了耶？呜呼！吾人除了理，掉了善恶不管，不知成甚么人！下梢只成得个猖狂自恣而已，奈何犹假‘先立其大’（象山语）借口欺人?”

一语中包含的慈湖的意图与苦心，只将此贬低为“幻虑”“灵觉的光景”，恐很难真正理解“绝意”。①

李卓吾将慈湖称为“宋儒中第一了手好汉”（《李氏焚书》，卷四，《答澹然师》），李二曲谓慈湖“在宋儒中，可谓杰出。人多以近禅訾之，先生之学，岂真禅耶?”（《二曲集》，卷七，《体用全学》）我们不能将这些言辞视为阿谀奉承之言。全祖望说：“慈湖之心学，苟非验之躬行，诚无以审其实得焉与否。”（《鲒埼亭集外篇》，卷十六，《石坡书院记》）慈湖望月时吟咏“广寒宫殿，近在吾方寸之地”（《遗书》，卷六，《月赋》），接春光时感叹“天造慈湖回出尘”，这种优秀澄澈的风格很有人格魅力！可是由于他的主张未免有些唯心、内向、超绝，个别事象的独立性不鲜明，有时全凭强烈的直觉，才招致了他人如此多的误解与非议。

四

陆学在慈湖这里有了转变，他将陆学引到了虚寂偏静的方向。在陆学势力日渐扩大之际，连朱子学阵地南康也受到了影响（《北溪集》，第四门，卷十一，九丁），陈北溪认识到，“端的与孔孟实相背驰，分明是吾道之贼”（《北溪集》，第四门，卷十二，七丁）。由于势态紧迫，他似乎也无心情去仔细辨别象山与慈湖的相异之处。在他的论驳里，象山与慈湖经常被同时提及。然而，对于象山的批判，在朱子那里已经穷尽，北溪面对的敌手恐怕就是慈湖了，他对慈湖著作当面“斩杀”：“如《己易》，全用空门宗旨，无一句是。”（《北溪集》，第四门，卷二十，四丁）慈湖进一步加剧了陆学中无视道问学与否定知的判断的倾向，将凝念观想彻底化；与此相对，北溪身居朱子门下，最尊重道问学、最彻底地贯彻合理主义。笔者认为，朱子与象山的对立在北溪与慈湖之间以更加激烈的形式被触发并变得高涨。北溪以“受之而起”的姿态审视慈湖一派

① 唐荆川说：“慈湖之学，以无意为宗。窃以学者能自悟本心，则意念往来，如云物相荡于太虚，不惟不足为太虚之障，而其往来相荡，乃即太虚之本体也，何病于意而欲扫除之？苟未悟本心，则其无意者，乃即所以为意也。心本活物，在人默自体认处何如？不然，则得力处即受病处矣。”（《明儒学案》，卷二十六，《荆川论学语》）

的弊端，并且以更加合理主义的态度对慈湖进行了严厉的批驳。

北溪实践论的本质是对朱子实践论的沿袭，此不必论。他说：

> 大抵许多合做底道理，散在事物而总会于吾心。离心而论事，则事无本。离事而论理，则理为虚。须于吾心之中，日用事物之际，见得所以做底便只是此理一一有去处，乃为实见。所合彻底，得恰好乃为实践。(《北溪集》，第四门，卷十，五丁)

所当然为“理之见定形状”，所以然为“理之来历根源”。(第三门，卷六，十丁)事实上，所以然并不难理解，而所当然却并不易琢磨，所以，北溪主张要首先追究所当然的问题。(第四门，卷十四，七丁)所以然是形而上的、一元的、限定的，对于所以然的追求，陆学、禅宗与朱子学的主张大致相同。与此相反，所当然是个别的、经验的、具体的，所当然的行为的正确性带来了学问的正当性，带来了真正的无障碍。当然，离开所以然，所当然也就成了空谈。北溪将理的明晰性比喻为“镆铘之锐”(第四门，卷十二，八丁)，正是要指摘在个别体验中呈现出的判断的敏锐性与行为的明确妥当性。“事有定理而后意必实，意实则理益定，非意实而后有定理也。”(第四门，卷十，十丁)定理有了参照，意(心)才能够充实。如慈湖那样一味地拒绝理并抑制思虑，只能使心虚而无实。他批评慈湖：

> 不用穷格一段学问，而非有存养底工夫，凡平时所以拳拳向内矜持者，不把作日用人事所当然，只是要保防那个辉光灿烂、不死不灭底物事!(《北溪集》，第四门，卷二十，九丁)

在慈湖那里，映照于心镜的万象，皆会丧失自我主张。他说：“物有大小，道无大小；德有优劣，道无优劣。……尚何本末精粗大小之间?”(《慈湖易传》，卷一，二丁)慈湖无差别地对待万物，而北溪接受了朱子的理一分殊论，还认为“万物固皆备于我，然物物各有头面”(《北溪集》，第四门，卷十九，十丁)、“界分广则施益广，事绪繁则应益繁，其间纲条节目、法度典章、浅深疏密、轻重曲折，非可以一律齐”(《北溪集》，第四门，卷十五，六丁），与慈湖持完全相反的主张。我们先将事物分别，而后重组，再结合感觉性存在的补充，在整体中找到个别之物的定位，这样的东西才能够进入朱子学的理论和概念系统当中。广泛的经验的集合带来了明确事物界分的智慧，而对无穷无尽的事物道理的把握也会逐渐与越来越丰富的经验形成照合，从而开拓事理一致与主客合一的境地。北溪对上述朱子学的思考模式作了进一步的追求和探索，纠正了个别概念与定义的混乱，更为尊重分别意识。（《北溪集》，第四门，卷二十，三丁）慈湖认为，可无视所当然，只要一举抓住所以然的纲领即可，逐一推导个别概念会导致迷妄不自由，就连判别邪正善恶的意识也会使人陷入自我分裂，故宜摒除。北溪对慈湖的立场进行了激烈的攻击：

> 诸等名义，各有所主，头面体段，自是不同。甲件自有甲件用，乙件自有乙件用，都来混作一物，尤含糊鹘突，用处安得不差错？读书穷理，正要讲究此令分明。于一本浑然之中，须知得界分不相侵夺处。又于万珠粲然之中，须知得脉络相为流通处。然后见得圆，工夫匝，体无不备，而用无不周。今都扫去格物一段工夫，不复辨别，如无星之秤、无寸之尺，只默坐存想，在此稍得仿佛，便云悟道。……既不辨别众理，又不见得端的之为如何，则临利害之冲，如何应变？又如何守得牢固？（《北溪集》，第四门，卷十九，五丁）

如此，被视作虚妄之辞而摒弃的《大学》的一节在北溪看来却是极其分明精密的言辞（《北溪集》，第四门，卷十，九丁），完全被慈湖忽视了的心、意、情的区别①也得到了明确的定义（《北溪集》，第四门，卷十八，八丁）。

理的本质乃是将物分类并明确物的边界所在，这样就很难避免分别意识，但这决不意味着理义就是害人之具（《北溪集》，第四门，卷二十二，五丁）。因为“分别”容易产生向“分裂散漫”之弊发展的倾向，

---

① 《性理字义详讲》就是在这样的立场上完成的，门人王稼在《序》中言“这是为了辨析名义的匆忙之作”，是按（别人）安排好的课题所讲的内容。

所以要在意识中将其作为理障驱退，从而做到绝念不生，使心成为无星之秤，使意念绝尽。无论从生理上还是从心理的事实上，这都是不可能的，还涉及弃邪念与留正念的问题（第一门，卷一，“似道之辩”；第四门，卷二十一，五丁）。

北溪阐述朱子的教诲，认为不好虚说天理人欲，要从事实上真正地理解（第四门，卷十，四丁）。他也从一开始就没有放弃对与行为紧密联系的知性的追求：

> 盖致知力行，正学者并进之功，真能知则真能行。[①] 知行俱到，正所以为上达实见之地，自不相妨。(第四门，卷十，一丁)

北溪曾慨叹“行之意较知为缓”，此处要抹去知行缝合的痕迹。

北溪对慈湖阵营进行了不少批判，然而，他实现超越了吗？北溪对朱子学概念的整理是有功绩的，其他朱子门人无人能及。慈湖在对陆象山的追随中觉醒，并明确地从象山那里脱离。对于象山与慈湖的关系，有人说像是当时禅门中的看话禅与默照禅。[②] 主张看话禅的圆悟与宗杲责备默照禅半前落后，瞻视光影，挚守寂湛之性，终日照照灵灵，静坐澄心。虽受到非议，默照师家天童宏智却在《默照铭》（《宏智广录》，卷八）中强调，默照只是默默地接受而不提出非议，默而照，照而默，“飘飘出万象头上，历历在森罗影中，了无毛发许间隔，混混出应之机”（《宏智广录》，卷六）。其覆盖一切的高踏清澄，犹如夜气抚平俗尘，如此的境界与看话禅相异，形成了独特的风格，“飘飘出岫云，濯濯流涧月”（《宏智广录》，卷六）、“芦花混雪，明月濯秋”（《宏智广录》，卷

---

① 参照《北溪集》，第四门，卷十四，一丁；卷十六，六丁。只是他的知行合一论并不如阳明的那样始终是一贯的、浑一的，这一点必须承认。

② 陆象山说：“我不说一，杨敬仲说一，尝与敬仲说箴他。”（《陆象山集》，卷三十五）由此我们可以发现，象山对慈湖读经时的偏静倾向，应该有过告诫，但慈湖最终并未成为忠实的师法承述者。在前文中我们提到过，“象山并未否定慈湖哲学意图的方向”。考虑到慈湖二十八岁时精神开发的意义以及其与象山教示的必然结合，再结合当时著名儒者的思想分布状况，我们之所以这么说，是想指出象山门下出现慈湖绝非偶然。理清象山与慈湖思想间的微妙差异具有重大意义，要想解决此问题，还要明确当时思想界的儒佛二教纷繁复杂的关系，对于这个问题的论述，将在日后进行。

六）、“孤舟载月，夜宿芦花”（《宏智广录》，卷六）等诗句，烘托出的心境正与慈湖的诗赋存在着众多相似之处，在如此境界中已不存在把握规矩与理义意识的手段。

基于此，北溪的忧虑不无道理。然而，慈湖已道“不起意，非谓不理事，凡做事只要合理，若起私意则不可”（《慈湖遗书》，卷十三，十一丁）。宏智咏叹道：“秤头蝇坐便欹倾，万世权衡照不平。斤两锱铢见端的，终归输我定盘星。”（《从容录》，第十七则颂）他们具有如此深刻的透视力与直观感，仿佛拥有强大神秘的权威与体验一般，让一度窥探到此心境之人望而却步。让“不起意”的世界流于孤寂还是简易直截的“诚意之动”？（《王龙溪集》，卷五，《慈湖精舍会语》）应该说与其人的力量相关吧。[①] 对于他人褒贬不一的评价，慈湖并不在意，作为一个独立的思想家，他在儒学史上独树一峰，以北溪的手段与主张是难以攻破的，因为他有强韧的哲学基础。

入明以后，思想界的主流由“理”向“心”转移，慈湖思想也重新受到了审视，引发了“心易”的流行。据《四库提要》（卷三，《慈湖易传》条目），以心性释易的说法始于王宗传和杨简。王宗传之说最终并未真正确立，而慈湖之说大兴于明末。魏庄渠言“自阳明之说行，而慈湖之书复出祸天下，殆天数邪”（《庄渠遗书》，卷四，《答崔子钟》），慈湖之说的流行与阳明心学的流行有着密切的关系。阳明仿照“心之精神是谓圣”一说，提出“心之精神是谓良知”，该良知说或多或少也体现了他囊括慈湖学说的意图。

如此，也使慈湖思想获得了不被否定而被重新解读的契机。朱子认为，“易者心之妙用，太极者性之本体”一语存在弊端（《朱子语类》，卷一二〇，九丁），而这种说法却在明末时常以“易者心之妙用”的形式

---

① 龙溪的门人查毅斋说：“杨慈湖‘不起意’之说，亦是悟后语。但以之立教，欲人人皆从此入，则未可。意者，心之动也。吾人真性，神触神应，莫非自然，才一起意，即如太虚忽作云翳，真体受蔽。过与不及，皆从此生。故‘不起意’之说，见慈湖之独得也。但吾人习染既深，当令其诚意，切实功夫，从人情事变上讨求研磨。有善即为，有过即反，欲不留情，忿不灭性。久之，渐见其体。若徒令其不起意，未免以虚见承接，久之，遂以意见为本体。及欲根窃发，以意见参之，自谓已得了手。终身守此虚见，于人情事变上不能合一，此其危害不小。”（《阐道集》，卷四，二十三丁）

被接受。现举若干事例说明之。如王龙溪言："易，心易也。"（《王龙溪集》，卷八，《易与天地准一章大旨》）高宗宪说："易即人心。……此心体便是易，此心变易从道者，便是易之用。"（《高子遗书》，卷五，十五丁）林兆恩言："《易》曰'神无方，易无体'，故心神也。惟其无方也，故能神。心易也，惟其无体也，故能易。无方无体，非其心之虚乎?"（《林子全集》，《心本虚篇》，三十一丁）刘念台说："盈天地间皆易也，而归管于人心，为最真，故慈湖有心易之说。"（《刘子全书》，卷十一，二丁）焦澹园言："某旧所服膺者，慈湖先生《己易》耳。读老师书，反求诸心，不以卦爻求易。甚矣，吾师之类于慈湖先生也!"（《澹园集》，卷十二，《答耿师》）李二曲说："今且不必求易于易，而且求易于己。人当未与物接，一念不起，即此便是无极而太极。及事至念起惺惺处，即此便是太极之动而阳；一念知敛处，即此便是太极之静而阴。"（《二曲集》，卷五）

综上所述，无论以上思想家与慈湖的感情是否深厚，慈湖的《己易》给他们带来的影响一目了然。不仅是《己易》，围绕着使独创的哲学思索深刻化的问题，慈湖屡屡作为重要人物不辱使命地登场。对这个问题的思考，对慈湖地位的评判，一直是学者们关注的课题。慈湖虽招致了不少批评，但其独立的立场与影响力是非同寻常的。从笔者的视角观察慈湖学说最为明显的缺陷并追问之，再深度挖掘慈湖最根本的立场，会发现北溪是攻陷不了慈湖阵营的。这也是与慈湖相比，北溪哲学并无大的飞跃的原因。哲学史的问题点时常移动和变换，北溪站在固定概念的立场上，其影响就会逐渐刻板与薄弱；相反，慈湖会时常在被指摘偏向与缺陷的同时，积极参与新哲学立场的创造。无论顺缘或逆缘，都能助慈湖一臂之力，这一点值得我们注意。